南海年鑒

NANHAI 2015
YEARBOOK

南海年鉴编纂委员会编

图书在版编目(CIP)数据

南海年鉴.2015/《南海年鉴》编纂委员会编.—广州：广东经济出版社，2015.10
ISBN 978-7-5454-4227-4

Ⅰ.①南…　Ⅱ.①南…　Ⅲ.①区(城市)- 佛山市 -2015- 年鉴　Ⅳ.①Z526.53

中国版本图书馆 CIP 数据核字(2015)第 235425 号

出版发行	广东经济出版社(广州市环市东路水荫路 11 号 11~12 楼)
经销	全国新华书店
印刷	佛山市南海印刷厂有限公司(佛山市市东下路 6 号)
开本	787 毫米 × 1092 毫米　1/16
字数	700 000 字
印张	24.25
印数	1~3 000 册
版次	2015 年 10 月第 1 版
印次	2015 年 10 月第 1 次
书号	ISBN 978-7-5454-4227-4
定价	200.00 元

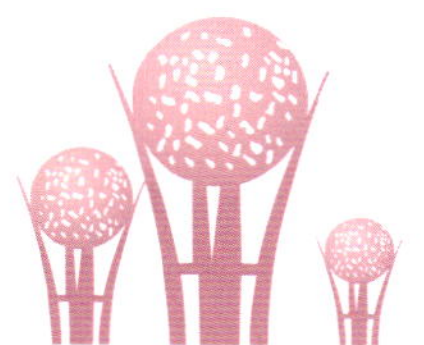

编 辑 说 明
Notes

一、《南海年鉴》是中共佛山市南海区委员会、佛山市南海区人民政府决定出版的一部综合性地方年鉴。编辑事务由南海年鉴编纂委员会下设的南海年鉴社承担。1994 年创刊，每年出版一部，国内外公开发行。旨在全面、系统地反映南海区政治、经济、文化、社会发展情况，为社会各界人士了解和研究南海提供基本资料。为适应信息时代的需要，从 1999 年起出版多媒体光盘（2001 年起随书发行），2003 年开发网络版。

二、本着稳定性和科学性的原则，结合南海社会发展情况，《南海年鉴》2015 年刊设有 26 个类目：特载、南海概况、南海大事记、党政机关、民主党派·群众团体、政法·地方军事、城乡建设、交通·邮电、经济管理、财政·税务、农业、工业、商贸流通·服务业、金融业、对外经济贸易·口岸、三大产业园区、民营经济、科学技术、教育、文化、卫生·体育、社会民生、镇（街道）、人物·荣誉、经济社会统计资料、文件选编。同时，设置《亲切关怀》《大事要闻》等若干个图片专辑，并设置《品质南海》大型专题彩页。

三、《南海年鉴》2015 年刊采取分类编辑法，以类目、分目、条目组成框架结构的主体部分。在少数分目中，增加子分目的层次。不同层次的标题在字体、字号和版式上加以区别。其中“条目”是本书用以反映情况的主要形式，其标题统一加【 】号表示。个别包含多方面资料的条目则在段首用楷体标题作提示。全书前有目录，后设主题索引，以便读者检索。

四、全书所用经济统计数字，均由各撰稿单位核定。但由于统计口径不一，个别数字可能会出现相互不一致的情况。遇此情况时，则一律以区发展规划和统计局提供的数据为准。

五、《南海年鉴》的编辑出版工作得到各撰稿单位的大力支持，谨此致谢。疏漏和错误之处，祈请广大读者批评指正。

南海年鉴编纂委员会 ■■■

主　任： 张衍昌

副主任： 谢晓云　冼树雄　黎天赐

委　员：（按姓氏笔画为序）

卢　明　邝泽亨　伍慧英　刘浩文　何焯辉
何锦珠　张　江　李毅佳　杨　华　沈堂洲
陈　渊　陈　慧　陈仲文　陈庆球　麦绍强
麦满良　周长海　林　健　林平武　钟淑贞
徐巨成　徐锡蔓　郭树洪　曹锡慧　梁　康
黄文富　黄伟明　黄丽意　彭国祥　谢焯礼
谭国洪　潘永桐　霍兆锦

主　编： 黎天赐

副主编： 陈萍子　陈　渊　周筱飞

《关于调整〈南海年鉴〉编纂委员会组成人员的通知》（2014 年 11 月 3 日 南鉴编字〔2014〕1 号文）

南海年鉴社 ■■■

社　长： 陈　渊

副社长： 周筱飞

编　辑： 沈　娜　陆爱莲　张满满

美　编： 麦炽辉　谢育红

摄　影： 麦炽辉　谢育红　李　伟

排　版： 陈　文

编　务： 周振云　梁飞聪　关碧清

地 址：佛山市南海区南海大道北 91 号海欣阁二楼　邮编：528200
电 话：（0757）86391858　传真：（0757）86238365
E-mail：nhnjs@126.com

目 录

Contents

南海大事记

Chronicle of Major Events of Nanhai

党政机关

Party and Government Organizations

民主党派·群众团体
Democratic Parties and Mass Organizations

政法·地方军事
Legal System and Local Military Affairs

城乡建设

Urban and Rural Construction

交通·邮电
Transportation & Postal Service & Telecommunications

经济管理
Economic Administration

财政·税务
Finance and Taxation

农业
Agriculture

工业
Industry

商贸流通·服务业
Commercial Circulation and Service Trades

金融业
Finance

对外经济贸易·口岸

Foreign Economic Relations and Trade & Port

三大产业园区

Three Industrial Zones

民营经济

Private Economy

科学技术

Science and Technology

教育
Education

文化
Culture

卫生·体育
Health and Sports

社会民生
Social Life

镇（街道）
Towns (Subdistricts)

人物·荣誉
Figures and Honor

经济社会统计资料
Economic and Social Statistics

文件选编
Selected Documents

主题索引
Subject Index

* 接待过夜游客：327.82 万人次
* 货物周转量：109.40 亿吨千米
* 旅客周转量：9.46 亿人千米
* 国家高新技术企业：249 家
* 专利申请量：7238 件
* 专利授权量：5193 件
* 基础教育学校：526 所
* 特殊教育学校：1 所
* 卫生机构：410 个
* 卫生机构床位数：8079 张
* 卫生技术人员：9976 人
* 供电总量：212.46 亿千瓦时
* 供水总量：4.94 亿立方米
* 建成区绿化覆盖率：41.9%
* 金融机构人民币存款余额：3906.79 亿元
* 金融机构人民币贷款余额：2265.76 亿元
* 城乡居民人民币储蓄存款余额：2067.68 亿元
* 在岗职工年平均工资：53525 元
* 城镇常住居民人均可支配收入：36886 元
* 城镇常住居民人均消费性支出：25895 元
* 农村常住居民年人均可支配收入：23655 元
* 农村常住居民人均消费性支出：15377 元

◎ 2014 年 2 月 8~9 日，中共中央政治局委员、广东省委书记胡春华（左二）到南海指导开展党的群众路线教育实践活动，并调研南海“三旧”改造、农村改革等工作 （李伟 摄）

上◎ 2014 年 5 月 16 日，广东省副省长陈云贤（左二）实地考察广东金融高新区股权交易中心、佛山民间金融街等　（南海区金融办供图）

下◎ 2014 年 8 月 18 日，广东省副省长、省安委会副主任刘志庚（右三）率队检查南海区家具生产制造企业和铝合金轮毂生产抛光企业　（南海区安监局供图）

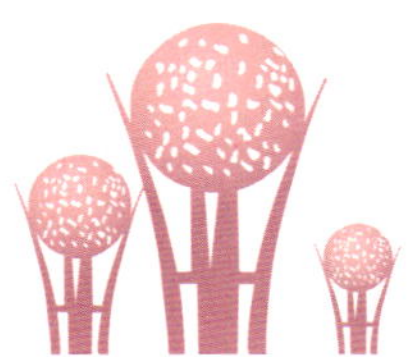

上◎ 2014 年 2 月 25 日，广东省副省长林少春（中）率队到福田汽车南海工厂、里水镇“春风行动”招聘会现场和广东志高空调有限公司等调研就业和劳资关系情况 （麦炽辉 摄）

下◎ 2014 年 3 月 13 日，广东省副省长邓海光（右二）考察南海区党群建设创新综合体——七一空间 （麦炽辉 摄）

上◎ 2014 年 7 月 22~23 日，中共佛山市委书记刘悦伦（左三）带领城市升级三年行动计划现场巡查组巡查南海区城市升级项目（李伟 摄）

下◎ 2014 年 9 月 27 日，中共佛山市委副书记、代市长鲁毅（左三）到大沥镇实地了解登革热防控工作（大沥镇供图）

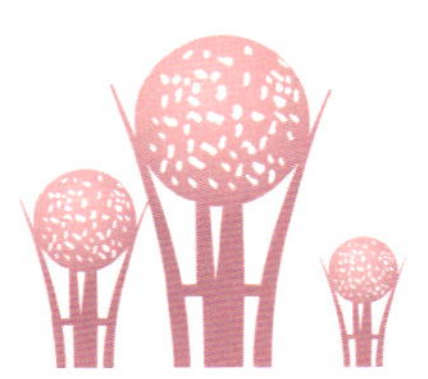

上◎ 2014 年 12 月 8 日，中共佛山市委常委、南海区委书记梁维东（左三）到桂城街道调研（麦炽辉 摄）

下◎ 2014 年 4 月 29 日，南海区区长郑灿儒上线 @ 南海发布微访谈，就如何狠刹“四风”，建设“富民强区 幸福南海”问题与网友交流（《珠江时报》供图）

创新建立直接联系群众制度

为切实提高基层党组织联系服务群众的能力水平，2014 年 7 月 1 日起，南海区按照“更直接、全覆盖、常态性、制度化”的原则，在全省先行先试镇（街道）干部直接联系群众制度（以下称“直联制”），并形成“区驻点 – 镇驻班 – 村常驻”三位一体的直接联系群众工作体系。至年底，全区 176 名镇（街道）领导开展驻点联系 25 期，接待群众 14437 人次，收到问题 7660 条，现场解决问题 1542 条。10 月 21 日，《人民日报》、新华社、广东电视台、《南方日报》等多家主流媒体组成联合采访团，实地走访南海多个社区，了解直联制给群众带来的实惠。

◎ 2014 年 9 月 2 日，中共南海区委联系社群工作部成立 （麦炽辉 摄）

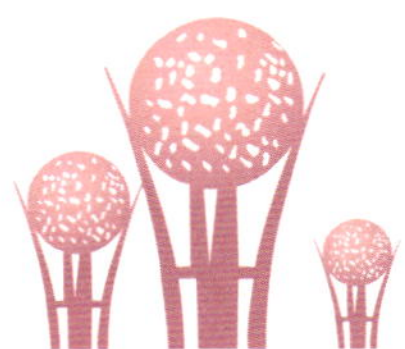

1 ◎2014 年 12 月 9 日，中共佛山市委常委、南海区委书记梁维东在狮山镇永安社区调研直联工作
2 ◎大沥镇驻班干部到田间地头倾听民声
3 ◎狮山镇松夏工业园直联工作轮候点
4 ◎大沥镇河东村委会干部到村民家“家访”
5 ◎桂城街道驻班干部进村直接联系群众

（本版图片由麦炽辉摄）

3

4

5

推行社区网格化治理

2014 年 2 月，南海区在狮山镇罗村社会管理处、大沥镇和里水镇选取 10 个社区作为社区网格化治理的试点，并于年底在全区推行社区网格化治理。社区网格化治理是将社区划分成若干个网格，通过网格管理员每天上门了解居民的需求，做到进百家门、认百家人、知百家情。这是南海在社会管理上的一种大胆创新，促使政府服务从被动服务、被动管理转变为主动服务、精细管理。

◎南海区通过社会治理网格化平台，实现网格内的常态化治理和服务（《珠江时报》供图）

◎网格巡查员使用手机版“南海区社会治理网格化平台”实地上报巡查情况（《珠江时报》供图）

大事要闻

1 ◎社区网格巡查员对店铺消防设施进行检查（《珠江时报》供图）

2 ◎依托镇（街道）智慧指挥中心，实现对巡查事件的快速响应和处置（吴宇 摄）

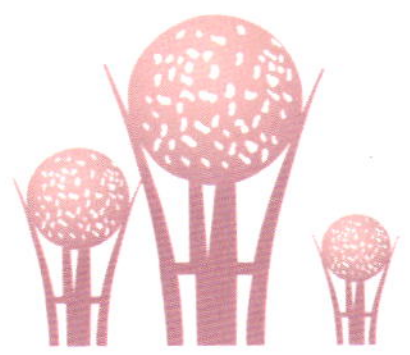

启动“人才强企”工作

2014 年 4 月 28 日，南海区公布《关于推进“人才强企”工作意见》，政府将以多元化市场渠道、杠杆式政策扶持、全方位服务保障，引进一批创新创业的人才团队，培养一支结构合理的企业人才队伍，培育一批创新型领军企业，标志着“人才立区”战略的进一步深化。

1

2

1 ◎2014 年 11 月，南海区在德国科隆举办海外招才引智推介会

2 ◎2014 年 12 月，第三届珠三角国际科技园高层次海外人才项目对接会在狮山镇举办

3 ◎举办企业家培训班，助力企业做大做强

4 ◎举办“醒狮杯”创新设计大赛发掘创新型人才

（本版由《珠江时报》供图）

成立国内首个数据统筹局

作为全国的创新尝试，南海区率先成立数据统筹局，把分散在各个部门的157个信息系统打通，实现政务数据大融合，并通过对数据的分析、梳理、共享，方便企业和群众办事。8月，公布了首批成果——“四+1”项目：图识南海、信用南海、数说南海、法人平台以及“南海一点通”超级APP。

◎ 2014年5月30日，南海区数据统筹局正式成立 （麦炽辉 摄）

◎ 2014年8月13日，南海区召开数据南海“四+1”项目成果发布会 （《珠江时报》供图）

特载
Special Publication

■ 重要报告

在中共佛山市南海区委十二届六次全会上的报告

（2015年2月2日）

中共佛山市委常委、南海区委书记　梁维东

同志们：

现在，我代表区委常委会，向全会作工作报告。

一、践行群众路线，强化作风建设，推动改革发展取得新成就

过去一年，面对复杂多变的经济环境，我们凝心聚力、攻坚克难，深入贯彻落实党的十八大和十八届三中、四中全会以及习近平总书记系列重要讲话精神，紧紧把握省委胡春华书记挂点指导开展教育实践活动契机，以作风建设为抓手，全面深化改革，加快转型升级，经济社会实现平稳健康发展，综合实力在全国百强市辖区排名第二。

——着力推直联转作风，教育实践活动深入开展。以“作风正、事业兴，改革重深化、南海再出发”为主线，加强学习教育，认真落实整改，着力解决“四风”问题，积极营造风清气正的环境。按照“更直接、全覆盖、常态性、制度化”的总要求，在全省率先探索建立普遍直接联系群众工作体系，以镇街领导及其团队为主，区镇村三级联动，定期到村居了解民意、化解矛盾、宣讲政策、促进党建，实现党员干部作风持续转变，基层各类矛盾大幅减少，党群、干群关系进一步密切，党在基层的核心领导地位进一步巩固。

——着力调结构促转型，综合发展水平不断提升。以园区平台为依托，以产城人融合为路径，以金融科技产业融合创新为抓手，加快转型发展，实现产业水平与城市价值的双提升。大力发展汽车制造、机械装备等先进制造业，积极引进金融、电商等现代服务业，深入实施“人才强企”，加速建设佛山民间金融街、佛山科技街和佛山文旅街，引进一批金融机构、创新企业、科技平台和人才团队，创新元素加快集聚，产业品质不断提升。深化“三旧”改造，加快城市升级，顺利推进佛山西站、新交通试验段等重大项目建设。加强城市管理和环境综合治理，城市功能不断优化，城市品位不断提升。

——着力促改革惠民生，社会治理体系日益完善。坚持以问题为导向，全面深化改革，理顺体制机制。以“三单”管理[①]为重点深化行政体制改革，营造国际化、法治化的营商环境，市场活力得到有效释放。以农村综合改革为着力点实施基层治理重构，推进基层党建精细化、城乡服务均等化、村居治理法治化和集体经济明晰化，基层善治水平不断提升。以民生重点领域改革为抓手，大力发展教育、卫生、文体、社保等各项社会事业，民生福祉进一步增进。深入开展平安创建，强化安全生产和食品药品监管，安全保障不断加强。

同志们，过去一年的成绩来之不易，离不开上级的正确领导，凝聚着全区党员干部和社会各界的心血与汗水。在此，我谨代表区委表示衷心的感谢，并致以崇高的敬意！

二、立足新常态，把握新机遇，明确今后一段时期的发展方向

当前，国际经济继续深度调整，国内经济进入换挡期。新常态下，南海的发展还存在不少困难与问题：资源环境制约加剧，城市管理不够精细，产业发展比较粗放，自主创新能力不强，改革的系统性和深度存在不足。

历史证明，凡是率先发展，必然首先遇到困难。我们既要正视存在的问题，更要充分认识到自身的优势。南海深厚的历史底蕴、富有激情的干部队伍、得天独厚的区位优势、转型升级的巨大潜力，将是我们继续领先发展的坚实基础。我们要坚定发展信心，牢牢抓住机遇，从容应对各种困难和挑战，准确把握好未来工作的方向。

——必须坚持发展为第一要务。没有发展，一切都是无源之水。新常态下，坚持发展为第一要务比任何时候都显得更为重要。当前，南海正处在转型升级的爬坡越坎阶段，如果不把握优势狠抓发展，就会错失良机，浪费历届打下的良好基础。坚持发展为第一要务，必须把加快转型升级作为发展的核心和根本，一切工作都要围绕发展来推进。

——必须以城市升级引领转型发展。有什么样的城市，就有什么样的产业。城市环境不但决定资源集聚水平，而且与市民幸福密切相关。要在城市升级三年行动计划的基础上进一步延伸，全面提升城市价值，打造一个环境优美、功能完善、内涵丰富、充满机遇的品质城市，引领经济社会综合转型。

——必须以深化改革推动长远发展。改革是推动发展的持久动力。面对新形势、新任务，要进一步总结改革经验，更加坚定不移、更加直面问题、更加系统深入地推进改革，打破阻碍发展的固有利益格局，理顺政府与市场、社会的关系，充分释放活力，促进长远发展。

——必须以加强党建为根本保证。干事创业，关键在党。要深刻认识全面从严治党的重要性和紧迫性，把抓好党建作为最大政绩，以更加负责的态度、更加有力的措施推进党建，为南海的改革发展提供坚强组织保证。

三、创新思维，突出重点，全力以赴推动新一轮改革发展

今后一段时期，区委的工作主线是：主动适应新常态，积极把握新机遇，以发展为第一要务，以城市升级为引领，以深化改革为动力，以加强党建为保证，努力打造品质南海，全面提升南海的长远竞争力和市民幸福感。

（一）以区域合作为重点方向，促进各类优质资源集聚南海

经过多年的发展，南海更加具备集聚优质资源的条件，我们要顺应区域经济一体化的发展趋势，发扬海纳百川的精神，以更广阔的视野，找准南海在整个珠三角城市群中的定位，以广佛同城为重点，全方位加强区域合作，实现发展共赢。

——加大力度推进广佛同城。广佛同城，南海先行。广州是国家中心城市和华南地区最大的城市，辐射效应和影响力巨大。南海与广州历史渊源深厚，同城化基础扎实，未来合作仍大有空间。要以“追靓女”的耐性和韧劲，用更新的高度、更大的力度全面提升合作量级，以交通路网为重点进行全方位对接，积极对接省以及广州产业、科技、人才、教育、医疗等方面的优质资源，让我们的发展得到进一步提升。

——建设粤桂黔高铁经济带合作试验区。南广、贵广等高铁的开通，将极大促进泛珠区域的资源流动和经贸合作。我们要更有远见，紧抓机遇，以佛山西站为枢纽，以佛山国家高新区为载体，建设粤桂黔高铁经济带合作试验区，打造一个高品质的泛珠合作平台，积极拓展南海优势企业的发展空间，充分吸引西南地区的总部研发、高端制造、销售服务、文化旅游等优质资源，力争把南海建成西南地区与珠三角对接的桥头堡。

——打造国际化合作平台。港澳是现代服务业的集聚高地，也是南海对外合作的重要地区，我们要发挥三山紧邻广州南站的优势，把握粤港澳服务贸易自由化以及广东自贸区设立的机遇，把三山打造成粤港合作高端服务示范区。发挥中部片区先进制造业集聚优势，加强与欧美日的产业技术合作，吸收更多国际优质资源。

——加强与市内各区的联动。以优势互补、互利共赢为原则，完善交流合作机制，在交通对接、环保共治、公用事业、文化旅游等方面，加强与市内各区的合作互动，促进区域一体化发展。

（二）以城市升级为战略抓手，全面引领经济社会综合转型

我们要全面加强城市软硬件建设，不断完善城市功能，丰富城市内涵，推动城乡改貌和城市升值，让南海成为人人向往的地方。

——完善基础设施。集中力量推进佛山西站、新交通试验段等重大项目的建设，加快建成投运，尽早产生效益。狠抓基础设施特别是政府投资项目的建设质量，打造百年工程。优化重大项目规划建设，结合实际进行微调，提高建设资金效益。积极探索创新投融资机制，推动城市基础设施建设的可持续发展。

——推进精细管理。衣服可以有补丁，但不能

不干净。南海已经进行了高强度的城市建设，接下来关键是要把城市管理做精做细。推进基层网格化治理，强化政务数据统筹与共享，加强规划、建设、工商、环保、卫生、创文等工作与城市管理的联动。优化公共交通系统，改善城市绿化，保持城市整洁，打造一个有秩序、有品位的城市环境。加强城市形象和文明素质宣传，让更多人了解南海、喜欢南海、常来南海。

——优化生态人文环境。依法打好环保攻坚战，对环境违法行为坚决出手。实施环境综合治理，加快截污管网建设，强化大气和水体污染防治。规范企业行为，引导社会参与，形成齐抓共治的良好环保氛围，打造碧水蓝天的生态环境。注重保护文脉，丰富人文气息，让城市更像城市，让乡村更有乡味，充分彰显南海作为岭南源的魅力。

——深化“三旧”改造。“三旧”改造是南海今后的发展空间所在。要充分利用先行先试的机遇，加强政策引导，激活市场力量，全面提升改造的效率和水平。以村级工业园和区域连片改造为重点，推进新一轮“三旧”改造，将释放出来的空间优先用于制造业发展和产业社区建设。加快集体建设用地流转，释放集体土地活力，试点推进整村改造，加快新型城镇化步伐。

（三）以产业转型升级为根本支撑，全面提升经济发展质量和效益

我们要弘扬陈启沅实业兴国的精神，紧盯实体经济，强化创新驱动，着力提质增效，加快产业转型升级，使南海的经济更有活力地向前迈进。

——构建以先进制造业为主体的现代产业体系。以制造业为根本，积极发展与城市、环境相容的产业。加快传统优势产业转型升级，推广智能制造、绿色制造。大力发展先进制造业特别是装备制造业，把南海打造成为珠江西岸先进装备制造产业带最具潜力的一极。发挥广佛同城、粤港澳合作的优势，发展壮大现代服务业和2.5产业[②]。积极推动农业现代化、规模化、精细化发展。

——发挥本土企业转型升级主力军的作用。星星多是南海的优势，要让繁星更加浩瀚，让星空出现更多月亮。我们要像对待家人一样，用心用力支持企业发展。完善“雄鹰”计划、“北斗星”计划等扶持政策，出台产业发展指引，强化商协会作用，促进本土企业与外界元素的合作，引导和鼓励企业在增资扩产、技改提升、上市融资、市场开拓、品牌标准等方面再上新台阶。优化公有资产发展，更好地发挥其公益性、基础性和引领性作用。

——致力把南海打造成为创新创业者乐园。创新驱动实质上是人才驱动，我们要深化“人才立区”战略，善于“傍大学”，加强与高等院校、科研院所的联系，以市场为导向、以企业为主体，深化产学研合作，全面增强智力支撑。推进协同创新，建设更多公共创新平台，力争更多省级以上重点平台落户南海。依托佛山国家高新区和广东金融高新区，推进金融、科技、产业融合创新，营造“大众创业、万众创新”的环境，为创业者提供孵化、加速、融资等综合支持，建设一批“创业苗圃”，吸引、选拔和培育更多优质“企业苗子”，为造就“企业森林”夯实基础。要引导更多民间资本参与，让“创二代”发挥更积极的作用，打造南海创业品牌。

——把招商引资作为转型升级的强大动力。严格按照“环境友好、税收贡献大、带动能力强”的选资标准，利用丰富的载体和空间，关注、研究和引入各类适宜在南海生长的经济要素。强化招商统筹，建立招商信息与资源共享平台，完善队伍和机制建设，强化区与镇、镇与镇的联动。创新招商方式，加强平台招商、中介招商、以商招商和人才招商，注重发挥行业龙头的带动效应，吸引上下游产业加速集聚。

（四）以深化改革为突破口，进一步释放市场和社会的活力

我们要以转变政府职能为核心，积极鼓励基层探索实践，发挥广大党员干部和社会各界的智慧和力量，统筹推进重点领域改革，全面增强改革的系统性和实效性，通过改革进一步释放发展红利，惠及民生，增强市民幸福感。

——推进“法治南海”建设。强化依法行政和司法公正，统筹做好司法改革，加大力度促进“两法衔接”。规范政府权力运行，深化审批制度改革，让更多的权力通过规范交给社会。健全依法决策机制，推进政务公开，加强权力制约和监督。理顺区镇和片区管理体制，深化园镇融合，释放镇街发展活力。支持人大、政协发挥作用，完善基层民主法治建设。做好全民法制宣传教育，深化法治村居建设，依法解决矛盾纠纷，夯实“法治南海”建设的基础。

——深化社会治理改革。完善“社案制”[③]和创益体系，大力培育社会组织和社会工作人才，创新社会服务发展机制，推动各民主党派、工青妇、商协会和社会团体在社会治理中发挥更大的作用，

着力构建党领导下的协同共治格局。加快基层治理重构，优化集体经济组织治理机制，推进股权确权工作，建立长期稳定的产权关系。深化土地制度改革，做好“多规合一”试点。专题研究解决宅基地和留用地等历史遗留问题，增进群众与政府的互信。强化村居公共服务，提升城乡统筹发展水平。

——深化民生领域改革。坚持长远、可持续、负责任的原则，切实保障民生底线，优化民生结构，提升民生品质。促进教育公平与均衡，提升职业教育水平。丰富公共文体服务内容，推动文体事业发展。完善卫生管理体制，改进基层卫生服务。健全社会保障体系，加快养老事业发展，推进城乡高质量就业，做好区内外扶贫工作。加强食品药品监管，做好安全生产和应急处突，重拳打击各类违法犯罪，建设平安南海，确保群众安居乐业。

（五）以直联工作为战略安排，全面夯实党建主业

我们要牢固树立党建主业意识，突出全面从严治党这个主线，把思想建设、制度治党落到实处，以党建凝聚力量，推动改革发展。

——发挥直联战略作用。直联工作是南海大抓基层建设、强化党建主业、推动长治久安、提升长远竞争力的内在要求，必须坚定不移地推进。要在“三谈双联三保障”④的基础上，加强统筹协调，以系统思维创新联系群众的方式和解决问题的办法，增强直联工作的生命力和影响力，以直联推动党的基层战斗堡垒建设，解决联系服务群众“最后一公里”问题，密切党和群众血肉联系，引导和推动基层经济社会综合转型。

——全力抓好党建主业。深入践行群众路线，推动作风建设常态化、长效化。认真开展“三严三实”专题教育，进一步抓好软弱涣散党组织整治。建立完善党组织书记述职考评、逐级约谈制度，健全党建考评体系。推进党代会常任制试点。深化党建三年行动计划。及早谋划基层换届选举，强化党组织对基层各类组织的覆盖引领。加强区域化党建，引导村居党组织做好“三务一监督一调解”⑤，做实“两新”党组织属地化管理，做强集体经济组织党组织，提升党员管理科学化水平，找准党组织服务创新突破口，建设“堡垒型+服务型”党组织。

——深化党风廉政建设。严格落实党风廉政建设主体责任，深化纪检体制机制改革，落实纪委监督责任。保持高压态势，严肃查处违纪违法行为。完善惩治和预防腐败体系建设，强化权力运行的监督制约，加强对财政预决算、“三公”经费公开、重大工程项目和公共资源交易的审计监督。加大党风廉政建设宣传教育力度，强化廉洁自律意识，筑牢遵纪守法思想防线。

——加强干部队伍建设。以理想信念教育为核心，强化干部队伍的思想引领，进一步解放思想，凝聚共识，营造干事创业的良好氛围。在从严管理、干净干事的前提下，努力探索建立新常态下的动力机制，对法律政策不明晰的领域，结合实际出台工作规范，让党员干部有章可循、有据可依。各级领导特别是“一把手”必须以身作则，带好队、引好路，更加关心爱护干部，主动开展谈心谈话，及时疏导压力，激发队伍活力和创造力，打造一支朝气蓬勃、开放包容、敢于负责的干部队伍。

同志们，经过历届的努力，南海已经打下了很好的基础，现在正处在转型升级的关键时期。重任在肩，时不我待，让我们在省、市的坚强领导下，齐心协力、鼓足干劲，以更加奋发有为的精神，扎实推进各项工作，为全面提升南海的长远竞争力和市民幸福感而努力奋斗！

注释：

①“三单”管理：以负面清单（事前）、准许清单（事中）、监管清单（事后）三个清单组成的行政审批和权力运行监管体系。

② 2.5 产业：指介于第二和第三产业之间的中间产业，既有服务、贸易、结算等第三产业管理中心的职能，又兼备独特的研发中心、核心技术产品的生产中心和现代物流运行服务等第二产业运营的职能。

③ 社案制：指政府机构、咨询机构、自治组织、社会组织针对群众共性需求或社会问题，经过特定程序形成问题解决方案，从而改善政府公共服务的协同共治机制。

④“三谈双联三保障”：“三谈”即群众来访驻班面谈、群众诉求逐一约谈、重点群体主动访谈；“双联”即户联系和企业联系；“三保障”即“固定时间、固定地点、固定团队三个固定”形成常态要求，“区党联部、镇街党联办、村居党联室三级机构”强化组织保障，“区镇村三级联动”化解基层矛盾。

⑤“三务一监督一调解”：夯实党务、落实政务、创新服务、强化监管、做好调解工作。

政府工作报告
——2015年2月11日在佛山市南海区第十五届人民代表大会第五次会议上

佛山市南海区区长　郑灿儒

各位代表：

现在，我代表区人民政府向大会作工作报告，请予审议，并请政协各位委员和其他列席人员提出意见。

2014年经济社会发展回顾

过去一年，在市委、市政府和区委的正确领导下，在区人大、区政协的监督支持下，我们围绕产城人融合发展和人民满意政府建设两大主题，改革创新谋突破，精耕细作求实效，风正心齐促发展，全区经济行稳致远，社会大局和谐稳定，区域综合实力位居全国市辖区第二名，城市影响力和感召力显著增强。全年预计完成地区生产总值2373亿元，比上年增长8.7%；地方公共财政预算收入166.6亿元，增长14%；固定资产投资总额792亿元，增长15.6%；全社会消费品零售总额831.5亿元，增长13.2%；城镇、农村常住居民人均可支配收入分别增长8.9%和9.5%。

第一，产城人融合发展驶入快车道。

过去一年，我们坚持产业强区、生态兴区、人才立区，全力推动产城人融合发展，产业转型和城市升级双双进入上升通道，对优质项目和优秀人才的磁吸效应愈加强劲。

载体集聚功能增强。我们不断加大平台招商、以商引商力度，中欧科技合作产业园、大金智地联东U谷等优质平台成功落户，樵江科技园、天富科技城等园区启动建设，力合佛山科技园、佛山创智港等载体陆续投入招商。广东新光源产业基地累计进驻企业130多家，国家环境服务业华南集聚区累计引进企业超50家，中国医卫用非织造产品示范基地申报成功，新兴产业形成集聚发展态势。东部金融区累计进驻企业216家，总投资507亿元，汇丰环球客服运营中心、广发金融中心等重点项目相继投入使用。中部高新区获批打造广东省智能制造示范基地和珠江西岸装备制造产业创新基地，集聚了汽车制造、3D打印、机器人等一批先进装备制造企业，其中一汽-大众项目一期实现产值263亿元，项目二期正式开工，建成后总产能将达60万辆。西部旅游区国艺影视城、康园、南国酒镇等项目加快建设，樵山瀑影、听音广场全面完工，渔耕粤韵文化旅游园首期、新三湖书院、吴家大院相继落成开放。

第三产业蓬勃兴起。电商产业飞速发展，阿里巴巴、京东、骆驼服饰等龙头电商落户，C时代互联网产业园、广佛智城电商体验之都进驻电商企业超过60家。金融服务业持续增长，新引进人民银行广东金融电子结算中心、省农信社后台服务基地等项目54个，易联支付、沃银支付、旅联商务等互联网金融机构抢滩进驻。商贸服务业逐步集聚化和高端化，引入永旺梦乐城、宜家家居、喜来登、希尔顿等一批主题商业和知名酒店品牌，万达广场、万科广场、怡丰城等大型商业综合体建成开业，桂澜路千米商贸长廊逐步成型。工业服务业和科技服务业加快发展，质量检测、科技培训、专利代理等第三方服务机构不断集聚，产业配套服务能力显著提升。

金科产深度融合创新。成功获批建设全省金融、科技、产业融合创新综合试验区，基本建成“一基金三平台”[①]融合创新体系。佛山民间金融街汇集银行、保险、证券、股权交易等多种金融业态，进驻项目60多个。股权交易中心以融资服务为核心，构建起产品齐全和配套完善的新型融资服务体系，累计注册挂牌企业1141家，其中超过50%为科技型企业，帮助企业融资近40亿元。依托佛山科技街，不断加强科技创新公共服务平台建设，广东半导体照明产业联合创新中心、广工大数控装备研究院等相继投入运营，企业技术研发服务能力进一步增强。打造清华校友创新创业基地，建立“创享蓝海”“力合创智”“芯光源”等孵化器8个，在孵企业达150家，孵化项目产业化进程不断加快。成功推动6家企业挂牌新三板，全区上市及挂牌新三板企业累计达到19家。

企业服务更趋常态化。大力推动企业技改升级，完成企业技改项目备案46个，投资总额56亿元，继续位居全省同级前列。新认定国家企业技术中心1个、国家火炬计划重点高新技术企业2家，9家企业获得国家科技型中小企业创新基金立项。稳健实施以注册资本认缴登记制和先照后证为主的工商登记制度改革，有序推进“个转企”“同城通办”等工作，新注册企业实现92.6%的“井喷式”增长。持续加强质量品牌建设，新增中国驰名商标15件，省著名商标42件，省名牌产品54个，总量均居全市首位。优势传统产业提质增效，省标准化示范区通过验收，获批筹建全国内衣产业、陶瓷产业两个知名品牌创建示范区。拓宽中小企业融资渠道，获评国家知识产权强县工程示范区，全年发放政府信用担保贷款5亿元、知识产权质押贷款1亿元。

人才引领作用凸显。人才强企行动加快推进，人才工作更加聚焦、深化。持续实施“蓝海人才计划”，新引进创新创业团队36个，累计引入国家“千人计划”专家18名、中科院“百人计划”专家7名，有效提升了企业科研创新能力。以国际化视野引才育才，发挥海内外引才联络处作用，组建国内首个德国高级专家工作站，成功推动坚美铝材、昭信集团等本土企业与国内外高校对接合作。建立人才服务直联机制，新认定评定高层次人才51名，实施技能人才晋升培训“直补个人”政策，营造了重才爱才的良好氛围。

环境治理纵深推进。投入18亿元深化内河涌综合整治，重点推进广佛交界区域挂牌督办河涌整治工程，积极向水环境污染宣战。完善市政污水处理设施建设，新建截污管网125千米，全区截污主管网基本建成。实施多维度、多样化环保执法，成立环保警察中队，有效遏制违法偷排行为。积极实施污染分类治理，突出抓好重点行业、重点区域、重点项目整治，全年整治提升企业275家，强制关停污染企业1087家。全面加快黄标车淘汰进程，累计淘汰黄标车和老旧车28146辆，顺利完成新能源汽车推广应用任务，全区$PM_{2.5}$下降15.1%，空气质量得到有效改善。

基础设施提档升级。大手笔推进城市升级，累计完成投资585亿元，城市载体功能显著增强。交通路网日臻完善，南九复线、新西樵大桥、三山南桥、罗行大桥等重点工程建成通车，原321国道南海段一期工程完成改造。稳步推进公交扩容提质，完善公交站场和公共自行车站亭建设，常规公交日均客流量近65万人次，中心城区公交分担率达到27.8%。佛山西站主站场征地拆迁基本完成，新交通主骨架规划方案进一步完善，城市立体化交通雏形初现。

城市面貌显著改观。以创建全国文明城市为抓手，启动实施美家行动计划，大力整治违规户外广告招牌和建设工程渣土乱象，加大建筑工地扬尘治理力度，群众对市容环境满意度不断攀升。投入3.2亿元，完成55个道路绿化和公园建设提升工程，新增和改造绿化面积近170公顷。成功获批全省新一轮深化“三旧”改造综合试点，桂城华南汽车城、沥桂新城大沥核心区、丹灶大金智地、里水艺术河畔等连片改造项目进展顺利。探索集体建设用地流转和村居社区公寓建设新模式，农村土地红利得到进一步释放。

第二，人民满意政府建设步入常态化。

过去一年，我们坚持问需于民、服务于民、普惠于民，全力建设群众满意的服务型政府，发展成果惠及群众范围不断扩大，政府公共服务能力日益增强。

社会事业稳步提升。全面落实十件民生实事，做到件件有着落，事事有回音，交出了一份让市民满意的答卷。深化教育综合体制改革，全年教育总投入43亿元，率先成为全省首批全国义务教育发展基本均衡区，教育公平度进一步提升。持续推进文化改革发展，南海醒狮首次亮相央视春晚，西樵镇获评为中国历史文化名镇。试点推开家庭医生式服务，有效防控登革热疫情，成功创建国家慢非病综合防控示范区。社会创益体系不断完善，镇级创益中心建设实现全覆盖，社会组织作用日益凸显，社会服务更加普惠于民。创新应急信息综合平台运用，率先建设人防预警信息发布系统，应急管理科技支撑力和联动处置能力显著增强。劳动关系调控体系不断完善，劳资纠纷预防化解能力进一步提升。实施熟食品小作坊集中管理，完成企业安全生产标准化创建任务。稳步推进治安防控体系建设，社会面治安管控能力明显增强，里水镇、大沥镇获评为全国安全社区。

政府改革全面深化。创新成立全国首个数据统筹局，初步实现政务数据统筹共享。大胆探索“三单”管理改革，率先公布行政职权清单，深入开展行政审批标准化建设，全面下放企业投资管理权限，行政服务效能不断提高。“市民之窗”服务终端实现区镇村三级全覆盖，全年通过终端机办理事项突破16万件。镇街公共资源交易中心加快建立完善，股权确权改革试点工作有序铺开，农村三大平台数据逐步实现对接共享，集体经济管理交易更加透明规范。加快南海云安产业转移工业园建设，对口帮扶33个贫困村成效明显。扎实开展党的群众路线教育实践活动，在全省率先探索推进直接联系群众制度，开通聚焦“四风”网络监督平台，干部作风得到进一步转变。

各位代表，成绩跃然纸上，艰辛自在其间。这里面凝聚着广大干部群众和社会各界人士的心血和努力，在此，我谨代表区人民政府，表示衷心的感谢！

回望过去的一年，我们深刻体会到，经济发展进入中高速增长的新常态，南海转变发展方式、加强自主创新的动力将更加强劲，经济将更有韧性，发展空间将更为广阔。同时，新常态下也伴随着新问题、新矛盾，主要表现在：一是产业发展方式比较粗放，工业投资质量和效益偏低，企业自主创新能力不足，产业转型升级任重道远。二是城市发展空间受限，城市管理不够精细，交通、绿化、保洁等软环境有待进一步提升。三是改革深度和系统性不强，农村深层次矛盾依然错综复杂，社会管理服务压力日益加大，基层治理方式亟待优化。对于以上问题，我们将高度重视，采取有力措施认真研究解决，为南海经济社会跨越发展创造良好氛围和有利条件。

2015年政府主要工作任务

2015年，是全面完成“十二五”规划的收官之年，也是持续深化改革、加快转型发展的攻坚之年。当前，世界经济复苏疲弱，宏观形势复杂多变，要素制约依然突出，面对压力和挑战，我们只有善于借势借力，充分挖掘南海地处广佛同城桥头堡的区位潜力，充分释放“三旧”改造加速城市更新的政策活力，充分激发民营经济做大做强的内生动力，才能在激烈的区域竞争中逆势而为、有所作为、成功突围。新的一年，我们要以党的十八届三中、四中全会精神为指引，贯彻落实省、市相关会议和区委十二届六次全会精神，坚持发展第一要务，坚定推进依法治区，以问题为导向深化改革，全方位加强区域合作，着力推动产业转型、城市升级、民生改善、政府建设等各领域同步协调发展，把全面提升地区长远竞争力和市民幸福感作为一切工作的立足点和出发点，谱写南海改革发展新篇章！

2015年区政府工作的主要预期目标是：地区生产总值增长8.5%，其中第三产业占GDP比重达46.5%，地方公共财政预算收入增长10%，全社会固定资产投资增长15%，城乡居民可支配收入与经济发展同步增长。

——争当创新驱动先行者

1. 力促金融、科技融合创新。深化全省金融、科技、产业融合创新综合试验区建设，加强佛山民间金融街和佛山科技街项目招商与对接，促进投融资机构和创新资源集聚，为产业腾飞插上金翅膀。发挥股权交易中心龙头作用，积极构建集股权、债权、知识产权、科技创新于一体的新型融资服务体系，探索多层次资本市场对接机制。优化科技创新环境，深化“一基金三平台”融合体系建设，加快广东猎投基金运作，引导社会资本参与和培育科技项目。发挥“金洽会”“岭投会”等品牌影响力，畅通金融、科技对接渠道，促进金融、科技产业项目融合发展。加快公有资产混合所有制改革，推动公有资产在具有公益性、基础性、引领性的领域中发挥积极作用，促使公有资产从一般性竞争领域退出。紧抓IPO重启和新三板扩容机遇，加快推动重点上市后备企业改制上市。

2. 鼓励企业自主研发创新。始终确立企业作为科技创新的主体地位，持续加大技术研发投入，让科技创新成为引领南海经济增长的强劲引擎。不断丰富科技创新发展中心服务内涵，加强广工大数控装备研究院、广东3D打印产业创新联盟中心等公共服务平台建设，引导企业与高校科研机构开展技术合作，进一步推动产学研协同创新。积极运用市场和社会力量，推动“创享蓝海”“芯光源”等产业孵化器扩容建设，引导更多创新要素向企业集聚。大力推进企业管理创新、品牌创新和技术标准创新，加强知识产权创造、运用和保护，着力提升企业自主创新能力，助推南海从生产制造基地向创新驱动中心转变。

3. 加快行政服务模式创新。别人嚼过的馍没有味道，没有体制创新，经济发展就无从依附。全面启动“一窗通办”新模式，规范行政审批全链条管理，有效提升为企业、群众办事效率，构建具有南海特色的“331”行政服务体系②。大力清理非行政许可审批事项，严格限制自由裁量权，提高行政审批效率。探索制定行业准入审批标准，促进全流程办理环节透明公开。深化工商登记制度改革，充分激发和释放市场主体活力，进一步增强经济发展内生动力。以数据统筹为突破口，全面推进互联网政务信息数据服务平台和便民服务平台建设。

4. 推动人才支撑体系创新。人才蔚起，区运方兴。我们将深入推进人才强企，持续实施“三计划一联盟”③，加快集聚海内外领军人才、中高端紧缺人才和产业技能人才，不断深化拓展科技镇长团、海外工程师等柔性引智规模，让人才成为托起“南海梦”的中坚力量。突出企业育才主体地位，创新企业家分类、分层、定制培训模式，增强企业人员培训针对性和“自我造血”功能。着力增强“蓝海人才计划”品牌影响力，不断完善创新创业团队服务体系，积极营造大众创业、万众创新的社会氛围和政策环境，把南海打造成为创新创业者的乐园。

——树立产业转型新标杆

5. 全方位加强区域合作。南海作为广佛同城的前沿和主阵地，要积极加强与广州在交通、金融、科技、人才等方面的合作，重点以路网对接为突破口，力争年内启动广佛出口放射线二期、大坦沙大桥接建设大道、长江路接南浦大道等道路建设，全力推动广佛同城化向更高层次、更深领域发展。抢抓建设粤桂黔高铁经济带合作试验区机遇，以佛山西站枢纽城为核心区域，以佛山国家高新区为主要载体，着力打造一个高品质的泛珠合作平台，为珠三角特别是南海优势企业走向泛珠地区拓展空间，为泛珠地区优质资源进入珠三角创造良好环境，推动粤桂黔地区在产业、资源、文化等多领域开展广泛合作，实现区域合作互惠共赢。紧紧把握粤港服务贸易自由化和广东自贸区建设契机，以金融高新区和三山新城为重要平台，大力吸引香港金融科技、总部研发、专业服务等机构进驻，努力打造粤港合作高端服务示范区。

6. 更大力度推进招商引资。进一步整合招商资源，创新招商机制和招商方式，积极推动网络招商、中介招商、定向招商和以商引商，实现经济增量高品质扩张。擦亮现有国省级产业基地金字招牌，活化产业用地和产业载体，支持镇街开展特色产业招商。加大中欧科技合作产业园、欧洲中小企业园、日本中小企业园等载体招商力度，加速集聚一批日欧优质企业。全力支持佛山国家高新区建设珠江西岸装备制造产业创新基地，发挥一汽-大众、东方精工、南方风机等龙头企业带动作用，大力引进汽车制造、机械装备、精密仪器等优质项目，培育形成一批先进装备制造产业集群。

7. 积极培育三产新增长极。坚定不移落实好三产规划，为三产发展创造宽松环境和温暖春天，打造新的经济增长点和动力源。以金融高新区为依托，加快金融服务业发展，着力引进一批国际知名金融机构后台和知识密集型服务外包机构，大力发展互联网金融，鼓励吸引新金融业态和法人金融机构落户。积极发展电商产业，加快推进阿里巴巴南海产业带、京东云产业基地、普洛斯电商物流园等平台建设，进一步拓展企业海内外市场。加大环境服务业发展力度，推广环境服务超市，培育和引进有利于环保产业强链、补链的核心企业。加强文化旅游、商贸零售、现代物流、工业服务等行业规划和引导，鼓励发展文旅产业、主题商业和2.5产业[④]，推动服务业差异化、集聚化发展。

8. 全力打造民营经济升级版。突出民营企业在经济发展中的主导地位，要像对待家人一样用心用力支持企业发展。积极推动存量经济提质增效，鼓励企业增资扩产、技术改造和建立总部，切实提高工业投资效率和效益。深入推进“雄鹰计划”和“北斗星计划”，继续运用好“一企一组、一企一策”扶持措施，切实解决企业发展难题。创新政府、协会、企业三方互动模式，大力支持产业联盟和区域品牌抱团发展。不断完善企业服务体系，把“企业·家”作为服务民营企业的主阵地，把商协会作为服务民营经济的主体力量，让企业在灿烂阳光和肥沃土壤中茁壮成长。

9. 更高效率推进“三旧”改造。抢抓新一轮深化“三旧”改造综合试点机遇，重点推进村级工业园改造，为高端制造业、高新技术产业和生产性服务业发展腾出更多空间，促进产业结构持续优化。积极探索推进集体土地招商，充分发挥“三旧”改造项目推介会桥梁纽带作用，实现“三旧”改造与招商引资无缝对接。统筹推进区域连片改造，优化城乡产业布局，加快镇街重点项目和工业提升改造项目建设，着力打造一批以产业为主体、基础设施和生活配套完善的示范性产业社区，更好地为产城人融合发展提供路径和样板。

——推动城市更新再提速

10. 完善区域路网架构。以更大魄力推进禅南三区域路网对接，着力打通区间断头路，积极推动文华路北延线、海五路西延线、桂澜路北延线、博爱路及博爱大桥等重点项目建设，进一步拉开城市框架。加快完善金融高新区、三山新城、听音湖片区、博爱湖片区、丹灶新城等重点片区路网，大力推动丹金大道及有为隧道、樵江路、佛平路等镇街道路建设和改造，有效改善区域交通环境。紧紧把握轨道交通加速集聚人流、物流、信息流等要素的优势，集中资源推进佛山西站枢纽工程和新交通试验段建设，努力将南海打造成为对接珠三角、连接大西南的桥头堡。

11. 深化环境综合治理。我们治理环境的决心更大，百姓享受蓝天碧水的日子就更多。要持续保持环保执法高压态势，加大对无牌无证、偷排偷放企业的整治力度，集中解决在一定区域、一定时段严重污染环境和群众反应强烈的突出问题，切实维护群众环境权益。编制“一村一策”环境整治方案，重点加强村组工业园专项污染整治。稳步推进内河涌深化治理项目，加强水质监测和源头治理，着力推动广佛跨界重点河涌达标整治，持续改善水环境。全面启动污水管网统一运营，加快二级截污管网与主管网对接连通，妥善管理新增排污口，提高截污纳污处置能力。充分调动更多社会力量，让企业和群众自觉参与环境治理，共建共享绿色美丽南海。

12. 强化城市精细管理。增强规划综合性和科学性，推动城乡建设、交通路网、生态环保、土地利用等领域“多规合一”。加强建设工程渣土管理和扬尘治理，规范工地文明施工行为。推动城市管理向社区街巷、城中村、城乡结合部、农贸市场及周边区域延伸覆盖，继续做好户外广告招牌规划管理，重拳打击违法建设和违规用地行为。加强林业资源保护，精心推进城市道路绿化和高速路生态景观林带建设。实施餐厨垃圾、建筑垃圾分类处理，增强市容环卫末端处置能力，全力做好国家卫生城市迎检复审工作，进一步美化城市环境。建立健全城市治理大数据统筹共享和分析研判机制，加快社会网格化治理平台建设，提升城市数字化、智能化管理水平，争创国家智慧城市典范。加强历史文化传承和保护，推进康园、吴家大院、平洲玉器街等项目建设与改造，进一步活化历史文化资源。

——建设依法治理首善区

13. 推进权力运行规范化。加强法治政府建设，坚持运用法治方式解决征地拆迁、行政执法、食品药品监管、安全生产等社会治理难题，推动政府理政从经验思维向法治思维转变，把权力关进制度的笼子里。继续完善政府权责清单编制工作，落实重大行政决策法定程序，深化行政复议委员会试点建设，探索社会政策观测体系公共评议功能，不断提高决策科学化、法治化水平。深入推进行政执法和刑事司法衔接工作，坚持涉众型经济犯罪常态化打击，有效维护市场经济秩序。健全企业用工数据库，推进行政金融联动监控企业工资支付工作，提高劳资纠纷预警和处置速度，切实维护劳动者合法权益。

14. 推动基层治理法治化。全力推进股权确权到户改革，积极引导集体经济组织实施股权管理新模式。深入开展法治村居建设，全面落实村居法律顾问制度，进一步加强基层法律服务工作，推动村居治理向法治化转变。加强村居及工业园区流管站建设，创新城市物业小区和农村社区出租屋管理模式，不断提升流动人口和出租屋服务管理水平。全面铺开社区网格化治理工作，明晰基层组织权责关系，不断完善基层治理运行体系。积极举办首届社会服务洽谈会，推进成立镇街社会服务联会。健全社区学院建设，为社区干部群众搭建社会管理创新的互动平台。深入开展平安创建活动，推进治安防控立体化建设向基层延伸，着力改善村居治安环境。

15. 强化干部队伍执行力建设。深入实施“好干部”工程，完善干部选育制度体系，建立健全机关、事业单位人员和辅员晋升机制，激发干部队伍干事创业热情。充分发挥镇街主战场作用，不断锤炼基层干部在新常态下勇于创新、敢于担责的能力和魄力，要为肯干事、能干事、敢担当的干部撑腰。加大重点项目、重点工作督查督办力度，敢于对工作不力、失职渎职的干部进行问责，用制度鞭策干部勤政廉政。深化直接联系群众制度，推动直联工作常态化，着力解决一批群众反映强烈的突出问题，以实际行动和实在成效取信于民。

——打造和谐幸福家南海

16. 办好办成一批民生实事。以人民满意政府建设为总抓手，着力推动落实一批民生实事，把民生工程办成民心工程，将南海建设成为近者悦、远者来的岭南宜居福地。今年，我们将重点办好以下十件民生实事：

一是改善生态环境质量。深入推进公园化战略，新建和改造社区公园40个，新增绿化面积33公顷；整治提升村级工业园38个，全面完成黄标车淘汰任务。二是优化公交出行环境。搭建快速公交骨架，新增不少于100辆公交车，新设立30个公共自行车站点和投放2000辆公共自行车，在不少于200辆公交车、2个公交站场免费开放WIFI服务。三是推动教育公平发展。扩建、新建一批中小学校，提高免费义务教育公用经费补助标准，力争非户籍常住人口新生入读义务教育公办学校达到70%；加强公益普惠性学前教育建设，公益性和普惠性幼儿园比例达到60%以上。四是实施文化惠民工程。开展省级公共文化服务体系示范区创建工作，对送戏下乡、社区文化活动、图书进基层、文化景点门票等四个领域试行文化消费补贴，在50个村居开展综合性文化服务中心试点建设。五是完善社会保障体系。推动企业职工养老保险、城乡居民社会养老保险、全征地居民养老保险补贴制度相衔接，着力解决超龄人员参保问题；建立专项救助基金，积极推进“救急难”工作，推动残疾人综合服务中心建设。六是促进高质量就业。完善就业服务平台建设，实现新增就业人数2.5万人，城镇登记失业率控制在3%以下。七是加强食品药品安全监管。全面实施熟食品市场准入制和启用农产品检测车，有序推进家禽集中屠宰，保障流通环节农产品安全；推进药品经营企业质量管理规范认证工作，进一步规范药品市场秩序。八是提升公共卫生服务水平。实施免费孕前优生健康检查综合服务，实现免费婚检、孕前优生检查合二为一；推广家庭医生式服务，新增市级示范点8个。九是统筹养老事业发展。落实“平安钟”安装工作，推动居家养老扩面提标，完成区福利中心二期建设，新增养老床位900张，实现机构养老与社区养老、居家养老同步协调发展。十是加强保障房建设与管理。新建保障性住房1854套，规范保障性住房分配和管理，力争分配率达到70%以上。

各位代表！适应新常态、把握新机遇、谋求新发展是时代赋予我们的光荣使命。人民的期盼，不容我们丝毫懈怠；肩负的重任，激励我们奋勇直前。让我们在区委的坚强领导下，更加解放思想，更加振奋精神，更加凝心聚力，咬定青山不放松，一心一意谋发展，为全面提升南海长远竞争力和市民幸福感而努力奋斗！

注释：

① 一基金三平台："一基金"是指成立30亿元的金融、科技、产业融合创新基金（资金），发挥财政资金杠杆作用，引导社会资金投资科技创新、金融创新和产业升级等项目；"三平台"包括企业法人数据库、广东金融高新区股权交易中心和区科技创新发展中心。

② "331"行政服务体系：是指将南海区行政服务体制改革推出的"三网融合"（网络行政、网络问政、网络监督）、"三单管理"（负面清单、准许清单、监管清单）和"一窗通办"服务模式等创新举措充分融合，构建起具有南海特色的行政服务体系。

③ 三计划一联盟："三计划"是指实施"蓝海人才计划"引进创新创业团队，实施"行业精英计划"引进培育企业紧缺适用人才，实施"十万雄兵计划"强化技能人才队伍建设；"一联盟"是指智汇南海企业创新联盟。

④ 2.5产业：是指介于第二和第三产业之间的中间产业，既有服务、贸易、结算等第三产业管理中心的职能，又兼备独特的研发中心、核心技术产品的生产中心和现代物流运行服务等第二产业运营的职能。

附：

2014年南海区十件民生实事完成情况

民生实事	完成情况
着力解决突出的环境问题	完成64条重点河涌"一河一策"水质达标方案编制工作，加紧实施河涌综合整治；完成黄标车和老旧车淘汰28146辆，淘汰率达110%；完成区镇供水资源整合，城乡污水处理率保持在92%以上，城镇生活垃圾无害化处理率达100%。
着力解决市民出行难问题	实施公交扩容计划，新增15条公交线路、400辆公交车，新增投放出租车70辆；启动各镇（街道）公共自行车系统建设，新增站点200个；完成中心城区"五纵五横"公交专用道建设，新建成公共停车场21个。
深入实施公园化战略	完成26个市政公园和社区公园改造建设。
加强食品药品和物价监管	新增"阳光厨房"364个，建成食品安全示范店54个、餐饮服务食品安全示范单位189个，282家药品零售企业被授予"诚信经营示范药店"称号；投入1160万元用于临时价格补贴、平价商店、蔬菜大棚、农副产品储藏及冷链配送等项目，惠及群众20万人次。
加强"平安南海"建设	全年安全事故宗数和死亡人数分别下降2.08%和4.05%，事故宗数实现零增长；"平安细胞"创建达标率达到80%。
提升教育均衡普惠水平	新建成灯湖小学等3所学校，完成小塘中学小学部等3所学校扩建工作，新增优质学位1.1万个；小学、初中义务教育补贴分别提高至1170元和1876元，中职学生全面实行免学费入学。
提升就业及社会保障水平	完成社保扩面提质工作；实现就业服务全覆盖，全年新增就业人数27394人，城镇登记失业率2.33%。
提升医疗卫生服务水平	公办医疗机构实现药品统一集中采购，基层卫生服务机构基本药物使用实现全覆盖，建立区医疗质量安全控制中心，实现专家资源共享，进一步强化医疗质量安全；试点开展家庭医生式服务，建立家庭医生团队23个，签订家庭医生式服务协议2491户（7970人）；启动健康村升级工程，培育出首批五星级健康村8个；全年接受免费孕前优生健康检查（含婚检）人数达24346人。
提升社会公共服务水平	对19场高雅艺术进剧场、3000场送电影下乡活动实施文化消费补贴；区属体育场馆日常免费对外开放，75所学校体育设施向社会开放；全面建成区镇联动的南海社会创益园，区、镇两级财政共投入超过3700万元用于社会管理服务提升；成立出租屋主联合会229个，物业小区流管分站68个，全年登记流动人口信息193万人次，登记备案出租屋31.5万间，形成共管共治格局。
提升住房保障水平	全年新开工建设保障性住房1208套，基本建成3425套，新增分配入住4011套，完成保障性住房投资3.39亿元。

创新集体产权制度　推动新型城镇化建设
——南海区农村集体产权制度改革情况汇报

佛山市南海区人民政府
（2014年11月12日）

近年来，在上级党委、政府的正确领导和大力支持下，南海区解放思想，紧抓机遇，大胆探索实践，以国务院农村综合改革示范试点为抓手，深化集体产权制度改革，积极发展农民股份合作，建立健全农村产权流转交易市场，不断增加农民财产性收入，在农村综合改革的重点领域和关键环节取得一些突破。现将有关情况汇报如下：

一、主要做法和成效

（一）实施“政经分离”，奠定产权改革体制基础。针对农村党组织、自治组织和集体经济组织三位一体、“政经混合”、职责不清导致集体经济问题绑架基层组织、影响基层稳定等问题，2011年6月，南海区从选民资格、组织功能、干部管理、账目资产、议事决策等五个方面将村委会自治职能（含社会管理职能）和集体经济管理职能进行分离，让各组织回归本位，重构基层微观基础，全面实施集体经济组织单独选举，实行农村集体经济组织单列管理，建立起集体经济利益矛盾的“防火墙”，为下一步深化农村集体产权制度改革奠定了体制、机制基础。

（二）全面开展“两确权”，明晰集体资产产权。针对农村集体资产产权模糊、集体经济组织成员资格界定难、股权纠纷多发等问题，2008年，在全区范围内全面组织开展“两确权”。目前，全区224个经联社和2084个经济社的所有权界线已全部核定，集体土地所有权证发证覆盖率达97%；集体建设用地使用证发证覆盖率98.5%，为集体土地交易提供了必要条件；出台了农村集体经济组织成员资格界定和登记管理文件，全面厘清村民、社员股东和特殊群体人员之间的权益及管理边界，建立集体经济组织成员管理台账；出台政策文件，强势落实19395名“出嫁女”及其子女的股权权益，落实人数达到99.3%。

（三）积极发展农民股份合作，赋予农民集体资产收益权。针对人多地少富余劳动力需要转移，二、三产业迅猛发展亟需劳动力，农业适度规模经营的需要与农地经营细碎化矛盾等问题，早在1992年，我区实行以土地为中心的农村股份合作制，农民在自愿基础上，以土地承包权入股，将集体资产折股量化到人，组建股份合作经济组织，以股权体现土地承包的收益权。目前，南海区共组建股份合作经济组织2100个，股东77万人，共发放股权证约71万个（个别以户为单位发股权证）。为解决农村股权争议问题，2013年，南海区结合党的十八届三中全会和2014年中央1号文件的精神，积极探索“确权到户、户内共享、社内流转、长久不变”的股权改革，以户为单位进行股权登记，以户代表作为股权登记主体，长久不改变，增加农民稳定的财产性收益，进一步明晰集体产权和股份分配关系。目前，我区已有5个村（社区）采用该种模式。

（四）搭建管理交易“三平台”，推动集体产权市场化流转。针对农村“三资”(资金、资产、资源)分布散、监管难、纷争多等问题，南海区率先全面构建集体资产管理交易平台、集体经济财务监管平台和集体经济组织成员股权（股份）管理交易平台，不仅实现了集体资产交易的阳光化、集体财务管理的透明化，集体股权管理交易的规范化，还培育和壮大了农村产权交易市场，助推集体经济资源要素优化配置和有序规范流转。截至2014年10月8日，全区进入集体资产管理交易中心成交的集体资产有43337宗，标的总金额达309亿元，溢价增值超20%；集体经济财务监管平台在管财务账2893套，在管资金120亿元；全区77万社员股东的股权全部纳入股权（股份）管理交易平台管理。2011年至2013年三年间，全区涉农信访连续下降19%、53%和15%。

2014年5月14日，农业部副部长陈晓华一行到南海区开展农村集体产权制度改革专题调研

（五）推进集体土地流转，增加农民财产性收入。针对农业规模化水平低、农村产业低端、经济效益低下等问题，我区从规范管理入手，积极推动集体土地流转。一是实施分包改投包，推动农地向适度规模发展。从1989年开始，南海区推行分包改投包，将农用地给种养能手耕作，极大地提高农地的经营效益。目前，全区2.87万公顷（43万亩）耕地全部由集体统一发包，2万家农业种养大户经营面积占耕地和鱼塘总面积的70%以上，实现产值20亿元。二是推动集体建设用地规范化、市场化流转。出台了集体建设用地使用权出让出租管理办法及其实施细则，建立了农村集体建设用地基准地价体系，规定农村集体建设用地使用权流转必须进入集体资产管理交易平台公开交易，全面开展集体建设用地出租，探索开展集体建设用地使用权出让和抵押，初步激活了集体土地发展潜能。目前，进入平台流转的土地共24177宗，涉及土地面积1.2万公顷（18万亩），成交标的总金额223.88亿元；出让集体建设用地74宗，面积115.4公顷（1731亩）；抵押集体建设用地20宗，面积17.6公顷（264亩）。集体土地流转每年为村组两级集体增加收入约62亿元，社员股东年均分红4005元，广大社员股东在集体土地流转中得到较多实惠。三是以“三旧”改造为抓手，推动集体经济转型升级。鼓励支持集体经济组织参与“三旧”改造、城市更新等新型城镇化投资，建设了一批高档次的产业载体，培育发展都市型产业，提高了农村集体资产运营效率，提升了农村股份合作制的内生增长动力。目前全区已完成“三旧”改造土地面积541.27公顷（8119亩）。

二、遇到问题

（一）集体产权制度法律障碍问题。一是集体经济组织法人地位缺乏法律依据。目前我国尚未出台农村集体经济组织的法律法规，没有给予集体经济组织鲜明的法律地位，集体土地、集体资产产权管理缺乏法律依据。二是集体经济组织股权管理缺失。股东持有的股权证是集体经济组织制发的，仅作为内部的分配凭证，没有法律效力。

（二）集体经济组织成员资格界定问题。一是集体经济组织成员资格界定无法律规定，虽然广东省集体经济组织管理规定对成员资格界定作了原则性规定，但由于城市化进程和人口流动加快，农村人口呈多元化、复杂化特征，农村集体经济组织成员权界定日趋困难，造成股权利益争议纠纷不断，上访明显增多，成为当前影响农村社会稳定的重大隐患。二是股权利益纠纷缺乏裁决机制，造成利益群体信访不信法，基层调处矛盾十分困难。

（三）集体建设用地使用权流转问题。一是《土地管理法》规定“农民集体所有的土地的使用权不得出让、转让或者出租用于非农业建设”，制约了集体建设用地的有效流转。二是《合同法》规定租赁最高年限为20年，由于租赁期限相对短，不利于产业的高端化和建设高品质的城市。三是《物权法》规定集体所有的土地使用权不得抵押，土地使用者难以获得融资，不利于盘活资产。四是流转税费未有明确指引。

三、下一阶段改革思路及建议

坚定不移推进股权确权到户改革，以“确权确股不确地”的形式落实农村承包经营权确权登记发证工作，建立更长期稳定的产权关系，减少集体经济利益纷争；探索建立集体土地市场体系，创新集体土地产权登记制度，研究制定融资抵押登记办法，鼓励金融机构开展集体建设用地抵押融资业务，逐步实现城乡土地“同地、同质、同权、同责”。由于目前法律法规相对滞后，结合十八届四中全会精神，建议国家对农村集体产权制度改革试点单位进行法律授权，并明晰法律授权的相关条件、内容和程序，增加法律授权试点工作的可操作性，为深入推进集体产权改革提供有力保障。

创新驱动是推动南海应对经济新常态的关键

佛山市南海区决策咨询和政策研究室

作为改革开放的先行地区，佛山市南海区是全国民营企业较为集聚的地区之一，拥有民营企业近3万家，民营经济占全区GDP的比重达66.7%。但是，由于粗放的发展模式，以及长期处在产业链的最下端，经济发展对土地资源、环境容量的消耗已难以为继，城市良性发展面临各种瓶颈，已成为南海未来面临的经济新常态。为破解这一难题，南海区近年来通过实施创新驱动战略，注重通过创新引领和推动经济转型发展，以文化引领，金融、科技、产业融合和城市更新为抓手，加快释放改革创新红利，逐步成为创新发展的高地，并不断焕发出新的活力。

一、坚持以文化引领区域经济社会发展

文化软实力是地区竞争发展的重要内容，也是区域经济发展的新引擎。南海区重视文化内涵的孕育，更加注重传统文化与现代文化的有机融合，以文化引领经济发展、塑造城市品位、培育社会文明，引导文化建设从文化自觉向文化自信转变，让文化统领并植根于经济社会发展之中。

一是推进文城共融，建设文化发展型城市。把文化建设作为新的增长点，以文化带动产业转型、城市转型和环境再造，探索文化与产业、城市、环境和社会互融共生的科学发展新路径。出台文化发展行动计划等纲领性文件，围绕全区各片区的资源优势特点，分别在东、中、西三大片区打造“潮涌灯湖”“动感狮城”“文翰樵山”三张区域文化名片，让“文化灵魂”深深植根于经济社会发展中，全面提升城市文化内涵。

二是创新体制机制，激活文化发展源动力。制定文化事业和文化产业发展系列扶持政策，仅2011年至2013年区财政安排5亿元资金专项用于文化建设，并撬动200亿元社会资本进入文化建设领域。创新产业投资机制，成立文化产业投资公司和文化产业投资（担保）基金，进行文化产业载体建设和重大产业项目投资。同时依托广东金融高新区的优势，启动建立文化产权交易和投融资平台，带动文化产权质押融资，推动文化创意与文化产业、资本市场融合发展。

三是统筹城乡发展，构建公共文化服务体系。按照城乡标准一体化要求，完善公共文化设施网络，大力推进“城乡十分钟文化圈”建设。目前，南海所有村（社区）“六个一”社区文化活动中心建设已实现全覆盖，区、镇（街道）、村（社区）三级公共文化服务设施网络基本建成。同时，深入实施文化消费补贴、文化资金扶持等文化惠民工程，打造镇（街道）特色文化品牌，带动了各类群众性文体活动蓬勃开展。

在文化引领战略指引下，南海区成为广东省文化综合改革实验区，并成功创建国家公共文化服务体系项目，文化事业和文化产业发展均取得了丰硕的成果。2013年，南海区文化产业增加值占GDP比重达5.38%，有力地促进了经济转型发展。

二、坚持以金融、科技、产业融合发展作为突破口

近年来，南海区依托广东金融高新区和佛山国家高新区发展平台优势，不断优化金融、科技政策环境，引导和带动金融资本向高新技术产业集聚，着力构建和完善多元化、多层次的金融、科技服务体系，初步探索出一条“产业金融”的新路子。中央十八届三中全会将深化金融、科技改革和体制创新放在更重要的战略地位，对南海的发展具有重大的指导意义，南海区提出在金融、科技、产业融合工作的基础上，深化金融、科技、产业融合创新，并以此为突破口推动全区新一轮转型发展。

一是营造金融、科技、产业融合发展环境。创新财政科技资金支持方式，调整优化各项扶持资金的配置结构，改变财政科技资金无偿投入的单一模式，增加了风险补偿、贷款贴息、股权投资等科技金融手段，实现财政科技投入的杠杆效应和公平性。加强科技金融信用体系建设，引进专业信用评级机构，建设企业数据库和信用评级数据库，对企业情况进行定性和定量分析，建立基于数据分析的自动评价系统，逐步探索建立互认互通的数据系统和信用体系。同时通过举办“金洽会”、建设广东产业金融研究院等途径，营造促进金融、科技、产业融合的良好氛围。

二是建设金融、科技、产业融合发展的支撑体系。充分利用广东金融高新区、佛山高新区金融和科技资源集聚优势，促进两个园区深度融合，互促发展。金融高新区投资总额达380亿元，吸引了139个私募创投、金融后台、金融服务外包等创新型机构进驻，包括佛山民间金融街、股权交易中心、深交所路演中心等平台相继投入运营。同时，不断完善佛山国家高新区功能，坚持“人才立区”战略，加强科技服务资源和高端人才的集聚，佛山科技街、产业智库科技服务中心相继落成，成功吸引一大批成果孵化项目、创新创业人才团队落户，为推动金融、科技、产业融合创新发展奠定坚实的基础。

三是完善金融、科技、产业融合发展的服务体系。投入30亿元成立金融、科技、产业创新融合基金，引导社会资金投资科技创新、金融创新和产业升级项目，撬动社会资本超过500亿元以上。成立南海区金融、科技、产业服务中心，整合企业资信管理、投融资对接、创业路演、分析预警、培训教育等功能，建设“一站式”金融、科技服务平台，为企业提供多元化、全方位服务，打造促进金融、科技、产业信息交流、对接的平台。完善金融高新区股权交易中心功能，扩大股权融资规模，探索开展定向融资、私募债、小额贷等新型融资模式，打造促进融合的交易平台。促进金融资源与创新平台的融合，引导投资机构、担保机构、专业银行等金融机构进入孵化器、专业镇等行业创新平台，加速创新成果的转化和产业化。

四是创新金融、科技、产业融合发展模式。开展融资担保模式、集合融资模式探索，发展信贷保险产品和知识产权质押产品，多渠道拓宽科技型企业融资途径，促进企业通过资本市场发展壮大。目前，南海中小企业信用担保基金规模已达1.8亿元，为609家本地中小企业提供超过47亿元的贷款资金；首个国家级知识产权投融资试验区在南海区正式挂牌，已有54家科技型企业立项开展3.4亿元知识产权质押融资项目；科技孵化基金、产业金融引导基金、科技型中小企业风险补偿基金等多个面向科技型产业的基金相继成立投入运营。

在南海区的探索实践下，广东省正式批准南海建设全省金融、科技、产业融合创新综合试验区，率先在全省探索出一条金融、科技、产业融合创新发展的新路径。

三、坚持以城市更新拓展发展空间

作为先发地区，南海区土地整体开发强度超过50%，远远高于日本、香港等发达地区。路越走越窄，压力越来越大。面对建设用地比重偏大、可持续发展空间有限的现状，南海区认识到必须对土地利用效益低下的大量旧城镇、旧厂房、旧村居（简称“三旧”）用地进行重新规划、二次开发。2007年，南海成为广东省“三旧”改造首批试点单位，并在此基础上创新推行城市更新，有效释放集体土地能量，探索节约集约用地，推动产业转型升级、城市和环境再造以及城乡一体化发展的重要路径。

一是构建完备政策体系，推行“政府引导，市场运作”的改造模式。先后出台一系列“三旧”改造政策，在此基础上，形成城市更新实施意见，紧紧围绕市场在资源配置中起决定性作用这一原则，构建起具有南海特色和改革创新意义的完备政策体系，切实解决了历史遗留问题、产业引导扶持问题、土地资源配置问题、土地增值收益分配补偿、政府资金扶持等问题，为产业结构调整和节约集约用地奠定了坚实的政策基础。该政策体系始终坚持“政府引导，市场运作”的市场化改造模式，通过规划统筹、产业导向、目标管理对“三旧”改造项目进行引领，利用优惠政策并通过市场化运作充分调动社会各界参与“三旧”改造的积极性，较好地解决了项目改造所需的大量资金，最终实现政府、土地权属人、投资者三方共赢。

二是创新土地整理模式和改造模式，大胆探索土地增值收益分配机制。在实施连片改造过程中，考虑到集体建设用地的现状，南海区针对土地权属的不同特点，创造性地探索出多样化的土地整理模式和改造模式。在改造模式上，既有通过土地出让引入开发商进行改造的完全市场化形式，也有村居利用集体土地的自行改造形式，还有由政府成立项目公司向村集体统租集体土地进行改造的形式。在改造项目类型上，既有兼顾商业、商住的综合性改造项目，也有专注于产业转型和产业升级的产业类改造项目，还有文化旅游、基础设施类改造项目，既有力带动了第三产业发展，也促进了居民增收和城乡统筹发展。

三是着力推进连片改造项目，优化提升城乡产业布局。在“三旧”改造过程中，南海区考虑到不同规划用途（居住、道路用途等）地块改造后带来的利益巨大差异，以产业连片改造项目为引领，推进片区改貌与产业升级，实现片区改造增值统筹平衡。另一方面，重点引进一批城市更新示范项目和工业提升示范项目，加快产业载体和城市升级建设，着力推进产业转型升级，实现生产空间集约高效利用。最后，通过重点连片改造项目、示范项目的典型示范作用，以点带面，引导和带动其他“三旧”改造项目的开展。截至目前，南海区“三旧”改造推动的城市更新示范项目涉及用地3284.87公顷（49273亩），打造出“千灯湖产业总部经济区”、广佛国际商贸城中心区等一批优质示范项目；工业提升示范项目涉及用地246.2公顷（3693亩），投资金额73亿元，成功建成佛山（罗村）国际口腔器材城、广东生物医药产业基地等一批优质产业连片开发项目。

政务大数据的“南海模式”
——基于南海数据统筹的思考

中国人民大学　冯启娜

运用大数据技术提升治理能力，是当前各国政府信息化应用的重要趋势。要让大数据在政府部门真正地发挥作用，不仅在于建设基础设施、寻找技术解决方案，更重要的是破除一系列的体制壁垒，建立跨部门的数据互通共享机制。2014年5月30日，全国首个以数据统筹为职能的政府部门——佛山市南海区数据统筹局正式挂牌成立，藉此打破部门之间信息互通的行政壁垒，推动数据统筹共享。南海数据统筹对于研究政务大数据而言具有典型意义。

一、南海数据统筹的做法和成效

南海区的数据统筹工作，从梳理数据资产开始，把分散在各个部门的数据收集起来，进行数据提质，建设基础数据库，再通过应用开发，发挥数据服务治理、服务民生、服务发展的作用，力图解决传统电子政务建设各自为政所带来的问题。目前，已经形成了一套较为完整的数据统筹机制，通过政府数据资源目录平台与数据资源应用平台，建设基础数据库和跨部门综合管理服务平台实现数据共享、业务协同，并为决策提供支持。

目前，南海区的数据统筹工作已初见成效，为服务治理、服务民生、服务发展提供了数据及平台应用支撑。2014年10月，南海区电子政务数据统筹被广东省经济和信息化委认定为“2014年大数据应用示范项目”。

二、南海数据统筹模式的经验

南海模式，有其独特的经济基础和信息化基础，也有很多值得推广借鉴的经验。

第一，信息化基础较好，有多年的经验和数据积累。回顾南海的信息化历程，可以发现，数据统筹并非一蹴而就的，而是建立在坚实的电子政务基础之上，经历了网络统筹、硬件统筹、软件统筹三个阶段，才开始进入第四个阶段——数据统筹。20年的信息化建设经验，使得南海不仅有成熟的信息化管理经验，更有浓厚的信息化氛围和专业的队伍。

第二，一把手工程。南海政务信息化建设从起步到发展，再到如今的数据统筹，都得益于由党政一把手的强力推进。区委、区政府领导做了大量的思想动员和协调工作，各部门一把手担任本部门的CDO（首席数据官），这是南海数据统筹成功克服机制体制障碍的关键。数据统筹牵涉面广、建设周期长，必须作为一把手工程，首长亲自披挂上阵，组织考察、制订方案、召集会议、协调部门间利益、确定责任划分。

第三，财政统筹先行。我国的电子政务建设普遍存在各自为政、重复建设的问题。电子政务建设的规划、预算、审批、评估等各个环节分别由不同部门管理，特别是项目建设存在多头立项、多头审批的问题，尚未形成一个完整的机制，没有一个牵头部门对电子政务建设进行全方位的统筹，这就很容易造成重复投入、浪费投入。而南海区则从财政统筹入手，推动软硬件统筹，率先实现了全区电子政务系统的集中部署，建立了从规划立项、资金预算到运营维护服务等一整套的信息化项目建设统筹机制，从而为数据统筹打下了坚实的基础。

第四，数据先统筹、后开放。美国由于其民主化氛围浓厚，在数据开放的模式上是先开放后统筹，特点是通过数据开放倒逼数据统筹，提高数据质量（如：以圆桌会议的方式平等交流、意见开放进行协商讨论、深度会谈），但是这样带来两个重要问题：一则部门之间由于数据不一致，有“打架”现象，数

2014年11月27日，中国信息化专家“围观基层”系列活动之南海站——“南海数据统筹与开放”研讨会举行

据质量难以保证；再则民众和媒体对政府不信任，不愿配合数据统筹工作。而南海经验则告诉我们，中国的数据开放可以走更为有效的“先统筹后开放”的路径，对不同部门的数据进行统筹提质，确保数据部门权属清晰，避免交叉管理，提高数据的客观性、实用性、完整性。

第五，主要依靠自身技术团队，同时重视企业合作。很多政府部门面临的信息化难题是懂政务管理的人不懂技术。而在南海，政府始终有自己一支强干的技术队伍，这些人全程参与到各个信息系统建设过程中，而不是完全外包给公司。这样一方面可以保护敏感性、核心性数据信息，降低风险；另一方面也对信息化建设有着持续的、科学的规划，而非简单地拼凑各个公司开发的应用。

三、以南海观照我国数据统筹未来发展

第一，给予地方足够的自主权，改变纵强横弱的局面。当前，我国电子政务的问题突出表现为条块矛盾，即中央各部门自上而下的“条”与地方的“块”之间缺乏有效的结合机制，形成电子政务建设纵强横弱、条块分割的局面。从“条”看，不仅是中央垂直管理部门，而且越来越多的非垂直管理部门也开始把系统和网络直接延伸到基层甚至社区，形成了电子政务“上面千条线、下面万根针”的局面，使潜在的“信息孤岛”风险进一步加剧，安全风险进一步加大。从“块”看，各部门网络和系统自成体系，地方电子政务建设统筹困难，统一应用和管理难以实现，财力也不堪重负。如果不尽快建立有效的条块结合机制，电子政务实现集约发展的难度将越来越大，电子政务综合效能难以充分发挥。建议充分调动地方在数据采集、管理、应用和开放等方面的积极性和创造性。各级政府间及政府部门间应着眼于数据的共享，而非应用系统的统一建设。数据要统筹协调、标准规范，应用系统可以各显其能、各具特色，以数据为纽带，通过数据共享打通部门应用壁垒，实现信息互联和数据分析挖掘。

第二，在国家层面建立一个强有力的统筹协调机制，加强对电子政务建设的统筹。电子政务管理涉及的部门多、政府直接投入大，客观上对电子政务相对集中管理提出了更高的要求。但是，由于我国电子政务建设的规划、预算、审批、评估等各个环节分别由不同部门管理，特别是项目建设存在多头立项、多头审批的问题，尚未形成一个完整的机制，没有一个牵头部门对电子政务建设进行全方位的统筹，这就很容易造成重复投入、浪费投入。政府部门的专网建设过多，也造成了网络资源的浪费，形成一系列“孤岛”和“烟囱”。因此，尽快遏制电子政务建设中的各自为政、重复浪费现象，显得尤为紧迫。建议确立电子政务数据统筹权威定位，以构建政务大信息布局促政务大数据发展。

第三，从法律上明晰数据的所有权和使用权的权属关系，做好政务数据的顶层设计，明确国家、省、市、区县的权限和职责定位。省一级着重于编制数据发展、应用指导意见，市则制定数据标准规范，以业务数据集实现对区县的监管掌控，区县则根据自身区域实际情况，建立最小数据集，建设应用各具特色的政务系统、累积数据，服务本地发展。要允许地方拥有数据，应用跟着数据走，而非数据跟着应用走。上级政府要尊重辖区内各行政单元的实际情况，着力推进数据共享和标准规范建设，而非热衷于应用平台统建，以数据为抓手实现数据交换共享，实现上下业务联动和监管指导。这样才能充分调动基层政府的积极性和创造力，确保基层数据服务基层发展的同时，又能为上级政府规划监督所用，充分调动地方在数据采集、管理、应用和开放等方面的积极性和创造性。建议中央加快相关政策法规的制定，并统一制定合理的大数据规范化标准，同时给予信息化基础良好的地区先行先试、改革创新的政策支持，为数据开放和应用探索中国特色之路。数据公开所带来的公民隐私、信息安全等一系列法律问题，以及政府部门的办事规矩，也需要更高层面上的统筹和协调。

未来，我们也希冀南海区数据统筹局进一步强化职能，对内以数据开放作为突破口，转变部门传统观念，通过数据共享充分挖掘数据价值，实现基于政务大数据的综合绩效审计；对外关注公共信息服务需求，及时发布相关信息，方便市民、企业办事，搭建沟通桥梁，扩大公众参与度。通过建立数据采集的常态化机制，不断升级和丰富现有的数据应用；并进一步开放政府数据，推动社会各界数据开放和创新。

参考文献：

[1] 南海数据统筹局. 南海数据统筹之路：在数据统筹与开放研讨会上的报告[Z]，2014 年 11 月 27 日

[2] 汪玉凯. 完善国家信息化管理体制机制的建议[Z]. 国家信息化专家咨询委员会 2011 年重点课题“国家信息化管理体制机制研究”课题组，2012 年 11 月 20 日

南海概况

General Introduction of Nanhai

自然历史概况

【建置沿革】 在六七千年前的新石器时代，南海境内的西樵山一带已经有先民在此繁衍生息。秦始皇三十三年（公元前214年）置南海郡，郡治番禺（今广州市），下辖番禺、龙川、博罗、揭阳、四会五个县。隋开皇十年（590年）以原南海郡治所在地番禺县改置南海县，南海县政区建置自此始，至2014年，已有1424年历史。南海自建县至清末一直隶属广州（隋、唐、宋为广州或南海郡，元为广州路，明、清为广州府），县治也一直设于广州城。境域亦有多次变动。唐长安三年（703年）分地复置番禺县。五代南汉乾亨元年（917年），撤销南海县，分置常康、咸宁二县和永丰、重合二场。北宋开宝五年（972年），撤销常康、咸宁二县和永丰、重合二场，复置南海县，同时将番禺、四会二县并入；开宝六年（973年）复分置四会县；皇祐三年（1051年）复分置番禺县。明景泰三年（1452年），分地置顺德县；嘉靖五年（1526年）分地置三水县。清康熙二十五年（1686年）分地置花县。

中华民国元年（1912年）裁府，南海县直隶广东省；三年，省、县间增设道级建置，南海县属粤海道；九年，广州市区划定，南海县城划入广州市区；十四年废道，南海县直隶广东省；十七年，省分区设善后管理委员会分管各县，南海县属西区善后管理委员会；二十一年，撤销善后管理委员会，设绥靖公署，南海县属中区绥靖公署；二十五年，改绥靖公署为行政督察专员公署，南海县属第一区行政督察专员公署（抗日战争期间一度改属第三区行政督察专员公署）。

新中国成立后，1950年3月成立南海县人民政府，直隶于省，省设置派出机关管理。1951年1月佛山镇分出设佛山市。1958年12月，南海、三水两县合并，初称南三县，旋改称南海县；1959年9月，复分置三水县。1983年6月，省实行市管县制，南海县隶属佛山市。1992年9月23日，南海撤县设市，由佛山市代管。2002年12月8日，撤销县级南海市，设立佛山市南海区，以原县级南海市的行政区域（不含南庄镇）为南海区的行政区域。区人民政府驻桂城街道。

【位置、范围与面积】 南海区地处广东省中部、佛山市东北部，位于北纬22°48′03″~23°19′00″，东经112°49′55″~113°15′47″。东连广州市白云区、荔湾区，与广州市番禺区隔江相望，西邻三水区、高明区，南接顺德区，与江门市蓬江区、鹤山市隔西江相望，北濒广州市花都区，中南部与禅城区接壤。全区总面积1073.82平方千米。 （区地方志办）

【行政区划】 2003年1月8日，佛山市南海区人民政府挂牌。全区有6个街道、11个镇、224个行政村、74个社区。2005年1月，南海区调整部分镇（街道）行政区划：撤销桂城街道、平洲街道，合并设置桂城街道；撤销罗村镇，设置罗村街道；撤销里水镇、和顺镇，合并设置里水镇；撤销大沥街道、盐步街道、黄岐街道，合并设置大沥镇；撤销狮山街道、松岗镇、官窑镇、小塘镇，合并设置狮山镇；撤销丹灶镇、金沙镇，合并设置丹灶镇；撤销九江镇、沙头镇，合并设置九江镇。调整后，全区辖桂城、罗村2个街道，九江、西樵、丹灶、狮山、大沥、里水6个镇，224个行政村，52个社区。2010年起，南海区实施“村改居”工作。2013年3月，南海区再次进行行政区划调整：撤销罗村街道，将其行政区划划归狮山镇管辖，并将大沥镇的颜峰、横岗、兴贤、谭边、高边5个社区划归狮山镇管辖。2014年，全区撤并社区2个。至年底，全区辖1个街道、6个镇、67个行政村、182个社区。 （黄彬彬）

【土地资源】 2014年，南海区农用地总面积40531.42公顷，其中耕地面积12277.14公顷，园地面积4269.99公顷，林地面积6823.11公顷，牧草地面积5.51公顷，其他农用地面积17155.67公顷；建设用地总面积54700.81公顷，其中居民点及独立工矿用地面积48384.48公顷，交通运输用地面积4556.93公顷，水利设施用地面积1759.4公顷。未利用地总面积11923.22公顷。（张凤欢）

【气候】 南海区属南亚热带海洋性季风气候，光热丰富，雨量充足。常年平均气温22.7℃。1月平均气温14.0℃，极端最低气温-1.9℃（出现在1967年1月17日）；7月平均气温29.3℃，极端最高气温39.2℃（出现在2005年7月18日）。年平均日照时数1600.9小时。年平均降雨量1677.4毫米，极端年最大雨量2343.8毫米（2008年），极端年最少雨量1075.7毫米（1991年），降雨集中在4~9月。影响南海区的灾害性天气主要有暴雨、雷雨大风、热带气旋、雷暴、高温、低温、霜冻、灰霾天气、低温阴雨和寒露风等。（以上数据除极端值由1957~2014年资料统计所得，其他数据均由1981~2010年统计所得。）

2014年南海区平均气温与常年持平，降雨量较常年略偏多，日照较常年偏少一成。开汛日为3月30日，较常年（4月6日）提早一周。前汛期入汛急、暴雨多，后汛期台风强、降水少、气温高，对全区造成明显影响。全年平均气温22.6℃，较常年偏低0.1℃，年极端最高气温37.9℃，最低气温3.3℃；全年降雨总量1767.9毫米，其中1月无降雨记录，为历史之最；全年日照总时数1441.5小时；全年灰霾日数86天，比上年减少14天。（潘巧英）

【水资源】 南海区降水充沛，河网密布，水资源较为丰富。主要河道有西江干流、北江干流和北江支流，还有官山涌、北村水系、东一涌等主、支干内河涌。全区主、支干河涌共159条，长630千米；支涌1052条，长1374千米。2014年，南海区水资源总量8.29亿立方米，比上年偏少16.0%，较常年偏多3.3%，人均拥有水资源量314立方米。境内地表水资源量7.98亿立方米，折合年径流量743.4毫米，较上年偏少16.5%，较常年偏多4.3%。地下水资源量1.5亿立方米，较上年偏少9.9%，比常年偏少6.8%。西江干流马口水文站实测年径流量2308亿立方米，北江干流三水水文站实测年径流量585.9亿立方米，入境水量2791亿立方米，出境水量2796亿立方米。（谭洁颖）

【旅游资源】 南海区境内自然、人文旅游资源丰富多样，景点众多，旅游产品呈多样性、多元化特点。自然景观有以西樵山、南海湾森林生态园、南国桃园和仙湖四大旅游度假区为代表的山水旅游资源，其中西樵山风景名胜区是国家5A级旅游景区，南海湾森林生态园是国家4A级旅游景区。人文景观有松塘村、孔村、仙岗村等古村落，其中松塘村被评为中国历史文化名村、广东十大最美古村落；有康有为、陈启沅、黄少强、叶问等名人故居（纪念馆）；有西樵山云泉仙馆、宝峰寺、西岸庆云洞等寺庙道观；有中央电视台南海影视城、黄飞鸿狮艺武术馆、西樵山国艺影视城、九江双蒸博物馆、平洲玉器街、千灯湖等特色景点。围绕丰富多样的旅游资源，形成了名人名山文化游、宗教文化游、都市休闲购物游、生态休闲游、商务休闲游、古村寻踪游、产业文化之旅等主题旅游线路。

2014年，南海区接待游客1113.52万人次，比上年增长6.2%，其中接待过夜游客327.82万人次，增长2.8%。实现旅游总收入105.05亿元，比上年增长10%，其中旅游外汇收入1.55亿美元，增长7.8%。

【历史文化】 南海历史文化源远流长，是珠江文明的发祥地之一，也是岭南文化的典型代表。在5000多年前的新石器时代，就创造出了以双肩石器为代表的西樵山文化，被考古学家誉为“珠江文明的灯塔”。

自隋朝置县起，南海一直处于岭南的政治、经济、文化的中心地带，广府文化的核心区域，与海外有着频繁的交往，得海内外风气之先，融汇中原文化、海洋文化及西方文化，促进了社会文明进步，素有广东“首府首县”之称。

南海自古文教之风昌盛。明清时期，南海书院盛极一时，西樵山因有4所主讲理学的书院而获“理学名山”的美誉，清代全县书院最盛时达50多所，社学、私塾数以百计。历代以来，出文进士480多人（其中状元3人，占全省状元总数的1/3）、武进士70多人（其中武状元1人），宰相、大学士、尚书10多人，翰林院编修50多人，有“南海衣冠”的美誉。近代以来，南海更是涌现出科学家、中国第一部摄影器研制者邹伯奇，清末大儒朱次琦，中国民族工业先驱陈澹浦、陈启沅，“中国铁路之父”詹天佑，岭南武林一代宗师黄飞鸿、叶问，维新运动领袖、思想家康有为，无产阶级革命家罗登贤，革命家、政治活动家何香凝，中国第一枚国际体育金牌获得者陈彦，“家鱼人工繁殖之父”钟麟，世界举重冠军何灼强等名人。南海籍的中国科学院、中国工程院院士多达15人。

2014年南海区行政村、社区设置情况

镇（街道）名称	面积（平方千米）	户籍人口（万人）	行政村 名称	行政村 数量	社区 名称	社区 数量
桂城街道	84.16	24.80	夏西	1	中区 平东 蠕岗 东二 石硝 平北 夏北 林岳 叠南 叠北 平南 夏南 东区 桂雅 江滨 大圩 桂花 桂园 翠颐 大德 凤鸣 夏东 桂一 花苑 叠二 桂南 怡海 灯湖 平西 平胜 江南名居	31
九江镇	94.75	10.57	下东 南金 海寿 新龙 镇南 烟南 上西	7	江滨 沙口 儒林 沙头 水南 下北 下西 上东 璜矶 石江 北村 梅圳 南方 大谷 朗星 敦根 沙咀 河清 英明	19
西樵镇	176.63	15.48	岭西 儒溪 百东 华夏 大岸 平沙 海舟 新田 七星	9	西樵 崇南 联新 民乐 百西 崇北 河岗 新河 稔岗 山根 朝山 大同 显岗 西岸 太平 东碧 樵华 樵园 樵乐 听音湖 上金瓯	21
丹灶镇	143.5	9.07	良登 塱心 下滘 西岸 中安 下安	6	云溪 南沙 石联 东联 上安 建设 罗行 联沙 西联 劳边 沙滘 仙岗 西城 东升 银河 丹灶 金宁 下沙滘	18
狮山镇	330.6	28.29	永和 新和 刘边 石澎 凤岗 石泉 万石 沙水 龙头 南浦 象岭 罗洞 狮北 黄洞 唐边 朗下 莲塘 新境 狮西 狮南 狮岭 塘联 狮中 吴屋 黎岗 莲子塘 大涡塘 显子岗	28	高边 颜峰 谭边 横岗 群岗 松岗 红星 显纲 大榄 兴贤 联表 山南 官窑 永安 石碣 沙头 小塘 五星 洞边 华涌 塘中 狮城 丁圃 上柏 联和 芦塘 街边 务庄 招大 穆园 罗村 沙坑 朗沙 罗湖 塘头 下柏 联星 白沙桥	38
大沥镇	95.9	25.23			东秀 白沙 沙溪 黄岐 河东 泌冲 盐步 六联 横江 联安 平地 河西 岐丰 岐阳 洞庭 江北 嘉怡 华夏 六村 直街 沥中 沥东 沥西 沥北 联滘 凤池 雅瑶 大镇 谢边 钟边 太平 曹边 水头 奇槎 沥苑 沥南 沥雄 沥兴	38
里水镇	148.28	13.08	得胜 鲁岗 鹤峰 布新 宏岗 石塘 汤村 逢涌 麻奢 赤山 贤僚 瑶头 建星 岗联 北沙 小布	16	大石 里水 共同 金溪 胜利 甘蕉 洲村 沙涌 流潮 大冲 和顺 大步 文教 白岗 草场 邓岗 河村	17
合计	1073.82	126.52		67		182

【传统民俗】 经过长期的历史文化积淀，南海形成了一批富有特色的地方传统民俗。其中广东醒狮（南海）、十番锣鼓被列入国家级非物质文化遗产，乐安花灯会、官窑生菜会、九江传统龙舟、盐步老龙（老龙舟）、西樵大仙诞被列入广东省非物质文化遗产。

醒狮会　南海是南狮的发源地。明代开始，舞狮就成为南海民间重要的民俗活动，几乎每个较大的自然村都有狮队。每逢过节、庙会或庆典，各乡村都要举办舞狮盛会。规模较大且有传统的狮会有正月初一平洲狮会、正月初八里水狮会、正月初十小塘狮会、正月十一盐步狮会、正月十二松岗狮会、正月十四大沥狮会、正月十五官窑生菜会狮会、正月二十六黄岐北村生菜会狮会等。南海醒狮以家族、师承、堂馆、社会培训等多种方式，培养了大批的舞狮人才，在国际赛事中屡次夺冠，蜚声海内外。2002年10月，中国龙狮运动协会命名南海为“中国龙狮运动之乡”。2006年，“广东醒狮（南海）”被列入国家和广东省非物质文化遗产。

茶基十番　十番锣鼓起源于元朝，是一种古老的用打击乐器演奏的民间音乐，流传于北方，盛行于江南。清代中期由安徽、江浙一带传入南海叠滘等地。南海、佛山历史上曾经活跃的二三十个十番会，基本已消失。唯桂城叠滘茶基村的“何广义堂”十番会世代相传，传承至今。十番在流传中融入本地的民俗活动，成为具有浓郁地方色彩的民间喜庆器乐，多在端午、七夕、中秋、庙会等民间节日表演。2007年，“茶基十番”被列为广东省非物质文化遗产，2008年被列为国家级非物质文化遗产。

乐安花灯会　乐安花灯会起源于明洪武年间，兴盛于清代“康雍乾”年间。乐安的村民自古就有正月“开灯”“庆灯”“猜灯谜”的传统习俗，活动一般从正月初十到正月十五，初十为“开灯”，十五为“庆灯”。正月初九为乐安圩期，圩市上摆卖各式花灯，花灯的品种多、工艺巧，各方村民纷纷到乐安灯地（市）卖灯、买灯，逐渐形成远近闻名的乐安花灯会。改革开放后，乐安花灯会更为兴旺，前来行灯地的除南海各乡镇的群众，还有来自佛山、广州、香港、澳门等地的乡亲，甚至还有外国游客慕名前来。2007年，“乐安花灯会”被列入广东省非物质文化遗产。

官窑生菜会　生菜会是盛行于南海官窑、盐步、大沥、里水等地的传统民间习俗，尤以官窑生菜会最为著名。生菜因谐粤方言“生财”之音而被民间视为吉祥之物。官窑生菜会起源于明末，盛行于清代，于每年的正月二十六日白衣观音神诞举办。活动有吃生菜包、看醒狮会、听曲观戏、朝拜观音、摸螺求子等。1986年，镇政府复办生菜会，并将会期定于正月十五元宵节，增加生菜宴、时装表演、游园会、文艺晚会、海内外乡亲联谊等活动。2009年，“官窑生菜会”被列入广东省非物质文化遗产。

扒龙舟　南海地处珠三角水网地带，扒龙舟是民间盛行的传统民俗活动。较有名的龙舟盛事有“盐步锦龙盛会”“九江赛龙舟”“黄岐龙母诞锦龙盛会”等。盐步锦龙盛会在每年农历五月初五举办，至今已有400多年的历史，是珠江三角洲发源最早、影响较广的民间龙舟活动之一。1984年，民间划龙舟活动被正式纳入体育运动项目，南海龙舟队在国内、国际龙舟赛上屡创佳绩。2002年10月，中国龙舟协会命名南海为“中国龙舟运动之乡”。

麦边舞龙　大沥盐步麦边舞龙有着深厚的传统底蕴，世代相传。1996年村民张志华组建麦边舞龙队，把北方传统的龙艺文化融入麦边村舞龙技艺中，拓展舞龙动作套路。2000年，麦边舞龙队将国家套路22个动作发展为42个动作的自选套路。麦边舞龙队多次参加国际、国内比赛、演出，屡获佳绩。2007年，麦边舞龙被列为南海区非物质文化遗产。

松塘村中秋夜烧番塔　西樵镇上金瓯松塘村建于南宋，是一个有着800多年历史的古村落，中秋

南海区非物质文化遗产——松塘村中秋夜烧番塔

夜烧番塔是村内相传已久的民俗。传说元末时，起义军以砌塔举火作为反元的起义信号，后来“烧番塔”逐渐演变为一种民间习俗流传至今。每年中秋，松塘村民用红砖砌成5米多高的空心塔，称为“番塔”。塔内堆满干柴草，点燃后火焰从塔孔溢出，直至冲出塔顶口。熊熊的塔火、四溅的火星象征着吉祥鸿运，火焰升腾得越高，寓意村民的生活越过越红火。2010年，松塘村中秋夜烧番塔被列为南海区非物质文化遗产。

西樵大仙诞　俗称“吕祖宝诞”，是西樵独有的纪念八仙之一吕洞宾的节日，每年农历四月十四日举办。道光二十八年（1848年），西樵人将位于白云洞的玉楼书院改建为云泉仙馆，供奉吕祖先师。由于信奉吕大仙的民众日渐增加，诞日前后信众们总会到云泉仙馆朝拜，顺便到官山墟购买一些日常用品，慢慢地演变成了传统节日。2013年，“西樵大仙诞”被列入广东省非物质文化遗产。

【地方特产】　南海土特产有九江桂花鱼，大沥沙皮狗，盐步秋茄，丹灶冬瓜、剑花，松岗桃花，石碣西瓜，官窑马蹄（荸荠）、红葱，小塘韭菜、白鸭、三黄鸡，谭边大顶苦瓜，罗村竹笋，里水锦鲤、霸王鸭、木瓜、和顺榄、蒜青，平洲十叶龙眼，平西丝线柚，林岳吊丝丹竹笋。

传统特色食品有西樵大饼、西樵山云雾茶、九江酥皮大煎堆、九江双蒸米酒、平洲福肉饼。

民间工艺品有南海藤编、石硝广绣、大沥颜峰佛鹤狮头、罗村乐安花灯和金箔、西樵竹织雨帽。南海藤编制作技艺、金箔锻造技艺于2012年入选第四批广东省非物质文化遗产。（区地方志办）

【人口与语言】　2014年末，南海区总人口3240923人，其中户籍人口1265207人，外来人口1975716人。户籍人口中男性624546人，占49.4%；女性640661人，占50.6%。全区户籍人口较多的镇（街道）主要有狮山镇（282891人）、大沥镇（252270人）、桂城街道（248017人）。

南海区是广东省长寿人口较多的县（区）之一。2014年末，全区百岁以上老人120人，按户籍人口计算，百岁老人比例为9.5人/10万，超过联合国规定的7.5人/10万的“长寿之乡”标准。区内最长寿的老人是西樵镇新河村人谭养，生于1905年，已109岁。全区60岁以上户籍老年人口210550人，约占户籍人口的16.64%，已超过10%这一中国人口老龄化起点的标准线。（吴学军　黄彬彬）

【民族与宗教】　南海区多种宗教并存，群众宗教信仰多样。2014年，经登记开放的宗教活动场所有15处。其中佛教活动场所有西樵山白云古寺、南海观音寺、西樵山宝峰寺、平洲法源庵；道教活动场所有西樵山云泉仙馆、西岸茶山庆云洞、西樵黄大仙祠；天主教活动场所有大沥蛇龙北天主堂、罗村芦塘天主堂、九江天主堂、大沥九潭天主堂；基督教活动场所有基督教西樵堂、基督教里水堂、基督教盐步堂、基督教官窑堂。2014年，南海区有信教群众39800人，其中佛教32400人、道教5600人、天主教500人、基督教1300人。宗教教职人员93人。（刘兵）

【华侨、港澳台同胞】　南海是著名的侨乡，全区有海外华侨华人、港澳台同胞40多万人。广大海外华侨华人、港澳台同胞一向热心支持家乡经济文化建设。2014年，海外华侨华人、港澳同胞资助教育、卫生、文体等项目79个，总金额3103万元，其中捐建校舍、资助学生335万元；捐助文体设施、文体活动2090万元；捐建医院、捐赠医疗设备300万元；扶贫济困、助残养老295万元。（王霖霖）

■ 经济建设

【概况】　2014年，南海区坚持产业强区、生态兴区、人才立区战略，推动产城人融合发展，产业转型和城市升级取得明显成效。全年完成地区生产总值2088.93亿元，比上年增长8.7%。其中，第一产业增加值45.47亿元，比上年增长2.7%；第二产业增加值1244.91亿元，增长9.4%；第三产业增加值798.56亿元，增长7.6%。三大产业比例为2.2：59.6：38.2。工业总产值5468.32亿元；全社会固定资产投资792.04亿元，增长15.4%；社会消费品零售总额831.51亿元，增长13.2%；外贸进出口总额218.9亿美元，增长5.3%；实际利用外资8.07亿美元，增长5.2%；地方公共财政预算收入166.59亿元，增长14%。城镇常住居民人均可支配收入36886元，农村常住居民人均可支配收入23655元，分别比上年增长8.9%和9.3%。

【金融科技产业融合发展】　2014年，南海成功获批建设全省金融、科技、产业融合创新综合试验区，基本建成“一基金三平台”（“一基金”是指成立30亿元的金融、科技、产业融合创新基金；“三平台”包括企业法人数据库、广东金融高新区股权交易中心和南海区科技创新发展中心）融合创新体系。

至年底，佛山民间金融街进驻项目60多个，涵盖银行、保险、证券、股权交易等多种金融业态。广东金融高新技术服务区累计引进企业216家，总投资507亿元，汇丰环球客服运营中心、广发金融中心等重点项目相继投入使用，股权交易中心注册挂牌企业1141家，其中超过50%为科技型企业，帮助企业融资近40亿元。广东半导体照明产业联合创新中心、广工大数控装备研究院等投入运营，企业技术研发服务能力进一步增强。打造清华校友创新创业基地，建立“创享蓝海”“力合创智”“芯光源”等孵化器8个，在孵企业150家。6家企业挂牌“新三板”，全区上市及挂牌“新三板”企业累计19家。

【新兴产业载体加快建设】 2014年，南海区产业载体建设不断加快，带动新兴产业集聚发展。中欧科技合作产业园、大金智地联东U谷等优质平台成功落户，樵江科技园、天富科技城等园区启动建设，力合佛山科技园、佛山创智港等陆续进行招商。广东新光源产业基地累计进驻企业130多家，国家环境服务业华南集聚区引进企业超过50家。九江镇成功申报中国医卫用非织造产品示范基地。新能源汽车核心部件产业基地和南海区生物医药产业基地获批为第二批广东省战略性新兴产业基地。至年底，生物医药产业化基地新进驻项目7个，洽谈项目23个。西部旅游区国艺影视城、康园、南国酒镇等项目加快建设，樵山瀑影、听音广场全面完工，渔耕粤韵文化旅游园首期、新三湖书院、吴家大院相继落成开放。

【第三产业蓬勃发展】 2014年，南海大力推动第三业发展，优化调整产业结构。电商产业发展迅猛，阿里巴巴、京东、骆驼服饰等龙头电商落户南海。C时代南海互联网产业园首期基本招商完毕，进驻企业50家，普洛斯电商园、广佛壹号商贸城等园区招商有序推进。商贸服务业逐步走向高端化，引入永旺梦乐城、宜家家居、喜来登、希尔顿等一批主题商业和知名酒店品牌，万达广场、万科广场、怡丰城等大型商业综合体建成开业，桂澜路千米商贸长廊逐步成型。金融服务业加快发展，新引进人民银行广东金融电子结算中心、省农信社后台服务基地等项目54个，易联支付、沃银支付、旅联商务等互联网金融机构进驻。高端金融服务机构不断集聚，广东-诺丁汉高级金融研究院落户。私募创投产业快速发展，新引进20家私募创投机构，新增私募基金规模约60亿元。

【技术创新推动产业升级】 2014年，南海区继续实施“蓝海人才计划”，新引进创新创业团队36个，累计引入国家“千人计划”专家18名、中科院“百人计划”专家7名，提升企业科研创新能力。完成企业技改项目备案46项，投资总额56亿元，备案数、投资额位居全省同级前列。新增国家企业技术中心1家、国家火炬计划重点高新技术企业2家，获得国家科技型中小企业创新基金立项企业9家。省标准化示范区建设通过验收，获批筹建全国内衣产业、陶瓷产业两个知名品牌创建示范区。新增中国驰名商标18件，省著名商标42件，省名牌产品54个，总量均居全市首位。获评国家知识产权强县工程示范区，全年发放政府信用担保贷款5亿元、知识产权质押贷款1亿元，拓宽中小企业融资渠道。

【城市升级成效凸显】 2014年，南海区累计完成城市升级项目投资585亿元，城市环境进一步优化提升。南九复线、新西樵大桥、三山南桥、罗行大桥等重点工程建成通车，交通路网日臻完善。稳步推进公交扩容提质，完善公交站场和公共自行车站亭建设，常规公交日均客流量近65万人次，中心城区公交分担率达到27.8%。佛山西站主站场征地拆迁基本完成，新交通主骨架规划方案进一步完善。启动实施美家行动计划，大力整治违规户外广告招牌

三年城市升级，打造品质南海

和建设工程渣土排放、运输乱象，加大建筑工地扬尘治理力度。投入3.2亿元，完成55个道路绿化和公园建设提升工程，新增和改造绿化面积近160公顷。成功获批全省新一轮深化“三旧”改造综合试点，桂城华南汽车城、沥桂新城大沥核心区、丹灶大金智地、里水艺术河畔等连片改造项目进展顺利。（邓宏）

■ 政治文明建设

【概况】 2014年，南海区着力推进依法执政、依法行政和基层民主法治建设。1月，召开全区依法行政工作会议，要求各单位进一步增强依法行政工作意识，全面落实依法行政工作职责。3月，召开南海依法治区领导小组工作（扩大）会议，总结2013年工作，并部署2014年依法治区工作。5月，印发《佛山市南海区依法行政工作要点》，明确2014年重点工作任务。（黄毅雄）

【政府权责清单编制】 为加快推进政府职能转变，规范行政权力运行，2014年，南海区积极开展行政职权清理和政府权责清单编制工作。区行政审批制度改革工作领导小组办公室联合区法制办、区编委办、区发展规划和统计局，组织区各有关部门于7月编制完成《佛山市南海区政府权责清单（征求意见稿）》，并向社会公开征求意见。清单内容包括行政职权清单、投资管理负面清单、投资管理审批清单、投资管理监管清单4份清单，对政府权责的内容、法律依据、实施机构、事权来源、权属划分、具体措施等作出具体明确的规定。11月初，南海区在政府网站、法制办网站和行政服务中心网站发布8877项行政职权清单，实行“行政职权进清单，清单之外无职权”。（杨宁）

【行政处罚标准化建设试点工作】 2014年，南海区被佛山市选取作为试点开展行政处罚标准化建设工作。区国土城建和水务局（住建、城管）、区环保局、区卫生和计划生育局等部门作为第一批试点部门，梳理出1700多项行政处罚事项，并对每个处罚事项的自由裁量权和执法流程进行细化和规范，并在此基础上完成对原有行政处罚电子监察系统的升级优化。升级后的行政处罚电子监察系统在原来时限监察（立案时限和办案时限）的基础上增加了主体监察（执法范围、执法资格、执法人数等）、程序监察（环节完整性、特殊环节）和结果监察（自由裁量、处罚金额、减免处罚等监察）等监察内容，通过信息化手段对行政执法行为开展全过程、全方位的电子监察。

【法制培训】 2014年，南海区进一步加强领导干部和行政执法人员法制培训工作。组织《中华人民共和国预算法》《中华人民共和国安全生产法》等政府常务专题学法会议，提高领导干部依法行政意识和能力。5月，举办依法治区法律讲座，邀请香港特别行政区基本法委员会副主任委员梁爱诗为区、镇（街道）党政机关司法、执法工作人员，以及法律从业人员近280人授课。6月，组织召开《广东省信访条例》宣讲大会，区、镇（街道）党政机关和村（社区）“两委”领导干部参加会议。6~7月，组织全区近200名驻村（社区）律师参加调解工作培训。7月，举办为期3天的行政执法人员综合法律知识培训班，共331人参加。9月，举办法制专题培训，有293名执法人员参加。12月，举办纪念“国家宪法日”专题讲座，邀请中国法学会宪法学研究会副会长、清华大学法学院教授林来梵为全区200多名机关工作人员授课。全年组织900人参加广东省行政执法人员综合法律知识网上考试，通过率达90%。（杨宁　黄毅雄）

【行政复议】 2014年，南海区继续推进行政复议委员会试点工作。通过社会公开招聘的形式增选8名行政复议委员会非常任委员。以公安交通行政处罚、行政强制措施类型作为试点开展简易程序试点工作，对事实清楚、情节简单、争议不大的行政复议案件实行简易程序处理，实现案件繁简分流，提高复议审查效率。至年底，通过简易程序审查行政复议案件73件。落实重大、疑难行政复议案件集中审查议决制度。全年组织召开案件审查会议7次，对60件行政复议案件进行集体审查和议决。是年，区法制办共收到行政复议申请400件，比上年增长66.7%。其中，受理393件，不予受理3件，转送其他机关4件。受理案件中，年内办结353宗，其中复议决定维持282宗，占79.9%；驳回行政复议申请2件、撤销4件、变更1件、确认违法2件，占2.5%；终止62件，占17.6%。此外，发出复议意见、建议书6份，指出行政机关存在的其他问题，督促行政机关依法行政。

【行政执法监督】 2014年5月，南海区出台《佛山市南海区2014年度行政执法效率评议考核办法》，调整行政处罚以及行政许可案卷评查标准，进一步规范和监督区政府职能部门以及镇级政府执法行为。年内，区法制办随机抽取行政执法部门办结行政执法案卷144件，并进行交叉互评。6月，组织各镇（街道）和区属主要行政执法部门召开第二次司法与行政执法联席会议，以统一执法标准、规范执法行为。区法制办还编印《行政执法证据指导规则》，向全区执法人员配发，为行政执法调查取证工作提供指引。

【政府规制审查】 2014年2月，南海区法制办启动新一轮政府规范性文件评估、清理工作。至年底，完成对2014年1月1日前发布的区政府规范性文件的清理，其中废止61份、拟废止52份、保留107份、修改42份、确认非规范性文件8份。启动规范性文件管理系统开发工作，借助电子化管理系统对文件实行实时动态监管。开展行政机关规范性文件制定主体资格确认工作，确认有权制发规范性文件主体资格单位25个，并于12月向社会公告。是年，区法制办审查各类法律文件243份，其中审查拟制发的规范性文件草案83份，备案审查镇（街道）规范性文件5份，审查提请发布镇（街道）规范性文件18份，审查非规范性文件91份，完成上级征求意见书9份，向市政府、区人大备案区政府规范性文件37份。

【政府法律顾问服务】 2014年，南海区法制办就基层治理、BT融资项目建设、土地征收、招商引资项目、政府信息公开等重大事项涉法事务向区政府及相关部门出具法律意见书151份。9月，启动政府法律顾问选聘和制度建设工作。 （杨宁）

■ 精神文明建设

【概况】 2014年，南海区以培育和践行社会主义核心价值观为重点，以创建全国文明城市为契机，加强公民思想道德建设和未成年人思想道德教育，打造“有德南海”“爱满南海”“感恩南海”活动品牌。深化志愿服务，塑造“全民义工”的社会氛围。在中宣部第11届中国公民道德论坛上，中共南海区委常委、桂城街道党工委书记罗坚华介绍桂城开展社区志愿服务，探索培育和践行社会主义核心价值观的做法。是年，桂城街道翠颐社区、大沥镇沥雄社区被确定为广东省培育和践行社会主义核心价值观示范点。丹灶镇获“广东省文明镇”称号。

【文明城市创建】 2014年是佛山市“创文”国检大检年。经过四年的创建，南海区创建工作取得明显成效。志愿服务创成全国品牌。《人民日报》《光明日报》《南方日报》等中央、省媒体发表有关南海社区志愿服务工作的报道11篇，其中《人民日报》发表《推进志愿服务制度化：让爱心“双向循环”》等专题文章，介绍南海社区志愿服务的做法。是年，建设南海志愿V站13个；建立电子义工证管理系统，发放电子义工证4000多个；开发使用“南海义工之家”APP手机软件，推动服务提升。至年底，全区共有注册志愿者26万多名，注册志愿者协会（联合会）9个，区属志愿服务队166支，镇属志愿服务队650支。诚信制度化建设纵深推进。抓好政务诚信、商务诚信、社会诚信和司法诚信4个重点领域建设工作，在工商、税务、安全生产、产品质量、食品药品、环境保护、交通运输等重点领域完善信用记录，健全评价制度，实行诚信激励和失信惩戒制度。7月31日，在大沥镇举办“共筑诚信、共建文明”主题宣传教育活动，现场公布“守合同重信用”企业402家、示范店30家和酒类违法生产经营者4家，还公布了一批“老赖”（判决未执行人）黑名单。示范体系建设扩容提质。制订《南海区2014年创文示范工作“奖优奖先”项目奖励实施方案》，建设、验收集贸市场、文体场所、窗口单位、重点项目等项目42个，发放奖励扶持资金191万元。至年底，全区建设示范项目131个，其中市级示范项目21个、区级示范项目110个。另外有41个城市社区、81个集贸市场完成硬件提升，60所中小学校完成“创文”达标建设，建成学校少年宫21所。

【“有德南海”公民道德教育系列活动】 2014年，南海区开展“有德南海”公民道德教育系列活动，进一步加强公民思想道德建设。在春节、元宵、清明、端午、中秋、重阳等传统节日，开展“我们的节日”活动，弘扬和传承中华民族优秀文化。组织“文明旅游随手拍”“文明旅游征文”宣传教育活动，举办文明旅游市民体验活动，引导文明旅游。开展“文明交通我参与，交通安全进万家”系列主题活动30多场。组织餐饮企业从业人员参加“文明餐桌”活动专题培训，在青少年中开展“文明餐桌”手抄报活动。组织“梦南海·家文明”摄影大赛，评选出112件获奖作品并在全区举办10场巡展活动。依托区博物馆、康有为故居纪念馆、陈启沅纪念馆、中共南三花工委旧址等爱国主义教育基地，举办“中国梦·家乡情”——2014年南海区爱国主义教育系列活动，激发广大市民爱国爱乡热情。加强核心价值观示范点建设，桂城街道翠颐社区、大沥镇沥雄社区被确定为广东省培育和践行社会主义核心价值观示范点；南海妇幼保健院、北汽福田汽车公司被确定为佛山市培育和践行社会主义核心价值观示范点，千灯湖公园被确定为主题公园。编印漫画读本《善美南海》，收录24字核心价值观、南海两届“善美之星”人物介绍和日常文明标准等内容。

2014年9月20日，第二届“善美的星空”感动南海道德人物评选颁奖典礼举行

【未成年人思想道德教育】 2014年，南海区继续加强未成年人思想道德教育。在清明节期间组织“网上祭英烈”活动，“六一”期间组织“做一个有道德的人”网上签名寄语活动，“七一”组织童心向党歌咏展演活动。开展“美德少年”评选活动，授予黄宇倩等715人“美德少年”称号。举办“崇文佛山·书香南海”读书系列活动，评选“阅读之星”。举办中小学生第九届书信活动，开展“致所喜爱道德人物的一封信”书信活动，评出“优秀信使”20名。全区建成乡村学校少年宫21所，城市学校少年宫4所，大沥中心小学、狮山中心小学、九江中心小学、狮山镇小塘中心小学建成由中央专项彩票公益金支持的乡村学校少年宫。组织开展“2014年国防教育暨青少年红色拓展之旅活动”，来自各镇（街道）的近300名小学生和青年干部参加。

【道德人物评选和宣传】 2014年，南海区组织开展两年一届的“善美的星空”感动南海道德人物评选以及一年两次的“南海好人”评选活动，树立道德典范。评选出“关爱之星”“孝德之星”“树本之星”“至善之星”各2名、“星光奖”人物12名以及“南海好人”18名、团队1个。推荐符合条件的“南海好人”参加第五届佛山十佳“美德之星”和“佛山好人”的评选，丁敏强、吴俭明获“佛山市美德之星”称号，齐红雷、梁国庭、赵秀梅、侯勇、凌送军获评“佛山好人”。积极参加“我推荐，我评议身边好人”活动，向中国文明网上报推荐“身边好人”25人。同时，依托“道德讲堂”平台，开展“南海好人”和道德人物进机关、进企业、进社区、进学校、进村居、进军营“六进”巡讲巡演活动。为使巡讲巡演活动更具吸引力，精选部分道德人物事迹创作成歌曲、小品、诗歌、粤曲等文艺作品。此外，在全区开展走访道德模范和先进典型活动，调查了解并切实帮助先进人物解决实际困难。

【文明创建】 2014年，南海区印发《南海区文明社区评选标准》，并修订《南海区“十好”和谐文明村评选标准》，加强对基层文明村（社区）评选的指引。邀请第三方评价机构对全区村（社区）文明创建现状进行评估，掌握村（社区）文明创建的基本情况。对第四批“十好”和谐文明村（居）和文明社区进行复评。完善区窗口单位及市级以上文明单位志愿服务岗、志愿服务队伍建设，提升文明单位创建水平。拍摄《文明南海，有你有我——南海区文明窗口单位篇》，展现窗口单位文明形象。

【“南海文明网”上线运行】 2014年7月11日，“南海文明网”正式上线运行。网页设有“社会主义核心价值观”“未成年人思想道德建设”“诚信建设”“志愿服务”“南海创文”等17个专题和35个栏目，进行图文、音频、视频信息的发布。

（吴慧仪 陈燕雯）

■ 社会建设

【概况】 2014年，南海区以改善民生、加强服务、创新治理为主线，深入推进“基金、基地、机构、机制”社会创益模式，加强区镇联动，加快项目建设，社会建设取得新进展。十件民生实事全面落实，公共服务体系加快完善，社会管理模式不断创新，社会组织作用日益凸显。

【民生投入继续加大】 2014年，南海区继续加大民生事业资金投入，全年民生事业各项支出152.2亿元，占公共财政预算支出的62.3%。适时调整最低生活保障金等各项救助标准，按时足额发放各类救助款，积极开展“救急难”试点工作。全年发放高龄津贴近5400万元，8.2万人受惠。为具有南海区户籍年满70周岁及以上老年人、年满60周岁及以上享受城乡最低生活保障待遇人员、城乡“三无”“五保”对象免费购买意外伤害综合保险，8万多人受惠。健全残疾人生活津贴制度，为12310名持证残疾人发放生活津贴1467.26万元。残疾人工疗网络逐步完善，各镇（街道）建成一个以上工疗机构，并全部向社会组织购买工疗、康复训练、心理辅导、文化娱乐等综合康复服务。推进残疾人职业技能培训和推荐就业工作，全年成功推荐1100多名残疾人就业。落实各项就业扶持政策，出台新的小额担保贷款办法，将最高贷款额度调整为15万元，全年资助创业项目5个，发放小额担保贷款75万元。设立就业专项资金，全年区级筹集用于公共就业服务的资金529.74万元。全年新增就业人数27394人，城镇登记失业人员3005人，登记失业率2.33%。全年新开工建设保障性住房1208套，基本建成3425套，新增分配入住4011套。

【公共服务水平加快提升】 2014年，南海区成功创建国家慢性非传染性疾病综合防控示范区。试点家庭医生式服务，全面推广“医路情暖·细节服务医家亲”项目，提高群众对医疗服务的满意度。启动免费婚检与免费孕前优生健康检查项目整合，提供更加优质的婚检、孕检服务。建成全省首批全国义务教育发展基本均衡区，全年新增义务教育优质学位1.1万个，实现全区66.8%非户籍常住人口随迁子女入读公办学校。推进普惠性教育建设，全面落实学前教育三年行动计划，普惠性幼儿园比例接近50%，新增优质学前教育学位5000多个。加大文化消费补贴力度，补贴高雅艺术精品演出19场、电影下乡3000场、社区文化活动86场、图书进基层项目43个、文化景点1个，共补贴1482万元，总受惠群众360万人次。

【基层治理有序推进】 2014年，南海区圆满完成村（居）委会换届选举工作，书记、主任一肩挑比例达96.02%，“两委”成员交叉任职率94.66%。进一步理清“选聘分离”后基层三类组织的责权职责关系，出台《南海区城乡社区工作实务指南》，制定推进基层善治体系建设行动计划，从社区运行、制度建设、普法宣传、监督机制等方面优化基层治理工作机制。大力推进社区网格化治理工作，以里水镇金溪社区等10个社区为试点，探索符合本地实际的社区网格化治理工作机制。探索集体建设用地流转和社区公寓建设新模式。推进治安防控体系建设，社会面治安管控能力明显增强。里水镇、大沥镇被评为“全国安全社区”。

【社会建设项目资金扶持】 2014年，南海区投入创新奖励资金200万元，向社会征集社会建设创新项目。年内征集到创新项目100个，经过资格审查、现场答辩评审、社工委主任会议审议三个环节，最终评选出25个创新项目进行公示。此外，南海区7个镇（街道）共投入3200多万元购买、运作社会服务项目84个，涉及青少年成长、和谐社区构建、老年人服务、就业扶持、随迁儿童教育、社区矫正等领域。

【南海区社会服务联会成立】 为解决社会服务碎片化、社会组织行业管理不规范等问题，2014年5月21日，南海区社工委在省内率先推动成立南海区社会服务联会。该组织由在南海从事社会服务的相关组织自愿组成，具有公益性、非盈利性及专业性的特点，功能定位为凝聚社会力量、引导服务发展、规范服务标准和整合社会资源。100家基层组织（街坊会、邻里中心、互助社等）、专业组织（社工机构、特殊教育机构等）和资源类组织（慈善会、义工联等）成为首批会员，涉及青少年服务、养老服务、家庭服务、就业服务等各个社会服务领域。南海区智酷少年成长活动中心负责人陈丽华当选为首任会长。为纪念南海社联成立，南海区确定以后每年的5月21日为“南海公益日”。

【社案“1+1”创新大赛】 于2014年7月10日启动。大赛首创“1+1”赛制，即鼓励南海本地的社会组

2014年11月18~19日，南海区举办社会建设创新奖励专项资金专家评审会

织与外来知名NGO机构（非政府组织）或专家学者合作，发挥本地机构熟悉南海和外来机构经验丰富的优势，针对特定公共事务共同形成社案。南海区围绕基层治理、创新人口服务管理、社会安全、城市管理、就业、教育、社会服务体系建设、公益创新共8大领域梳理出40个“南海之问”，向外地机构与南海本土机构征集优秀社案。参赛机构共同研发社案166份，经过专家评审等环节，有10份实施类社案各获得30万元的奖励。

2014年，南海区继续加大宜居城乡创建力度，提升城乡居住环境

【三级党联工作机构成立】 2014年7月起，南海区在全区开展党员干部与群众普遍直接联系工作。为更好地推进直联工作的开展，9月2日，中共南海区委联系社群工作部成立，与区社工委合署办公。各镇（街道）同时成立党联办，各村（社区）相应成立党联室。三级党联工作机构整合社群资源，承担统筹协调开展直接联系群众工作职责，为直联制工作提供组织保障。

（路骏峰）

■ 生态文明建设

【概况】 2014年，南海区启动美家行动计划，进一步推动城市生态环境建设。投入18亿元深化内河涌综合整治，重点推进广佛交界区域挂牌督办河涌整治工程，促进水环境质量持续改善。完善市政污水处理设施建设，新建截污管125千米，全区截污主管网基本建成。实施多维度、多样化环保执法，成立环保警察中队，有效遏制违法偷排行为。实施污染分类治理，突出抓好重点区域、重点行业、重点项目整治，全年整治提升企业275家，强制关停污染企业1087家。加快黄标车淘汰进程，累计淘汰黄标车和老旧车28146辆，顺利完成新能源汽车推广应用任务。是年，全区空气质量达到优良以上天数242天，优良率为66.3%，其中优秀天数42天。建成区绿化覆盖率41.9%，比上年提高3.8个百分点；绿地率38.4%，提高3.3个百分点；人均公园绿地面积18.06平方米，增加2.1平方米。

> **· 链接 ·**
>
> 社案：指社会治理中各种社会问题的创新解决方案，由各种机构主体创作并提交给各级政府。它所反映的问题必须具有普遍性和可操作性。有权提交社案的主体包括社区自治组织、民间社会组织、政府机构和研究机构。

【内河涌综合整治】 2014年，南海区以水质改善达标为主线，深化内河涌综合整治。重点推进西南涌、佛山水道、水口水道等广佛交界区域河涌整治。加快市政截污基础设施建设，全年新建截污管125千米，城乡污水处理率保持在92%以上。编制汾江河南海段、奇槎涌桂城段等两批共64条重点河涌“一河一策”水质达标方案并印发实施。各镇（街道）根据重点河涌水质达标方案，有序推进生态修复、水利河涌整治、生活污染源削减、农业面源污染治理、工业污染削减治理、管理能力建设等工程及措施185项。至年底，已完工项目及措施91项，完工率49.2%，河涌黑臭现象得到改善。

（区河涌办）

【农村环境综合整治】 2014年，南海区制订年度农村环境综合整治方案和“1060”工程［围绕生活污水处理、生活垃圾处理、农村水环境整治、农业（含养殖业）污染治理等10个领域，每年提出60个项目］计划。至年底，完成涉农村（社区）环境综合整治项目53个，亮点村（社区）项目20个，“1060”工程项目62个，主要完成饮水安全保障、生活污水处理、生活垃圾无害化处理、畜禽养殖粪便综合利用、其他突出环境问题整治、村容村貌、环境综合整治、污染治理设施运行维护八个方面的整治。（杨科）

【宜居城乡创建】 2014年，南海区有2个镇、6个社区、43个村庄分别创建为佛山市宜居城镇、宜居社区、宜居村庄。此外，有2个镇、15个村庄、14个社区经佛山市创建宜居城乡工作联席会议办公室推荐申报为省级宜居城镇、宜居村庄、宜居社区。至年底，全区共有5个镇、47个社区、108个村庄分别创建为佛山市宜居城镇、宜居社区、宜居村庄，其中里水镇、西樵镇、九江镇3个镇创建为省级宜居示范城镇，狮山镇石泉村等26个村庄创建为省级宜居示范村庄，大沥镇嘉怡社区等27个社区创建为省级宜居社区。（梁海燕）

【城乡绿化】 2014年，南海区开展新一轮绿化南海大行动。组织开展植树造林活动，全年种植各种树木96.6万株，其中参加义务植树活动93.8万人次。送苗下乡12.4万株，建设甘蕉、西岸等乡村绿化美化示范村25个。推进高速公路生态景观林带提升建设，完成佛开高速公路（南海段）沙头出入口节点景观林带、广三高速狮山段（原大沥段）景观林带完善提升工程以及武广高铁里水段生态景观林带建设。完成九江外滩、西樵江浦东路景观公园、丹灶云山峰山体公园（一期）、狮山街首小公园、大沥拱北街心公园、里水村公园等26个公园的建设或改造提升，新增和改造公园面积125.26公顷；完成九江沙头基耕大道绿化工程、西樵旅游大道一期建设工程、新丹横路及官山涌河岸美化绿化工程、桂丹路和桂和路绿化整治工程、大沥同庆大道等道路绿化工程29个，改造、新增道路绿化面积33.4公顷。（黎建力　曾汪洋　梁海燕）

【美家行动计划启动】 2014年1月8日，南海区召开美家行动计划动员大会，正式启动美家行动计划。行动计划包括美家建设工程、美家环境工程、美家舒适工程、美家人文工程4个重点工程，争取用三年时间，在深化绿色美丽家园建设的基础上，完成三大片区城市主轴线的打造，拉开城市框架；各类主要污染物排放得到全面有效控制，生态环境和经济社会形成良性协调发展；城市公共设施不断完善，城市管理水平不断提高，市民生态文明意识不断增强，实现产城人融合协调发展。（年鉴社辑录）

■ 组织机构及负责人

【中共佛山市南海区委员会】
书　记：邓伟根（至11月）　梁维东（11月始）
副书记：郑灿儒　孔海文（至7月）
　　　　张辉明（7月始）
常　委：植伟生　龚嘉明　刘涛根
　　　　俞　进（至6月）　李志伦　梁耀斌
　　　　罗坚华　李佳华　苏　岩（6月始）
　　　　王　雪（挂任）

【佛山市南海区人大常委会】
主　任：赵崇剑
副主任：易桂清（至1月）　何享业（至1月）
　　　　张可礼　叶迎津　麦宝才　关建国
　　　　武小文　李尚钜

【佛山市南海区人民政府】
区　长：郑灿儒
副区长：刘涛根　冼富兰　黎建军　刘铭恩
　　　　李晓佳　陈绍文　周佩珊（挂职）
　　　　玉秋静（5月始，挂职）
政务委员：叶迎津（至1月）　朱伟新　张衍昌
　　　　　蔡汉全

【政协佛山市南海区委员会】
主　席：张和平
副主席：胡国雄（至1月）　陈中原　潘佩光
　　　　崔　国　李深华　金　铎　何熠钢

【中共佛山市南海区纪律检查委员会】
书　记：植伟生
副书记：刘光辉　朱海腾

【南海区人民法院】
院　长：李声让

【南海区人民检察院】
检察长：陈国生

【各党政机关】
·中共南海区委（区政府）办公室
主　任：张衍昌
常务副主任：谢晓云　冼树雄　潘永桐（8月始）
·南海区人大常委会办公室
主　任：杨宝华
·南海区政协办公室
主　任：叶伟平
·南海区政务监察和审计局（至9月，机构改革）

局　长：植伟生（至9月）
常务副局长：刘光辉（至9月）　徐巨成（至9月）
· **南海区监察局（9月始，机构改革）**
局　长：刘光辉（9月始）
· **南海区审计局（9月始，机构改革）**
局　长：徐巨成（9月始）
· **中共南海区委组织部（区编委办、人才办）**
部长、主任：龚嘉明
常务副部长：梁柱华（至8月）　沈锐源（8月始）
“两新”党工委书记：徐觅浔
编委办常务副主任：许兆辉
机关工委书记：林满泉
老干部局局长：黄　奔
人才办常务副主任：樊　涛
· **中共南海区委宣传部**
部　长：俞　进（至7月）　苏　岩（7月始）
常务副部长：陈志刚
· **中共南海区委统战部、社会工作部**
统战部部长：梁耀斌
社会工作部部长：冼富兰（至8月）
常务副部长：刘文利
· **中共南海区委政法委**
书　记：孔海文（至7月）　张辉明（7月始）
副书记：黎建军　李声让　陈国生
梁润辉（至1月）　梁　骏　乔　梁
许成辉　刘广标（至5月）　庄少伟
曾文锋（挂职）
· **南海区社会工作委员会（区委联系社群工作部）**
主　任：孔海文（至7月）　张辉明（7月始）
常务副主任：邓裕章
· **南海区文化体育局**
局　长：俞　进（至7月）　谭国洪（9月始）
常务副局长：谭国洪（至9月）　霍兆锦（至9月）
· **南海区档案局（馆）**
局（馆）长：黎天赐
· **南海区流管办**
主　任：乔　梁
· **南海区信访局**
局　长：庄少伟
· **南海区司法局**
局　长：黎建军（至9月）　张志祥（9月始）
常务副局长：张志祥（至9月）
· **南海区民政和外事侨务局（至9月，机构改革）**
局　长：冼富兰（至9月）
常务副局长：陈　慧（至9月）　黄伟明（至9月）
· **南海区外事侨务局（9月始，机构改革）**
局　长：陈　慧（9月始）
· **南海区民政局**
局　长：黄伟明（9月始）
· **南海区发展规划和统计局**
局　长：李志伦（至8月）　李晓佳（8月始）
常务副局长：麦绍强　谢焯礼
· **南海区经济促进局**
局　长：刘铭恩
常务副局长：李兴强（至1月）　伍慧英
潘宏昌（至6月）　潘永桐（6~8月）
何焯辉（8月始）
· **南海区教育局**
局　长：梁耀斌（至9月）　霍兆锦（9月始）
常务副局长：吴赐成（至8月）
· **南海区财政局（公资办）**
局　长：刘涛根（至9月）　林平武（9月始）
常务副局长：林平武（至9月）
公资办主任：区志星
· **南海区人力资源和社会保障局（社保基金局）**
局　长：朱伟新（至9月）　黄丽意（9月始）
常务副局长：黄丽意（至9月）
社保基金管理局局长：黄丽意（兼）
· **南海区国土城建和水务局**
局　长：蔡汉全
常务副局长：黄文富　林　健　刘浩文　周长海
麦满良（9月始）
· **南海区农林渔业局**
局　长：叶迎津（至1月）　朱辉球（1~8月）
梁　康（9月始）
常务副局长：潘志彬（至4月）　梁　康（4~9月）
刘锦枌（至9月）
· **南海区城乡统筹办（中共南海区委农村工作办）**
主　任：叶迎津（至1月）　朱辉球（1~8月）
刘锦枌（9月始）
常务副主任：刘锦枌（至9月）
· **南海区卫生和计划生育局**
局　长：朱伟新（至8月）　陈庆球（8月始）
常务副局长：潘永桐（至4月）　陈庆球（至8月）
· **南海区安全生产监督管理局**
局　长：李晓佳（至8月）　何锦珠（9月始）
常务副局长：徐锡蔓（至4月）　何锦珠（4~9月）
· **南海区市场监督管理局（食品药品监管局）**
局　长：彭国祥（至9月）　陈绍文（9月始）
常务副局长：彭国祥（9月始）

· **南海区环境运输和城市管理局（至9月，机构改革）**
局　长：陈绍文（至8月）
常务副局长：梁　康（至4月）　徐锡蔓（4~9月）
　　张　江（至9月）　何锦珠（至4月）
　　麦满良（至9月）
· **南海区交通运输局（9月始，机构改革）**
局　长：张　江（9月始）
· **南海区环境保护局（9月始，机构改革）**
局　长：徐锡蔓（9月始）
· **南海公路局**
局　长：阮伟军
· **南海区公安分局**
局　长：黎建军
政　委：郭树洪
· **南海区行政服务中心**
主　任：何熠钢（至8月）　孔小燕（8月始）

【社会团体】
· **南海区总工会**
主　席：麦宝才
常务副主席：吴忠林
· **共青团南海区委员会**
书　记：张应统（至8月）　骆智勇（8月始）
· **南海区妇女联合会**
主　席：孔小燕（至9月）　何敏仪（9月始）
· **南海区工商业联合会（总商会）**
主　席：李深华

【各镇（街道）负责人】
· **桂城街道**
党工委书记、人大工委主任：罗坚华
党工委副书记：唐赛光　李棣发
办事处主任：唐赛光
· **九江镇**
党委书记、人大主席：吴绍秋
党委副书记：冯纯祥　潘洁英
镇　长：冯纯祥
· **西樵镇**
党委书记、人大主席：梁全财
党委副书记：黄颂华　沈锐源（至8月）
　　关海权（8月始）
镇　长：黄颂华
· **丹灶镇**
党委书记、人大主席：李满光（至8月）
　　杨景刚（8月始）
党委副书记：杨景刚（至8月）　梁柱华（8月始）
　　唐建强
镇　长：杨景刚（至9月）　梁柱华（9月始）
· **狮山镇**
党委书记、人大主席：王　雪
党委副书记：叶啟垣（至1月）　李兴强
　　李尚钜（至1月）　周剑雄
镇　长：叶啟垣（至1月）　李兴强
· **大沥镇**
党委书记、人大主席：杜伟标
党委副书记：刘宗阳　梁仲展
镇　长：刘宗阳
· **里水镇**
党委书记、人大主席：朱辉球（至1月）　叶啟垣
党委副书记：黄庆添　陈丽华（至1月）　谭艳玲
镇　长：黄庆添

【园区管委会】
· **广东金融高新技术服务区管委会（金融办）**
发展促进局党委书记：梁维东（12月始）
金融办主任：李志伦
金融办常务副主任：洪巨涛
规划局局长：黄永熙
· **佛山高新技术产业开发区管委会**
党工委书记、管委会主任：邓伟根（至11月）
　　梁维东（11月始）
党工委员、专职副主任：王　雪
党工委员、专职副主任：苏　岩（至6月）
专职副书记、纪工委书记：张敬文
党工委员、专职副主任：李满光（7月始）
· **佛山（南海）高新技术产业开发区管委会**
办公室主任、外联统筹局局长：李毅佳
经济发展和科技局局长：全　洪（至1月）
　　潘永桐（4~8月）
　　张应统（8月始）
国土规划局局长：招思源
城市建设局局长：邵振才
财政局局长：吴淑仪
· **西樵山风景名胜区管委会**
管委会主任：俞　进（至7月）
常务副主任：梁全财
专职副主任：冯政祥
专职副主任：张巨泉
文化旅游促进局局长：梁惠颜
建设规划局局长：李耀茂

南海大事记
Chronicle of Major Events of Nanhai

1月

3日　南海区与禅城区、三水区“加快佛高区核心园区协同建设合作框架协议”签署仪式在狮山镇举行。

6日　南海盐步内衣产业联盟成立。该联盟是南海区培育的第一个产业联盟，也是南海首个行业联盟试点。

同日　南海高新区公布《南海区中部片区（南海高新区）分区规划（2011~2020）》。根据规划，南海高新区定位为“珠三角国际科技园”，着力打造成南海跨越发展的排头兵、先进制造业的主基地、科技创新的先行园、国际合作的引领者、产城人融合的示范区。

7日　由团南海区委、南海义工联主办的“有爱就有家”2013年南海义工表彰会暨电子义工证发布仪式正式举行。会上表彰星级义工1533人，年度十佳社工、年度十大杰出义工各10人以及年度杰出团队38支。南海电子义工证正式发布，“南海义工之家”APP系统在全市首发。

8日　南海区集体土地交易中心、集体产权交易中心及集体经济股权管理交易中心挂牌成立。

同日　广东省人民政府办公厅公布第二批广东省战略性新兴产业基地名单，南海新能源汽车核心部件产业基地和南海生物医药产业基地入选广东省战略性新兴产业基地。

同日　南海区食品药品监督管理局召开成立大会，并举行挂牌仪式。该局加挂区市场监督管理局、区食品安全委员会办公室牌子，统筹全区食品药品监管工作。

同日　西樵山风景名胜区与中国农业银行合作开发的“中国旅游卡·西樵山”正式面世。这是广东省首张旅游卡，向全球公开发行。

同日　在中国县域网络形象排行榜暨县域政府网络履职绩效发布会上，南海区获“网络履职绩效全国十佳”奖项。

9日　中共南海区委十二届五次全会召开。会议审议通过《关于进一步深化金融·科技·产业创新融合的若干意见》《佛山市南海区建设金融·科技·产业创新融合综合试验区实施方案》《深化农村体制综合改革完善基层治理党建三年行动纲要》。

同日　九江双蒸博物馆岭南印象园分馆在广州大学城对外开放。

10日　南海桂花鱼省级农业标准化示范区以“优秀”等级通过专家组验收，获批成为第八批国家级农业综合标准化示范项目之一。

13~14日　南海区政协十二届四次会议召开。会议听取和审议区十二届政协常委会工作报告，并对区政协十二届三次会议以来的优秀提案、2013年政协信息工作先进集体和个人进行表彰。

14~15日　南海区十五届人大四次会议召开。会议听取和审议区政府、区人大常委会、区人民法院、区人民检察院工作报告，审查《南海区2013年国民经济和社会发展计划执行情况与2014年计划草案的报告》《2013年财政预算执行情况和2014年财政预算草案的报告》。叶迎津、李尚钜当选为第十五届人大常委会副主任，张应统、陈俊光、梁柱华、梁润辉当选为第十五届人大常委会委员。

15日　南海区高新技术产业协会成立。协会首批会员单位60个，广东雪莱特光电科技股份有限公司当选为会长单位，董事长柴国生担任会长。

16日　南海区获省政府批准成为全省首个金融·科技·产业融合创新综合试验区。

同日　南海影响力·2013年度十件大事/十大人物评选结果揭晓，“南海区划调整”“一汽-大众投产”“西樵山创5A”以及“博士村官刘辉”“最牛班主任尼尔”等事件和人物入选。

17日　中国电子商务互联网金融创新基地在广东金融高新技术服务区挂牌成立。“中国电子商务智慧型企业孵化器”和“中国电子商务创新基金”

在C时代南海互联网产业园同时揭牌成立。

22日　南海区与广东工业大学签约共建研究生科研实践基地。

23日　南海交警“网上车管所”正式运行。

同日　中共佛山市委副书记、市长刘悦伦带队到南海西樵山听音湖片区开展佛山城市升级三年行动计划2014年第一次现场巡查。

24日　广东坚美铝型材厂（集团）有限公司入选全省首批20个综合标准化建设试点。

25日　在第26届世界大学生和平大使选拔总决赛上，代表中国参赛的李祎璇获“联合国世界大学生和平大使奖”和大赛特别奖，被授予“Miss Amiin”称号，并被韩国江原道华川郡授予“亚洲和平大使”称号。

26日　中共佛山市委常委、南海区委书记邓伟根突击检查南海汽车客运站春运工作落实情况。

27日　广东省军区司令员盖龙云到南海区慰问参战老兵代表以及家庭困难退伍老兵。

同日　中央电视台《新闻直播间》节目对南海“三单”管理改革进行长达20分钟的详细解读。

同日　广东华兴玻璃股份有限公司中心实验室通过国家实验室认可（CNAS），成为日用瓶罐玻璃行业首家获此认可的企业实验室。

28日　南海区促进第三产业发展工作领导小组办公室揭牌成立。

同日　经过3年多建设的三山南桥正式通车。这是继三山西桥、橹尾撬大桥后，三山新城的又一条出岛通道。

30日　南海大沥镇黄飞鸿中联龙狮团与西樵民乐小学“大头佛”表演队应邀赴京，参加2014年央视春晚现场演出。

2月

8~9日　中共中央政治局委员、广东省委书记胡春华和省委常委、秘书长林木声到南海指导开展党的群众路线教育实践活动，并调研南海“三旧”改造、农村改革等工作。

10日　在第八届“小桃李杯”全国青少年舞蹈大赛总决赛上，来自南海执信中学国际班的学生熊汝琪的独舞赢得全场最高分，获比赛金奖。

17日　南海区召开党的群众路线教育实践活动动员部署会议。

19日　西樵镇获“中国历史文化名镇”称号，成为佛山市首个获此称号的镇。

同日　2014年南海区“南粤春暖”就业服务活动首场招聘会在南海劳动就业服务中心外广场举行。

20日　佛山市质监局公布，国家标准化管理委员会同意南海区公共资源交易中心承担创建国家级政府采购服务业标准化试点工作。南海区公共资源交易中心成为广东省首个获批的国家级政府采购服务业标准化试点。

21日　广东坚美铝型材厂（集团）有限公司获2013年度“广东省政府质量奖”。

24日　中共佛山市委副书记、市长刘悦伦，市委常委、宣传部部长冯德良带队到南海开展第一轮创文工作巡查，主要巡查户外公益广告、道德讲堂、文明旅游、社区综合建设、社区志愿服务及未成年人思想道德建设六大项目。

25日　南海区纪委第十二届四次全会召开。

同日　广东省副省长林少春率队到福田汽车南海工厂、里水镇“春风行动”招聘会现场和广东志高空调有限公司等调研就业和劳资关系情况。

同日　南海区西樵镇西岸村获2013年度“广东省生态村”称号。

同日　丹灶百容水产良种有限公司举行广东省草鱼良种繁育工程技术中心挂牌仪式。

27日　南海区举办首场贯彻习近平总书记系列讲话精神学习会，邀请中央党校报刊社社长兼总编辑、中共党史专家谢春涛作题为《习近平总书记重要讲话精神解读》的专题报告。区委、区人大常委会、区政府、区政协领导班子、区直单位副局级以上干部等近千人参加专题学习会。

3月

1日　南海区启动工商登记制度改革。

2日　中共南海区委常委、桂城街道党工委书记罗坚华在第十一届中国公民道德论坛上作题为《弘扬关爱文化，建设和谐社区》的主题发言。

3日　《关于进一步加强南海文化改革发展的意见》正式发布并向社会征求意见。

6日　南海聚焦“四风”网络监督平台正式开通。

同日　广东省人大常委会副主任、省总工会主席、省委第五督导组组长黄业斌率队到南海检查指导党的群众路线教育实践活动。

8~10日　加拿大国会议员詹嘉礼率领代表团一行到访南海。

11日　南海区召开商协会承接政府职能转移工作推进大会。南海区向里水总商会等首批8个试点单位转移136项区级职能。

12日　南海区发出区内首个“零首付”自然人独资有限公司营业执照。

13日　广东省副省长邓海光率队到南海区就深化农村综合改革工作开展专题调研。

同日　南海区251个村（居）委会顺利完成换届选举。据统计，共选举产生861名村（居）委会成员。其中，书记、主任“一肩挑”比例达96.02%，比上一届提高26个百分点；“两委”成员交叉任职率94.66%，较上届提高22个百分点。

18日　中共中央政治局委员、广东省委书记胡春华到南海区指导开展党的群众路线教育实践活动，并就社会矛盾化解工作进行专题调研。

19日　南海区正式公布社会组织“三单”管理制度。“三单”管理模式从经济领域延伸至社会管理和服务领域。

同日　佛山市青年创业孵化基地落户大沥镇广佛智城。

20日　中共佛山市委副书记、市长刘悦伦到群众路线教育实践活动联系点南海区进行调研式学习，参观大沥镇智慧城市管理指挥（应急）中心，听取大沥镇智慧城镇运行管理以及网格化管理情况介绍，并了解南海区网格化平台建设以及“三单”管理工作推进情况。

21日　南海区“三旧”改造项目投资推介会在南海体育馆举行。

24日　第四届中国古村落保护与发展研讨会在西樵镇松塘村召开，来自全国各地100多名古村落文化研究专家、学者参加会议。

25日　中国新型城镇化模式探索论坛在南海枫丹白鹭酒店举行。

27日　南海区电商服务联盟成立大会暨电商产业发展峰会在大沥镇广佛智城举行。

28日　共青团广东省委书记曾颖如一行到南海调研全民义工行动计划和青年的就业创业情况。

28~30日　在第29届广东省青少年科技创新大赛上，南海狮山石门高级中学代表队在比赛中获得3金3银。其中，“巧净城市空气，弘扬生态文明”和“追逐消失的湖泊”两项作品，将代表广东省参加第29届全国青少年科技创新大赛。

29日　央视《新闻联播》以“广东佛山：负面清单让政府服务提速”为题，再度介绍南海“三单”管理改革经验。

31日　南海区召开商标战略工作总结暨工商登记改革工作大会。11家获2013年“中国驰名商标”称号的企业分别获得区政府100万元奖励。

同日　南海区举行村（居）党的群众路线教育实践活动工作会议暨基层党组织书记专题培训，千余名基层村干部参加培训。

4月

1日　南海区养老服务业协会成立，汤柳花当选首任会长。

2日　国家对广东省义务教育基本均衡县（市、区）督导检查反馈意见会在广州召开。南海区率先成为广东省首批国家级“义务教育发展基本均衡区”。

4日　“南海微力”“南海发布”入选2013年中国政务微博客综合100强。

11日　国家知识产权局副局长贺化一行到南海就如何进一步加强知识产权的运用和保护开展调研。

19日　南海区桂城街道退休教师罗彦铿家庭获“全国书香之家”称号。

20日　南海区第五届“崇文佛山·书香南海”全民读书系列活动在桂城保利水城启动。

22日　是日起至5月15日，南海区举办5场区镇领导群众路线微访谈活动。中共佛山市委常委、区委书记邓伟根，区委副书记、区长郑灿儒以及南海7个镇（街道）党（工）委书记，就狠刹“四风”，建设“富民强区，幸福南海”问题与网友进行交流。

24日　波兰登比察市代表团到访南海，并与南海签署友好交流合作意向书。

同日　南海区“家·南海”文化发展促进会正式成立。珠江时报社总编辑助理潘钟亮当选会长。

25日　南海教育朝阳信息网开播。

26~28日　全国男子三人篮球锦标赛在狮山体育馆举行，22支队伍参加比赛。

28日　中央农村工作领导小组副组长、办公室主任陈锡文带队到南海调研以政经分离为核心的农村体制综合改革情况。

同日　《关于推进“人才强企”工作的意见》正式发布。

同日　佛山市召开“五一”国际劳动节庆祝大会，对获得2014年全国、省五一劳动奖状、奖章及“工人先锋号”称号的先进个人和单位进行表彰。获“全国五一劳动奖状”的广东省九江酒厂有限公司，获“全国五一劳动奖章”的广东蒙娜丽莎新型材料集团有限公司车间主任梁宜广受到表彰。

29日　南海区打击街面犯罪指挥部成立。

30日　新西樵大桥正式通车。

同日　国家质检总局正式批准南海区筹建“全国内衣产业知名品牌创建示范区”。

5月

1~2日　2014年“黄飞鸿杯”第八届全国南北狮王争霸赛水上双狮挑战赛暨南北功夫争霸赛在西樵山天湖公园举行。来自全国各地的19支队伍参加陆地高桩、水上飞狮、北狮争霸三大项目的擂台赛。南海西樵黄飞鸿狮艺武术馆获“高桩狮王”称号，南海广泰机械厂龙狮团获得水上飞狮项目冠军，山东省东明县东方武术学校舞狮队获封“中国北狮王”。

7日　一汽-大众华南基地二期项目在狮山镇奠基。

同日　“有德南海”公民道德教育活动正式启动。活动从5月开始，持续至11月，开展“南海好人”评选、“道德讲堂”进基层、“梦南海·家文明”摄影大赛暨巡展活动等13个活动项目。

8日　南海区政协“委员之家”网络互动平台试运行，“南海区政协委员履职档案管理系统”同时试运行。

9日　南海区与顺德区合作开办的首条公交线路——831公交线路在南海区千灯湖公交总站正式开行。

12日　广东省军区、佛山军分区组织对南海区民兵应急连进行实兵实装拉动点验考核。

15日　南海区举办第一批科技镇长团工作总结及第二批成员报到仪式。

同日　中共广东省委实践办组织人民网、《南方日报》、广东电视台等中央、省级媒体采访报道南海区党的群众路线教育实践活动经验和做法。

16日　广东省副省长陈云贤率领省金融办等有关部门和单位的负责人，实地考察广东金融高新区股权交易中心、佛山民间金融街等。

18日　南海启动为期5个月的非遗传承保护与展示系列活动。

21日　南海区社会服务联会成立。智酷少年成长活动中心负责人陈丽华当选为会长。为纪念南海社联成立，南海区确定每年的5月21日为“南海公益日”。

23日　九江镇真龙物流园举行开园仪式，龙赛家具电子商务园同时开园。

28日　南海区创建国家知识产权投融资综合试验区通过国家知识产权局专家组验收。

29日　广东省文化厅厅长方健宏带队到南海考察文化建设。

30日　南海区数据统筹局挂牌成立。

6月

4日　广东省口腔医疗装备（南海）产业基地在狮山镇启动建设。

同日　由南海区公有资产管理委员会办公室牵头组建、注册资本7亿元的南海产业发展投资有限公司揭牌成立。

5日　狮山镇大布社区首批家庭签订《家庭医生式服务协议书》，标志着南海区家庭医生式服务试点项目全面启动。

6日　南海西部首条旅游公交专线249路正式开通。

同日　南海旅游纪念品专卖店松塘店、南海观音店、四方竹店在西樵镇开业。

同日　由广东金融高新区股权交易中心设计的“灯湖私募债”系列之“14集成小贷债”“14友诚小贷债”正式发行。这两支私募债是广东省首批小贷公司私募债，发行人分别为南海友诚小额贷款有限公司和佛山市禅城集成小额贷款有限公司，期限均为1年，发行规模各5000万元。

7~16日　中共佛山市委常委、南海区委书记邓伟根率代表团对新加坡、美国和加拿大进行友好访问。

10日　广东省政协副主席梁伟发率领“广东村级经济社会发展情况”专题调研组，到狮山镇务庄社区和石澎村进行调研。

12日　由广东金融高新区股权交易中心与粤桂合作特别试验区股权交易中心共建的“粤桂合作特别试验区股权交易中心”在广西梧州揭牌成立。

同日　佛山首家公益主题生活馆——益家生活馆在桂城创益中心618街区开业。生活馆以公益人群为主要服务对象，为社工、义工、志愿者、爱心商企搭建公益资源交流、学习的平台。

同日　南海东软信息技术职业学院正式升格为本科院校并启用新校名——广东东软学院。

15日　“家·南海”公益慈善创意汇举行签约仪式。南海区民政和外事侨务局、南海慈善会分别与40个民生服务项目提供机构签约，资助资金超过300万元。

19日　南海区博士联谊会的9名医学博士到云浮市云安县石城镇高塱村，为近300名村民提供义诊服务。

同日　共青团佛山市南海区第十七次代表大会在南海区机关小礼堂举行。团区委书记张应统作题为《燃烧青春岁月，力助南海再出发》的工作报告。会议选举张应统、徐婉贞、江启祥、关惠敏等23人为团区委第十七届委员会委员，选举陈杰锋、陈洁华、马仲超、黄伟等11人为候补委员。

同日　南海区政府与北京有色金属研究总院签订合作框架协议。北京有色金属研究总院将在南海设立分中心、专家办公室和产品质量检测平台，为南海铝型材及上下游全产业链提供技术支持。

20日　南海区、禅城区、高明区旅游合作框架协议签署仪式暨南海国家旅游产业集聚（实验）区投资推介会在西樵山风景名胜区管委会招商中心举行。西樵镇与佛山市纺织服装协会签约“中国南方国际纺织商贸城”项目。会上还举行九江镇“中国医卫用非织造产品示范基地”、丹灶镇“广东新能源汽车核心部件产业基地”授牌仪式。同时，西樵镇挂牌“中国历史文化名镇”。

22日　为期12天的南海区第八届华裔青年夏令营开营。

同日　第二届粤港澳自行车邀请赛在狮山大学城举行。

24日　大沥金融行业协会成立，成为全市首个金融行业协会。中国农业银行南海大沥支行当选会长单位。

25日　南海区劳动模范工作暨劳动模范创新室经验分享会在广东蒙娜丽莎新型材料集团举行。第二批21个“劳模创新室”获授牌。

同日　南海区启动“广东扶贫济困日”慈善募捐月活动。于3月试运行的南海慈善阳光信息平台也正式上线运行。南海慈善会首次与南海政协书画院联合举办慈善拍卖会，共拍出作品26组，筹集善款逾1200万元。

26日　广东省“桂城杯”诗歌奖落户桂城签约暨首届诗歌奖启动仪式在桂城街道举行。

同日　“理学与岭南社会文化”国际学术研讨会在西樵山中山大学岭南文化研究院举行，来自9个国家的80多名专家学者参加研讨会。

28日　南海公安分局禁毒大队联合里水派出所破获一起特大贩毒案。抓获贩毒嫌疑人7名，缴获毒品冰毒17公斤，海洛因3公斤，毒资23万元人民币、2万多美元，涉案车辆2辆。

30日　2014年南海区高校研究生科研实践活动正式启动。66名来自清华大学、上海交通大学、华东理工大学、武汉大学、广东工业大学5所高校的博士研究生将到南海的28个企事业单位参加为期约8周的科研实践。广东瑞洲科技有限公司等5家企业成为南海首批与广东工业大学联合培养研究生的示范点。

7月

1日　南海区启动镇（街道）领导到村（社区）党代表工作室驻班制工作。

2日　南海青年台商联谊会举行第四届换届大会，南海家宝塑料制品有限公司经理詹正兴当选为新一任会长。

10日　“家·南海”社案“1+1”创新大赛启动。

13日　广东长牛电气有限公司在“新三板”挂牌上市，成为南海首家在“新三板”上市的企业。

16日　佛山科技街创客空间启用。这是国内首个由政府牵头建设，给予资金支持的创新平台。

同日　中共佛山市委常委、南海区委书记邓伟根，区委副书记、区长郑灿儒带领拥军慰问团赴各驻军部队慰问。

18日　佛山高新技术产业开发区第一批清华校友创业项目签约仪式在狮山镇力合科技园举行。6个项目团队现场签订项目落户协议。

21日　国家住房城乡建设部等部门公布新一轮3675个全国重点镇名单。西樵镇、里水镇、狮山镇入选全国重点镇。

22日　在首届全国中小学生校园集体舞展演总决赛上，里水镇旗峰中学的舞蹈《为青春喝彩》获得中学组一等奖，西樵镇太平小学集体舞《宝贝，向前冲!》获得小学组特等奖，西樵镇第一小学集体舞《粤韵童趣》获小学组一等奖。

22~23日　中共佛山市委书记刘悦伦，市委副书记、代市长鲁毅带领佛山市城市升级三年行动计划现场巡查组巡查南海区城市升级项目。

23日　由国家商务部投资促进事务局、省投资促进局和南海狮山镇政府联合共建的中欧科技合作产业园启动建设。

同日　广珠铁路丹灶货运站一期投入运营。

24日　南海区召开基层治理专题协商座谈会，政协委员就提升南海基层治理能力、加强党群联系等议题建言献策。会议还公布了《关于建立镇街领导干部直接联系群众制度的工作意见》（征求意见稿）。

27日　狮山镇文化站舞蹈队参加“感动韩国”第十一届中韩

青少年文艺交流盛典活动，花灯舞蹈《花灯传承》获得金奖。

28日　西樵镇获“岭南魅力名镇”称号。

31日　由区党代表、人大代表、政协委员、民主党派人士、工青妇代表等组成的南海区政风行风评议团成立，拉开2014年南海区民主评议政府行风工作序幕。区食品药品监管局、区司法局（含公证处）被列为重点评议单位。

8月

1日　中共中央政治局委员、广东省委书记胡春华参加大沥镇凤池社区党委专题组织生活会。

同日　佛山市范围内开始全面禁止超标电动自行车上路行驶，“禅桂新”（禅城、桂城、佛山新城）中心城区禁止所有电动自行车上路行驶。

4日　广东省青年创新创业试验区落户南海，“大沥杯”广东青年创新创业大赛同时启动。

同日　南海区获省国土资源厅批复同意，成为广东省新一轮深化“三旧”改造综合试点之一。

9日　南海区举办“文明旅游”市民体验活动。

11日　大沥行政服务中心、狮山行政服务中心、西樵行政服务中心、丹灶行政服务中心、里水行政服务中心5个镇（街道）行政服务中心开放车管业务，业务窗口可办理摩托车新车入户业务。

同日　第十四届中国股权投资论坛暨金融·科技·产业融合创新洽谈会在广东金融高新区举行。

13日　南海区召开数据南海“四+1”项目成果发布会，汇报区数据统筹局自5月30日成立以来的首个成果——“四+1”项目。

同日　桂城天富科技城奠基。

15日　中共佛山市委常委、南海区委书记邓伟根，区委副书记、区长郑灿儒带领考察团到禅城区、顺德区、高明区、三水区和佛山新城考察学习城市升级先进经验和做法。

18日　广东省副省长、省安委会副主任刘志庚率队检查南海区家具生产与制造、铝合金轮毂生产抛光企业。

19日　首届南海区十大杰出青年企业家名单出炉，陈湛枝、张伟强、周泳锋、吴荣开、吴伟东、罗茵茵、黎浩斌、柴华、陈贤初、洪屹10人获选。

同日　广东金融电子结算中心落户广东金融高新技术服务区。

同日　南海区发布《佛山市南海区加强技能人才队伍建设暂行办法》。

20日　大沥镇沥中社区居委会人大代表联络站揭牌成立，标志着南海区人大代表联络站建设正式启动。

同日　联东U谷·佛山南海国际企业港正式动工。该项目总占地面积33.33公顷，总投资30亿元，规划建筑面积近80万平方米。首期占地面积8公顷，规划建筑面积12万平方米，建设集生产制造、研发设计、成果转化和服务功能于一体的高端产业集聚基地。

21日　南海区被国家知识产权局授予“国家知识产权强县工程示范区”称号，成为广东省唯一入选县（区）。

同日　中共南海区委举办南海区直接联系群众工作专题培训班，近800名党员干部参加培训。

25日　广东省纪委组织由省内主流媒体组成的“廉洁广东行”记者采访团到南海实地采访党风廉政建设方面的创新举措和经验。

26日　南海区召开党的群众路线教育实践活动整改落实和建章立制工作会议。

26~28日　2014年广东省纺织行业“西樵面料杯”穿经工职业技能竞赛暨全国纺织行业“大生杯”穿经工职业技能竞赛广东选拔赛在西樵镇举行。南海龙远纺织有限公司的陈雪姗获比赛综合成绩第一名，被竞赛组委会授予“广东省技术能手”称号。

28日　“西樵面料”“佛山市南海区口腔器材协会”2件集体商标在国家工商总局商标局成功注册。

29日　国家知识产权局局长申长雨到南海考察知识产权工作。

30日　由英国诺丁汉大学、广东金融学院共同成立的广东-诺丁汉高级金融研究院落户广东金融高新区。

是月　南海信息技术学校作为佛山市首家申报国家级中等职业教育改革发展示范学校建设单位，以优异成绩顺利通过国家级示范校终期验收评估。

9月

1日　南海区中心城区全面禁摩，并调整摩托车入户政策。

同日　第一期南海区机关干部轮训班开班仪式暨《先行——第三只眼睛看南海》首发式在南海广播电视大学举行。各镇（街道）党（工）委组织委员以及70名区直单位机关干部参加首期轮训。

2日　“九江双蒸酒”被国家质检总局授予“国家地理标志保护产品”称号。

同日　中共南海区委联系社

群工作部成立。各镇（街道）、村（社区）分别成立党联办、党联室。

3日　广东省副省长许瑞生等就开展《珠江三角洲全域规划》岭南传统风貌地区空间管控和建设到南海区进行专题调研。

同日　南海区举行2014年教师节大会，1808名教育工作者及15所学校获表彰。会上还发布《2013～2014学年度南海区教育发展状态报告》。

4日　西樵镇百西村、西樵镇简村村、丹灶仙岗村、丹灶镇棋盘村、丹灶镇和平村、九江烟桥村、里水镇汤南村、里水镇孔西村、桂城街道江头村、大沥镇璜溪村10个村获“广东省传统村落”称号。

同日　中共佛山市委常委、南海区委书记邓伟根带队到云浮市云安县石城镇高龙村进行调研和慰问。

9～10日　人民网、新华网、《南方日报》、广东广播电视台等9家媒体到南海集中采访。这是党的群众路线教育实践活动开展以来，省委教育实践办第二次组织中央、省级媒体到南海采访。

17日　南海首个村（居）集体经济收益监管中心——丹灶镇村（居）集体经济收益监管中心成立。

18日　国家智慧城市南海创新日活动在狮山镇举办。

19日　平洲玉器街挂牌国家级4A旅游景区。

同日　是日起至10月4日，南海区运动员张家玮在第十七届亚运会比赛中获男子拳击56公斤级项目银牌，梁婉霞获现代五项女子团体铜牌，周鹏获男子篮球第五名。

20日　南海区举办“善美的星空”——2014感动南海道德人物评选活动颁奖典礼，8名“善美之星”以及12名星光奖获奖者受表彰。

24日　“全国社会工作服务示范社区”揭牌仪式在大沥镇嘉怡社区举行。

同日　南海区举办国家中小微企业知识产权培训南海基地挂牌仪式。首批4所院校试点知识产权职业教育。

24～26日　第三届广东省曲艺大赛总决赛在南海影剧院举行。

26日　广东省副省长林少春等到桂城街道怡翠社区、桂城外国语学校和南海区第二人民医院督查登革热防控工作。

28日　南九复线全线贯通。

29日　南海区公布《佛山市南海区新一轮深化“三旧”改造综合试点工作方案》《佛山市南海区人民政府关于进一步推进村居社区公寓建设的实施意见》《佛山市南海区集体建设用地使用权流转实施办法》。

10月

1～2日　2014“黄飞鸿杯”第十届世界华人狮王争霸赛、水上双狮挑战赛在西樵山天湖公园举行。来自世界各地的16支南狮参加陆地高桩、水上飞狮对决战两个项目的比赛。

5日　在苏州“康力电梯·领军杯”国际少儿足球邀请赛上，南海足协“05雄鸡队”以7场全胜的战绩夺得U9组别冠军，这是南海足协成立以来夺得的首个全国冠军。

11日　大沥镇被授予“中国摄影之乡”称号。

同日　南海区召开党的群众路线教育实践活动总结大会。全区的教育实践活动从2月开始至9月底基本结束，共4600多个党组织、6万多名党员参加。

14日　南海区机关幼儿园通过省评估验收小组验收，成为首批“全国优秀家长学校”之一。

15日　南海公安分局经侦大队环境犯罪侦查中队挂牌成立。

17日　南海区认定首批11家电商企业及1家电商专业载体。

18～24日　南海区运动员林福荣、林萍、崔永佳在第十一届亚残运会游泳比赛中取得11枚金牌、6枚银牌、1枚铜牌的成绩，其中林福荣打破50米自由泳、100米自由泳、100米仰泳及100米蝶泳4个项目亚洲纪录，林萍打破女子200米混合泳亚洲纪录。

21日　《人民日报》、新华社、广东电视台、《南方日报》等多家主流媒体组成联合采访团，实地走访南海多个社区，了解直联制给百姓带来的实惠。

22日　中共广东省委组织部召开全省建立乡镇（街道）领导干部驻点普遍直接联系群众制度工作部署会，中共南海区委副书记张辉明代表南海作经验介绍。

27日　上汽集团与南海区政府签订广东省新能源汽车核心部件产业基地共建协议。

同日　丹灶镇举行“广东省文明镇”挂牌仪式。

30日　南海区政府核准“蓝海人才计划”第四批创新创业团队名单，共22个团队获得立项扶持，项目涵盖南海重点发展的五大战略性新兴产业。

同日　“欧洲及海上丝绸之路沿线国家主流媒体看广东”媒体采访团到大沥奥丽侬内衣公司、大沥中联黄飞鸿龙狮训练基地进行采访。

11月

2日　南海区在德国科隆举

办海外招才引智推介会。

同日　九江女子队在亚太地区国际龙舟公开赛中获女子组500米直道竞速冠军。

8日　“义动起来，V爱南海”第九届南海区义工文化节开幕式在保利水城举行。

8~9日　在2014年“体彩大乐透杯”全国少儿游泳分区赛（广东赛区）上，南海中心小学学生取得4金1银的优异成绩。

同日　第二届“罗村叶问杯”世界咏春拳大赛在罗村举行。

10日　南海区与阿里巴巴集团签署共建“阿里巴巴·南海产业带”合作协议。

12日　南海区以优秀等级通过省考核验收组对“广东省实施技术标准战略示范区”工作的考核验收。

14日　南海区及佛山高新区管委会获国家质检总局批准筹建“全国陶瓷产业知名品牌创建示范区”。

14～16日　2014中国（上海）国际旅游展暨海上丝绸之路博览会在上海新国际博览中心举行。南海区成为广东唯一的县（区）级参展单位。其展出的“黄飞鸿”陶瓷雕塑作为中国优秀旅游纪念品被转赠给世界旅游组织秘书长塔勒布·瑞法依。

16日　九江镇举行中国龙舟示范基地南海九江训练中心揭牌仪式。九江龙舟协会同时成立。

17日　南海区全面实施熟食食品市场准入制度。

同日　广东省中小企业服务日南海站活动启动。

18日　田莹、杨大坚、李芳莉、李俊雄、金军5人获评第二届“南海名中医”。

22日　南海桂城叠南茶基村举办建村600周年庆典，并挂牌市级“非遗”传承基地。

28日　南海区召开领导干部大会，宣布区委书记任免事宜，梁维东任中共南海区委书记。

同日　南海区宣传智库成立。

■ 12月

1日　《佛山市南海区建设工程渣土管理办法（试行）》正式实施。

同日　26名参加首届中国青年志愿者服务项目大赛的省级团委代表到南海区参观考察桂城志愿V站、桂城创益中心、桂城创享家以及南海社会创意园。

2日　里水镇、大沥镇获“全国安全社区”称号。

同日　中共佛山市委常委、南海区委书记梁维东履新后开展对全区调研工作。

同日　2014年粤港金融业合作恳谈会暨广东金融高新区投资分享会在香港举行。

8日　中共佛山市委副书记、代市长鲁毅到南海技师学院调研。

9日　南海区医卫用产品行业协会在九江镇樵江科技园成立。

同日　“南海影响力·2014年度十件大事/十大人物”评选活动启动。

10日　佛山市“十大特色镇街”与“十大居民满意度镇街”名单揭晓。丹灶镇获“有为经营特色镇街”，里水镇获“岭南田园特色镇街”，狮山镇获“智造之芯特色镇街”。丹灶镇和桂城街道入选“十大居民满意度镇街”。

12日　南海区人民武装部召开工作会议，宣布中共佛山市委常委、南海区委书记梁维东任南海区人民武装部党委第一书记。

16日　广东省副省长陈云贤带队调研广东金融高新区，实地考察佛山民间金融街、广东金融高新区股权交易中心等建设情况，并召开金融工作座谈会。

17日　南海区出台《佛山市南海区科技创新券实施管理办法（试行）》。

18日　南海区文体旅游局获“全国文化系统先进集体”称号。

20日　中国林业产业联合会组织专家组实地考察里水镇万顷洋香水百合产业，并正式评审通过里水镇“中国香水百合名镇”的申请。

22日　南海区召开区内全国人大代表和省人大代表座谈会。

23日　佛山高新区建设珠江西岸装备制造产业创新基地暨第三届珠三角国际科技园高层次海外人才项目对接会在南海核心园区举行。

同日　2014年广东省名牌产品（工业类）名单公布，南海68家企业的83个产品获评省名牌产品。

同日　“南海发布”微博获评2014年度广东十大外宣微博。

24日　央视七套《美丽中国乡村行》节目播出“狮山叶问拳乡之旅”，讲述叶问传奇和咏春拳历史，并介绍南海狮山。

26日　少先队南海区第八次代表大会在南海机关小礼堂举行，来自全区各小学的136名少先队员代表参加会议。

28日　“灯湖论剑”南方移动互联网创业大赛总决选暨开发者大会在南海区举行。

30日　中共江门市委书记刘海率领党政代表团到南海学习交流基层党建和直联制工作经验做法。

（区档案局）

党政机关

Party and Government Organizations

中共佛山市南海区委员会

【中共南海区委十二届五次全会】于2014年1月9日在区机关小礼堂召开，区委委员、候补委员，区委、区人大常委会、区政府、区政协有关领导，三大片区管委会领导班子成员，各部委、局、直管单位负责人，各镇（街道）书记、镇长参加会议。会议提出，2014年南海区的主要任务是“精耕细作，重在深化”，以行政体制改革为着力点深化各项改革，以金融、科技、产业创新融合为抓手加快转型升级。中共佛山市委常委、南海区委书记邓伟根代表区委常委会作全会报告。报告回顾2013年南海区取得的成绩：东中西三大片区加速崛起；一汽-大众、广东股权交易中心等重大项目相继投产和落户；成功申建国务院农村综合改革示范点；全国首创“三单”(负面清单、准许清单、监管清单）管理。报告提出以“五个深化”来部署2014年的工作：深化各项改革，增创体制优势；深化创新融合，增强转型动力；深化产城建设，提升发展质量；深化社会治理，推进基层善治；深化党的建设，夯实执政之基。

【胡春华到南海指导党的群众路线教育实践活动】 2014年2月8~9日，中共中央政治局委员、广东省委书记胡春华先后到桂城、大沥、狮山等镇（街道），重点了解南海推进“三旧”改造，深化农村改革方面进展情况，听取基层群众对开展教育实践活动的意见和建议。胡春华对南海开展群众路线教育实践活动提出四点要求：一是要把学习习近平总书记系列重要讲话作为教育实践活动的重要内容，切实把思想和行动统一到讲话精神上；二是要把教育实践活动落实到干部作风转变上，让人民群众感受到干部作风的变化；三是要把教育实践活动落实到解决群众反映强烈的突出问题上，将活动在群众家门口开展，实实在在解决一批基层矛盾和问题；四是各级党组织要切实加强领导，确保教育活动取得实效。南海区是胡春华的第二批开展党的群众路线教育实践活动联系点。年内，胡春华6次到南海开展调研指导工作。

【全区开展党的群众路线教育实践活动】 2014年2月17日，南海区召开党的群众路线教育实践活动动员会议。中共佛山市委常委、南海区委书记邓伟根在大会上指出，开展党的群众路线教育实践活动，是党的十八大作出的重大部署，全区党员干部要深刻领会教育实践活动的重大意义，通过教育实践活动，切实将党员干部的思想统一到习近平总书记系列重要讲话精神上来，切实解决党员干部“四风”上存在的突出问题，切实解决关系群众切身利益的问题。当日，区委印发《佛山市南海区深入开展党的群众路线教育实践活动实施方案》。全区4600多个基层党组织、6万多党员参加群众路线教育实践活

2014年2月17日，南海区召开党的群众路线教育实践活动动员部署会议

动。整个活动围绕“为民务实清廉”主题和“作风正、事业兴，改革重深化、南海再出发”主线，查找、整改作风问题，做到规定工作抓严抓实，自选动作做出特色，达到预期效果。10月11日，区委召开党的群众路线教育实践活动总结大会，号召全区党员干部紧紧围绕“一心一意谋发展，聚精会神抓党建”的要求，进一步把活动成果转化为管党治党、从严治党长效机制，推动新一轮改革发展。

【召开区委班子专题民主生活会】2014年5月24~25日，中共南海区委召开区委常委党的群众路线教育实践活动专题民主生活会，中共中央政治局委员、广东省委书记胡春华参加会议。会上11名常委班子成员围绕“为民、务实、清廉”主题和“作风正、事业兴，改革重深化、南海再出发”主线，逐一对照检查，开展批评和自我批评，并认真剖析成因和研究整改。6月3日，区委召开通报会，针对民主生活会提出的“四风”问题，推出“1+10+1”(以基层治理推动教育实践活动不断深化，开展10项专项整治解决“四风”问题和群众反映诉求问题，以长效机制巩固教育实践活动成果)的整改计划，重点聚焦10项专项整治，包括重点抓好网络“倒逼”和绩效考核科学化等重点工作。年内，南海区出台相关工作意见规管“三公”经费的使用。

【南海、禅城、三水三区签署合作框架协议】 2014年1月3日，南海区、禅城区、三水区签署共同推动佛山高新区加速发展合作框架协议。佛山市市长刘悦伦，中共佛山市委常委、南海区委书记、佛山高新区党工委书记兼管委会主任邓伟根，市委常委、禅城区委书记区邦敏，副市长刘炜，三水区委书记苏伟波等领导出席会议。南海区区长郑灿儒、禅城区区长刘东豪、三水区区长陈英文代表三区政府签署框架协议。刘悦伦在签约仪式上发表讲话指出：区间合作是破除城市建设瓶颈的一个重要突破口，高新区加速发展是全市产业转型升级的一个重要突破口，禅城、南海、三水三区地域、产业联系紧密，对联动发展有迫切的现实需求。市委、市政府寄望三区能塑造出一个合作的样板和标杆，带动五区实现更大范围、更深程度的合作，共同把佛山建设好、发展好。根据框架协议，此次合作区域将覆盖佛山高新区整个核心园区，包括禅城区张槎街道、南庄镇，南海区狮山镇、丹灶镇，三水区乐平镇等三区五镇（街道），总面积约700平方千米。三区将按照“交通突破、产业对接、民生共享”的总体思路，建立联席会议及工作协调机制，成立基础设施、产业发展和公共服务三个专责小组，通过城市功能上的差异互补、产业的密切协作、交通上的高度衔接，共同推动佛山高新区核心园区加快发展，持续支撑和引领佛山产业和城市的转型升级。

【深入实施农村综合体制改革】2014年1月8日，南海区集体土地交易中心、集体产权交易中心、集体经济股权管理交易中心揭牌成立。三大中心的建立，是南海农村体制综合改革中的关键一环，将二级交易细化成三级交易，有利于农村集体资产效益最大化，赋予农民更多的财产权利。积极探索股权确权改革，坚持“确权到户、户内共享、社内流转、长久不变”的股权改革的工作思路，在各试点有序铺开股权确权改革工作，集体产权和股份分配关系得到进一步明晰。继续推进集体土地活化工作，出台《佛山市南海区集体建设用地使用权流转实施办法》和《佛山市南海区关于进一步推进村居社区公寓建设的实施意见》，进一步盘活农村土地资源，促进农村土地集约利用。

【公布《关于实施“中枢两翼，创新驱动”发展战略的决定》】2014年9月18日，南海区向社会公布《关于实施“中枢两翼，创新驱动”发展战略的决定（征求意见稿）》。该决定以党的十八大、十八届三中全会精神为指导，贯彻落实习近平总书记对广东提出的“三个定位，两个率先”目标要求，落实广东省加快实施创新驱动发展战略以及佛山市国家创新型城市建设部署，结合南海发展实际，启动实施“中枢两翼、创新驱动”发展战略，以问题导向为发展（创新驱动）、改革（权力运行）与稳定（基层治理）探索新路。巩固提升“三片（东、中、西）三核（东翼沥桂新城、中部‘双中枢’、西翼听音湖片区）三街（佛山金融街、佛山科技街、佛山文旅街）”发展格局，打造金融、科技、文旅三大创新特区，推动金融科技产业融合创新发展，推进城市更新提质，促进产城人融合发展，深化政府权力运行改革，加快基层治理体系重构，全面增强创新驱动发展能力。在顺利完成“十二五”规划预期目标的基础上，到2020年，全面完成本决定提出的创新发展任务，全区经济社会各个重点领域改革创新取得显著成效，经济发展方式全面优化，

2014年6月20日，南海区、禅城区、高明区签订三区旅游合作框架协议

建机制、谋长效，开拓组织工作推动区域发展的新路径。

经济社会保持持续健康发展。

【南海、禅城、高明三区签订旅游合作框架协议】 2014年6月20日，南海区、禅城区、高明区人民政府在西樵镇签订旅游合作框架协议。中共佛山市委书记刘悦伦，市委常委、南海区委书记邓伟根，市委常委、禅城区委书记区邦敏，高明区委书记谭伟平参加会议。三区旅游合作框架协议的签订，是各区摆脱单打独斗发展模式，不断优化整合资源，实现“对内更抱团，对外更开放”发展战略的重大尝试。三区将成立禅南高旅游共建工作领导小组，建立联席会议制度，促进旅游市场互通互惠，建立旅游宣传共享平台。会议确定，2014年需推进的项目是编制三区旅游共建发展规划，推动三区主要景点门票的优惠互认，三区旅游宣传实现互通互惠。

【试行镇（街道）领导驻班制】 从2014年7月1日起，南海区在全省率先试行镇（街道）领导“驻班制”。各镇（街道）领导每人固定挂钩1~2个村（社区），从镇机关、党员志愿服务队抽调人员组建工作团队，每周二驻点半天，采取定点接访、重点约访、带案下访、上门回访等多种方式，听取群众意见，让群众的利益诉求得到及时的发现和解决，体现党服务群众宗旨。

（张家玉　陈锦辉）

组织工作

【概况】 2014年末，南海区有基层党组织4781个，其中党（工）委284个、党总支242个、党支部4255个。城市街道社区党组织630个，其中党委33个、党总支60个、党支部537个；乡镇党组织3507个，其中党委205个、党总支110个、党支部3192个；国有经济组织党组织164个，集体经济组织党组织65个，“两新”组织党组织944个，机关党组织526个，事业单位党组织474个。有党员69157名，其中女党员23941名，少数民族党员344名。年内新发展党员748名。是年，全区组织系统紧紧抓住党的群众路线教育实践活动契机，围绕“好干部”、基层善治、阳光编制、人才强企四大工程，立项目、出实绩，改作风、聚能量，促改革、增活力，建机制、谋长效，开拓组织工作推动区域发展的新路径。

【党的群众路线教育实践活动扎实开展】 2014年2月，南海区63个区直部门、7个镇（街道）、250个村（社区）、1461个“两新”组织，共4663多个党组织、66602名党员开始进行第二批党的群众路线教育实践活动。整个活动围绕“为民务实清廉”主题和“作风正、事业兴，改革重深化、南海再出发”的活动主线，把反对“四风”问题作为解决一切问题的“牛鼻子”，坚持问题导向，以“放大镜”精神查找“四风”问题，以“手术刀”革除作风之弊，注重边学边查边改，强化活动各个环节的有效衔接、相互贯通，形成“动车组”式的改革创新动力源，较好地实现了树立群众观点、弘扬优良作风、解决突出问题、保持清廉本色的目标要求。党员领导干部示范带头、以上率下，开展“四学一体验”，突出抓好领导带头学习；广泛征集群众意见，找准区委常委班子和个人“四风”问题；率先召开区委专题民主生活会，会议“质量比较高、氛围也很好”（胡春华语）；高标准严要求审核各单位民主生活会材料，开好专题民主生活会和组织生活会；区委常委班子率先示范，认真制定“两方案一计划一清单”，以基层治理为主要方向，聚焦“四风”问题，着力抓好31个专项行动，落实68条整改措施，全面修订和建立20项制度机制，认真兑现整改承诺，确保9大项20件民生承诺事项如期顺利完成。通过活动，全区党员干部思想得到净化、作风得到转变，一批“四风”问题、群众反映突出问题得到解决，党员干部联系群众自觉性显著提高。

【构建三级驻点联系群众制度】 2014年，南海区以“更直接、全覆盖、常态化和制度化”为总体要求，以镇（街道）驻点普遍直接联系群众为主体，区领导驻点联系、村（社区）干部常驻联系为补充，初步构建起一套三级驻点联系群众工作机制。从7月1日至12月25日，176名镇（街道）领导开展驻点联系25期，接待群众14437人次，收到问题7660条，现场解决1542条，推动全区党员干部作风持续转变及基层矛盾化解，党在基层的核心领导地位得到进一步巩固。

【学习贯彻《党政领导干部选拔任用工作条例》】 2014年1月，《党政领导干部选拔任用工作条例》颁布后，中共南海区委组织部认真贯彻《条例》精神，先后开展区委理论学习中心组专题学习、部门组织人事分管领导专题学习、基层组织人事科长集中学习和组织部全员培训，年内全区累计集中培训380人次，发放各类学习资料1000余份。根据《条例》精神，研制《区管干部选拔任用流程图》，精细化规范干部培养选拔管理流程。

【建立干部选育“733”长效工作机制】 2014年，根据习近平总书记“信念坚定、为民服务、勤政务实、敢于担当、清正廉洁”20字好干部的标准和要求，南海区大力实施“好干部”工程，围绕“管理好、选拔好、储备好”目标，建立“733”长效机制：健全干部日常监督管理的七项制度、创新优化干部工作服务体系的“三单”管理、构建干部培养储备体系的“三大计划”。七项制度包括组织部长约谈访谈制度、干部工作巡查制度、干部信息共享（干部监督联席会议）制度、干部个人重大事项报告抽查核实制度、干部选拔任用跟踪回访机制、干部选用导向评价意见收集反馈机制、干部选拔任用情况说明通报机制;“三单”管理指梳理16项干部工作相关事项，编制成干部选拔任用工作禁限清单、准许清单、监管清单，全面实行干部工作要求、权限、流程、政策法规、依据等服务事项一次性告知，使干部工作流程规范、务实管用、简便易行；“三大计划”即推进实施“头雁计划、育才计划、青苗计划”，采取分类培养、分层管理、分线储备、分步提升的方式，分级建立后备干部梯队储备库，提高干部培养使用针对性和实效性。

2014年3月13日，南海区组织区直机关党员集中学习习近平总书记系列重要讲话精神

【干部教育培训】 2014年，南海区进一步强化干部多岗位培养锻炼，选派31名优秀年轻干部进行区镇互挂（其中有“85后”干部7名、下挂企业干部4名），还分别为区委群众路线教育实践活动办公室、对口帮扶云浮办公室（云安办、南海办）、促进第三产业发展工作领导小组办公室等中心工作部门调配干部125人，派出援疆干部3人。加强干部队伍培训，统筹推进33个干部培训项目，审定27个人才培训项目，编辑南海区首本改革发展读物《先行——第三只眼睛看南海》，举办党政干部区情教育全员轮训10期，培训700多人次。

【干部监督管理】 2014年，南海区认真落实干部监督各项基础性工作，完成区管领导个人有关事项填报，建立干部监督联席会议及建立信息通报共享制度和干部监督信息数据库，修订完善区管干部因私出国（境）管理办法，逐步健全监督网络，前移预防关口。从严开展“五个严禁”（严禁拉票贿选、严禁买官卖官、严禁跑官要官、严禁违规用人、严禁干扰换届）自查，落实“配偶已移居干部”岗位调整和加强管理工作，严格按照上级精神有计划清理超职数配备干部，认真开展规范清理党政领导干部在企业兼职“回头看”工作和规范党政领导干部在社会团体兼职工作，进一步净化党风政风和干事创业氛围。

【基层党组织建设】 2014年，南海区进一步加强和改善党的领导，着力构建基层善治体系，推动基层治理现代化。出台《深化农村体制综合改革完善基层治理党建三年行动计划》，以纲要形式明确三年内南海区基层党建工作的基本思路、主要目标和主要任务。全面深化基层党委制建设，213个村（社区）党组织升格为党委，占村（社区）党组织总数的85.2%，推动经济社党支部实体运作、发挥作用，构建以社区党委为核心的党建格局。高标准完成村（居）委换届选举，落实“两委”干部“选聘分离”政策，党委建议人选当选率98.72%，书记、主任一肩挑比例96.02%，“两委”成员交叉任职率94.66%。狠抓软弱涣散基层党组织整顿工作，完成25个软弱涣散基层党组织整顿转化。建立区、镇（街道）、村（社区）三级党联系社群工作机构与工作机制，创新党联系群众工作。出台《关于深化党员志愿服务推动直接联系群众工作的实施意见（试行）》，建设党员志愿服务项目设计中心，提升党员服务社群能力。

【“两新”党组织属地化管理】2014年，南海区“两新”党工委探索实施“两新”党组织属地化管理，印发《关于实行“两新”组织党组织属地化管理的通知》，把“两新”党组织的隶属关系从区、镇（街道）“两新”组织党工委转移到村（社区）或园区党组织。村（社区）或园区党组织负责全面指导和督促“两新”组织党组织的日常工作。至年底，全区有421个“两新”党组织纳入村（社区）党委管理。

【党员民营企业家培养】2014年，南海区强化企业家精英群体党建引领作用，推动7名党员民营企业家担任村（社区）党组织兼职委员，深度参与基层治理。至年底，全区任命兼职委员26名。发展8名觉悟高、能力强、有责任心的优秀民营企业家入党。跟踪10名青年民营企业家到国企挂职锻炼以及30名青年民营企业家与各界成功人士结对子情况，激发“南商”精英群体创新创业活力。策划“真人书吧”“党员民营企业家课堂”等活动，实现企业发展和党建工作双促双赢。（蒋望）

宣传工作

【概况】2014年，南海区深入贯彻落实党的十八届三中、四中全会及全国、省市宣传思想工作会议精神，坚持“思想引领，集成创新”工作主线，服务南海科学发展大局，不断推动宣传思想工作理念创新、手段创新和机制创新，注重实践，统筹兼顾，实现大宣传格局的不断完善。

【理论工作】2014年，中共南海区委宣传部紧紧围绕全区中心工作，组织开展理论学习、理论宣传和理论研究。完善区委中心组学习制度，继续办好“有为”对话会，开展“崇文佛山·书香南海”全民读书系列活动。扩大提升讲师团队伍，邀请一批高水平的讲师加入南海讲师团，培养明星讲师，全年完成讲师巡讲700多场，将培育和践行社会主义核心价值观和理论学习等宣讲内容送到基层社区和单位。在狮山工业园建立“创思驿站”，对产业工人开展有针对性的理论宣传和理论教育。

【强化全区党委（党组）中心组理论学习】2014年，南海区完善区委中心组学习制度，强化基础学习、讲学的要求。把党的十八大、十八届三中全会、十八届四中全会精神和习近平总书记系列重要讲话精神、党的群众路线教育实践活动学习宣传纳入到各级党委（党组）中心组理论学习内容。以区委理论学习中心组为龙头，带动全区各基层中心组理论学习，通过报告会、座谈会、网络、微博、Q群、报纸、电台、电视、自办刊物、编印学习资料等手段形成立体宣传学习网络，促进学习宣传向纵深拓展。年内，区委宣传部以学习贯彻党的十八届三中全会精神、区委十二届五次全会精神、学习实践党的群众路线教育实践活动等为主题，编辑出版《学习参考》5期。

【第五届“崇文佛山·书香南海”全民读书系列活动】于2014年4月至10月举行，由中共南海区委组织部、区委宣传部、区直机关工委、区文化体育局、区总工会、团区委、区妇联、区教育局、区文明办、瀚蓝环境股份有限公司联合举办。活动分为“书香满家园”“书香满校园”“书香满村居”“书香满园区”四大板块，结合党的群众路线教育实践活动的开展和习近平总书记系列重要讲话精神的宣传，先后开展了学习型党组织先进单位推荐命名、“瀚蓝环境杯”微博好书赞评选、“瀚蓝环境杯”发现·南海书香家庭推荐命名暨社区巡回分享活动、“瀚蓝环境杯”南海故事会活动、“瀚蓝环境杯”“生命之水”有奖征文比赛、中小学生“阅读之星”评选活动等10多项活动。活动中，15个学习型党组织先进单位、10个书香家庭、500名“阅读之星”、38篇征文获奖作品、10名积极荐书的网友和12名南海故事会选手获得表彰奖励。

【建立创思驿站】 按照区委十二届五次全会关于在产业园区建立理论学习联系点的工作要求，2014年5月，中共南海区委宣传部在狮山工业园区试点成立“创思驿站”，并在南海菠萝物流有限公司、夜管家家居用品有限公司、南海仕诚塑料机械有限公司等10家企业建立首批学习实践联系点，搭建理论学习宣教新平台。“创思驿站”还与狮山菠萝义工爱心联盟合作，制订服务产业工人需求的项目，在活动中融入理论学习和宣传内容，逐步把理论学习服务延伸到产业园区。8月16日，结合产业工人“小候鸟”暑期活动开展亲子教育讲座；8月24日，举办产业工人单身联谊派对活动，受到广大产业工人欢迎。

【做好主题宣传】 2014年，南海区宣传思想工作部门整合运用各类宣传平台，开展党的群众路线教育实践活动、直接联系群众制度、基层治理、农村改革、行政改革、“三单”管理、金融·科技·产业创新融合等主题宣传，在各级新闻媒体刊发稿件1200多篇，其中中央级新闻媒体22篇，省级媒体100多篇。1月27日，中央电视台《新闻直播间》播出新闻专题《南海全省率先实行三单管理》。3月29日，中央电视台《新闻联播》播出消息《广东佛山：负面清单让政府服务提速》。6月16日，新华社广东分社撰写的南海区农村集体土地流转改革的稿件，在有关刊物中刊登。11月4日，中央电视台新闻频道《机器人来了》节目介绍南海机器人产业发展情况并播出区主要领导专访。全年召开区级新闻发布会近20场。

【外媒关注南海】 2014年，南海区积极做好对外宣传工作。9月，国务院新闻办公室组织海内外15家高端媒体进行南海行政体制改革和产业转型升级情况采访报道。10月，省委宣传部对外宣传办公室组织海上丝绸之路沿线国家、欧洲、港澳地区等30家主流媒体对南海产业转型升级和对外贸易情况进行采访。

【借助微博和微信两大平台开展网络宣传】 2014年，南海区结合群众路线教育实践活动举办“南海民生热线”群众路线系列访谈节目和5场区镇领导群众路线微访谈活动。其中，“南海民生热线”群众路线系列访谈节目，区行政服务中心、民政、公安、司法、人社、卫生、城乡统筹、教育8个涉及民生的窗口单位、执法部门轮流上线，收到意见建议80多条，现场解答群众反映突出问题30多条。5场区镇领导群众路线微访谈活动，通过新浪、腾讯、广佛都市网等平台，收到网民提问2225条，吸引逾120万名网民“围观”“灌水拍砖”。南海区借助网络平台践行群众路线的创新做法受到了人民网的关注，《网络舆情》杂志（2014年第26期）刊登文章《听民声，办实事“微博政务”助推政民互动互信》推介南海区的经验做法。是年，南海区获得“网络履职绩效全国十佳”称号，在是年公布的2013年中国政务微博客综合排名100强中，“南海微力”“南海发布”分别排名第29位、第61位。

【宣传智库成立】 2014年11月，南海区宣传智库正式成立，33名来自中央电视台、《人民日报》、新华社、《南方日报》等资深媒体人和高校学者获聘为首批宣传顾问，为南海区在城市形象推广、正面宣传、突发事件和不利舆情舆论引导等方面提供智力支持和决策咨询，促进南海主动在宣传主体、载体、内容、话语体系和舆情民意监测等方面进行重构和创新。

【党报党刊发行】 2014年11月8日，南海区召开全区党报党刊发行工作会议，部署下年度党报党刊发行工作。区委办、区委组织部、区直机关工委、区公资办分别针对区直机关党组织、新经济新社会组织、公有企业积极落实

2014年11月28日，南海区宣传智库正式成立，聘请33名专家为首批宣传顾问

会议精神；各镇（街道）及时召开工作会议部署党报党刊征订。2015年党报党刊发行工作圆满完成。（谭少冰）

统战工作

【概况】 2014年，中共南海区委统战部有效地贯彻党的群众路线，全面推进统一战线工作，建立政府部门与民主党派对口联系制度，加强在工作通报、专题调研等方面的信息沟通，实现重大事项的民主协商。加强与港澳台地区社团、乡亲的沟通交流，为全区经济社会建设凝聚力量。做好城市民族工作和宗教管理工作。是年，南海区民族宗教事务局获评全国民族团结进步模范集体。

【建立政府部门与民主党派对口联系制度】 2014年，南海区印发《佛山市南海区建立政府部门与民主党派对口联系制度实施方案》。区人力资源和社会保障局等14个与民生关系密切的政府部门与区内7个民主党派建立了对口联系。《方案》要求，政府部门在制定重要政策、开展重要检查、采取重大举措，以及解决社会普遍关注的重点、热点、难点问题时，要向对口联系的民主党派通报情况，听取意见建议。为切实推进基层协商民主，中共南海区委统战部还联合区政府各部门，每季度召开一次政府工作重大事项与党外代表人士专题协商会。此外，还首次采取"党委出题、党派调研"的方式，围绕区委、区政府中心工作，由区委统战部牵头组织民主党派开展联合调研，年内选取"人才强区"和"大数据建设"两个课题开展调研。

2014年，南海区每季度召开一次政府重大工作事项党外代表人士专题协商会

【民族宗教工作】 为加强民族宗教法规宣传，2014年，南海区民族宗教事务局编印主题为"中华民族一家亲，携手共筑中国梦"的民族政策知识宣传海报，派发到社区（社区）、中小学、派出所、大型厂企。重新编印《民族宗教法规规章制度汇编》，派发至各镇（街道）、各相关职能部门和宗教活动场所。年内南海区民族宗教事务局完成权责清单、社区网格治理任务清单的编制，并开展行政审批事项、行政处罚事项的标准化建设工作。建立健全下基层走访制度，进一步加强与区内宗教场所的联系，及时发现并协调解决南海西樵山云泉仙馆、白云洞房屋产权问题。是年，申请对区内天主教、基督教堂给予财政补助，每教堂每年补助2万元，用于补助教堂的教职人员生活补贴、公益活动和日常运作费用。是年，全区宗教活动场所用于公益慈善的金额64.5万元。

【港澳台工作】 2014年，中共南海区委统战部加强社团联系，指导社团建设。引导港澳社团从乡亲联谊型向社会参与型转变。年内，区委常委、统战部部长梁耀斌多次率队拜会港澳同乡社团、职首及重点联系乡亲，了解社团的发展现状，交流社团建设心得。指导南海台商联谊会完成换届工作，不断创新会务。台商联谊会每季度在各镇（街道）召开一次理监事会议，做好台商与本地企业的对接。6月，梁耀斌带队赴台湾交流，深入推进南台合作交往。全年全区赴台交流团组46批、163人次。继续推进实施南海、港澳台青年"同心计划"（2013~2015年），来自南海及港澳台的150名青年参加2014年"创智之旅"活动。通过形式多样的交流互动，进一步增强四地青年的民族认同感和国家归属感。

【非公经济工作】 2014年，南海区通过实施"人才强企"战略，推进"南商提速"培训三年计划，推动培训工作覆盖企业家、企业高管和基层员工。以区工商联为牵头单位，推进商（协）会承接政府职能，加快行业联盟建设。全面铺开非公经济特色服务，年内推出"企业订制直通车服务"，对"两代表一委员"、商会会长、省市重点支持大型骨干企业负责人、"北斗星企业"负责人等开展订制服务。此外，还开展区领导驻点直接联系重点商（协）会及产业基地工作，组建5个固定的工作团队分别驻点重点商（协）会及产业基地，多层面、多渠道为企业服务。（刘兵）

老干部工作

【概况】 至2014年底，南海区有离退休老干部16000余名，属于区委老干部局在册管理的副科（局）级以上老干部1572名，其中离休干部157人，退休干部1415人，最大年龄98岁。是年，区委老干部局紧紧围绕“让党组织放心、让老干部满意”工作目标，坚持以“情暖老干”为工作主线，严格抓好“两个待遇”落实，深入推进“四就近”工作，积极为广大老干部“学乐为”搭建展示平台。是年，九江镇第一退休党支部被省委组织部授予“全省离退休干部先进集体”称号。

【培训离退休党支部书记】 2014年，南海区切实抓好离退休干部党支部建设。针对部分离退休党支部凝聚力、向心力不强的问题，于5月7日邀请佛山科学技术学院思政部主任张喜平教授，对全区近百名离退休党支部书记进行培训，进一步提高其“自我管理、自我服务”能力。

【落实离退休老干部政治、生活待遇】 2014年，中共南海区委老干部局征求区原几套班子老领导、区直单位和镇（街道）老干部代表、离退休党支部书记代表、老干部协会会长、区直单位和镇（街道）老干专干对老干工作的意见建议，全面提升区老干工作质量。严格抓好“两个待遇”落实，于1月9日召开区委、区政府工作情况通报会，组织全区300余名副科（局）级以上离退休干部听取区委、区政府工作报告。针对老干部关心时事政治、经济社会和民生问题等特点，每季度下发政治学习指导意见，要求镇（街道）结合工作实际，组织好老干部政治学习，落实老干部“知情权”。针对部分企业离休干部年事已高、身体素质下降、集中参加政治学习不方便的实际情况，将原定每季度集中组织的政治学习，改为由局工作人员上门探访。全年刻录下发4个专题的影像学习资料光碟400余张，下发老干部政治理论学习读本150余本。局长黄奔带头深入基层为老同志讲课，年内已在桂城、大沥、西樵、九江4个镇（街道）授课。收集1572名副科（局）级以上老干部的银行账户，及时做好慰问金发放工作。定期更新老干部数据库，年内为157名离休干部及遗属完成生存认证，代签“医疗保险结算单”601人次，探望慰问住院的老干部69人次，慰问困难老干部108人次。

【老干部活动场所建设】 2014年，南海区投入资金300余万元，对区老干部活动中心和北洲老干部活动基地进行维修，解决中心舞厅音响效果不好、中央空调制冷不足、象棋室通风不畅等问题，在一个月内完成10多项整改。里水镇投入80余万元，改造镇老干部活动中心，提升软硬件建设水平。西樵镇将原官山小学扩建成镇老干部活动中心，满足了老干部活动和学习需求。年内，在全区范围内选择条件相对成熟的沥雄、沥苑、翠怡等6个社区，进行“四就近”工作试点与经验推广。

【老干部文体活动】 2014年，中共南海区委老干部局坚持“开门搞活动、送戏下基层”，将第五届“夕阳红”文艺汇演放到社区基层演出，实现与民同乐。在全区老干部中选拔优秀选手，组队参加佛山市第七届老干部运动会，取得团体第三名的好成绩。丰富和创新服务手段，投入资金12万元，在区老干部活动中心一楼大厅安装LED显示屏，滚动式播放老干部学习活动场景。举办区老干大学和老干中心开放日，激发老干部参与学习活动热情。制作南海区20名优秀老干部典型事迹宣传画册，与顺德区联合举办老干部书画联展，举办由区老干部创作的172件诗书画和82件摄影作品专场展览，组织15支参赛队伍在千灯湖进行戏曲舞蹈汇演。全年区老干部协会共开展活动37场次，送文化进基层17场次。

【关工委工作】 2014年，南海区关心下一代工作进一步加强，区关工委新增副主任1名，镇（街道）关工委由在职领导担任主任，各村（社区）关工小组调整为关工委。各级关工委基本做到“三个落实”：关工队伍落实、办公场地落实、活动经费及必要的工作补贴落实。全区有8个民营企业成立了关工委，并结合实际组织开展各项关爱青少年活动。

是年，全区关工委工作围绕“同心共筑中国梦”主题教育，开展“小梦圆大梦”等各项活动，与“朝阳读书”活动、学雷锋活动、普法教育、“微文明”系列活动相结合，帮助青少年树立正确的世界观、人生观和价值观。配合教育部门，参与“美德少年”评选活动，推进全区“乡村学校少年宫”建设。有效整合利用现有中小学教育资源和乡村课外活动场所，为中小学生和外来务工人员子女课余文化生活提供良好的社会条件。

各镇（街道）关工组织充分利用假期，举办各种兴趣学习班，组织开展公益活动，扎实推进青少年教育工作。西樵镇关工委“夕阳红”讲师团自编教材，主动进村（社区）、学校宣传社会主义核心价值观，暑假授课40多场次。该镇全年投入青少年活动经费125万多元，举办兴趣班58个，开展各种文体比赛活动60多场次。九江镇关工委组织青少年探访独居老人和敬老院老人，发动学生义工为社区贫困家庭子女开展义教活动；联合九江文化站举办“图书漂流”及“关爱小候鸟流动书屋”阅读活动。里水镇年内举办夏令营17个、故事会33场、其他类型青少年活动23项，开设电影鉴赏、书法入门等课程。狮山镇关工委开展禁毒宣传活动和法制安全教育，组织“绿色中秋”月饼盒回收活动，联合小塘社区、学校举办中小学生暑期义务培训班。大沥镇西区管理处各社区关工委组织“五老”人员、中小学生参加践行“微文明”活动，帮扶贫困学生81人，组织外来工子女帮助136名孤寡老人。桂城街道暑期夏令营开设课程100多门，吸引2500多名未成年人参与。是年，“小候鸟”驿站进驻叠北社区，为该辖区内儿童提供专业服务。

（龙伟明）

■ 佛山市南海区人大常委会

【南海区十五届人大四次会议】 于2014年1月14~15日在南海影剧院召开。出席会议代表322人。会议听取和审议《区人民政府工作报告》《区人大常委会工作报告》《区人民法院工作报告》《区人民检察院工作报告》，审查《佛山市南海区2013年国民经济和社会发展计划执行情况与2014年计划草案的报告》《佛山市南海区2013年预算执行情况和2014年预算草案的报告》，并作出关于上述报告的决议。大会依照法律程序，选举叶迎津、李尚钜为佛山市南海区第十五届人民代表大会常务委员会副主任，张应统、陈俊光、梁柱华、梁润辉为佛山市南海区第十五届人民代表大会常务委员会委员。大会期间收到代表10人以上联名提出的议案11件，建议、批评和意见13件。

2014年5月16日，南海区第十五届人大常委会第十九次会议与会人员视察狮山镇华南口腔医疗器材产业城

【南海区十五届人大常委会会议】 2014年，南海区第十五届人大常委会共召开常委会会议8次，听取审议“一府两院”工作报告10项，作出决议、决定27项，依法任免地方国家机关工作人员139人，其中任命114人、免职25人。

第十七次会议　于1月10日召开。审议有关人事任免事项。

第十八次会议　于3月14日召开。会议审议和通过《南海区人大常委会2014年工作要点（草案）》；审议有关人事任免事项；听取和审议区政府关于桂城街道2013年预算执行情况和2014年预算草案的报告；审议区政府有关建设项目融资纳入区财政预算的议案。

第十九次会议　于5月16日召开。会议审议区人大常委会关于聘用法律顾问单位的议案、关于设立财经工作咨询小组的议案、关于区人大常委会组成人员联系区人大代表和区人大代表密切联系人民群众的意见（草案）；讨论审议基层行政服务中心建设情况专题调研报告；审议有关人事任免事项；听取和审议区政府关于“北斗星计划”实施情况的汇报；听取和审议区政府关于禁毒工作情况的汇报。

第二十次会议　于6月27日召开。会议审议区人民检察院关于报请许可对潘某采取强制措施的报告。

第二十一次会议　于7月31日召开。会议审议有关人事任免事项；审议区政府《佛山市南海区“十二五”规划纲要修改建议》和《佛山市南海区“十二五”规划纲要实施中期评估报告》；听取和审议区政府关于东部片区金融产业发展情况的汇报；听取和审议区政府关于三山新城开发建设情况的汇报。

第二十二次会议　于9月16日召开。会议听取和审议区政府关于行政审批改革实施情况的汇报；审议区政府有关建设项目融资纳入区财政预算的议案；听取和审议区政府关于2013年预算执行和其他财政收支情况的审计工作报告；听取和审议区政府关于2014年上半年公共财政预算和基金预算收支执行情况以及关于调整2014年公共财政预算和基金预算收支计划的报告；审查南海区2013年度财政决算；审议《佛山市南海区人大常委会综合听取和审议工作投票表决办法（试行）》；审议有关人事任免事项。

第二十三次会议　于11月28日召开。会议听取和审议区发展规划和统计局工作报告；听取和审议区人民法院工作报告。

第二十四次会议　于12月30日召开。会议补选佛山市第十四届人大代表；审议有关人事任免事项；审议《佛山市南海区人大常委会信访约谈和督导重点涉访单位制度（草案）》《佛山市南海区人大常委会会议监督审议事项信息公布制度（草案）》；审议区政府有关建设项目融资纳入区财政预算的议案；听取和审议区政府关于区十五届人大四次会议议案和建议批评及意见办理情况的报告；听取和审议区政府关于2014年十件民生实事落实情况的报告。

【人大工作监督】 2014年，南海区人大常委会健全监督工作制度，制定《区人大常委会会议监督审议事项信息公布制度》，增强监督刚性，围绕区委中心工作和民生热点问题，加强对区政府落实各项工作任务的监督力度，推动全区经济社会的持续稳健发展。3月，视察南海区路网建设、新型公共交通系统和公交站场配套工程项目的建设情况。4月，听取区政府关于BT项目融资及资金使用情况的汇报。5月，听取审议区政府关于“北斗星计划”实施情况汇报，视察华南医疗器材城。7月，听取区政府关于《旅游法》贯彻落实情况的汇报和黄标车淘汰工作情况的汇报。同月，听取审议区政府关于东部片区金融产业发展情况的汇报和三山新城开发建设情况的汇报，视察桂城“三旧”改造丽日广场项目。8月，听取区政府外事侨务工作情况汇报，视察西樵镇纺织产业基地。9月，听取审议区政府关于2013年预算执行和其他财政收支情况的审计工作报告。10月，听取区政府关于水利基础配套设施建设情况的汇报和公有资产运营情况的汇报，视察千灯湖三期（灯湖市政公园）工程、千灯湖水（船）闸工程和桂城四乡联围堤围改造工程。12月，听取审议区政府关于2014年十件民生实事落实情况的报告。

【综合听取和审议“一府两院”专项工作】 2014年，南海区人大常委会继续开展综合性听取审议“一府两院”专项工作汇报，选定区发展规划和统计局（发改）、区人民法院作为听取审议工作汇报单位。9月，常委会会议审议通过《佛山市南海区人大常委会综合听取和审议专项工作全面汇报投票表决办法（试行）》，决定于是次综合听取审议专项工作汇报的会议上，对区发改工作、区法院工作实行投票表决。10月下旬，区人大常委会印发《关于综合听取和审议区发展规划和统计局（发改）、区人民法院工作的总体方案》，并组成7个调研小组，围绕区政府发改工作和区法院工作情况，分别到相关部门和7个镇（街道）开展广泛深入调研。邀请有关区直机关部门参加调研工作座谈会，并广泛发动基层干部群众和人大代表进行调研座谈，收集基层对接受审议单位的意见、建议。11月下旬，在常委会会议上，常委会组织8名区人大代表参与对区发展规划和统计局（发改）、区人民法院的综合工作报告的审议。两单位班子领导成员共11人到场，对常委会和代表的发言询问现场作出回应表态。会议按照既定方案，对两单位工作实行了投票表决。对区发展规划和统计局（发改）工作的投票表决结果：满意25票，基本满意1票，不满意0票；对区人民法院工作的投票表决结果：满意24票，基本满意2票，不满意0票。

【人大法律监督】 2014年，南海区人大常委会积极开展法律监督工作，着力监督依法行政和司法公正，推进社会公平正义。3月，区人大常委会法工委开展关于《中华人民共和国行政处罚法》贯彻实施情况的执法检查，邀请各区直机关进行座谈并形成检查报告。5月，听取审议区政府关于禁毒工作情况汇报。8月，听取区检察院反贪污贿赂工作情况汇报。9月，听取审议区政府关于行政审批改革实施情况的汇报。

【人大专题调研活动】 2014年，南海区人大常委会围绕区委中心工作，密切关注民生热点、难点问题，深入基层开展调查研究。4月下旬，开展关于基层行政服务中心建设情况的专题调研。区人大常委会组成7个调研小组，分别由常委会副主任、党组成员带队，深入到7个镇（街道），召开镇（街道）和村（社区）两级座谈会，并召集区直有关职能部门进行专题调研座谈，听取各级人大代表、基层行政服务中心负责人、村（社区）“两委”干部、社区服务中心主要领导、工作人员代表和群众代表等多方面的意见和建议。调研报告得到区委的肯定，对破解基层行政服务工作中存在的困难和问题，促进基层行政服务中心服务工作效能提高，解决联系服务群众“最后一公里”问题起到积极推动作用。

【人大决议、决定】 2014年，南海区人大常委会坚持依法行使重大事项决定权，为事关地区经济社会发展大局的重大事项的开展实施把好关。3月，听取审议区政府关于桂城街道2013年预算执行情况和2014年预算草案的报告，作出《佛山市南海区人大常委会关于批准桂城街道2014年预算草案的决定》；审议区政府有关建设项目融资纳入区财政预算的议案，作出《佛山市南海区人大常委会关于批准区政府通过财政预算安排还本付息资金向南海农村商业银行融资建设佛山西站片区有关工程项目的决定》《佛山市南海区人大常委会关于批准区政府通过财政预算安排还本付息资金向招商银行融资建设佛山西站片区有关工程项目的决定》《佛山市南海区人大常委会关于批准区政府通过财政预算安排资金归还中国银行贷款的决定》。5月，审议区人大常委会关于聘用法律顾问单位的议案和关于设立财经工作咨询小组的议案，作出《佛山市南海区人大常委会关于聘用法律顾问单位的决定》和《佛山市南海区人大常委会关于设立财经工作咨询小组的决定》。7月，听取审议区政府《佛山市南海区“十二五”规划纲要修改建议》和《佛山市南海区“十二五”规划纲要实施中期评估报告》，作出《佛山市南海区人大常委会关于批准区政府修改佛山市南海区“十二五”规划纲要的决定》。9月，审议区政府有关建设项目融资纳入区财政预算的议案，作出《佛山市南海区人大常委会关于批准区政府融资建设佛山西站片区有关工程项目的决定》《佛山市南海区人大常委会关于批准区政府通过BT方式融资建设广东金融高新技术服务区A区路网工程项目的决定》《佛山市南海区人大常委会关于批准区政府通过BT方式融资建设桂城街道东区路网二期工程项目的决定》《佛山市南海区人大常委会关于批准区政府通过区财政预算安排资金向广东恒凯股权投资基金回购南海西投公司股权的决定》《佛山市南海区人大常委会关于批准区政府通过BT方式融资建设西樵镇庆云大道南延线工程项目的决定》；听取审议区政府关于2014年上半年公共财政预算和基金预算收支执行情况以及关于调整2014年公共财政预算和基金预算收支计划的报告，审查南海区2013年度财政决算，作出《佛山市南海区人大常委会关于批准区政府调整2014年地方公共财政预算及基金预算收支计划的决定》《佛山市南海区人大常委会关于批准佛山市南海区2013年度财政决算的决议》。12月，审议区政府有关建设项目融资纳入区财政预算的议案，作出《佛山市南海区人大常委会关于批准区政府通过BT方式融资建设桂城黄猄电排站工程项目的决定》《佛山市南海区人大常委会关于批准区政府向中国光大银行股份有限公司佛山分行融资建设佛山西站片区有关工程项目的决定》《佛山市南海区人大常委会关于批准区政府向广东南海农村商业银行股份有限公司融资建设佛山西站片区有关工程项目的决定》《佛山市南海区人大常委会关于批准区政府通过BT方式融资建设平湖映月公园二期（水网工程）项目的决定》。

【人大代表工作】 2014年，南海区人大常委会积极加强代表工作，建立完善代表工作机制，制定《关于区人大常委会组成人员联系区人大代表和区人大代表密切联系人民群众的意见》《佛山市南海区人大代表联络站工作实施方案》，搭建代表履职平台，丰富代表履职活动，充分发挥代表在人大工作中的主体作用。3月，区人大教科文卫华侨工委与教科文卫代表专业小组部分成员组成调研组，对全区学前教育三年行动计划实施情况进行专题调研。4月，区人大常委会组织30名区各级人大代表开展“创文”视察活动，视察桂城创鸿城和千灯湖市民广场的公益广告设置情况，超益市场的环境卫生、市场秩序管理情况，以及桂城桂雅社区和桂城桂江小学开展“创文”活动的情况。7月，区人大常委会邀请11名区、镇人大代表召开专题座谈会，征求对区委《佛山市南海区建设广东省创新基层治理试验区总体工作方案（讨论稿）》的修改意见和建议。同月，区人大常委会有关领导带领城建环资代表专业小组成员以及有关政府

南海区第十五届人大第四次会议议案

议案类别	提案人	案题及内容摘要
教育类	狮山 邓　慧 等10人	《关于组建南海高校、政府、企业合作联盟的议案》：目前在南海不同层次、不同办学定位的高校较多，但高校闭门办学的现象大量存在，对本土企业关注不足，造成资源浪费。提议组建政－校－企合作联盟，并由政府牵头强化本地高校区域化社会服务，通过产学研一体化，为南海产业提供各种层次的智力支持。
住建类	狮山 蔡灼洪 等10人	《关于进一步优化和完善宅基地换房的议案》：建议放宽村镇社区公寓的建设限制，适度与旧村居改造、连片改造相结合，配套建设工商业载体，提高集体经济收入和农民股份分红。同时开放绿色通道，对没有宅基地的村民和住房困难户给予相关住房和货币补贴。
社会管理类	桂城 陈伟强 等12人	《关于启动南海"全民义工"行动的议案》：建议通过"政社联动"来释放公共资源，全力推动全民义工行动；成立社区志愿服务专委会，促进志愿服务专业化发展；将全民义工行动纳入"家·南海"建设，促进志愿服务体系化。
环保类	大沥 黄树章 等11人	《关于尽快启动大沥镇河涌整治工作的议案》：过去五年，大沥镇投入近17亿元建设污水处理厂、截污管网及河涌治理，有效遏制河涌水环境继续恶化的状况。由于河道水网具有流动性和连通性，大沥镇又处于下游，辖区很多河涌都为跨界河，单靠大沥一镇实施难保证治理效果，需各镇（街道）加强联动。
交通类	狮山 蔡灼洪 等10人	《关于在一环狮山段增设辅道的议案》：佛山"一环"快速干线在狮山至南庄段无辅道，仅靠出入口接驳地方道路，无法缓解日益增长的交通运输压力。建议在佛山"一环"西线狮山至南庄段增设辅道，并与佛山西站同时启动建设。
	大沥 朱丽欢 等10人	《关于尽快完善广佛交通网络建设的议案》：佛山"一环"穗盐路至广佛新干线，即大沥镇联安社区汇龙村辅道的出入口问题至今仍未解决，造成群众意见较多。佛山市路桥建设有限公司（工程业主单位）2008年出具的新设计方案，与原联安汇龙辅道出入口设计方案变化较大。建议佛山市路桥建设有限公司尽快做好报批立项工作，以确定工程的设计方案，另由联安村协调解决好工程征地问题。
	大沥 陈启超 等11人	《关于尽快启动大沥镇谢边横窖铁道口建设道口立交桥的议案》：大沥镇谢边社区横窖铁道口从2004年已确定修建道口立交桥并于2009年定好工程建设的相关事宜，但至今仍未有任何实质性进展。建议切实解决横窖铁道口安全隐患，责成相关单位尽快启动横窖跨线桥的建设工作。
	里水 黄洁清 等12人	《关于加快桂澜路北延线（里水段）建设的议案》：为加快沥桂里一体融合发展，构筑千灯湖中轴线，打造南海东部发展高地。里水代表团要求区政府加快桂澜路北延线（里水段）3.1千米的工程建设，并与北延线一期建设工程一并进行。
规划建设类	大沥 许国雄 等10人	《关于对沥桂新城核心区"三旧"改造项目给予支持和优惠的议案》：建议区政府对沥桂新城大沥核心区（佛山一环以西，文体路北延线以东，佛山水道以北，雅瑶水道以南）范围内的"三旧"改造项目在土地规划、基础设施建设和土地出让金返还等给予支持和优惠。
	西樵 黄颂华 等13人	《关于打造"渔耕粤韵"南海西部水上旅游观光走廊的议案》："渔耕粤韵"南海西部水上旅游观光走廊全长约30千米，以丹灶康园为起点，经官山涌、吉水涌、禄舟涌、七星主排涌、陈仲海涌，最后到九江烟南。作为试验段，听音湖至"渔耕粤韵"旅游文化园，全长8千米，计划投资3680万元，开展吉水涌、禄舟涌、七星主排生态修复。"渔耕粤韵"南海西部水上旅游观光走廊涵盖西樵、九江、丹灶三镇，希望区政府将其列为全区的重点水利或内河涌整治工程，由区水利部门牵头实施，给予技术和资金支持。
公路排水类	丹灶 王腾礼 等13人	《关于改造完善樵金路南段两旁排水沟的建议》：樵金路南段双向设计建有长约8千米、宽0.6米、深0.8米的排水明沟，因在机动车道和路边绿化带之间，常发生车辆甚至行人跌落的事故。建议将排水明沟改造成地下排水管，水沟面上改造为人行道，并设置道路边界分隔护栏以消除交通安全隐患。

部门负责人共23人，先后赴中山市和珠海市，考察学习创新开展人大工作、建设生态文明和开展环境保护工作的经验和做法。10月，区人大教科文卫华侨工委与多名区人大代表组成调研组，对南海区政府购买社会服务情况进行专题调研。同月，区人大常委会组织开展南海区人大代表微博问政活动，全国人大代表梁凤仪，省人大代表关润淡、李逊上线区人大官方微博，就收集到的29条关于区交通建设、城市管理和环境治理方面的问题及意见，现场与网民互动。12月，区人大常委会组织辖区内的市人大代表开展视察活动，60多名市人大代表实地视察桂城街道千灯湖三期（灯湖市政公园）工程、大沥镇“广佛智城”项目的建设情况。

【人大代表议案、建议办理】2014年，南海区人大常委会积极加强对代表议案建议的督办工作，强化督办工作机制建设，组织代表参加议案现场督办会议，密切政府与代表的沟通联系。区十五届人大四次会议期间，代表们提出议案11件，建议、批评和意见21件；闭会期间提出建议7件，已全部办复，办结率46.9%，比上年增长10.9%；代表满意率90.6%。7月，区人大选联工委和城建环资工委到大沥镇开展关于沥桂新城大沥核心区“三旧”改造项目人大重点议案督办工作，视察大沥镇奇槎“三旧”改造项目和沥桂新城中轴规划建设情况，部分省、市、区人大代表参加视察活动。12月，区人大常委会听取审议区政府关于区十五届人大四次会议议案和建议批评及意见办理情况的报告。

【南海区人大代表联络站成立】为建立完善的民意收集平台和代表联系群众的机制，2014年4月，南海区人大出台《佛山市南海区人大代表联络站工作实施方案》，在全区范围内设立人大代表联络站。全区将设置代表联络站231个，每站设站长1名、副站长或联络员1名，有固定的办公场所和必要的办公设备。驻站人大代表的主要工作是联系人民群众，听取群众诉求，了解社情民意，通过法定途径向区、镇政府反映基层实际问题，推动问题的解决。8月20日，南海区人大常委会主任赵崇剑为率先成立的大沥镇沥中社区居委会人大代表联络站揭牌。

【人大人事任免】2014年，南海区人大常委会依法任免地方国家机关工作人员139人，其中任命114人、免职25人。1月，接受何享业、易桂清辞去佛山市南海区第十五届人民代表大会常务委员会副主任职务。3月，接受潘洪生辞去佛山市南海区第十五届人民代表大会代表职务。9月，接受孔小燕、张应统、梁柱华辞去佛山市南海区第十五届人民代表大会常务委员会委员职务。12月，接受潘永乐、李锦培辞去佛山市南海区第十五届人民代表大会代表职务，补选鲁毅、徐继超为佛山市第十四届人大代表。

决定免去：

王文胜的佛山市南海区人民政府副区长职务；

叶迎津的佛山市南海区人民政府政务委员、农林渔业局局长职务；

俞进的佛山市南海区文体旅游局局长职务；

李志伦的佛山市南海区发展规划和统计局局长职务；

梁耀斌的佛山市南海区教育局局长职务；

黎建军的佛山市南海区司法局局长职务；

刘涛根的佛山市南海区财政局局长职务；

朱伟新的佛山市南海区人力资源和社会保障局局长职务；

朱辉球的佛山市南海区农林渔业局局长职务（注：9月16日）；

李晓佳的佛山市南海区安全生产监督管理局局长职务。

决定任命：

玉秋静为佛山市南海区人民政府副区长；

朱辉球为佛山市南海区农林渔业局局长（注：1月10日）；

李晓佳为佛山市南海区发展规划和统计局局长；

霍兆锦为佛山市南海区教育局局长；

刘光辉为佛山市南海区监察局局长；

黄伟明为佛山市南海区民政局局长；

张志祥为佛山市南海区司法局局长；

林平武为佛山市南海区财政局局长；

黄丽意为佛山市南海区人力资源和社会保障局局长；

徐锡蔓为佛山市南海区环境保护局局长；

张江为佛山市南海区交通运输局局长；

梁康为佛山市南海区农林渔业局局长；

谭国洪为佛山市南海区文化体育局局长；

陈庆球为佛山市南海区卫生和计划生育局局长；

徐巨成为佛山市南海区审计局局长；

陈慧为佛山市南海区外事侨务局局长；

陈绍文为佛山市南海区市场监督管理局局长；

何锦珠为佛山市南海区安全生产监督管理局局长。

免去：

何汉添的佛山市南海区人大常委会法制工作委员会主任职务；

刘文锦的佛山市南海区人民法院西樵人民法庭庭长职务；

冼伟芬的佛山市南海区人民法院民事审判第三庭庭长职务；

叶志标的佛山市南海区人民法院执行局局长职务；

蔡东的佛山市南海区人民法院里水人民法庭庭长职务；

陈小燕的佛山市南海区人民法院桂城人民法庭副庭长职务；

陈嘉昇的佛山市南海区人民法院知识产权审判庭副庭长职务；

田野的佛山市南海区人民法院九江人民法庭副庭长及审判员职务；

邓春燕的佛山市南海区人民法院审判员职务；

梁诗敏的佛山市南海区人民法院审判员职务；

周家星的佛山市南海区人民检察院检察委员会委员职务；

程德英的佛山市南海区人民检察院检察员职务；

许佐能的佛山市南海区人民检察院检察员职务；

陈润芬的佛山市南海区人民检察院检察员职务；

徐文彬的佛山市南海区人民检察院检察员职务。

任命：

张纪文为佛山市南海区人大常委会法制工作委员会主任；

梁健辉为佛山市南海区人民法院执行局局长；

叶志标为佛山市南海区人民法院民事审判第三庭庭长；

巫伟文为佛山市南海区人民法院里水人民法庭庭长；

刘俊霞为佛山市南海区人民法院审判员；

叶水凤为佛山市南海区人民法院审判员；

梁晓明为佛山市南海区人民法院审判员；

谭志华为佛山市南海区人民法院审判员；

马晶晶为佛山市南海区人民检察院检察员；

李晓蕾为佛山市南海区人民检察院检察员；

陈惠枝为佛山市南海区人民法院人民陪审员；

潘畅霞为佛山市南海区人民法院人民陪审员；

彭映辉为佛山市南海区人民法院人民陪审员；

李为民为佛山市南海区人民法院人民陪审员；

侯朝霞为佛山市南海区人民法院人民陪审员；

唐韵颖为佛山市南海区人民法院人民陪审员；

李仕强为佛山市南海区人民法院人民陪审员；

邓佩仪为佛山市南海区人民法院人民陪审员；

郭智苓为佛山市南海区人民法院人民陪审员；

霍美玉为佛山市南海区人民法院人民陪审员；

周惠连为佛山市南海区人民法院人民陪审员；

崔慧华为佛山市南海区人民法院人民陪审员；

何凤微为佛山市南海区人民法院人民陪审员；

周惠霞为佛山市南海区人民法院人民陪审员；

黄亚贵为佛山市南海区人民法院人民陪审员；

李桂莲为佛山市南海区人民法院人民陪审员；

张桓光为佛山市南海区人民法院人民陪审员；

邵建城为佛山市南海区人民法院人民陪审员；

黄铭祥为佛山市南海区人民法院人民陪审员；

梁润芬为佛山市南海区人民法院人民陪审员；

谢肖琼为佛山市南海区人民法院人民陪审员；

吕延欢为佛山市南海区人民法院人民陪审员；

李龙娟为佛山市南海区人民法院人民陪审员；

余建冰为佛山市南海区人民法院人民陪审员；

麦俊文为佛山市南海区人民法院人民陪审员；

李爱容为佛山市南海区人民法院人民陪审员；

梁丽华为佛山市南海区人民法院人民陪审员；

陈佩环为佛山市南海区人民法院人民陪审员；

李健东为佛山市南海区人民法院人民陪审员；

莫小慧为佛山市南海区人民法院人民陪审员；

杨伟锋为佛山市南海区人民法院人民陪审员；

何应东为佛山市南海区人民法院人民陪审员；

梁丽红为佛山市南海区人民法院人民陪审员；

潘燕英为佛山市南海区人民法院人民陪审员；

张淑莉为佛山市南海区人民法院人民陪审员；

冯少宽为佛山市南海区人民法院人民陪审员；

罗碧薇为佛山市南海区人民法院人民陪审员；

苏结梅为佛山市南海区人民法院人民陪审员；

夏涵冰为佛山市南海区人民法院人民陪审员；

甘湛虹为佛山市南海区人民法院人民陪审员；

招小影为佛山市南海区人民法院人民陪审员；

冯慧莹为佛山市南海区人民法院人民陪审员；

钟燕芳为佛山市南海区人民法院人民陪审员；

刘忠良为佛山市南海区人民法院人民陪审员；

曹贵玲为佛山市南海区人民法院人民陪审员；

罗桂媚为佛山市南海区人民法院人民陪审员；

卢家辉为佛山市南海区人民法院人民陪审员；

冯博文为佛山市南海区人民法院人民陪审员；

周惠冰为佛山市南海区人民法院人民陪审员；

黄艳滨为佛山市南海区人民法院人民陪审员；

周强为佛山市南海区人民法院人民陪审员；

刘日芳为佛山市南海区人民法院人民陪审员；

吴素芳为佛山市南海区人民法院人民陪审员；

李炎文为佛山市南海区人民法院人民陪审员；

周劲松为佛山市南海区人民法院人民陪审员；

陈惠兴为佛山市南海区人民法院人民陪审员；

肖莹为佛山市南海区人民法院人民陪审员；

张华丽为佛山市南海区人民法院人民陪审员；

王宁为佛山市南海区人民法院人民陪审员；

罗永炽为佛山市南海区人民法院人民陪审员；

沈美娟为佛山市南海区人民法院人民陪审员；

黄燕清为佛山市南海区人民法院人民陪审员；

何献娟为佛山市南海区人民法院人民陪审员；

谢允仪为佛山市南海区人民法院人民陪审员；

武珊珊为佛山市南海区人民法院人民陪审员；

庞锦雯为佛山市南海区人民法院人民陪审员；

谭兰好为佛山市南海区人民法院人民陪审员；

孔婉平为佛山市南海区人民法院人民陪审员；

余考坚为佛山市南海区人民法院人民陪审员；

梁润仪为佛山市南海区人民法院人民陪审员；

张松为佛山市南海区人民法院人民陪审员；

曾令标为佛山市南海区人民法院人民陪审员；

卢丽韵为佛山市南海区人民法院人民陪审员；

沈贤颖为佛山市南海区人民法院人民陪审员；

卢思尧为佛山市南海区人民法院人民陪审员；

洪梓滨为佛山市南海区人民法院人民陪审员；

周少冰为佛山市南海区人民法院人民陪审员；

唐海悦志为佛山市南海区人民法院人民陪审员；

杨健为佛山市南海区人民法院人民陪审员；

张志贞为佛山市南海区人民法院人民陪审员；

冯志杰为佛山市南海区人民法院人民陪审员；

丁宇为佛山市南海区人民法院人民陪审员；

陈植东为佛山市南海区人民法院人民陪审员；

钟强为佛山市南海区人民法院人民陪审员；

林俊棉为佛山市南海区人民法院人民陪审员；

陈义为佛山市南海区人民法院人民陪审员。（黄毅雄）

佛山市南海区人民政府

【区政府常务会议】 2014年，南海区第十五届人民政府共举行9次常务会议，区政府常务会议组成人员参加。

2月26日，召开二十三次常务会议。会议主要研究南海区港航行政管理业务下放管理实施方案，南海区污水管网系统（含泵站）统一运营管理方案，2014年度“益动全城，家·南海”公益慈善项目大赛实施方案，南海区免除户籍人员殡葬基本服务费用实施办法，南海区户外广告管理办法，南海区管线管理办法，南海区食品安全举报奖励办法（修订）以及南海区高层次人才认定评定管理办法。

4月8日，召开二十四次常务会议。会议主要研究南海区支持广东金融高新区股权交易中心业务开展的扶持办法，开展创建全省社会组织建设创新示范区工作，南海高新技术产业开发区发展战略规划（2013~2020年），关于调整南海区都市型产业载体项目有关管理规定，南海区高标准基本农田建设实施工作方案，南海区突发环境事件应急预案，南海区商事主体住所登记注册实施意见，关于促进个体工商户转型升级的工作意见，南海区人民政府工作规则和南海区人民政府常务会议工作规程。

5月15日，召开二十五次常

务会议。会议主要研究南海区“封闭运行”土地出让金资金使用管理办法（试行），南海区文化产业发展扶持办法，南海区文化产业发展规划（2012~2020年），南海区参加市级以上体育竞赛奖励办法，南海区企业知识产权质押融资扶持专项资金管理办法，南海区“蓝海人才计划”创新创业团队扶持奖励办法，推进“人才强企”工作的意见，南海区土地用途与建筑物使用功能管理暂行规定，南海区商服建筑避难层容积率计算方法的补充规定。

6月17日，召开二十六次常务会议。会议主要研究南海区城乡社区服务中心专项补贴实施方案，南海区举报毒品违法犯罪有功人员奖励办法，南海区新能源汽车推广应用实施方案（2014~2015年），南海区关于进一步做好市场主体住所登记注册工作的通知，南海区“创新南海”新兴产业培育行动计划，南海区公用移动通信基站建设工作方案，关于进一步改革社区卫生服务机构管理体制的补充意见。

8月6日，召开二十七次常务会议。会议主要研究南海区2014年交通建设项目建设计划有关问题，南海区渡船更新改造工作方案，南海区2014年公交线路扩容提质实施方案，南海区进一步加强摩托车管理工作实施方案，南海区建设工程招标投标实施办法和公共资源交易投诉处理办法，南海区“优质南海”传统产业升级行动计划，南海区食品小作坊集中管理规定，南海区科技企业孵化器认定和扶持奖励办法，南海区加强技能人才队伍建设暂行办法，南海区被征地农民养老保障资金计提标准，南海区免费孕前优生健康检查综合服务项目工作实施方案，南海区集体建设用地使用权流转实施办法，南海区城市更新（“三旧”改造）重大事项社会稳定风险评估实施办法，南海区关于进一步推进村居社区公寓建设的实施意见，南海区商住土地分割的管理办法，南海区土地用途与建筑物使用功能管理暂行规定。

8月22日，召开二十八次会议。会议主要研究南海区金融、科技、产业融合发展扶持基金管理暂行办法。

9月12日，召开二十九次常务会议。会议主要研究调整2014年地方公共财政预算及基金预算收支计划，南海区促进区内企业到云安县云浮循环经济工业园投资的扶持优惠暂行办法，南海区关于进一步推进村居社区公寓建设的实施意见。

10月29日，召开三十次常务会议。会议主要研究南海区行政职权清单，南海区城乡低保临界家庭社会救助实施办法，关于佛山西站片区五纵道路铁路红线内工程实施问题，南海区区级预备费管理暂行办法，关于规范、调整村居各类创建活动的意见，南海区农业龙头企业申报认定与奖励管理办法，南海区佛山民间金融街的扶持措施（修订），南海区金融科技产业融合发展扶持基金管理暂行办法及实施细则，南海区建设工程渣土管理办法，南海区被征地农民养老保障资金管理使用暂行办法，南海区镇（街道）行政事业单位住房货币分配实施指导意见，南海区价格调节基金使用管理实施细则（修订）。

12月10日，召开三十一次常务会议。会议主要研究南海区机动车驾驶员培训行业发展规划（2014~2020年），南海区企业投资管理负面清单、审批清单、监管清单问题，南海区对口帮扶云安区、云城区专项资金管理办法，南海区节能专项资金管理办法，南海区招商引资奖励办法，南海区科技创新券实施管理办法，实施南海区公共交通（黄巴、绿巴）“一票制”收费改革方案，南海区建设工程变更管理办法，南海区政府投资项目BT融资建设管理办法，南海区村（居）集体经济组织财务管理办法。

【建设全省首个金融、科技、产业融合创新综合实验区】 2014年1月16日，南海区“建设全省首个金融、科技、产业融合创新综合实验区”项目获省政府批复同意启动。南海区将成立一只30亿元的金融、科技、产业融合创新基金，预计撬动500亿元社会资本投入金融、科技、产业创新项目，并计划创建佛山科技街、佛山民间金融街、佛山文旅街3个创新特区，搭建起企业信用平台，金融、科技、产业融合服务平台和创新创业投资退出平台3大服务平台，为全省金融、科技、产业深度融合探路。

【南海区年度综合实力列百强市辖区第二】 2014年10月20日，中国社科院发布《中国中小城市发展报告》，在年度综合实力百强市辖区排名中，南海区排名第二。该排名主要参照人均GDP、地方财政总收入、城镇居民可支配收入和农民人均纯收入等指标，同时还结合投资潜力、常住人口数、地区生产总值、社会消费品零售总额等因素。此次评比佛山五区全部上榜，其中顺德区排名全国榜首、禅城区排名21位，三水区和高明区分别位列38位和45位，南海区则从上年的第四位升至第二位。

【行政体制改革全面深化】 2014年，南海区全面实施“三单”（负面清单、准许清单、监管清单）管理改革。4月，启动政府权责清单编制工作，11月5日发布《南海区行政职权清单——区本级目录（2014年本）》，确保行政权力公开透明运行。主动推出“三单”统计报表，并将“三单”管理工作纳入各部门绩效管理考核，有效提高各部门参与“三单”管理的积极性。继续完善行政审批标准化建设，选取区发展规划和统计局、区经济和科技促进局和区卫生和计划生育局等多个部门展开试点并成功研发行政审批标准化信息系统。逐步向商会、行业协会转移政府职能，是年南海区政府向商会、协会转移区级政府职能223项。加大行政服务便民设备投入力度，铺设“市民之窗”服务终端326台，实现区镇村三级全覆盖，终端机可办理事项1308项，全年通过终端机办理事项突破16万件。

【数据统筹作用初显】 2014年5月22日，南海区数据统筹局成立。该局主要负责统筹推进区内各部门政务数据资源的收集、管理和应用，组织实施全区大数据战略、大数据发展规划，指导全区信息化建设和网络安全管理工作，充分利用全区政务数据资源，服务基层群众、社会民生和经济社会发展。是年，南海区制定数据管理规范、电子政务项目管理办法和政务网管理办法，成立数据管理专员队伍及数据治理委员会，逐步构建起数据统筹工作主骨架。区数据统筹局梳理68个部门、1534张数据表的数据，建立电子地图库、企业库、人口库、政务库、市政库、经济库、决策分析库等数据库，成功搭建起“信用南海”信用信息查询平台、综合治税监管平台、“数说南海”政务数据公开平台以及金融、科技、产业融合创新平台，为南海经济社会发展提供有力的数据支撑。

【企业服务更趋常态化】 2014年，南海区着力提高企业服务水平，以高质量服务促进企业转型升级。大力推动企业技改升级，完成企业技改项目备案46项，投资总额56亿元，技改项目数、投资额继续位居全省同级前列。新认定国家企业技术中心1个、国家火炬计划重点高新技术企业2家，9家企业获得国家科技型中小企业创新基金立项。稳健实施以注册资本认缴登记制和先照后证为主的工商登记制度改革，有序推进“个转企”“同城通办”等工作，新注册企业比上年增长92.6%。企业服务内涵不断丰富，推出“企业订制直通车服务”和落实领导驻点直接联系重点商（协）会和产业基地制度，搭建起高效的政企沟通渠道。行业联盟建设工作有序铺开，认定8个行业协会为行业联盟建设示范单位，内衣、鞋业行业协会成立联盟公司。重新修订《佛山市南海区中小企业信用担保专项资金管理办法（修订）》等三个配套文件，继续加大企业技改升级贷款贴息力度，有效缓解企业融资难、融资贵的问题。

【品牌战略成效突显】 2014年，南海区深入推进商标品牌体系建设，新增中国驰名商标18件，省著名商标42件，省名牌产品54个，总量均居全市首位。此外，新增集体商标2件。继续推进全国铝合金型材产业知名品牌创建示范区建设，成功获批筹建全国内衣产业、陶瓷产业两个知名品牌创建示范区，进一步提高“南海制造”区域品牌影响力。年内，通过省标准化示范区验收，形成地方政府引领、职能部门联动、技术机构支撑、行业协会推动、媒体社会互动、企业主动参与标准化工作的良好格局。是年，南海区被授予“国家知识产权强县工程示范区”称号。

【全面加强“家·南海”建设】 2014年，南海区稳步推进“家·南海”品牌建设工作，成立“家·南海”文化促进会，不断打开“家·南海”建设的基层突破口，举办“益动全城·家南海”公益慈善创意汇活动。创新社会组织扶持模式，逐步完善“1+8+N”创益体系，具有“社会组织培育、社会服务研发、社会政策观测、社会服务供给”功能的镇级创益中心建设实现全覆盖。全年共投入约4000万元用于购买社会服务，社会组织作用日显，社会服务普惠于民。（邓宏）

信访

【概况】 2014年，南海区信访局受理群众信访事项2217件次，比上年下降10%。其中，接待群众来访544批2208人次，分别比上年下降5.1%和26.5%；属集体访111批1471人次，分别下降24%和34.8%。受理群众来信1290件，比上年增长49.3%；受理群众来电202件（次），下降71.9%；受理群众来邮451件（次），增长1.4%。区复查复核办公室受理群众复查复核申请142件，涉及270人次，比上年下降2%。其中，受理89件，比上年增长7.2%；不予受理37件，与上年持平；重新办理16件，下降

15.8%。办理市信访局交办的复核案件32件，比上年增长14.3%。受理省、市交办信访积案分别为5件和24件，办结率均为100%。全年南海区发生群众越级进京上访22批23人次，分别比上年增长46.7%和下降11.5%；越级到省上访131批573人次，分别下降66.8%和68.8%；越级到市上访81批410人，分别下降43%和43.8%。

【完善领导干部联系群众机制】2014年，南海区将每月定期党政领导下基层接访转变为每月不定期到镇（街道）、村（社区）开展领导接访、约访、下访群众活动，结合以镇（街道）领导驻班为主、区领导驻点和村（社区）干部常驻为补充的直接联系群众工作机制，进一步提高收集社情民意、梳理社会矛盾和协调化解问题的效率，有效将矛盾纠纷“吸附在当地，解决在基层”。

【开展信访积案和信访问题重点村（社区）整治工作】 2014年，南海区信访局对63件信访积案开展专项化解，通过奖惩结合的考核机制，化解办结60件长期影响南海区稳定的信访问题，化解办结率96%。此外，排查出25个信访问题突出、矛盾隐患较大的村（社区），运用区领导、区有关单位挂钩镇（街道）和镇（街道）领导、镇（街道）有关单位挂钩村（社区）“两级挂钩”机制，开展专项整治，使25个重点村（社区）的群众越级上访数量比上年下降近70%。

【建立健全信访工作制度和考核制度】 2014年，南海区信访局加快建章立制进度，建立健全一系列信访工作制度，制订下发信访工作纲领性文件《深入开展党的群众路线教育实践活动解决信访突出问题的意见》、规范复查复核工作文件《佛山市南海区信访事项答复工作暂行办法》等。建立健全信访工作机构，先后成立区依法治访领导小组、区信访事项复查复核委员会、区信访案件听证评议领导小组。完善信访工作目标责任考核评价办法和绩效考评机制，加大信访工作考核比重，实行区挂钩督导单位和镇（街道）的信访工作绩效捆绑考核；完善对村（社区）“两委”、社区服务中心领导考核，把信访维稳工作考核与干部经济收入挂钩，进一步落实奖惩激励机制，充分调动各级各部门的工作积极性，保障各项工作落到实处。

【开展《广东省信访条例》宣传活动】 2014年7月1日起，《广东省信访条例》实施。为全面贯彻落实《广东省信访条例》，南海区信访局先后开展“6·15”宣传日活动，组织区镇村三级逾2000人次集中宣讲，印发10万份宣传单以及4万册《广东省信访条例》送至基层。通过多层次、广覆盖、重深入的系列学习贯彻宣传活动，使人民群众进一步了解信访法规，增强依法反映合理诉求的理念，推动信访工作“双向规范”。（梁剑腾）

人事

【概况】 2014年，南海区稳健推进区级党政机构改革，调整党政部门21个，包括区纪委机关、5个党委部门、14个政府部门和市公安局南海分局。整合重点领域资源，成立南海区数据统筹局，统筹全区“大数据”发展战略；在区、镇、村三级分别设置党联系社群工作部（室），打造大党联平台。继续深化“人才立区”战略，下发《关于推进“人才强企”工作的意见》，年内4个创新团队、18个创业团队获得南海区第四批“蓝海人才计划”扶持，包括国家“千人计划”专家2人、海内外博士51人。认定评定第三批高层次人才51名。全年开展7场政策宣讲活动，激发企业发挥引才育才主体作用。

【公务员职务与职级并行试点完成】 2014年，南海区作为全国县级以下机关建立公务员职务与职级并行制度试点工作的四个县（区）之一，先行先试，圆满完成建立公务员职务与职级并行制度试点工作。年内，全区2867名公务员晋升职级。今后，超过八成公务员退休时能晋升到正科职级。

【公务员管理】 2014年，南海区直机关（含参公单位）以及镇（街道）共招录公务员和参公管理单位工作人员135人（含公检法），区外调入公务员23人，调出区外公务员3人。自2012年启动乡镇公务员招录以来，近三年共招录异地务工人员9人、大学生村官4人、乡镇村（社区）书记（主任）6人。对2011年以来连续三年年度考核被确定为优秀等次的16名公务员进行嘉奖，记三等功。

【“蓝海人才计划”持续优化】 2014年，南海区修订“蓝海人才计划”扶持办法，将创新团队纳入扶持范围，鼓励民营企业自主引进高端创新团队，提升企业自主创新能力。101个海内外团队参加第四批“蓝海人才计划”评

2014年5月15日，南海区举办"科技镇长团"工作总结会及第二批科技镇长报到仪式

审，最终4个创新团队、18个创业团队获得扶持，包括国家"千人计划"专家2人、海内外博士51人。前三批22个团队全部完成注册，12个开始产品销售，9个团队取得1500万元销售收入。安昕团队等5个团队获佛山市第一批科技创新团队2000万元的立项支持。赵青春团队获"全国创新创业大赛"先进制造行业决赛第三名，是广东省该行业唯一进入决赛的团队。探索实施团队成长动态精细化管理，对前三批团队的资金使用、项目发展情况进行全面审查评估，判断项目前景并据此实施扶持或督促整改，促进团队加速成长。

【"智汇南海"行动纵深推进】 2014年，南海区柔性引智工作向纵深发展。着力固化校企合作渠道，启动第二批"科技镇长团"工作，8位成员全部到岗；"高校博士进企业"常态化、深层化开展，5所高校66名博士进驻南海区26家企事业单位，完成科研项目27项、解决技术困难35项，创造直接经济效益近120万元；5家企业与广工大共建"联合培养研究生示范基地"，深化人才培养模式；发挥选派生招聘品牌号召力，组织发动59家企业、28个党政单位，抱团赴广州、武汉招储人才。积极开拓海外人才市场，针对传统制造业发展和转型需求，大力招纳"海外工程师"，为7家企业匹配8名意向专家；成功在新加坡、德国、意大利举办第三届中国南海海外招才引智推介会，26名海外人才与南海企业达成求职意向。

【实施"行业精英"培育计划】 2014年，南海区出台《佛山市南海区加强技能人才队伍建设暂行办法》，全方位构建技能人才引进、培养、评价体系和激励机制，甄选铝业、玉器等四个优势特色产业探索建立高技能人才评价"南海标准"。开展第三批高层次人才认定评定，51名各行业精英获得高层次人才荣誉。重点抓好企业家队伍建设，年内举办"北斗星"企业家、资本与产业融合等重点企业家培训班6个。创新实施"企业人才培训资金竞争性分配计划"，7个企业人才素质提升项目获得49万元培训补贴，并引导200多万元社会资金投入。开展"南海人才看南海"系列活动及高层次人才风采展播，营造爱才重才氛围。

（蒋望）

外事

【概况】 2014年，南海区积极做好缔结友好城市工作，分别与加拿大万锦市和波兰登比察市签署《发展友好关系备忘录》，开展互访活动并带动民间交流。继续举办"外国友人中秋招待会""日商看南海"等系列活动，加强与外商的沟通联系。预防性领事保护工作取得突破，开拍首部领事知识保护宣传微电影，并将宣传对象由学生扩大至社区居民。区外事侨务局与区工商联联合开展APEC商务旅行卡推介宣传活动，探索利用镇（街道）商会、行业协会等平台，宣传推广APEC商务旅行卡。是年，全区接待外宾7批1010人次，办理外国人来华邀请函287批398人次，受理APEC商务旅行卡申请16批30人次。

【国外代表团来访】 2014年1月21日，德国因戈尔施塔特市市长艾弗雷德·莱曼博士率政府代表团一行19人参观一汽-大众汽车有限公司佛山分公司、广东金融高新技术服务区以及位于金融区的千灯湖公园。3月8日，加拿大国会议员詹嘉礼率领代表团一行11人参观一汽-大众汽车有限公司佛山分公司。9月23日，加拿大万锦市市民团一行16人到南海开展为期2天的交流访问，参观西樵山风景区和九江双蒸博物馆。这是南海区与万锦市签署《友好合作关系备忘录》之后到南海的第一批民间友好交流团组。11月20日，白俄罗斯明斯克市政府代表团一行8人访问南海区，参观考察南海区交警大队指挥中心，并与公安局相关负责人进行座谈，了解南海区智能交通项目建设情况。11月21日，德国巴伐利亚州州长泽霍夫代表团一行到访南海区并参观一汽-大众汽车有限公司佛山分公司，重点考察高端车型奥迪汽车的生产状况。

【南海区代表团出访】 2014年5月，南海师生代表团一行10人代表佛山市赴日本伊丹市开展友好访问，拜访伊丹市天王寺川中学和伊丹市绿丘小学。5月25日，南海黄飞鸿中联龙狮团前往加拿大开展为期4天的巡回表演。醒狮团先后在密西沙加市、万锦市、多伦多市、尼亚加拉瀑布市进行高桩醒狮表演。6月7~16日，中共佛山市委常委、南海区委书记邓伟根率经贸洽谈和友好交流代表团，对新加坡、美国和加拿大进行友好访问。代表团分别访问新加坡淡马锡控股公司和新加坡国立大学、美国硅谷和加拿大万锦市。中共南海区委常委、佛山高新区管委会常务副主任王雪代表佛高区分别与硅谷美华科技商会（SVCACA）和华美半导体协会（CASPA）签署合作协议。南海区政府与万锦市政府联合举办经贸交流会，并签署《发展友好合作关系备忘录》。7月，南海区副区长冼富兰率领代表团到俄罗斯、瑞士、法国开展友好交流。代表团参观俄罗斯莫斯科州纳罗福明斯克区历史博物馆、幼儿园、儿童康复治疗中心、婚姻登记处等，向圣彼得堡中国商城推介南海新兴产业，与瑞士华商会洽谈人才引进项目，与法国世界华人粤剧文化联谊总会签订合作协议。8月，南海区政府代表团出访德国、波兰和捷克。代表团拜访德国沃尔夫斯堡市政府，洽谈两地开展友好交流与合作的意向和计划；与波兰登比察市政府政府签署《发展友好合作关系备忘录》，举办经贸合作交流对接会，并考察登比察市污水处理厂、垃圾处理厂等。

【南海与波兰登比察市建立友好合作关系】 2014年4月24日，波兰登比察市市长保罗·沃利茨基一行10人到访南海，开展为期3天的友好交流活动，南海区区长郑灿儒会见代表团一行。期间，登比察市与南海区共同签署《中国南海区·波兰登比察市友好交流合作意向书》，举办经贸合作交流对接会，双方详细介绍了两地的经贸情况和合作意向，并深入探讨今后两地在经贸合作方面的可行性。代表团一行还参观了华南（国际）电光源灯饰城、广东坚美铝型材厂有限公司和广东蒙娜丽莎陶瓷有限公司等企业以及黄飞鸿狮艺武术馆、西樵山观音文化苑等文化旅游景点。

【领事、涉外工作】 2014年5月24日，来自17个国家的驻港澳领事代表约60人到南海进行考察交流。8月14日，斯里兰卡民主社会主义共和国驻广州总领事亚索佳·古纳赛克若一行访问南海，参观广东志高空调有限公司和佛山市致兴纺织服装有限公司。6月20日，领事保护知识进校园活动再次走进华附南海实验高中。结合学生的实际需求和接受习惯，区外事侨务局拍摄《不再孤单》微电影，以灵活生动的形式宣传领事保护知识。9月26日，区外事侨务局在桂城翠颐社区举办“预防性领事保护知识进社区”活动，将预防性领事保护知识宣传群体由学生扩大至社区居民。

【外商服务】 2014年，南海区积极组织开展各项交流服务活动，做好亲商、稳商工作。1~2月，区外事侨务局到桂城街道、狮山镇、丹灶镇、西樵镇、里水镇等镇（街道）、园区拜访部分重点外商。6月，举办南海区日商交流会，全区近100名日资企业的高管，区、镇相关部门领导出席活动。8月，举办第12届外国友人中秋招待会，400多名在南海生活、工作的外国友人以及中共南海区委常委、组织部部长龚嘉明，副区长冼富兰等出席活动。10月，组织第6次“日商看南海”活动，40多名日籍员工及其家属参加活动。11月，举办外商高尔

2014年4月24日，南海区与波兰登比察市签署友好交流合作意向书

夫球赛，来自日本、缅甸等国客商及区领导近100人参加活动。12月5日，区外事侨务局与一汽-大众汽车有限公司佛山分公司共同为外籍员工及其家属举办圣诞晚会。（柳玉贞　陈小清）

侨务及港澳事务

【概况】2014年，南海区继续密切与港澳乡亲和海外侨胞交流往来，全年接待社团和乡亲53批1221人次，出外联络26批102人次。积极发挥旅外乡亲作用，宣传南海文化、促进经济合作。致力涵养发展新侨资源，南海（海外）留学生联盟于年内举办第三届“海英汇”活动和海外留学生南海行活动，加强海外留学生的互动交流；举办第八届华裔青年夏令营，培养华裔青少年家乡情结。

【交流往来】2014年，南海区与海外、港澳社团和乡亲交流频繁。2月28日，旅港南海商会名誉会长梁爱诗一行20余人到南海中学举办一年一度的奖教奖学活动，向南海中学、石门中学、桂城中学、九江中学及南海一中5所学校捐资助学金20万元，以奖励优秀教师和学生。3月20日，香港南海同乡总会一行50多人回乡拜访。8月22日，澳门南海同乡会、澳门西樵同乡会、澳门南海九江同乡会、澳门南海平洲同乡联谊会组织80多名乡亲到南海区对口帮扶的云安县民福村开展扶贫助学活动。10月19日，中美国际文化交流协会考察团一行访问南海，参观桂园社区服务中心及春晖养老服务中心。10月29日，香港保良局陆庆涛小学和澳洲皇子山小学各派出12名师生到南海区罗村实验小学参加第三届“香港-墨尔本-佛山三地教育交流活动”。11月28日，旅港大桐堡同乡会、香港南海西樵同乡会一行130人访问南海。

【为侨服务】2014年1月10日，南海区召开侨务工作暨区侨联十二届二次全委会议，传达第九次全国归侨侨眷代表大会精神，总结、布置侨务侨联工作。各镇（街道）侨联主席、侨务侨联工作人员及区侨联第十二届委员70多人参加会议。全年处理华侨、港澳同胞及归侨侨眷各类来信、来访、来电53批86人次。慰问困难归侨侨眷76人次，发放慰问金3.39万元。

【港澳及海外乡亲支持家乡建设】2014年5月15日，南海区举办依法治区法律讲座，邀请香港特别行政区基本法委员会副主任委员梁爱诗授课。会上，中共佛山市委常委、南海区委书记邓伟根为梁爱诗颁发“依法治区法律荣誉顾问”证书。5月30日，香港特别行政区立法会议员叶刘淑仪为南海区社区干部培训班授课。11月3日，美国加州大学黄桂林博士以“如何应对公关危机”“创业和营销”为题，分别为南海区政府部门和留学生授课。此外，港澳乡亲及海外侨胞热心支持家乡各项建设，全年全区接受港澳乡亲及海外侨胞各类捐赠折合人民币2798万元。

【“家·南海—桑梓情”新春联谊会】于2014年2月18日在香港举办，由世界南海联谊总会主办。香港特别行政区原行政长官曾荫权等港澳南海籍官员、各级政协委员、社团领袖、荣誉市民，以及金融、医学、科技、旅游、规划、教育、会计等各界专业人士共400多人参加。

【留学生及青商创业分享会】于2014年7月25日由南海区外事侨务局、南海区青年商会联合举办。分享会邀请加拿大INNOVISION HOLDINGS CORPORATION创办人兼总裁、香港美辉制帽国际有限公司副总裁欧阳浩东和广东雪莱特光电科技股份有限公司副总裁柴华分享他们的个人创业经历。中共佛山市委常委、南海区委书记邓伟根，南海区副区长冼富兰，佛山市外事侨务局副局长覃莹，佛山市侨联主席李忠以及海外留学生代表、南海青年企业家80多人参加活动。

2014年7月25日，南海区举办留学生及青商创业分享会

【第三届“海英汇”活动】于2014年7月26日在香港举办，由南海（海外）留学生联盟主办。来自澳门、加拿大、美国、新加坡、香港、英国的留学生和海归精英近200人参加活动。该活动以“海外人才恳亲会”的形式举办，搭建了留学生沟通联谊平台，是南海（海外）留学生联盟为留学生群体打造的每年一次的品牌活动。

【第八届华裔青年夏令营】于2014年6月20~29日由南海区外事侨务局、印尼苏北广肇同乡会联合举办。来自印尼的19名华裔青年与20名南海桂江一中学生一起学习传统文化，感受家乡风貌。

【香港特别行政区立法会主席曾钰成访问南海】2014年12月26日，香港特别行政区立法会主席曾钰成一行11人到访南海。在中共佛山市委常委、南海区委书记梁维东，区长郑灿儒，副区长冼富兰等陪同下，访问团分别到九江吴家大院、西樵山、广东金融高新区友邦保险金融中心等地参观考察。（郑予龙　张显雄）

应急管理

【概况】2014年，南海区应急管理办公室协助有关单位预防和处置各类突发事件614起，其中赴现场处置突发事件68起，如处置“1·15”里水象岗山山火、“4·6”官窑2人气体中毒死亡事故、“4·13”狮山广泰机械制作厂火灾、“7·26”九江仟品家具厂火灾、“8·9”省军区农场食品仓库火灾、“11·10”盐步新怡智逸大厦基坑坍塌3人死亡事故等。年内有效防控H7N9禽流感、登革热等疫情，成功完成“威马逊”台风防御工作，妥善应对金晟鞋材加工厂工人到市政府上访、西樵籍老兵到区政府上访等各类突发事件等。推进应急值守标准化、规范化建设，实行24小时值班制度。全年编印《应急管理动态》12期，《应急管理信息报送情况》12期，《南海突发事件快报》42期，《南海突发事件专报》10期，书面上报市应急办48期，向区领导和相关职能部门人员发送应急短信6000多条。

【引入民间救援力量】2014年，南海区引入佛山蓝天救援队、南海无线电通讯队、南海无人机队等民间应急队伍，健全社会化联合救援机制。其中，佛山蓝天救援队伍参与处置“12·5”西樵联新乡民乐涌、“12·25”九江大道等溺水人员搜救打捞行动，成为政府救援力量的有力补充。至年底，全区新增志愿者队伍28支，累计数量518支，总人数9547人。

【加强应急预案体系建设】2014年，南海区加强应急预案体系建设。健全应急预案修订，提高应急预案的实用性和可操作性。年内新增和修订《南海区突发环境事件应急预案》《南海区危险化学品事故应急救援预案》等文件。至年底，全区新增部门、镇（街道）预案193件，重新修订部门预案497件，累计编制预案1909件，其中区专项预案46件。开展“实战型、实用性、复合型”应急演练，检验应急预案的可行性和有效性。年内全区开展公共卫生、安全生产、防汛抗震和群体性事件等方面的应急演练1684次，参与人员21万人次，包括“大型公共交通事故综合应急救援演练”“液氨泄漏事故应急救援演练”“应急排涝演练”等。实行“资源共享、平战结合”预警机制建设。南海区在全省率先将人防防空警报器纳入预警系统，依托人防防空警报器的语音广播功能进行灾难预警。年内，新建人防语音警报器68台，全区累计有防空警报器324台。在区人防办设防空警报语音播报总控中心，7个镇（街道）设分控中心，使各镇（街道）拥有防灾警报的发布权限，实现“点对面”“点对点”发布，进一步拓宽预警发布渠道，实现应急管理工作从“全民救灾”向“全民防灾”的转变。

【强化风险排查和考核机制】2014年，南海区对各类隐患实行分类分级管理和动态监控，每季度督促各镇（街道）、相关区直部门对辖区和职能范围内的隐患进行全面排查，对上报的隐患进行分析评估，提出防范对策。区应急办每周召开一次内部应急形势分析例会，分析上周全区应急管理形势、特点和趋势，并及时将分析研判结果，通报属地镇（街道）、相关部门，督促落实措施，化解风险矛盾，从源头上防范和减少突发事件，及时化解各类风险隐患。强化对信息报送、应急资源维护等工作的日常考核，对发生突发事件瞒报、漏报、迟报、误报及工作开展不力、上报信息质量差、数量达不到要求的镇（街道）和区有关单位，在每月《应急管理信息报送情况》上进行通报批评，责令查找原因，提出整改措施，限期整改，必要时约谈分管领导。

【健全应急保障机制】2014年，南海区健全应急保障机制。一是加强基层应急管理队伍和专业化队伍建设。强化各镇（街道）应急办机构建设，建立相对稳定的应急管理工作队伍。依托区消防大队组建区综合救援大队，履行火灾扑救、社会救助等职能；依托各部门、镇（街道）专业力量，建立水、电、油、气、危化品等抢险救援队伍。加强应急专家队伍建设，年内进行第三届专家组的换届工作，聘请专家15名，涉及自然灾害、事故灾难、公共卫生、社会安全4大类，发挥专家在应急管理中的决策咨询、技术指导、宣教培训及舆情引导等作用。二是健全应急物资保障机制。按照各负其责、保障重点、先急后缓的原则，科学储备应急物资管理，加强应急装备特别是现场处置物资的配备，利用高科技设备为应急工作服务，是年由区财政拨款33万元，为区综合救援大队购置小型遥控无人飞行器及辅助设备，对山林火灾、高层建筑火灾、危化品泄漏、地质灾害、大规模群体性事件等灾害的救援工作提供有效装备。此外，强化区、镇（街道）应急储备金制度。区级预备费按照当年区级公共财政预算支出额的1%~3%设置，金额1亿至3亿元，作为全区四大类突发事件的救灾应急资金。各镇（街道）也建立300万元不等的应急储备金制度，为迅速处置突发事件提供必要的资金保障。至年底，全区各镇（街道）、各部门新增应急物资1137.5万元，应急物资储备库3126个。三是推动应急平台体系建设。建设完成应急平台二期（区应急指挥分中心显示系统和应急平台支撑软件系统）项目，提升应急会商室应急指挥能力。四是推进应急避难场所建设。按照“均衡布局，平灾结合”的原则，利用公园、绿地、学校、广场等建设应急避难场所。全年全区增加应急避难场所6个。至年底，全区建成36个应急避难所，总面积约172万平方米，可疏散80万人，占全区常住人口的30%。 （眭敏）

■ 政协佛山市南海区委员会

【政协南海区第十二届四次会议】于2014年1月13日至14日在南海影剧院召开，271名政协委员和190名特邀委员出席会议。区政协主席张和平代表常务委员会作工作报告。在大会即席发言环节，区政协常委、农工党南海总支主委曾小平及区政协委员、致公党南海总支成员秦伟新分别作引导发言，然后是总时长1小时的“抢唛”发言，有15名委员成功抢到5分钟时长限制的发言权。他们纷纷就社区公共服务、居家养老、交通等民生问题建言献策。

与会代表列席区人大十五届四次会议，听取区长郑灿儒所作的政府工作报告。大会期间，召开区政协十二届十二次常委会议，会议通过有关人事变动。同意李明伦、何志鸿、何熠钢、徐觅浔、简展红作为区十二届政协常委正式候选人提交大会选举；同意何熠钢作为区十二届政协副主席正式候选人提交大会选举。经大会选举，何熠钢当选为区十二届政协副主席；李明伦、何志鸿、何熠钢、徐觅浔、简展红当选为区十二届政协常委。会议通过有关决议。

【南海区政协第十二届委员会常务委员会会议】

第十一次常委会议　于2014年1月7日召开。区政协主席张和平，副主席胡国雄、潘佩光、陈中原、崔国、李深华、金铎，秘书长叶伟平，以及政协常委参加会议。会议讨论有关人事问题，一致同意增补何熠钢、徐觅浔为政协南海区第十二届委员会委员；一致同意梁柱华因分管工作变动辞去政协委员、常委职务，同意提议徐觅浔、何志鸿、李明伦、简展红兼任区政协常务委员，提交区政协十二届四次会议选举通过。

第十二次常委会议　于2014年1月13日在区政协十二届四次会议期间召开。区政协主席张和平，副主席胡国雄、潘佩光、陈中原、崔国、李深华、金铎，秘书长叶伟平，以及政协常委参加会议。会议听取各组召集人汇报各组对区十二届政协副主席候选人何熠钢以及常委候选人李明伦、何志鸿、何熠钢、徐觅浔、简展红的讨论意见。一致同意将他们作为正式候选人提交大会选举。会议听取各组召集人汇报各组对选举办法的讨论意见。一致同意采用等额选举和举手表决方式对区十二届政协副主席、常委进行选举。会议听取各组召集人汇报各组对会议决议（稿）的讨论意见，并通过区政协十二届四次会议决议（稿）。

第十三次常委会议　于2014年7月10日召开。区政协主席张和平，副主席陈中原、潘佩光、崔国、李深华、金铎、何熠钢，秘书长叶伟平，以及政协常委，政协镇（街道）工作委员会主任参加会议。会议强调，落实区政协制订的《政协佛山市南海区委员会优秀委员评选办法（暂行）》，今后将对建言献策表现突出的政协委员进行评优表彰。会议讨论有关人事问题，一致同意增补潘宏昌、潘志彬为政协南海区第十二届委员会委员；同意任命潘志彬为南海区政协经济委员会主任；同意任命张志祥为南海区政协文教体卫和文史委员会主任，不再担任南海区政协经济委员会主任职务；同意叶伟平不再担任南海区政协文教体卫和文史委员会主任职务。会议组织政协常委、政协镇（街道）工作委员会主任视察广东金融高新技术服务区、股权交易中心和佛山民间金融街。在视察现场，代表们认真听取金融高新区总体规划和股权交易中心、金融街的发展情况介绍，并为南海“金科产”创新融合发展献言献策。

第十四次常委会议　于2014年9月16日召开。区政协主席张和平，副主席陈中原、潘佩光、崔国、何熠钢，秘书长叶伟平，以及政协常委，政协镇（街道）工作委员会主任参加会议。会议组织政协常委、政协镇（街道）工作委员会主任视察南海公安分局110指挥中心、黄岐社区平安村居建设情况。代表们对南海区开展“平安南海”建设献计献策。戴国梁委员建议加大“平安社区”的投入，打破“信息孤岛”，把全区所有小区的监控视频、各镇（街道）的监控视频和区110监控视频进行联网共享。成尉冰委员建议对容易发生违法犯罪的地方增加监控视频；还建议政府加大对110服务台功能的宣传工作，呼吁市民从“有困难找警察”的思维转变为“有危难找警察”。

【提案工作】　政协南海区十二届四次会议以来，区政协收到委员提交的意见和建议166件，经提案委员会审查、合并、立案108件。其中有关政府行政、城市建设、经济发展、农村水利、环境保护的25件，占23.1%；涉及科技、教育、医疗、卫生、文化、体育的39件，占36.1%；关注交通、旅游、治安、法制建设的16件，占14.8%；有关劳动保障、食品安全、和谐社会建设的17件，占15.8%；其他方面11件，占10.2%。总体来看，提案内容丰富，质量较高，针对性强，为促进南海区社会经济发展作出了积极贡献。

【信息工作】　2014年，南海区政协共编发《社情民意》194期，其中区领导批示143次，区有关部门办复4宗。上报佛山市政协采用31期，市委采用2期；省政协采用2期，省委采用2期；全国政协采用1期。其中区政协社会和法制委员会提出的《关于修改〈政协章程〉，增加基层组织建设相关条款的建议》、民革南海总支提出的《关于做好道路对接，推进广佛同城的建议》获省政协采用，致公党南海总支提出的《积极贯彻十八届三中全会精神推动我市集体建设用地抵押融资和流转的建议》、区政协提案委员会提出的《深化行政审批制度改革，打造廉洁透明高效政府》的意见获省委采用；区政协社会和法制委员会等单位提出的《关于实行“行政托管式”扶贫开发，破解现行扶贫工作困境的建议》获全国政协采用。

【专题调研】　2014年6月至10月，南海区政协由提案委员会部分委员与综合调研室组成的联合调研组开展两次中心调研：一是完成《加强政治协商，推进协商民主——建立和完善多层协商民主制度专题调研》，建议进一步丰富和完善协商民主的制度，尝试建立定期协商制度，细化完善党外干部的选拔培训力度，加大对民主党派的支持力度，完善政协委员的产生、培训、考核和退出机制，合理设置、适时调整政协内部界别划分，推动政协各专门委员会实体运作，加大政协机关干部岗位交流力度；二是完成《关于推进我区行政服务体系建设的调研报告》，提出进一步简化行政审批工作，推进行政审批标准化建设，完善网络问政平台建设，切实推进社区网格化管理新模式。区主要领导、分管领导作出重要批示，指示有关部门跟进。

【首次举办书画慈善拍卖会】

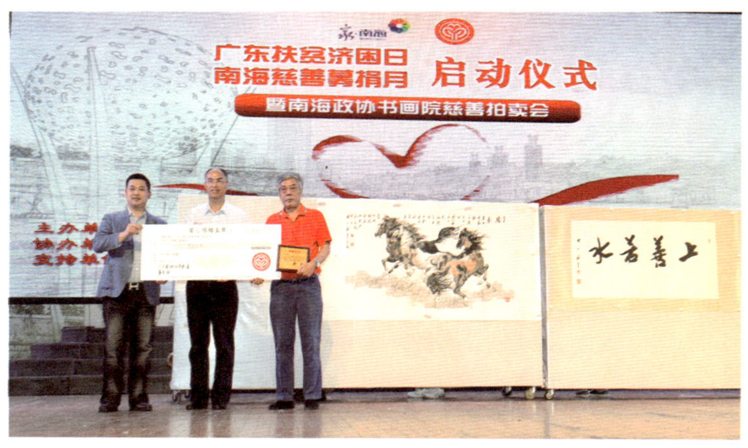

2014年6月23日，南海区政协书画院与区慈善会联合举办书画慈善拍卖会，募集善款1290多万元

附：

南海区政协十二届四次会议以来优秀提案

提案者：致公党南海总支　秦伟新

案题：《从金融文化的视角看广东金融高新区可持续发展》

内容摘要：建议：（1）广东金融高新区的项目应坚持“有所招有所不招”的原则；（2）从深度和广度两个层面提升广东金融高新区的金融服务功能；（3）始终将民生金融和制造业金融作为广东金融高新区科学持续发展的根本任务；（4）广东金融高新区应该体现出普惠金融的“天生亲民”特征；（5）建立产业金融中心发展情况定期汇报制度。

办复情况：广东金融高新技术服务区管委会答复：（1）金融高新区招商工作取得巨大成效；（2）十分重视金融服务机构的引进和建设，并以佛山民间金融街、广东金融高新区股权交易中心为重要平台，打造多层次、全方位的金融服务体系；（3）致力探索金融、科技、产业融合创新，并积极推动农村金融和普惠金融；（4）始终以促进当地企业转型发展和完善金融服务为目的，不断促进金融产业的壮大；（5）依托金融产业集聚优势，逐步探索文化金融融合发展。

提案者：民建南海总支、区政协提案委员会　王飞宁、梁锡钧、陈声荣、常文飞、招雪芬、姚中沃

案题：《当前南海区外贸问题探究》

内容摘要：建议：（1）成立“外贸发展工作领导办公室”，全面协调南海区外贸发展工作；（2）集中财力支持1~2家外贸新业态的发展，尽快把本属于本区的出口“夺”回来；（3）制定政策鼓励和引导民间资本投资本地平台；（4）以适当的财政支持，鼓励生产企业通过本地外贸公共服务平台出口；（5）采取税费返还方法，鼓励企业多出口，特别是组织本地的货源出口；（6）对新兴市场的开发，除了国家和省级财政补贴之外，建议区级财政再做相应的补贴；（7）加大力度支持本地创新的外贸融资平台建设与宣传推广应用，比如采取贴息50%~80%等措施；（8）在今后的招商引资工作中，增加与外贸相关的谈判条件；（9）抑制“买单出口”，加大力度查处“买单”和“卖单”的公司。

办复情况：区经济和科技促进局（经贸）答复：（1）南海区对电子商务企业（包括电子商务平台企业）在不同方面都有补助；（2）区内现有云计算及软件公共服务平台，可以为企业部署电子商务平台系统提供软硬件的支撑；（3）区内建设有C时代电子商务产业园、广佛智城电商产业体验基地和里水中企绿色总部等产业载体，为电商平台企业的进驻提供了优质的配套环境。

提案者：致公党南海总支　夏立军、赵正权

案题：《积极贯彻十八届三中全会精神推动我区集体建设用地抵押融资和流转的建议》

内容摘要：建议：（1）促进相关法律法规及其操作细则的完善和修订，为集体建设用地融资和流转提供法律支撑；（2）建立村民代表选举及备案登记制度，公开查询渠道；（3）规范土地抵押融资和流转的收益分配，树立农民信心；（4）建立和完善配套制度，规范有序推进融资和流转；（5）加大各部门协调配合力度，共同营造良好的融资和流转环境；（6）着重解决抵押登记的关键问题，增强银行抵押权利保障性；（7）针对早期不规范的现象，理顺关系；（8）选择农商银行（原农村信用社）作为集体建设用地抵押融资的试点金融机构。

办复情况：区国土城建和水务局（国土）答复：（1）以试点为契机深化流转探索；（2）推进二次流转，完善政策体系；（3）积极推进集体建设用地使用权抵押融资；（4）关于土地使用证和房产证名称不一致的问题，要根据相关文件进行处理，如属早期因集体建设用地流转管理不规范造成的房地不一致要根据《关于土地登记发证有关问题的处理办法》处理；如属因集体经济组织名称变化导致的房地不一致，则要根据《关于农村集体资产产权变更登记的意见》处理。

提案者：九三学社南海基层委员会、区政协经济委员会　陈建良、张梦阳
案题：《关于加强我区农村宅基地管理和使用的几点建议》
内容摘要：建议：（1）全面开展宅基地入户调查，建立权威的农村宅基地数据管理台账；（2）尽快开展编制村庄建设规划；（3）严控宅基地审批，禁止占用农地建房；（4）结合旧村改造，有计划有重点地推进社区公寓建设；（5）积极推进宅基地整理，建立宅基地收回与退出机制；（6）妥善处理已建未办证宅基地历史问题；（7）推行宅基地使用权流转与抵押；（8）强化对宅基地的监管责任，由各镇（街道）切实担负起对农村宅基地建设和管理的职责。
办复情况：区国土城建和水务局（国土）答复：（1）从2012年底开始，区国土局开展了8个镇（街道）共9个村（社区）的“宅基地调查试点”工作，基本掌握全区农村宅基地的基本情况和存在问题；（2）已完成《关于进一步推进村居社区公寓建设的实施意见（送审稿）》，从建设主体、居住对象、项目认定条件、规划和建设要求以及政策支持等多个方面作了进一步修改、完善。

提案者：区政协经济委员会、政协丹灶镇工作委员会　古勇明
案题：《关于加强农村专业合作社建设，提升农村经济运行质量的建议》
内容摘要：建议：（1）政府在合作社的发展中要有更高的站位谋划发展；（2）合作社要在发展中逐步完善制度和规范管理；（3）对农村专业合作社要有更强的政策扶持、更实的举措推动。
办复情况：区农林渔业局（城乡统筹）答复：（1）设立专项财政奖励资金扶持；（2）通过农业产业化建设项目进行财政扶持；（3）组织南海区农民专业合作社申报市级财政扶持项目；（4）加强对农民专业合作社成员的科技培训。

提案者：民革南海总支、政协桂城街道工作委员会　康浩
案题：《建设“美丽南海”，进一步加大水环境治理力度》
内容摘要：建议：（1）进一步加快扩建污水处理设施，提高污水处理能力；（2）水环境治理要有综合规划和长期治理的前瞻性战略；（3）探索特色的生态治理；（4）实施科学合理的人工调水方案，提高河涌自净能力；（5）加大宣传教育，形成河涌保护的公众参与机制。
办复情况：区国土城建和水务局（水务）答复：（1）加快污水处理厂提升及完善配套截污管网；（2）加强工业污染排查治理；（3）推进河涌治理；（4）加强农业面源污染治理；（5）组织好重点河涌水质达标方案的编制及实施。

提案者：民盟南海总支　潘佩光
案题：《关于引进社区资本，加大预防体系投入，推进南海区医疗改革的建议》
内容摘要：建议：（1）放宽社会办医，引入竞争机制，使公立医院与民营医院形成有序竞争，引入更多的高级医疗人才为百姓服务，提高医疗机构及诊所的整体服务水平；（2）从健康宣教、健康体检、中医治未病体系建设、健康管理等公共卫生服务项目方面，加大对全区预防保健体系的投入力度。
办复情况：区卫生和计划生育局（卫生）答复：（1）开展“全国亿万农民健康促进行动”；（2）规范健康教育项目；（3）加大对各镇（街道）社区卫生服务中心健康教育技术支持；（4）开展多种形式的健康教育活动；（5）综合运用传统媒体和新媒体，加大健康教育宣传覆盖面；（6）开展居民健康建档工作。

提案者：农工党南海总支　曾小平
案题：《信息化创新，助力家庭医生服务模式》
内容摘要：建议：（1）提高区卫生服务人员素质；（2）落实配套政策，完善补偿机制；（3）利用网络技术，将服务延伸到家庭；（4）利用信息化技术，提升家庭医生的效能；（5）构建云健康平台，有效整合专家资源；（6）配套政策，建立长效机制。
办复情况：区卫生和计划生育局（卫生）答复：（1）提高社区卫生服务站医生的业务水平；（2）出台《佛山市南海区2014年家庭医生式服务实施方案》，逐步实现“户户拥有自己的家庭医生，人人享有基本医疗卫

生服务”的目标；（3）开发社区卫生信息化系统。

提案者：政协大沥镇工作委员会　何晓梅、龙燕
案题：《关于解决南海区镇级医疗机构退休人员待遇偏低问题和改进提高我区门诊医保的建议》
内容摘要：建议：（1）统筹全区卫生系统退休补贴，每年按各单位业务总收入提留上缴给卫计局作为补贴基金；（2）区财政支付，社保部分应设置最低保底补贴方案；（3）根据物价指数的增长情况相应提高待遇，每次地区最低生活标准上调的同时应上调退休基数；（4）退休人员待遇（医院部分）每年按基数增长，全区实施社保养老基数上调与单位上调同步对应；（5）应将退休医务人员（尤其是以前有国家干部身份的专业技术人员、管理人员等）的退休工资纳入年度工资预算；（6）区财政、组织、人事部门以及各镇（街道）研究建立公立医院退休人员待遇增长的长效机制；（7）实行集团包干医保模式；（8）科学准确预算全区医保费用总额、平均合理就诊次数和个人参保额。
办复情况：区卫生和计划生育局（卫生）答复：（1）争取区政府加大投入，调整自收自支事业单位退休待遇政策，在提高企业职工退休待遇同时适当提高自收自支事业单位退休人员退休费发放标准；（2）加快推进清理化解基层医疗卫生机构债务工作，切实减轻医院的运营负担；（3）推进社区卫生服务管理体制改革，独立设置社区卫生服务中心，减轻医院在承担公共卫生和社区卫生服务工作方面的投入压力；（4）进一步完善绩效工资制度，指导各医院建立合理的分配方案，逐步提高退休人员待遇。

提案者：区政协港澳台侨联络委员会　李明伦；政协桂城街道工作委员会　叶慧灵
案题：《关于积极推进社区教育大发展，创建国家级社区教育实验区的建议》
内容摘要：建议：（1）启动国家级社区教育实验区建设，再促进社区教育大发展；（2）设立政府牵头的常设机构，统筹开展全区社区教育的调研；（3）整合资源，促进社区教育一体化发展；（4）打造品牌项目，促进社区教育特色化发展；（5）以“家南海”建设为载体发挥社区学院的作用。
办复情况：区教育局答复：（1）整合各类资源，促进全区社区教育一体化发展；（2）打造品牌项目，促进社区教育的特色化发展；（3）开展教育模式探索，拓宽社区教育覆盖面。

提案者：民进南海总支　莫鸿辉
案题：《关于建设现代化中医药强区，推进健康服务业发展的提案》
内容摘要：建议：（1）加大对中医药的投入；（2）逐步发挥中医药“治未病”作用；（3）加大人才培养力度，提升基层中医人员素质；（4）发挥“榕树效应”，带动全区中医药健康服务事业共同发展；（5）建设具有岭南特色的中医药文化及对外交流基地；（6）逐步放宽对中医坐堂开诊的要求，满足群众需求。
办复情况：区卫生和计划生育局（卫生）答复：（1）每年组织专家对社区中医药工作进行现场指导，并将中医药工作纳入绩效指标；（2）加强中医医师技术培训工作，要求全区社区医务人员必须参加；（3）加强推进“西学中”工作；（4）推动名医、名科、名院工作建设；（5）扎实推进南海区中医院和南海区妇幼保健院“治未病”试点工作；（6）加大对中医药培训工作的经费投入。

提案者：区政协文教体卫和文史委员会　吴彪华
案题：《关于着力推进“名家精品”工程，提升文化软实力的建议》
内容摘要：建议：（1）善于发掘优质苗子，变被动为主动；（2）做好前期扶持，变“锦上添花”为“雪中送炭”；（3）分清轻重缓急，变“遍地开花”为“重点开花”。
办复情况：区文体旅游局（文化旅游）答复：（1）“名家精品”工程是一项长期工程，需分步实施；（2）继续积极与财政局密切沟通，争取财政支持，加大对文艺家及文艺作品创作的扶持力度。

提案者：谢兵　李国瑞
案题：《关于南海会馆增加南海中医元素的建议》
内容摘要：建议南海会馆融入南海中医元素，丰富南海会馆的内涵。具体措施：（1）成立以相关主管部门

牵头的南海中医卫生史领导小组；（2）成立南海会馆南海中医单元撰写小组；（3）推荐《史海寻觅》作者黎秀煊；（4）可以是文字、图片和音像的综合历史记录。

办复情况：西樵山风景名胜区管委会答复：（1）南海会馆在建筑设计上已经充分体现了岭南文化特色，（2）下阶段将协调设计单位、运营单位及相关部门就南海会馆具体展示内容进行专题研究，对中医药等南海传统文化瑰宝进行综合考虑，在装修设计阶段对方案进行优化。

提案者：南海区总工会

案题：《关于进一步发挥公共医疗服务流动女工的建议》

内容摘要：建议：（1）宣传企业在人文关怀、履行社会责任的正面典型；（2）引导流动女工相对较多的企业在每年的职工体检项目中，为流动女工增设专项妇科体检项目；（3）促使企业为流动女工购买生育保险，同时，动员广大流动女工主动参与生育保险；制订措施，对参保年度内的流动女工实行一年一次的划定妇科项目免费检查，鼓励更多女工参与女性生育保险；（4）采取几个“一点”的方式，满足流动女工的需求；（5）正确引导“公”“民”医疗部门切实履行起社会责任，多为流动女工这一特殊群体服务。

办复情况：区卫生和计划生育局（卫生）答复：（1）将加快信息化管理的步伐，解决多头管理的问题；（2）南海区免费服务的重点将放在优化流程、加大宣传工作方面，以提高流动人口免费保健服务利用度；（3）创新健康交流的方式方法，促进目标人群健康行为的形成。

提案者：政协狮山镇工作委员会　杨珍

案题：《如何解决南海区企业招工问题与职业技能教育的提升》

内容摘要：建议：（1）在南海区的大中企业推广模仿德国的“双元制”职业教学理念，鼓励校企合作办学，定点定向培训上岗；（2）发挥行业协会、商会的作用，推进“双元制”的职业教育模式；（3）政府部门牵头组织职业学校模仿德国“双元制”的职业教育办学模式，形成职技教育持续发展的动力机制。

办复情况：区人力资源和社会保障局答复：（1）创建“校企双制”办学制度；（2）推进校园对接产业园工程；（3）深化技工院校与重点企业对接。

提案者：民革南海总支、政协桂城街道工作委员会

案题：《关于加强基层治理，构建社区网格化管理平台的建议》

内容摘要：建议：（1）进一步健全和完善行政审批服务体系；（2）探索实施社区网格化管理，实现村（社区）精细化管理；（3）利用网络，切实建立政策快速传达渠道、村（居）民参与渠道；（4）开设社区网络的弱势人群关爱栏目，切实找到困难点，提供面对点的帮助，并通过网络跟踪执行情况与执行效果；（5）开通网络订购，铺设社区服务站点，配合快速物流（物业自身的物流优势）把日常供需快速匹配到位；（6）通过网络加强邻际间的交流，疏导心理问题。

办复情况：区民政和外事侨务局（民政）答复：（1）解决信息屏障问题，实现与垂直管理单位联网管理，进一步完善信息资源，实现区内资源互联互通、资源共享；（2）完成标准化平台建设，将区智慧城市平台的各项软件和系统功能向镇（街道）复制和延伸，并将全区分步开发和建设先进的 GIS 数字地理系统和物联感知系统应用功能同步向镇（街道）和社区延伸；（3）全面完善网格化治理信息化系统，建立信息交换平台，分两步完善基底信息数据库。

提案者：区政协提案委员会　全洪

案题：《关于解决佛山高新区核心园区电力供应设施不足问题的建议》

内容摘要：建议：（1）制定园区供电指导意见，统一部署园区供用电工作；（2）建立长效沟通信息机制，搭建供用电良好沟通平台；（3）进一步明晰园区供电情况，绘制园区供电地图。

办复情况：南海供电局答复：（1）为配合园区规划建设，供电局在电网主网建设方面，今后仍可根据园区负荷发展状况进行调整，以满足园区的用电需求；在配网建设方面，将积极采取配电网络优化、内部挖潜等措施，对现有 10 千伏线路负荷进行调整、转接，尽量满足客户的用电报装需求；（2）供电局已与佛山市南

海信息产业投资有限公司积极沟通，软件园片区的各项招商引资工作进展顺利，各类大型项目将陆续进驻。

提案者：区政协提案委员会　刘素红
案题：《关于借助4G发展契机，大力推动无线高清视频传输应用的提案》
内容摘要：建议：（1）在警务、执法系统中应用无线高清监控设备加强城市管理，包括公安、消防、交警、城管、安监、市场监督等领域；（2）将与市民生活息息相关的视频监控信号向公众开放，让市民可随时随地通过手机查看特定监控视频信息。
办复情况：区公安分局、区环境运输和城市管理局（城管）、区安全生产监管局、区食品药品监督管理局、区教育局、区文体旅游局（文化旅游）答复：（1）已经建有一套3G无线图像传输系统，共有21个单兵和11个车载，广泛应用于大型保卫、案件侦查、巡查抓捕、维稳监控等，目前基本满足交警部门业务对无线图像传输需求。交警部门于2013年开始进行智能交通管理系统二期建设，其中网络通信采用光纤网络和3G无线网络，该项目2014年底完成。（2）未来将继续根据社会公共需求，研究向社会公众开放更多监控视频信息，方便广大群众出行，让群众参与监控，群防群治。（3）将借助4G发展的契机大力推动无线高清视频传输在教育上的应用。（4）相关部门将组织有关人员参与培训，尽快熟悉"智能安监"管理平台和安监移动软件平台APP的运用。（5）监管行业如有无线视频远程传输需求，相关部门将认真研究，运用4G网络实现无线数据传输的方法，将先进的科技手段运用到日常的监管工作中去。

提案者：民建南海总支、区政协提案委员会　王飞宁、梁锡钧
案题：《金融·科技·产业融合发展，争创跨境电子商务示范区》
内容摘要：建议：（1）成立跨境电子商务示范区工作领导小组；（2）联系相关企业和平台，找出跨境电子商务示范区建立的瓶颈问题，比如海关的通关问题、与之相关的出口退税问题、检验检疫问题、收汇问题等；（3）逐一攻破瓶颈，围绕跨境电子商务示范区工作需要，各个部门负责研究各自部门的瓶颈问题，制定破解办法；（4）加大力度支持跨境电子商务平台建设；（5）支持电子口岸和现有平台的整合；（6）扶持适合跨境电子商务的现代物流的发展；（7）扶持南海区跨境电子支付机构的成立和相关机构的引进；（8）支持企业信用体系平台的搭建与推广应用。
办复情况：区经济和科技促进局（科技）答复：（1）跨境电子商务工作是南海区外贸发展的一项重要工作，将积极推进跨境电子商务，全力促进产业的创新发展与转型发展；（2）聘请专家组，进行"南海区传统外贸产业如何布局电子商务暨跨境电子商务（南海）模式"的课题研究；（3）促成里水镇整合资源申请成为市跨境电商试点镇，探索民营企业通过电子商务进行外贸；（4）大力推广南海区"E丝绸之路"外贸B2B交易平台、SOME-E国际内衣网购交易平台等涉外平台的应用；（5）巩固亚太后援中心和广东产业金融中心两个定位，全力配合争创跨境电子商务示范区；（6）统筹推进跨境电子商务发展环境建设；（7）明确工作目标，确保各项工作有序推进，力争跨境电子商务工作近期取得"零"的突破。

提案者：区政协社会和法制委员会　李柱祥、戴国梁
案题：《破解我区养老事业举步维艰的建议》
内容摘要：建议：（1）制定南海区养老事业中长期规划，加大政策倾斜和投入力度，推进全区养老服务体系建设；（2）大力发展社区居家养老服务业，结合社区医院上门治疗，建立家庭病床，使多数老人不出家门就能享受到优质的护理和服务；（3）规划建设一批社区老龄服务场所，使老年人在所住社区就能就近参加一些健身和娱乐活动；（4）在社区内建立托老站；（5）在南海发展老年公寓。
办复情况：区民政和外事侨务局（民政）答复：（1）加大政府对民办养老机构建设的扶持力度，增强社会力量积极参与民办养老机构建设的吸引力；（2）推动社区养老工作的开展；（3）开展居家养老上门服务的扩面提标工作，使辖区老年人享受更多的优质上门服务；（4）对居家养老及平安钟建设资源进行有机整合；（5）加大养老机构的人才队伍建设，引入社工服务。

2014年6月23日，在“广东扶贫济困日·南海慈善募捐月”活动启动仪式上，南海区政协书画院与南海区慈善会首次联合举办书画慈善拍卖会。区政协书画院筹集特约书画家钟汝荣、邹莉、梁国荣、庞国钟、李紫玉和学术顾问潘鹤、梁世雄、陈永锵等人28幅书画作品参加拍卖。拍卖会募集善款1294.54万元，其中陈永锵的《三骏图》《左宗棠名联》等三幅书画作品被区政协常委、中盈集团董事长林治平以300万元拍得。

【开展“三个一百”走访活动】从2014年3月下旬开始至年底，南海区政协领导和政协各镇（街道）工作委员会主任及政协委员开展“三个一百”（100名委员、100家企业、100个村和社区）走访活动，广泛了解民情、广聚民智。走访活动采取集中座谈、个别走访等方式进行，充分听取委员、企业和村（社区）的意见建议。

【“委员之家”网络互动平台】于2014年5月8日试运行，南海区政协委员履职档案管理系统同时试运行。“委员之家”网络互动平台设有“给力提案室”“意见建议拍砖板”“界别活动之家”“咨询服务台”等板块，政协委员可直接在网上提交提案、网上“拍砖”、反映社情民意、履行民主监督职能。（邹永榆）

■ 中共佛山市南海区纪律检查委员会

【“四风”问题专项治理】2014年，南海区纪检监察机关严格督促落实中央八项规定精神，集中开展“会所”“形象工程”“政绩工程”等专项治理工作，进一步规范领导干部婚丧喜庆操办、公务用车使用等事项，切实纠正纪律松弛等不正之风。推动“四风”网络监督平台建设，将对群众反映的“四风”问题的处理情况纳入电子监察系统进行监督。是年通过市、区“四风”网络监督平台受理“四风”问题投诉827件，对25人进行追责。加大行政投诉工作力度，严格落实行政投诉情况季度通报制度。全年受理有效行政投诉6359件，办结率为100%。组织开展作风建设大检查，对89个单位开展94次暗访，制作暗访专题片4期，督促相关单位加强对“四风”问题的整改落实，推动作风建设常态化。

【违纪违法案件查办】2014年，南海区纪检监察机关强化办案主业意识，严肃查处违纪违法行为，严厉打击违规行为，对存在的苗头性、倾向性问题早提醒早告诫，遏制腐败蔓延势头。是年全区纪检监察机关受理信访举报730件（次），受理数比上年增长65.5%；立案调查党员、监察对象违纪违法案件103件，立案数增长80.7%；处分党员、监察对象62人。通过办案，为国家和集体挽回经济损失312.17万元。年内重点查办区农林渔业系统部分公职人员受贿、徇私舞弊系列案，里水镇贤僚村“两委”干部套取资金窝案。推动村（社区）干部违规问题联合处置工作常态化开展，受理村（社区）干部违规线索13条，启动联合处置机制6件，其中2件移交司法机关处理。优化整合办案力量，建立协调合作机制，镇（街道）纪委和派驻纪检组自办案件取得新突破，全年自办案件分别为58件和6件。

【深化源头防腐】2014年，南海区纪检监察机关以预防、预警、巡查为抓手，充分调动部门和基层力量，强化日常教育监督。组织开展纪律教育学习月活动，通过开展廉洁文化“六进”、“廉洁佛山·粤曲好声音”私伙局大赛等活动推进廉洁文化建设，继续提升“玉廉文化”教育宣传品牌，多管齐下加强反腐倡廉宣传教育。全面推进廉政风险防控工作，深入查找廉政风险点，认真制定风险防控措施。推进行政处罚监督平台建设，完善电子监察综合系统。建立廉政谈话工作制度，形成制度化、经常化的谈心提醒教育模式。深化重点领域制度改革，全面推进镇（街道）公共资源交易体制改革，做好财政专项扶持奖励资金使用的监管，促进源头防腐。

【加强队伍建设】2014年，南海区研究制定区纪检监察机关主要职责和内设机构调整方案，积极探索改进派驻纪检组管理的方式方法，按照“两个六有”（硬件上有组织、有牌子、有专职工作人员、有专用办公室、有必要办案设备、有工作经费保障，软件上有行为规范、有工作职责、有办案规程、有工作制度、有工作台账、有良好形象）要求开展镇（街道）纪委规范化建设工作。强化内部监督管理，建立健全九个方面18项内部管理制度，严防“灯下黑”。充分运用纪委委员工作室平台，组织开展专题专项驻室活动，充分发挥纪委委员作用。

（潘美桦）

品质南海·民生致和

2014年，南海以民生领域重点改革为抓手，全面落实十件民生实事，做到件件有着落，事事有回音。深化“人才立区”战略，推进城乡高质量就业，打造创新创业乐园；健全社会保障体系，弘扬互助互爱慈善精神，发展成果普惠于民；创新卫生管理体制，试点推行家庭医生式服务，优质医疗服务延伸至基层；完善社会公共服务体系，创建区级社会服务联会，镇级创益中心实现全覆盖，社会服务水平不断提升。南海，正成为近者悦、远者来的岭南宜居福地。

荟萃人才 保障民生

促就业 固民生根基

2014年，南海区城乡高质量就业稳步推进。全年共举办现场及专场招聘会305场，进场企业2.7万家次，提供岗位47万个；优化“南海区人力资源信息管理系统”服务，全年参加网络招聘企业逾1.7万家次，提供岗位5万个。落实各项就业扶持政策，2014年区级用于就业补贴、培训补贴等专项资金达448万元。修订出台《南海区创业小额担保贷款办法》，将最高贷款额度调整为15万元；全年资助创业项目5个，发放小额担保贷款75万元。依托佛山市南海技师学院开展创业培训基地建设，为全面启动创业培训奠定基础。

2014年2月19日，在区人力资源市场举行2014南海区“南粤春暖就业服务专场招聘会，区政务委员朱伟新（右二）、区人社局副局丁幸媚（右一）在现场了解招聘情况

2014年12月12日，省创业培训局领导和市、区两级人社局负责人到佛山市南海技师学院审核认定创业培训基地建设情况

■ 2014年11月26日，南海区第十届校企合作洽谈会在区劳动就业服务中心举办，企业与院校就合作项目进行现场签约

■ 南海区第十届校企合作洽谈会现场

2005年至2014年，十年坚持、十年创新，使南海区校企合作洽谈会成为广受院校、企业、求职者青睐的强势品牌项目。校企合作洽谈会贴心服务企业、服务院校、服务人才，因而带来多赢局面，集企业、院校、人才之力共同服务南海经济社会发展。南海区第十届校企合作洽谈会聚焦金融服务业，深化校企合作模式，以“校政合作”为推手，促成“订单式”培训、特色企业专班等校企合作项目。十年间，参加校企合作洽谈会的省内外院校442家次、企业516家次，惠及数万名高校毕业生。

2005~2014年南海区校企合作洽谈会成效总览

届次	年份	洽谈会规模		洽 谈 成 效
		院校	企业	
第一届	2005	6	9	达成合作意向逾2000人。
第二届	2006	16	1	促成16所院校与奇美签订合作协议，达成合作意向逾10000人。
第三届	2007	25	60	达成合作意向逾15000人。
第四届	2008	36	80	达成合作意向639项。
第五届	2009	40	60	达成长期合作意向346个，提供2300名高技能应届毕业生。
第六届	2010	57	46	达成合作意向数73家次，企业向院校提供4350个岗位，达成订单式培训企业数16家。
第七届	2011	49	57	企业共为院校提供4760个岗位，双方达成合作意向75家次，其中达成订单式培训企业18家。
第八届	2012	66	58	参会企业共为院校提供4442个岗位，双方达成合作意向137间次，其中达成订单式培训企业17家，院校为企业设置“企业专班”共11个。
第九届	2013	82	75	企业共为院校提供4514个岗位，双方达成合作意向189间次。其中达成订单式培训企业25家，院校为企业提供培训专业超100个。
第十届	2014	65	70	共达成合作意向311项，企业提供就业和实习岗位1.48万个，达成“订单式”培训的企业45家。

■ 2014年4月15日，南海区区长郑灿儒（前右二）在区政务委员朱伟新（前右三）、区人社局常务副局长黄丽意（前右一）的陪同下，到南海技师学院调研新校区工程进度及校园环境等情况

■ 南海区通过推进博士后工作站建设，增强企业自主创新能力。图为永泉阀门公司成为“国家高新技术企业”暨“广东省博士后创新实践基地”的揭牌仪式

聚人才 蓄发展之势

人才乃发展之基。2014年，南海区出台《南海区加强技能人才队伍建设暂行办法》，从引进、培养、评价和激励等四大体系，推出12项加强技能人才队伍建设措施，鼓励企业、培训机构、职业院校和行业协会引进和培养技能人才。实施技能晋升“直补个人”新政，将技能晋升培训补贴直接发放给个人，补贴标准最高达3500元，全年共有44人申请个人技能晋升补贴，发放补贴资金94400元。积极落实高层次人才享受政府津贴、学术交流、培养资助、个税奖励等方面的激励措施，2012年以来全区累计认定评定高层次人才204名。发挥南海技师学院培育技能人才的基地作用，持续推进新校园建设。严格规范技能鉴定和技能竞赛，2014年度核发职业资格证书5943人、专项职业能力证书408人，扩大技能人才队伍规模。

■ 2014年佛山市“南海·福田杯”汽车修理工、汽车维修电工职业技能竞赛决赛现场

强保障 增民生福祉

南海区着力保障和改善民生，认真贯彻执行《社会保险法》，社保覆盖面不断扩大，截至2014年12月，养老、医疗、生育、失业、工伤保险参保缴费人数分别为77.04万人、77.50万人、74.40万人、72.49万人、75.40万人；城乡居保参保缴费人数为7.21万人。同时推出“十项便民服务”，包括居民医保参保新增家庭户缴费模式、80周岁以上行动不便离退休人员可预约上门验证、南海居民门诊特殊病种一次可开14天药等等。

同时，南海区稳步推进和谐劳动关系建设，认真做好劳资纠纷预防处置工作。2014年，全区发生劳资纠纷5363宗，同比下降11.2%。

2014年1月3日，省人社厅、省公安局等八部门联合开展农民工工资支付情况检查。图为省检查组一行在南海区工地检查工人工资发放情况

2014年6月26日，区人社局召开南海区社会保险法执法检查工作会议

2014年5月20日，市、区两级人社、社保部门在南海区海三路大润发广场举办《工伤保险条例》实施十周年现场咨询宣传活动

爱心奉献 阳光慈善

2014年，南海慈善会共募得善款4488.2万元，支出善款3538.24万元。南海慈善会致力弘扬慈善精神，拓宽募捐渠道，6月23日举办“广东扶贫济困日 · 南海慈善募捐月”慈善拍卖会，不但提升了资金募集能力，更实现了企业、文化、社会的“多赢”，让慈善文化得到升华。6月正式上线的“南海慈善阳光信息平台”可让捐赠者随时查询、跟踪善款流向，以阳光透明的慈善模式吸引了各界爱心人士的积极参与，纷纷设立爱心账户。2014年全年冠名基金项目募集善款约1800万元，新增8个冠名基金。冠名基金项目方式已成为企业回馈社会、彰显责任的主要平台。

此外，南海品牌慈善项目实现承前启后，成就“微愿望大公益”。至2014年底，“爱心书包”共募集善款61.29万元，为孩子搭建起爱心书屋；“爱心妈妈微梦成真”项目资助近10万元，受惠群众达到670人；“孝心礼包”共募得善款23万元，孝心礼包1592个；“至善礼包”成功帮助200多位困难群众实现心愿。

■ 慈善会副会长黄伟明、叶钰泉在节日前慰问单亲家庭

■ 慈善会副会长吴荣开为困难学子发放助学金

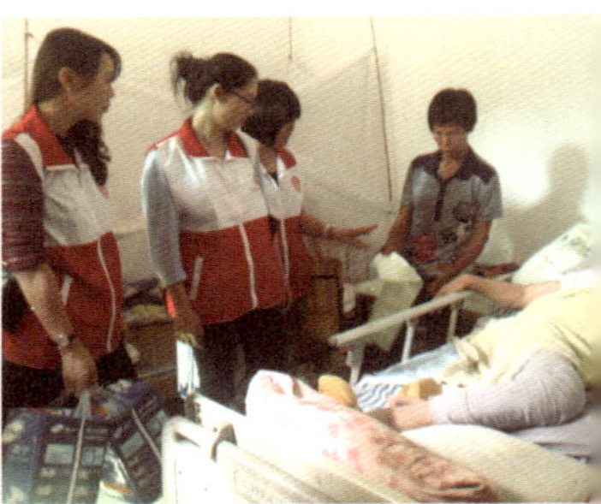

■ 慈善会副会长杨间贤入户慰问困难

■ 募捐月以新颖的启动仪式拉开序幕

南海慈善义工队参加深圳慈展合影

读者慈善基金暑假调研活动启动

慈善研修班中大培训

慈善志愿服务队志愿者探访困难群众

‘六一”儿童节林亮夫妇为智障儿童送

慈善会副理事长高原为热心企业授牌

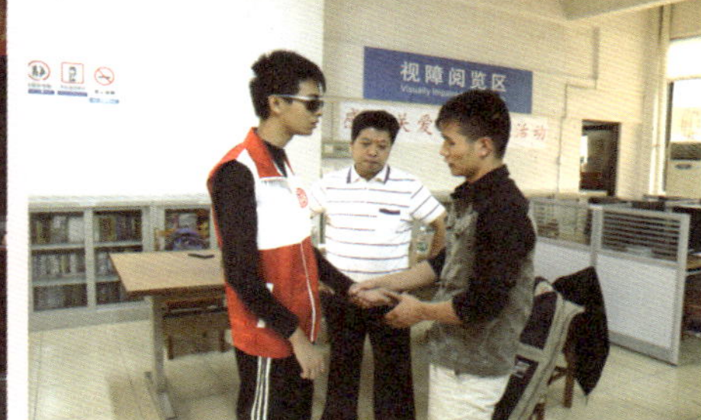

慈善志愿者教盲人打咏春拳

区几套班子与善长人翁及著名书画家们合照留念

改善民生 创新管理

2014年，南海区加大民生改善力度，全年财政民生支出达94.89亿元，占公共财政支出的62.3%。及时调整最低生活保障金等各项救助标准，建立社会救助统筹机制；完成保障性住房投资3亿元，新建保障性住房1208套，保障困难群众基本生活权益。居家养老扩面提标，形成集社区养老、居家养老、“平安钟”服务及社工服务于一体的养老模式。

此外，成立内地首家社会服务联合会，完善的社会创意体系促使各类社会组织蓬勃发展，社工、义工队伍不断壮大。为加快提升社工素质和服务，实施社工人才培育工程，推动了基层干部的社工化和社工人才的本土化。

南海，这座宜居城市，正带领着人们追寻安居梦想。

■ 2014年10月24日，桂城街道举办“为老服务一条街”活动

■ 社工学院初级课程开班

■ 组织开展南海区第四届“千叟游”活动

社会政策观测体系开辟了基层民主协商新渠道

狮山树本家园以“社工+义工+员工”的模式提供社会服务

南海镇（街道）级规模最大的新敬老院投入使用

环境优美的保障性住宅小区

社工志愿者带领关爱桂城创益中心内的小朋友玩游戏

强化服务 健康同行

2014年，南海区不断强化医疗质量管理，提升医疗服务质量，提高市民就诊满意度，搭建医患沟通平台，并在全区医院实施“医路情暖·细节服务医家亲”项目，群众满意度逐年上升。此外，统筹整合免费孕前优生健康检查综合服务项目，免费服务范围覆盖至在南海区居住满半年的流动人口待孕夫妇；开展家庭医生式服务，畅通社区医生与居民的联络渠道，让医生更加深入细致地了解居民的健康状况，从而提供更加合理的健康管理服务。

■ 广东省中西医结合医院（南海区中医院）新院投入使

■ 第二届“南海区名中医”授牌

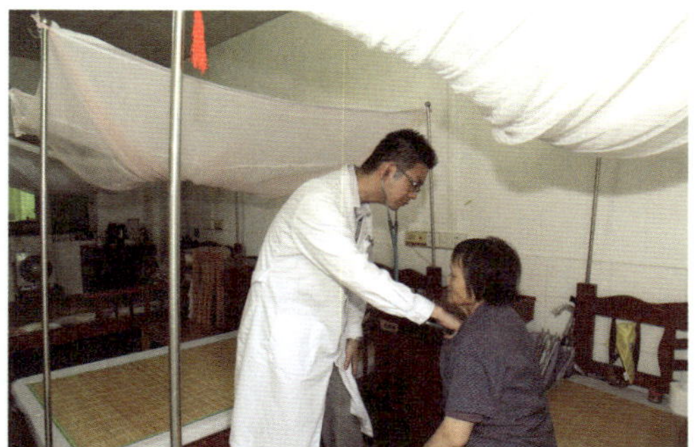

■ 医生为南海福利院的老人看病

■ 南海血站通过社工服务推动献血事业发展

医护人员进社区义诊

■ 社区医疗卫生服务设施完善

佛山市南海中心图片库

- 南海区史料图片中心平台
- 南海区政务拍摄后台储存中心
- 南海区对外宣传图片视窗

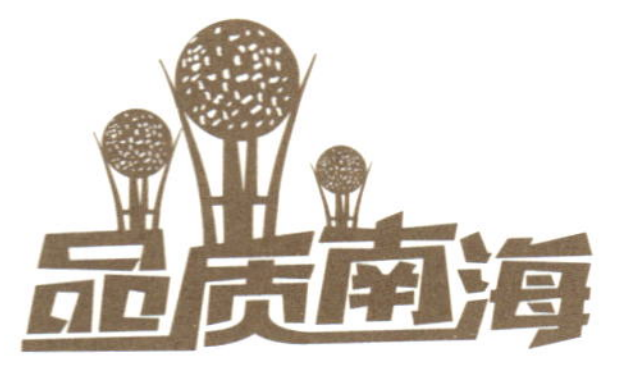

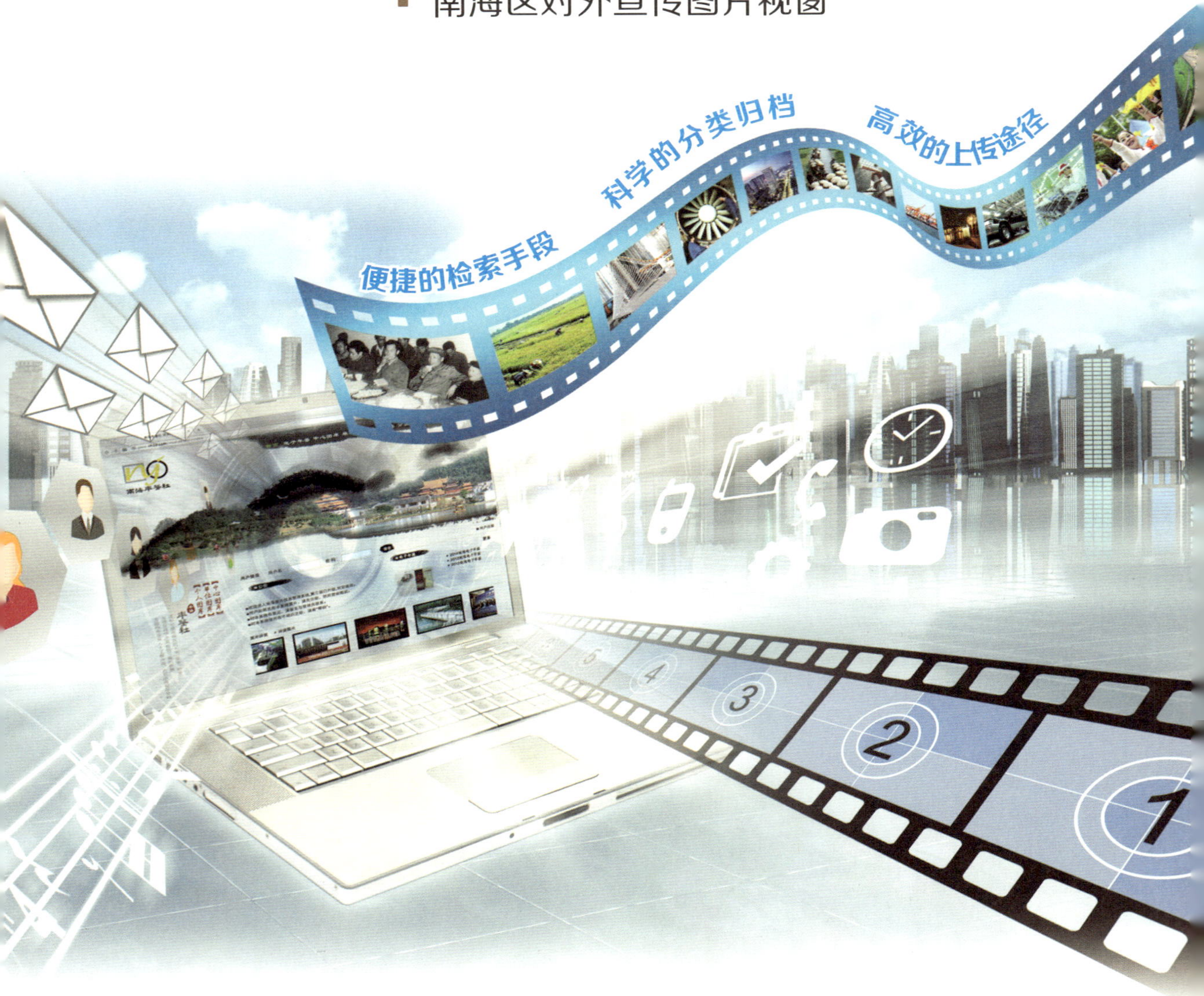

地址：佛山市南海区桂城南海大道北 91 号海欣阁二楼
网址：www.nh10.com

民主党派·群众团体

Democratic Parties and Mass Organizations

■ 民主党派

【概况】 2014年，南海区有民主党派基层组织7个，成员555人，其中年内新发展成员44人。民主党派领导班子中，有区人大常委会副主任1人，政协副主席1人；有7名民主党派人士担任南海区政务监察和审计局第六批特邀监察员。是年，各民主党派及成员递交提案63件，占政协提案总数的52.9%，其中优秀提案12件，占政协优秀提案总数的60%；被政协信息出版物采用90条，占政协采用信息总数的52%。是年，各民主党派联合开展《借力数据统筹，完善社会治理》《加强我区人才服务工作，着力优化人才发展环境》调研；在桂城蟠岗社区、大沥白沙社区、里水新兴社区及云浮市云安县富林镇民主村开展专家义诊，保健讲座，心理、法律、教育、金融理财咨询等联合社会服务活动，受益群众4000多人。

【中国国民党革命委员会南海区总支部委员会】 2014年，民革南海总支下设第一支部、第二支部、第三支部；有党员58人，大专以上学历55人，中、高级职称40人。是年，民革南海总支及成员向区政协递交提案14件，其中《建设“美丽南海”，进一步加大水环境治理力度》《关于加强基层治理，构建社区网格化管理平台的建议》被评为优秀提案。在南海区民主党派专项调研资金竞争性分配中，民革南海总支申报的《南海区公立医院医生多点执业可行性方案调研》《关于加强校企合作，完善大学生实习阶段学习的研究》《如何推进南海楼宇经济发展的调研》3个项目分别获得2万元、1.5万元和1万元的扶持资金。

【中国民主同盟南海区总支部委员会】 2014年，民盟南海总支下设科技支部、中教支部、南师支部、桂城中学支部、退休支部；有盟员115人，其中年内新发展盟员4人；大专以上学历95人，中、高级职称58人。是年，民盟南海总支及成员向区政协递交提案11件，其中《关于引进社区资本，加大预防体系投入，推进南海区医疗改革的建议》被评为优秀提案。在南海区民主党派专项调研资金竞争性分配中，民盟南海总支申报的《南海区0~5岁儿童出生缺陷及健康状况调查》《南海区社会工作发展的现状调查与研究》《教师群体嗓音职业病的研究及对策》3个项目分别获得2万元、1.5万元和1万元的扶持资金。

【中国民主建国会南海区总支部委员会】 2014年，民建南海总支下设第一支部、第二支部、第三支部；有会员68人，其中年内新发展会员1人；大专以上学历60人，中、高级职称36人。是年，民建南海总支及成员向区政协递交提案19件，其中《当前南海区外贸问题探究》《金融·科技·产业融合发展，争创跨境电子商务示范区》被评为优秀提案。在南海区民主党派专项调研资金竞争性分配中，民建南海总支申报的《关于南海区争创跨境电子商务示范区的可行性调研》《关于成立南海民间借贷服务中心，引导民间资本服务南海中小企业的调研》《关于扶持中小微实体企业电子商务建设的调研》3个项目分别获得2万元、1.5万元和1万元的扶持资金。

【中国民主促进会南海区总支部委员会】 2014年，民进南海总支下设机关支部、南海支部、中教支部；有会员72人，其中年内新发展会员8人；大专以上学历64人，中、高级职称39人。是年，民进南海总支及成员向区政协递交提案13件，其中《关于建设现代化中医药强区，推进健康服务业发展的提案》被评为优秀提案。在南海区民主党派专项调研资金竞争性分配中，民进南海总支申报的《南海区青少年儿童职业启蒙教育现状、需求及服务路径》《南海区学前教育发展现状及对策研究》《南海区群众文化建设的现状、问题及完善建议》3

个项目分别获得2万元、1.5万元和1万元的扶持资金。

【中国农工民主党南海区总支部委员会】 2014年，农工党南海总支下设南海医院支部、综合一支部、综合二支部、南海中医院支部；有党员90人，其中年内新发展党员5人；大专以上学历84人，中、高级职称73人。是年，农工党南海总支及成员向区政协递交提案8件，其中《信息化创新，助力家庭医生服务模式》《关于南海会馆增加南海中医元素的建议》被评为优秀提案。在南海区民主党派专项调研资金竞争性分配中，农工党南海总支申报的《关于南海社区开展家庭医生式新型医疗保健服务的调研》《关于优化政务网，提升政府服务效率和质量的研究》《社会工作在医院开展情况调查及对策》3个项目分别获得2.5万元、1.5万元和1万元的扶持资金。

【中国致公党南海区总支部委员会】 2014年，致公党南海总支下设机关支部和桂城支部；有党员58人，其中年内新发展党员3人；大专以上学历53人，中、高级职称24人。是年，致公党南海总支及成员向区政协递交提案10件，其中《从金融文化的视角看广东金融高新区可持续发展》《积极贯彻十八届三中全会精神推动我区集体建设用地抵押融资和流转的建议》被评为优秀提案。在南海区民主党派专项调研资金竞争性分配中，致公党南海总支申报的《以城镇化为契机，探索人口管理新模式》《未雨绸缪，防范紧缩性金融政策对行业风险的影响》《关于健全三单管理制度创新提升社会治理效能的建议》3个项目分别获得2万元、1.5万元和1万元的扶持资金。

【九三学社南海区基层委员会】 2014年，九三学社南海基层委员会下设一支社、二支社、三支社；有社员94人，其中年内新发展社员23人；大专以上学历94人，中、高级职称59人。4月20日，九三学社南海基层委员会开展主题为《如何撰写政协提案、社情民意》的专题培训，53名社员参加了集中培训。是年，九三学社南海基层委员会及成员向区政协递交提案8件，其中《关于加强我区农村宅基地管理和使用的几点建议》《破解我区养老事业举步维艰的建议》被评为优秀提案。在南海区民主党派专项调研资金竞争性分配中，九三学社南海基层委员会申报的《全面调研河涌入河污染源，建立河涌的数字档案》《关于基层法院“立案难”存在的问题及解决对策》《南海区危险废物处理处置及资源化情况调研》3个项目分别获得2.5万元、1.5万元和1万元的扶持资金。 （刘兵）

■ 南海区总工会

【概况】 2014年，南海区总工会已建基层工会17419个（含涵盖工会），拥有工会会员694808人。是年，南海区总工会把握“推动和谐劳动关系建设”工作主线，扩大工资集体协商建制面，加大调处劳动关系矛盾力度，切实维护职工合法权益。至年底，全区签订综合性集体合同1095份，覆盖企业14777家；签订工资专项集体合同1024份，覆盖企业10545家；排查出存在劳资隐患的企业164家，参与和调处突发性群体事件95宗，接待处理职工来电来信来访1059件。开展为职工办10件好事实事大行动，实现“职工有困难找工会”向“工会主动找困难职工”的转变。深化“职工·家”服务品牌，全区13个“职工·家”服务中心全年开展各类活动325项（场），为15万余人次职工提供各类服务。组织1414个单位的26万名职工参加“安康杯”劳动竞赛活动。加大“劳动模范创新室”创建力度，开展劳模“四创”（创活力阵地、创优秀团队、创科技成果、创良好效益）活动，发挥劳模示范带头作用。是年，南海区有1人获“全国五一劳动奖章”，1个集体获“全国五一劳动奖状”，2人获“广东省五一劳动奖章”，2个集体获“广东省五一劳动奖状”，29个集体获市级以上“工人先锋号”称号。

【基层工会建设】 2014年，南海区总工会落实基层工会规范化建设三年行动计划，按照“双亮”（工会组织亮牌子，工会主席亮身份）、“四公开”（工会组织机构公开、工作制度公开、各项职责公开、工作计划公开）、“六有”（有牌印、有场所、有制度、有经费、有活动、有档案）的标准，推动基层工会规范化建设。是年，有123家规模企业工会完成规范化建设。此外，各级工会以能力建设为重点广泛开展干部培训，全年有4009人次参加各类培训。

【劳模管理和服务】 2014年，南海区总工会召开“劳动模范创新室”创建工作现场会，加大创建力度。至年底，全区有“劳动模范创新室”35个。开展劳模“四创”活动，全年各劳动模范创新室申请发明专利34项、实用新型专利32项，提出改善型合理化建议30个，建立企业标准1项、行业标准2项，获省科技进步二等奖2项，带动企业创造直接经济效益逾30亿元。以劳模“六进”（进企业、进园区、进社区、进校园、进困难家庭、进山区）为主题，组织劳模开展大型爱心公益活动，营造学习劳模、争当劳模的氛围。同时，以劳模协会为载体，通过购买社工服务，定期组织劳模进行经验交流分享、座谈、培训等。全年走访慰问困难、患病劳模30人，发放慰问金近6万元。

【职工权益维护】 2014年，南海区总工会将企业工资集体协商工作列入重点督查工作，聘请专职工资集体协商指导员1名，在各镇（街道）开展行业性工资集体协商典型培育工作，实现有工作指引、有考核制度、有先进典型，逐步提升工资集体协商覆盖面和建制面。全年全区签订综合性集体合同1095份，覆盖企业14777家；签订工资专项集体合同1024份，覆盖企业10545家。建立健全“三员一库”（“三员”指劳动关系信息员、劳动争议调解员、工资集体协商指导员，“一库”指工会特约律师库），成立劳资纠纷应急处置领导小组、处置分队，充分发挥“三中心一平台”（“三中心”指困难职工帮扶中心、外来工维权服务中心、工业园区“职工·家”服务中心，“一平台”指“职工·家”网络平台）的作用，健全预警、预判机制，定期排查矛盾纠纷苗头，做好职工群体性事件的调处。全年排查出存在劳资隐患的企业164家，参与和调处突发性群体事件95宗，核实和调处省总工会交办的劳资纠纷39件，核实网络舆情信息31宗，接待处理职工来信来访来电案件1059件。

【深化“职工·家”服务品牌】 2014年，南海区总工会进一步完善“职工·家”服务中心平台建设，通过把社工和工会专干派驻到“职工·家”服务中心，以点带面铺开工会工作和专业社工服务。全年开展各类活动325场，为15万余人次职工提供各类服务。按照“重心下移”的原则，开展2014年度工会特色服务项目招标评审工作，为92个基层工会特色创新服务项目提供145.131万元的资金资助。举办“职工·家——2014我们在一起”区直机关及事业单位艺术欣赏、生活美学馆系列培训活动，2000余名干部职工参与活动。

【开展为职工办10件好事实事大行动】 2014年，南海区总工会开展为职工办10件好事实事大行动：（1）发动职工参加“在职职工住院医疗综合互助保障计划”。全年有37930人次参加在职职工住院医疗综合互助保障活动和住院津贴互助保障活动，29152人次参加职工医疗和女职工安康互助保障计划，161名职工申领住院互助金10万余元，102人次获赔付金246万元。（2）完善“职工·家”服务中心和“南海区职工服务网”平台建设，继续开展“百千万厂企和谐家园创建”活动，为职工和会员提供普惠制、一站式、全方位、多层次的服务。（3）与区人力资源和社会保障局、区委宣传部、区安监局共同举办“赢在南海，技创未来”南海区职工职业技能竞赛运动会。竞赛设置消防技能、医疗护理、叉车技能、酒店服务、焊工技能、汽车维修、烹饪技能、维修电工8个项目，覆盖13个技术工种，吸引近千名职工参与，有8人获得“技术状元”称号，80人获得“技术能手”称号，百余名职工通过考核获得高级技术等级证书。（4）做好“双促”（促提升、促就业）服务工作。开办各类免费上岗培训班，培训学员300人，为1000名在年内获得初级及以上职业资格证或取得大专以上学历的在职职工发放学费补贴；与区人社部门联合组织专场招聘会45场，为8.5万人次提供免费就业服务。（5）为6332名从事特殊行业的一线职工和女职工进行免费健康体检。（6）推进法律服务社会化工作，办理法律援助案件85件，帮助企业审查规章制度151份；组织发动全区各级工会开展法律宣传活动80场，服务职工2万人次；为异地务工人员、困难职工和企业等提供法律服务779件（次）。（7）通过生活救助、医疗救助、工伤探视、金秋助学等多种形式，切实开展困难职工、困难劳模、困难异地务工人员帮扶救助工作。全年区总工会筹集慰问款物总值177.68万元，累计助学和帮扶慰问困难职工1526人次；发动近3万名职工为“广东扶贫济困日”捐款41万余元。（8）按照“重心下移”的原则，安排更多的资金用于服务职工和基层工会；进一步加强工会经费审查监督，举办工会经审信息员培训班，以审计促服务、促整改。（9）组织开展“职工大舞台”“送文化进企业”“送电影进企业”“单身职工婚恋交友”等服务活动和“秋光艳·夕阳美”退休职工系列文娱活动，丰富职工精神文化生活。是年，组织3834名职工参加2014年佛山市万名企业优秀职工游佛山活动；举办“家·南海，家·起点”等大龄未婚职工交友活动25场。（10）继续创建“职工心灵驿站”，为

2014年南海区"百千万厂企和谐家园"创建标兵企业
佛山市南海太平地毯有限公司　广东金威达彩印有限公司　广东南海农村商业银行股份有限公司　佛山坚美铝业有限公司　高木汽车部件（佛山）有限公司　佛山市南海区显威五金塑料有限公司　广东雄塑科技集团股份有限公司　佛山市裕牌纺织有限公司　广东昭信平洲电子有限公司　广东新怡内衣集团有限公司

2014年南海区"百千万厂企和谐家园"创建示范企业
北京人保物业管理有限公司佛山分公司　佛山市兴达货架有限公司　东芝家用电器制造（南海）有限公司　佛山市樵利化纤织造有限公司　佛山市南海区西樵民乐兴源染整厂　佛山市南海区盐步辛迪丹顿鞋业有限公司　佛山市黛富妮家饰用品有限公司　佛山富士离合器有限公司　佛山丰田纺织汽车零部件有限公司　广东奥丽侬内衣集团有限公司　爱信精机（佛山）车身零部件有限公司　广东新合铝业有限公司　广东星联精密机械有限公司　广东中鹏热能科技有限公司　广东粤海汽车有限公司　佛山市湘隆纺织有限公司　佛山市天朋温控器有限公司　佛山捷贝汽车配件有限公司　佛山市南海永其祥织染有限公司　佛山市卜峰莲花管理咨询有限公司　佛山双鹤药业有限责任公司　广东燕京啤酒有限公司　广东盛丰物流有限公司　广东西屋康达空调有限公司　佛山市南海枫莲内衣集团有限公司　佛山市南海海逸物业资产经营管理有限公司　一汽－大众汽车有限公司佛山分公司　佛山市南海区越时投资有限公司　佛山市南海印刷厂有限公司　佛山中元创新实业有限公司

企业职工特别是青年职工提供心理咨询服务。

【"百千万厂企和谐家园"创建】2014年，南海区总工会按照"有工会、有专人、有场地、有活动、有服务、有保障"六项标准，继续推进"百千万厂企和谐家园"创建，全年有149家企业参与创建。南海太平地毯有限公司等10家企业获评和谐家园建设标兵企业，北京人保物业管理有限公司佛山分公司等30家企业获评和谐家园建设示范企业。

（柳少华）

■ 共青团南海区委员会

【概况】2014年，南海区共青团组织有基层团委95个、团工委32个、团总支部130个、团支部2056个；共青团员57266名，其中年内新发展团员2318名。是年，南海区共青团系统(含志愿者、少先队组织)获省级表彰18项、市级表彰103项。区义工联获全国青年志愿者优秀组织奖；桂城街道团委、广东东软学院团委获"广东省五四红旗团委"，狮山镇罗湖社区团支部获"广东省五四红旗团支部"称号。年内新增区级非行业系统"青年文明号"集体11个、市级非行业系统"青年文明号"集体3个、省级非行业系统"青年文明号"集体1个。至年末，全区有国家级青年文明号集体3个、省级12个、市级138个、区级267个。

【基层团建工作】2014年，共青团南海区委员会加快推进非公组织团建工作，全年新建非公企业团组织190个。开展多场婚恋交友、心理辅导、技能培训等主题活动，服务5万名青年工人，帮助近百名青年工人圆"大学梦"。加快"智慧团建"，将"O2O"（线上到线下）模式运用于团建工作中，开展首届南海"十大杰出青年企业家"投票、党员志愿V站驻店体验等主题线上活动149场，提升团组织服务能力水平。区、镇（街道）、村（社区）三级团组织，以及初、高中团组织全面完成换届，为基层团工作注入新鲜血液。开展团干培训、基层团干轮训、"村官学堂"等培训，实现300多名团干的跨界交流和素质提升。推动成立大学生村官发展促进会。坚持重心下移、资源下放，向机关、学校、村（社区）等下发212个特色团建项目，发放扶持奖励资金31.74万元。

【推动青年创新创业】2014年8月4日，全省首个青年创新创业试验区落户南海。"大沥杯"广东青年创新创业大赛同时启动，吸引全省900多个创业项目参加。试验区打造粤港澳台青年合作创新产业园、广东省青年留学生创新产业园、广东省青年电子商务产业园、广东省大学生创新创业产业园4个青年创新创业平台，形成"一区四园"的格局；构建"基地、基金、机制、机构"四位一体的支持体系，为创业团队提供政策保障、孵化培育、投融资对接等"一站式"服务。

【服务青年成长发展】2014年，共青团南海区委员会继续实施"展翅计划""英才计划"，为2800名大学生提供实习岗位。推

2014年8月4日，广东省青年创新创业试验区成立暨“大沥杯”广东青年创新创业大赛启动仪式在大沥镇举办

出大学生精英训练营、真人图书馆、3W训练营等项目，引入人生规划、电商运营、团队合作等课程，助力青年技能提升。关注青年文化生活，开展学校社团文化节、青年趣味运动会、南海区情体验日、青春飞YOUNG文体营等活动；举办外工青年玫瑰节、金领青年派对，促进外来青年融入南海。向红棉、樵讲团、创意仓等社工机构购买青少年服务，促进青少年服务专业化、精细化。

【义工服务】 2014年，南海区新增义工服务队42支，义工3682人。至年底，区义工联下辖镇（街道）义工联7个，义工服务队697支，义工人数突破26.5万人。是年，南海区着力推进“全民义工”行动，培育具有本土特色的志愿文化。正式发放电子义工证，全年发放电子义工证7122张。“南海义工之家”APP于5月上线试运作，全年发布活动信息超150条，收集供需信息67条，其中成功配对38例。建设“志愿V站”。5月26日，首个“志愿V站”在桂城凯德广场成立。至年底，18个“志愿V站”覆盖全区7个镇（街道），全年累计开放7333小时，不仅提供充电、借伞等恒常化服务，还探索结合当地实际开展心理咨询、登革热预防等特色服务。加强志愿队伍建设，全年开展“义·传·家”培训项目18场，培训志愿者骨干540多名。

【少先队工作】 2014年，南海区少工委开展“广东红领巾基金”爱心压岁钱捐赠活动、第五届童玩节、寻找“南海小小演说家”等活动，引导少年儿童健康成长。加强少先队组织建设与阵地建设。推动辅导员队伍专业化和职业化发展，创新教育、引导少年儿童的工作手法与服务方式。推进基层学校树立“一校一品牌”，开展“星级队部室”复核工作。启动村（社区）少工委建设，建立健全村（社区）少工委运行机制。至年底，丹灶云溪社区、金宁社区和桂城桂园社区3个村（社区）少工委投入使用。狮山镇、大沥镇、罗村社会管理处等也陆续开展村（社区）少工委建设工作。

【南海区青年商会】 2014年，南海区青年商会举办“破冰之旅”青年企业家拓展培训营、首届区镇篮球联赛等活动，搭建青年企业家交流平台。组织青年企业家到清华大学、厦门大学等院校及香港、深圳、顺德等地企业走访参观，并组织青年企业家与李兴浩、梁凤仪等区内外知名企业家交流，提升“创二代”创业能力。7月初，与区青年联合会联合举办首届十大杰出青年企业家评选活动。陈湛枝、张伟强、陈贤初、周泳锋等10人获评“首届南海区十大杰出青年企业家”。

（袁华恩）

南海区妇女联合会

【概况】 2014年，南海区妇女组织有镇（街道）妇联7个，村、社区妇联251个，区机关单位妇女组织58个。是年，南海区妇联获评第四届广东省“人民满意的公务员集体”，成为佛山市妇联系统唯一的获奖单位；里水北沙社区党支部书记沈小琴获“全国三八红旗手”称号，广东大福摩托有限公司副董事长袁锦萍获“广东省三八红旗手”称号；大沥镇黄岐行政服务中心等7个集体获“广东省巾帼文明岗”称号，九江女子龙舟队获“广东省三八红旗集体”称号。

【村（社区）妇代会改建工作】 2014年，南海区开展村（社区）妇代会改建为妇联工作，夯实基层组织基础。至5月，全区251个村（社区）100%完成改建工作，民主选举产生251名村（社区）妇联主席，基层妇联干部队伍整体呈年轻化、知识化趋势。

【“妇女之家”建设】 2014年，

南海区所有村（社区）妇女之家完成星级“妇女之家”创建工作。年内，全区“妇女之家”举办讲座667场、文体活动680场，开展志愿服务729次，参与群众9万多人次。全年有43个“妇女之家”特色活动获市通报表扬。

【“三八”妇女节系列活动】 2014年“三八”妇女节期间，南海区妇联首次举办“家·南海，家·年华”家庭开放日；举办庆祝“三八”节趣味运动会，区直机关妇委会及各镇（街道）妇联共54个单位近千人参加活动；组织维权周系列活动，举办“倾听妇女心声，关爱妇女权益”主席接听日活动，并在里水镇开展“百万家庭学法律、户户平安促和谐”大型户外普法宣传服务活动，宣传妇女权益维护、反家暴、家庭教育等知识，近1000名群众参加活动；区妇联、区慧雅荟联合佛山电台打造“‘3·8’温暖呈献——成功女性系列专访”节目，邀请梁凤仪等6名不同界别的女性精英参加节目；组织区内家庭参加“美丽佛山，幸福相聚”家庭茶花认养活动；广泛发动全区家庭参与“最美家庭”评比，有45户家庭入选南海区“最美家庭”，10户入选市“最美家庭”；对第二批共21846户南海区文明家庭进行通报表彰。

【“南海区关爱妇女儿童大联盟”成立】 2014年，南海区集结社会各界的资源，联合与妇女儿童及家庭相关领域的社会组织、社团158个，于3月8日成立南海区关爱妇女儿童大联盟。大联盟作为一个枢纽平台，为联盟成员提供联络、管理、孵化、对接、培训、展示等服务，推动联盟成员平台共建、信息共享、项目品牌共育、资源共融，促进妇女儿童和家庭社会服务的专业化和创新性发展。是年，区、镇（街道）两级妇联与部分联盟成员开展首批合作项目23个，合作金额300多万元。

【妇女儿童服务】 2014年，南海区引入专业社工服务，启动婚姻家庭危机干预项目，开设治疗性小组，为妇女儿童社会问题作出预警性的处理。是年，区、镇（街道）两级维权站受理群众信访案件614件，处理率100%。区妇联联合区卫生部门在狮山镇罗村管理处为9000名40~49岁户籍已婚农村妇女进行宫颈癌和乳腺癌检查。同时，配合佛山市妇女“两癌”医疗救助项目，为12名贫困妇女患者申请救助。推动妇女创业就业，举办农村妇女增收致富培训班，并组织镇（街道）种养女能手到巾帼创业示范基地参观交流。年内，里水镇袁志敏农场获评省巾帼创业示范基地。引入广州创意仓社会工作服务中心、佛山科学技术学院等教育资源，启动“彩虹伞”儿童性健康教育项目社区行和校园行活动，保护儿童远离性侵害。全年举办活动35期，服务家长和儿童4550人次。开展家教大讲堂进村（社区）和“与孩子心灵对话”论坛等各类特色教育培训，培养未成年人社会责任感。是年，举办各类讲座、论坛330多场，受益群众2万多人。分别在西樵镇民乐小学和九江镇上东小学开展“童心共筑中国梦”巡演活动，为近千名儿童送上文化大餐。推进家长学校建设，评估表彰第四批区级示范性家长学校，推进“心手相牵，共同成长”家长沙龙活动，组织参加市家庭论文征集活动，有9人分别获一、二、三等奖。

【困难妇女儿童帮扶】 2014年，南海区妇联联合区妇儿工委和区儿童福利会为区内1000多名流动儿童和家长送上古典音乐演奏剧《魔幻音乐秀——仙乐飘飘面包屋》；组织区内22名困境儿童参加市妇联“共享蓝天，快乐成长”公益儿童冬令营；联合区星儿特殊教育培训中心举办“2014·星彩世界——第四届自闭症儿童美术作品展”；联合佛山电台、广东一心公益基金会，在小候鸟驿站、融爱家庭服务中心和九江嘉华学校举办“多点音乐多点爱——2014爱与音乐同行”爱心音乐课堂40场，为流动儿童、困难儿童提供免费的乐器和音乐课程，惠及1200多人次。是年，全区有5个集体和8名个人获省“爱心父母大联盟”荣誉奖章，2人获“自强好儿童”称号。

【融爱家庭服务中心服务渐显专业】 2014年，南海区新建九江镇沙头社区、狮山镇塘中社区、大沥镇凤池社区3个融爱家庭服务中心。至年底，全区建成融爱家庭服务中心14个，占全市融爱家庭服务中心总数的58%。是年，南海区继续以“项目化运作、专业化服务、社会化参与”服务模式，为辖区家庭成员提供婚姻家庭关系辅导等预防性、支援性和成长性的服务。全年全区家庭服务中心举办活动653场，服务群众4.74万人次。同时，以“妇工+社工+义工”的模式，打造高效、专业的服务队伍。至年底，融爱家庭服务中心有专职社工22人，发展家庭服务中心志愿者7313人。全年参加社工培训182人次。年内，九江镇儒林社区、丹灶镇丹灶社区、狮山镇狮城社区、大沥镇沥中社区4个家庭服务中心被佛山市妇联评为“2013~2014年度优秀家庭服务中心”，占全市优秀家庭服务中心的50%。

【“小候鸟驿站”有效运作】 2014年11月，南海区新建桂城叠北和里水河村2间“小候鸟驿站”。至此，全区建有“小候鸟驿站”5间。是年，“小候鸟驿站”以购买社工机构服务的方式，提供课后托管、儿童安全教育、品格教育等专业化服务，服务群众57544人次。

【“平安家庭”创建】 2014年，南海区妇联与区综治办等10个单位建立“平安家庭”创建联动长效机制，开展以促进家庭成员遵纪守法、消除家庭暴力、减少家庭犯罪为重点的“平安家庭”创建活动。在大沥镇举办“创建平安家庭，营造幸福社区”大型户外宣传活动，在西樵镇开展针对涉毒人员家庭的“梦想蓝天”支持项目，帮助26户涉毒家庭成员建立社会支持系统。同时，通过镇村联动，依托家庭服务中心、“妇女之家”等阵地，开展“防邪教知识进家庭”“不让毒品进我家”等普法宣传活动，促进家庭成员遵纪守法。至年底，“平安家庭”占全区家庭总数的99%以上。

【妇女精英组织】 2014年，南海区慧雅荟积极开展会员服务活动，探索会员需求定制服务模式，举办珍珠鉴赏、求学讲座、魅力彩妆、家庭健康与饮食调养、中医养生等系列沙龙活动；引导会员参加社会公益活动，组织会员对区内160户困境家庭进行回访和慰问。全年区、镇（街道）两级慧雅荟举办各类活动35场，开展慈善探访活动42次。区女企业家协会召开第五次会员大会，选举产生新一届会长和理事；开展“走进广东金融高新区，对接OTC资本市场”交流活动和“风姿卓越，玫瑰之约”之民营企业传承智慧专题讲座等活动。 （潘锦艳）

南海区工商业联合会（总商会）

【概况】 2014年，南海区工商联（总商会）有会员23880人；有行业协（商）会21个、基层总商会8个、直属商会1个、女企业家商会1个。是年，区工商联（总商会）召开执委会，增补2名十二届执委会副主席（副会长）。是年，南海区认定东方精工、南方风机2家企业为第三批“北斗星企业”，并制定“北斗星”企业申报扶持奖励资金工作指引，为符合条件的6家“北斗星”企业发放奖励资金1700万元，推动企业做大做强。区工商联加强对“北斗星”企业的走访，协调解决问题50个。积极参政议政，撰写《关于加强行业协会建设，打造全国行协标杆的建议》的调研材料提交给区政协。加强信息宣传，出版《南商周刊》，宣传南商精神和南商文化；出版《南海民营经济发展白皮书（2013）》，为政府决策及企业发展提供参考；发送民企掌中宝信息10期、微博2000条。是年，南海区工商联获评广东省“五好”工商联。

【商（协）会承接部分政府职能】 2014年3月11日，南海区召开商（协）会承接政府职能转移工作推进大会，向里水、西樵两个总商会以及南海区机动车维修行业协会、建筑业协会、平洲珠宝玉器协会、盐步内衣行业协会、纺织行业协会、电光源灯饰照明行业协会首批8个试点单位转移部分区级职能。全年分两批向商（协）会转移区级政府职能137项，发放扶持专项资金116万元，并定期组织职能部门的专业人员为商（协）会秘书进行培训、指导。

2014年3月11日，南海区向首批8个试点商（协）会转移部分区级政府职能

【南商培训教育】 2014年，南海区工商联推出“南商提速”培训三年计划，对全区企业家培训资源进行统筹，将培训群体覆盖至企业家、企业高管和基层员工。全年以主办、协办的形式组织召开各类培训100场次，参加人数5000人。3月1日，南商企业高管研修班在桂城创享家开班；3月25日，在南海电大举办“南商课堂——奋斗的青春最美丽”的企业家讲座；5月26日，在南海影剧院举办冯仑论南海商道论坛；7月22~26日，组织“北斗星”企业负责人及“北斗星”企业高管近60人赴浙江大学参加“北斗星”企业研修班；8月25~29日，与团区委组织60余名“创二代”及优秀青年精英企业家赴清华大学参加南商青年精英培训班；10月26日至11月8日，组织25名优秀制造业企业家赴德国参加“制造业的传承与创新”商务考察培训班。同时，将南商学院向基层拓展，打造培训联盟。南商学院总商会分院覆盖至镇（街道），志高、菱王、昭信、蒙娜丽莎等企业也相继成立商学院或培训学院。

【企业服务】 2014年，南海区政府下拨240万元专项资金用于8个基层总商会“企业·家”软硬件建设。年内，“企业·家”服务平台全部完成建设并通过考核验收。推出“企业订制直通车”服务，为“两代表”（人大代表、党代表）、政协委员、商会会长、省市重点支持大型骨干企业负责人、“北斗星”企业负责人等提供订制服务。开展区领导驻点直接联系重点商（协）会及产业基地工作，组建5个固定的工作团队分别驻点重点商（协）会及产业基地。全年开展走访活动14次，处理反映问题59宗。8个基层总商会商事调解委员会实现全覆盖，为企业提供商事调解服务，全年成功调解商事纠纷30件。

【行业联盟建设】 2014年8月13日，南海区召开行业联盟推进大会，认定纺织、铝型材、盐步内衣、平洲珠宝玉器、电光源灯饰照明、铝门窗五金装饰、汽车、鞋业8个行业协会为首批行业联盟建设示范单位，全面推进品牌联盟、标准联盟、资本联盟、服务联盟、诚信联盟五大联盟建设。出台《佛山市南海区人民政府关于进一步促进产业联盟发展的意见》。推动内衣、鞋业行业协会成立联盟公司。是年，南海区获批筹建“全国内衣产业知名品牌创建示范区”。（吴周聪）

南海区科学技术协会

【概况】 2014年，南海区科学技术协会积极开展各类科普活动，推动青少年、科研工作者和企业科技创新工作。3月6~7日，南海区科学技术协会邀请钟琪、徐文耀、孙万儒、陈贺能、潘习哲、石磊、王康、陈钰等8名科学家为全区青少年开展科普报告19场次。6月，以“深入推进国家创新型城市建设，增强佛山创新驱动发展新活力”为主题的送科技下乡活动在南海区里水镇和顺万福城广场举行。来自全市多个部门、医院、高校的40多名专家及30名市、区科普志愿者为群众提供农业技术指导、渔业养殖培训、新品种农作物种子派发等科技咨询与科技服务。区、镇（街道）科学技术协会全年为7个镇（街道）科普活动室、村（社区）、企业科协、科普教育基地和科普示范学校发放科普挂图近1200套。鼓励科研工作者和企业开展技术创新工作，全年有46个项目获南海区科技进步奖；41个单位被评为区科技工作先进单位；37人被评为区优秀科技工作者。

【青少年科技创新大赛】 2014年6月，南海区科学技术协会、区教育局和区知识产权局联合举办以“创新·体验·成长”为主题的南海区第十一届“詹天佑杯”青少年科技创新大赛。大赛收到参赛作品2000多件，经过评审，评选出各类别一、二、三等奖作品1190件，其中发明创造及工程设计作品160件，科学研究论文217篇，优秀科技实践活动172个，少年儿童科学幻想绘画作品331幅，青少年动漫作品295件，科技辅导员创新项目15个。此外，评选出“优秀组织奖”集体20个，“优秀科技辅导员”20名。（肖永能）

南海区文学艺术界联合会

【概况】 2014年，南海区文学艺术界联合会（简称区文联）下

·链接·

“北斗星”企业：2013年8月，南海区实施“北斗星计划”，旨在将一批民营企业打造成行业的“北斗星”，集中重点资源促进企业快速做强做大。同时，对纳入“北斗星计划”的扶持企业进行认定，2013年认定第一、第二批“北斗星”企业共28家，2014年认定第三批“北斗星”企业2家。

2014年9月5日，南海区十大古村曲艺精品巡演活动在丹灶镇棋盘村拉开帷幕

辖区级文艺家协会8个，有会员1500多名。是年，区音乐家协会、摄影家协会进行换届选举，产生新一届领导班子。年内，区舞蹈家协会在九江镇海寿小学建立“手拉手艺术进校园教育基地”，开展少儿舞蹈艺术课程，排练舞蹈节目《麦田童话》参加南海区“六一”舞蹈比赛，获银奖；区作家协会在狮山镇建立创作基地；区美术家协会在里水镇贤鲁岛建立写生创作基地。

【协会活动】 2014年，南海各文学艺术协会积极组织开展各类活动：春节期间，区书法家协会开展书法家义务送春联活动。活动从1月3日开始至1月24日结束，历时22天。书法家们到桂城街道、丹灶镇、西樵镇、九江镇等镇（街道）义务为群众书写春联100场，参与书法家200多人次，送出春联2万多副。1月11日至4月9日，区美术家协会、书法家协会联合策划“艺海同航——南海、三水、鹤山、清新四地书画巡回大展”，展出四地书画家书画作品100幅，并出版特刊。2~5月，区作家协会主办首届南海“远航九江杯”文学征文大赛，收到稿件184份，评选出金奖2名、银奖5名、铜奖10名、优秀奖20名。4~6月，区书法家协会在南海、江西宁都两地举办“南海·宁都书法展”，展出书法作品126幅，其中南海书法家作品66幅，宁都书法家作品60幅，并出版《南海宁都·书法作品集》。区摄影家协会与区委宣传部、区文明办联合主办“梦南海·家文明”微电影大赛；与区福彩中心联合举办南海区“慈善福彩”摄影大赛；与大沥镇联合举办2014“伯奇杯”摄影创意大赛、大沥记忆摄影大赛、“沥桂一体美丽家园”摄影大赛、“大沥宝盈风采”摄影大赛，还与房地产企业、印刷企业、珠宝公司等联合举办各类摄影比赛。

【美术创作成果丰硕】 2014年3~6月，南海画院、南海美术家协会在南海画院举办两期美术创作班，20名具有较高创作水平的协会会员参加培训。3~8月，在北京现代工笔画院举办两期现代工笔画创作班，选送17名画家参加培训。是年，全区有10幅国画作品入选“庆祝中华人民共和国成立65周年——广东省美术作品展览”，是南海历年来入选参展作品最多的一次；有27幅美术作品入选由中国美术家协会主办的各类全国性美术展览，其中6幅作品获优秀奖（展览最高奖）。

【开展“魅力佛山大讲堂”文化惠民讲座】 2014年9~12月，南海区文联组织8个文学艺术协会开展30场“魅力佛山大讲堂”——品味文化惠民讲座活动，分别举办《散文创作与欣赏》《差一点就成为好作品》《认识书法与学习书法》《中国山水画的基本技法》等有关文学、戏剧、舞蹈、音乐、摄影等方面的专题讲座。

【《南海作家丛书（一）》编辑出版】 2014年，南海区文联编辑出版《南海作家丛书（一）》，收录陈初华中篇小说选集《山林魂》、黄文威作品集《心中的彩虹》、梁协平诗歌集《暖色南海》、梁佩勤科幻小说《重生密码》、老迅短篇小说集《老迅短篇小说》，共117万字。 （姚玲）

南海区残疾人联合会

【概况】 2014年，南海区有持证残疾人15373人，比上年增长6.8%。其中肢体残疾8499人、视力残疾923人、听力残疾1033人、言语残疾408人、智力残疾2183人、精神残疾2180人、多重残疾（指一人有两种或两种以上残疾）147人。是年，南海区积极开展残疾人救助，全年发放各项救助金3100多万元。其中，为12310名持证残疾人发放生活津贴1467.26万元；对在服务机构托养的116名重度残疾人和享受居家安养的1235名重度残疾人进行补贴，全年拨款1149.34万元；为150名困难残疾人发放临时救济金30万元；为参加城乡居民社会养老保险的961名持证残疾人发放参保补贴22.89万元；为236户困难残疾人家庭进行居家无障碍环境改造，补贴资金34.30万元；为50户特困残疾人家庭和残疾人服务机构发放节日慰问金24.6万元；为30名残疾学生发放一次性奖励金5.1万元；为170名符合条件的肢体残疾人发放燃油补贴4.42万元。全年办理残疾人证977个，并减免评残费用28.15万元。

【残疾人康复救助】 2014年，南海区支出残疾人康复救助金额800多万元。全年为545人实施白内障手术，为脑瘫、自闭症、智力、聋哑及肢体残疾人提供康复救助153人次。开展精神病患者跟踪服务管理工作，实施社区康复全过程跟踪服务，重点做好狂躁型精神病人的监护工作，全年有600人次贫困狂躁型精神病患者到专科医院进行免费治疗。推进残疾人社区康复和居家康复服务。全年参加社区康复209人次，为12名符合条件的肢体残疾人实施“畸残矫治”手术，为135户困难重度肢体残疾人提供上门康复训练、康复护理等综合康复服务。

【残疾人就业服务】 2014年，南海区建立完善残疾人就业和职业状况实名制统计管理系统，实现实名制工作100%覆盖。全年录入就业年龄段、持证残疾人人数7846人，实现就业4320人，其中集中就业120人、分散就业2300人、自主创业和农村自主择业1900人。举办5场残疾人专场招聘会，进场残疾人1300人次、企业320家，达成就业意向635人。开展残疾人就业跟踪服务试点工作。以里水镇为试点，通过公开招标方式向社会组织购买服务，开展残疾人就业跟踪服务。该项目将分三年投入资金129万元。至年底，全区实施残疾人按比例分散就业范围内的单位48576个，收取残疾人就业保障金1.66亿元。

【残疾人职业技能培训】 2014年，南海区组织区内残疾人参加职业技能培训268人次。其中，有166人次参加计算机基本操作、中式面点制作（初、中级）、茶艺、电子商务5个项目的集中培训，有88名学员通过职业技能鉴定中心考核，获得《职业资格证》。输送16名残疾人参加市残联和省残联举办的摄影、陶艺、书法、绘画、手机维修等培训。推动镇（街道）残疾人职业技能培训工作。大沥工疗站、西樵工疗站和区精神病残疾人托养中心组织86名残疾人参加营养点心师培训。

【残疾人体育活动】 2014年，南海区成功举办残疾人羽毛球、乒乓球锦标赛，来自全区7个镇（街道）的70多名运动员参加比赛。并组队参加市残疾人羽毛球、乒乓球锦标赛，获得两项团体总分第一的成绩。西樵镇的林福荣，九江镇的林萍、崔永佳在韩国仁川亚洲残疾人运动会上破五项亚洲纪录，并取得11金6银1铜的成绩。全年全区有11名残疾人运动员参加国内外重大的体育比赛，获27金14银5铜的优异成绩。

【“全国助残日”系列活动】 2014年5月18日，南海区在西樵镇启鸿创益中心举办第二十四次“全国助残日”系列活动暨西樵镇残疾人“家·年华”活动启动仪式，副区长、区残工委主任冼富兰以及区残工委成员单位领导参加活动。围绕“关心帮助残疾人，实现美好中国梦”助残日主题，区残联、各镇（街道）组织开展各项助残活动。举办大型残疾人专场招聘会，100多家企业提供150多个岗位，吸引近300名残疾人参加，现场初步达成就业意向130多人。组织对特教学校、特教班、福利机构、托养中心、工疗站及特困残疾人家庭等进行慰问，发放慰问金20.1万元；资助特教学校和10个特教班特殊教育经费20万元。各镇（街道）慰问残疾人近600户，发放慰问金30多万元。桂城街道举行近400人参加的“残疾人同乐日”活动；里水镇举办第九届残疾人展能运动会，有近300人参加。

【“五个一”工程建设】 2014年，南海区残疾人事业“五个一”（一所残疾人综合服务机构、一所重度残疾人儿童教养学校、一所残疾人托养机构、一个“康园”工疗网络、一个残疾人扶贫培训基地）工程建设加快推进。区残疾人综合服务业务用房建设进展顺利；桂城街道、西樵镇、丹灶镇、狮山官窑、大沥东区工疗站建成投入使用，九江工疗站进入施工阶段；各镇（街道）基本建成一间以上工疗机构，并向社会组织购买工疗、康复训练、心理辅导、文化娱乐等综合康复服务。区残联对各镇（街道）工疗站的建设和运营进行补贴，全年拨款164.69万元。 （陈娟）

政法·地方军事

Legal System and Local Military Affairs

■ 社会治安综合治理

【概况】 2014年，南海区严厉打击违法犯罪活动，加大社会矛盾化解力度，推进“平安创建”工作，维护社会和谐稳定。启动区检察院、区法院人员分类管理和办案责任制改革，南海区成为全省司法改革试点单位之一。

是年，南海区法院积极推进刑事案件标准化审判、民商事案件专业化审判、执行案件分段集约办理。全年受理案件33884件，结案28889件，分别比上年增长12.3%和10.1%。区检察院严厉打击邪教类、涉黑类、严重危害公共安全类等重大恶性刑事犯罪，积极办理破坏环境资源案件、食品药品安全犯罪案件、黄赌毒案件。全年受理各类提请逮捕案件3842件6031人，分别比上年增长3.9%和1.8%，批准逮捕3360件4991人；受理各类移送审查起诉案件4127件6354人，分别增长12.4%和15.2%，提起公诉案件3887件5873人。区公安机关推进队伍专业化建设，构筑立体化治安防控体系，开展“六大专项”（涉毒、涉黄赌、涉食药假、涉电信诈骗及银行卡、涉车、涉枪）打击整治行动，使全区刑事治安警情明显下降，群众安全感不断提高。全年破获刑事案件9583件，比上年下降17.1%；破获命案39件，破案率100%；破获五类（爆炸、放火、强奸、绑架、劫持）恶性案件124件；破获毒品案件759件，增长38.3%；查处治安案件46530件，逮捕5633人。

【社会矛盾化解】 2014年，南海区以“社会矛盾化解年”工作为重点，围绕信访维稳工作“一减一控”（存量减、总量控）的目标，设立信访维稳专项考核，提高信访维稳工作的考核权重，落实重大事项社会稳定风险评估制度，加大各类社会矛盾特别是重点领域和重大不稳定问题的化解力度。全年排查矛盾纠纷361件，化解348件，化解率为96%，其中市级备案督办的57件突出矛盾纠纷全部得到化解。

【平安创建】 2014年，南海区继续推进平安村居建设和平安学校、平安市场、平安企业、平安家庭、平安边界等“平安细胞”创建工作。至年底，全区有243个村（社区）被命名为“平安村居”，维持率达到97.2%。各“平安细胞”创建达标率80%以上。全面开展平安铁路创建工作。组织各镇（街道）对辖区铁路线路进行全面摸排和定期排查，掌握沿线治安情况，及时有效消除治安隐患。推动新增铁路沿线镇（街道）开展爱路护路工作。同时，区综治办联合各镇（街道）、各部门开展治安重点排查整治，落实整治责任，对被市综治委挂牌整治的第一批、第二批社会治安重点地区和突出治安问题进行重点整治。

2014年6月13日，中共广东省委政法委副书记、省综治办主任李柏阳到南海区调研综治和平安创建工作，并实地检查桂城街道蠕岗社区

【反邪教宣传教育】 2014年，南海区在打击“法轮功”“全能神”等邪教组织及类邪教组织的同时，强化基层反邪教警示教育宣传。全年发送反邪教警示标语20万条，张贴宣传挂图2536套，建成反邪教宣传教育阵地1524个，编印派发宣传小册子20.5万本，在7个镇（街道）广播电视站播放《识穿“全能神”》公益宣传片近200次。 （冯铭东）

【流动人口和出租屋管理服务】 2014年，南海区在全区逐步推广出租屋分类管理模式。一方面是在农村社区推行“出租屋主联合会”管理模式。通过吸纳辖区内出租屋业主成为会员，建立出租屋专业化、自主化服务管理模式。至年底，全区成立出租屋主联合会229个。另一方面是在符合条件的城市社区建立流管分站，通过购买社会服务推动流动人口服务管理工作。至年底，全区建立流管分站79个。4~5月，组织开展为期2个月的出租屋清查行动，走访核查出租屋13万间，核查流动人口信息74万条，收集出租屋涉及计生、治安、消防、无证经营、“日租、时租”变相旅业、“小产权”等问题信息6802条，向有关部门反馈通报信息3729条。同时依托村（社区）、工业园区279个流管服务站，强化流动人口和出租屋的信息收集，不断提高流动人口登记率和出租屋纳管率。至年底，全区登记在册流动人口196万人，登记备案出租屋31万间（栋）。此外，充分发挥一线专管员密切联系群众的优势，积极开展“我为新南海人办实事”服务活动。全年帮扶外来人员解决生活困难1165人次，上门办理居住证31050个，免费推介就业岗位4350个，免费提供出租屋租赁信息6850条。 （骆倩影）

■ 审判

【概况】 2014年，南海区法院受理案件33884件，结案28889件，结案标的89.43亿元。其中，审结刑事案件3945件，判处罪犯5965人；审结民商事案件15321件，结案标的79.62亿元；审结行政诉讼案件276件，审查非诉行政案件773件；执结案件9305件，执结到位标的9.6亿元。

是年，区法院依法严惩各类严重暴力犯罪和多发性财产犯罪。完善量刑规范，量刑标准更趋统一。坚持“疑罪从无”，强化证据规则，防范冤假错案。注重惩教结合，开展庭前调查，做好庭审帮教，跟踪缓刑考察，封存犯罪记录。探索少年审判新机制。集中审理劳动争议案件，进一步扩大民事案件专业化审判适用范围。妥善化解农村股权纠纷，全年受理侵害农村外嫁女及其子女股份分红纠纷案件178件。利用行政诉讼协调机制，促成行政纠纷自行和解，行政诉讼案件撤诉率达20%。推进执行联动工作，与市一级执行联动平台进行对接，实现财产在线查控，合力破解“执行难”问题。11月28日，南海区法院院长李声让在南海区第十五届人大常委会第23次会议上作综合汇报。会议对区人民法院工作进行投票表决，其中满意24票，基本满意2票，不满意0票。

【开展司法改革试点工作】 2014年9月，南海区法院被指定为全省8个司法改革试点基层法院之一，在“人员分类管理”“司法责任制”“法官职业保障”“省以下人财物统管”四个方面率先开展首轮改革。在省方案明确之后，区法院在改革框架内选任主审法官100名，由主审法官自行签发法律文书，独立承担办案责任，并建立起相应的工作规范予以监督和保障。改革试点工作得到省法院的肯定。同时，积极争取地方党委支持，初步建立起法官职业保障机制，法官专项津贴得到落实兑现。

【多元化纠纷解决机制进一步健全】 2014年，南海区法院依托“双中心”（诉讼服务中心、诉调对接中心），运用专业化审判在统一案件裁判标准方面取得的经验，搭建起“专业审判+专家调解+专门陪审”诉调对接新机制。由专业审判庭指导商会、行会自行调解内部成员之间的纠纷，吸收社会专业人员参与合议庭审理疑难复杂案件。建立人民陪审员和社会调解员专家库。至年底，聘用特邀调解员24名，人民陪审员从原来的47名增至136名；区工商联、保险行业协会、律师协会、消费者协会、“黄手绢”心理咨询中心等多家社会机构向法院提供50多名具有特定领域专业知识的调解专家。全年受理诉前调解纠纷890件，诉中调解案件176件，办理司法确认案件530件。

【少年法庭获“全国青少年维权岗”称号】 2014年5月9日，南海区少年法庭获全国“青少年维权岗”称号。是年，少年法庭收案251件，审结248件，未成年人非监禁刑适用率44.51%。坚持未成年人刑事审判特色原则，全年合适成年人出庭97次，100%封存轻罪未成年人犯罪记录228件，适用庭前社会调查制度案件17件。

【劳动争议案件实行集中审理】 2014年，南海区法院将劳动争议案件集中到机关民一庭审理，进一步扩大专业化审判的适用范围。同时，通过组织仲裁员旁听庭审及业务座谈会等形式，加强与区劳动人事争议仲裁委员会等部门的沟通和联系，共同研究公正、高效解决劳资纠纷对策。全年办理案件1922件，涉及劳动者1995人。

【执行联动机制建设取得新进展】 2014年，南海区法院执行指挥中心与市一级执行联动平台进行对接，实现对佛山市内的房产、车产和大部分金融机构的在线查控。全年查询操作118351次，涉及案件2576件3572人，控制银行存款3980万元、车辆96辆、土地46宗、房产174宗。加大执行震慑力度，在三级法院门户网站及“南海诚信网”等征信平台曝光失信被执行人573名，限制其在社会生活中的信用度；将8件被执行人严重逃避执行涉嫌构成犯罪的案件移送公安机关，依法追究被执行人拒不执行判决裁定罪。

【探索执行权节点管理】 2014年，南海区法院制作《节点跟踪表》，把执行程序分为“三阶段”“21节点”，即查控、裁决、实施三个阶段，每个阶段再设置若干节点，由内勤负责对案件进行节点跟踪管理，保证每个节点执行工作得到监督。

【“涉诉信访办公室”成立】 2014年，南海区法院成立“涉诉信访办公室”，对涉诉信访实行统进统出和“诉访分离”。未穷尽司法救济程序的信访为“诉”类信访（包括在办案件信访、诉权未尽类信访），对该类信访依据已启动的司法程序处理或建议信访人启动相关的司法程序处理。已穷尽司法救济程序的信访为“访”类信访（包括诉权穷尽类、投诉控告类和批评建议类信访），对该类信访通过释法息诉、疑案复查、终结导出、纪律检查、总结改进等方式处理。

【司法救助】 2014年，南海区法院进一步加大司法救助力度。为涉及弱势群众案件开通绿色通道，确保困难群众的合法权益得到及时保护。对635件案件的经济困难当事人依法减、缓、免交诉讼费，为334名未成年或残障刑事被告人指定辩护人，帮助符合救助条件的31名申请人发放“涉法涉诉救助金”。

【举办公众开放日活动】 2014年12月4日，南海区法院在首个“国家宪法日”举办公众开放日活动，邀请区人大代表、政协委员、社区代表、微博“粉丝”、媒体代表等约40人参与。活动分为参观法院、了解法院办案情况和司法公开情况、观摩刑事案件庭审三个环节。 （黎毅锋）

检察

【概况】 2014年，南海区检察院受理各类提请逮捕案件3842件6031人，比上年分别增长3.9%和1.8%，批准逮捕3360件4991人；受理各类移送审查起诉案件4127件6354人，分别增长12.4%和15.2%，提起公诉案件3887件5873人。年内，成功办理郭某在南海大道疯狂逆行连撞18辆车辆案，谭某等强迫未成年人吸毒并控制实施盗窃、抢劫案等重大、恶性案件。推进“两法衔接”（行政执法与刑事司法衔接）工作，有力打击破坏环境资源、危害食品药品安全等犯罪。在《珠江时报》开设“检察观社会，依法保平安”栏目，围绕未成年人性侵、窝藏包庇、小事端引发大争执、利用网络社交实施犯罪等案件，进行以案释法和警示报道，提高群众防范犯罪的意识和能力。

【职务犯罪侦查】 2014年，南海区检察院启动“反贪—反渎—检察室”侦查一体化办案模式，由多部门共同参与办案。创新适用“拘后审”办案模式，即对受贿人及行贿人采取拘留强制措施后依法对其进行审讯。在办理“南海区农林渔业局系列案”中，以联合办案的形式对7名执法人员、1名执法对象展开调查取证，共立失职渎职案件5件5人，贪污贿赂案件10件10人。全年立案侦查职务犯罪案件29件33人，其中贪污7件11人、受贿9件9人、行贿7件7人、单位行贿1件1人，通过办案追回赃款人民币400多万元，为国家挽回经济损失1000多万元。

【职务犯罪预防】 2014年，南海区检察院结合查办的职务犯罪典型案件，在职务犯罪易发、多发、影响面大的建设、农林等行业积极开展综合防治，落实预防措施，发出《检察建议书》10多份。制作村官案例警示教育片《修身养正，远离腐败》，用身边人、身边事作警示，筑牢村官的廉政防线。深入开展预防职务犯罪“五进”专题活动，先后为企业、机关、村居、社区、校园举办法制讲座31场，受教育人数4000多人。组织8个单位1000多名干部参观看守所、监狱，旁听庭审开展警示教育。制作《预防职务犯罪案例教育片》供区交通局、区规划局等8个单位进行学习；向机关单位、镇（街道）基层组织、农村、社区等派发职务犯罪法律知识读本5000多本；开展各种廉洁宣教活动10多场。与社工机构等部门合作，在区设立“廉洁之友”义工总队，在各镇（街道）设立分队，在社区设立小分队，开展系统性廉洁宣教工作。与佛山市阳光心态社工机构签订合作协议，通过购买服务的形式，向市民传播廉洁信息。“廉洁之友”项目被佛山市纪委作为“2014年廉洁佛山走基层系列”先进典型，再次获得南海区社会建设创新奖。

【法律监督】 2014年，南海区检察院向公安机关发出《检察建议书》5份、《纠正违法通知书》7份，口头纠正违法177次，从执法理念、证据收集、执法程序等方面提高公安机关侦查取证质量。通过小组内批量结案、集中起诉、专人轮值开庭方式，确保简易程序案件集中开庭。全年办理简易程序案件2229件，占提起公诉案件的57.3%。强化刑事抗诉工作，全年提请抗诉案件13件，法院改判5件5人。开展对“三类犯罪”（职务犯罪，破坏金融管理秩序犯罪和金融诈骗犯罪，组织、领导、参加、包庇、纵容黑社会性质组织犯罪）减刑、假释、暂予监外执行专项监督活动，将4名不符合继续保外就医条件且刑期未满的暂予监外执行罪犯送监服刑。开展监管场所安全检查，查出安全隐患17项，发出检察建议4次。

【“两法衔接”工作深入推进】 2014年，南海区检察院规范“两法衔接”信息共享平台信息录入工作，强化对行政执法部门调查取证、案件移送以及公安机关立案侦查等工作的监督指导，开展破坏环境资源和危害食品药品安全案件专项监督活动，推进“两法衔接”工作的纵深开展。全年受理呈捕“两法衔接”案件289件451人，批捕242件355人，其中环境资源犯罪案件36件79人，批捕28件53人；食品药品犯罪案件135件148人，批捕114件127人。

【未成年刑事司法保护】 2014年，南海区检察院与南海心理援助中心合作，成立未成年人关爱基地。由专业心理咨询师对涉案未成年犯罪嫌疑人、被害人及双方监护人进行一对一的心理干预、疏导，为嫌疑人正确适用非监禁刑提供可参考的评估报告和专业测评意见，帮助未成年被害人正确认识以及积极应对侵害事件及其带来的影响。与区内两家企业签订合作协议，共同建立两个未成年人观护基地，为外来务工未成年人适用非羁押措施和开展附条件不起诉的监督考察奠定基础。联合大沥检察室和大沥镇教育局启动“阳光家园”法治宣传项目，推进未成年人犯罪预防进校园工作。

【镇（街道）检察室促进基层依法治理】 2014年，南海区镇（街道）检察室在促进基层廉政建设、维护基层社会稳定、推进基层“两法衔接”等方面发挥积极作用。因地制宜开展廉政宣传活动，促进“廉洁之友”活动向镇（街道）延伸，并对重大项目开展专项预防。参与村（社区）干部违法问题联合处置，配合纪委、公安侦办村官职务犯罪，提高案件查办水平。积极参与驻村工作日活动，探索建立检察官驻村工作站，化解信访纠纷。全年受理信访逾100件，参与综治维稳工作50多件（次），向行政执法部门提出工作建议13条。构建镇（街道）行政执法与刑事司法衔接机制，促进“两法衔接”信息共享平台向基层延伸。

2014年12月15日，中共南海区委政法委、检察院、国土局等14个成员单位参加全区“两法衔接”工作联席会议

【建设3个网络宣传平台】 2014年，南海区检察院创建未成年人犯罪预防微信公众号“南海未检·阳光家园”、职务犯罪预防微信公众号“南检廉洁之友”和法治宣传公众微信号“南海检察”，深入开展检务宣传和犯罪预防宣传。年内，“南海未检·阳光家

园”平台发布信息136条，阅读量1202人次。“南检廉洁之友”平台不仅发布忏悔实录、廉洁公益短片、法律常识等内容，还开通实时互动交流功能。“南海检察”平台推出15期31篇宣传报道，阅读量逾10万人次。

（马健芬）

公安

2014年11月20日，广州市荔湾区、南海区两地公安机关在广佛交界地区开展清查整治统一行动

【概况】 2014年，南海区以平安创建和“六大专项”打击整治行动为载体，全面推进专业化打击、立体化防控、系统化管理“三大战略”，打造民生警务品牌，提升打击犯罪、治安防范、服务民生水平。

是年，全区破获刑事案件9583件，比上年下降17.1%；破获命案39件，破案率100%；破获五类（爆炸、放火、强奸、绑架、劫持）恶性案件124件；破获经济案件505件；破获毒品案件759件，增长38.3%；查处治安案件46530件，逮捕5633人。

【社会治安治理】 2014年，南海区继续推进立体化治安防控体系建设，促使全区社会治安持续向好。全区刑事治安警情比上年下降2.2%，街面“三两”（“两抢”“两入”“两车”）警情下降11.6%，命案发案下降36%，群众安全感比上年提高0.4个百分点，达到87.3%。

加强治安执勤点和电子卡口建设。推进全区11个“环佛护城河”治安执勤点和10个拦截警务室工程建设；依托覆盖全区各主要出入口、主干道的563个高清电子卡口，搭建“电子围墙”防线；设立527个区、镇、村居三级卡点；在7个核心控制片区建设公安勤务岗，围绕51个治安复杂区域设置重点控制圈，实行守点、巡线、控面相结合。

2014年，南海区进一步加强社会治安防控。图为特警上路执勤

加快视频监控系统建设。投入3000万元，完成720个高清视频监控点补点建设；加快推进视频联网整合，7个镇（街道）和420多所学校视频监控系统实现联网联控，累计建成镇级视频监控平台18个、村级视频监控平台250多个，全区联网视频监控点达9342个，联网率超过90%；推广安装“安居星”智能门禁和视频监控系统300多个，督促全区1170个行业场所安装“全球眼”视频监控系统，落实非经营性上网场所安装网络安全审计系统2500多个、安装WIFI管控系统223个，推广安装从业人员自助申报系统4869个，全面强化行业场所和出租屋的治安管控。

构建共建共管防范格局。加快推进村居治安队“五统一”整编管理，归口由社区民警统筹管理使用，实施联防联控；推动6个镇（街道）建立治保安员培训基地，组织治保安员业务培训525批次；推进“平安细胞”工程建设，推荐选拔459名民警担任全区206所中小学校的法制、禁毒、交通、消防“四校长”；推广楼长制、出租屋主联合会等居民自管协治模式，搭建社区、业主、物管三方协管共治的流动人口服务管理平台；严厉查处违反流管规定案件，查处出租屋主、中介代理人和流动人员违规案件2405件。

开展黄岐治安重点地区专项整治，共打掉各类犯罪团伙39个，片区内的刑事治安、“三两”、黄赌警情分别比上年下降11%、25%和8.6%，出租屋列管率和流动人口登记率增长19%。整治“黄赌毒”等治安突出问题，出台5项查处“黄赌毒”的工作规范和责任倒查追究制度，结合“六大专项”整治行动，组织开展专项行动、集中统一行动，涉黄赌毒违法犯罪得到明显遏制。

推动平安边界建设。与广州市荔湾区、白云区、番禺区、花都区和鹤山市等加强区域警务信息互通，实现跨区域办案协作、边界治安联防联治。

【道路交通管理】 2014年，南海区公安交警部门根据“限摩”政策的调整，稳步推进桂城中心城区“禁摩限电”工作，设置3个月执法过渡期的阶段性执法规划。自9月“禁摩”起至年底，共出动警力10937人次，设置执勤点449个，查处涉摩交通违法案件106668件，查扣摩托车2435辆、电动车3201辆。严格“黄标车”、报废车路面执法工作。全年通过电子卡口系统处罚“黄标车”冲禁行违法行为194635车次。车管所通过平信、报纸公告途径通知车主报废车辆27419辆，监督拆解“黄标车”14555辆，办理提前报废迁出补贴24249辆。是年，查处交通违法行为920858件，查处酒驾、醉驾886件，暂扣机动车80448辆，查获套牌假牌车215辆，行政拘留交通违法人员708人次，刑事处理536人。全年发生道路交通事故757宗，受伤883人，死亡198人，直接经济损失141.93万元。

【消防管理】 2014年，南海区理顺区、镇（街道）、村（社区）三级消防工作架构、工作职能，健全镇（街道）消防办、村（社区）及消防站的工作制度。创新推出消防安全重点单位分级管理制度，将全区符合消防安全重点单位界定标准的1530个重点单位按照火灾危险性、单位规模、行业属性，划分为一级、二级重点单位，分别由区、镇两级实施管理。对742个一级单位实行户籍化编码管理。同时，将重点单位管理部门履行职责的情况，纳入镇（街道）和区级单位的绩效考核。加强消防宣传公益广告，实行有奖举报，鼓励群众参与火灾整治。是年，查处火灾隐患场所325处，54个场所被责令“三停”、临时查封。全年发生火灾事故382宗，死亡9人，受伤3人，直接经济损失1592.96万元。火灾事故死亡人数、受伤人数和经济损失分别比上年下降18.2%、70%、50.7%。

【出入境管理】 2014年，南海区出入境管理部门推出周六全日对外办公、网上预受理、24小时自助办证等新服务措施，进一步方便群众办事。同时，实施申办普通护照、往来港澳通行证和签注、往来台湾通行证和签注“三表合一”，简化办事程序。进一步缩短办证时限，急事急办的新证不超过5个工作日签发，持证申请签注不超过3个工作日签发。全年受理申请人数754177人次，比上年增长28.2%；受理各类证件总量890787本/件，增长10.5%。

【“六大专项”打击整治行动】 按照省、市统一部署，2014年4~12月，南海公安分局开展打击整治涉毒、涉黄赌、涉食药假、涉电信及银行卡诈骗、涉车、涉枪犯罪的“六大专项”打击整治行动。行动中，打掉涉毒团伙12个，破案1380宗，缴获各类毒品278.6千克；行拘涉黄赌人员5687人，逮捕824人；破获涉食药假案件289件，逮捕450人；破获电信及银行卡诈骗案件748件，逮捕193人；破获涉车案件9944件，涉枪案件112宗，破案总量、打击处理人数居全市前列。

【打击街面犯罪指挥部成立】 2014年4月29日，南海区公安分局成立打击街面犯罪指挥部，统筹整合分局和派出所9支近200人的动态打击街面犯罪专业队，实施“信息归口、集中研判、专案经营、动态打击”。全年共打掉“两抢”团伙67个，逮捕522人，全区街面“两抢”警情比上年下降13.3%。

【环境犯罪侦查中队成立】 2014年10月15日，南海公安分局经侦大队环境犯罪侦查中队正式成立。该中队与区环保局进行联动协作，实现对环境污染犯罪行为的专业化打击。至年底，共查处企业5家，刑拘13人，批捕2人。

（吴学军）

司法行政

【概况】 2014年，南海区司法局强化运用法治思维和法治方式做好法制宣传、人民调解、律师管理、社区矫正和安置帮教等各项工作。至年底，全区有各级人民调解组织459个，全年开展纠纷排查活动6346次，排查出矛盾隐患864个，调处民间纠纷2788件，调处成功率为98%。全区有律师所55家，律师395名，全年办理各类案件3854件。全区基层法律服务所受理诉讼代理103件、非诉讼代理1049件。南海公证处办理各类公证34984件，比上年增长14.7%。区法援处受理法律援助案件1809件，比上年增长2.6倍。全区在管社区服刑人员685人，刑释解教人员当年回归709人（重新就业624人），均无重新犯罪。

【法制宣传】 2014年，南海区深入开展“六五”普法工作，获“全国‘六五’普法中期先进县（市、区）”称号。区普法办组织全区70个单位9680名公职人员完成年度学法考试。区司法局和各镇（街道）司法所组织开展“法律进校园、案例大家谈”系列活动，区普法办联合区教育局等部门举办中小学生法制动漫大赛、“读书·美德·守法·安全”中小学生（家长）基本素养知识竞赛活动，九江镇、大沥镇分别成立青少年法制教育基地。区司法局联合桂城司法所在桂城瀚天科技城职工之家和北京福田汽车南海分公司举办“法律进企业、案例大家谈”活动，西樵司法所在广东蒙娜丽莎新型材料集团开展“培育企业法治文化、争当诚信守法职工”主题普法宣传活动，促进企业经营者和职工学法守法。此外，结合“创文”、平安创建等重点工作，组织开展系列主题普法宣传活动。1月，区司法局组织开展“创文”学法——禁毒知识竞赛活动；3月，里水、桂城、大沥司法所分别联合区镇有关职能部门举办“三八”维权周普法宣传活动；4月，各司法所联合镇（街道）综治、流管等部门开展流动人员服务宣传月活动；6月，区镇两级普法机构举办《广东省信访条例》宣传日活动，区法援处、公证处以调查问卷、有奖问答、专题讲座等形式，普及《法律援助条例》和《公证法》；12月，市、区、镇普法办在桂城千灯湖市民广场联合举办以“增强全民法治观念、推进法治佛山建设”为主题的佛山市“12·4”国家宪法日暨全国法制宣传日系列活动启动仪式。是年，区司法局还组织发动各单位开展“657”普法（法治文化）品牌项目创建工作，并向市普法办申报8个有本地特色的普法品牌项目。

2014年6月25日，南海区召开《广东省信访条例》宣讲大会

【“法治村居”建设】 2014年5月，南海区出台《南海区法治村居建设工作意见》，制定实施方案，指导各镇（街道）、各单位深入开展村（社区）普法工作，并在大沥镇黄岐社区开展法治建设试点工作。10月，出台《佛山市南海区建立“村居法治主任”制度方案》，在全区推行和建立由村（社区）党委（党总支）书记任主任、驻村居律师和村（社区）治保主任任副主任的“村居法治主任”工作制度，进一步促进基层民主自治。为全面推进村（社区）信访工作法治化建设，年内区普法办专门编印5万份《广东省信访条例》宣传单张，派发到各村（社区）。各镇（街道）司法所进一步完善村级法制宣传设施，并组织驻村（社区）律师开展宣讲活动近百场，积极引导村（居）民依法信访和理性维权。

【人民调解】 2014年，南海区从组织建设、队伍建设、机制保障等方面着手，推动人民调解工作迈上新台阶。全年全区各级人民调解组织开展排查活动6346次，排查出矛盾隐患864个，调处民间纠纷2788件，调处成功率为98%。

出台《贯彻〈南海区法治村居建设工作意见〉强化人民调解工作实施细则》，全面加强村（社区）人民调解工作。年内，全区所有村（社区）完成调委会组织架构调整和新一届调委会委员推选及聘任工作，由村（社区）党委（党总支）书记、副书记担任调委会主任及常务副主任，并聘请挂钩律师担任副主任，同时吸收“两代表一委员”（党代表、人大代表、政协会员）、退休法律工作者、参理事会成员等具备一定法律知识或者熟悉基层事务、热心调解工作的社会人士加入调解员队伍。规范人民调解备案登记工作程序、村（社区）调委会委员产生程序和调解员聘用程序，推进村（社区）人民调解工作规范化建设。抓好新任律师调解员以及村（社区）干部培训工作。6月24日至7月4日，组织全区近200名驻村（社区）律师参加培训。8月至11月，组织驻村（社区）律师为全区村（社区）“两委”干部、后勤、治安人员、经济社长等进行授课，超过2万名村（社区）干部参加培训。

商事调解工作取得新进展。成立由商会会长、专业律师等组成的专家型商事纠纷调解员队伍。镇级商事调解组织实现全覆盖并发挥积极作用，桂城总商会商事调解委员会成立1个月内，即有两名会员经调委会调处成功化解商事纠纷。

“以案定补”激励机制不断完善。各镇（街道）加大对调处矛盾纠纷的补贴力度，并将镇（街道）、村（社区）、企业等全部基层调解组织纳入补助范围；区司法局对参与基层矛盾纠纷调处的驻村（社区）律师给予办案补贴。

【律师工作】 2014年，南海区司法局以律师所队伍建设和内部管理为重点，对全区50个律师执业机构和407名律师进行检查考核，加强对律师行业的管理。同时，推进“律师进村（居）”活动。是年，全区投入380万元用于补贴律师走访村（社区）的交通费和开展人民调解、法律援助、法律服务、社矫安帮、普法等活动支出，为律师参与“法治村居”建设提供经费保障。年内，大沥镇、西樵镇、里水镇组建镇（街道）律师顾问团，实现镇（街道）律师顾问团全覆盖。在全区推行“一村居两法律顾问”制度。全年全区35家律师所的207名村（社区）法律顾问走访联系村（社区）2126人次，提供各类法律服务3008件/次，比上年增长97.6%。为推广典型，南海区组织开展“2014年上半年律师进村居活动优秀律师和先进村居”、“2014年度公益法律服务活动先进个人和单位”以及律师进村居“十佳律师”评选活动。

【社区矫正】 2014年，南海区司法局组织各镇（街道）司法所对“两类人员”（刑释解教人员和社区服刑人员）进行全面排查摸底，重点开展未成年及青少年社矫人员、境外籍社矫人员以及因职务犯罪、破坏金融管理秩序犯罪和金融诈骗犯罪、组织黑社会性质组织犯罪而接受社矫的三类罪犯的专项核查。全年调查评估案件149件，不批准出境社矫人员报备728人，对24名一般性违纪社矫人员给予警告处分，对1名严重违纪社矫人员给予撤销缓刑处罚。同时，发动社会力量参与社矫安帮工作，出台《南海区驻村居律师参与社区矫正和安置帮教工作细则》和《南海区社会志愿者参与社区矫正和安置帮教工作办法》。继续在各镇（街道）推行政府购买社矫服务，全年镇级财政投入近100万元，引入多个社会服务组织机构和近百名专业社工，以心理辅导和公益服务相结合方式为全区社区矫正人员提供帮教服务项目20多个。组织开展社区矫正“规范化建设年”活动，重点加强社矫人员执行档案及工作档案规范化建设。是年8月，区司法局新开设特殊人群综合管理服务窗口，主要承办区内社矫人员社会调查、入矫报到、心理评估、业务咨询、帮教服务等业务，为社矫人员提供全面的服务。

【安置帮教】 2014年，南海区司法局重新制订《南海区刑满释放人员和社区矫正人员“个性化”再就业培训办法》，对申请“个性化”再就业培训的工作目标、申请资格、培训范围、经费标准、申报程序、奖惩机制6个方面内容进行统一规范。全年为18名社矫刑释人员解决参与“个性化”再就业培训费用6万余元，18名刑释解教人员通过技能培训实现再就业。

【公证服务】 2014年，南海公证处通过制定和完善预约办证制度、简化办证材料、专设涉外游学公证服务窗口、举办“公证进社区”活动等措施，着力解决群众办证难问题。为南广（贵广）客运铁路专线回迁房安置抽签活动、西樵镇南方工业区厂房项目、九江镇沙头环镇路回迁宅基地项目等重点项目提供公证服务。深入推进公证信息员制度，公证信息员队伍覆盖所有村（社区），实现一村（社区）一公证信息员。区公证处全年开展活动40多场次，办理公证案件2100多件，接待群众咨询近4000人次。

【法律援助】 2014年，南海区法援处加强与侦查机关和妇联等部门的沟通和协调，依法维护未成年人和妇女等特殊群体合法权益。全年受理侦查阶段未成年人刑事案件55件，比上年增长3.7%；受理涉及妇女案件774件，增长26倍。开通群体性纠纷快速处理“绿色通道”，加大群体性事件介入力度，全年受理影响较大的群体性劳资纠纷9件，涉案人数1234人。推进镇（街道）法律援助工作站建设，构建“半小时法律服务圈”。全年全区工作站办理案件119件，接待妇女来访来电咨询1172人次。驻村（社区）律师作为基层法律援助的主力军角色日益凸显，全年办理基层法律援助案件189 件，在里水镇和狮山镇举办宣传活动，在各村（社区）流管站、外来工聚居区张贴法律援助指引，提升外来务工群体对法律援助的知晓率。

【基层法律服务】 2014年，南海区选取20个村（社区）开展驻村居律师参与村（社区）建章立制试点工作。通过发挥驻村（社区）律师专业优势，帮助村（社区）逐步完善村规民约、自治章程等各项规章制度，进一步加强基层民主自治能力。年内，区公职律师为各区直单位、信访部门、镇（街道）法律服务所等提供专业法律服务14次。镇（街道）法律服务所积极协助基层政府、村（社区）处理各类法律事务。大沥法律服务所积极介入黄岐大沙村土地“三旧”改造项目纠纷处置工作；九江法律服务所通过运用法律手段，成功为龙迴经济社追回30万元集体款；桂城司法所协助街道制订《关于农村集体土地流转前期土地整理办法》。 （张洁珍）

■ 人民武装

【概况】 2014年，南海区抓好国防动员和后备力量建设，增强民兵遂行多样化军事任务。积极开展全民国防教育活动，提高群众国防意识，培养爱国主义精神。圆满完成年度征兵任务，征集新兵435名。

【思想政治建设】 2014年，南海区人武部组织学习贯彻习近平主席“关于国防和军队建设”的重要论述和党的十八大、十八届四中全会、全军政治工作会议等重要会议精神，广泛开展历史使命、理想信念和战斗精神教育。切实开展党的群众路线教育实践活动，收集各镇（街道）反映的问题142个，军分区督导组指出的问题8个，6次召开专题党委扩大会和干部职工大会，研究制定具体整改方案和完成时限，限期整改“群众提、自己找、上级点”的8个问题。《广东武装》杂志对区人武部的群众路线教育实践活动进行了专题报道。

【民兵预备役建设】 2014年，南海区人武部召开民兵整组工作会议，进一步编强编实人员，补齐装备器材，健全各种预案。对各镇（街道）武装部、基层民兵营连进行全面检查评比，促进基层正规化建设。协调区军转办，组织预备役军官数据录入，掌握预备役军官情况。加强民兵预备役军事训练。年内，对民兵应急分队进行4次成建制突击拉动点验，指导各镇（街道）民兵应急分队开展相关科目的训练，并集中全体参考人员进行10天的封闭式训练。在省军区、军分区组织的考核评比中，区职工和民兵应急分队射击、中长跑等硬性科目均获第一名。组织民兵森林防火分队集训，提高民兵森林防火队员业务能力。挑选75名预备役人员参加业务骨干集训和野外行军拉练；组织交通战备骨干和成员单位进行交通动员演练；组织全体人武干部参加军分区现役军官军事集训。

【征兵工作】 2014年，全国首次实行网上征兵报名。南海区人武部召开网上征兵报名专题研究会，利用区国防教育网和征兵QQ群开展网上征兵技术指导，实时解答有关问题。全区参与兵役登记的适龄青年人数达21588人，应征报名人数19631人。共征集新兵435名（男兵430名、女兵5名），其中大专以上学历156名，占新兵总数的35.9%，其余全部为高中以上学历。

【国防教育】 2014年9月30日是全国首个烈士纪念日。南海区在大沥文化公园烈士纪念碑举行烈

2014年5月12日，南海区武装部组织开展民兵应急分队点验拉动训练

2014年9月30日，南海区在大沥镇文化公园烈士纪念碑前举行烈士公祭活动

士公祭活动，中共南海区委、区人大常委会、区政府、区政协、驻南海区解放军和武警部队代表，军烈属以及社会各界群众等500余人参加活动。年内，区人武部完成民兵预备役、机关企事业单位和青少年学生军训任务4万余人次；组织200余名青年干部、中小学生开展升国旗唱国歌活动。 （何颖）

■ 人民防空

【概况】 2014年，南海区严格抓好人防工程报建审批，对保障性住房项目、“三旧”改造项目、都市型产业项目、高层工业厂房项目等特殊性、疑难性项目，定期上报联合审批小组，规范审批程序。对人防工程实行全过程监管，制定内部监督、监察制度，保证人防工程质量和安全。全年完成人防报建审批项目2573个，应建人防工程面积105.40万平方米，开工报建面积61.67万平方米。至年底，人防工程竣工面积36.27万平方米。收取人防易地建设费9005.78万元，出具人防工程义务证明书487份。

【人防指挥通信建设】 2014年，南海区加强人防应急机动指挥所建设，按照“三位一体、三级配置、三种车型、四个统一”的建设要求，在原有小型机动指挥所的基础上，建设中型机动指挥所，进一步提高人民防空指挥水平。年内，101工程信息系统完成安装调试，并顺利通过省、市的联合验收。全年安装电声防空警报器68台，至年底，建成防空警报器324台，其中200台电声警报器带有语音播报功能，并加装有线传输及后备电源，确保急时应急、战时应战。防空警报覆盖率达75.8%。同时，做好防空警报器系统及人防指挥系统的检测维护工作。区人民防空办公室（以下简称“区人防办”）每月与佛山市人防办进行警报器及视频会议系统联网测试，确保防空警报系统的连通性和稳定性。5月，参加省人防指挥所区域协同支援演练，提高机动指挥所实战能力。

【人防宣传教育】 2014年，南海区人防办制订宣传计划，做好人防宣传教育工作。印制人防宣传画，设置人防知识宣传栏、广告牌等，宣传人防政策法规，普及防空防灾知识；在《珠江时报》刊载专题报道；拍摄人防专题片，全面介绍南海人防工作情况，宣传人防应急救援知识；多次在中小学校、社区举办人防知识讲座及演练。

【人防“准军事化”建设】 2014年，南海区人防办推进人防“准军事化”建设工作。实行“准军事化”管理，制定岗位职责、工作程序及有关管理要求，完善各项规章制度，强化队伍建设，减少自由裁量权。区人防101工程战备指挥所是省人防机关“准军事化”建设的试点单位，为增强其“准军事化”文化氛围，区人防办对101工程办公大楼严格按省准军事化标准进行八室一库建设，布置形象墙，建设文化长廊，悬挂标识、标牌和标语，增设作战指挥地图。

【开展人防地下室巡查调研】 2014年4月，南海区人防办组织对全区已投入使用的人防地下室进行为期3个月的全面巡查。经检查，已建人防工程使用状况良好，个别存在的问题得到及时处理。根据巡查情况，于10月启动《南海区人防工程维护管理办法》制订工作，并委托第三方人防科研单位开展前期调研。

【人防战备指挥所启用】 2014年5月，南海区人防战备指挥所及人防地面应急指挥中心正式投入使用。这是佛山地区第一个人防指挥所，也是全省县（区）级配置最齐全、规模最大的人防指挥所，同时还兼具南海区智慧城市应急管理指挥备份中心的功能。

（梁海燕）

城乡建设

Urban and Rural Construction

城乡规划

【概况】 2014年，南海区受理规划报建事项13682宗，准时办结率100%。办理建设项目选址意见书52宗，用地面积230.55万平方米。办理建设用地规划许可证1100宗，用地面积1307.92万平方米。办理建设工程规划许可证2162宗，建筑面积2034.81万平方米。其中，住宅类1003宗，建筑面积1209.87万平方米；工业类540宗，建筑面积302.82万平方米；公共建筑类265宗，建筑面积522.12万平方米；市政工程类（包括绿化工程）354宗，管线长282.01千米。办理建设工程竣工规划验收合格证1250宗，建筑面积940.75万平方米。

【重点片区规划编制】 2014年，南海区围绕"一山，两站、三湖、三核、三轴"（"一山"指西樵山，"两站"指广州南站、佛山西站，"三湖"指千灯湖、博爱湖、听音湖，"三轴"指千灯湖轴、博爱湖轴、樵山轴，"三核"指沥桂新城、"双中枢"、听音湖片区）总体空间结构，进一步细化城乡规划布局，编制完成千灯湖轴线地区城市设计、博爱湖城市景观设计、听音湖片区整体城市设计及重点地段控规、佛山西站枢纽新城控制性详细规划、广珠铁路官窑货场片区控制性详细规划、西部水系利用规划、桂城华南汽车城控制性详细规划等多个重点片区规划，加强区域规划统筹管理，指导重点地区规划建设。

【控制性详细规划编制】 2014年，南海区制定《控规编制和管理工作方案》，规定用两年时间编完规划建设地区的控制性详细规划，并明确编制流程、经费补贴、成果要求等。至年底，完成第一批编制计划，共83个项目，规划面积256平方千米。

【户外广告规划编制】 2014年，南海区完成《户外广告专项规划》《重点路段户外广告详细规划》《高（快）速路两侧户外广告专项规划》编制；各镇（街道）完成南海大道、佛平路、广佛路等30多条道路的广告招牌详细规划，为进一步规范户外广告审批及开展整治工作提供技术支撑（参见P126《户外广告标牌整治》条目）。

【地下管线管理】 2014年，南海区制定《管线管理工作办法》和《规划管理实施细则》，为管线管理提供法律依据。同时，调整充实区管线管理领导小组，指导各镇（街道）成立由主要领导任组长的管线领导小组，明确区镇两级管线办的职责分工。推进管线普查工作，绘制完成现状管线综合图，制订管线普查工作方案、招标文件，指导各镇（街道）启动为期两年的管线普查工作。

【城建档案管理】 2014年，南海区国土城建和水务局接收城建档案3834宗，整理档案7806卷，接收建设工程竣工档案31宗，发出档案验收合格证21个。中海千灯湖花园16、18栋及地下室项目、依云上城9~12号楼及地下室项目、友邦金融中心项目的建设工程档案送检参与佛山市建设工程评审，3个项目获评2013年度佛山市建设工程优质奖。此外，加快纸质档案电子化建设。全年扫描档案7837卷，接受档案查阅3859宗，提供复印件8207份。

【城市升级项目建设】 2014年是南海区实施城市升级三年行动计划的第三年。年内魁星阁、灯湖市政公园、新西樵大桥、南九复线、国艺影视城、听音湖"樵山瀑影"景点等一批重点项目相继完工。经过三年建设，南海区城市面貌、城市公共设施、市政设施、城市环境、城市产业改善提升，"湖城融合"城市格局日益凸显。至年底，市级统筹南海负责的23个项目全部开工，有8个项目完工，15个项目在建，累计完成投资81.47亿元；区级项目中，有10个项目完工，27个项目在建，累计完成投资478.3亿元。

在是年7月进行的全市城市升级第五次巡查中，南海区城市升级工作受到巡查组好评，被评价为“大气魄、大手笔、够震撼”。

（许晖）

环境保护

【概况】 2014年，南海区空气优良天数242天，优良率为66.3%，比上年提高1.8个百分点，其中优秀天数42天。6个饮用水源地监测断面水质符合Ⅱ类标准，水质评价为优，水质状况基本得到保持。主要污染物二氧化硫和一氧化碳年评价达标，二氧化氮、可吸入颗粒物（PM_{10}）、细颗粒物（$PM_{2.5}$）和臭氧项目年评价均超过国家二级标准。二氧化硫年平均浓度比上年下降25.0%，二氧化氮年平均浓度下降5.0%，PM_{10}年平均浓度下降6.4%，$PM_{2.5}$年平均浓度下降11.5%。

是年，南海区印发《关于进一步加强环境保护责任落实的通知》《关于调整佛山市南海区环境保护委员会成员单位的通知》《南海区环境保护委员会环境综合管理职责分工》《南海区环境保护委员会成员单位领导班子和成员环保责任制考核办法》《佛山市南海区环境保护行政过错责任追究实施办法》《进一步加强镇（街道）环境保护监督管理工作意见》《南海区村（居）环境保护监督管理办法（试行）》7份文件，通过明确分工、厘清职责、责任考核、过错追究，进一步健全环境保护工作机制。

【打击违法排污行为】 2014年是佛山市环境执法年，南海区全力开展打击违法排污行动。全年开展专项行动222次，检查企业4922家，下发行政处罚决定书567份，行政处罚总额2193万元，移送司法部门涉刑事案件26件、28人；取缔无牌无证污染企业1687家。

2014年6月20日，南海区区长郑灿儒带队到各镇（街道）进行环保突击检查

【工业污染源整治】 2014年，南海区对狮山龙头片区、狮山佛科院北校区、里水逢涌南发铸造厂、大沥许海中学周边等群众投诉热点区域进行综合整治，强制关停无牌无证污染企业471家。全年整治提升陶瓷、玻璃、VOC、电镀、皮革等各类企业387家，关停企业26家。完成对南海发电一厂、南海京能发电有限公司以及南海长海发电厂的脱硫、脱硝和除尘环保设施第一阶段升级改造，削减60%的烟尘排放。

【村级工业集中片区整治】 2014年，南海区出台《佛山市南海区村级工业区环境整治指导意见》，决定对187个村级工业集中片区进行分批整治。首批整治从是年开始，在7个镇（街道）各选取1个最迫切需要整治的村级工业集中片区进行试点整治。全年整治企业173家，其中提升管理的企业75家，淘汰不适宜继续发展企业98家。

【淘汰“黄标车”】 2014年，南海区继续通过严格环保标志管理、严把新车准入、加强尾气路检和场检、推行黑烟车限治和黑名单制度等，加快“黄标车”淘汰进程。至年底，累计淘汰“黄标车”38368辆，累计淘汰率为50.9%。

【创模“一企一档”电子化管理系统试运行】 2014年，南海区创建国家环境保护模范城市“一企一档”电子化管理系统投入试运行。该系统为南海“智环通”管理应用系统的子系统，对全区700多家创模复核企业的资料进行电子化归档。通过系统可获取企业环保审批、验收、日常监督性监测等档案资料。

【环境保护宣传教育】 2014年，南海区开展主题为“向污染宣战，南海在行动”的环保宣传月活动，通过举办环保宣讲、环保执法体验日等活动，提高市民环保意识。5月，举办3场村（社区）干部培训讲座，邀请广东环境保护工程职业学院环境科学系教授余秋良进行授课，近1000名干部参加培训。5月和6月，分别在里水镇中心小学、桂城街道桂花社区十七街区和大沥镇邵边小学开展“环保，从我做起”公益巡讲活动。6月6~19日，南海区环保局与广佛都市网、瀚蓝环境股份有限公司联合举办3场“环保执法体验日”活动，邀请100名市民、网友参加环保监测和执法体验系列活动。环保宣传月期间，全区在各类媒体进行环保宣传800多次；各镇（街道）在主要道路或显眼位置张贴宣传标语、宣传画、条幅等1.5万多幅；在电视上曝光违法排污行为44次。

此外，组织开展新《环保法》宣传培训。全年区、镇两级开展环保宣讲活动18场，参加培训1.2万人次。（杨科）

■ 国土资源管理

【概况】 2014年，南海区土地总面积1071.55平方公里，其中国有土地面积25311.54公顷；集体土地面积81843.91公顷；建设用地总面积54700.81公顷，其中集体建设用地面积38588.46公顷。全年土地一级市场出让土地42宗，成交土地面积211.14公顷，成交金额149.3亿元；上报城镇建设用地40批次，涉及土地面积431.14公顷；全年有80批获省（市）批准，涉及面积660.77公顷。是年，南海区被省国土资源厅选为全省基层国土资源所规范化建设试点区之一。

【土地规划调整】 2014年，南海区开展土地利用总体规划调整工作，进一步优化国土空间开发布局，提高土地利用效益。全年上报规划修改方案16份，核减多划基本农田58.72公顷，增加城乡建设用地26.67公顷，调整使用建设用地194.72公顷。

【高标准基本农田建设】 2014年，南海区出台《南海区高标准基本农田建设实施工作方案》《佛山市南海区高标准基本农田建设项目实施和资金管理暂行办法》等文件，推进高标准基本农田建设工作顺利开展。至年底，2012年1220公顷（1.83万亩）高标田建设通过省、市、区验收，并获10公顷新增建设用地指标的省级奖励；2013年度的853.33公顷（1.28万亩）高标田建设工程竣工，初步完成区级验收；2014年高标田项目进入设计、立项阶段；2015年高标田项目进入前期准备阶段。

【土地出让收支和耕地保护审计】 2014年，国家审计署首次在全国开展土地出让收支和耕地保护审计。南海区建立工作协调机制，在全面清查和梳理审计范围内土地管理工作基础上，突出重点，认真开展自查自纠和整改落实。审计工作从8月持续至11月。

【土地批后监管】 2014年，南海区国土部门坚持“控制增量、盘活存量、清理未用”的工作思路，加强土地批后监管，促进节约集约用地。细化闲置土地实施方案，指导各镇（街道）开展闲置土地处置工作，提高存量土地的利用效率。建立批而未供土地清理台账，分析影响用地供地率较低的原因，促进批而未供土地的充分利用。开展全区设施农用地和临时用地批后专项整治，分门别类落实整改措施。

【土地执法监察】 2014年，南海区在各镇（街道）成立国土资源执法监察中队，增强基层土地执法力量，推进土地执法“重心下移、关口前移”。印发《关于进一步加强农用地流转监管的通知》，进一步从源头上加强对农用地的监管。全面排查整治“小产权房”，遏制违法建设、销售“小产权房”的行为。利用卫星遥感监测数据开展2014年度违法违规用地专项整治行动。顺利通过国家2013年度土地矿产卫片执法检查，实现“零约谈、零问责”的目标。

【土地信访和涉诉案件处置】 2014年，南海区国土部门结合党的群众路线教育实践活动和“社会矛盾化解年”工作，努力化解涉农信访案件。新设立信访科，配强力量，专人专职负责信访工作；聘请律师团队进行信访矛盾的法律分析、疏导化解；开展领导包案化解纠纷；出台《佛山市南海区三旧改造重大事项社会稳定风险评估实施办法》，从源头上预防和减少因“三旧”改造引发的社会矛盾。全年受理各类群众信访案件295件，矛盾化解率80%。同时，推进依法行政工作，全年处理行政诉讼（复议）案件93件。

【地质灾害防治】 2014年，南海区积极开展地质灾害隐患点排查和治理，投入资金1741万元，治理消除地质灾害隐患点23处，完成省国土资源厅当年地质灾害隐患点减少15%的目标任务。编制汛期地质灾害重要隐患点防治预案，开展隐患点建档工作，实现隐患点“一点一档”，落实汛期地质灾害预警预报和值班巡查制度。在西樵山举办风景区地灾防治培训班，在里水镇举办突发地质灾害应急演练，提高应急处置能力和群众临灾避险能力。

【“三旧”改造】 2014年，南海区作为广东省新一轮深化“三旧”改造综合试点，积极开展新一轮“三旧”改造专项规划（2014~2020年）修编工作，加

2014年3月21日，南海区举办“三旧”改造项目投资推介会

强改造规划与城乡规划、土地利用总体规划的衔接。年内，稳步推进听音湖片区改造项目、广佛国际商贸城中心区片区改造项目、桂城华南汽车城升级改造项目、沥桂新城大沥核心区片区改造项目、丹灶大金智地项目、里水新材料产业基地项目等重点连片改造项目。3月21日，举办“三旧”改造项目投资推介会，推介项目115个，涉及土地面积834.08公顷，吸引逾500名客商参加。是年，全区认定“三旧”改造项目38个，面积80.87公顷（1213亩）；公开一级出让“三旧”改造用地15宗，土地面积60.07公顷，出让地价款57.6亿元；完善历史用地手续407宗，面积251.33公顷。

【集体建设用地流转】 2014年9月，南海区出台《佛山市南海区集体建设用地使用权流转实施办法》，进一步规范集体建设用地使用权转让、转租、抵押等流转方式，探索集体土地商服产业载体项目分拆销售等方式，进一步释放集体建设用地的产权权能，形成由一级市场到二级市场的政策体系，构建城乡统一的建设用地市场。

【社区公寓建设】 2014年9月，南海区出台《佛山市南海区关于进一步推进村居社区公寓建设的实施意见》及相关操作细则，调整和完善2011年出台的社区公寓政策，降低准入门槛，灵活资金筹措方式，引导农村土地集约利用，加快新型城镇化建设步伐。

【地理信息服务】 2014年，南海区政府与省国土资源厅、市国土资源和城乡规划局签订数字南海地理空间框架建设合作协议书，开展数字南海地理空间框架建设工作。启动地理国情普查工作，整合全区地理国情信息，年内完成内业数据整理和解译。启动全市国土资源“金土工程”南海子系统建设。

【“多规合一”试点工作】 2014年8月，南海区被列为全国28个“多规合一”（以发改、国土、住建、环保四部门编制的法定性空间规划为核心对象，同时协调农业、林业、交通、水利等多部门规划，形成“4+N”的空间规划协调与管控体系，实现“一本规划，一张蓝图”的目标）试点市县之一。试点工作方案于年内正式上报国土资源部。（张凤欢）

水务

三防工作

【概况】 2014年，南海区气象台发布暴雨黄色预警信号23次，暴雨橙色预警信号3次。是年区三防办观测站录得降雨总量1541.7毫米，比南海区多年同期平均降雨量（1621毫米）下降4.9%。5月24日，狮山窦出现4.23米的全年最高水位；6月14日，北村水闸出现2.03米的超警戒水位。全年全区因洪涝风雨灾害造成的直接经济损失87万元，其中农作物受灾面积99.27公顷，受损工棚面积500平方米。

【基层三防体系建设】 2014年，南海区继续推进镇（街道）和村（社区）三防体系建设。7个镇（街道）按照“五个一”（一名气象协理员、一间办公室、一条专线、一套计算机设备、一块气象电子预警显示屏）、“三个有”（有固定的工作人员、有明确的工作职能、有规范的运行管理）的标准完成镇（街道）气象服务站建设。气象服务站与镇（街道）三防办合署办公。各镇（街道）三防办按照佛山市新修编的三防预案，开展三防应急预案的修编工作，完善洪水风险图。以丹灶镇为试点，编印镇（街道）三防工作手册、知识小册子和宣传小册子，其他镇（街道）亦于年底完成编印工作。同时借力基层社区网格化治理，建立以村（社区）为基本单位的防灾减灾模式。

【抗洪抢险救灾】 2014年3月30日起，区、镇（街道）两级三防办执行24小时防汛值班和领导带班制，部署抗洪抢险救灾工作。汛期（4月15日至10月15日），区三防总指挥部召开5次防汛防台风视频会商会议，启动防汛IV级响应1次，启动防风IV级响应2次。全区派出防汛检查督导组118个、592人，落实防汛应急值守人员553人，出动巡查、抢险人员3657人，转移受威胁群众105人。（林家琪）

水务工作

【概况】 2014年，南海区计划实施水利工程30宗，总投资23836.32万元。至年底，已开工在建1宗，8宗进入施工招标阶段，2宗完成施工招标，其余19宗开展施工招标前期工作（设计审批、预算审核等）。

是年，南海区提出近三年的治水目标，规划包括引水、排涝、打通断头河涌、生态修复等6个大类约230个项目，计划投资约32亿元。进一步理顺水利工程“建管分离”机制，修订《南海区水利工程建设管理考核办法》，明确镇（街道）、区水务部门以及区水投公司职责，理顺建设机制。组织编写《南海区水利工程建设管理资料汇编》，推进水利工程建设管理规范化。（梁静殷）

【内涝整治】 2014年，南海区完成《南海区城市排水防涝设施建设规划》编制，并按新的排涝标准对防洪排涝体系进行全面升级，重点推进桂城一环东涌聚龙涌互通工程、狮山镇大圃璜溪村涌扩宽整治工程等项目。（王林琛）

【创建“全国小型水利工程管理体制改革示范县”工作】 2014年，南海区成立深化小型水利工程管理体制改革工作领导小组，制订改革方案，按照“产权有归属、管理有载体、运行有机制、工程有效益”的总体要求，推动各项改革工作：进一步明晰工程产权，对经各镇（街道）界定工程管理权的小型水利工程颁发使用管理权证书；进一步落实“管养分离”，厘清基层水务管理所和排灌养护站的职责，落实基层水行政管理与工程运行养护；进一步提高工程管养标准，各类水利工程目标管理经费每年超8000万元，保障水利工程的日常运营及保养维护；吸引优秀水利人才，打造优秀的一线水利工程养护团队；建立完善的水利工程管理养护监督体系，形成上下协同、齐抓共管的良好局面；根据各类水利工程目标管理考核标准，实行多层次考核，并根据考核结果进行奖罚，调动基层管理、运行和养护的积极性。12月16日，南海区改革工作通过广东省水利厅验收。（霍建英）

【水政执法】 2014年，南海区水务部门加大水政执法巡查力度，打击非法采砂行为，整治河道违章建筑，确保堤岸行洪安全。位于西樵镇太平村的市区河道采砂联合执法点于年内投入使用，提高了西江南海水域的执法效率。6月，组织近70名水政执法人员在西江南海九江水域进行为期7天的水上联合执法训练，进一步提高执法队伍的实战能力。是年，区水务部门在西江、北江南海水域联合执法巡查（值班）3792人次，开展专项突击行动27次，出动执法船365艘次，查获无河砂合法来源证明的运砂船3艘，并对其中船号为桂藤县货0553号、山东省威海强宇航运有限公司的“海航泰”运输船、南京昌源海运有限公司的“航顺轮”运输船等3艘无河砂运输合法来源证明的运输船进行立案处罚。全年查处各类水事违法案件139件，其中立案8件，作出行政处罚案件8件，罚款18.5万元；拆除临时违章建筑物38间，约900平方米；清理占用防护地（滩）6处，约18500平方米；清理河涌阻水物3处，共791立方米。（黄小萍）

【水资源管理】 2014年，南海区新发取水许可证1个，延续取水户2家，对1家取水户取消取水许可。至年末，全区经审批登记的取水户共52家，其中由珠江水利委员会发证的2家，省水利厅发证的3家，市水务局发证的3家，区水务部门发证的44家。

是年，南海区完成《佛山市南海区地下水资源勘测、调查、综合评价报告》《南海区水功能区限制纳污总量核定工作报告（东、中部片区）》编制工作，组织《南海区水功能区划报告》专家评审会，完善水功能区划工作。“3·22”世界水日期间，区水务部门与瀚蓝环境股份有限公司合作，在大沥镇大镇村开展“中国水周”护水宣传活动，吸引200多名群众参与，派发宣传小册子1000多本；在桂城保利花园小区举办社区节水宣传活动；举办“水务、三防开放日”活动，组织50名市民参与。（韩小萍）

重点水利工程

【里水镇红旗湾调蓄湖改造工程】 红旗湾是里水河的一条支涌，全长620米，河面平均宽度50米，由于其连接里水河部分被围垦成鱼塘，无法发挥排涝作用。改造工程主要是将旧河道全部打通，新建人行便桥，形成中间岛以及一河两岸的景观，并对红东水闸至红旗湾涌范围的里水河左岸岸线进行整治。工程包括新建生态密排木桩护岸1910米，新建土工格网垫块石护岸1160米，新建人行便桥长45.5米、宽2.5米，翻新红旗村白泥窦排涝站、水闸外墙面积630平方米。工程于2013年12月开工，2014年完工。

【罗村南部新城一号泵站】 位于芝安围佛山水道岸线30米留控线内侧，按20年一遇24小时暴雨一天排干标准规划，规划排水流量6.0立方米/秒，计划安装两台1000QZB-125型潜水轴流泵，配套电机功率200千瓦，总装机容量400千瓦，设计总装机流量6.28立方米/秒。该工程主要解决新光源产业基地的排涝问题，以及从佛山水道引水改善园区水环境。工程于2014年动工建设，至年底完成工程量的20%。

【罗村涌壅水闸工程】 罗村涌全长1790米，是罗村城区的主要排水河涌，为王芝截洪沟、王芝涌及良安涌涝水的受纳河涌。工程位于罗村芝安围内，工程等级为三等，主要建筑物为三级，次要建筑物为四级。设计为3孔水闸，每孔净宽8米，闸底高程-1.50米，具有排涝、蓄水功能。工程于2013年动工，至2014年底完成工程量的91%。 （王林琛）

建筑业管理

【概况】 2014年，南海区建筑业实现增加值44.82亿元，比上年增长7%。全区有资质等级以上建筑企业83个。全年全区受理房屋建筑和市政基础设施工程施工报建1418项，建筑面积1572.46万平方米，分别比上年下降4.9%、1.0%；工程造价267.44亿元，增长5.2%。房屋建筑和市政基础设施工程竣工验收备案1102项，比上年下降1.8%；建筑面积985.40万平方米，下降0.3%；工程造价144.14亿元，增长9.2%。

【建筑工程监管】 2014年，南海区国土城建和水务局研发“建筑工程施工安全移动执法系统”，通过移动设备和技术，实现对施工现场的信息化管理。实施《南海区建筑工程质量（施工安全）监督站监督人员管理和绩效考评办法（试行）》，进一步规范工程监督管理行为，提高监督队伍执法能力和水平。组织建筑施工安全生产大检查、预拌混凝土和预拌砂浆生产企业质量检查、深基坑施工安全专项检查，对发现不良行为的管理人员和企业进行安全生产动态扣分及诚信扣分，其中对企业进行动态扣分1252分，对项目管理人员进行动态扣分10942分，对施工、监理单位进行诚信扣分3159分。

【建筑领域劳资纠纷监管】 2014年，南海区国土城建和水务局与区人力资源和社会保障局联合印发《关于建立建筑领域劳资纠纷联合巡查机制的通知》，成立区建筑领域劳资纠纷联合巡查小组，以属地管理为原则进一步下放建筑领域劳资纠纷防控监管权限。同时，推行“劳资专管员制度”，落实施工现场工资公示，对企业违法违规行为进行公开。是年，全区发生劳资纠纷案件17件，涉及人数757人，涉及金额3163万元，分别比上年下降42%、37%、27%。其中，较大级别劳资纠纷案件6件，比上年下降44%。

【试行基坑、桩基础工程单独报建】 2014年，南海区制订《佛山市南海区基坑、桩基础工程施工报建实施办法（试行）》，允许建设单位采取分阶段工程报建的方法，解决建设单位因整个项目规划审批时间长导致无法办理施工许可证的问题，节约企业建设成本。全年共有37个基坑工程、49个桩基础工程报建。 （梁海燕）

房地产开发

【概况】 2014年，南海区加强对房地产市场的动态监控，制定符合实际的调控政策，实现房地产市场量增价稳的调控目标。全年全区商品房销售面积441.54万平方米、53180套，销售金额439.06亿元，分别比上年增长32.1%、31.8%、35.6%；销售均价为9944元/平方米，增长2.6%。其中，商品住宅销售面积370.6万平方米、35485套，销售金额374.76亿元，分别比上年增长37.2%、47.7%、46.0%；销售均价为10112元/平方米，增长6.4%（该数据为合同备案数，统计周期为2013年12月26日至2014年12月25日）。

【房地产市场监管】 2014年，南海区国土城建和水务局印发《关于加强共用同一场所进行多个商品房项目预（销）售的现场信息公示管理的通知》，完善商品房项目预（销）售的现场信息公示制度。重点打击开发企业违规收取诚意金行为，全年查处违规销售行为4起。组织开展都市型产业载体开发建设及租售情况大检查。加强诚信管理，引导房地产开发企业规范经营。全年对8家企业进行诚信扣分处理，对4家企业进行诚信加分。

【物业公司管理】 2014年末，南

大沥镇环境优美的保障性住房小区

海区有物业服务企业198家，其中一级资质企业54家、二级资质企业23家、三级资质企业103家、暂定三级资质企业18家（以上数据含异地备案企业）。是年，南海区国土城建和水务局组织召开由各镇（街道）房管所、各小区物业公司负责人、业主委员会负责人、所属社区居委会负责人参加的新《佛山市物业管理办法》解读宣传会，并派发物业管理和业委会建设相关法律法规以及《物业管理100问》等宣传资料1000多份。邀请区爱卫办以及社区居委会、小区业委会成员参与物业服务企业的监督检查，提高物业公司在环境卫生管理、除四害治理等方面的专业性，强化属地管理部门和业主对物业公司的监督作用。全年对6家物业服务企业进行诚信扣分，对3家企业进行诚信加分。对全区物业用房和社区用房的配置和管理情况进行清查，建立全区物业用房档案，规范物业用房用途，并对物业用房进行挂牌标示，方便业主进行监督。年内，全区有3个物业服务项目获“广东省物业管理示范住宅小区（大厦、工业区）”称号，有2个项目获“佛山市物业管理示范住宅小区（大厦、工业区）”称号。

【保障性住房建设和管理】 2014年，南海区新开工建设保障性住房1208套，分别为禾仰广场项目1000套、金爵士项目208套，超额完成佛山市下达的1200套新开工建设任务。至年底，全区有在建保障房4876套，竣工保障房9338套。全年分配保障房4011套。

是年，南海区改变定期受理保障房申请的做法，开展常态化申请受理工作，并将审核工作延伸至社区行政服务中心。制定《关于加强保障性住房物业管理工作的指导意见》，促进保障房物业管理的标准化。

【房地产行政审批改革】 2014年，南海区国土城建和水务局进一步精简办事流程，提高办事效率。将办理房地产权证补办业务分别刊登房产证和土地遗失声明的环节调整为一次性刊登；通过前台加班、后台支援的措施，实行房产办证窗口不限号办理业务。此外，从6月16日起，市民查询房产档案不再按面积计收费用，改为按宗收费，每宗收费25元。 （梁海燕）

■ 公用事业·市政建设

【供水】 2014年，南海区有供水企业17家，自来水厂11间，其中镇级以上自来水厂6间，村级水厂5间。全区总供水能力152.9万立方米/日。全年有效供水量4.94亿立方米（包括顺德区、禅城区、三水区以及广州市等地区对南海区供水量）。10月31日，总投资约13亿元、制水规模为38万立方米/日的新桂城水厂及桂城增压泵站正式投产运营。

是年，南海区继续推进全区供水资源整合工作，整合里水自来水公司、丹灶自来水公司、大沥自来水公司、西樵官山自来水有限公司以及狮山镇狮山、小塘、官窑、松岗4间自来水公司，分别成立里水水务有限公司、丹灶水务有限公司、大沥水务有限公司和樵南水务有限公司和狮山水务有限公司。南海区国土城建和水务局分别于1月、4月和9月组织全区自来水厂和二次供水节前安全生产联合检查，保障供水安全。 （谭毅汉）

【供电】 2014年，南海区有用电户104.12万户，占全市用电户总数的37.0%。年供电量212.46亿千瓦时，比上年增长8.1%；售电量204.1亿千瓦时，增长7.4%。电网最高负荷381.6万千瓦，增长6.4%。全年用户平均停电时间0.82小时，下降40.1%。

是年，南海供电局加快推进电网建设，满足城市升级区域电力需求。全年完成电网建设投资9.94亿元，其中完成主网投资4.48亿元，配网投资2.8亿元，电网维修技术改造投资2.66亿元。新建10千伏线路143.46千米，低

2014年南海区市政建设情况

项目	单位	实绩	比上年增长(%)
建成区绿化覆盖率	%	41.91	3.8
建成区绿地率	%	38.37	3.3
人均公园绿地	平方米	18.06	13.3
生活垃圾无害化处理率	%	100.00	–
城市生活污水集中处理率	%	92.9	–

（区发展规划和统计局提供）

压线路313.55千米，新增配电容量16.44万千伏安。重点推进500千伏东坡变电站、220千伏上柏变电站、110千伏西岸变电站及贵广铁路牵引站、佛山西站牵引站等22个主网建设项目。完成佛山西站、狮山中心城区电力专项规划，编制三山新城、狮山软件园等30余项重点区域供电方案。优化调整电网设备配置，提升各镇（街道）老城区电网供电能力，及时满足新增76770千伏安用电需求。建立定期走访机制，走访126个村委会、村小组及园区，收集用电需求信息589项，摸清未来4年村居新增负荷，并提前编制相应电网规划。全年受理新增高压报装容量229.69万千伏安，比上年增长73.7%；新增低压报装容量30.55万千瓦，增长70.2%。

是年，南海供电局实施“一线一册”差异化运维策略，实现对全区所有配电线路状况的动态监控与及时维护，中压线路故障率0.86次/百千米，比上年下降12%。组建24小时快速复电值班队伍，平均故障复电时间减少至21.43分钟。制定应对极端天气应急处置方案，成功抵御“威马逊”“海鸥”等强台风侵袭，保障电网安全稳定运行。广东金融高新区配网自动化成果顺利通过国家“863”计划验收，为推广智能电网（供电可靠性达99.999%）技术提供可复制经验。是年，南海供电局依托42个农村用电服务中心、15个行政服务窗口、13个供电营业厅、50个“共建小区”、235个农村宣讲阵地等平台，为客户提供便捷服务。与南海区工商联（总商会）签订“供电服务直通车”合作协议，帮助超过3.5万家会员企业解决各类用电问题，并提供免费节能诊断，引导企业开展节能改造，为70余名客户节约负荷近9万千瓦。组织开展“客户体验日”“流动营业厅”等服务推广活动70场次。跟踪服务中旅西岸产业园、一汽-大众二期等重大项目建设。进一步打造“电力知识第二课堂暨校园用电义诊”“走进村居为困难家庭更换残旧电线”志愿服务品牌，累计服务时数超过1200小时。（谭伟瀚）

【供气】 2014年，南海区有液化石油气储配站2个，其中南海气库储配能力为1250立方米，丹灶气站储备能力为300立方米；在用LNG站2个，在用CNG站1个；服务分公司6个，瓶装气服务网点10个；地下燃气管网1020千米。至年末，全区有管道气用户15万多户，瓶装气用户约9万户。全年天然气销售量25660万立方米，比上年增长28%；瓶装液化石油气销售量23080吨，下降6%；瓶组液化石油气销售量2438吨，下降37%。

是年，南海区燃气公司投资6300多万元，完成83千米燃气市政管道建设，其中重点推进西部片区燃气管道建设，铺设燃气市政管道37.2千米。至此，共铺设西部片区燃气市政管道92.16千米，完成西部片区2012~2014年燃气市政管建设任务总额的103%。同时，重点配合佛山市和南海区“高限区”（高污染燃料限制区）项目，推动和落实狮山、罗村、丹灶、里水、西樵片区高污染企业转换使用管道天然气。7月19日，南海区产城升级项目之一、首个城市燃气应急气源和调峰气源储配站——狮山液化天然气综合储配

2014年，南海区液化天然气综合储备站一期建成运行

站一期建成试运行。一期包括6个150立方米储罐，可储存液化天然气约900立方米，大大增强南海区天然气输配系统应急能力、调峰能力和调度能力。（唐卫江）

【污水管网建设】 2014年，南海区加快推进污水管网系统（含泵站）的统一运营管理，各镇（街道）完成委托运营合同的签订。继续通过“统贷统还”、BT以及财政投入等方式推进二级管网建设，全年新建截污管网125千米。至年底，全区累计建成截污主管网1055千米。全年全区共处理生活污水2.6亿吨，日均处理生活污水71.25万吨，运行负荷率84.9%。全年城市生活污水集中处理率为92.9%。（谭毅汉）

【公园和道路绿化】 2014年，南海区投入资金2.59亿元，完成九江外滩景观工程、西樵江浦东路景观公园、丹灶云山峰山体公园（一期）、狮山街首小公园、大沥拱北街心公园、里水村公园等公园建设项目26个，新增或改造公园面积125.26公顷；投入资金6191万元，完成九江沙头基耕大道、西樵旅游大道一期、新丹横路、大沥同庆大道、官山涌河岸美化绿化、桂丹路和桂和路绿化整治等道路绿化工程项目29个，改造或新增道路绿化面积33.4公顷。

【市容环卫设施运转良好】 2014年，南海区生活垃圾转运站点转运生活垃圾116万吨，日均生活垃圾转运量3181吨，比上年增加379吨。污泥处置厂全面接收并处理全区22间生活污水处理厂产生的污泥7.5万吨。南海垃圾焚烧发电一厂改扩建项目进入设备安装阶段。（梁海燕）

城市管理

【概况】 2014年，南海区着力提高城市信息化管理水平，推进“清无”（清理整治无证无照非法经营行为）工作深入开展，组织开展户外广告标牌整治、市容环境整治、建筑工地专项整治等专项行动，全面改善市容环境。探索城市管理新模式，在桂城、里水、狮山等镇（街道）建立20个临时集中摆卖点；在全区设立近30个便民服务点，为群众提供修鞋、打气、房屋补漏等服务。

是年，南海区城管部门处理市容环卫、市政公用、城市规划、城市绿化、环境保护、工商行政、室内违建等方面案件172927件，其中教育纠正168123件，作出行政处罚4804件，处罚金额459.14万元。受理信访案件30761件，承办并答复政协提案7宗。

九江镇海寿岛绿道

【数字化城市管理】 2014年，南海区数字城管系统接报案件554068件，其中应结案335664件，结案335536件，按期结案321586件，整体结案率99.96%。是年，南海区对数字城管系统进行二期升级，升级内容包括部门联动系统，GPS监管平台，城市管理考评系统，相关审批系统对接，地理空间数据资源管理子系统，坐席员接件、调度及管理子系统，“城管通”，案件分析系统，人工检查子系统，镇（街道）考评系统十个方面。年内，区数字城管中心启动建筑工地视频接入工作。全年接入监控视频的工地475个，共有监控摄像头1741个。

【“清无”工作】 2014年，南海区积极推进无证无照污染企业清理和城市主要道路沿线无证无照经营整治工作，大力查处食品药品、餐饮和物流行业无证无照经营行为，进一步遏制无证无照经营现象。扩大城市主要道路整治及考评范围，各镇（街道）选取5条中心城区主要道路沿线两侧进行清理整治，争取实现城市主要道路无证无照取缔规范率达100%。全年组织联合执法行动2836次，出动人员36061人次，出动车辆9006辆次，处理举报投诉2037件，查处案件2390件，取缔无证无照经营户10010家，补办证照经营户12699家。

【城市管理考核办法修订】 2014年，南海区对城市管理考核办法进行第二次修订，对考评方式、奖惩、考评重点等方面进行调整。实施重点专项整治项目奖惩制度，激励各镇（街道）工作积极性和主动性；通过宏观考评推进镇（街道）示范项目建设，打造亮点工程。新考评办法于10月正式实施。

【户外广告标牌整治】 2014年，南海区出台《佛山市南海区招牌管理办法的通知》和《关于佛山市南海区户外广告招牌设施设置指引的通知》，为各类户外广告招牌设置提供指导性依据。制订区、镇两级户外广告规划。同时，加强对未经依法审批户外广告标牌清理整治工作，采取先易后难、逐渐铺开的方式，分两个阶段进行整治，共拆除违规户外广告标牌8052块，并对主要城市道路两侧广告标牌进行统一整改。（参见P117《户外广告规划编制》条目）

【市容环境专项整治】 2014年下半年，南海区对市、区考评区域内的主要道路及市场周边，群众反映强烈的“十二乱”（乱摆卖、乱张贴、乱拉挂、乱堆放、乱搭建、乱挖占、乱砍伐、乱撒漏、乱排放、乱丢倒、乱停放、乱穿行）行为进行整治，全面清理环境卫生“脏、乱、差”和市容市貌“破、旧、缺”现象。整治期间，派发宣传单张、温馨告知书、整改通知书11000多份，清理查处乱摆卖、占道经营行为14037宗，乱堆放、乱拉挂行为1098宗，乱张贴、乱图画行为8787宗，乱停放行为4395宗。组建市容环境整治专业队伍，以日间巡查和夜间整治相结合的方式，实行“分时段、无缝隙”管理。

【道路交通标志标线专项整治】 2014年2月1日至3月31日，南海区在全区开展为期两个月的道路交通标志标线专项整治，对道路交通标志标牌缺失、损坏和交通标线褪色、模糊等情况进行全面整治。区城管、公路、交通、市政、交警部门及各镇（街道）城管办、市政办等组成道路交通标志标线专项整治行动工作组，对市、区考评范围内城市主次干道、城市快速道路、公共场所等道路的交通标线标志情况进行排查摸底。同时，按照“道路见本色，标线要清晰”的考评标准，对未及时整改的项目加紧督办。整治期间，安装小型标识牌104件、F杆牌6套、警示柱18支、单立柱30支、地名牌84套、中间隔离网207.5平方米，人行道护栏16件，护耳32件；新划道路标线24653平方米；清理道路障碍685米，约200立方米；翻新标志牌39件/套，清洗翻新栏杆1510平方米；拆除破损残旧标识牌48件、F杆牌2套、过时地名牌58套。

【打击建筑工地不文明施工行为】 2014年，南海区针对工地夜间施工、泥头车撒漏、无证处置工程渣土、施工工地扬尘等问题，加强对全区范围内建筑工地的监督检查。5~6月，开展为期两个月的建筑工地违规夜间施工专项整治，对在建工程展开不定期的夜间突击巡查，并对高考、中考考场周边各类污染源进行重点监控。11月起，组织开展建设领域扬尘治理专项行动，并成立区、镇两级扬尘治理专业整治队伍，对违法违规操作工地进行查处。共出动执法人员186人次，检查工地110处，开展夜间专项检查2次，发出责令停工通知书1份、责令改正通知书5份。10月31日，出台《佛山市南海区建设工程渣土管理办法（试行）》。11月起，通过摸底排查、每日一巡、弹性上班、联合整治等方式，开展建设工程渣土专项整治。

［区国土城建和水务局（城管）］

2014年南海区受（处）理城市管理案件情况

类别	处理总数（件）	教育纠正（件）	简易立案（件）	一般立案（件）	罚款宗数（件）	罚款金款（万元）
市容环境卫生管理	49058	48048	40	970	1008	82.65
城市规划管理	4577	4544	0	33	28	251.18
城市绿化管理	1616	1610	2	4	6	0.34
市政管理	35710	35442	41	227	268	28.93
环境保护管理	11081	10960	1	120	121	36.98
工商行政管理	70630	67264	1308	2058	3366	59.07
室内违建	253	253	0	0	0	0
其他	2	2	0	0	0	0
合计	172927	168123	1392	3412	4797	459.14

交通·邮电

Transportation & Postal Service & Telecommunications

■ 交通

【概况】 2014年，南海区结合禅南合作、广佛同城、三大片区并联发展等战略部署，优化提升路网，并完成慢行交通系统优化方案研究项目。以“调结构、优服务、强规划、重协作”为抓手，持续提升公共交通服务质量，常规公交日均客流量近65万人次。全年新建公路20.02千米，改扩建公路5.27千米；新建桥梁26座，其中大桥8座，新建桥长3576.82延米，通车里程29.3千米。至年底，全区公路通车里程1929.58千米，公路密度179.69千米/百平方千米。是年，全区有班车客运企业2家，运营线路47条，客运车辆144辆。有旅游包车企业11家，车辆248辆。有公交企业3家，公交线路190条，车辆2200辆。有出租车企业4家，车辆1084辆。有专业货运企业71家，车辆有1248辆。有水路运输企业15家，船舶92艘。有港口码头37个，其中危货码头16个。全年各种运输方式完成货物周转量1094006万吨千米，比上年增长5.3%。其中，陆运货物周转量788395万吨千米，比上年增长3.1%；水运货物周转量305611万吨千米，增长11.7%。全年完成旅客周转量94612万人千米，比上年下降1.6%。

【重点道路工程】 2014年，南海区完成交通基建投资29亿元，共建成道路10条，分别为南九复线、三山南桥重建工程、红沙高新产业基地配套道路4号路、红沙高新产业基地配套道路5号路、一汽大众零部件园区纵七路、河滨路一期工程、爱国路、西江公路、西樵西岸庆云大道（绿化等附属工程）、西樵西岸东西大道（绿化等附属工程）。此外，禅西大道北延线立交工程、桂江路三座桥扩建工程等项目涉及铁路工程按时按质完成。

南九复线工程　该工程是南海区西樵镇连接九江镇与禅城区南庄镇的重要通道，是佛山市快速干线系统的重要组成部分，也是南海区“五纵四横”中南北五线的一部分。工程位于佛山市中南部、西樵山东南侧，路线大致呈东北—西南走向，起点位于禅城区南庄镇，与西西线（S363）相连，并通过西西线往东在樵乐路立交处与佛山“一环”相连；路线往南在西樵大桥附近跨越顺德水道后，在西樵山东南侧沿环山大道（西凤线）路段继续向南，途经西樵镇山根、显岗、七星、朝山等村，先后与龙津路、清龙线（S269）、大桐公路、珠二环高速、龙高公路（S362）相交，止于龙高公路九江镇烟南村附近，与龙高公路平交。路线全长11.50千米，总投资16.2亿元，于2014年9月28日建成通车。

新西樵大桥（南庄至西樵山根公路工程）　该工程是南九公路复线工程的一部分，是佛山东西过境交通干线的重要路段，东起禅城区南庄镇龙津路东侧，

2014 年 9 月 28 日，南九复线建成通车

新西樵大桥

经龙津路、顺德水道、南海中学东侧，终于西樵山根村。主要包括樵乐路龙津跨线桥、跨顺德水道的西樵大桥扩建工程、山根村简易立交、官山村立交等工程。全线长2.69千米，合同造价4.43亿元，于2014年4月30日建成通车。

三山南桥重建工程　该工程起点位于南海区桂城三山环岛西路与平顺东路交叉口，由北向南跨越橹尾欗水道，在原桥中心线西侧9.5米~10米分幅重建三山南桥，沿老路改扩建至项目终点接陈村大道。路线全长1.65千米，总投资1.4亿元，于2014年1月28日建成通车，实现了桂城三山地区到广州南站的快速互通。

【新型公共交通系统试验段工程加快建设】　2014年，南海区新型公共交通系统试验段工程（桂城至三山枢纽段）计划全年投资额8亿元，实际完成投资额7.83亿元，完成率97.9%。工程共设车站13座，其中蠕岗公园站、华翠路站、聚元路站、康怡公园站、康怡公园至兴仁路区间、兴仁路至永安路区间、平东站、东平水道特大桥西侧引桥、车辆段、橹尾欗大桥两侧引桥段已开工建设。年内，完成地下站主体围护结构的地连墙和冠梁建设，高架段的预制梁生产、桩基及承台建设，东平水道特大桥（关键性工程）西侧引桥桩基及承台建设以及车辆段及路面段软基处理。

【公共交通建设】　2014年，南海区以公交扩容提质为目标，通过“调结构、优服务、强规划、重协作”，不断提升公交服务质量。增强“红巴”（各镇街内及“禅桂新”区域运行的公车）干线支线的基础功能和“绿巴”（跨镇跨区运行的公车）快线骨架功能，促进“黄巴”（镇街之间运行的公车）向“红巴”“绿巴”转化，并实施“绿巴”一票制改革。加快推进与禅城、顺德、高明等区域公交互融，优化调整群众较为关注、反映情况较多的公交线路21条，新增、优化南顺、南禅、南高、旅游专线等公交线路23条，桂17、桂28两条公交线路实现免费WIFI覆盖。编制全区公交站场配建规划和公共自行车站点建设规划，落实公交站场配建项目8个，如期完成公交电子站牌、公交专用道建设；更新“禅桂新”出租车95辆，新投放“镇的”70辆。

【交通行业管理】　2014年，南海区继续开展公共交通星级驾驶员及“美德之星”评选活动，培育公交服务行业标杆，佛广交通集团司机叶樟南、温树养获2014年度“广东省安全文明驾驶人”称号。以桥梁管理、公路安保整治为重点，加强公路管养。全年完成农村公路路况提升、路网优化30.4千米，公路安全保障工程项目6个共31.26千米，维修、加固桥梁21座，落实整改群众反映及关注度较高的路段隐患75处。制订《南海区渡口渡船人员生活补贴和安全奖励办法》，改善渡口

2014年，南海区加快推进公交站场建设

2014 年南海区机动车辆及驾驶员情况

项目	单位	2013 年	2014 年	2014 年比 2013 年增长(%)
机动车辆合计	辆	716914	766960	7.0
汽车	辆	484862	561280	15.8
载客汽车	辆	410562	488960	19.1
其中:大型	辆	3208	3181	−0.8
中型	辆	5096	3763	−26.2
小型	辆	396172	477032	20.4
微型	辆	6086	4984	−18.1
其中:轿车	辆	269241	319987	18.8
载货汽车	辆	72744	70802	−2.7
其中:重型	辆	5988	6558	9.5
中型	辆	7704	6299	−18.2
轻型	辆	58700	57600	−1.9
微型	辆	352	345	−2.0
其中:普通载货	辆	27953	23667	−15.3
其他汽车	辆	1556	1518	−2.4
摩托车	辆	231168	204729	−11.4
挂车	辆	884	951	7.6
机动车驾驶员合计	人	596479	625691	4.9
其中:汽车驾驶员	人	497291	532670	7.1

（区发展规划和统计局提供）

渡工待遇。推进渡口渡船更新改造和渡口基础设施改造建设。重点加强对危运企业、机动车维修企业、车站、码头、渡口等的安全监管。全年检查危运企业454家次，机动车维修企业4124家次。加强对广佛路滘口路段等路段以及机动车维修、驾培等行业的整治。开展非法营运、旅游客运市场专项整治及危险货物运输车辆专项检查。全年共查处各类交通违章案件4731件。

【首条旅游公交专线开通】 2014年6月6日，南海首条旅游公交专线——249线路首段正式开通。该线路北起丹灶金沙汽车站，南达九江汽车站，串联丹灶、西樵、九江三镇的汽车站及重要景区景点，全程45.1千米，设站点20个，单程运行时间约90分钟，采取分段收费，配备4部LNG环保空调公交车。其中首段起点为丹灶金沙邮电局枢纽站，终点为南海博物馆站，全程约23千米。

【首条南顺合作公交线路开通】 2014年5月9日，南海区与顺德区合作开行的首条公交线路——831线路在南海区千灯湖公交总站正式开行。该线路起点为千灯湖公交总站，终点为广珠城轨碧江站，全程23千米，共设站点33个，投入车辆16辆。该线路分别由南海佛广公共汽车有限公司和顺德区公共交通管理有限公司按属地原则进行建设管理，包括车辆投入、公交站牌站址、首末站配套设施、车辆配套设施等。

（范敏珊　魏汝）

【公路养护】 2014年，南海区公路局公路管养里程160.192千米，其中国省道122.606千米、县道25.906千米、乡道11.573千米、村道0.107千米。年平均路况指标PQI为86.6，路面行驶质量指数RQI为85.04。是年，区公路局推进重点项目省道S263线（原G321）南海段改造提升工程，其中一期工程（佛山一环西线至狮山西南界段）全面完成并于9月28日通车，二期工程加紧建设。积极推进公路整治项目，完成乡道五斗支线银河桥维修加固工程、清龙线路面、西九线涵洞治污修复工程以及省道S363线□朗桥至龙高路段水毁路面中修工程等项目。组织实施全省“智慧公路”试点项目建设，完成一期研发工作，探索建设路网监控信息化平台，提高公路管养科技含量。加大公路保洁监管力度，配合城市升级和“创文”工作，开展多项专项整治行动。

（梁晓霞）

■ 通信

【概况】 2014年，南海区邮电通信业实现业务总量69.07亿元，比上年增长16.9%。其中，邮政业务13.28亿元，比上年增长26.9%；电信业务55.79亿元，增长14.8%。至年末，固定电话户数95.06万户，比上年下降0.7%；移动电话用户数523.82万户，增长9.7%；互联网用户74.60万户（不含手机上网用户），增长3.6%，全区国际互联网用户普及率为190.9%。

【中国电信南海区分公司】 2014

年，中国电信南海区分公司（以下简称“南海电信”）实现年产值15.7亿元，上缴税额7118万元。拥有各类用户312.9万户，其中移动互联网用户84万户（4G用户12.1万户），有线宽带用户76.3万户。是年，南海电信继续推进光纤网络改造工程，对区内重点区域、楼盘小区进行整体光纤平移升级。至年底，建设光缆累计2.42万千米，光纤覆盖用户数达57.69万户，其中已开通光纤用户13.72万户。同时，积极开展4G基站和WLAN热点建设，至年底，累计建设和升级4G移动基站3608个，WLAN热点374个，提高4G移动通信网络信号覆盖面。积极推广智能信息化应用，在推广“数字城管”“翼支付”“院线通”等产品基础上，继续推出“移动办公”等信息化产品。（岑杰铭）

【中国移动广东公司南海分公司】至2014年底，中国移动广东公司南海分公司（以下简称“南海移动”）有通信用户350万户，全年完成纳税8429万元。是年，南海移动大力推进网络建设，新建2G基站140个，LTE基站1506个，机房6个。通过4G套餐、共享套餐等层次化产品提升客户服务水平，发展4G客户超过32万户。积极参与南海区公共WIFI无线网络服务项目建设，为市民提供无线上网服务；创新物联网、动力100行业卡等信息化产品应用，实现“建筑工地视频监控”“外勤通”等产品落地应用。此外，举办“走进移动”科学认识手机信号辐射、“走进社区”业务咨询等活动。是年，南海移动及下属部门获“广东省巾帼文明岗”等各级荣誉10余项。（肖佩珠）

【中国联通南海区分公司】至2014年底，中国联通南海区分公司拥有各类用户150.03万户，其中互联网用户11.48万户，比上年增长4.4%；固定电话用户13.74万户，增长2.5%；移动电话用户124.81万户，增长3%。是年，新推出4G业务，用户数达6.48万户。至年底，共建成2G基站784个，3G基站2113个，4G基站1656个，WLAN热点158个，光缆线路8876.8千米，光纤覆盖能力达17.5万户，共接入用户32796户。中国联通南海区分公司全年实现年值8.31亿元，比上年增长10%。是年，获“广东省分公司优秀县（区）分公司”称号。（杨建城）

■ 邮政业

【概况】2014年，南海区邮政局推进“银行化”“电子商务”“管控转型”三大战略实施，实现业务收入稳步提升。全年邮政、邮储、速递物流三大板块完成业务收入超4.1亿元。是年，区邮政局结合业务积极参与社会公益活动，联合村（社区）举办书画展、集邮知识博览活动。开展“邮储普惠金融城乡行”，为南海区特困老人举办书画义卖、订报捐款、厂企捐款等募捐活动。联合区教育局、区文明办在幼儿园和中小学校推出“我的中国梦”优秀校园书刊漂流、“动漫学堂”进校园、“绿色上网”手抄报活动、百园共画“我的南海梦”亲子绘画，以及“我的中国梦”书信节等校园文化项目。

【代理金融业务】2014年，南海区邮政局按照银行标准，完善金融营业网点改造建设。年内完成金沙、大沥网点原址改造，启动里水大步网点新址施工。同时，加快自助设备的投放，特别是业务发生量大或有条件发展代发工资区域自助设备的投放。至年底，共投放ATM自助设备165台。响应政府扶持中小企业成长政策，加强网点与厂企的合作，为厂企提供免费发布招工广告，港澳二次签注、交通违章罚款优惠服务，并为签约中小企业提供代发工资服务。至年底，代发工资企业达530多家。与电信运营商进行战略合作，推出办存款送手机业务，拓展用户服务内容。全年手机开户超过8500户。先后选聘3人作为区局金融业务讲师，配合省公司专家组督训师对全区25个金融营业网点服务质量进行督导。

【网络营销业务】2014年，南海区邮政局继续推进“邮惠网”邮品商城建设，开发“新邮预订”手机端、“新邮预订”刮刮乐等项目，为客户提供全新服务体验。推出“微播”服务，帮助客户建设微官网，整合客户开发数据库、DM、短信等传统函集资源，以短信推广方式，帮助中小企业精确定位客户群体。

【邮务类业务】2014年，南海区邮政局开通西樵、里水等7条（两早五晚）小包进出口邮路，可为9个营销部（投递部）的进出口小包提供快速转运服务。出口小包正常运量可满足日均5000件的出口需求。整治小包处理场地，提速自有小包处理流程，处理能力可达10000件/日；对桂城分拣流程进行调整，大幅减少进口邮件的重复分拣和搬运，使桂城区域进口函件实际投递时限提前1天。自行开发同城专邮系统，推广同城专投高端投递服务，主攻点对点、收投一体化增值业务。（马洁瑜）

经济管理
Economic Administration

宏观经济管理

【概况】 2014年，南海区编制企业投资负面清单，深化公共资源交易管理体制改革，推进法治化、国际化营商环境建设，在全省率先实施重点项目“模拟审批”制度，加快重点项目建设，大力发展新能源汽车产业和推广应用新能源汽车，推动铝型材产业转型升级；完成“十二五”规划中期评估，启动“十三五”规划编制，落实珠三角规划纲要“九年大跨越”工作部署，在全市实施《珠江三角洲地区改革发展规划纲要(2008~2020年)》评估考核中位列五区第一，“广佛同城化”工作取得进一步成效。

【固定资产投资】 2014年，南海区建立完善重点项目排名机制、推进工作责任制和信息收集反馈机制，在全省率先实施重点项目“模拟审批”制度，推进区镇两级联席会议制度，加快区固定资产投资三年行动计划项目建设。至年底，南海区固定资产投资三年行动计划中，2014年的179个重点项目完成投资额700.4亿元，完成全年度计划投资额的110.9%。

重大项目报批　是年，南海区积极与国家、省发改委沟通联系，密切配合项目单位做好项目立项报批等工作，完成一汽-大众二期项目在国家发改委备案工作；一汽-大众专用铁路线项目可行性报告获省发改委批复；完成佛山宜家家居商场项目在省发改委备案工作；完成佛山吉通汽车零部件有限责任公司年产20万套铝美合金转向节生产线建设项目、广东新华印刷有限公司八色胶印生产线建设项目进口设备报省确认工作。

重点项目申报管理　是年，南海区有立项的省重点项目30个(含3个预备项目)，项目总投资902亿元，2014年度计划投资165.5亿元。其中，有现代产业体系工程项目25个，社会事业建设工程2个，除南海旅游产业园旅游专用新桥及引道项目外，其余26个项目已开工。至年底，完成年度投资177.8亿元，年度投资完成率107.4%。市重点项目30个，项目总投资210.6亿元，2014年度计划投资46.8亿元。其中，有基础设施工程12个，现代产业体系工程15个，社会事业建设工程3个，除南海区海洋工程高端重型装备研发生产项目和南海区嘉洲新城2个项目外，其余项目已开工。至年底，完成年度投资47.6亿元，年度投资完成率101.7%。市提升服务业发展水平三年行动计划重点项目22个，项目总投资501.5亿元，2014年度计划投资87.6亿元，22个项目已全部开工。至年底，完成年度投资94亿元，年度投资完成率107.3%。

固定资产投资项目审批　是年，经南海区发展规划和统计局及各镇（街道）办理审批手续(含审批、核准、备案）的项目709个，投资总额882.30亿元。进口设备清单确认项目3个，涉及用汇额1475万美元。成功申报国家发改委农产品配额的企业11家，分配量分别为大米16000吨、玉米37500吨、棉花3500吨。

【招标投标核准】 2014年，南海区发展规划部门创新服务，建立招投标工作“绿色通道”，对区重点项目采取提前介入及优先办理的方式，积极推进招投标工作。年内，协调解决西樵听音湖片区项目、西樵锦湖片区市政工程、南海樵山文化中心项目、佛山西站五纵道路及连接线建设工程、狮山镇红沙高新产业聚集基地河涌整治工程、狮山镇河涌水环境治理工程、狮山博爱湖片区项目、三山科创中心等项目招投标过程中出现的问题。全年审查工程建设项目365个，总金额126.41亿元。

【粮食调控管理】 2014年，南海区成品粮储备任务按时、按质、按量落实完成。同时，结合承储企业经营情况，对储备粮实行动态储备，定向购销，减少轮换风险，确保国有资产保值增值。

完善粮食应急机制　6月，

南海区发展规划和统计局与南海区储备粮管理中心开展2014年粮食应急演练，60余人参加；对南海所有应急点资格进行核查和梳理，重新签订2014~2017年粮食应急协议书，制作和更换新的应急点牌匾；召开全区应急点工作会议，宣传粮食储存安全知识，解读新应急预案，抓好粮食质量安全、消防安全，增强应急能力。

强化粮食质量监管 1~2月，南海区对区内粮食库点进行安全生产巡查，主要检查各库点的安全生产制度建设和防火、防雷、防汛等设备设施配备情况。此外，加强粮食行业安全生产监管，组织春、秋两季粮油安全普查，防尘防爆专项整治等。

加强军粮供应管理 是年，南海区军粮供应工作呈现出政策稳定、制度健全、机制顺畅、管理规范、保障有力、服务优质的良好局面。5月，佛山市检查组对南海区年度军供财务检查及粮油质量进行军地联检。经检查，南海区军粮实行专户专账管理，军粮差价补贴款使用规范，粮油质量良好。

【《南海区国民经济和社会发展第十三个五年规划》编制启动】 2014年，南海区启动《南海区国民经济和社会发展第十三个五年规划》（以下简称“十三五”规划）编制工作，印发实施《佛山市南海区“十三五”规划编制工作方案》，确定7个前期研究课题和23个重点专项规划。年内，成立由区长为组长的“十三五”规划编制工作领导小组，公开选聘确定“十三五”前期研究课题承担单位，开展走访实地调研。

【制定企业投资负面清单】 2014年，南海区落实“三单”管理改革，制定企业投资负面清单，以清单方式明确列出禁止和限制企业投资经营的行业、领域等，清单以外则充分开放，即“法无禁止即可为”，规范政府审批行为，释放市场活力。南海区负面清单（内资）按照《国民经济行业分类及代码》（2011年版）分类编制，涉及10个门类44个行业大类124个行业中类，共693条管理措施。其中，禁止类472条，限制类221条。

【深化公共资源交易管理体制改革】 2014年，南海区深化公共资源交易管理体制改革，8月和9月分别修订出台《佛山市南海区公共资源交易投诉处理办法》和《佛山市南海区建设工程招标投标实施办法》，规范招标投标活动当事人行为，维护建设市场的健康秩序。推广使用佛山市公共资源交易一体化服务平台，8月25日起，进入区公共资源交易中心交易的建设工程项目，招标公告、招标文件备案、交易登记、投标报名、答疑，须统一使用市公共资源交易一体化服务平台，实行网上备案监管。制订《佛山市南海区镇（街道）公共资源交易体制改革试点工作方案》，以大沥镇和里水镇为试点，其余镇（街道）7月全面铺开，公共资源体制改革向镇（街道）纵深推进。

【法治化、国际化营商环境建设】 2014年，南海区组成由42个区相关单位参加的专责小组，出台《南海区建设法治化国际化营商环境行动计划》（2014~2017年）和2014年工作计划，确定2014年27项具体工作。行动计划提出：建设公平正义法治环境、透明高效的政务环境、竞争有序的市场环境、和谐稳定的社会环境、互利共赢的开放环境等五大环境，使南海成为“近悦远来”的营商沃土。

【社会信用体系建设】 2014年，南海区出台《南海区社会信用体系建设2014年工作要点》，健全工作机制，各项工作取得新进展。年内全区信用制度不断完善，信用服务市场培育深化；在多个领域建立起信用记录和信用档案，实行评价和奖惩机制分级管理；诚信教育实现常态化，诚信创建活动广泛开展。

【狮山镇申报国家新型城镇化综合试点】 2014年，南海区狮山镇申报国家新型城镇化综合试点工作通过省现场调研核评。狮山镇与广州、东莞、惠州三个地级以上市一道成为广东省上报国家的申报地区，努力打造对全国类似地区具有示范意义的新型城镇化“狮山样本”。

【“十二五”规划实施中期评估】 2014年，南海区开展《佛山市南海区国民经济和社会发展第十二个五年规划纲要》中期评估工作。年内编制的《佛山市南海区“十二五”规划纲要修改建议》和《佛山市南海区“十二五”规划纲要实施中期评估报告》，经南海区第十五届人大常委会第21次会议审议通过。

【推进战略性新兴产业发展】 2014年，南海区新能源汽车核心部件产业基地、南海区生物医药产业基地被省政府确定为第二批广东省战略性新兴产业基地。

新能源汽车应用推广工作 是年，南海区出台《佛山市南海

2014年10月27～28日，新能源汽车万里行巡游活动在南海区举行

区新能源汽车推广应用实施方案（2014~2015年）》和《佛山市南海区新能源汽车推广应用补助资金管理实施细则（试行）》。制定《佛山市南海区氢燃料电池客车示范运行项目实施方案》，推动氢燃料电池客车示范项目运行；开展新能源公交车辆购置和充电桩基础设施建设招投标工作，推进充电站（桩）的选址、供电报装；研究新能源汽车（含公交车、私家车）的推广模式和方法，扩大新能源汽车推广应用面，完成市下达南海区的推广应用任务。

新能源汽车产业发展　是年，南海区开展新能源汽车产业发展规划编制工作，与上汽集团签订广东省新能源汽车核心零部件基地共建协议。举办“创新征程——2014年新能源汽车万里行”巡游活动和上汽集团与本地汽配企业对接会，广顺新能源动力科技有限公司和上汽集团交机仪式等。清华大学汽车安全与节能国家重点实验室和广东省新能源汽车核心部件产业基地签订共建燃料电池堆膜电极多参数现场检测平台协议，上汽集团和广顺新能源动力科技有限公司签订战略协作协议。

【探索传统产业转型升级路径】2014年，南海区编制发布《佛山市南海区铝型材产业发展规划（2013~2020年）》，为创建“全国铝合金型材知名品牌示范区”，进一步扩大和巩固南海区铝型材的发展优势，突出南海铝型材的支柱产业地位，促进铝型材产业的转型升级导向。年内完成《佛山市南海区电子商务大发展背景下传统商贸发展之路研究》及《南海区电子商务大发展背景下传统商贸发展的对策建议》，引导传统商贸企业积极面对电子商务带来的挑战和机遇，与电子商务融合发展。

【“广佛同城化”工作】　“广佛同城化”是南海区向东融入广州、借力广州发展的突破口和重要平台。2014年7月，南海区印发纳入广佛同城化2014年度重点工作计划，提出23项重点工作，涵盖交通衔接、环保共治、文体活动、人才交流等多个领域。年内广佛同城化工作取得成效：三山长江路对接番禺南浦大道工程建立联席会议制度和成立联络工作办公室；广佛跨界河涌整治有效，西南涌（和顺大桥）水质明显好转，由2013年的劣V类水质转为V类水质。（龙永锐）

■ 公有资产监督管理

【概况】 2014年，南海区公有资产系统有运营企业150家；资产总额801亿元，比上年增长12%；净资产286亿元，增长11%；营业收入66.45亿元，增长8%；净利润6.3亿元，增长8.6%；上缴公有资产收益4亿元，完成年度上缴任务。年内重点建设项目新增贷款提款37.24亿元，全年完成投资108亿元，年度投资完成率为91.9%。

是年，出台《关于深化南海公资改革促进企业发展的若干意见》，从14个方面阐述和确定全面深化公有资产改革促进企业发展的思路。建立基金管理平台，筹集7亿元组建产业发展投资公司作为经营载体。调整和完善管理架构，将“南海控股”和“高技投”两家区直公司合并管理，将瀚蓝环境股份有限公司、中国兴业控股有限公司、广东数字证书认证中心有限公司调整为区公有资产管理办公室直接管理。成立南海区佛山西站投资建设有限公司，全面负责佛山西站相关项目建设与营运。成立招商办，完善招商引资功能和架构，全面统筹公资系统招商引资工作，制订招商及培训计划，搭建招商网络，全面对接区镇招商引资工作。

【引导上市企业做强做大】 2014年，南海区积极引导公有资产上市企业做强做大。瀚蓝环境股份有限公司收购南海燃气公司股权和创冠中国公司股权，重大资产重组项目通过证监会审批。中国兴业控股有限公司投资参股粤科金融租赁公司（该公司成功落户南海并正式开业），完成长海电厂股权收购等资产重组工作，迈出转型升级重要一步。年内，力推广东数字证书认证中心有限公司挂牌“新三板”。

【产城升级项目建设】 2014年，南海区公有资产运营企业多个产城升级项目完工投用。三山科创中心6~8座，承创大厦，粤港科技园1座，友邦中心金融区展馆，桂江二中教学楼和宿舍，枫丹保障房一期，新桂城水厂，LNG狮山综合储配站、三山站、大沥站、桃园站，西樵、大沥、千灯湖充电站等项目相继建成。重点项目取得明显进展：新交通试验段及其配套路网进入土建施工阶段；佛山西站地下空间开发工程及综合交通枢纽配套设施工程全面施工；金融公园工程接近完工；区市民服务中心主体结构完工。另外，是年水利工程建设开工建设50宗，基本完工25宗。

【公有资产保值增值】 2014年，南海区公有资产系统平台完成交易业务85宗，标的起拍总额6792万元，成交总额6962万元；溢价170万元，增幅2.5%。全年举办14场公有物业招租竞价交易会，参加招租物业610个，成交470个，累计起叫租金总额321.58万元，成交总金额384.90万元；溢价63.32万元，增幅19.7%。

（曾凡全）

■ 工商行政管理

【概况】 2014年，南海区有各类市场主体160316户，注册资本1493.4亿元，比上年分别增长13.3%和19.4%。全区注册商标41591件，比上年增长16.7%，其中集体商标7件、中国驰名商标51件、广东省著名商标164件，驰名、著名商标数量均居全市第一。办理冠“广东南海”名称核准业务94笔。全区有台湾居民办理注册的个体工商户23户，注册资金228万元；有港澳居民办理注册的个体工商户100户，注册资金624.98万元。

全年查处各类经济违法案件1070件，比上年下降32.5%。其中，公平交易案件72件、违反产品质量法案件103件、食品安全案件（违反食品安全法规及配套法规）101件、广告案件22件、商标案件68件，无照经营案件612件，其他案件92件。

全年受理办结消费者投诉案件5133件，比上年增长52.8%，为消费者挽回经济损失338.77万元。其中，商品类投诉3485件，占投诉总量的67.9%；服务类投诉1648件，占投诉总量的32.1%。另外，受理办结经济违法举报1841件，比上年增长11.4%。执

2014年南海区内资市场主体登记情况

企业类型	年底实有情况		新登记情况		注销情况	
	户数	注册资本（万元）	户数	注册资本（万元）	户数	注册资本（万元）
小计	158397	11383691.79	28804	1177220.02	9029	112009.72
内资企业[①]	5813	5205531.85	520	207256.20	217	19948.24
私营企业[②]	48204	5932717.99	10825	911895.16	1326	64217.1
个体工商户	104362	242344.13	17456	57880.66	7486	27844.38
农民合作社	18	3097.82	3	188	0	0

注：① 内资企业包括：国有企业、集体企业、股份合作制企业、公有性质的公司、其他企业；
② 私营企业包括：私营公司、合伙企业、个人独资企业

2014年南海区外资市场主体登记情况

企业类型	年底实有情况			新登记情况			注销情况		
	户数	投资总额（万美元）	注册资本（万美元）	户数	投资总额（万美元）	注册资本（万美元）	户数	投资总额（万美元）	注册资本（万美元）
合计	1919	1025068.14	579390.09	143	26320.96	21604	47	91585.45	31997.98
中外合资	304	221872.52	144356.68	13	18292.52	17440.26	5	–	–
中外合作(法人)	70	144229.63	79332.26	–	–	–	1	–	–
中外合作(非法人)	1	197.30	197.30	–	–	–	0	–	–
外资企业	889	653816.69	350622.25	25	8028.44	–	22	–	–

注：外商投资股份有限公司1户、其他外商投资企业2户和外商投资企业分支机构652户未列入

2014年南海区动产抵押登记情况

企业类型	设立登记		变更登记		注销登记	
	份数（份）	主债权金额（万元）	份数（份）	主债权金额（万元）	份数（份）	主债权金额（万元）
合计	701	1981840.43	6	17977.15	171	440524.99
内资企业	661	1883721.53	6	17977.15	168	437324.99
外商投资企业	14	85756.63	–	–	1	1000.00
个体工商户	25	7230.80	–	–	2	2200.00
农业生产经营者	1	5135.47	–	–	–	–

行“12315”申诉举报案件回访制度，回访案件120件。

全年办理动产抵押登记701份，主债权金额198.18亿元，比上年分别下降5.7%和8.5%；办理动产抵押注销登记171份，主债权金额44.05亿元，分别下降12.8%和0.9%；变更登记6份，主债权金额1.80亿元。

全年收到拍卖前备案的拍卖委托书885份，涉及金额30.19亿元；拍卖后备案的拍卖确认书417份，涉及金额6.73亿元。

【实行工商登记制度改革】 2014年，南海区以推动工商登记注册便利化为目标，开展商事登记制度改革。从3月起，实施注册资本认缴登记制、放宽注册资本登记条件、简化住所（经营场所）登记手续、实行企业年度报告（公示）制度、清理精简前置审批事项、推行电子营业执照和全程电子化登记管理等七大改革；5月起实施主体资格与经营资格相分离制度（“先照后证”）改革。主要改革事项包括：实行注册资本认缴登记制。除商业银行、保险公司、典当行等27类行业外，其他行业都采用认缴制。即放宽首次出资不得低于注册资本20%的限制，设立公司或增加注册资本都无需提交《验资报告》，可以“零首付”。放宽注册资本登记条件。公司实收资本以及股东（发起人）认缴和实缴的出资额、出资方式、出资期限不再作为登记事项。主要为三方面：一是放宽注册资本的最低出资限制，即可以注册“一元公司”；二是放宽货币出资金额不得低于注册资本30%的限制，可全部以非货币的知识产权、土地使用权、实物等方式出资；三是不再限定2年内缴足注册资本的出资期限，出资期限可以由股东自行约定并记载于公司章程中。落实“先照后证”改革工作。清理精简108项原工商登记前置审批事项，仅保留13项前置审批项目，实现“主体资格”与“经营资格”相分离。从事一般经营事项的，经工商部门核发营业执照后，可以直接开展经营活动；从事须经审批但不属于前置审批项目的，可以先向工商部门申请营业执照并取得“主体资格”，再向许可部门申办许可审批，获得“经营资格”。未取得许可审批的，不具备“经营资格”，不得开展相关经营活动。积极落实简化住所（经营场所）登记手续的改革。3月起执行省工商局有关简化企业住所的改革要求，7月起，经区政府常务会议研究决定，全面放宽对各类市场主体住所（经营场所）权属证明的限制，申请人可提交当地人民政府或者其派出机构、各类经济功能区管委会、居（村）民委员会出具的住所（经营场所）使用证明申请办理营业执照。此外，配套实施企业注册登记、经营许可和后续相关登记“联合审批”制度，推进“同城通办”改革，营造便利市场准入环境。登记制度改革为企业释放改革红利，激发南海民间资本投资热潮。是年3~12月，南海区新设立各类市场主体26788户，其中企业10732家，个体工商户16056户，比上

2014年3月31日，南海区召开商标战略暨工商登记工作会，对获得2013年度“中国驰名商标”称号的11家企业进行奖励

2014年南海区新增"中国驰名商标"情况

企业名称	商标图形	商标名称	认定时间
佛山市南华铝业有限公司		h	2014年1月
广东宏陶陶瓷有限公司		宏陶	2014年1月
广东俊怡陶瓷企业有限公司		威登堡	2014年1月
广东新劲刚新材料科技股份有限公司		劲刚	2014年1月
广东汇亚陶瓷有限公司		汇亚	2014年1月
广东新元素板业有限公司		新元素	2014年1月
南方风机股份有限公司		图形	2014年1月
广东佳华铝型材有限公司		佳华	2014年9月
广东星球铝业有限公司		星球	2014年9月
广东和美陶瓷有限公司		陶城	2014年9月
广东新润成陶瓷有限公司		裕成	2014年9月
佛山市承安铜业有限公司		威士顿	2014年12月
广东中联电缆集团有限公司		VL	2014年12月
广东华力通变压器有限公司		WELECTONE	2014年12月
佛山市南海中南铝车轮制造有限公司		ZMA ZHONGNAN ALLOY-WHEEL	2014年12月
广东新怡内衣集团有限公司		莎莲娜	2014年12月
广东新怡内衣集团有限公司		shaply	2014年12月
广东美思内衣有限公司		美思	2014年12月

2014年南海区新增"集体商标"情况

企业名称及商标	认定时间
南海区纺织行业协会的"西樵面料"	2014年9月
南海区口腔器材协会的"佛山市南海区口腔器材协会"	2014年9月

年同期分别增长63.1%、101.2%和44.8%。其中，改革重头戏的有限责任公司新设立8230户，比上年同期增长95.0%。

【促进个体工商户转型升级为企业】 2014年，南海区政府成立个体工商户转型升级工作领导小组，下设办公室（设在区工商局），出台《佛山市南海区人民政府关于促进个体工商户转型升级的工作意见》。南海区工商局在牵头落实的同时，制定《佛山市南海区工商行政管理局关于促进个体工商户转型升级的工作方案》，明确"个转企"工作年度转型数量、应登记为企业个体工商户名单及个体工商户转型升级条件、优惠措施、程序及奖励申报措施。奖励标准：①对符合条件的个体工商户转型升级为个人独资企业或合伙企业的，每户一次性奖励4000元。②对符合条件的个体工商户转型升级为有限责任公司的，每户一次性奖励6000元。③对直接升级为规模以上企业的（属于工业、批发业的，每年主营业务收入2000万元以上；属于零售业的，每年主营业务收入500万元以上；属于住宿餐饮业的，每年主营业务收入200万元以上；属于服务业的，每年营业收入1000万元及以上或期末从业人数50人及以上；属于具有资质等级的建筑业和全部房地产开发业的），每户一次性奖励10000元。至年底，区工商局共为1026户个体工商户办理升级为企业，涉及注册资本3.74亿元。

【确定企业投资管理工商职责】 2014年4月，南海区在启动政府权责清单工作编制时，同步开展企业投资管理负面清单、审批清单、监管清单（以下简称企业投资管理"三单"）的编制工作。10月，《佛山市南海区企业投资准入负面清单（2014年本）》《佛山市南海区企业投资准入审批清单（2014年本）》《佛山市南海区市场监管清单（2014年本）》正式出台。区工商局先后多次组织研究梳理工商职责范围内的"三单"目录，以确保建立统一的市场准入规则。该局负面清单实施项目为0项，准许清单实施项目为76项（户外广告登记，企业、个体工商户、农民专业合作社名称登记，内资非公司企业法人及其营业单位登记，内资公司及其分公司登记，内资合伙企业及其分支机构登记，企业集团登记，外商投资企业及其分支机构登记7个大项、76小项），监管清单实施项目9项，分为分级分类管理、市场监管措施两种，其中分级分类管理有2项（企业信用分类监管、重点行业监管），市场监管措施有7项（重点行业监管、信用分类监管、网格化监管、企业

2014年南海区新增“广东省著名商标”情况

企业名称	商标	企业名称	商标
广东邦普循环科技股份有限公司		佛山克莱汽车照明有限公司	
广东德联集团股份有限公司	德联	广东伊立浦电器股份有限公司	ELECPRO
广东瑞安科技实业有限公司		佛山市南海南洋电机电器有限公司	
佛山市南海区金叶硅胶有限公司	科阔 FO KUO	佛山市南海区西樵桢英木业有限公司	
佛山市南海区金叶硅胶有限公司		佛山市天纬陶瓷有限公司	QIANGPAI
佛山市南海桃园铝业有限公司		佛山市金巴利陶瓷有限公司	
佛山市南海南方铝业有限公司		广东宏陶陶瓷有限公司	ITTO 意特陶
佛山市南海宏钢金属制品有限公司		广东安基装饰砖集团有限公司	比卡拉
佛山市合阁钢构集成房屋有限公司	合阁 HEGE	佛山市新联发陶瓷有限公司	
佛山市东亚钢门有限公司		广东新润成陶瓷有限公司	
广东摩德娜科技股份有限公司	MODENA	广东新润成陶瓷有限公司	one&one
佛山市南海金刚新材料有限公司		佛山维尚家具制造有限公司	维意 WAYES
佛山市南海珠江减速机有限公司		广东雅柏家具实业有限公司	YABO 雅柏 B
广东威力狮五金有限公司		佛山市南海区金龙恒家具有限公司	
广东雄力电缆有限公司		广东联邦家私集团有限公司	联邦·高登
广东新南达电缆实业有限公司	利南	佛山市南海天鹿纺织有限公司	
广东斯灵通科技有限公司		佛山市南海吉贝纺织有限公司	吉贝 JI BEI
广东科源电气有限公司		佛山市南海区弗格平治服饰有限公司	FROG PRINCE
广东吉熙安电缆附件有限公司	GCA 吉熙安	广东骆驼服饰有限公司	
广东百合医疗科技有限公司	ABLE	广东省九江酒厂有限公司	九江雙蒸
广东昭信企业集团有限公司		广东世纪达装饰工程有限公司	世纪达

注：42件“广东省著名商标”认定时间为2014年4月

监督检查、企业法人法定代表人任职限制等）。

【驰名、著名商标总量继续保持全市第一】 2014年，南海区新增中国驰名商标18件，广东省著名商标42件（2013年度著名商标，2014年公布），均为历年来数量增加最多的一次。至此，南海区拥有中国驰名商标51件，省著名商标164件，集体商标7件。同时，继续开展“商标护文”工作，成功注册公共资源商标14件，公共资源商标总量增至38件；发布《佛山市南海区公共资源商标授权管理暂行办法》，推动公共资源商标管理工作长效发展。支持“商标播种”“商标外拓”工程，全年共补贴国内、国际注册商标129件，补贴金额15.7万元。

【网购纠纷等成消费投诉新热点】 2014年，南海区消费者权益保护部门办结网购类投诉案件154件，比上年的22件增长6倍。网购投诉的焦点多为质量问题要求退货。同时，互联网服务类投诉也大幅攀升。是年受理互联网投诉案件296件，比上年的188件增长57.45%。投诉的内容主要是运营商赠送上网时间或者资费达不到承诺、经常性断网、网速达不到“入网协议书”的要求、工作人员服务态度差等问题。年内，通讯器材投诉仍居首位，全年全区“12315”系统受理通讯器材投诉873件，比上年受理的515件增长69.51%。投诉问题中较多涉及手机质量经营者以旧充新、售后服务不到位等问题。年内启动消费纠纷“诉调对接”工作机制，与区法院协同调处消费纠纷2件，为消费者挽回损失1.36万元。

【重新评定市场信用等级】 2014年，南海区工商管理部门对全区197个市场的数据进行更新，完成市场信用等级重新评定。其中，A类市场77个，B类市场92个，C类市场24个，D类市场4个，占比分别为39%、47%、12%和2%。是年通过量化考核并得到网上批量公示的“守合同重信用”企业402家，其中48家为连续13年获公示企业。

【推进农贸市场平安建设】 2014年，南海区工商管理部门加强农贸市场监管工作，推进市场平安建设。坚持“早、快、严”的原则，做好全区168个活禽批发、零售市场的禽流感防控监管。国庆期间，督促检查农贸市场190个，督促市场清理蚊媒孳生地703处，开展灭杀行动56次。加大市场经营行为监管，全年查处市场违法案件40件，罚没金额51.87万元。

【经济违法案件查处】 2014年，南海区工商管理部门查处各类经济违法案件1070件，向卫生、食药、消防等部门通报无证经营线索293条。坚持做好定点监管对象管理、商品质量监测及相关工作，在全区范围内对18类33个品种商品制定定点监管对象名单，建立经营主体质量安全承诺制度。全年抽检重点商品234个批次，其中不合格60个批次，立案25件。

【广告管理】 2014年，南海区有广告经营单位880个。是年，区工商管理部门把涉及人民群众人身安全和健康的房地产、医疗、食品广告作为监管重点，开展广告专项整治行动。全年查处广告违法案件25件，其中虚假广告案件5件，非法经营广告案件5件，其他类型广告案件15件，罚没金额24.04万元。全年核发户外广告登记证511个，广告经营额3564.67万元。 （李凤）

食品药品监督管理

【概况】 行政许可审批 2014年，南海区食品药品监督管理局受理各类行政审批事项18316件，其中涉及药品类事项1749件，保健食品类事项793件，食品生产类事项136件，餐饮类事项6242件，医疗器械类事项130件，食品流通类9266件，全部按时办结，按时办结率100%。

监管执法 是年，检查食品生产企业978家次、食品经营单位4598家次、农贸市场1619家次、超市610家次、大中型餐饮服务单位1681家次、“四品一械”单位1055家次，对256家药品零售企业组织开展新修订GSP认证检查。立案查办行政执法案件285件，移交公安机关刑事案件142件，移交海关缉私分局案件4件，吊销许可证4件（其中餐饮服务许可证1件、药品经营许可证3件），罚没款107.3万元。区、镇共排查发现无证照食品加工窝点数184个，年内清理109个。

抽样检测 对全区超市、农贸市场等销售的农产品进行年度监督抽查，随机抽取312批次样品，并委托第三方农产品质量安全检测机构检测其中155批次样品，18批次样品被判定为不合格，总体合格率88.39%。全区9台快检车全部进入招标和设备安装调试，其中桂城分局的检测车抽检蔬菜、水果农药残留样品13515份，农药残留超标样品449份，合格率96.67%，销毁超标蔬菜、水果共1876.8公斤。

投诉受理 受理举报投诉及业务咨询1407件，其中餐饮投诉384件、药品投诉98件、保健食品投诉20件、化妆品投诉43件、医疗器械7件、农产品投诉39件、行政投诉11件、食品生产投诉190件、食品流通投诉414件、诉求建议20件、转办19件、咨询162件，举报投诉的解决率和反馈率100%。

【创建食品安全示范市重点工程】 推进“阳光厨房”创建工作 2014年，南海区食品药品监督管理局把“阳光厨房”创建工作与餐饮服务许可审批工作相结合，加大“阳光厨房”推广力度。年内，全区有842个餐饮单位通过“阳光厨房”工程验收，其中透明式157个、电子监控式685个（其中餐馆121个，学校及托幼机构525个，机关、企事业单位食堂30个，集体配餐单位9个）。

推进示范单位创建活动 开展省级学校示范食堂创建活动。是年，南海区食品药品监督管理局与区教育、人社部门沟通，联合起草工作方案，通过动员、引导、培训、督促的方式使学校食堂提升硬件设施和食品安全管理水平，先后有60个学校食堂开展申报工作。经初审，评选出40个食堂向市局申报省“食品安全示范学校食堂”称号。省局评审组于11月20日对南海区示范食堂进行了现场验收。

市区两级示范单位同步创建。实施A级单位、市级示范单位初评与区级示范单位评审相结合的模式，引入第三方机构（餐饮服务行业协会）初审，以更公平、公正、公开的方式进行评审，对已评为区级示范单位的由区局继续向市局申报市级示范单位和A级单位。

创建餐饮服务食品安全示范街。年内开展保利西街创建餐饮服务食品安全示范街工作，桂城街道投放专项资金，区食品药品监督管理局进行现场指导。至年底，完成部分门店的整改工作及“阳光厨房”创建工作。

推进食品安全示范店创建工作。印发《流通环节食品安全示范店创建活动工作方案》。10月10日，在南海区狮山镇罗村金盛广场举行南海区食品安全示范店授牌仪式，现场对全区25家审核合格的食品经营企业授予“南海区流通环节食品安全示范店”称号。至年底，全区建成区级食品安全示范店54家，其中包括2家省级示范店，6家市级示范店。

全面开展量化分级管理。对取得《餐饮服务许可证》满3个月及以上的餐饮服务单位开展食品安全监督量化分级管理工作，量化餐饮服务单位5697个，实现量化覆盖率达98.1%。其中食品安全等级A级单位90个、B级单位4180个，占总量化单位的75%。

完善食品生产环节安全风险防控体系。先后组织食用油、饮料、大米、调味品、糕点、肉制品、速冻食品、淀粉制品等8个行业339家食品生产企业进行风险防控体系的培训，要求企业根据生产加工流程设定关键控制点，指导企业制定和落实相应的风险防控措施。年内，339家食品生产企业全部建立风险点和关键控制点防控体系并建立公示栏，向员工、监管部门和社会就企业落实质量安全主体责任情况进行公示。

【实施食品小作坊集中管理】 为解决食品加工小作坊“散、乱、小、差”等问题，2014年，南海区实施食品工作坊集中管理。全区统一建成罗村、里水、西樵、大沥、狮山5个食品集中加工中心，主要解决烧腊、卤水、豆腐等传统地方食品加工小作坊的监管问题。年内，区政府下发《佛山市南海区食品小作坊集中管理规定》和《佛山市南海区食品小作坊集中管理专项治理工作方案》。食品集中加工中心建设，纳入佛山市创建食品安全示范市的考核内容以及2014年政府绩效考核内容。11月18日，国家食品药品监管总局稽查专员李玉家率天津、辽宁、河南等省食品药品监督管理局工作人员，实地参观大沥食品集中加工中心，充分肯定了这种管理模式。

同时，实施八项监管措施，确保食品集中加工中心出品质量。一是要求中心建立统一的化验室，负责日常随机抽检小作坊产品，至少每周抽检一次；二是要求小作坊符合《食品生产加工小作坊质量安全控制基本要求》标准；三是实施小作坊备案制度；四是统一台账格式；五是按照职能开展日常监督检查，每月至少巡查一次；六是实施区级监督抽检制度，每个季度至少抽检一次；七是在中心安装小作坊产品溯源系统，实时监控小作坊进货和销售电子台账，小作坊出品均配有一张含追溯二维码的销售票据；八是统一中心产品运输车辆标识。

11月17日起，南海区全面开展烧腊等熟食食品市场准入工作，凡未取得食品生产许可证的企业或未经备案的食品小作坊出品的熟食不得在区内的市场、超市及餐饮单位销售。全区统一熟食销售经营户标识。凡是销售获得食品生产许可证或者集中加工中心出品的烧腊、卤水熟食档口，全部张贴“南海区食品集中加工中心销售点”或“南海区食品生产许可证获证企业销售点”字样的标识。同时公示含追溯二维码的销售票据。市民消费时，可以根据标识甄别选择。

【农产品监管】 2014年，南海区规范农产品监督管理，着力推进农产品质量安全管理系统化、标准化。5月，南海区食品药品监督管理局对全区农产品销售单位和场所开展行业建档工作，对农产品销售企业的基本信息、制度建立情况、进销货台账落实情况、日常经营、农产品抽样检测等情况进行记录存档，完善监管平台数据库，明确监管重点环节和重点方向，逐步实现对行业监管的有力把握。至年底，完成对300余个农产品经营单位或场所的建档工作。

逐步完善水产品质量安全溯源和责任追溯制度，大力开展食用水产品经营单位产地标识检查执法工作，对大沥盐步环球水产批发市场、桂江农产品综合批发市场、罗村中南农产品交易中心3个试点市场销售的鳜鱼、乌鳢和黄颡鱼附加产地标识情况进行检查。实施水产批发市场经营者及场内经营户水产品标识准入制度，规范标识单的填写、收取、存档和登记。

评选“农产品质量安全示范单位”。年内，9个管理规范、诚信经营、销售实现“农超对接”、品种获区（县）以上“农业龙头企业”称号的农产品经营单位，被命名为“农产品质量安全示范单位”。

【药品监督管理】 2014年，南海区加强对“三品一械”（药品、化妆品、保健食品、医疗器械）生产销售的监督管理。年内，区食品药品监督管理局委托南海区医药保健行业协会发动全区所有药店开展诚信经营示范药店评选活动，评选出282个“管理规范、诚信经营、文明服务、礼貌待客”的诚信经营示范药店。

开展过期药品回收试点工作。区食品药品监督管理局制作过期药品回收箱400个派发到桂城街道、西樵镇各药店，方便群众投放过期药品，由药品零售企业收集后交到各镇（街道）食品药品监督管理分局统一进行无害化处理。

开展药店新修订GSP认证检查工作。组织GSP检查员参加省、市局培训，熟练掌握检查条款的要求；组织各镇（街道）监管人员70多人次参加省认评中心的培训，解决人手不足的问题；发挥医药保健行业协会的帮扶作用，组织企业从业人员开展3场培训；指导督促各企业按照新修订的GSP认证规范完成企业软件硬件改造，提前做好工作部署，全面推进该项工作。

8月起，南海区开展打击互联网销售假药专项整治行动，加强对区互联网药品信息和交易服务平台的监管，对7个具有互联网药品信息服务资格的网站进行定时监测，对4个违反《互联网药品信息服务管理办法》相关规定的网站发出责令整改通知书，令其限期整改。

开展保健食品零售企业信用评级管理工作。是年，全区完成对1574家保健食品经营企业的评审工作，评出A级诚信企业759家、B级守信企业448家、C级警示企业82家、D级失信企业115家，170家企业被要求停业或注销。

【食品药品智能化监管】 2014年，南海区食品药品监督管理局筹建“南海区食品药品智能监管平台”。该平台设有食品药品安全黑名单数据库，对食品药品生产经营者推行违规计分制，食品药品生产经营者的各类违规行为将被记录在数据库中，且该数据库与企业办证、执法人员日常监管及行政处罚、社会公示等功能相关联，在该企业办理相关证件、执法人员对其进行日常检查、行政处罚等各个环节，系统都有相应的提示。同时，区食品药品监督管理局在南海区政府网站“南海一点通”上设立了食品药品安全“黑名单”专栏，向社会公示被列入“黑名单”的食品药品安全生产经营单位；另外，对部分守法经营、管理良好的示范单位也在网站上进行公示，发挥优秀企业的引领带动作用。

【食品药品专项整治行动】 2014年7月至10月，南海区食品药品监督管理局在全区范围内开展食品药品安全百日行动。行动中，区、镇共出动执法人员20924人次，检查各类生产经营单位10462家次，处理投诉725条，区镇两级行政处罚立案400件（其中涉案货值15万元以上3件），涉案货值1020.9万元，发出责令整改通知书545份，取缔非法生产经营窝点231个。在查办大案要案方面，办理大要案件130件，其中移送公安案件126件，公安机关刑拘犯罪嫌疑人95人。开展打击保健食品“四非”专项行动。年内出动执法人员2964人次，检查保健食品经营企业985家。开展医疗器械“五整治”专项行动。重点整治区内以体验方式未经许可擅自销售第二、三类医疗器械，无证经营装饰性彩色平光隐形眼镜、助听器，未按要求贮存和运输体外诊断试剂等行为。行动中，检查企业134家，责令整改61家，立案处罚1家。

（邹宝莹）

物价管理

【概况】 2014年，南海区加强物价监管，以“规范价格调节基金征收使用和平价商店管理”纳入区政府年度十件民生实事为契机，着力加强价格调节基金征收工作，规范平价商店管理，在全市率先实施公交“一票制”价格改革，整顿市场价格秩序，推动南海经济社会持续健康发展。

【公共交通“一票制”收费改革】 2014年，配合公交一体化规划，南海区物价管理部门依法举行南海区公共交通（黄巴、绿巴）“一票制”收费改革听证会。消费者参加人占听证会总人数的56%，为南海区历次价格听证会中消费者代表所占比例最高的一次。听证会上，参加人一致赞同实施公交票价改革，一致赞同听证“方案一”。会后，南海区在全市率先推出公共交通（黄巴、绿巴）“一票制”收费改革方案，首度实现南海区49条黄巴、绿巴公交线路票价一体化；同步出台票价优惠减免政策，明确规定乘客刷卡实行票价7折优惠。

【加强平价商店管理】 2014年，南海区多措并举，加强平价商店管理。年内组织91家稳定物价“三项建设”（平价商店建设项目、蔬菜大棚建设项目、冷藏设施建设项目）企业负责人、财务人员的专题培训，邀请专业财会人员授课，指导企业认真做好价格调节基金使用台账记录；从制度入手，出台加强平价商店管理的指导意见，对平价商店的装潢、标识、台账记录、资金使用要求等进行全方位规范，明确扶持资金使用范围，要求平价商店规范、合理、透明使用扶持发展

2014年9月25日，南海区召开公共交通"一票制"收费改革听证会

资金；从日常监督入手，委托第三方机构开展平价商店定期考核，邀请财政部门、镇（街道）经济促进局等部门共同参与对平价商店的不定期考核，构建主管部门、第三方中介机构和其他部门评议相结合的"三位一体"监管网络；在门户网站公布平价商店名称、地址，农副产品平价目录，在报纸刊登平价商店专题报道，向社会各界宣传平价商店的重要作用和实际惠民成效，提高市民对平价商店的知晓度、感受度和满意度；通过日常巡查和暗访等形式，不断加大监督管理力度，年内注销平价商店8家，新建农副产品平价商店2家，进一步优化平价商店区域布局；开展对补贴资金的绩效评价工作和审计工作，被列入财政重点问责项目的大沥镇平价商店项目获评"良好"等次。

【价格调节基金征收使用】 2014年，南海区扎实开展价格调节基金征收和使用工作。全年入库总额9297万元，其中区级6508万元；累计8次启动低收入群众临时价格补贴与物价上涨联动机制，使用价格调节基金向低保、失业人员及优抚对象147389人次发放临时价格补贴295万元；拓宽价格调节基金使用范围，使用区级价格调节基金3670.28万元用于"高龄老人津贴"。

【开展清费治乱减负工作】 2014年，南海区物价管理部门加强收费动态管理，会同财政、审计部门开展2013年度收费审验工作，累计审验行政事业性收费单位98个（含省、市垂直部门和镇街），审验收费许可证132个，涉及收费金额182130.77万元；办理收费许可证变更手续，取消行政事业性收费项目13个，停征、免征行政事业性收费6项；严格执行免征32项中央设立和7项省设立涉企行政事业性收费省级收入的优惠政策，优化企业发展环境，年减轻企业负担6802万元；重新梳理涉及进出口环节的报关收费政策，取消不符合现行法律、法规规定的收费项目3个。

【积极疏解社会价格热点问题】 2014年，南海区物价管理部门着力解决市民关注的价费突出问题，年内共7次下调14.5公斤民用瓶装液化石油气零售价格，两次下调民用瓶组供应液化石油气销售价格，切实减轻群众生活负担；下调150平方米以上的房地产等项证明费，年减轻群众负担250万元；推出毕业生人事关系保存收费优惠政策，年减轻毕业生负担10万元；全面清理涉及机动车安全技术检验的拓印、喷涂、车身反光标识粘贴、复印等延伸服务收费，对该类收费行为一律实行市场调节价管理，要求经营者遵循自愿有偿原则，公布收费项目和收费标准，供车主或驾驶人自主选择；全面清理选择性殡葬服务收费和特需服务收费，降低偏高的收费项目，年减轻群众负担100万元；全面落实住宅小区电梯检验检测收费免征政策，每年可减轻物业企业负担1000万元，约200个高层物业小区受惠。

【推进价格诚信建设】 2014年，南海区物价管理部门办理新建商品房销售价格备案2513宗，公开各类价格信息104条，完成区内80个参加市场升级改造且验收合格的农贸市场明码标价工作，7个农贸市场被评为市级优秀等次，优秀数量列全市五区之首。

【价格监督检查】 2014年，南海区物价管理部门主动出击，根据市场变化宣传价格收费政策，深入了解群众诉求，开展食盐和其他资源性产品价格、医院机动车差别化停放保管服务费专题调研，完成的专题调研报告被纳入南海区社会政策观测工作社案重点项目，并上报省、市价格主管部门。年内，将专项检查、常态检查与突击检查相结合，开展医疗服务价格、中小学教育收费、涉企收费、商品房明码标价、殡葬服务价格、旅游市场收费等专项检查，并对群众关心的住宅小区收费、停车收费等热点问题组织重点检查，节假日期间加强对价格市场的监管。积极解决群众价格诉求，严厉打击价格违法行为。全年累计受理群众价费举报、咨询1046件，比上年增长55.7%，办结率99.5%；立案查处价格违法案件21件，退还用户金额0.091万元，没收违法所得金额21.89万元，罚款金额12.08万元，上缴财政金额33.97万元。

【涉案物品价格鉴定】 2014年，南海区价格认证中心依法履行涉案物品价格鉴定行政裁定职能，配合公安部门主办侦察员制度改革，提供优质高效涉案物品价格鉴定服务。价格鉴定实行网上委托、24小时受理、短信通知。全年处理涉案物品价格鉴定9500多宗，比上年增长48%；涉案金额7亿元，增长89%。其中，涉案机动车2500辆、电脑1200台、移动电话2000部。 （龙永锐）

质量技术监督管理

【概况】 2014年，南海区按照创建广东省实施技术标准战略示范区的方案要求，通过标准、质量、品牌等手段，推动一二三产业全面均衡发展，实现“存量优化、增量优质”，形成“政府推动、部门联动、协会发动、典范带动、企业主动、媒体互动”的良好工作氛围。大力推进名牌建设，是年新增省名牌产品54个，新增数量创历年新高。做好重点消费产品质量、特种设备安全监管，开展电动自行车、消防产品、电线电缆和一次性发泡餐具专项整改工作，开展特种设备安全大检查，进一步规范电梯的安装、改造、维修、保养经营活动。坚持打击假冒伪劣产品行为，全年立案查办各类违反质量技术监督法律法规案件501件。将质量宣传培训工作作为产品质量提升的先导，加大行政资源投入，分类型、分层次，深入镇（街道）、社区、企业，多形式、多载体、多渠道开展宣传教育培训活动。年内组织特种设备安全法规、名牌建设、标准化管理、卓越绩效管理等知识宣传贯彻培训20场，接受培训1327人次。

【标准化管理】 2011年，南海区被广东省质量技术监督局定为广东省实施技术标准战略示范区试点区域。经过三年的建设，形成“地方政府引领、职能部门联动、技术机构支撑、行业协会推动、企业主动参与”的标准化工作格局。2014年，南海区以优秀等级通过广东省实施技术标准战略示范区建设试点考核验收，并成为全省观摩示范点。是年，南海区加快标准化战略实施步伐，鼓励企业参与标准化活动。年内全区发布84项各级标准，其中国家标准30项，行业标准37项，地方标准12项，联盟标准5项。至年底，全区企事业单位参与制修订各级标准665项（其中有3项为国际标准），总数位居全省县区首位。南海区拥有全国/省标准化技术委员会（TC）/分技术委员会（SC）/工作组（WG）秘书处8个。取得“标准化良好行为企业”称号的企业85家。企业应对技术性贸易措施水平明显提高，采用国际标准和国外先进标准的产品345个。南海桂花鱼省级农业标准化示范区以93.4分的成绩顺利通过专家组验收，获得“优秀”等级，顺利获批成为国家级农业综合标准化示范项目。

【品牌建设】 2014年，南海区强化名牌规划和培育工作，大力推进名牌创建。是年，南海区新增广东省名牌产品54个、复评产品29个，新增数量位列佛山各区第一。3月，全国铝合金建筑型材知名品牌创建示范区骨干企业广东坚美铝型材厂有限公司获2013年广东省政府质量奖，成为全省铝型材行业首家获此奖项的企业。4月30日，南海区获“全国内衣产业知名品牌创建示范区”筹建资格；11月14日，国家质检总局正式批准南海区及佛山高新区管委会筹建“全国陶瓷产业知名品牌创建示范区”。6月19日，北京有色金属研究总院与南海区人民政府签署合作框架协议，共同推动南海区铝型材行业提升技术研发水平和创新能力。

【重点消费产品质量安全监管】 2014年，南海区质监局对361家市定检不合格企业、194家国家及省监督抽查不合格企业及时发出整改通知书，对555家整改期到期不合格企业进行抽样复查，处理质量投诉案件132件。年内组织召开胶粘剂、服装、内衣、风扇、铝型材、食品等行业的产品质量分析会议，开展电动自行车、消防产品、电线电缆和一次性发泡餐具专项整治工作。

【特种设备安全监察】 2014年，南海区质监局全面开展特种设备安全大检查工作，并开展城镇燃气压力管道检查、液化石油气质量安装检查、特种设备销售市场安全检查、气瓶安全检查、特种设备“打非治违”等工作。深入推进电梯安全改革，进一步规范电梯的安装、改造、维修和维护保养经营活动，落实电梯使用登记制度，积极推动建立电梯事故

2014 年南海区获“广东省名牌产品”称号情况

企业名称	产品名称	注册商标	备注
佛山克莱汽车照明股份有限公司	汽车灯具	图形	新增
佛山市鼎天保护膜有限公司	PE 保护膜	图形	新增
佛山市东方医疗设备厂有限公司	医疗床	图形	新增
佛山市佛宇重工实业有限公司	混凝土搅拌设备	佛宇	新增
佛山市南海区新永泰胶粘制品有限公司	离型材	新永泰	新增
佛山市南海桃园铝业有限公司	铝合金建筑型材	兴创	新增
佛山市瑞信无纺布有限公司	无纺布	rayson	新增
佛山市斯乐普特种材料有限公司	无纺布	锦龙无纺	新增
广东安臣锡品制造有限公司	无铅钎料	ANSON SOLDER+ 图形	新增
广东百合医疗科技股份有限公司	医用导管（中心静脉导管、血液透析导管）	ABLE	新增
广东德联集团股份有限公司	车用汽油清净剂	图形	新增
广东宏陶陶瓷有限公司	地砖	宏陶	新增
广东华昌铝厂有限公司	金属门窗	伟昌	新增
广东汇亚陶瓷有限公司	地砖	汇亚	新增
广东坚美铝型材厂（集团）有限公司	建筑铝合金模板及支撑系统	坚美	新增
广东凯洋医疗科技集团有限公司	医疗床	K+ 凯洋 KAIYANG	新增
广东摩德娜科技股份有限公司	辊道式干燥器	MODENA、图形	新增
广东伟业铝厂集团有限公司	金属门窗	伟业牌、weiye 及图形	新增
广东致卓精密金属科技有限公司	电子电镀铜材（阳极磷铜材）	致卓	新增
广东中联铝业有限公司	铝合金建筑型材	图形	新增
南方风机股份有限公司	核电厂用核级空气处理机组	南狮	新增
佛山市承安铜业有限公司	电子电镀铜材（阳极磷铜材）	威士顿	新增
佛山市南海必得福无纺布有限公司	无纺布	必得福	新增
佛山市南海金富轩家具有限公司	儿童家具	图形	新增
佛山市南海金富雅家具有限公司	儿童家具	梦幻年华	新增
佛山市南海金富雅家具有限公司	儿童家具	图形	新增
佛山中元创新实业有限公司	电视接收天线	GREENTEK	新增
广东凯仕乐科技发展有限公司	红外线肩颈保健器	凯仕乐	新增
广东雄力电缆有限公司	6～35kV 交联聚乙烯电力电缆	图形	新增
广东雅柏家具实业有限公司	酒店家具	图形	新增
佛山市宝利美童车有限公司	婴儿学步车	康婴宝	新增
佛山市高格陶瓷有限公司	地砖	高格	新增
佛山市金巴利陶瓷有限公司	地砖	金巴利及图形	新增
佛山市新联发陶瓷有限公司	地砖	古信	新增
广东蒙娜丽莎新型材料集团有限公司	陶瓷板	蒙娜丽莎	新增

（续表）

企业名称	产品名称	注册商标	备注
广东新润成陶瓷有限公司	地砖	裕成陶瓷	新增
广东新润成陶瓷有限公司	地砖	汇强	新增
广东新润成陶瓷有限公司	内墙砖	新润成	新增
广东兴辉陶瓷集团有限公司	地砖	兴辉	新增
佛山市南华仪器股份有限公司	汽车排放气体测试仪	NANHUA	新增
佛山星期六鞋业股份有限公司	时尚女鞋	IIXVIIX 69SIXTYNINE	新增
广东景兴卫生用品有限公司	卫生巾（含卫生护垫）	ABC	新增
广东景兴卫生用品有限公司	卫生巾（含卫生护垫）	Free	新增
广东昭信企业集团有限公司	LED 灯具	图形	新增
佛山莱思丽实业有限公司	时尚女鞋	图形	新增
佛山市豹王滤芯制造有限公司	机油滤清器	图形	新增
佛山市南海宏钢金属制品有限公司	冷轧钢板	宏钢	新增
广东骆驼服饰有限公司	T 恤衫	图形	新增
广东志高空调有限公司	电热水器	志高	新增
佛山标美服饰有限公司	婴幼儿服装	图形	新增
广东广源铝业有限公司	铝合金建筑型材	图形	新增
广东中联电缆集团有限公司	6～35kV 交联聚乙烯电力电缆	图形	新增
佛山市南海新兴利合成纤维有限公司	PET 打包带	索戴	新增
广东新劲刚新材料科技股份有限公司	金刚石磨边轮	图形	新增
广东东方精工科技股份有限公司	纸箱印刷开槽模切机	D	复评
广东宏陶陶瓷有限公司	地砖	宏宇陶瓷	复评
广东宏陶陶瓷有限公司	地砖	意特陶	复评
广东宏陶陶瓷有限公司	内墙砖	宏宇陶瓷	复评
广东宏陶陶瓷有限公司	内墙砖	意特陶	复评
佛山市和美陶瓷有限公司	内墙砖	合美	复评
广东坚美铝型材厂（集团）有限公司	铝合金建筑型材	坚美	复评
广亚铝业有限公司	铝合金建筑型材	广亚 + 图形	复评
广东伟业铝厂集团有限公司	铝合金建筑型材	伟业牌、weiye 及图形	复评
广东华昌铝厂有限公司	铝合金建筑型材	WACANG+ 图形	复评
佛山市沥东铝型材制品有限公司	铝合金建筑型材	图形	复评
广东南华铝厂有限公司	铝合金建筑型材	图形	复评
佛山市南海区美源三星铝业有限公司	铝合金建筑型材	美源	复评
佛山市南海东兴塑料制罐有限公司	塑料中空包装容器	图形	复评
广东雅洁五金有限公司	锁具	雅洁	复评
广东蒙娜丽莎新型材料集团有限公司	地砖	蒙娜丽莎	复评

（续表）

企业名称	产品名称	注册商标	备注
广东新润成陶瓷有限公司	地砖	新润成	复评
佛山市利华陶瓷有限公司	地砖	图形	复评
佛山市新联发陶瓷有限公司	地砖	巴士顿	复评
广东志高空调有限公司	家用空调	志高	复评
佛山市源田床具机械有限公司	弹簧床垫数控机械设备	源田	复评
佛山市南海大沣实业有限公司	时尚女鞋	康莉	复评
广东新合铝业有限公司	铝合金建筑型材	XH 图形	复评
广东佳华铝型材有限公司	铝合金建筑型材	佳华	复评
广东电缆厂有限公司	6～35kV 交联聚乙烯电力电缆	图形	复评
广东南冠电气有限公司	防雷插座	图形	复评
佛山市南海华豪铝型材有限公司	铝合金建筑型材	华豪	复评
佛山市兴亚铝业有限公司	铝合金建筑型材	图形	复评
佛山市南海 NO.1 实业有限公司	衬衫	NO.1	复评

责任险制度。年内有17222台电梯使用权者签订《“电梯使用权者”安全承诺书》，签订比例占全区在用电梯数量的99.5%；有7258台电梯的使用单位购买电梯责任保险。

【行政执法】 2014年，南海区质监局全面履行政执法职能，针对社会的热点、难点、焦点问题，大力打击制造假冒假劣产品行为，维护市场经济秩序。全年处理举报投诉207件（其中专业举报投诉66件），为企业和消费者挽回经济损失35.46万元。立案查办各类违反质量技术监督法律法规的案件501件（其中食品案件81件）。检查群众举报或公司投诉的打假案件27件，立案查处案件19件（其中窝点11家），查获手机充电器、手表、鞋类、胶水、LED球泡灯、塑料空瓶等假冒伪劣商品；将违法事实情节严重、造成恶劣影响、涉嫌构成犯罪的12件案件移送公安机关处理，17名涉案人员被公安机关刑事拘留，12名涉案人员被检察机关批准逮捕。

【计量监管】 2014年，南海区质监局抓好对机动车安检机构检测工作的监管，向各安检站明确汽车视窗玻璃透光度的安全检验要求，并开展专项检查行动进行整治。开展集贸市场和社区医疗卫生单位计量器具工作免费检定，检定92个集贸市场的4090台（套）计量器具及143个社区医疗卫生单位的581台医疗体查计量器具。开展工业计量工作，对区内年耗能超过2000吨标准煤的74家用能企业实施能源计量考核。对19家申请三级计量保证体系认证的企业进行现场考核，推动1家企业开展“C”标志认证。

（黄健芬）

■ 安全生产监督管理

【概况】 2014年，南海区发生各类生产安全事故848起，死亡213人，重伤86人，直接经济损失1827.45万元；发生较大事故1起。其中，发生工矿企业伤亡事故10起，死亡10人，重伤4人，经济损失750万元，与上年相比，事故宗数、死亡人数和经济损失分别下降28.6%、16.7%和2.2%，重伤人数增长1倍。区安监系统立案查处安全生产违法违规行为163件，行政（当场）处罚34件，罚款金额277.53万元。全年共接报群众安全隐患举报131件，查处完结131件，结处率100%。同时，根据《佛山市生产安全事故隐患和安全生产违法行为举报奖励办法》的规定，对部分举报投诉符合奖励条件的投诉人进行了奖励。

【安全生产责任制】 2014年，南海区修订完善党政领导班子成员安全生产工作职责，推动区、镇两级党委、政府班子领导100%定期带队分线检查安全生产工作，其中区委、区政府党政领导班子带队督查49次，频次为历年最高。24个区直部门、镇、村、法人企业层级签订安全生产责任书45089份，实现四级100%签订责任书的目标。制定《安全生产约谈制度》，明确规定六种约谈的情形。开展安全生产责任制考核，奖励先进单位14个，区、镇（部门）各级落实考核奖金近600万元。协调监察部门对3名事故责任人实施行政问责。出台村（社区）集体经济组织安全生产指导意见，制定涉及7个领域的综合管理责任书，实行企业式管理村（社区）集体经济组织。

【职业卫生监管】 2014年，南海区扎实推进职业病危害项目申报、企业“一企一档”管理等基础工作。全区申报有职业病危害的企业8697家，申报率97%；建立“一企一档”企业8456家，建档率94.4%。全面开展工作场所职业卫生基础建设，落实企业职业病防治主体责任。全区有2712家企业完成基础建设，其中陶瓷卫浴、铅蓄电池、职业卫生管理示范企业完成率100%。切实加强建设项目职业卫生“三同时”（建设项目职业病防护设施必须与主体工程同时设计、同时施工、同时投入使用），制定并完善建设项目职业卫生审批备案操作规程和相关配套文件，编制新版《“三同时”办事指南》，完善网上办事程序。开展里水镇职业卫生试点工作，将职业卫生监管的关口前移。重点整治里水镇制鞋、家具、五金、喷涂、化工等五个行业，随机选取里水镇5家企业，以政府购买形式进行工作场所职业危害因素检测。经过半年创建，里水镇建成区职业卫生管理示范镇。加大用人单位职业卫生培训工作，加强《职业病防治法》宣传力度，将职业卫生培训工作与企业负责人、注册安全主任培训相结合，全年全区共培训19111人。结合《职业病防治法》宣传周及安全生产月宣传活动，采取多种宣传形式，向广大劳动者和用人单位，大力宣传《职业病防治法》相关法律知识和职业病科普知识。

【危险化学品安全监管】 2014年，南海区安监局审查危险化学品建设项目安全设施设计4宗，验收危险化学品建设项目安全设施竣工4宗，危险化学品建设项目试生产（使用）方案备案1宗，对1个危险化学品经营单位进行经营第二类非药品类易制毒化学品备案，对98个危险化学品经营单位进行领证、换证核查。全区73家危险化学品生产企业按时完成《佛山市企业安全生产隐患自查自报系统》填报工作，上报率100%。全区89家危险化学品（生产、重大危险源、气体充装）企业完成隐患自查自报，上报率100%。完成辖区内43家非药品类易制毒化学品经营企业2013年年度报表录入和季报录入，并签订《非药品类易制毒化学品经营单位2014~2015年度禁毒及安全生产工作任务书》。年内选定佛山市南海区商盈化工有限公司作为非药品类易制毒化学品规范化管理示范企业培育对象，以点带面，全面提升全区非药品易制毒企业管理水平。是年，南海区被确定为广东省危险化学品重点县（市、区）。7月21日，印发《佛山市南海区危险化学品安全生产攻坚工作方案》。8月1日，召开全区危险化学品安全生产攻坚工作动员会议。至年底，完成的攻坚项目有1个大项、7个小项，分别占总项目数的13%和33%；已开展的项目有7个大项、12个小项，分别占总项目数的87%和53%；未开展项目有3个小项，占总项目数的14%。年内，南海区还开展油气输送管线专项整治、涉氨制冷企业液氨使用专项整治、煤制气专项整治等多项专项整治工作。

【安全生产宣传培训】 2014年，南海区积极开展安全生产宣传教育行动，各镇（街道）也因时、因地组织辖区安全生产专题宣传。召开千人宣讲会，全区251个村（居）书记、主任、经联社社长，以及120多家重点企业负责人参加。会上，安排“4·6”狮山中毒事故发生地的永和村委会书记在会上现身说法。在全国“安全生产月”期间，举办南海区安全生产应急管理业务培训班，各镇（街道）及村（社区）的安全生产应急管理人员300人参加。培训班为学员讲授应急管理、应急上报和应急处置等业务知识。在里水镇、九江镇、大沥镇举办预防高空坠落事故宣讲活动，近600名企业负责人参加。全年培训注册安全主任15945人次，其中安全主任新培训开班40期，培训人数6939人；复训开班48期，培训人数9006人。培训单位主要负责人6109人次，其中主要负责人新培训开班22期，培训人数3540人；复训开班20期，培训人数2569人。

【应急救援管理】 2014年，南海区定期开展企业应急预案专项检查工作，完成重新备案及新备案企业273家。年内新增佛山市南海志力化工有限公司为安全生产应急救援队伍单位，佛山市华特气体有限公司和佛山市南海志力化工有限公司为危险化学品应急救援基地，广东勤联医疗科技有限公司为医疗物资应急智能仓库。至年底，全区有区级安全生产应急救援队伍3支，应急智能仓库36家，应急物资种类113种。年内继续开展一系列应急救援演练，包括联合区消防部门开展地铁安全应急救援演练，联合区交通部门和大沥镇开展港口危险货物事故应急救援演练，联合里水镇开展液氨泄漏事故应急救援演练。

【安全生产标准化创建】 2014年，南海区有4759家企业完成标准化创建工作，其中3526家顺利通过佛山市安监局公告。年内出台《2014年南海区开展安全生产标准化达标企业“回头看”工作方案》，对2013年安全生产标准化已达标三级以上的企业进行抽检，检查比例为30%，市、区、镇各抽查10%，区镇抽检企业742家，发现各类隐患136处，均已完成整改。

【“打非治违”专项行动】 2014年，南海区开展安全生产领域“打非治违”专项行动。从8月开始，与区住建、交通、质监等14个部门集中开展“八打八治”专项行动。对529家涉尘企业、396家危险化学品企业、11家涉及煤气发生装置企业基本情况及隐患进行全面排查，查处隐患1816处。开展安全生产“阳光执法”活动。3月，印发《南海区安全生产“阳光执法”活动实施方案》《安全生产阳光执法监察标准化手册》，促进执法全过程的标准化。6月，开展“安全生产月执法警示”活动，出动执法人员687人次，检查企业286家，发现隐患385处，发出整改指令书83份，现场处理措施决定书6份，责令停产停业整顿1家，立案8件，经济罚款22.05万元。8月至12月，在全区开展2014年“三级联动”专项执法监察行动，每个月围绕一个执法重点，由佛山市安监局执法监察支队统一组织、统一检查内容，区、镇（街道）执法监察人员共同参与。

（方浩宇）

■ 审计

【概况】 2014年，南海区审计局积极推进审计监督全覆盖，全年完成审计项目23个，查出管理不规范金额4.34亿元，纠正存在问题195个，提出审计意见建议127条，为区、镇两级督促追缴各类财政资金2045.34万元。

【财政审计】 2014年，南海区审计局加强对财政资金全口径审计监督，进一步加大税收征管、预算执行、镇（街道）财政决算的审计力度，促进政府依法理财和依法行政。深化区本级预算执行审计，促进用好增量资金，盘活存量资金。对南海区劳动就业服务中心、南海公证处2012年度及南海区疾病预防控制中心2013年度财务收支情况进行审计。开展2013年度地方税务局税收征管情况审计和契税征管情况审计，追缴各类税款及滞纳金220.75万元。完成对西樵、桂城、九江3个镇（街道）2012~2013年度和原罗村街道2011~2012年度财政决算情况的审计，重点延伸审计了“三旧”改造返还资金使用情况和污水处理费征收管理情况，责成其中一个街道追缴污水处理费614.35万元，督促另一个街道追收2012~2013年流失至其他区财政局的污水处理费645.55万元。

【民生审计】 2014年，南海区审计局力促民生事业发展，继续将涉及民生的项目和资金作为审计重点，切实维护群众利益。开展2013年度城镇保障性安居工程跟踪审计，促使区保障办与地方税务局解决保障房税收优惠政策问题，清收欠缴租金36.7万元。对南海区体育彩票公益金的收支及管理使用情况和南海广播电视大学2013年度财务收支情况进行审计。另外，配合省审计厅完成南海区2012~2013年社会抚养费征收管理使用情况专项审计调查。

· 链接 ·

八打八治：打击矿山企业无证开采、超越批准的矿区范围采矿行为，整治图纸造假、图实不符等问题；打击危化品非法运输行为，整治无证经营、充装、运输，非法改装、认证，违法挂靠、外包，违规装载等问题；打击破坏损害油气管道行为，整治管道周边乱建乱挖乱钻等问题，着力做好各类事故隐患的整治工作；打击涉及三场所一企业（有限空间作业、可燃爆粉尘作业、喷涂作业、涉氨制冷企业）无证照生产经营及严重安全生产违法违规行为；打击无资质施工行为，整治层层转包、违法分包等问题；打击客车客船非法营运行为，整治无证经营、超范围经营、挂靠经营及超速、超员、疲劳驾驶和长途客车夜间违规行驶等问题；打击“三合一”“多合一”场所违法生产经营行为，整治违规住人、消防设施缺失损坏、安全出口疏散通道堵塞封闭等问题；打击、取缔涉渔“三无”船舶，整治“船证不符”渔船、渔船超员、超载、抗风力航行或作业等问题。

【重点工程审计】 2014年，南海区审计局完成对广东金融高新技术服务区C区2012年度拆迁资金管理和使用及土地出让收益分配使用情况的审计调查、“区统贷镇还”融资实施的截污管网工程审计调查及九江大道工程建设情况审计。通过审计或审计调查，提高工程项目管理和工程造价控制水平，提高财政资金的投资绩效。

【经济责任审计】 2014年，南海区审计局强化对权力运行的制约和监督，继续深化经济责任审计，抓住权力运行和责任落实两个重点，同时加强对执行中央“八项规定”和厉行节约有关要求的审计监督，完成区经贸局原主要领导和区文体旅游局（文化旅游）、区人社局、区发改局主要领导的任期经济责任审计。通过审计，促进单位加强内部管理，促进领导干部转变作风、履职尽责。

【公有企业审计】 2014年，南海区审计局完成对南海化工总厂有限公司和区土地储备中心的审计，纠正被审计单位在财务和业务管理方面存在的问题，促进公有资产保值增值和企业的可持续发展。

【镇（街道）审计】 2014年，南海区7个镇（街道）审计分局完成审计项目167个，其中财务收支审计项目78个，效益审计项目1个，经济责任审计项目71个，基建审计项目3个，其他审计项目9个，被采纳意见建议508条，为镇（街道）财政增收节支3488.35万元。南海区大沥镇人民政府审计办公室获“2011至2013年度全国内部审计先进集体”称号，是广东省唯一获此荣誉的镇级审计单位。 （蔡颖贤）

■ 统计

【概况】 2014年，南海区发展规划和统计局以“摸清家底，提质保量”为总体目标，着力开展第三次全国经济普查。加强统计队伍建设，全年组织统计业务、财会知识等培训17场次，培训人员600多名，并对统计人员进行从业资格培训，提高统计执行力和依法统计能力。加强调研，积极探索统计改革，强化决策参考。

【开展第三次全国经济普查】 南海区第三次全国经济普查正式普查入户登记阶段从2014年1月1日开始，全区运用总人力2402人，其中普查指导员643人，普查员1759人。年内，根据普查前期第一次入户调查整理的核查底册，在南海辖区范围内的275个普查区开展第二次“地毯式”入户调查，并正式使用PDA逐户进行定位、拍照，完成数据收集、数据审核、上传等工作。从方案制定、普查试点、单位核查到正式普查、质量抽查、数据验收，历时近一年时间，完满完成本次普查工作。经过普查，南海区第二产业和第三产业的发展规模及布局基本摸清：2013年末，南海区从事第二产业和第三产业活动的法人单位有29435个，产业活动单位32755个，有证照个体经营户96718个。

【全国人口变动抽样调查】 2014年，南海区开展全国人口变动抽样调查工作。在做好抽样样本点核实、选聘与培训调查员、宣传动员、调查摸底等前期准备工作的基础上，于11月启动调查工作。全区分20个调查小区，组织46名调查员对2388户共6000多人进行调查。调查的主要内容包括住户的基本情况和个人的年龄、性别、受教育程度等指标。调查结束后，组织镇（街道）工作人员首次在全国联网统一平台录入数据。

【统计队伍建设】 为提高全区统计工作人员整体业务水平，保证统计数据质量，2014年，南海区发展规划和统计局举办全区性法制、统计业务、财会知识等培训17场次，培训人数超过600人次。继续推进统计专业技术资格考试工作，是年全区有56人报考中级统计职称，53人报考初级统计职称。同时，委托区统计学会对359名统计人员进行统计从业资格培训，为经过培训的镇（街道）66名基层统计工作人员颁发统计检查员证。

【探索统计方法新思维】 2014年2月和8月，南海区发展规划和统计局两次到区金融办进行调研，了解金融高新区的产业构成，撰写《南海金融高新区统计方法初探》，并参考周边地区金融统计做法，初步建立南海区金融业统计报表制度。年内印发《南海区中部片区制造业统计体系建设协商会议纪要》，正式明确中部片区制造业有关统计方法和工作制度，为开展中部片区制造业统计体系建设奠定基础。在综合调研基础上，出台《南海区固定资产投资统计管理办法》，建立部门信息抄送制度、重点项目档案制度及统计检查常态制度三项工作机制，明确项目审批部门、重点建设部门、行业主管部门及各镇（街道）的职责分工，将相关部门投资数据全面纳入统计。

（徐丽莉　段晓英）

财政·税务

Finance and Taxation

财政

【概况】 2014年，南海区四级公共财政预算收入375.69亿元，比上年增长22.7%。地方公共财政预算收入166.59亿元，比上年增长14%。其中，税收收入125.37亿元，比上年增长13.13%；非税收入41.22亿元，增长16.75%。

是年，南海区财政部门克服经济下行压力持续加大、发展环境复杂多变以及政策性减收因素增多等不利影响，加强与税务部门的联系和沟通，确保各项税收均衡入库，增值税、营业税、企业所得税均实行两位数增长，共完成收入63.94亿元，占税收收入的51%。财政支出继续向民生领域倾斜，全年用于民生支出94.89亿元，占公共财政支出的62.3%。

【公共财政支出】 2014年，南海区坚持民生投入优先安排，将财政资金重点投向教育、医疗卫生、"三农"、保障性住房、环境保护等与群众利益密切相关的领域，并优先足额安排民生保障专项资金。全年公共财政支出152.26亿元，比上年增长9.3%，其中投入教育资金37.78亿元、医疗卫生与计划生育资金11.34亿元、城乡社区建设资金9.56亿元。建立全区公立医院专项保障资金，低保、五保对象门诊医疗保障金从350元/人·年提高至500元/人·年，城乡低保标准从470元/人·月提高至510元/人·月。

【财政资金管理】 2014年，南海区完善公务卡管理系统，实行单位卡电子对账单服务，建构新的动态监控平台，实现对纳入国库集中支付的所有支出的监控。至年底，共开办单位公务卡146张，个人公务卡4674张。采用"双编双审"和"先编后审"方式做好财政投资项目编审工作，全年完成工程审核项目438个，核减资金2亿元，核减率6.5%。强化政府采购计划管理，实行区镇联动开展定点印刷招标采购。全年完成政府采购项目526个，比上年增长28.29%；中标金额90471.68万元，节约资金5755.30万元，节约率5.98%。加强预算执行及结余结转资金管理，从3月起实行单位预算执行进度定期统计制度，并将预算执行情况作为编制下一年预算的重要参考依据，提高预算支出的均衡性和效率。推进财政资金竞争性分配改革，完成"艺术活动承办""幸福村居""医务社区补助（政府购买服务）"等5个项目的竞争性分配，涉及资金1068万元。同时，对实施效果欠佳的项目收回财政资金，全年共回收资金622万元。扩大绩效评价范围，将30万元以上项目纳入支出后自评范围，全年纳入绩效评价范围项目3584个。制订债务预算管理、举债审批、提高贷款资金使用效益等新措施，要求各单位与金融机构协商提前还债及使用剩余债务资金还债，进一步压减政府性债务规模。

【财政资金监督】 2014年，南海区财政部门向征拆办、公资办及下属重点公司等16个单位派驻财务总监7名，监管范围涵盖路桥、

2014年4月10日，财政部税政司副司长王建凡一行到南海区开展税政工作专题调研

水利、新交通、公有资产、拆迁等重点领域，监管资产总额658.87亿元。开展会计监督、省级专项资金、财政一般性转移支付资金等专项检查，检查涉及金额13.59亿元。联合区审计局组织开展“小金库”专项治理，发现违规违纪金额1322.21万元。对专项资金管理、财务管理等方面存在的问题进行整改，追缴入库资金1519.88万元。区会计结算中心严把核算关，监督142个区直行政事业单位会计账243盘，年度收入40.16亿元，支出39.93亿元，纠错金额6.5亿元。

【镇（街道）财政专项支出绩效管理改革启动】 2014年，南海区财政局出台《关于镇街财政专项资金实施绩效管理的通知》，全面启动镇（街道）财政专项支出绩效管理改革。一是明确实施主体、对象和范围。明确镇（街道）财政部门和资金使用部门分别作为绩效管理的主体和对象的责任，并把所有财政专项支出项目纳入绩效管理范围。二是明确绩效管理的内容和环节。绩效管理包括事前评审、事中跟踪和事后评价、问责等环节，涵盖预算编制、执行和监督的各个阶段。同时，明确支出后评价是实现绩效管理目标的关键一环，建立起预算安排与绩效优劣挂钩的结果运用机制。三是明确绩效改革的措施。要求各镇（街道）成立深化绩效改革领导小组，完善相关制度，保障改革顺利推进。

【财政资金绩效动态项目库建设启动】 2014年，南海区启动财政资金绩效动态项目库建设。构建绩效动态项目库是南海区委、区政府重大改革的一项重要内容，旨在通过项目库实现预算中长期编报规划及预算跨年度平衡，提高预算执行率。绩效动态项目库在以结果为导向的分配体制基础上构建，具有科学、规范、有效的特点。一是分类管理。按照项目类型和性质将项目划分为“政策类”、“常规类”和“一次性项目”三个类别，并因应不同类别的特点分别采取相对固定或滚动的形式进行管理。针对“政策类”和“常规类”项目相对稳定的特点，对其采取相对固定的管理模式，项目入库后在特定的时期内持续安排资金，增强项目实施的连贯性及预算的计划性；针对“一次性项目”临时性的特点，采取滚动申报方式管理，预算单位根据工作计划、实际工作任务的变化情况及时对项目库进行补充或清理，确保项目库数据的准确、全面。二是前置编制。将预算编制分为申报入库和编制年度预算两个阶段进行，改变现时集中时段编制部门预算的做法。三是完善评审程序。在入库评审程序沿用预算绩效第三方评审的做法，并在此基础上增加面谈和实地勘察的环节。同时，明确对2015年预算编制进行重大改革。在编制年度预算时，除突发性或临时性需开支的项目外，未进入项目库的30万元以上的专项支出项目原则上不编入财政资金安排计划。是年，绩效动态项目库申报入库项目1586个，申报金额125亿元。

（夏志峰）

■ 国家税务

【概况】 2014年，南海区国家税务局组织税收收入221.76亿元，比上年增收30.59亿元，增长16%。剔除海关代征收入后，共组织国内税收收入177.56亿元（含免抵调库收入），比上年增收30亿元，增长20.34%；办理出口退（免）税

2014年南海区国家税务局税收收入情况

项目	实绩（万元）	比上年增加额（万元）	比上年增长（%）
国内税收收入	1775550	300086	20.34
国内“两税”收入	1186670	215097	22.14
国内增值税收入	1078379	132447	14
其中：增值税直接收入	905379	164447	22.19
免抵调库收入	173000	−32000	−15.61
消费税	108291	82650	322.33
国内其他税收收入	588880	84988	16.87
企业所得税	454282	53131	13.24
个人利息所得税	3	−43	−93.21
车辆购置税	134595	31901	31.06
海关代征收入	442003	5857	1.34
税收收入	2217553	305943	16
其中：中央级收入	1743811	243868	16.26
省级收入	117016	17104	17.12
区级收入	356725	44971	14.43

61.30亿元，其中出口退税44亿元，免抵调库17.30亿元。

是年，区国税局继续以“有为”文化为引领，推动征管质效和服务水平提升，5个分局（办税服务厅）继续被认定为省、市、区各级的“青年文明号”。

【征收管理】 2014年，南海区国税局持续深化征管改革，加强各税种日常管理与税源专业化管理。完成25项纳税评估及风险排查任务，累计补缴税款及滞纳金2.01亿元；推进邮政业、电信业“营改增”工作；利用第三方数据加强非居民企业股权转让监控，实现非居民财产收益预提所得税2263.60万元；对全区2625家企业进行出口退（免）税分类管理等级评定，并出台家具等行业《企业出口产品备案核查管理办法》；强化大企业全流程税收风险管理，逐步建立“体检式”的税收风险预防和反馈机制；开发“机审通”系统，实现发票票种变化快速审核，全年减少资料流转20632份次，减少纳税人上门1769户次。

【纳税服务】 2014年，南海区国税局开展“转作风、提质效、聚人心”系列行动和“便民办税春风行动”，推动作风转变，提高服务水平。结合便民办税春风行动，推出办税服务专员、税务专家团上门服务、纳税信用等级动态管理、推广一次性购票等十大措施。制订办税服务厅标准化服务规范和业务操作指引，完成7个办税服务厅标准化建设，率先在全市国税系统实现将自助办税服务延伸至镇（街道）行政服务中心。借助“送法快车”“国税知多D”等主题活动开展税收宣传。落实小微企业税收优惠政策，为全区纳税人减免增值税和所得税超过2.1亿元。是年，在全市国税系统纳税人访谈及满意度调查情况中，区国税局总评分为全市最高。

【金税三期工程试点工作】 2014年，南海区国税局全力推进金税三期工程优化试点工作。完成双轨测试任务575项，发现并上报问题119个；承担51项省局金税三期工程延续性、准确性测试任务，进行6个保留系统共25个接口用例的测试；完成37项初始化数据采集和74594条数据清理工作；进行6类岗位的分级师资培训，培育师资72人；组织全局600多名干部职工开展全功能业务类型测试和初始化演练；完成ARM和ATS两个软件共28个功能模块168个测试案例的集中测试；完成税库银（ETS）系统测试业务281笔。

【办税服务厅“达标管理”模式推行】 2014年，南海区国税局在办税服务厅全面推行“达标管理”模式。“达标管理”模式是指通报季度纳税服务工作情况时，以全区平均水平与全市平均水平的平均值作为基准，对达到达标值的基层征收单位，公布为达标；对低于达标值的单位，公布其未达标数据作为工作提醒。“达标管理”模式以是否“达标”的考核代替先前的指标考核，从以前的重数据改为重纳税人的体验，促使办税服务厅为纳税人提供更便捷、细致的服务。（夏艳）

地方税务

【概况】 2014年，南海区地方税务局组织税费收入259.93亿元，比上年增收30亿元，增长13%。其中税收收入164.93亿元，比上年增收21.21亿元，增长14.8%；各项规费收入95亿元，增收8.78亿元，增长10.2%。

是年，南海区地税局落实各项税收优惠政策，推动依法治税与便民服务相辅相成。全年累计减免企业税收11.13亿元，其中落实小微企业享受所得税优惠政策660家；推进营业税起征点提高工作，共有83688家次企业享受免征待遇；认真执行高新技术企业税收优惠、研发费税前扣除政策，做好“营改增”财政扶持资金的审核工作。扶持民生项目建设，落实农产品批发市场、农贸市场房产税、城镇土地使用税优惠政策；出台《保障性住房税收业务指引》，办理保障性住房税收优惠备案项目14个。完成15604辆节能汽车的备案类减免批量处理。

2014年3月25日，南海区综合治税工作联席会议在区地税局召开

2014年南海区地方税务局税费收入情况

项目	实绩（万元）	比上年增加额（万元）	比上年增长（%）
税费收入总计	2599332	299916	13.0
国内税收收入	1649329	212131	14.8
税收收入	1552056	188503	13.8
其中：中央级收入	262187	45850	21.2
省级共享收入	392910	42155	12.0
市县级收入	896959	100498	12.6
省级固定	97273	23628	32.1
营业税	563710	72155	14.7
其中：金融保险	97273	23628	32.1
企业所得税	250264	65058	35.1
其中：外资企业所得税	150	−2746	−94.8
个人所得税	184955	11846	6.8
城镇土地使用税	54676	6386	13.2
城市维护建设税	122320	22861	23.0
印花税	30589	5634	22.6
土地增值税	146289	4691	3.3
房产税	81513	17447	27.2
车船税	27888	969	3.6
契税	169089	8171	5.1
耕地占用税	18036	−3087	−14.6
其他收入	950003	87785	10.2
教育费附加	52376	9833	23.1
文化事业建设费	842	20	2.4
堤围防护费	51956	−8188	−13.6
残疾人就业保障金	15629	3663	30.6
社保费基金	764724	60283	8.6
罚没收入	66	−52	−44.1
地方教育附加	35009	6634	23.4
价格调节基金	9390	1111	13.4
工会经费	20011	14481	261.9

【税收征管】 2014年，南海区地税局推进“金税三期”优化版上线运行，并出台所得税、契税等相关政策指引。抓好年所得12万元以上个人所得税自行纳税申报工作。推进土地增值税清算。做好电信业“营改增”工作。完成存量房系统工业用房、商业用房模块上线运行。推进“个转企”工作，推动区内个体工商户转型升级。与区科技促进局联合搭建信息共享平台，开展大型物业租赁业、企业所得税、印花税、重点税源的专项评估，构建沐足业评估模型初显成效。深化与区国税局的合作，建立税收管理长效合作机制，在个体户管理、定额核定等方面加强沟通，确保步调一致；深化联合办证工作，进一步整合纳税登记资料；联合做好2012~2013年度纳税信用等级评定工作，加快税收信用体系建设。

【纳税服务】 2014年，南海区地税局开展“便民办税春风行动”，落实规范服务、首问责任制、一次性告知等13项具体措施。开展便民办税系列宣传，依托志愿服务组织户外税务宣传活动，推出税务宣传“微知识”“微动漫”“微声音”“微资讯”等“微系列”活动，累计发放税务宣传资料50.74万份。以政府采购方式推广电子发票邮政配送服务，应用“市民之窗”拓展车船税缴纳渠道。推动税费服务一体化，逐步建立以电子信息为主、纸质资料为辅的社保费征收档案库。构建税企沟通新渠道，年内建立覆盖全区各镇（街道）的办税员协会8个。依托纳税人学校南海教学点，全年组织培训155场次。做好“三单”管理工作，出台263项行政职权清单。

【电子办税服务厅推广应用】 2014年，南海区地税局加快电子办税服务厅的推广应用。至年底，在办税服务厅投放智能服务终端96台。将3812个查账征收业户和3389个纳入重点税源管理的业户作为推广宣传重点对象。启动“企业服务直通车”，利用专题辅导会向纳税人进行现场操作演示，让纳税人亲身体验电子办税服务厅多种便捷智能化功能，并让用户享受免费体验半年服务。落实全程跟踪机制，安排税管员密切跟踪CA认证用户的开通使用情况，及时收集整理企业的意见和系统操作问题，由业务骨干为企业释疑解难。 （江文彬）

农业
Agriculture

■ 综述

【概况】 2014年，南海区农林牧渔业生产总值84.72亿元，比上年增长1.1%。其中，农业产值42.38亿元，比上年增长6.1%；牧业产值4.31亿元，下降49.4%；渔业产值32.86亿元，增长7.7%；林业产值1680万元，增长13倍；农林牧渔服务业产值5亿元，增长4.9%。全年农村村社（组）两级可支配收入67.06亿元，比上年增长6.9%；农村居民人均纯收入18750元，增长9%。

【农田鱼塘整治】 2014年，南海区在建农田整治项目2个，面积133.33公顷（2000亩），其中狮山镇新和村农田整治项目66.67公顷（1000亩）完成建设，待区级验收；里水镇北沙村（二期）农田整治项目完成立项、设计、招投标工作，进入施工阶段。全年完成鱼塘整治项目6个，面积170.8公顷（2562亩），全部通过区级联合验收。

（卢丽　林海中　欧阳晶）

【加强农产品质量安全监管】 2014年，南海区农林渔业部门强化农业执法，重点开展农资打假专项行动及农产品质量安全隐患排查。全年区、镇开展农业执法行动出动4236人次，检查农产品生产经营单位、农资经营店铺2390家次。继续推进全区农业从业人员大培训工程，讲授无公害种植等科学种养技术，宣传农产品质量安全法律法规，年内举办各类农业培训班40期，培训3860人次，派发资料5500多份，派发农作物良种、肥料、渔资药物1批。完善监管机制，出台《南海区农林渔业局农产品质量安全监管工作责任制》《农产品质量安全专项整治行动方案》。（胡洁）

【红火蚁防控防治】 2014年，南海区举办“红火蚁预防和控制技术”培训班18期，培训区、镇、村级防控技术人员2000多人次，印制、派发红火蚁防控知识宣传小册子、海报等资料4万多份。全年出动防控技术人员1.1万多人次，组织扑杀工作1000多场次，防控后95%发生面积的发生程度达省标准一级。

【农业科技下乡】 2014年，南海区分别在里水、丹灶、西樵、狮山等地举办无公害农产品种植技术、病虫害防治技术、农药安全使用培训13期，培训人数1000多人，现场派发技术资料2000多份，并向到场农户派发优质的农作物品种、肥料等农资产品。

（李炳南）

■ 种植业

【概况】 2014年，南海区粮食播种面积1403.53公顷（21053亩），产量7010吨；蔬菜播种面积25454公顷（381810亩），产量487555吨；花卉种植面积4297.4公顷（64461亩）；经济作物种植面积7374.6公顷（110619亩）。

【菜篮子基地建设】 2014年，南海区继续组织年度佛山市“菜篮子”基地申报工作，新增南海洪盛蔬菜生产基地、南海桂江农产品综合批发市场2个“菜篮子”基地，新增南海永顺生猪养殖基地1个“菜篮子”培育基地。至此，连同上年被评为“菜篮子”基地的南海西江蔬菜生产基地、中南农产品交易中心，全区共有佛山市“菜篮子”基地4个，“菜篮子”培育基地1个。

【种粮补贴】 2014年，南海区贯

2014年南海区农业用地情况

单位：公顷

项目	实绩
农业用地面积	44603.33
耕地	12497.73
其中：水（旱）田	4263.60
鱼塘	17968.07
果园	4403.93
林地	6933.53
其他	2800.07
农业用地人均面积	0.03

（区发展规划和统计局提供）

2014年南海区主要农作物种植面积情况

单位：公顷

镇(街道)	水稻播种面积	花卉种植面积	蔬菜种植面积
合计	497.07	4297.40	25454
桂城街道	–	567.73	1796.07
九江镇	–	–	805.73
西樵镇	0.67	23.47	4935.87
丹灶镇	15	280.27	2693.20
狮山镇	245.40	645.93	7372.53
大沥镇	–	440	715.47
里水镇	236	2340	7135.13

（区发展规划和统计局提供）

彻落实种粮直补、农资综合补贴和良种补贴各项粮食优惠政策，提高农民种粮积极性。是年分别发放农资综合补贴和种粮直补补贴金额527250元、57000元，补贴面积475公顷（7125亩）；良种补贴金额122626.30元，补贴面积580公顷（8700.13亩）。

【政策性水稻保险】 2014年，南海区开展政策性水稻保险投保工作，完成水稻种植投保面积365公顷（5474.97亩），保费总额110375.40元。其中，区级财政投入72050.70元，农户承担保费部分由区财政统一支付，农户无需缴纳。（卢丽）

【在耕地财政补贴】 2014年，南海区做好2013年度基本农田保护区和非基本农田保护区在耕地财政补贴申报审核工作，发放补贴资金1.28亿元。同时，聘请中介组织对2012年度获100万元以上的村（社区）及其他有需要的村（社区）进行专项审计。（谢嘉茵）

【“广东万顷园艺世界”逐步完善】 至2014年底，南海区“广东万顷园艺世界”项目累计投入3.50亿元，集约农地136公顷（2040亩），建成园区道路6800米，建成温室20余公顷（300多亩），园区内相关基础设施和配套设备基本到位。万顷园艺公园完成门口铸字工程及景观绿化等工作。签订入驻协议的苗木、花卉、观赏鱼企业200多家，其中已进驻企业180多家。

【花卉温室大棚面积扩大】 2014年，南海区继续推进农业精细化发展，打造名贵花卉产业链。年内，扶持建设花卉温室大棚25.35公顷（380.19亩），其中桂城街道平胜社区3.97公顷（59.56亩）、万顷洋新型百合花专业合作社12.69公顷（190.3亩）、广东万顷洋农业发展有限公司8.69公顷（130.33亩）。至年底，全区累计扶持建设花卉温室大棚126.67公顷（1900多亩）。（朱皑君）

■ 畜牧业

【概况】 2014年，南海区生猪饲养场（舍）1232个，生猪存栏数10.96万头，出栏量17.42万头；家禽饲养场（舍）622个，家禽存栏量201.34万羽，出栏量404.66万羽。全区有饲料和饲料添加剂生产企业23家，年产饲料量78万多吨；兽药生产企业4家，兽药经营企业99家。

【全面完成畜禽养殖禁养区污染整治】 2014年，南海区继续推进畜禽养殖业污染防治工作。年内相关镇（街道）结合本地实际，制定工作方案和成立工作领导小组，采取措施加快推进辖区内禁养区畜禽养殖场的清理。至年底，全区禁养区内畜禽养殖污染整治工作全部完成，2010~2014年共关停养殖场4929个。

【动物防疫检疫】 2014年，南海区全面落实动物防疫、检疫工作，没有发生重大动物疫情。全年累计免疫家禽禽流感1667.55万羽、新城疫396.9万羽、猪口蹄疫34.85万头、猪蓝耳32.71万头、猪瘟32.89万头，重大动物疫病免疫率100%。全年生猪屠宰检疫数262.79万头，羊屠宰检疫数8.5万头；猪产地检疫数40.01万头，禽产地检疫数4244.70万羽。是年，南海区兽医实验室完成省、市级送检样品4838份，完成血清学检测3942份，其中禽流感检测2142份。（孔德汉）

【牲畜屠宰管理】 2014年，南海区继续加强对辖区定点屠宰企业的监管，严厉打击私屠滥宰违法行为。全年全区生猪总屠宰量262.26万头，各定点屠宰企业无害化处理病害猪5301头，无害化处理病害产品29.6万公斤；活羊总屠宰量8.5万头。完善肉品统一配送专用车全程动态监控系统，完成全区统一配送车辆的硬件设

施安装。（陈韵虹）

■ 水产业

【概况】 2014年，南海区塘鱼养殖面积17968.07公顷（269521亩）；水产品总产量196745吨。鱼苗总产量1754亿尾，良种率不断提高，其中优鲈1号、全雄黄颡鱼、鳜鱼、草鱼等优质良种苗种超过20亿尾，新品种台湾泥鳅苗种产量达到10亿尾。全区养殖结构进一步优化，优质鱼养殖面积4390.53公顷（65858亩）；2公顷（30亩）以上水产规模经营户815户，规模养殖总面积3000公顷（45000亩）。推动农销对接，“坤记水产”（1家）、“通威鱼”（2家）共3家水产直销店在环球水产交易市场挂牌营业。

【水产品质量安全示范点创建】 2014年，南海区扶持、引导百容、何氏、环球3家水产企业进行水产品质量安全示范点全面整改提升。至年底，全区成功创建3个农业部健康养殖示范场、8个省级示范点和4个市级示范点，示范点面积达293.53公顷（4402.90亩）。

【水产品检测】 2014年，南海区推动镇（街道）完善水产品独立检测试点建设，扶持渔业龙头企业、渔业合作社等建立、完善质量检测、销售台账等管理制度。加强对水产品的生产、运输、流通等环节的全链监控，全年完成区、镇两级及市级以上水产品监测抽样任务3002个，检测合格率98%。

【水产品质量安全专项整治】 2014年，南海区加强水产品质量安全监督检查，重点开展水产苗种专项整治，深入排查安全隐患，规范生产经营行为。全年全区出动执法人员1365人次，检查水产养殖场（户）632家次、苗种场168家次、渔药渔资店45家次，派发宣传单张2800份；落实签订《水产品质量安全责任承诺书》6390份，督促4280家（户）养殖场建立水产生产日志；完成全区水产苗种场的普查登记工作，全面摸清水产苗种场的基本情况。

【西樵镇“渔耕粤韵”园区开园迎客】 2014年，西樵镇“渔耕粤韵”园区第一期桑基鱼塘休闲区对外试开放。该园区2012~2014年累计投入建设资金3013万元，其中2014年投入1199万元，完成供水、供电、排污、路桥、路灯照明、河涌沿岸绿化以及招商中心主体建筑等基础设施建设，种植桑树1.5万棵。

【九江镇“西部观赏鱼基地”建成投产】 2014年，九江镇“西部观赏鱼基地”项目建成投产。2012~2014年项目累计投入建设资金1500万元，其中2014年投入425万元，完成1个800平方米的工厂化生产车间和1个500平方米的锦鲤展览区的扩建，主要生产设施基本建设完成，并改进养殖水体的过滤系统，绿化率达80%。与珠江水产研究所签订技术合作协议，开展锦鲤、鳜鱼、宝石鲈的引种、繁殖及推广养殖，其中成功筛选培育出优质锦鲤鱼苗2万尾。

【渔业科技创新与应用】 2014年，南海区投入市级现代农业扶持资金150万元，完成3个市级现代农业科技推广项目的建设。其中，达亿公司“工厂化生态养殖建设”项目完成，开始生产无公害的宝石鲈等水产品；通威公司“养殖池塘工程化技术及设备集成研究与示范”项目建成“池塘底排污”“鱼菜共生”系统工程化池塘示范面积6.67公顷（100亩），养殖产能提高20%以上，废水减排20%以上；百容公司“以生物絮团技术为核心的池塘水质调控模式推广”项目改造传统养殖池塘1.33公顷（20亩）和室内育苗车间1000平方米，建立起室外池塘生态养殖和室内水泥池集约化孵化育苗两种推广模式。另外，百容公司“草鱼良种工厂化育苗体系改造项目”通过省海洋与渔业局组织的专家验

2014年南海区水产业、畜牧业生产情况

镇（街道）	塘鱼养殖面积（公顷）	出售家禽数量（万羽）	生猪出栏量（万头）
合计	17968.07	404.7	17.42
桂城街道	242.67	–	–
九江镇	3384.07	6.4	0.11
西樵镇	4495.60	31.6	3.93
丹灶镇	3878.47	41.2	0.88
狮山镇	3765.27	240.0	5
大沥镇	418.87	–	–
里水镇	1783.13	85.5	7.50

（区发展规划和统计局提供）

收；何氏水产有限公司“活鱼规模化高密度远程运输系统的应用与推广”项目经批准申报省农业技术推广奖。

【打造水产品品牌】 2014年，南海区加强水产品品牌认证工作，鼓励水产企业开展品牌打造、保护和管理，提升品牌价值。11月14日，经过广东省南方名牌农产品推进中心专家评审和广东省名牌产品（农业类）推进委员会综合审核，广东何氏水产有限公司的华锦渔业——鲈鱼（活鱼）获评广东省十大名牌产品“广东名鱼”；12月4日，百容鲫鱼苗凭借生长特点、生产性能等优势获得2014年“广东省名牌产品”称号，这是继上年百容草鱼苗获得“广东省名牌产品”称号后，百容公司的第二个“广东省名牌产品”。（林海中　欧阳晶）

【加强水生野生动物保护管理】 2014年，南海渔政大队组织特种水产品养殖与经营利用情况摸底调查，建立南海特种水产品养殖与经营数据库，争取省海洋与渔业局支持，限时放开部分特种经营利用水生野生动物的证件办理，为350个养殖户办理特种水产品养殖经营许可证。加强非法经营利用水生野生保护动物执法检查，全年共查获违法经营利用保护水生野生动物案3件。

【打击非法捕捞】 2014年，南海区渔政与公安等部门联动开展多次专项行动，查处非法捕捞水产品案件17件，抓捕46人，其中提起公诉案件17件39人，作有罪判决案件13件29人。渔政部门加大巡航执法力度，加强非工作日巡航，全年查处非法捕捞作业案件31件，罚款11.73万元。

【加强渔航安全生产管理】 2014年，南海渔政大队参加佛山市联合大检查4次，与海事、安监等部门开展各类专项执法行动8次，出动执法船艇、车辆226次，出动执法人员951人次，检查渔船1356艘次，排除安全生产隐患2起，发放安全宣传单张5000多份，悬挂宣传横幅60条，在渔业活动频密场所树立永久性户外宣传牌8块。举办安全生产培训班4期，培训在册船员505人次，发放灭火器505个。借力南海区打击偷砂电子监控视频系统资源，建立完善安全生产监管平台，提升渔政管理工作信息化水平。

【落实惠渔政策】 2014年，南海渔政大队全面落实渔业保险投保及禁渔政策性补贴发放工作，区财政按保费的60%额度为渔民垫付保费。年内有981名渔民购买政策性渔业保险，财政补贴35.46万元。年内，还按规定及时发放珠江禁渔期渔民生活补贴107.58万元。（朱志明　何艳婕）

■ 林业

【概况】 2014年，南海区森林面积10173.33公顷（15.26万亩），其中有林地森林5480公顷（8.22万亩），非林地森林4693.33公顷（7.04万亩），森林覆盖率9.48%（含非林地森林）。省级生态公益林2666.67公顷（4万亩）。辖区林分多为人工林及少量次生林，林地森林保险覆盖率100%。区内拥有国家级森林公园1个，省级以下区（县）级以上森林公园4个，拥有专业森林防火队伍2支，专业护林员200多人。是年，南海区加强植树造林、森林资源保护和行政审批工作。出台工作方案铺开新一轮绿化南海大行动，继续推进高速公路生态景观林带的完善提升工作。

【植树造林】 2014年，南海区种植各种树木96.6万株，参加义务植树活动93.8万人次，人均植树1株以上。送苗下乡12.4万株，建设甘蕉、西岸等乡村绿化美化示范村25个，完成低产低效林改造面积40.67公顷（610亩）。

【森林资源保护】 2014年，南海区继续强化森林资源保护与管理，维护生态平衡。全年依法办理征占用林地6宗，面积25.6公顷（384亩）；出具非林地证明88宗；受理采伐许可证8宗，采伐蓄积2423立方米。9月，邀请有关防火专家，组织全区森林防火队伍开展以使用风力灭火机为主题的专项森林防火培训和现场演练，全年全区增加风力灭火机33台。

【野生动物保护】 2014年，南海区开展野生动物保护“利剑行动”，对林业行政案件进行严肃查处，同时加强监督检查和普法宣传，坚决打击各种违法行为。年内组织多次大型检查行动，出动执法人员430多人次，检查大型农贸市场6个，酒楼食肆100多家。

【启动陆生野生动物经营利用行政审批】 2014年8月，南海区启动陆生野生动物经营利用行政审批工作，对有合法来源的国家“三有”（有益的、有重要经济价值、有科学研究价值）保护野生动物及其产品的经营利用予以行政许可；对驯养繁殖“三有”和省重点保护野生动物的养殖场，通过核定种源来源、养殖场地等进行登记备案，有效解决来源合法、养殖成功的“三有”保护野生动物的经营利用问题。全年办理陆生野生动物经营利用行政许可386份、驯养繁殖登记备案10份。

【高速公路生态景观林带建设】2014年，南海区根据上级规划要求，重点抓好佛开高速公路（南海段）沙头出入口节点景观林带的完善提升工作，新增绿化面积1.47万平方米；完成广三高速狮山段（原大沥段）景观林带的完善提升工作，新增绿化带长度8千米、花卉地披面积3.1万平方米。完成武广高铁里水段生态景观林带建设，以及西江北江沿岸第一重山的景观改造和全区景观林带抚育工作，对西二环高速（南海段）景观林带进行再次提升设计和备耕。

（黎建力　曾汪洋）

农业机械

【概况】 2014年，南海区农业机械总动力32.49万千瓦，比上年减少0.7万千瓦，全区实际机耕面积32979.9公顷，比上年增加19649.9公顷。种植业农业机械化程度37.68%，比上年增长25.22%。推广新型农业机械1批，其中粮食清选机15台、清粪机6台、笼网架31套、拖拉机4台、投饵机7台、增氧机713台。

【农机购置国家补贴】 2014年，南海区获得国家农机购置补贴金额20万元，上年结转62.83万元，实际发放补贴资金79.19万元，补贴购置农机具776台（套），受惠农户134户。

【农机安全生产】 2014年，南海区农机监理所与拖拉机机主签订《拖拉机及驾驶员安全生产责任书》439份，检验拖拉机439台。年内举办大型农机安全知识培训班6期，培训人员1010人次，发放学习资料1553份。开展农机安全生产宣传检查活动14次，检查农机销售维修企业31家、拖拉机766台，发放宣传资料1553份。开展拖拉机“三灯”免费维修活动，维修拖拉机102台。参加市农机安全监理所组织的特大农机安全事故应急演练，顺利完成演练任务。

（黄敬忠　何锐泉）

农产品检测

【概况】 2014年，南海区农检中心与各镇（街道）农检站对蔬菜基地、养殖场、肉联厂的初级农产品进行例行风险监测工作，抽检样品8406份。其中，蔬菜水果4728份，农药残留检测合格率98.8%；禽畜产品样品2743份，盐酸克伦特罗、莱克多巴胺残留检验结果合格率100%；鲜活水产（鱼肉）838份，孔雀石绿、呋喃唑酮、氯霉素、喹乙醇检测合格率分别为91.1%、94.3%、100%、100%；养鱼水样品61份，孔雀石绿检验结果全部合格；牛奶样品36份，三聚氰胺合格率100%，总抗生素合格率88.9%。

【农产品检测技术和实验室管理水平全面提升】 2014年，南海区农检中心参加广东省农业厅组织的蔬菜中农药残留检测能力验证、猪尿中盐酸克伦特罗、莱克多巴胺、沙丁胺醇残留检测实验室比对能力验证，考核结果全部优秀，是佛山地区唯一取得全优成绩的农检中心，在全省名列前茅。在佛山市农业局举办的2014年农产品检测技术大比武中，区农检中心获得团体总分第二名。举办首次全区农产品检测技术大比武，加强区镇两级农检系统及镇级农检系统之间的技术交流。组织镇（街道）农产品检测从业人员开展农产品质量安全检测知识培训，核发农产品检测上岗证100份。

（梁森　邓永健）

农村工作

【概况】 2014年，南海区以产权改革为主线，大力推进集体经济透明化监管和“确权到户、户内共享、社内流动、长久不变”的集体经济组织股权改革，不断深化农村体制综合改革。全年全区村社（组）两级可支配收入67.06亿元，比上年增长6.9%；农村居民人均纯收入18750元，增长9%。

【组织集体经济组织社委成员培训】 2014年，南海区城乡统筹办公室创新全区农村基层干部培训方式，采取远程视频直播方式对全区2300多名经济社社长进行业务培训。培训内容重点宣讲法律“红线”，预防农村基层干部在集体资产运营和农用地流转过程中的违规违法行为。

【推进“确权确股”式股权改革】 2014年，南海区统一以“确权确股不确地”的方式，稳妥推进集体经济组织“确权到户、户内共享、社内流动、长久不变”的股权改革。年内以户代表作为股权登记主体，以户为单位进行股权登记，提倡户内股权均等化，促使农村股权从动态调整型向稳定规范型转变。同时，探索开展集体经济组织成员股权（股份）交易，允许农村股权有偿退出、转让、继承、抵押、赠与、担保，增加农民财产性收入渠道。

【首宗区级集体资产成功交易】

2014年9月24日，南海区举办第一宗区级集体资产交易——桂城平北幼儿园经营权竞价会

2014年9月24日，南海区成功进行第一宗区级集体资产交易——桂城平北幼儿园经营权交易，该项目以110万元的底价开投，最终以250万元的价格成交。1月8日，南海区集体产权交易中心成立。经过调研，南海区确定“两证齐全、且单宗建筑面积10000平方米以上（含10000平方米）的房屋及建筑物”作为区级交易的准入标准。

【推进“三平台”互联整合】2014年，南海区针对集体资产管理交易平台、集体经济财务监管平台、集体经济组织成员股权（股份）管理交易平台“三平台”之间相对独立、难以交叉查询的不足，对“三平台”软件作进一步深度开发、完善和整合，增加集体资产管理交易系统区级交易模块；完善财监系统网上审批监控，全面实行网上开票，完善银行数据与出纳账、会计账自动实时对账功能，确保与银行数据实时在线、互联互通；完善提高平台系统之间数据对接的精确性、实用性和一致性，促进信息数据互联互通，资源共享。

【强化经联社收支监管】2014年，南海区发布《关于加强经联社收支监管工作的意见》，拟在各镇（街道）成立经联社收支监管中心，作为第三方专责对经联社资产的经营及缴纳村（社区）公共服务经费进行统一监管，促进经联社管理精细化。丹灶镇作为全区试点单位，率先于9月19日正式挂牌成立镇经联社收支监管中心，启动收支监管工作。

【开展村（居）委会换届审计】2014年，南海区开展7个镇（街道）村（居）委会换届审计工作，共审计账数402套，资产总额158.69亿元，未发现重大违法、违纪现象。为进一步堵塞财务管理漏洞，年内南海区还采取不定期检查的形式选择部分村（社区）、组（社）进行审计整改抽查，促进审计整改工作落到实处。

【推进省级名镇、名村、示范村创建工作】2014年，南海区编制名镇、名村、示范村建设规划50个，制作档案资料50套，完成建设项目502个，督导检查65批次。年内，完成对第一批次共1个名镇、8个名村、17个示范村的省、市、区三级检查验收和第二批次6个名村、18个示范村的区级检查验收工作。

【村级公益事业建设】2014年，南海区实施村级公益事业建设一事一议项目27个，各级财政奖励补助资金1396.3万元（本级财政配套资金418.9万元，申请上级财政资金977.4万元）。是年全区投入村级公益事业资金4188.9万元，大大促进了村（社区）民生事业发展。

【积极寻求农村股权争议突出问题解决办法】2014年，南海区积极探索农村股权争议突出问题的解决办法：一是以桂城蟠岗四约为调研点，放开出资购股方式，分类甄别认定，落实部分农村特殊群体股权。二是与综合开发研究院（中国·深圳）合作，开展南海区股份合作制历史遗留问题研究，探索进一步解决农村集体经济组织历史遗留问题的理论依据和实施机制。年内完成《关于南海区农村股份合作社成员认定历史遗留问题的咨询研究》课题的前期研究。

【第二轮“双到”扶贫工作】2014年，南海区划拨扶贫资金3004万元，全面落实对口帮扶的33个贫困村的“新农保”“新农合”、五保、低保政策；切实保障贫困户子女完成“普九”学业，消除因贫辍学现象；支持365户低收入住房困难户分批进行危房改造；完成一批关系民生的生产生活基础设施项目建设。通过入股阳山县水电站、云安县土地储备中心、佛冈县周转房等项目，从是年开始，每年将分别为阳山县、云安县、佛冈县对口帮扶的各贫困村发放8%、12%、10%的固定分红，帮扶长效机制成效显著。（谢嘉茵）

工业
Industry

综述

【概况】 2014年，南海区有工业企业37128家，其中规模以上工业企业2211家。全年实现工业总产值5468.32亿元，其中规模以上工业企业完成产值4986.90亿元，比上年增长9.4%。规模以上工业企业销售产值4920.05亿元，比上年增长9.3%。产品销售率98.66%，与上年持平。规模以上工业亏损企业数量增加。是年，全区规模以上工业亏损企业282家，比上年增加51家，亏损面为12.8%；亏损企业亏损总额6.59亿元。

是年，南海区规模以上高新技术制造业实现产值525.55亿元，比上年增长2.0%，其中电子及通信设备制造业实现产值448.62亿元，下降1.3%，占高新技术制造业产值的85.4%；规模以上先进制造业实现产值1760.33亿元，增长7.0%；以金属制品业、纺织服装、家用电力器具制造业等为主导的优势传统产业实现产值1386.37亿元，增长1.4%。

【技改投资】 2014年，南海区完成技术改造项目投资备案46项，占全省备案总数的2.7%；投资总额55.91亿元，占全省投资总额的6.7%。技改项目备案数居全省县（区）级城市前列，投资总额居全省县（区）级城市之首。区经济和科技促进局积极扶持企业加快技术装备升级速度。全年审核企业技术改造项目进口设备免税申请3项，涉及技改投资1445万元，引进国外先进设备8台（套），设备用汇136万美元。

【重点耗能企业节能考核】 2014年，南海区对区内22家“国家万企”、11家省监管的重点耗能企业和25家市监管的重点耗能企业开展2013年度节能目标任务完成情况现场考核。11家省监管企业2013年度节能58792.8吨标准煤，超额完成年度节能目标，考核等级为超额完成的3家，完成的6家，基本完成的2家。22家“国家万企”和25家市监管企业节能47407.8吨标准煤，超额完成年度节能目标，考核等级为超额完成的1家，完成的36家，基本完成的7家，未完成的3家。

【清洁生产企业审核】 2014年，南海区继续推进清洁生产企业备案和审核验收工作。东芝家用电器制造（南海）有限公司、佛山市南海意大宏利服装有限公司、佛山大唐纺织印染服装面料有限公司、广东雅洁五金有限公司、佛山市南海区孔雀金属制品有限公司、广东华昌铝厂有限公司、佛山市南海利达印刷包装有限公司、佛山市南海永其祥织染有限公司、佛山市亚纺染整有限公司、佛山市康亚纺织有限公司、佛山市南海区欣源电子有限公司、佛山华丰纺织有限公司、佛山南方印染股份有限公司、佛山市裕牌纺织有限公司、佛山市立笙纺织有限公司15家企业被认定为“广东省清洁生产企业”。伊戈尔电气股份有限公司、南海长海发电有限公司、佛山市华裕泰织染有限公司、佛山市南海桃园铝业有限公司等14家企业被认定为“佛山市清洁生产企业”。至年底，南海区有省级清洁生产企业71家，市级清洁生产企业32家。

【企业技术中心建设】 2014年，广东坚美铝型材厂（集团）有限公司被认定为国家级企业技术中心，广东华兴玻璃股份有限公司、广东摩德娜科技股份有限公司、佛山维尚家具制造有限公司、广东百合医疗科技股份有限公司、佛山市华特气体有限公司、佛山市南海蕾特汽车配件有限公司、广东卓维网络有限公司、广东景兴卫生用品有限公司、佛山市宝索机械制造有限公司、广东新怡内衣集团有限公司、广东雄塑科技集团股份有限公司11家企业被认定为省级企业技术中心，佛山市华特气体有限公司、佛山市南海蕾特汽车配件有限公司、佛山维尚家具制造有限公司、广东景兴卫生用品有限公司、广东新怡内衣集团有限公司、佛山市中研非晶科技股份有限公司、佛山市东方医疗设备厂有限公司、广东数字证书认证中心有限公司、广东致卓精密金属科技有限公司、佛山市南海美之彩塑化有限公司、佛山市承安铜业有限公司、佛山市斯乐普特种材料有限公司12家企业被认定为市级企业技术中心，认定数量占全市五区总数的48%，居全市第一。 （侯湘源）

■ 主要行业

【纺织业、纺织服装服饰业、皮革毛皮羽毛（绒）及其制品业】 2014年，南海区该行业有规模以上企业349家，从业人员76568人，主要包括西樵纺织、盐步内衣、九江无纺布和桂城、里水制鞋等行业门类。是年，该行业规模以上企业实现产值417.60亿元，占全区规模以上工业企业总产值的8.4%。

西樵镇是全国首个纺织产业集群升级示范区。是年，西樵镇有纺织服装及配套企业800多家，其中规模以上企业182家，织造设备近3万台，从业人员约6万人，形成了纺织、染整、服装、家纺、物流、市场等一条龙产业模式，拥有以纯服装、致兴织染制衣、意大宏利服装、南方印染、新光针织、华丰织染等知名企业。

大沥盐步有内衣生产及相关联企业近500家，拥有自主品牌超过150个，年产内衣成品4000多万打，从业人员超过5万人。是年，南海区获批全国内衣知名品牌创建示范区，奥丽侬、美思、新怡、姐妹花、枫莲等14家企业成立南海盐步内衣产业联盟，配合全国内衣知名品牌创建示范区创建工作。

九江镇是广东省医卫用无纺布生产基地。至年底，引入PGI南新无纺布、必得福无纺布等龙头企业，拥有世界先进的SSS和SMMMS等无纺布生产线9条，“十万级”GMP洁净车间1个，累计投资6.6亿元。

制鞋业主要分布在桂城街道和里水镇，从制鞋机械、鞋材到制鞋企业均有分布，拥有星期六鞋业、骆驼服饰、瑞洲科技、南方鞋材等知名企业。

【电气机械和器材制造业】 2014年，南海区该行业有规模以上企业232家，从业人员61054人，全年实现产值528.93亿元。占全区规模以上工业企业总产值的10.6%。其中，智能家电业规模较大，狮山镇是广东省家电产业集群升级示范区。是年，全区有家电配套企业100多家，实现产值195.9亿元。拥有志高空调、伊立浦电器、东芝家用电器、TCL小家电等龙头企业，产品覆盖空调、电视机、电冰箱、洗衣机、电饭煲、电磁炉、电风扇等领域。

【金属加工及制品业】 金属加工

2014年南海区年销售收入2000万元以上工业企业主要经济指标

指标名称	单位	实绩
企业单位数	个	2211
其中：亏损企业	个	282
工业总产值	万元	49869033
工业增加值	万元	10871628
主营业务收入	万元	48712176
主营业务成本	万元	42593656
主营业务税金及附加	万元	182456
销售费用	万元	799259
管理费用	万元	1239908
财务费用	万元	260348
利税总额	万元	4572242
其中：亏损企业亏损额	万元	65873
所得税费用	万元	210467
本年应付职工薪酬	万元	2474147
全部职工年平均人数	人	493874
流动资产合计	万元	15172148
其中：存货	万元	3575010
其中：产成品	万元	1542064
固定资产合计	万元	5941809
固定资产原值	万元	10356300
累计折旧	万元	4796250
固定资产净值	万元	5560050
资产总计	万元	27664682
负债合计	万元	14076129
其中：流动负债	万元	11696831
非流动负债合计	万元	879447
所有者权益合计	万元	13124314
本年应交增值税	万元	925354

（区发展规划和统计局提供）

及制品业包括黑色金属冶炼及压延加工业、有色金属冶炼及压延加工业和金属制品业。2014年，南海区黑色金属冶炼及压延加工业有规模以上企业74家，实现产值115.31亿元；有色金属冶炼及压延加工业有规模以上企业138家，实现产值711.6亿元；金属制品业有规模以上企业268家，实现产值431.48亿元。

以铝型材行业为主的有色金属产业是南海区的支柱产业之一，主要分布在大沥镇和狮山镇，基本形成集研发技术、生产加工、机械设备、物流贸易、人才培训、科技服务、信息咨询等完整的产业链，产业规模居全国前列。由于节能减排、原材料价格动荡、外贸政策变化等原因，该行业发展势头放缓，但拥有规模、品牌、创新优势的龙头企业仍然保持较快发展，行业优胜劣汰趋势比较明显。拥有坚美铝材、凤铝铝材、亚洲铝厂、伟业铝材、华昌铝材等知名企业，其中产值超亿元企业有33家。

五金制造业也是南海区传统支柱产业之一，主要分布在丹灶镇和里水镇，产品以日用五金为主，逐步形成原料供应、模具加工、生产设计、产品销售、货物配送一条龙的产业链，并开始由劳动密集型向集约型转型，贴牌型向自主品牌型转型。2014年全区有五金制造企业5000多家，规模以上企业实现产值431.48亿元。丹灶镇是“中国日用五金之都”，有五金制造企业3800多家，注册资本2.7亿元，规模以上企业115家，销售额5亿元以上企业5家。

2014年南海区年销售收入2000万元以上工业企业主要经济指标与全国标准值对比

指标名称	全国标准值	实绩
综合指数	100	266.02
总资产贡献率	10.70%	18.68%
资本保值增值率	120%	124.16%
资产负债率	＜60%	50.88%
流动资产周转率	1.52次	3.21次
工业成本费用利润率	3.71%	7.72%
工业全员劳动生产率	16500元/人	214828元/人
工业产品销售率	96%	98.66%

（区发展规划和统计局提供）

【通用设备和专用设备制造业】 2014年，南海区该行业有规模以上企业225家，从业人员44899人，主要集中在通风设备、陶瓷装备、塑料机械、起重设备、包装机械等领域。拥有南方风机、九洲普惠风机、萨克米陶瓷机械、摩德娜陶瓷机械、中窑窑业、仕诚塑料机械、东方精工等龙头企业。以狮山镇为核心区的国家专用装备高新技术产业化基地吸引高端装备企业聚集发展，高聚激光、北斗导航、3D打印、机器人等项目陆续投产。是年，该行业规模以上企业实现产值304.12亿元，占全区规模以上工业企业总产值的6.1%。

【计算机、通信和其他电子设备制造业】 2014年，南海区该行业有规模以上企业59家，从业人员36974人，全年实现产值451.72亿元，占全区规模以上工业企业总产值的9.1%。形成以群创光电为龙头，菱展电子和峻凌电子等一批关联企业为配套的产业集群，上下游项目投资总额超过15亿美元，建成全国最大的大屏幕液晶电视模组生产基地。（侯湘源　徐丽莉）

■ 新兴产业

【汽车制造业】 该行业是南海区重点发展的先进制造业，已形成从汽车用品向关键零部件再到整车生产延伸的完整产业链条，拥有一汽-大众佛山工厂、广东粤海汽车厂、广东福迪汽车厂、北汽福田南海汽车厂4家整车企业，以及以本田零部件、丰田纺织、

2014年11月19日，东方精工新厂落成投产，全力进军高端装备制造业

马瑞利车灯、佛吉亚旭阳内饰等为代表的日系、欧美系汽配企业和德联集团、雪莱特光电、时利和、文灿压铸、蕾特汽配等本地民营汽配企业。2014年，该行业有规模以上企业47家，从业人员21820人，实现产值269.69亿元。是年，一汽-大众项目主机厂一期生产汽车21.9万辆，实现产值262.87亿元，纳税额20.6亿元，成为全区首个年纳税额超10亿元的企业；主机厂二期于7月正式动工建设。

是年，南海区重点推进新能源汽车产业发展。组织“创新征程——2014年新能源汽车万里行”巡游活动和上汽集团与本地汽配企业对接会。引入上汽集团参与广东省新能源汽车核心零部件基地建设，清华大学汽车安全与节能国家重点实验室和广东省新能源汽车核心部件产业基地签订共建燃料电池堆膜电极多参数现场检测平台协议。年内，广东新能源汽车核心部件产业基地被列入省第二批战略性新兴产业基地。至年底，基地一期53.33公顷（800亩）完成建设，广顺厂区一期竣工投入使用，进驻该厂区的6家企业陆续投产。

（侯湘源　龙永锐　黎惠妍）

【新光源产业】　该行业是南海区战略性新兴产业。南海区以广东新光源产业基地、金谷·光电社区和佛山高新区南海园区为载体，引入国星光电、奇力光电、联动科技、宁宇科技等企业和中国赛宝实验室、广东省半导体联合创新中心、中科院半导体所产学研合作佛山中心、香港科技大学LED-FPD工程中心等产业平台，形成从芯片研究、装备制造、LED外延和芯片制造、大功率封装、应用产品开发、中试及生产、产品检测到市场流通的全产业链。2014年，广东新光源产业基地新建6万平方米载体，

2014年7月，南海区“芯光源孵化器”被认定为国家级科技企业孵化器培育单位

可投入使用载体面积65万平方米。全年新引入企业15家，累计有110家LED上下游企业、机构进驻。是年，芯光源孵化器顺利通过国家级科技企业孵化器培育单位认定，成为佛山市首个省级半导体产业专业孵化器。至年底，有8个入孵创新项目投入运营，10个创新项目办理第二批入孵手续，项目涵盖照明、材料、器件、微电子等领域。

【生物医药产业】　2014年，南海生物医药产业基地被列入省第二批战略性新兴产业基地。全年新进驻产业化项目3个，落户孵化项目4个。至年底，共有入驻项目36个，引进博士87人，其中中科院“百人计划”4人、“千人计划”1人、南海区高层次人才14人。成功孵化佛山市华普生药业有限公司、佛山市广昆园生物科技有限公司、广州博济医药生物技术股份有限公司。此外，一方制药、双鹤制药、北沙制药、百合医疗、凯洋医疗和朗肽制药等龙头企业发展迅速。（金晓青）

【新材料产业】　2014年，位于南海区的广东新材料产业基地加快招商引资进度。至年底，成功引入邦普循环科技项目、农业喷洒无人机项目、大型军用旋锻机项目等；西安石油大学海洋石油装备研发研究所、北京科技大学佛山研究院、中山大学光伏研究所、中科院广州能源所等大型科研机构陆续进驻新材料孵化器基地。

（陈雅清）

【环保产业】　2014年，南海区针对较大型的环保企业进行定向招商，全年引进环保企业11家，新增注册资金超3000万元。至年底，国家环境服务业华南集聚区引进中科院、海逸环保基金、广东节能环保基金、佛山市环境工程技术研发中心、国环清华环境设计院、巴安、浚丰华、菲尔特、长天思源、麦菲尔、南北联合等30多家知名环保企业和专业机构，涵盖环境检测认证、方案解决、技术研发、工程设计、产品装备制造、金融风险投资等环保领域。是年，国家环境服务业华南集聚区与广东金融高新区股权交易中心签订金融服务战略合作协议。全年有5家环保企业在股权交易中心挂牌，其中3家环保企业成功登录“新三板”。

（杨科　侯湘源）

商贸流通·服务业

Commercial Circulation and Service Trades

■ 商贸业

【概况】 2014年，南海区社会消费品零售总额831.51亿元，比上年增长13.2%。其中，批发零售贸易业实现零售额707.43亿元，比上年增长14.5%；住宿和餐饮业实现零售额124.08亿元，增长6.7%。批发零售业实现商品销售总额2393.39亿元，比上年增长15.6%。其中批发额1685.96亿元，增长16.0%。从商品主要类别看，在限额以上批发零售企业中，石油及制品类比上年增长19.3%，汽车类增长15.2%，建筑及装潢材料类增长13.7%，中西药品类增长13.1%，家具类下降10.7%，蔬菜类下降13.7%，烟酒类下降16.7%。 （侯湘源）

【主要专业市场】 2014年，南海区拥有西樵轻纺城、九江鱼珠（国际）木材夹板市场、华南汽车城、广东南国小商品城、广佛百货五金城、华南（国际）电光源灯饰城、南海凯民茶博城、佛山市中南农产品交易中心、桂江农产品综合批发市场等中、高级专业批发市场，占地面积均超10万平方米。

西樵轻纺城 位于南海区西樵镇樵高路与樵金路交汇处，建筑面积20.4万平方米，划分为原料区、面料区、装饰布区、仓储物流区四大区域，有商铺2068间，并设有30多个服务机构。是全国三大纺织品批发市场之一、华南地区最大的一级纺织品批发交易市场、广东省大型高级批发市场和重点培育流通龙头市场。2014年，市场交易额187亿元。是年10月，获中国国际纺织面料及辅料博览会组委会授予“精诚合作奖”。12月，西樵轻纺城纺织技术创新服务平台获中国纺织工业联合会授予“产品开发推动奖”。

盐步环球水产交易市场 位于南海区广佛公路平地路段，市场占地面积8公顷，设有铺位近400个，主营各类鲜活水产、塘鱼，兼营冰鲜、生禽农副产品及饮食业原材料。市场按交易品种、特点、服务功能，划分为“五区一中心”，即海鲜综合交易区、虾蟹交易区、淡水鱼交易区、塘鱼交易区、三鸟冰冻品交易区以及广东省水产信息网络中心。作为全省首个“三高”农业市场项目，先后获“全国规模最大的海鲜水产交易专业市场”“全国菜篮子工程项目”“广东省渔业产业化龙头企业”“广东省农业龙头企业”等称号。2014年，市场交易额突破50亿元，带动农户水产养殖面积逾2.4万公顷，有效实现产销对接。

桂江农产品综合批发市场 位于南海区大沥镇沥雅路，占地面积40多公顷，建筑面积60万平方米，以三鸟、蔬菜、塘鱼、海鲜、生猪、海味、干货、粮油、冰鲜食品、土特产等各类农产品批发为主，配套有冷库储存配送

位于桂城街道的大型商业综合体——万达广场

中心、农产品安全检测中心、安全监控中心、信息报价管理中心。2014年末，市场有商户1500多户，全年交易额103亿元。

广东南国小商品城　位于南海区大沥镇广佛新干线盐步路段，占地面积46.67公顷，设置日用百货交易区、五金交电交易区、床上用品交易区和酒店用品交易区四个区域。市场先后获“中国百强商品市场”“广东省十佳专业市场”“广东省最具竞争力专业市场”等称号。2013年，市场成立电商部，积极拓展在线交易市场，帮助商户转型升级。2014年末，市场有商铺1300多间，经营户800多户，全年市场交易额约110亿元。

华南汽车城　位于南海区桂城街道海八路，占地面积53公顷。2013年，南海区启动汽车城升级改造项目，结合叠北工业片区“三旧”改造和城市升级改造，改变汽车城现有单一销售模式，打造以汽车销售为主体，集行政办公、旅游观光（汽车文化游）、餐饮娱乐、酒店服务于一体的大型综合性汽车文化产业社区。2014年，汽车城销售汽车7万辆，实现销售额110亿元。

（年鉴社辑录）

粮油购销

【概况】 2014年，南海区粮油总公司粮油购销总量124692吨。7月，桂城粮油超市平洲康怡丽苑店、里水胜利分店开业，全区放心粮油供应网点达到6个。粮油超市全年购销粮油10433吨。是年，区粮油总公司联合国内多家大型粮食企业，举办“哈尔滨放心粮油进南海”等多场粮油展销会。区发展规划和统计局组织开展区内粮食库点安全生产巡查以及春、秋两季粮油安全普查等，加强粮食安全监管。

【储粮储备】 2014年，南海区粮食储备库创新仓储管理方式，实现动态储备原粮，首次采用“四散”（散装、散卸、散存和散运）储粮技术，完成散装粮食入库7856吨。全年完成地方储备粮规模105.8%，地方储备使用植物油规模100.6%，库存粮油数量真实、质量良好、账账相符、账实相符。

【推进南海区粮油储备库建设】 2014年，南海区加快推进新粮食储备库建设。新粮库位于狮山镇小塘五星村路段，占地面积15.73公顷，一期建设粮食仓容20万吨，油库仓容0.5万吨。至年底，完成总图报建、人防报建、安全性评估及围墙围闭勘查等工作。

（陈诗韵）

2014年，南海区举办“哈尔滨放心粮油进南海”产品展销会

餐饮业

【概况】 2014年，南海区新登记注册餐饮企业2136家，注册资本总额1.51亿元。至年末，全区有经登记注册的餐饮企业6330家，注册资本总额23.02亿元，其中经餐饮服务许可的企业5564家，是年新发证4268家。是年，全区住宿餐饮业实现零售额124.08亿元，比上年增长6.7%。

【美食烹饪比赛】 2014年10月18日，南海九江第三届“饭香刀”美食烹饪大赛暨“南番顺·港澳台”名厨精英会在九江镇儒林广场举行。在“南番顺·港澳台”名厨精英会中，南海、番禺、顺德、香港、澳门、台湾派出6名厨师组队参加以春夏秋冬四季为主题的厨艺角逐，南海代表队获精英汇团体冠军。

【南海区首届酒文化节暨食品企业展】 于2014年11月21～23日在桂城千灯湖市民广场举办，来自区内外的206家酒类生产企业和食品企业参展。展会期间还举办了啤酒大王争霸赛、酒文化普及等活动，共接待市民10万余人次。

（年鉴社辑录）

物流业

【概况】 2014年，九江镇、丹灶镇着力打造“电商+物流”融合的产业发展模式。是年，丹灶世海钢材物流中心引入央企中钢货运，广珠铁路丹灶货运站一期投入营运；九江镇真龙物流园、龙赛家具电子商务园、广佛壹号商贸物流城3个电商物流载体相继开业。佛山市粤泰冷库物业投资有限公司入选佛山市第三批“智慧物流腾飞”试点企业。

（年鉴社辑录）

【广珠铁路丹灶货场开通运营】 2014年7月23日，广珠铁路丹灶货场一期正式投入运营。货场一期占地11.5万平方米，日运量0.6万吨至1万吨，年运力240万吨，主要承接钢材、有色金属、不锈钢等大宗货物以及半成品、成品的流通业务。该铁路货场的开通运营，将大幅降低丹灶物流新城的运输成本，发挥铁路、公路、水运的复合联运优势。（黎惠妍）

【广佛壹号商贸物流城】 于2014年5月28日开业。该项目位于九江镇观光大道，总投资约8亿元，总占地面积32公顷，建成后可使用面积50万平方米。项目分三期建设，设置有物流信息港、第三方物流服务区、零担快运中心、电子商务服务区、仓储配送中心、物流班车指挥中心、停车中心等8个功能区以及商业配套、写字楼和公寓。至年底，一期物流仓储及电商服务区建成投入运营，有9家电商企业以及13个物流企业进驻；二期生活配套区及物流仓储区加紧建设中。

【真龙物流园】 于2014年5月23日开园。该园位于九江镇九樵路附近，占地面积66.67公顷，投资2000万元，将通过建立专业的公共信息服务平台，整合全国各路物流专线，打造物流专线多、辐射范围广的物流电子商务园。至年底，有31家电商企业进驻，共有物流专线32条。

（关晓平　刘湛哲）

■ 电子商务

【概况】 2014年，南海区电子商务业发展迅速，22400多家企业涉足电子商务业务，涌现维尚家具、凯仕乐、星期六鞋业等一批以电商提升传统产业的企业。佛山京东云产业基地、阿里巴巴南海产业带、中国网库等重大项目相续落户大沥。11家电子商务企业和1个电子商务主体载体获南海区认定授牌。成立电子商务服务联盟，为电商行业发展提供专业化服务。广佛智城获“佛山电子商业体验基地”和“佛山市电子商务创智园”称号；九江镇获批建设“佛山市应用电子商务促进传统产业升级试点镇”。

【南海区电子商务服务联盟成立】 于2014年3月27日成立，由南海区电子商务协会发起，联盟成员包括广佛智城、中国移动、艾瑞咨询、国采华南金属、360、中海达都市圈、有米派、华夏银行等20多个专业电商机构。服务联盟旨在为传统企业发展电商以及中小型电商企业可持续发展提供综合性专业服务，包括品牌电商营销推广、全网分销、移动电商、B2B（企业对企业）、互联网金融等。同时，还将整合电商培训、仓储物流、技术开发等基础服务商，为企业提供“一站式”系统化电商服务。

【南海区认定首批电商企业及专业载体】 2014年10月17日，南海区第一批电子商务企业、专业载体认定授牌仪式在C时代南海互联网产业园举行。佛山市哥图电子商务有限公司、佛山市麦浪电子商务有限公司、广东凯仕乐科技发展有限公司等11家电子商务企业以及C时代南海互联网产业园获授牌。

【南海区与阿里巴巴签约共建南海产业带平台】 2014年11月10日，南海区与阿里巴巴签约共建南海产业带平台。该平台以“智联产业，共建生态”为主题，将打造以产业带为基础，集现场展贸和线上交易于一体的O2O（线上到线下）平台，形成365天不落幕的网上交易会。南海区与大沥镇政府将出台政策和资金为入驻阿里巴巴产业带的企业提供一年的免费服务。阿里巴巴将结合南海产业特色提供量身定制服务，帮助进驻企业提升线上竞争力。

【九江镇获批建设“佛山市应用电

2014年1月17日，中国电子商务互联网金融创新基地在广东金融高新区挂牌

子商务促进传统产业升级试点镇”】 2014年5月，九江镇正式成为“佛山市应用电子商务促进传统产业升级试点镇”。该镇将加快电子商务发展模式创新，重点探索电子商务与实体经济深度融合、促进传统产业升级、带动区域经济转型的新模式，以及行业性电子商务平台汇聚市场信息、引导市场价格的实现形式，逐步实现家具行业等电子商务平台从产品展示和信息发布为主的信息服务向支持大规模个性化定制模式发展，为南海区发展电商产业提供新思路。

【广佛智城】 位于广东金融高新技术服务区D区广佛国际商贸城中心区内，总建筑面积约80万平方米，致力打造涵盖人力资源、营销、金融、物流等领域的电商产业综合平台，引进大学生和团队进行电子商务创新创业，与传统企业进行嫁接与融合。2014年获“佛山市电商产业体验基地”“佛山市电子商务创智园”称号。至年底，园区建成功能型写字楼4万平方米，引进电商企业50家。

【C时代互联网产业园】 位于广东金融高新技术服务区C区千灯湖产业总部经济区内。2014年1月，园区被中国电子商务协会授予“中国电子商务智慧型企业孵化器”“中国电子商务互联网金融创新基地”称号。园区将通过扶持和培育互联网金融、电子商务等新型高科技型企业，进一步带动区域内传统产业的转型升级，同时依托金融高新区的金融要素与活跃的民间资本，促进金融、科技、产业融合，助力中小微企业创新发展。10月17日，园区网络交易平台体验服务中心启用，为电商企业网络交易平台提供测试、评价服务。至年底，园区一期引入包括佛山电子商务协会、全返电子商务、品购天下网、晨晖电子网络、厚德宝供应链服务（EMS）等电商企业25家。（肖永能）

■ 旅游业

【概况】 2014年，南海区全面推进智慧旅游“精进计划”、市场拓展“精诚计划”和品质提升“精智计划”，启动“南海旅游”微商城、天猫旗舰店建设，深化与香港的旅游合作与市场推广。国家旅游产业集聚（实验）区加快发展，佛山文旅街启动建设，听音湖片区樵山瀑影、听音广场工程建成，国艺影视城一期工程完工，国艺度假酒店试业，渔耕粤韵旅游文化园、康园、南海湾旅游产业园、吴家大院等重点项目加快建设。是年，平洲玉器街成功创建为国家4A级景区。至此，南海区有国家5A级景区1个（西樵山风景名胜区）、4A级景区2个（南海湾森林生态园、平洲玉器街）。全年全区接待游客1113.52万人次，比上年增长6.2%，其中接待过夜游客327.82万人次，增长2.8%；实现旅游总收入105.05亿元，增长10.0%；旅游外汇收入1.55亿美元，增长7.8%。

至年末，全区有星级宾馆22家，其中五星级酒店2家、四星级酒店2家、三星级酒店16家、二星级酒店2家。有区属旅行社24家，旅行社分社4家，区属及区外旅行社的门市部198家，出境游旅行社8家。

【《南海区旅游发展总体规划》编制完成】 2014年，南海区完成《南海区旅游发展总体规划(2014~2020年)》编制。《规划》对南海区旅游资源及目标市场进行全面的分析与评估，提出将南海区打造成中国“具有独特品质和意象的深度文化与休闲体验旅游基地”的总体发展目标，明确核心资源与产业支撑，形成资源性主题产业规划，明确旅游品牌形象宣传与产业发展路径图，提炼出区域性旅游发展主题，形成旅游品牌形象营销规划。

【智慧旅游建设】 2014年，南海区文化体育局出台《南海区智慧旅游工作细化实施方案》，以旅游电商平台建设为重点突破口，在全市率先启动“南海旅游”微商城、天猫旗舰店建设。微商城于7月试运行，全年上线产品17个，上架产品总成交金额超过10万元。

2014年9月10日，南海区在第十届海峡旅游博览会现场举行专场旅游推介会

【旅游合作全面开展】 2014年6月20日，南海区、禅城区、高明区三区旅游合作推介会在西樵镇举办，三区签署旅游合作框架协议。年内，南海区还与长沙市旅行社协会签署《长沙·南海旅游合作框架协议》。年内，南海区首次联合香港旅游发展局、香港入境旅游接待协会赴德国柏林参加欧洲国际旅游展，并分别在瑞士和奥地利举办“南海—香港”专场旅游推介会，推介香港、南海联游线路。

【旅游宣传推广】 2014年，南海区在旅游宣传中强化时令、特色与对象，提升宣传效果。联合佛山电视台《小强热线》栏目组，在西樵镇松塘古村录制《热线面对面：春节去哪玩，南海欢迎你》节目专辑，重点推介春节期间南海民俗旅游活动。邀请香港无线电视旅游栏目组到南海进行美食旅游专辑拍摄，并在电视台播出。利用“南海旅游”微信积极推送旅游资讯。“南海旅游”微信号作为全省唯一旅游宣传公众号入选广东省十大政务微博微信。参加第十届海峡旅游博览会、广东21世纪海上丝绸之路博览会、第28届香港国际旅游展等宣传推介会，加强境外市场的推广。全年接待来自东南亚、香港等地旅行社考察团4批近250人次。11月14~16日，南海区旅游局作为广东省旅游局唯一特别邀请参展的县区级旅游局亮相中国国际旅游交易会。

【文明旅游】 为增强市民文明出游意识，塑造良好的人文旅游环境，2014年7月17日，南海区文体旅游局联合区文明办举办由区内导游、出境领队、景区讲解员等约100人参加的“文明出游”专题培训；8月9日，南海区创建办、区文体旅游局、区文明办联合主办“文明旅游”市民体验活动，邀请道德模范、星级志愿者、美德少年和外来务工人员及其子女等120人参观烟桥古村、康有为故居纪念馆、黄飞鸿狮艺武术馆、南海博物馆、国艺影视城等西部旅游景点，并进行文明旅游知识宣传。

【西樵山风景名胜区】 西樵山位于南海区西南部，是广东四大名山之一、5A级旅游景区、国家森林公园、国家地质公园，自然风光清幽秀丽，旅游文化底蕴厚重，有着“珠江文明的灯塔”“南粤理学名山”“南狮发源地”“黄飞鸿故里”的美誉。西樵山有南海观音文化苑、宝峰寺、碧玉洞、翠岩、天湖公园、石燕岩、九龙岩、四方竹园、茶花园、桃花园、白云洞和黄飞鸿狮艺武术馆等景区。

2014年，西樵山风景名胜区与中国农业银行联合推出以“西樵山”命名的旅游卡，推广西樵山文化。同时，通过举办旅游节庆活动、开发旅游纪念品等方式，完善景区旅游产业链。推进“智慧景区”建设，提高景区管理水平和服务质量。加快西樵山国艺影视城、观音景区改造项目、新三湖书院建设，促进景区提档升级。是年，景区接待游客350万人次，旅游总收入8577万元。

【南国桃园旅游度假区】 位于南海区狮山镇松岗，因周边盛产桃花并取意于陶渊明的《桃花源记》而得名。园区总面积6.8平方千米，由平顶山、尖峰岭、凤凰山、碧波湖、鸭子湖、桃花谷“三山二湖一谷”构成，主要景点有南海观音寺、鹭鸟天堂、碧波湖等。

2014年，景区继续推进环境升级改造工程，维修翻新碧波湖木栈道，增加石桌石凳；翻新更换垃圾桶及健身器材；重建桃花谷木桥；扩大桃花的种植面积，并在东门、西门、碧波湖畔种植20多万株时花。是年，景区到香港、广州等多个城市开展旅游推介活动，并与省内多家旅行社合作，宣传景区旅游资源。举办“天马奔腾迎新春”“五一全民齐同乐”“十一玩转世界”等节庆活动，并对游客实行多元的门

西樵山观音文化苑

票优惠政策，提高景区竞争力。全年景区接待游客130万多人次。

【中央电视台南海影视城】 位于南国桃园旅游度假区，占地面积100公顷，由天朝宫殿、江南水乡、旧香港街和表演区四部分组成。于1998年12月26日正式对开开放。先后有《太平天国》《孙中山》《邓小平》等400多部影视作品在此取景。

2014年，景区深化“影视文化”主题，打造特色旅游产品。在《靖港水战》《三英战吕布》《三军点将》等经典节目基础上，利用现有场景开发实景情景剧《雨巷》。举办“桃园之春”散文诗朗诵会、汽车特技秀、“邀你来做大明星”、“缤纷暑期”等系列活动。修建沁园、杜鹃园、紫薇坡、湖滨长廊等休闲娱乐场所，新建和改造厕所，提升景区舒适度。全年景区接待游客33.84万人次。

【广东中旅南海湾旅游产业园】 位于南海区西樵镇西岸。项目总投资超过100亿元，规划分三期建设，包括森林生态园、五星白金主题酒店、水上乐园、高尔夫双球场、世界名品免税店商业街、国际山水温泉SPA、游艇俱乐部、直升机度假专线和旅游不动产等旅游度假项目。其中，南海湾森林生态园景区是该园的重要组成部分，是4A级旅游景区，以银溪二十七潭、十里茶山森林风光、百年道观景观为主，有南天福地牌坊、庆云古洞、绿水潭、石门水帘、三流飞泻、庆云大瀑布等景点80多处。2014年，景区接待游客12.5万人次，实现营业总收入约290万元。

【仙湖旅游度假区】 位于南海区丹灶镇，是集商务旅游、休闲养生、康体娱乐于一体的现代旅游度假区。景区总面积约600公顷，其中陆地面积466.67公顷，仙湖水面面积106.67公顷。2014年，景区投入80多万元，进一步完善基础配套设施，优化环境。组织开展形式多样的主题活动，吸引游客参与。5月，在康有为书法艺术院举办书法名家胡立民及其学生的书法作品展；9月和10月，“有为杯”五人龙舟赛和“有为大同·中国梦”千人少儿书画即席挥毫大赛暨“康体书法小状元”选拔活动分别在景区内举办。

【平洲玉器街】 位于南海区桂城街道，是中国珠宝首饰特色产业基地、中国四大玉器市场之一和三大缅甸翡翠加工生产批发基地之一。景区内有翠宝园、璞玉园、玉器老街、玉器大楼、翡翠精品展厅、赌石文化体验中心、琢玉展示区等主题游览区域，以及在建的中华玉雕大师园、会展中心、主题会馆休闲餐饮区等配套设施。

2014年，平洲玉器街成功创建为国家4A级旅游景区。是年，景区进一步推进游客服务中心改造以及统一标识系统，增加厕所、无障碍通道、分类垃圾桶等配套设施建设，优化景区旅游环境。印刷导游图、明信片、画册等，加强景区宣传。《平洲玉器》文化交流杂志全年发行38000册，比上年增长35.7%。全年景区接待游客近40万人次，实现旅游综合收入10766万元，分别比上年增长33.3%、21.7%。

【九江双蒸博物馆】 位于南海九江镇，由广东省九江酒厂有限公司于2008年投资兴建，2009年底正式建成并免费对外开放，是全国首家米酒文化博物馆。该馆建筑面积4000多平方米，馆内分为历史文化长廊、九江双蒸酿造传统工艺区、现代九江酒厂企业区和美酒试饮区。该馆利用文字、图片、蜡像、声光电等方式，逼真地还原古代九江双蒸酿造生产工艺流程，展示九江双蒸酒及九江镇的米酒历史文化。

2014年，九江双蒸博物馆先后在佛山南风古灶、广州岭南印象园开设分馆，跨地域传播九江双蒸非物质文化遗产。此外，以酒文化为切入点，推出全酒宴，受到游客的青睐。全年接待游客12.5万人次。 （梁劲）

平洲玉器街

金融业
Finance

■ 综述

【概况】 至2014年末，南海区辖内有银行机构27家（含4家外资银行），网点513个，从业人员9383人。金融机构本外币各项存款余额4062.8亿元，比年初增加132.2亿元，增长3.36%。其中，单位存款余额1681.2亿元，比年初增加40.8亿元，增长2.49%；储蓄存款余额2081.2亿元，比年初增加94.1亿元，增长4.73%。本外币各项贷款余额2317.4亿元，比年初增加352.4亿元，增长17.93%。其中，短期贷款余额983.0亿元，比年初增加53.0亿元，增长5.7%；中长期贷款余额1212.9亿元，比年初增加250.9亿元，增长26.08%。实现本外币利润总额60.46亿元，比上年减少5.11亿元，下降7.8%。

2014年南海区辖内金融机构存款情况

机构名称	人民币存款		企业存款		居民储蓄存款		外币存款	
	年末余额（万元）	比年初增长（%）	年末余额（万元）	比年初增长（%）	年末余额（万元）	比年初增长（%）	年末余额（万美元）	比年初增长（%）
农发行佛山市南海支行	36530	110.7	36530	110.7	—	—	—	—
工行佛山南海支行	3728169	4.4	1052739	0.4	2334897	2.1	27894	24.1
农行佛山南海分行	10505972	6.1	2860290	11.3	7083357	4.6	11620	−25.5
中行佛山南海支行	1912066	−11.8	785820	−23.2	1124647	−1.6	28635	−43.8
建行佛山南海支行	3315505	−4.5	1509130	−9.9	1803849	7.5	16730	211.1
交行佛山南海支行	682477	−15.3	374517	−16.5	240119	−15.3	3207	−19.5
广发行佛山南海分行	941397	−17.3	607946	−22.5	217320	−16.6	27889	419.1
平安银行佛山南海支行	633997	−11.7	526769	−9.3	85174	−35.5	4429	837.1
南海农商银行	9239479	6.2	2829412	−0.9	6214859	9.0	2471	−9.0
兴业银行佛山南海支行	684917	−19.3	504089	−23.2	163002	−15.3	16430	−52.5
中信银行佛山分行	175955	−43.1	129312	−46.8	27723	−40.0	56	155.1
招商银行佛山分行	1805803	15.7	1275915	15.7	388622	9.7	58177	114.3
光大银行佛山分行	896090	22.4	798565	30.2	45956	−13.0	30256	227.9
南海邮政储蓄银行	752788	11.7	100301	36.5	652487	8.7	30	−26.6
民生银行佛山分行	1293105	23.0	1074688	20.7	215177	39.0	10	41.6
浦发银行佛山分行	263757	−31.0	257677	−23.8	5575	−85.5	22750	51.6
华夏银行佛山南海支行	211124	87.5	192873	83.6	17975	145.6	3256	23772.1
广州银行佛山南海支行	255561	21.2	229997	25.9	25564	−8.9	—	—
珠海华润银行佛山分行	143657	44.1	135071	48.2	8586	1.0	1071	—
顺德农商行南海支行	70897	417.5	65824	380.5	5072	465240.4	0.25	—
佛山南海新华镇银行	10893	—	9326	—	1567	—	—	—
南粤银行佛山南海支行	48068	−10.8	39996	−20.1	8072	111.3	—	—

2014年，南海区获批成为全省首个金融、科技、产业融合创新综合试验区。至年底，广东金融高新区进驻金融机构及企业216家，总投资额507亿元，有180多个项目投入运营。其中，佛山民间金融街进驻项目60多个，涵盖银行、保险、证券、股权交易等多种金融业态。广东金融高新区股权交易中心注册挂牌企业1141家，还有银行、证券、基金、投资公司、中介机构等各类会员单位165个，合格投资者211个。是年，股权交易中心设立科技板、国资板、青创板，并成立知识产权交易平台，为创新型企业提供股权、债券和知识产权交易和融资服务，累计为企业融资38.9亿元。

【金融服务】 2014年，中国人民银行南海支行积极推动各类金融创新工作，支持地方经济转型升级。推进辖内法人机构改革。南海农商行获批在南海、禅城设立支行；南海新华村镇银行开业，进一步充实农村金融服务力量。引导金融机构加大对电子信息、半导体照明、生物医药等先进制造业、战略性新兴产业的信贷支持。继续开展知识产权质押融资试点工作。至年末，辖区有8家银行机构开展知识产权质押融资业务，企业成功质押知识产权748件，获得授信5.62亿元。

加强与地方相关管理部门协调合作，保护金融消费者权益。年内，中国人民银行南海支行接到金融消费者投诉5宗，帮助解决问题3宗，转有关部门2宗。

推进企业跨境人民币结算业务，全年区内企业办理跨境人民币结算金额587.52亿元，其中收入215.43亿元、支出372.09亿元。

2014 年南海区辖内金融机构贷款情况

机构名称	人民币贷款		外币贷款	
	年末余额（万元）	比年初增长（%）	年末余额（万美元）	比年初增长（%）
农发行佛山市南海支行	76275	30.0	–	–
工行佛山南海支行	1787184	8.5	32344	234.2
农行佛山南海分行	5128211	10.3	5678	−40.7
中行佛山南海支行	1711973	172.0	1439	−96.4
建行佛山南海支行	923091	1012688.5	9837	−13.0
交行佛山南海支行	807657	13.2	371	−48.3
广发行佛山南海分行	831509	−16.6	1970	−65.7
平安银行佛山南海支行	598654	0.9	8273	58.8
南海农商银行	6300105	13.1	2327	−7.4
兴业银行佛山南海支行	587097	−9.6	11124	−70.0
中信银行佛山分行	105981	−43.6	–	–
招商银行佛山分行	1373870	−1.3	10599	−48.5
光大银行佛山分行	740088	31.7	–	–
南海邮政储蓄银行	152738	38.1	–	–
民生银行佛山分行	278663	−3.9	–	–
浦发银行佛山分行	501335	40.7	140	−97.1
广州银行佛山南海支行	279521	26.9	–	–
珠海华润银行佛山分行	235400	379.6	–	–
顺德农商行南海支行	174572	205.2	–	–
佛山南海新华村镇银行	10449	–	–	–
南粤银行佛山南海支行	49835	244.6	–	–

【银行管理】 2014年，中国人民银行南海支行组织开展对辖区2家商业银行综合执法检查工作，检查包括征信、人民币收付、国库经收、人民币银行结算账户、外汇管理五方面业务内容。检查中发现问题14类，其中涉及行政处罚6类，涉及重大违规3类。根据检查发现的问题，督促被检查单位对相关责任人员进行内部行政处罚，并约见被检查单位主要负责人进行诫勉谈话，引导金融机构规范经营行为。

【南海区金融行业协会筹建】 2014年，中国人民银行南海支行启动南海金融行业协会筹建工作。4月，组织辖区内42家银行业、保险业、证券业机构召开筹备工作会议，并邀请工商银行南海支行、农业银行南海分行、中国银行南海支行、建设银行南海支行、广发银行南海分行、南海农商行银行、中国人民财产保险南海支公司、安信证券南海支公司8个机构作为发起单位参与协会筹建。至年底，完成协会选址、协会核名申请、注册登记等工作。 （陈从欢）

银行业

【中国农业发展银行佛山市南海支行】 2014年末，中国农业发展银行佛山市南海支行各项存款余额3.87亿元，比年初增加1.92亿元；各项贷款余额7.63亿元，比年初增加1.76亿元，其中粮油政策性贷款余额6820万元，中长期贷款余额4.95亿元。

是年，该行及时足额保证粮油储备资金需求，支持南海区20万吨仓储设施建设。为九江镇、大沥镇、丹灶镇农村水利、路网、截污管网建设提供资金。全年发放贷款3.26亿元，收回贷款1.50亿元，收贷收息率100%，存贷比197%。

（中国农业发展银行佛山市南海支行）

【中国工商银行佛山南海支行】 2014年，中国工商银行佛山南海支行下辖一级支行10家，营业网点67个，有从业人员877人。至年末，该行本外币各项存款余额391.41亿元，比年初增加4.82亿元；本外币各项贷款余额198.78亿元，比年初增加28.25亿元；实现拨备前利润8.93亿元；实现中间业务收入4亿元。

是年，该行以“网贷通”“经营型物业贷”等优势产品积极推进小企业业务下沉至二级支行。在村（社区）大力推广市民社会保障卡业务。举办广物汽贸大型购车节、三星装修VIP客户专场分期活动、楼盘车位分期等大型活动，推动汽车分期和大宗消费分期业务发展。是年，该行成为省内首家个人贷款余额突破80亿元的县域支行。加快转型发展，发展互联网金融业务，“融E购”电子商城正式上线。推出“闪酷卡”“小微商户逸贷公司卡”等新产品，优化借记卡换卡不换号服务，提升金融服务水平。

（中国工商银行佛山南海支行）

【中国农业银行南海分行】 2014年，中国农业银行南海分行下辖支行级机构12个，有从业人员2268人。至年末，该行各项存款余额1057.7亿元，比年初增长5.79%；各项贷款余额516.3亿元，比年初增长9.69%；实现中间业务收入6.67亿元。

是年，该行推广总行期权组合产品，并成功办理全国第一笔业务，打响外汇衍生业务品牌。创新办理大额瑞士法郎掉期业务，加强与境内外同业联络，深化合作范围，推动代开证、保函质押开证及福费廷二级市场买卖业务的高速发展。办理首笔同业代开银行承兑汇票业务。推进部

2014年南海区辖内银行机构网点情况

机构名称	分行级机构（个）	支行级机构（个）	分理处（个）	储蓄机构（个）	邮储专柜（个）	合计（个）	从业人员（人）
人民银行	–	1	–	–	–	1	39
农发银行	–	1	–	–	–	1	19
工商银行	–	67	–	–	–	67	877
农业银行	1	12	–	–	–	13	2268
中国银行	–	36	–	–	–	36	624
建设银行	–	40	3	–	–	43	652
交通银行	–	9	–	–	–	9	140
广发银行	–	11	–	–	–	11	208
平安银行	–	5	–	–	–	5	120
农商银行	–	133	109	–	–	242	2813
兴业银行	–	6	–	–	–	6	109
中信银行	–	3	–	–	–	3	45
招商银行	1	7	–	–	–	8	565
光大银行	1	6	–	–	–	7	195
邮储银行	–	7	–	7	25	39	140
民生银行	1	4	–	–	–	5	199
浦发银行	1	–	–	–	–	1	63
华夏银行	–	1	–	–	–	1	21
广州银行	–	1	–	–	–	1	20
汇丰银行	–	1	–	–	–	1	14
东亚银行	–	2	–	–	–	2	29
恒生银行	–	1	–	–	–	1	16
渣打银行	1	–	–	–	–	1	33
大新银行	–	1	–	–	–	1	18
顺德农商银行	–	1	–	–	3	4	8
华润银行	1	–	–	–	–	1	98
南粤银行	–	2	–	–	–	2	30
新华村镇银行	–	1	–	–	–	1	20
小计	7	359	112	7	28	513	9383

队业务发展，开设全省第一个“军营自助行”。是年，该行在广东省农行系统综合考评中名列第二；在全国农行重点城市行考核排名中名列第一。

（中国农业银行南海分行）

【中国银行佛山分行南海片区支行】 2014年，中国银行佛山分行在南海区设有支行36个，有从业人员624人。至年末，南海各支行本外币各项存款余额214.62亿元，本外币各项贷款余额172.91亿元；实现净利润3.39亿元，比上年增加9000万元，增长36.17%；实现中间业务收入2.46亿元，比上年增加8400万元，增长52.20%。

是年，该行推出贵金属“积存金”、企业网银（国际结算）等新业务。11月18日，中国银行成为在“沪港通”开通首日独家提供沪港之间资金清算服务的银行。全年推出“中银博弈按期开放理财计划”“中银基智通理财计划”“中银智荟理财计划”“中银债市通”等13大类约3200期次理财产品，还推出“保障卡专属理财”“中老年专属理财”“代发薪专属理财”等系列理财计划。扩大惠民金融服务的深度。为首次申领佛山社保IC卡的市民代缴20元的工本费，出台“免费开通网上银行、手机银行”“批量客户上门激活服务”等服务措施。此外，进行传统物理网点智能化改造，实现远程预约取号、业务查询、自助填单等。配合佛山“市民之窗”民生工程，在辖内多家网点和自助银行铺设“市民之窗”自助行政服务机。

（中国银行佛山分行）

【中国建设银行佛山南海片区支行】 2014年，中国建设银行佛山分行在南海片区设立支行40个、分理处3个，有从业人员652人。至年末，南海片区支行一般性存款余额788.4亿元，比年初增加24.3亿元；各项贷款余额451.53亿元，比年初增加3.67亿元；实现中间业务收入7.41亿元。

是年，该行继续支持地方经济发展，关注、支持政策重点扶持行业、企业以及市场热点项目。推出小微企业“税易贷”业务，对依法纳税的小微企业主动提供信用贷款支持，鼓励企业诚信经营。推出“金管家”业务，为个人客户提供账户整合、自动转账、自动增值、自动补款、资金预留等系列服务。推出针对代发工资个人客户的专属金融IC卡——粤薪卡。加大服务创新力度，打破营业网点人员安排和岗位设置条线分割的限制，提高工作人员综合业务能力；优化柜面操作流程，实施客户等候时间考核制度，提升客户满意度。

（中国建设银行佛山分行）

【交通银行佛山南海片区支行】 2014年，交通银行佛山分行在南海片区设有营业网点9个，有从业人员140人。至年末，南海片区各支行本外币存款余额70.21亿元，本外币贷款余额80.99亿元，实现经营利润3.2亿元。

是年，该行针对小微企业规模相对较小、缺乏实物资产抵押的特点，以类群管理为抓手，创新推出多种担保方式，大大拓宽小企业贷款渠道。推出“蕴通供应链”“快易贴”“快易收”等贸易融资产品，年内成功为星期六鞋业集团办理“快易贴”业务。推出私银悦行净值型产品与私银慧享结构性理财产品，丰富高端客户理财产品种类。提升服务水平，为老年人及特殊人员制订针对性的服务规范，对新型智能排队（叫号）系统进行优化，推出微信银行服务，为用户提供24小时的信息服务和智能客服服务。

（交通银行佛山分行）

【中国邮政储蓄银行佛山市南海支行】 2014年，中国邮政储蓄银行佛山市南海支行下设支行7个、储蓄机构7个，有从业人员140人。至年末，该行公司存款余额9.67亿元，比年初增加2.32亿元；个人存款余额10.03亿元。中小企业贷款结余5.22亿元。实现利润6600万元。完成业务总收入1.18亿元，比上年增长17.09%。其中，公司业务收入4369万元，比上年增长13.09%；个人业务收入7503万元，增长19.55%。票据贴现业务累计贴现51.3亿元。全年销售财富类理财产品4.02亿元，销售保险2944.76万元，销售基金5446.92万元。

是年，该行陆续推出“流水贷”“互保贷”“烟草贷”“小企业担保”等新贷款业务。全年小额贷款放款1150笔，放款总金额2.01亿元，结余1.83亿元；房贷放款741笔，放款总金额3.53亿元，结余7.87亿元；消费贷放款571笔，放款总金额1.46亿元，结余2.66亿元。公司业务和国际业务方面，促成支行首笔10亿元银行同业理财投资落地，国内福费廷买断3亿元，国际结算8106万美元。

（中国邮政储蓄银行佛山市南海支行）

【广发银行佛山南海分行】 2014年，广发银行佛山南海分行下设支行11个，有从业人员208人。至年末，该行人民币存款余额94.14亿元，比年初减少19.70亿元；外币存款余额2.79亿美元，比年初增加2.25亿美元；各项贷款余额84.36亿元；实现营业收入1.74亿元。

是年，该行作为试点之一开展小企业手机银行新产品业务，并与佛山分行小企业金融部联合举办“广东金融高新区股权交易中心业务推介会”，拓宽中小企业客户群。首家推出网银全自动结汇服务。该服务将网银发起的外汇结汇、转账业务全流程时间从40分钟缩短为不超过1分钟，大大提高外贸类客户资金使用效率。下属支行业务实现特色化发展。罗村支行借助村委分红契机新增百户贵宾以上客户；大沥支行期缴保费超过230万元，为佛山分行之首；里水支行成为个贷试点支行，成功报备佛山首个一等市场——大转湾甲板市场，推出第一个社区贷项目——君景湾社区贷；狮山支行成功发行佛山地区分行首笔贵宾贷。

（广发银行佛山南海分行）

【招商银行佛山分行】 2014年，招商银行佛山分行在南海区设有7个支行，有从业人员565人。至年末，南海片区支行各项存款余额431.52亿元，比年初增加77.37亿元，增长21.85%；各项贷款余额334.34亿元，比年初增加27.78亿，增长9.06%；完成账面利润9.48亿元，比上年下降3.12%；完成中间业务收入6.55亿元，比上年增长64.16%。

是年，该行突破传统的零售信贷操作模式与担保物范畴，创新个人结构性存款质押办理小微企业贷款模式，全年新增小微贷款与个人结构性存款超过2.3亿元。利用“生意会”平台，开展“易贷通”小微贷款营销活动，筛选优质存量零售客户，主动配置贷款，激发贷款需求，共发放小微贷款8000多万元。宣传推广“闪电贷”业务。该业务以大数据和云计算为依托，客户可在手机银行客户端直接操作，5~10分钟系统自动完成贷款审批，并实现系统自动发放贷款。丰富零售业务产品，发行中铁优债1438期集合信托计划、麒麟盈峰电影基金、广发期智等产品，涵盖债务融资、二级市场投资、量化对冲投资及影视剧投资等多个领域。拓展IPO资金账户监管、债券承销、并购金融、财务顾问、资产托管等业务，促进存款及中间业务收入快速增长。调整票据业务经营模式，推广跨省电票直贴，开展票据自开自贴业务；同时，通过吸收短期资金匹配逆回购模式，对库存票据进行运作，创新开展票据非标业务。全年实现票据价差收入1.25亿元，票据净利息收入9440.99万元。

是年，该行在南海支行、东方广场小微支行、颐景园小微支行，以及24小时自助银行设置“可视柜台”。“可视柜台”是指借助网络视频技术，客户能与后台运营中心柜员进行在线沟通，办理定期业务、结售汇、到期换卡、转账汇款等业务，使传统自助银行升级为24小时营业的全功能零售网点。

（招商银行佛山分行）

【中信银行佛山分行】 2014年，中信银行佛山分行在南海区设有大沥支行、平路支行和南海大道支行3个支行，有从业人员45人。至年末，南海片区支行本外币各项存款余额17.63亿元，比年初减少13.31亿元，下降43.02%；各项贷款余额10.60亿元，比年初减少8.2亿元，下降43.61%；账面利润0.15亿元，比上年减少0.09亿元，下降37.50%，其中中间业务净收入513.72万元，增加364.16万元，增长243.49%。

是年，该行在“南海区非税收入代收项目”公开招标中成功中标，并成功获批代理承办国库集中收付业务代理银行资格认定，标志着该行具备代理地方政府（含南海区）非税收入代缴及财政直接支付业务的资格，资格有效期自2014年11月至2017年10月。年内，推出总行直营汽车按揭业务，为客户提供贴息优惠。推出智赢系列保本结构性产品、净值型产品、财富客户专属产品、私募基金等理财产品，进一步丰富产品结构。1月18日起，推出移动银行免收转账手续费（包括跨行转账、本行转账）、资金7×24小时实时到账、“金融管家”服务等新服务，提升客户满意度。 （中信银行佛山分行）

【上海浦东发展银行佛山分行】 2014年末，上海浦东发展银行佛山分行各项存款余额41.25亿元，各项贷款余额50.41亿元，实现中间业务收入2039万元。是年，该行不断优化自身业务结构，运用金融创新手段，引入多种资金渠道；与知名开发商建立合作关系，大力发展住房按揭业务，实行快速放款，积累一批优质客源。

（上海浦东发展银行佛山分行）

【中国民生银行佛山分行】 2014年，中国民生银行佛山分行新开设6个支行，其中在南海区新开设支行4个，分别为大沥支行、中海万锦豪园社区支行、佛山四季花城社区支行以及平洲玉器翡翠广场小微支行。至年末，该行资产总额（本外币合计，下同）146.41亿元，比年初减少15亿元；各项贷款余额28.06亿元，比年初减少0.94亿元；各项存款余额131.77亿元，比年初增加26.05亿元；实现利润1.08亿元。

是年，该行加大行业客户分类开发力度。通过境内外融资租赁、设备按揭等先进授信方式帮助本地制造企业完成设备升级换代。开展“境内外联动四方协议+跨境直贷融资租赁”业务，方便本地制造企业利用境外资金。针对商会、协会和大型商业超市等服务对象，推出“企业E账户”电子综合金融服务，为各企业量身定制金融服务。针对小微企业客户，推出“E贷”业务，以主动授信方式向符合条件的自然人发放最高不超过50万元的经营类人民币信用贷款业务，并实现网上银行自助申请、系统自动审批、客户自助签约放款的自动化贷款办理。大力推广针对住宅小区客户的“智家卡”业务。年内，推出翠竹理财产品、增利理财产品、资产管理计划等理财产品，全年产品销售额16.8亿元，比上年翻一番。

（中国民生银行佛山分行）

【中国光大银行佛山分行】 2014年，中国光大银行佛山分行在禅城区、南海区、顺德区设有营业网点7个、社区银行2个、自助银行1个。至年末，该行一般性存款余额128.91亿元，比年初增加13.19亿元；一般性贷款余额110.07亿元，比年初增加3.89亿元；实现经济利润2.48亿元，中间业务收入0.18亿元。

是年，该行大力发展同业理财销售、高资理财、托管业务，挖掘利润新增长点。成功与多家银行开展同业理财合作，带动投行中间业务收入提升，获广州分行颁发的“同业业务先进集体”奖。积极发展网络金融业务，“佛山燃气”“佛山水业”“顺德供水”3个网络缴费项目成功上线，获广州分行颁发“电子银行项目拓展奖”。拓展贸易金融业务，办理广州分行第一笔他行开证的福费廷业务，收付汇、结售汇指标创新高。

（中国光大银行佛山分行）

【兴业银行佛山分行】 2014年，兴业银行佛山分行在南海区桂城、狮山、大沥、黄岐等地设有营业网点6个，有从业人员109人。至年末，南海区6个营业网点各项存款余额78.55亿元，各项贷款余额65.51亿元，实现经营利润1.43亿元。

是年，该行大力支持南海区市政项目建设，与区市政部门合作项目金额约100亿元，项目融资规模居各银行前列。成为“佛山市科技型中小企业信贷风险补偿基金”三家合作银行之一，为超过30家企业发放贷款，贷款量居3家合作银行之首。与广东金融高新区股权交易中心合作，承销小额贷款公司私募债，成功为两家小额贷款公司发行私募债，发行规模1亿元。成为广东有色交易平台的唯一交易清算银行，为平台交易企业提供便捷、灵活的金融服务。至年底，平台有交易客户约200个，交易量约600亿元。新推出“寰宇人生”兴业出国金融服务，整合贷款、信用卡、外汇、签证代传递等一系列产品和服务，满足个人客户出国金融需求。

（兴业银行佛山分行）

【广东南海农村商业银行】 广东南海农村商业银行前身是南海农村信用社，是由自然人、企业法人共同以发起方式设立的股份制地方性金融机构。2011年更名为广东南海农村商业银行。2014年12月23日和24日，该行三水、禅城异地支行分别挂牌营业，实现从地方性银行到区域性银行的跨越。至年末，该行下设支行133个、分理处109个，有从业人员2813人。资产总额1206.91亿元，比年初增加123.76亿元，增长11.43%；本外币各项存款余额925.51亿元，比年初增加53.55亿元，增长6.14%；各项贷款余额631.43亿元，比年初增加72.90亿元，增长13.05%。人民币存款市场份额占全区的24.56%，居全区第二位；人民币贷款市场份额占全区的27.15%，继续保持全区第一位。全年财务总收入65.55亿元，比上年增加13.54亿元，增长26.03%；拨备前经营利润28.32亿元，增加6.88亿元，增长32.12%；利润总额24.68亿元，增加5.72亿元，增长30.16%。资产利润率1.66%，比上年提高0.22个百分点；资本利润率21.45%，提高2.73个百分点。不良贷款余额7.27亿元，比年初增加1.96亿元，增长36.93%；不良贷款率1.15%。

是年，该行小微业务取得新突破。成立微贷中心，三水、禅城异地小企服务点试点营业；“南商蜜蜂小微贷”特色服务品牌逐步树立，推出“年审制”贷款以及“南商团赢宝”“挂牌宝”“政银科技宝”等产品，“育鹰宝”产品获得国家《商标注册证》。全年小微专营贷款余额89.73亿元，比年初增加22.76亿元，增长33.99%。贸易金融中心正式成立，产品制度体系进一步完善，操作流程进一步优化。成功开展首笔融资保函业务，推出非证券类资产保管业务，投行业务品种不断丰富。全年实现投行业务手续费收入2076.87万元，比上年增加456.14万元，增长28.14%。开展境外多币种收付汇业务，全年外汇资金交易量68.22亿美元，比上年增加57.63亿美元，增长577.19%。理财资产管理系统成功上线，推出开放式理财产品、理财POS业务等特色产品。开展基金代销业务，并在佛山地区推出“金豆豆”余额增值业务，与高明、三水农合机构建立理财产品代销合作关系，理财产品销售额明显提升。全年推出理财产品367款，募集金额275.74亿元，分别比上年增长55.51%和33.47%。“盛通理财”产品获得“佛山最具创新理财产品”称号。

是年，该行加快推进电子服务体系建设。推出网银基金、非税网上缴费、银企对账等网银业务，开通“农合天猫”商城，建立起网上银行、手机银行、微信银行、短信银行、自助银行等服务渠道，全年业务电子替代率达62.78%，被评为“佛山最佳服务电子银行”。

（广东南海农村商业银行）

【顺德农村商业银行南海支行】 顺德农村商业银行南海支行于2013年12月16日正式开业。至2014年末，该行存款余额7.09亿元，比上年增加5.72亿元，增长417.46%；贷款余额17.46亿元，比上年增加11.73亿元，增长205.20%；实现营业收入7500万元，账面利润5381万元。

是年，该行继续支持小微企业和“三农”发展。设立微贷专营中心，配置小微业务专职服务人员，探索“一圈一链”的批量拓展模型，对集群式专业市场、商圈客户进行重点开拓，推出“担保易”“经营易”“置业易”等“易”系列产品，“组合贷”“市场贷”等“贷”系列产品，“融通快线”“信用快线”2个“快线”系列产品以及星光快道“星光”系列产品。全年新增小企业贷款户8户。至年末，该行涉农贷款余额3642.29万元，小微贷款余额2.88亿元。尝试开展中小企业区域集优票据、发债等金融创新业务，提升对行业集群客户的综合服务能力。

（顺德农村商业银行南海支行）

【佛山南海新华村镇银行】 2014年2月22日，佛山南海新华村镇银行正式对外营业。该行是由安徽马鞍山农商银行与南海区内外企业及自然人共同发起设立的。至年末，该行各项存款余额1.09亿元，各项贷款余额1.04亿元，存量客户510户，户均贷款余额20.49万元；全年利润18.71万元，未分配利润16.84万元，中间业务收入7.64万元。

是年，该行以服务地方小微企业、实体经济和改善农村金融服务环境为重点，将服务对象确定为“三农”、小微企业和个体工商户，积极拓展支农信贷市场。全年小微企业贷款与农户贷款占各项贷款比例达98.82%。为支持南海区户籍下岗失业人员再就业，该行与南海区劳动就业服务中心合作推出“创业贷”，由南海区财政局全额贴息。

（佛山南海新华村镇银行）

【珠海华润银行佛山分行】 2014年末，珠海华润银行佛山分行资产总额23.07亿元，比年初增加13.31亿元，增长136.50%；本外币各项贷款余额23.54亿元，比年初增加18.63亿元，增长379.57%；各项存款余额15.02亿元，比年初增加5.05亿元，增长50.70%；实现中间业务收益572万元，年度利润累计亏损3726万元。

是年，该行通过与陶瓷、铝型材等商会（协会）沟通、实地走访企业、举办“银企座谈会”等方式，进一步了解企业需求，并从政策导向上鼓励业务部门针对性拓展中小型客户企业，重点支持佛山当地铝型材、陶瓷等支柱产业发展。至年末，本地中小企业客户存款占公司存款总量的90%以上。同时，创新推出小微批量业务模式，9个批量项目成功获批，惠及69家小微企业。成功叙做首笔国内信用证福费廷业务。以现金管理为抓手，探索适合佛山本地行业特征和企业需求的综合金融服务解决方案，全年成功营销现金管理客户44户，在总行中排名第一，获2014年“金融界领航中国年度评选最佳现金管理银行奖”。推出直销银行业务。该业务不受传统网点地域限制，不发放实体银行卡，可实现线上开户，满足异地客户理财需求。继续推广“润金”系列、“快乐金”系列、“润银财富”系列等理财产品。“润金”系列理财产品全年募集资金1.27亿元，实现中间收益15.3万元；“润银财富”系列实现销售额3.12亿元。

（珠海华润银行佛山分行）

【华夏银行南海支行】 2014年末，华夏银行南海支行一般性存款余额23.96亿元，其中单位存款余额21.67亿元，个人存款余额2.29亿元；本外币贷款余额20.29亿元。

是年，该行继续拓展中小企业授信业务，推动专业市场以及商圈等批量开发业务。在单位定期存款证实书、个人储蓄存单和印鉴卡加注电子芯片，进一步防范假单、假证的风险。推出智能微信POS等新业务，为客户提供账户管理、转账汇款、理财、电子现金等金融服务，并开通机票、火车票、手机充值等多项移动支付功能。是年，该行获中国银行业协会授予“文明规范服务五星级营业网点”称号。

（华夏银行南海支行）

【渣打银行佛山分行】 2014年末，渣打银行佛山分行本外币各项存款余额7809.14万元，比年初减少1.06亿元，下降58%；本外币各项贷款余额3.15亿元，比年初增加2.37亿元，增长301%；实现利润1065.02万元，比年初减少532.62万元，下降33%；中间业务收益120.61万元，比年初减少77.57万元，下降39%。

是年，该行与佛山市各区政府合作举办多场针对小微企业的金融研讨会、融资对接会，并与各专业市场、工业园进行互动，致力发展小微企业金融服务。小微企业服务团队增加至12人。同时，加大“无抵押小额贷款”“房产抵押贷款”推广力度，满足小微企业信贷需求。年内，推出新外汇交易电子平台，实现个人外汇交易（包括外币兑换和结售汇）的实时下单和实时平盘，并赋予前线销售人员灵活定价的权利。在全国率先推出人民币计价的QDII境外基金理财产品，引入人民币汇率对冲机制，为客户降低人民币升值带来的汇率风险。 （渣打银行佛山分行）

【恒生银行佛山支行】 2014年末，恒生银行佛山支行各项存款余额7.07亿元，各项贷款余额8.07亿元，分别比上年下降14.86%、26.53%；年度利润亏损2109万元，中间业务收入318万元。

是年，该行继续把以进出口贸易产品为主的贸易融资作为业务发展重点，开展无追索权出口单据贴现业务、福费廷业务及针对中小企业的贸易融资、营运资金贷款、抵押贷款、机器贷款等业务，并相继推出外汇平价远期业务、人民币外汇货币掉期业务，以及针对公司客户的银企直联服务等新业务，进一步满足客户需求。 （恒生银行佛山支行）

【东亚银行南海片区支行】 东亚银行在南海区设有2个营业网点，分别为佛山支行和大沥支行。2014年，该行继续拓展国际结算和企业信贷业务，针对广佛地区的商业项目、重点升级改造的市场，提供专业化的融资方案。推出“个人消费保证保险贷款”新业务，该业务是指为符合贷款条件并在中国平安财产保险股份有限公司购买“个人消费信贷保证保险”的个人客户发放用于个人合法用途的消费贷款。推出“汇添盈”“步步为盈”等保本型理财产品以及“信得盈”、QDII产品等非保本系列理财产品，促进存款业务及个人业务的发展。发行国际学生证维萨联名信用卡、两地通境商卡，提供境外金融服务。于10月上线手机银行和微信银行，为客户提供更便捷的服务。 （东亚银行南海片区支行）

■ 保险业

【中国人寿保险公司佛山南海片区支公司】 2014年末，中国人寿保险公司佛山分公司在南海区设有5个分支机构，分别为银保南海营业区、个险大沥营业区、个险西樵营业区、个险南海营业区、团险南海营业区，还有18个营销服务部。是年，由中国人寿广东省分公司与广东省民政厅、广东省老龄工作办公室联合推出的“银龄安康”老人意外保险在南海区实现政府统保，推动公司保险业务的增长。创新推出“国寿防癌疾病保险”费改型保障产品，为客户提供针对性的保障。该公司全年实现保费总收入40.4亿元，为15万名有效客户提供个人寿险保单和服务，累计赔款支出9167万元，满期、养老等各类给付3.8亿元。

（中国人寿保险公司佛山南海片区支公司）

【平安人寿佛山中心支公司】 2014年末，平安人寿佛山中心支公司在南海片区设有1个分支机构（南海支公司）、10个营销服务部（西樵营销服务部、大沥营业部、丹灶营销服务部、黄岐营业部、九江营业部、罗村营业部、狮山营业部、桂城营销服务部、紫金城营销服务部、里水营销服务部）。是年，该公司重点推动首款费率市场化产品——平安福健康保障计划。南海片区全年实现保费新单收入1.89亿元，比上年增长32.6%。

（平安人寿佛山中心支公司）

【友邦保险广东分公司佛山支公司】 2014年末，该公司下辖14个营销服务部，服务客户逾15万名。全年实现收入8.73亿元，比上年增长13.64%；累计赔款支出4207.16万元，满期、养老等各类给付6813.23万元。

是年，该公司推出“友邦传世经典乐享版终身寿险(分红险)”“友邦传世经典尊享版终身寿险(分红型)”“友邦稳赢一生保险计划”等多个新产品。其中，“传世经典”系列产品获《羊城晚报》金融新锐榜评选的“2014

年最受信赖保险理财产品”奖，《信息时报》第三届珠三角金融行业风云榜“最具创意保险产品”奖；“稳赢一生”系列产品获《南方日报》南方金融年度“最具竞争力金融创新产品”奖及2014年佛山金融理财文化节“2014年佛山市民最喜爱金融产品”奖。建立由微信、手机APP、网上客户服务中心组成的“E平台”，为客户提供多样性的服务选择；开通微信理赔报案系统，客户可通过登录友邦保险官微绑定身份进行理赔报案。是年，该公司在2014年佛山金融理财文化节上再次获“佛山市民最喜爱金融单位”称号。

（友邦保险广东分公司佛山支公司）

【中国太平洋财产保险公司南海支公司】 2014年末，该公司下辖12个营销服务部。全年实现保费总收入5.84亿元，累计赔款支出3.38亿元。

是年，该公司大力推广“财富U保”系列产品。该产品涉及制造业、饮食业、住宿业、商业楼宇等行业，公司依行业风险进行产品组合，并简化投保手续，提高相关行业小微企业风险保障。推广微信自助客服应用，客户可通过微信公众号进行报案、咨询、查询、预约定损等。

（中国太平洋财产保险公司南海支公司）

■ 其他金融机构

【概况】 2014年，南海区辖内新增4个小额贷款公司开业运营。至此，全区共有小额贷款公司22个，总注册资金48.2亿元，其中17家落户佛山民间金融街，注册资金37.7亿元。是年，全区小额贷款公司总贷款余额48.5亿元，全年累计发放贷款5070笔，贷款金额102.9亿元，其中佛山民间金融街小额贷款公司发放贷款3092笔，贷款金额81.45亿元。至年末，全区有担保公司9家。

（唐文辉）

【佛山市南海友诚小额贷款有限公司】 于2009年7月成立，是广东省首批试点经营的小额贷款公司之一，也是南海区首家小额贷款公司。主要推出“薪资转”“家居易”“工商钱”三类个人信用贷款产品。2014年，成功发行私募债5000万元，成为广东省首批发行私募债的小额贷款公司；并成功在广东金融高新区股权交易中心挂牌，进一步拓宽融资渠道。全年累计投放贷款1239笔，贷款金额9.96亿元。至年末，累计投放贷款9860笔，贷款金额31.57亿元，存量户均贷款余额18.6万元；缴纳各项税费超6000万元。是年，连续第四年入选“中国小额贷款公司竞争力100强”；获评“佛山市A类小额贷款公司”，被佛山市小额贷款行业协会授予“2014年微小贷成就奖”和“2014年利税突出贡献奖”；当选中国小额贷款公司协会常务理事单位。

（佛山市南海友诚小额贷款有限公司）

【佛山市南海鸿业小额贷款有限公司】 于2009年11月成立，注册资本2亿元，由坚美集团发起，一百集团、华创集团、华鸿集团、新世纪集团等南海企业共同出资设立，是经广东省政府批准成立的第二批小额贷款公司。产品主要有企业信用贷款、企业自助担保贷款、企业联保贷款、个人经营贷款。2014年，累计投放贷款171笔，投放金额3.20亿元，累计回收3969万元，贷款余额约2亿元。

（佛山市南海鸿业小额贷款有限公司）

【佛山市粤纺小额贷款有限责任公司】 于2013年6月18日成立，注册资本4.9亿元，由纺织行业龙头佛山市樵利化纤织造有限公司和陶瓷行业龙头企业广东蒙娜丽莎新型材料有限公司发起组建，由35个股东共同出资成立。2014年，在西樵镇新开设业务咨询点。全年累计投放贷款194笔，投放金额7.46亿元，贷款余额4.70亿元。

（佛山市粤纺小额贷款有限责任公司）

2014年，南海区辖内小额贷款公司投放贷款超百亿元，惠及众多中小企业

2014年南海区辖内小额贷款公司情况

名称	成立时间	注册资本（亿元）	2014年贷款额（万元）
佛山市南海友诚小额贷款有限公司	2009年7月	2.5	99552
佛山市南海鸿业小额贷款有限公司	2009年11月	2	32018
佛山市南海三星小额贷款有限公司	2011年12月	2	30690
佛山市南海日昌盛小额贷款有限公司	2013年4月	2	50224
佛山市粤纺小额贷款有限责任公司	2013年6月	4.9	74570
佛山市华信小额贷款有限公司	2013年6月	2	62352
佛山市融易小额贷款有限公司	2013年6月	2	28518
佛山市中润泰兴小额贷款有限公司	2013年6月	2.8	51140
佛山中汇盈富小额贷款有限公司	2013年6月	2	7142
佛山市金世昌小额贷款公司	2013年6月	2	28990
佛山市伟华小额贷款公司	2013年6月	2	60885
佛山市科技小额贷款有限公司	2013年7月	2	82140
佛山三英小额贷款有限公司	2013年7月	2	27670
佛山市宏汇小额贷款有限公司	2013年6月	2	59548
佛山市南北汇通小额贷款有限公司	2013年5月	2	37584
佛山市新明珠小额贷款有限公司	2013年9月	2	46764
佛山市泰裕达小额贷款有限公司	2013年6月	2	68665
佛山市和谷盛泰小额贷款有限公司	2013年7月	2	44882
佛山市纳新小额贷款有限公司	2014年2月	2	68338
佛山市联丰小额贷款有限公司	2014年3月	2	41498
佛山阳光华信小额贷款有限公司	2014年3月	2	23868
佛山市南海京能小额贷款有限公司	2013年5月	2	1706

【佛山市科技小额贷款有限公司】 于2013年6月成立，是佛山市唯一国有控股的小额贷款公司。主要产品有小微企业贷款、个人小额易贷款、科技创业贷款、经营性贷款等。2014年，累计投放贷款253笔，投放金额8.21亿元。

（佛山市科技小额贷款有限公司）

【佛山市联丰小额贷款有限公司】 于2014年3月20日成立，注册资本2亿元。至年末，有从业人员27人，其中董事、监事、高级管理人员11人。是年，累计投放贷款108笔，发放贷款4.15亿元，本金回收2.20亿元，贷款余额1.95亿元；贷款利息收入1727.60万元，存款利息收入33.62万元；成本费用支出1856.45万元；各项税费及附加费126.63万元。

（佛山市联丰小额贷款有限公司）

【佛山市纳新小额贷款有限公司】 于2014年2月20日成立，注册资本2亿元，由广东志高空调有限公司联合发起成立。至年末，有从业人员12人。根据中小微企业经营特点，有针对性地为企业进行产品设计。产品包括信用贷款、担保贷款、房屋抵押贷款、设备抵押贷款、存货抵押贷款、应收账款质押贷款及其他收益权质押贷款等。同时，通过自营贷款、联合贷款等为产业链企业提供融资服务。至年末，累计发放贷款165笔，投放金额6.83亿元，贷款余额约2亿元。

（佛山市纳新小额贷款有限公司）

【佛山阳光华信小额贷款有限公司】 于2014年3月28日成立。主要开展房押贷、车押贷、退税贷、小微信用贷等业务，并重点扶持自主创业的微型和小型企业以及工农商户。至年末，累计发放贷款2.39亿元，贷款余额1.99亿元。其中，信用贷款发放金额1.29亿元，占贷款总额的54%；保证贷款9939万元，占42%；抵押贷款568万元，占2%；质押贷款511万元，占2%。

（佛山阳光华信小额贷款有限公司）

【佛山市南海京能小额贷款有限公司】 于2014年入驻南海区京信国际大厦（原经委大厦）。主要服务于各类中小微企业、个体商户、自然人和高新企业，致力于解决佛山地区企业的中短期资金需求。是年，累计投放贷款37笔，投放金额1706万元。

（佛山市南海京能小额贷款有限公司）

【广东南纺融资担保有限责任公司】 成立于2011年3月，注册资本10010万元，主要为纺织行业的中小企业申请短期银行贷款提供融资担保服务。至2014年末，提供融资担保贷款27985万元，其中供机贷款担保3385万元，一年期短期流动资金贷款担保24600万元，在保余额8794.33万元。累计实现担保费收入662.6万元；诉讼保全担保业务4294.33万元。

（广东南纺融资担保有限责任公司）

对外经济贸易·口岸

Foreign Economic Relations and Trade

■ 对外经济贸易

【概况】 2014年，南海区进出口贸易总值1344.5亿元，比上年增长4.3%。其中，出口总值746.8亿元，增长9.9%；进口总值597.7亿元，下降1.9%。

一般贸易进出口仍占主导地位，加工贸易增势好于一般贸易。全年一般贸易进出口总值679.6亿元，占全区进出口总值的50.5%。其中，出口总值402.8亿元，比上年增长8.7%；进口总值276.8亿元，下降8.9%。加工贸易进出口总值625.7亿元，比上年增长7.9%，占全区进出口总值的46.5%。

外资企业和私营企业进出口齐头并进。全年外商投资企业进出口总值582.9亿元，比上年下降3%，占全区进出口总值的43.3%。其中，出口总值307.8亿元，增长0.9%；进口总值275.1亿元，下降7%。私营企业进出口总值565亿元，比上年增长10%，占全区进出口总值的42%。其中，出口总值351.8亿元，增长26%；进口总值213.2亿元，下降9.1%。

主要进出口贸易伙伴为中国香港、中国台湾和欧盟（28国），三者进出口值占全区进出口总值的40.7%。非洲超越美国及东盟，成为第四大贸易伙伴。对中国香港、欧盟及美国出口额增幅较大，分别增长23.6%、17.2%和11.5%。

全年机电产品出口额394.5亿元，比上年增长5.1%，占出口总值的52.8%。高新技术产品（与机电产品有交集）出口额126.3亿元，增长4.6%，占出口总值的16.9%；传统劳动密集型产品出口额152.9亿元，增长9.8%，占出口总值的20.5%。主要出口商品为液晶显示板、贵金属或包贵金属的首饰、空气调节器、家具及其零件、鞋类等。其中，液晶显示板出口额109.1亿元，比上年增长5.3%；贵金属或包贵金属的首饰出口额100.5亿元，增长近2倍。全年机电产品进口额226.8亿元，比上年下降2%，占进口总值的37.9%；高新技术产品进口额154.7亿元，下降10.5%，占进口总值的25.9%。主要进口商品为废金属、液晶显示板、汽车零配件、锯材等。其中，废金属和未锻造的铜及铜材进口降幅较大，分别下降17.3%和49.2%。

【利用外资】 2014年，南海区新批外商投资企业项目66个，比上年增长10%；合同利用外资9.54亿美元，增长5.8%；实际利用外资8.07亿美元，增长5.2%。新引入世界500强企业1家，为日本永旺集团投资设立的永旺梦乐城（佛山南海）商业管理有限公司，投资总额6.3亿元人民币。至年底，全区有外资企业1593家，其中吸引28家世界500强企业投资设立企业38家，投资总额47.5亿美元。全年合同外资增资4.1亿美元，其中德国大众汽车股份有限公司向一汽-大众有限公司佛山分公司增资1.3亿美元，日本富士通向富士通（广东）科技服务有限公司增资375万美元。

2014年7月23日，中欧科技合作产业园落户狮山镇，首批4个欧洲项目签约进驻

是年，外资积极进军第三产业。全年新批外资投资房地产项目4个，房地产增资项目7个，合同利用外资4.86亿美元，占全年合同利用外资的50.9%；新批涉及商贸企业27家，合同利用外资1.03亿美元，占全年合同利用外资的10.8%；新批融资租赁项目4个，租赁公司增资项目1个，合同利用外资8030.9万美元，占全年合同利用外资的8.4%。

【境外投资】 2014年，南海区有9家企业在境外新设公司或参与境外企业并购，其中新设立境外投资企业6家，投资总额4384.6万美元。广东银瑞投资管理有限公司在新西兰设立乳制品生产和销售企业，佛山市南海广上不锈钢有限公司在越南设立不锈钢加工企业。至年底，全区共有获批准成立的境外投资企业85家，投资总额3.33亿美元。

【组织企业参加对外展览交易会和经贸活动】 2014年，南海区积极组织区内企业参加中国出口商品交易会、中国（上海）国际时尚家居及室内装饰展览会、第十一届中国-东盟博览会、第二十二届中国昆明进出口商品交易会、第十六届中国国际高新技术成果交易会、广东21世纪海上丝绸之路国际博览会等国内举办的国际性展览会以及美国迈阿密环球资源采购交易会、中国品牌商品美国展、中国品牌商品非洲展、第六届意大利国际铸造展览会暨铝制品展览会、环球资源（南非）采购交易会等国外展览会。其中第115届广交会全区有展位363个，参展企业129家；第116届广交会全区有展位370个，参展企业133家。此外，发动企业参加法国、西班牙、意大利投资并购经贸活动，赴以色列、土耳其、塞尔维亚开展经贸活动。

【中国贸易促进会南海支会】 2014年，中国贸促会南海支会签发出口货物一般原产地证书23846份，认证外贸单据488份，代办领事认证928份，涉及外贸出口FOB值16.27亿美元。至年底，在南海支会注册申领出口货物一般原产地证书的企业有592家。 （侯湘源）

■ 口岸与查验单位

【口岸管理】 2014年，南海区口岸进出口货运量545.56万吨，比上年增长7.7%，占全市进出口货物运输量的25.6%。其中，进口货运量277.14万吨，比上年增长15.5%；出口货运量268.42万吨，增长0.7%。从外贸运输结构来看，全年南海口岸进出境集装箱50.59万个标准箱，比上年下降2.2%，占全市集装箱吞吐量的36.52%。其中，水运集装箱42.03万个标准箱，比上年下降2.0%；陆运集装箱8.56万个标准箱，下降3.4%。

是年，省口岸办与南海区大型进出口企业到三山口岸进行“三个一”（一次申报、一次查验、一次放行）通关模式调研。区经济和科技促进局联合海关部门举办业务宣讲会，组织进出口企业与报关公司业务人员300人参加，向企业详细解读外贸新政策；协助海关部门推进通关一体化改革，6月初“全关通”（企业在广州关区内任一监管点申报、任一口岸验放）试点在官窑车场启动；组织联检部门与南海藤业协会召开座谈会，解答藤业进口的相关问题。 （侯湘源）

【佛山海关驻南海办事处】 2014年，佛山海关驻南海办事处监管进出口货运量545.6万吨，比上年增长7.7%；货值114.1亿美元，下降6%。监管进出境船舶7096艘次、进出境汽车59968辆次、进出口集装箱50.6万箱次；审核进出口报关单22.5万份。税收入库52.63亿元，增长7.1%；内销征补税2.2亿元，增长60.7%；审批减免税额2165万元。移交案件（线索）50件。

推进区域通关一体化　成立专项工作组，逐项落实广东地区海关区域通关一体化改革重点内容，严格筛选试点企业，跟进作业流程，现场指导系统操作。12月16日，广州关区首票陆路口岸区域通关一体化货物在桂江车场成功申报。全年接受一体化报关货物64533票，受益企业2160家，进出口总额42.92亿美元。年内，启动“全关通”“双属”（属地申报、属地放行）模式，扩大通关作业无纸化覆盖面。全年有3家企业的308票货物采用“全关通”模式出口，14家企业签约“双属”协议，其中3家企业以“双属”模式申报进口货物总值及纳税额1418万元，无纸化申报比例为90.3%。

推动跨境电子商务发展　加强与5家拟开展跨境电商业务企业的接洽，通过做好前期业务调研、政策辅导和技术指导，成功促成广东新安怀电子商务有限公司成为佛山首家跨境电商试点企业及外贸综合服务试点企业。

简政放权服务企业　对接南海区“三单”管理改革，制定审批窗口服务管理的四张清单，包括负面清单3项、准许清单49项、监管清单7项、责任清单35项。加大高资信企业培育力度，降低报关企业注册登记门槛，取消报关员注册登记和计分考核管理，做好商事登记制度改革的平台对接和数据互通准备，并在10家大型骨干企业推行协调员试点，鼓励企业自主管理、自我监督。年内下调企业类别9家，上调企业类别22家，新增AA类企业4家、A类企业11家。作为广州关区“参数判别、分类审核”3个试点单位之一，构建差别化“红—绿”企业申报通道，核定绿通道企业83家，占广州关区总数的50%。开展加工贸易保证金台账业务试点工作，涉及5家企业，备案金额3015万元，备案金额占全国6个试点海关总值的60%。加大对龙头行业服务力度，跟进一汽-大众项目二期工程，帮助企业及时掌握南沙整车进口计划相关信息；依法加快民营企业办理减免税设备抵押贷款审批手续。

加强口岸监管　加强对橡胶、木方等重点敏感商品的监管，多次组织企业座谈，制订《进口橡胶木方规范申报指引》，规范企业行为。积极推进海运新舱单系统、运输工具动态管理系统上线，加强舱单预判，完善监管区域分区管理。加强与地方政府、口岸部门联防联控，开展口岸埃博拉疫情联合防控演习。

打击违法行为　实施固化固体废物常态化监管措施，加大敏感来源地、中转地货物查验和违法行为处置力度。全年废五金实质性查获率17.34%，移交案件14件，直接退运18件。重点监控辖区农产品进出口情况，年内对藤枝、大米、扬声器、石料等商品开展专项稽查，稽查补税731万元，比上年增长1.17倍，查获藤枝走私案件2件，案值约4000万元，涉及税款270万元。参与南海区“4·26”知识产权日公众咨询，指导企业申请知识产权海关保护，并对口岸侵权高风险货物、品牌申报模糊商品实施重点监管，年内查获出口假冒LV针织布、带“SHARP”等商标的标识、机动车卤钨灯等涉嫌侵权货物，其中“卤钨灯案”为广州海关知识产权和解第一案。

保税物流监管　至2014年末，南海区辖内有吉美物流公共保税仓、中南公共保税仓、南港公共保税仓、中外运公共保税仓4个保税仓库，吉美物流出口监管仓、中南出口监管仓（入仓退税型）、中南国内结转仓3个出口监管仓库。是年，结合南海外贸发展实际，组织研究复制推广上海自贸区经验，推动“关区结转型出口监管仓库开展进出仓库‘批次进出、集中申报’试点”运行。

企业稽查　全年出动稽核查人员621人次，下厂稽核查企业207家次，其中稽查企业49家次，保税核查企业157家次，“绿篱”专项行动稽核查“两废”相关企业2家次，其他核查157家次。稽核查移交案件线索8宗，案值0.75亿元，涉税63.43万元；稽核查补税入库737.9万元。（宋莉杨）

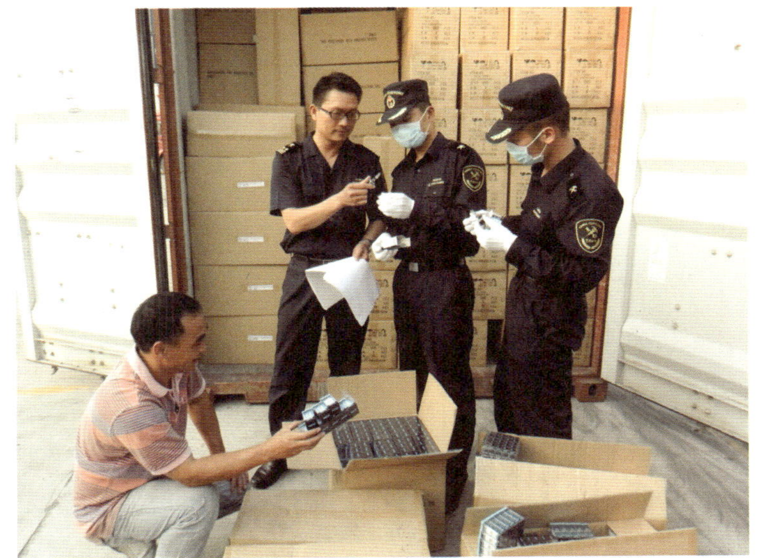

2014年12月5日，佛山海关驻南海办事处三山港监管科查获一批侵权货物

【广州海关南海缉私分局】　2014年，广州海关南海缉私分局立案70件，案值1.3亿元，涉税额1939.6万元；适用简易程序案件90件，案值4230.2万元，补交税款211.5万元，罚没1052.8万元。办结走私犯罪案件7件，案值635万元；办结违规案件84件，案值800万元，涉税211.5万元；办结其他违法案件4件，案值300万元。实施刑事拘留31人，执行逮捕11人，向检察机关移送起诉15人，法院一审判决9人。

是年，结合辖区特点开展走私动态调研和分析，加大对市场、行业、企业情报收集和风险分析，强化案件管理，全年收到情报线索35条，其中主办线索27条，承办线索8条。根据线索查获刑事案件10件，行政案件3件，查获案值约4500万元，涉嫌偷逃税额287万元。成功侦办“1107”专案、“1108”专案、“BW64”等大案、要案。“1107”系列案共立案5件，抓获犯罪嫌疑人18名，涉及走私固体废物4218吨。“1108”系列案共立案2件，抓获犯罪嫌疑人5人，涉及走私入境货物9198吨。“BW64”毒品走私案抓获非洲籍犯罪嫌疑人2人，查获走私冰毒3911.9克。此外，重点开展打击橡胶木方、冻品、洋食品走私等行动，配合地方打私办查扣无合法来源冻肉500余吨。（胡钜源）

【南海边防检查站】 2014年，南海边防检查站制定《南海站信息化建设三年规划（2015~2017年）》，推动信息化技术的深度应用。全年筹集106万元专项经费，新建指挥中心三级视频会议系统，重新规划升级营区和北村码头智能监控系统建设，增设、更换高清镜头47个。制作360度全景口岸电子展示图，强化单警PDA和警务执法记录仪应用，实现一线勤务的实时可视对讲和督导检查。进一步优化各类信息平台，将信息化技术深度应用于信息研判、应急指挥、执法执勤和管理督导等各个环节，初步建成勤务联动网络。是年，与广东边防总队信息化处联合开发的“梅沙实战训练平台”获全国推广。打造三山、北村执勤点样板。三山执勤点以深化信息化应用、创新勤务模式为重点，投入24.6万元建设港区无线局域网；北村执勤点以硬件升级为重点，投入116万元新建办公场所。推行“直通南海”服务，服务地方经济发展。在口岸建设“边检之家”；设立“企业联络员”“企业服务员”；推行口岸“三固定”（固定船员、固定航线、固定船舶）信誉船舶快速优检、短信直通车、网上预报检等便民举措；开展“送法上船”“送法律进口岸”活动，为服务对象解读公安部新16项便民利民措施；举办“8·19”边检服务品牌集中推介活动，与群众进行互动交流。开展爱民实践活动，与驻地3个社区共建熟人社区，举办“警民同乐日”“老人集体生日会”等活动；组建编外辅导员队伍走进校园，举办“爱润春蕾”图书义卖、“警营开放日”等活动；与九江镇海寿岛小学结对共建，设立“育苗基金”和“边检书橱”。是年，执勤业务四科被公安部边防局评为“爱民固边先进单位”；执勤业务二科获评广东边防总队先进党支部和先进青年文明号。（郑煜）

2014年，南海边检站获第五届“关爱桂城”丹桂勋章

2014年8月19日，南海边检站在南海文化公园举办边检服务活动

【南海出入境检验检疫局】 2014年，南海出入境检验检疫局检验检疫进出口货物8.1万批，货值42亿美元；检出不合格货物6816批，货值6亿美元。签发一般原产地证5939份，签证商品金额1.05亿美元；签发普惠制原产地证书14590份，签证商品金额4.25亿美元；签发区域性原产地证书8458份，签证商品金额3.04亿美元。检疫进出境动植物30787批，货值13.89亿美元；截获有害生物6480批，其中截获检疫性有害生物3087

批次。出入境人员检疫42477人次，健康体检人员1073人次，检查黄热病等预防接种215人次，检出梅毒、丙肝、乙肝等传染病患病人员62人次。监督检验进出口食品及化妆品3760批，货值0.94亿美元。

卫生检疫 成立埃博拉疫情防控领导小组，编写应急预案，组织区内各口岸和联检单位一线工作人员开展防控知识培训，做好个人防护用品、消杀药械等防控物资储备工作，联合各联检单位举办应急演练，加强对来自疫区的货物防控和卫生处理工作。强化登革热疫情防控。加强对来自疫区船员的医学巡查和体温监测，以及对出入境船舶、车辆的卫生除害工作。同时，做好口岸医学媒介生物的监测，共截获媒介生物15种、143批次，首次在口岸蚊媒身上检测出乙型脑炎病毒。全年实施集装箱卫生处理184736标箱。加强入境人员传染病监测，检出阳性患者101人，检出率比上年增长38.4%。首次在归国劳务人员中检出甲型H1N1流感病例。

动植物检疫 做好各类动物疫情监测和安全风险监控，抽检种鸡血、禽喉头泄殖腔拭子、猪鼻腔拭子样品1798份，检测项目2638个次；抽检观赏鱼样品4份，检测项目14个次；进出口食用农产品和饲料安全风险监控抽样13份，检测项目117个次。完善进境肉类指定口岸建设，加强对进口皮毛、饲料、冻品等入境动物产品证书核查。开展出口货物木质包装专项整治行动，查验出口货物木质包装200多批次，核对木质包装合格凭证500多份，现场查验74批次，发现违规案件15件。通过定期分析疫情截获情况、加强口岸现场查验和抽样送检等，提高植物疫情检出率，全年截获进境植物有害生物数量比上年增长31.6%，截获检疫性有害生物数量增长47.5%。在全国首次截获铲头堆砂白蚁，从进境种苗、原木、木方中截获蔗扁蛾、双钩异翅长蠹、双棘长蠹等检疫性有害生物3000多批次。

进出口食品检验监管 与新备案的3家进出口企业签订质量保障承诺，推动5家进口乳制品企业落实质量安全关键岗位责任备案，对9家进出口发生质量安全异常的企业进行约谈。加强源头管理，检出进口不合格食品41批，检出出口不合格食品119批。密切跟踪“福喜”“塑化剂”“台湾地沟油”等事件，对辖区企业展开排查。

化矿产品检验监管 检验出口危化品和食品接触制品1239批、进口转关化矿金商品625批、出口食品包装类627批、危险品包装使用鉴定288批。检出不合格进口危化品8批、出口危化品3批、进口废物原料8批、进口矿产品2批，其中北村口岸检出一批以进口铜矿砂名义走私进口固体废物的案例被总局发布预警。

机电产品检验监管 针对南海口岸进口的机电产品主要为汽车零配件、设备及其零部件的特点，构建“口岸检疫调离、工厂集中查验”的检验监管新模式，提高通关效率。加强出口机电产品宏观质量管理，建立合格假定、风险分析、事后监管和责任追溯的质量保证体系。加强进口旧机电检验监管，受理进口旧机电报检582批，价值4408.8万美元，检出不合格产品138批。

轻纺产品检验监管 加强出口玩具产品首件备案工作，开展30多家玩具生产企业日常检验监管。同时加大对进口玩具产品的检验力度，重点加强对需3C认证的进口玩具（布绒玩具、遥控车、童车等）涉及安全项目的抽查验证，共检出进口不合格玩具6批，出口不合格玩具184批。

检务工作 实行通关无纸化，全年签发无纸通关单28628份。全面铺开报检无纸化工作，扩大报检无纸化的实施范围，同时简化进出口商品报检资料。推行区域一体化通关，实现不同检验检疫机构之间业务一体化运作，实现通报、通检、同放。继续执行减免出口检验检疫费措施，开展涉及进出口环

2014年6月4日，南海出入境检验检疫局在南师附小举办“国门生物安全进校园”活动

节经营性服务和收费自查、整顿。加强企业诚信管理，对企业失信行为进行扣分，实现对企业的差别化管理。

认证认可工作　完成34家企业出口质量许可证和食品备案注册证的发证或复查换证工作。日常、定期监管企业27家，HACCP体系验证提升企业2家，注销出口食品生产企业1家、出口玩具生产企业2家。发放免办3C证明287份，并对38家办理免办证明的企业进行后续监管，确认《3C目录》外产品76批。

服务地方经济发展　积极开展技术性贸易措施及技术标准研究，组织国外技术性贸易措施宣传、培训，开通网络平台为企业提供技术性贸易措施预警应对及技术标准服务。提高原产地优惠关税利用率，帮助企业进行广东辖区首次自主声明。帮助解决南海传统优势产业藤制品生产原材料匮乏难题。成功为3家进口机电设备企业索赔近100万元。推进进口食品预包装食品检验检疫指定、认可监管场所申请备案工作，帮助进口企业减少滞港费用。　(胡明亮)

2014年，南海海事处进一步加强渡口安全检查

【南海海事处】 2014年，南海海事处办理船舶进出口签证66596艘次，比上年增长9.8%；货物吞吐量5222.43万吨，增长15.2%，集装箱进出口99.42万个标箱。完成船舶安全检查485艘次，纠正船舶安全缺陷4325项。其中，检查内河船舶400艘次，纠正船舶安全缺陷3404项；检查海船85艘次，纠正船舶安全缺陷921项。依法滞留内河船舶15艘，滞留海船4艘。现场出动执法人员1230人次，巡航次数456次，巡航里程5020千米，远程电子巡航68160千米，巡航电子化率93.2%；远程监管船舶40580艘次，同时段船舶监管率91.2%。实施行政处罚344宗，其中远程处罚262宗，现场实施处罚82宗。

2014年11月26日，南海区举办水上交通应急（溢油）演习

开展专项整治行动　是年，组织开展水上交通安全“打非治违”专项整治活动，实现对辖区8处餐饮趸船（渔排）、37座通航桥梁、45处砂石临时装卸点的分类管理。开展水上危险化学品运输安全专项整治活动，开箱检查危险货物集装箱62个标准箱。此外，推进中小海轮集中检查、水路运输易流态化固体散装货物安全管理、“进出港查船”联合执法、珠江口水上交通安全综合整治及船舶船员业务协同专项整治等，保障辖区水上交通安全。

渡口、渡船监管　是年，南海区政府投入247万元用于平沙渡口码头拓宽改造，实施《南海区重点渡口渡船更新改造实施方案》，投入1100万元的首批两艘新渡船进入招投标阶段；贯彻实施交通运输部《内河渡口渡船安全管理规定》，推动九江镇、西樵镇制定并实施渡口渡船签单发航制度。　(尤洁)

三大产业园区

Three Industrial Zones

广东金融高新技术服务区

【概况】 广东金融高新技术服务区（以下简称“广东金融高新区”）于2007年7月由省政府授牌成立，是金融强省战略七大基础性平台之首，定位为“金融后援基地”及“产业金融中心”，位于南海千灯湖畔，规划面积18平方千米；核心区6.5平方千米，分为A、B、C、D区。2014年，金融高新区引进广东省农村信用社后台服务基地、广东金融电子结算中心、广东-诺丁汉高级金融研究院、宜家家居、希尔顿酒店等项目54个。至年底，已吸引216家金融机构及知名企业落户，总投资额507亿元，总建筑面积约600万平方米，项目涵盖银行、保险、证券、服务外包、私募创投、融资租赁等金融业态，其中私募创投类机构105个，募集资金252亿元，规模位居全国前列；180多个项目正式投入运营，汇聚中高端人才近2万人。

【佛山民间金融街加快建设】 2014年，佛山民间金融街加快项目引进步伐。至年底，金融街进驻项目60多个，汇集银行、保险、证券、股权交易中心、PE/VC、事务所、行业协会等多种金融业态。其中，股权交易中心、全景网（广东）路演中心等30多个项目正式运营。是年，金融街内17家小贷公司累计投放贷款3987笔，投放金额116.3亿元，惠及几千家中小微企业及个体工商户。

【广东金融高新区股权交易中心创新金融服务】 2014年，广东金融高新区股权交易中心加快构建覆盖全省的业务网络，并逐步向省外拓展。1月17日，江门运营中心正式启动；4月22日，云浮分中心成立；11月12日，茂名服务基地成立。年内，股权交易中心还与粤桂合作特别试验区股权交易中心签署共建“粤桂合作特别试验区股权交易中心”协议，与肇庆市签订成立分运营中心战略框架协议，与河南省中小企业服务中心签订战略合作协议。是年，股权交易中心设立科技板、国资板、青创板，并成立知识产权交易平台，为创新型企业提供股权、债券和知识产权交易和融资服务。形成包括股权、债权、知识产权、科技创新等新型融资服务体系，提供4大类、近30项融资产品，累计为企业融资38.9亿元。年内，遴选南海友诚小额贷款有限公司和佛山市禅城集成小额贷款有限公司作为业务试点，成功发行全省首批小贷公司私募债——“14集成小贷债”“14友诚小贷债”，并成为全国首家与深交所开展私募债“双边挂牌”业务的场外交易市场。至年底，股权交易中心有注册挂牌企业1141家，其中高新技术企业和科技型企业613家，占总数的54%；佛山本土企业670家，省内其他地区企业423家，省外企业48家。此外，还聚集银行、证券、基金、投资公司、中介机构

佛山民间金融街

等各类会员单位165个、合格投资者211个。

【互联网金融业发展迅猛】2014年1月17日，广东金融高新区挂牌“中国电子商务互联网金融创新基地”，成为国内首个以“互联网金融创新”为主题的产业基地。8月，推出以政府为主导的互联网金融产品投融资平台“蓝海众投”。该平台以广东股权交易中心的股权、债权、权益类产品及其他金融产品作为标的，对接民间资本。9月19日，司马钱互联网金融平台落户金融高新区；12月20日，首个第三方支付项目——易联支付举行奠基仪式；12月29日，沃银科技正式开业，成为金融高新区首个实际运营的互联网金融移动支付项目。至年底，金融高新区成功引入包括易联支付、沃银科技、软通动力、司马钱、佛山小资、广东旅联等互联网金融产业项目，涉及第三方支付、跨境电商、互联网金融咨询、互联网金融证券、大数据等行业类型。

【全景（广东）路演中心启用】2014年5月13日，全景（广东）路演中心项目启用。该路演中心是全景网建立的第19个路演中心，也是深圳证券交易所在广东省内（除深圳外）建立的唯一路演中心，可为佛山及周边地区上市公司（主板、中小板、创业板及新三板）、拟上市公司及中介机构举办网上路演、新闻发布、业绩说明、融资对接、业务研讨等活动提供场地和服务。

【广东金融电子结算中心进驻】2014年8月19日，广东金融电子结算中心签约进驻广东金融高新区。广东金融电子结算中心是从事支付清算、金融特色和外包服务的机构，主要负责全国支付系统、广东省和粤港支付清算系统、区域票据交换系统等的运营、管理，电子业务覆盖全省7000多个银行网点，票据业务覆盖广佛周围城市3000多个银行网点。

【广东－诺丁汉高级金融研究院落户】2014年8月30日，广东金融高新区与英国诺丁汉大学、广东金融学院签署合作协议，广东－诺丁汉高级金融研究院落户广东金融高新区。该项目是上年英国首相卡梅伦访华时签订的中英合作项目之一，由广东金融学院和诺丁汉大学共同发起成立，是具有独立法人资格的中外教育合作研究、培训和教育机构，是诺丁汉大学在亚太地区成立的首个国际性高级金融研究院。研究院将打造立足广东、辐射华南、面向全国的高端金融人才培训和教育基地，并结合当地经济和产业发展，为实体经济金融创新和金融政策研究发挥金融智库作用。是日，金融研究院首期实验班正式开班，包括政府金融部门主管、金融高新区重点金融机构高管、上市公司及重点后备企业高管等共30名学员参加为期两天的培训。来自剑桥大学、曼彻斯特商学院的专家围绕全球金融行业当前发展趋势与机遇、中国金融改革战略安排、企业层面的金融战略和战略支柱等课题进行授课。

【股权投资暨金融洽谈会举行】2014年8月11日，由广东金融高新区与清科集团联合主办的“第十四届中国股权投资中期论坛暨2014年金融、科技、产业融合创新中期洽谈会”举行。此次出席论坛的创投机构超过100个，与会人员超过1000名，为历届金融洽谈会之最。论坛安排了4场圆桌论坛、7场主题演讲，30多名专家为中国股权行业把脉献策。此外，论坛立足佛山特色，设置“V50融资路演”，从清洁技术、医疗健康、现代服务业、现代制造业四个特色产业中遴选20家优质企业进行路演。

【金融C区】2014年，广东金融高新区C区（简称金融C区）进一步明晰发展现代服务业和互联网产业的定位，加快城市配套设施建设，提升区域竞争力。五丫口水闸公园、夏北中心公园一期完工，五胜河南路车行道和永胜西路通车，滨江二路延伸段投入

2014年8月30日，广东－诺丁汉高级金融研究院签约落户广东金融高新区

2014年8月11日，第十四届中国股权投资中期论坛暨金融、科技、产业融合创新洽谈会在南海举行

使用，海八路与佛山一环交界绿化提升工程二期完工。2月，世界五百强之一、全球最大家居企业宜家家居落户金融C区，投资总额11.4亿元。8月，万达广场开业。至年底，金融C区引进地铁金融城、万达广场、招商置地中心、新凯广场、C时代电商园、万科佛山地区总部、南青商创新创业孵化基地总部等项目。

（唐文辉）

佛山国家高新区核心园区（南海园）

【概况】 佛山国家高新区南海园于2011年8月被广东省人民政府批准为省级高新区，同年12月被确立为佛山国家高新区核心园区，规划面积403.6平方千米，涵盖狮山全镇和丹灶镇部分区域。

2014年，园区大力推动一汽-大众二期、佛山西站、大金智地高端产业服务区联东U谷、博爱湖公共配套工程等重点项目建设，加快佛山科技街建设。全年引进项目54个，计划投资总额155.96亿元，其中工业项目39个，计划投资总额28.94亿元。实际外商直接投资3.7亿美元，合同利用外商直接投资2.3亿美元。是年，佛山高新区南海园入选广东智能制造示范基地。

【园区建设】 2014年，佛山高新区南海园加快推进博爱湖公共配套项目建设。该项目是园区重大城市公共设施项目，总投资50亿元。至年底，市民服务中心和海奥公馆区域完成地下室框架施工，进入地面建筑梁板模板安装；博爱湖湖体及湖岸附属景观工程、补水及堤坝工程、片区路网及附属市政工程加快建设，完成部分道路、水利工程，景观区域的土方开挖、填压及平整，污水管铺设等工程。同时，按照“一路一特色，一路一景观”的目标，进一步优化园区主干路网、绿道及相关配套。实施兴业路、桃园路东西段、禅炭路等道路提升改造工程14个，改造长度57.3千米，总投资约10亿元。桃园路、信息大道、博爱路、虹岭路等配套景观雕塑工程于年内完工。

【一汽－大众二期项目动工建设】 2014年5月，一汽-大众主机厂二期项目动工建设。二期项目占地面积65.67公顷（985亩），总投资额158.85亿元，将建设包括冲压、焊装、涂装、总装四个车间在内的共21个单体，总建筑面积48.5万平方米。至年底，涂装车间完成打桩并进行钢结构吊装，冲压车间完成部分打桩并进行基础建设。

【中欧科技合作产业园启动建设】 2014年7月23日，中欧科技合作产业园启动建设，意大利FIR集团高端电机产品制造项目等首批4个项目签约进驻。该园由中国商务部投资促进事务局、广东省投资促进局和佛山高新区、南海区狮山镇联合建设。选址位于狮山镇虹岭路与华沙路交汇处，总占地面积86.67公顷（1300亩），

2014年1月6日，南海区、禅城区、三水区签署加快佛山高新区核心园区协同建设合作框架协议

首期建设面积13.33公顷（200亩）。园区以汽车及零配件、机械装备、智能家电、医疗器械四大产业为核心，重点面向欧洲，吸引科技创新型的高端制造业落户。

【珠江西岸装备制造产业创新基地成立】 2014年12月23日，珠江西岸装备制造产业创新基地在佛山高新区揭牌成立。广东省副省长刘志庚，中共佛山市委副书记、代市长鲁毅，中共佛山市委常委、南海区委书记梁维东参加挂牌仪式。广东国科蓝海投资基金、广东省3D打印产业创新联盟协同中心、KUKA机器人应用集成研发中心、运动控制器项目、智慧工厂项目等12个项目现场签约进驻，涉及3D打印、机器人、智能数控等领域。

【佛山科技街初步成型】 2014年，佛山高新区南海园着力推进佛山科技街建设，打造科技创新特区。至年底，建成产业载体20万平方米，力合（佛山）科技园、南方创智港、慧泉科技产业中心被认定为南海园第一批科技创新产业载体。引进南海区广工大数控装备协同创新研究院、中科院纳米器件平台华南中心等重大创新平台，以及力合创智孵化器、佛山中国科学院产业技术研究院光机电产业孵化器等专业孵化器，引入国家“千人计划”4人，新入驻企业34家。其中，南海区广工大数控装备协同创新研究院设立数控技术创新服务中心、3D打印创新服务中心、机器人应用创新中心，有11个项目进驻并成立公司开展业务，其中3个为“千人计划”专家项目团队。

【设立专项基金（资金）推动产业发展】 2014年，佛山高新区设立安信德摩牙科投资基金、广东猎投基金以及“清华校友创业项目”专项资金、生物医药前孵化器产业扶持专项资金等专项基金（资金），扶持、引导战略性产业发展。

“清华校友创业项目”专项资金　5月，佛山高新区出台《清华校友创业项目资助管理工作办法》，决定与清华大学校友总会、深圳清华大学研究院合作设立“清华校友创业项目”专项资金，2014~2016年度，每年拨出专款1000万元，定向吸引以清华大学校友为主要代表的海内外高端人才、优质科技创业团队在高新区创业落户。年内，引入6个项目团队落户签约，涉及半导体照明、智能制造、电子信息、电子商务等领域。

生物医药前孵化器产业对接基地专项资金　5月，佛山高新区制定《广东生物医药前孵化器产业对接基地专项扶持办法》，设立总额为5000万元的“广东生物医药前孵化器产业对接基地”专项资金，引进国家“千人计划”专家和科技型医药公司。并与华南理工大学合作，于10月启动项目申报，单个项目最高可获1000万元的扶持额度。

安信德摩牙科投资基金　6月，佛山高新区与安信德摩牙科投资基金合作成立国内首只专业牙科投资基金。首期募集资金1.13亿元，对部分重点口腔器材企业进行股权投资，并从企业运营、管理、技术提升、市场开拓等方面给予辅导，促进企业发展壮大。

广东猎投基金　7月，佛山高新区与深圳清华大学研究院共同设立“广东猎投基金”。首期基金6000万元，分别由佛山高新区投资1500万元、力合佛山科技园投资1500万元、南海本土企业投资3000万元。主要投向以技术型公司为载体的国际创新素材和资源，以南海重点扶持的战略性新兴产业领域为主，并优先将被投企业引入到佛山高新区。

（金晓青）

【佛山高新区南海园丹灶园区】 2014年，佛山高新区南海园丹灶园区引入项目61个，总投资额63.47亿元，其中工业项目34个，投资额17.37亿元。至年底，累计引入工业项目近160个，其中世界500强及其关联项目8个，日

佛山科技街聚集了一批高端创新平台载体和高端人才团队

资、意资汽配企业32家；6家一汽-大众配件企业正式量产，产值超6亿元。是年，南海日本中小企业工业园引入富士通、饭野和龙升3个日资项目。至年底，引入日资企业20家，投资总额2.12亿元。南海欧洲中小企业园启动建设，并引入行业名企同向集团开发运营，重点引进优质欧洲企业、一汽-大众外资供应配套商以及先进装备制造技术类外资企业。广东新能源汽车核心部件产业基地被列入省第二批战略性新兴产业基地，引入上汽集团参与建设，与清华大学共建燃料电池堆膜电极多参数现场检测平台。基地一期53.33公顷（800亩）建设完成，新能源大厦建设工程完成过半，广顺厂区一期竣工投入使用，进驻该厂区的6家企业陆续投产。南沙工业区首期建成厂房8.3万平方米、宿舍楼1.4万平方米，有8栋厂房及3栋宿舍楼完工。大金智地高端产业服务区联东U谷·佛山南海国际企业港项目于8月20日动工。至年底，首期6万平方米载体建设封顶，引入3家优质企业。

（刘朝阳　黎惠妍）

■ 国家旅游产业集聚（实验）区

【概况】 2012年1月国家旅游产业集聚（实验）区挂牌成立，范围涵括西樵镇、九江镇和丹灶镇南部，面积368平方千米，由西樵山风景名胜区管理委员会负责统筹发展。

2014年，西樵山风景名胜区管委会开展南海西部产业发展战略研究工作，围绕佛山文旅街、樵江科技园、西樵科技园、大金智地“一街三园”的战略布局，完成《佛山市南海西部产业发展战略研究》和《南海区中兴新城产业定位研究及招商策略服务》，用于指导西部片区产业发展和招商引资。

【佛山文旅街】 2014年，西樵山风景名胜区管委会进一步明晰西部片区“佛山文旅绿芯”和“岭南文旅第一极”的定位，并提出打造佛山文旅街。文旅街位于国家旅游产业集聚（实验）区核心区，处于禅城、南海、高明三区与西樵、丹灶、九江三镇交汇处，是西樵镇“山上观音，山下听音”旅游格局的集中展现区域，串联起环绕西樵山风景名胜区的一系列文旅项目，包括山上的观音文化苑、宝峰寺、三湖书院等景点和项目；山下规划范围起于官山旧圩，止于南海博物馆，环绕西樵山及吉水涌，全长11.5千米，分布有岭南文化苑、听音湖片区、岭南水乡水上旅游观光项目、渔耕粤韵旅游文化园、国艺影视城、国艺酒店等大型文化旅游项目。

【重点项目建设】 2014年，西樵山风景名胜区管委会加快推进听音湖片区、国艺影视城、渔耕粤韵旅游文化园、康园、南海湾旅游产业园、吴家大院等重点项目建设。

听音湖片区　樵山大道、锦湖大道建成通车，爱国路、河滨路（一期）和西江公路基本完工，樵山大道绿化景观提升工程、樵山瀑影、听音广场基本建成，南海樵山文化中心、西樵山西门牌坊启动建设，飞鸿馆、叠泉织锦完成概念性设计。

西樵山国艺影视城　故宫景区、香港街区、广州街、上海街等一期工程基本完成，《叶问终极一战》《情逆三世缘》《圣男盛女》《守业者》等20多部电影和电视剧在此取景拍摄。6月28日，国艺度假酒店试业。11月22~23日，举办“黄飞鸿杯”国际洪拳邀请赛，来自16个国家和地区200多名选手参赛。

渔耕粤韵旅游文化园　桑基鱼塘区对外开放，游客服务中心、桑蚕中心、河涌改造工程、烧烤区工程、主河涌景观配套等工程加紧建设。

南海湾旅游产业园　南海湾大酒店进入装修阶段，水上乐园项目土建、安装工程完成总工程

西樵山国艺影视城

造价的53%，水上会所、游艇码头开业，一湖两岸景观升级改造东、西线工程全部完成。

吴家大院历史文化街区　多功能文化艺术展览馆投入使用；侨乡博物馆完成方案设计、展陈大纲编写、场景复原、雕塑建造、物品征集等工作。

康园　位于丹灶镇苏村敦仁里，由原来的康有为故居景区改造提升而成，占地面积9.8公顷（147亩），兼具旅游景点与城市公园双重功能，重点建设七树堂、主题博物馆等工程项目。于是年6月26日动工建设，年内已完成项目总体规划、一期（七树堂、博物馆）设计方案和二期（市政公园）深化设计。

朱九江先生纪念公园　于5月27日落成，6月初对外开放。位于朱九江先生故居原址旁，占地0.76公顷（11.4亩），投资1200万元。以“建新如旧”的方式，建有公园主入口过厅、“京卿第”、“紫藤书屋”、“朱九江先生讲学堂”四座仿古建筑。

2014 年 6 月 6 日，南海旅游纪念品专卖店松塘店正式开张

【旅游宣传推广】 2014年，西樵山风景名胜区管委会统筹西部三镇举办西樵山大仙诞文化节、第二届松塘翰林文化节、第十一届康有为文化节、第三届渔耕粤韵文化节、第五届南海观音文化节等系列节庆活动，塑造区域文化旅游品牌。同时，通过广告宣传、专业杂志、专题报道、形象片宣传等方式，宣传推广西部文旅资源。积极开展海内外旅游资源推介，携手南海区旅游局、香港旅游发展局、香港入境旅游接待协会在德国柏林举办欧洲国际旅游展，参加广州旅展、广州旅博会、长沙推介会、南海旅游（厦门）推介会等活动。

2014 年 6 月 26 日，康园奠基仪式在丹灶镇举行

【旅游纪念品开发】 2014年，西樵山风景名胜区管理委员会启动旅游纪念品产业化开发工作，结合西部的传统文化和产业，设计并生产222款具西部特色的旅游纪念品，并申请注册60件旅游纪念品的外观专利。6月6日，南海旅游纪念品专卖店松塘店、观音店、四方竹店开张营业。西樵山南、西樵山北店也于8月开张营业。8月，南海旅游纪念品在广东国际旅游产业博览会上亮相。在11月举办的中国国际旅游交易会上，“南海醒狮陶艺雕塑”被作为国宾礼品赠送给世界旅游组织秘书长塔勒夫·瑞法依。

【第四届中国古村落保护与发展研讨会】 2014年3月24~25日，西樵山风景名胜区管委会联合广东省文联、省民间文艺家协会承办全国古村落工作经验交流会暨第四届中国古村落保护与发展研讨会。来自全国各地的古村落研究专家、学者们齐聚松塘村。他们对松塘村古村保育的做法给予肯定，并对未来保育提出许多方向性参考意见。　（莫晓华）

民营经济

Private Economy

■ 综述

【概况】 2014年，南海区以推动工商登记注册便利化为目标，开展商事登记制度改革，激发市场活力。全年办理个体工商户开业登记17456家，注册资本5.79亿元。至年底，全区有登记注册个体工商户104362家，注册资本24.23亿元，与上年分别增长9%和14.68%。同时，南海区大力推动个体工商户转型升级为企业，对成功办理转型的经营者进行奖励。全年共有1026家个体工商户升级为企业，涉及注册资本3.74亿元。全年新设立私营企业10825家，注册资本总额91.19亿元。至年底，全区有私营企业48204家，注册资本总额593.27亿元，比上年分别增加9841家和142.37亿元，分别增长25.65%和31.57%。全区14家上市企业中有12家是民营企业。（李凤）

【中小企业服务体系继续完善】 2014年，南海区继续优化以区中小企业服务中心为核心，以经贸四大服务平台为横轴，以各镇（街道）企业服务窗口和社会服务机构平台为纵轴的“1+4+N ”中小企业服务网络。至年底，中小企业服务中心建成服务场地面积306平方米，其中包括100多平方米的功能培训场室、60平方米的小型培训室、四大平台体验区、服务平台展厅、综合资讯企业服务场室等，有效满足企业咨询、业务办理、培训等基本需求。九江镇的“乐善家”，大沥镇、西樵镇、丹灶镇、狮山镇的“企业家”等企业服务中心也于年内建成并陆续投入使用，镇（街道）企业服务中心（窗口）服务场地超过9000平方米。至年底掌中经贸服务平台下载量达3000次，发布政策、项目申报、会议活动等信息800条，整合专家60人，服务机构31个，浏览量超过5000次。企业全息数据平台完成2万多家企业的地图坐标标注，还完成3800家中小企业信息采集工作，采集数据涵盖企业基本情况、主要经济指标、主要行业指标等，为下一步进行企业运行分析提供数据支撑。中小微企业融资平台于2014年4月通过验收并正式上线，已有63家企业使用，实现了信用担保资金项目申请的网上初审。创新资源共享服务平台收录1988年至2013年的中文期刊583万篇，学位论文25万篇，共享仪器174台（套），并提供生物环境、生物医药、陶瓷等领域专家在线咨询服务。至年底，有110多家企业成功注册使用，浏览量超过5000次。

【中小企业融资担保】 2014年，南海区充分发挥1.8亿元中小企业信用担保专项资金的作用，帮助70家中小企业获得超过5亿元的银行贷款，并发放企业贴息746.87万元，减少企业担保费用480.11万元。至年底，专项资金累计帮助721家（次）企业融资超过51.53亿元，为受保企业发放贴息3984.64万元，间接降低企业融资成本2638.61万元，帮助中小企业解决融资难、融资成本高等问题。同时，不断创新企业融资方式，结合区内中小企业上市融资需求，推出“挂牌宝”融资产品，为在广东金融高新区股权交易中心挂牌的企业提供最高额度为1000万元的免担保信用贷款。

【民营企业家培训】 2014年，南海区积极争取省中小企业局的支持，整合政府、高校、企业三方资源，于8月28日成立广东民营企业家培训学院南海分院。至年底，南海分院成功举办广东省股权交易与互联网金融研修班、精益供应链分享会、腾讯华为行等各类企业家培训班20场（期），服务企业超过1200家。其中，首次举办全省股权交易与互联网金融研修班，为130名省内民企高管讲授系统化的股权交易知识以及互联网金融实践经验。此外，南海区通过举办优秀企业互访、企业家私人董事会等活动，促成企业间跨界学习和交流；邀请华工污水处理、材料、智能化的专家分享科研成果，以产学研对接的方式，促进科研成果转化为直接生产力；举荐优秀民营企业家参加工业和信息化部举办的中小企业经营管理领军人才高级研修班、广东省民营骨干企业高级管理人才培训班等各类培训班，为区内企业家打造学习、互动与合作的平台。

【产业服务联盟提升计划】 2014年，南海区经济和科技促进局与香港生产力促进局合作开展“南海区中小企业产业服务联盟提升计划”，对内衣、五金、铝材等4个产业联盟进行快速化诊断。针对产业联盟的平台定位、运营机制、运营模式、服务能力等内容出具诊断报告并提出改善建议。针对诊断中发现的共性问题，开展产业联盟建设能力提升培训，并提出可借鉴的案例供联盟参考学习。针对服务机构在项目管理方面存在的不足，通过举办公共服务平台能力提升培训班，以理论和实操演练的方式对中介服务机构、商（协）会进行培训，并于12月组织协会及重点服务机构赴深圳、苏州等地学习先进服务经验。

【财政扶持引导社会化企业服务】 2014年，南海区通过竞争性分配资金的方式支持社会服务机构开展中小企业服务项目。将中小企业服务体系建设以及企业人才素质提升项目扶持资金由上年的64万元提高到100万元，吸引21个服务机构参与评审，最终确定对南海区机械装备协会等14个服务项目进行扶持。14个项目共投入资金总额1301.7万元，举办活动逾150场，服务企业人数超5000人次。（侯湘源）

■ 民营经济主要行业

【民营工业】 2014年，南海区拥有规模以上民营工业企业1775家，占全区规模以上工业企业总数的80.3%。其中产值超亿元的281家，产值超10亿元的22家。全区民营工业企业主要集中在有色金属和压延加工业、电气机械和器材制造业、金属制品业等，并开始涉足汽车制造、新光源、新材料、生物医药等新兴产业。（徐丽莉）

【民营农业】 2014年，南海区重新修订出台《佛山市南海区农业龙头企业申报认定与奖励管理办法》，完善区级农业龙头企业认定考核奖励制度，引导和扶持农业龙头企业向现代企业转型升级。是年，南海通威水产科技有限公司、佛山市好来客食品有限公司2家企业成功申报市级农业龙头企业。至年底，全区有区级以上农业龙头企业38家，其中国家级1家、省级6家、市级17家、区级14家。已进行工商登记的农民专业合作社18家，合作社成员532户，种养面积733.33公顷（1.1万亩），辐射带动农户4000多户。是年，南海区组织企业参加2014年云浮（佛山）名优农产品博览会暨家庭农场成果展、第五届广东现代农业博览会、第十二届中国国际农产品交易会等各类农业推介交流活动，展出特色农产品100多种，参观人数100多万人次。于1月15~23日举办第三届里水镇百合花文化节暨高值花卉示范推广活动，共展出百合花2万枝，郁金香15万枝，各式荷兰新品种玫瑰3万株，薰衣草、醉蝶花等适时草花15万株，荷兰新品种百合花50万枝，展出面积5.33公顷（80亩），接待游客35万人次，“万顷洋百合花”品牌效应进一步扩大。配合市农业局开展对口帮扶工作，组织区内25家农业龙头企业参加云浮农业投资环境（佛山）推介会，7家农业企业与云浮市相关单位签订产业对接意向书。（朱皑君）

【民办教育】 2014年，南海区有民办中小学校36所，其中小学12所、九年一贯制学校13所、初中4所、高中2所、完全中学2所、中职学校3所。在读学生6.5万人，其中17所实验型民办学校在读学生3.3万人，19所经济型民办学校（外来工子弟学校）在读学生3.2万人。另外有学前教育机构186个，非学历培训机构117个。

是年，南海区创新推出年检结果公布评级方式，引导民办学校按照年检的评价标准，逐步完

2014年1月15~23日，第三届里水镇百合花文化节举行

善自身建设，规范办学行为，加大对学校硬件设施和师资队伍建设的投入。同时，通过向民办学校派驻公办校长、与公办中心学校结对、加大镇（街道）财政投入等方式，改善民办学校办学条件，提高办学质量。开展民办实验类学校管理制度调研，走访12所学校，并与区财政局沟通，拟订相关条款，进一步规范民办实验类学校资金管理。进一步完善全国学籍系统建设。将全部公办、民办学校的学生统一纳入全国学籍管理系统，实行“一人一号、号随人走、终身不变”的管理。（邓幸儿）

【民营医疗】 2014年，南海区有民营医疗机构151个，其中民营医院4所，口腔类专科医院、门诊部、诊所75所，其他综合门诊部、中医门诊部、专科门诊部以及诊所72所。各医疗机构主要开展内科、外科、妇科、中医科、医学检验、医学影像科、口腔科等诊疗活动。

南海狮山华立医院　于2003年9月正式开业，是佛山市首家民营综合医院，以二甲医院的规模和标准建设。2014年，该院有在职医生96人，在职护士120人。全年门诊接诊230941人次，平均门诊费用102元/人次；出院4651人，平均出院费用3863元/人次。全年医疗业务收入44656万元。

南海创伤手足外科医院　成立于2006年，其前身是佛山沙堤机场医院手足外科治疗中心。2014年，该院有在职医生16人，在职护士44人。全年门诊16868人次，平均门诊费用43.7元/人次；出院3460人，平均出院费用6573元/人次。全年医疗业务收入2294万元。

南海粤冠口腔医院　成立于2005年。2014年，该院有在职医生7人，在职护士7人。全年门诊14522人次，平均门诊费用321元/人次。全年医疗业务收入441万元。

佛山市仁和中医院　于2014年10月正式开业，有在职医生17人，在职护士29人。全年门诊1870人次，平均门诊费用156.7

2014年南海区民营经济主要行业分布情况

行业	个体工商户（家）	注册资本（万元）	私营企业（家）	注册资本（万元）
农、林、牧、渔业	405	5930.63	162	21713
农、林、牧、渔服务业	14	146.40	25	2451
制造业	15444	67105.62	20945	2265420.03
金属制品、机械和设备修理业	27	146.60	16	5454
电力、热力、燃气及水生产和供应业	1	1	46	13729.20
建筑业	255	1029.93	1397	322345.96
批发和零售业	67923	106943.52	14763	1476606.58
交通运输、仓储和邮政业	642	3463.43	843	99587.20
住宿和餐饮业	5777	25969.76	1028	39880.32
信息传输、软件和信息技术服务业	1568	1163.29	796	93769.40
金融业	0	0	129	123548.68
房地产业	253	535.04	1058	309138.85
租赁和商务服务业	1272	2593.39	2987	625390.84
科学研究和技术服务业	937	1154.70	1588	273994.78
水利、环境和公共设施管理业	27	478.07	125	42446
居民服务、修理和其他服务业	8952	18974.96	1323	89325.14
教育	49	177.53	17	633
卫生和社会工作	73	4951.80	10	878
文化、体育和娱乐业	320	3049.10	488	20739.32
其他	2	3.80	8	499

注：统计时间截至2014年12月15日

元/人次；出院15人，平均出院费用3000元/人次。全年医疗业务收入33.8万元。（杨晨）

■ 企业选介

【南方风机股份有限公司】 成立于1988年，是华南地区规模最大的专业从事通风与空气处理系统设计和产品开发、制造与销售企业。2009年10月30日作为首批28家企业在深交所创业板上市。公司多次被国家认定为“高新技术企业”，并于2013年被认定为“国家火炬计划重点高新技术企业”，拥有省级技术中心、省级工程研究中心、国家级的通风与空气处理行业检测实验室。

2014年，由公司自主研发的重点项目——重型金属构件电熔精密成型技术（重型金属3D打印技术）产业化项目完成一期生产基地建设和设备部件采购工作。8月6日，中共中央政治局委员、广东省委书记胡春华对公司进行实地考察，重点参观重型金属3D打印加工中心。是年，企业纳税额3949.32万元，被认定为南海区第三批“北斗星企业”。

【广东东方精工科技股份有限公司】 成立于1996年，是研发、制造及销售瓦楞纸箱包装设备的企业，于2011年8月在深交所A股上市。公司拥有国家专利50多项，其中发明专利8项，是省高新科技企业、国家高新科技企业、国家火炬计划重点高新技术企业。2010年承担国家火炬计划项目；2011年成为瓦楞纸板印刷机行业标准的第一起草单位。

2014年，公司与意大利FOSBER集团设立合资公司，主要针对亚洲市场生产制造高速、宽幅的瓦楞纸板生产线；与意大利EDF公司设立合资公司，致力于智能物流设备的研发、生产和制造。11月19日，举办全球新品发布会暨新工厂开业典礼。新工厂占地面积13.33公顷，建筑面积12万余平方米。是年，企业实现销售额超过10亿元，纳税额3651.20万元，被认定为南海区总部企业和第三批“北斗星企业”。

【广东坚美铝型材厂(集团)有限公司】 成立于1993年，是从事铝合金建筑型材、工业铝型材和铝合金门窗幕墙研究、设计、生产及销售的综合性大型企业，为国家建设部建筑金属材料和铝门窗幕墙定点生产企业、国家铝型材行业标准重要修订单位之一。企业实行英国皇家UKAS管理体系，通过ISO9001:2008质量管理体系认证、ISO14001:2004环境管理体系认证、OHSAS18001：2001职业健康安全管理体系标准认证。企业主导或参与制定的国际标准、国家标准、行业标准达71项。企业及其产品相继获“国家火炬计划重点高新技术企业”“信息化与工业化融合促进节能减排试点示范企业”“首批全国工业品牌培育示范企业”“中国名牌产品”“中国驰名商标”等称号。

2014年2月24日，在全省质量工作电视电话会议上，获授2013年度广东省政府质量奖，成为广东铝型材行业中唯一获奖的企业。12月，在北京举行的第八届中日节能环保综合论坛上，与日本郡是集团、郡是（上海）节能设备贸易有限公司签署“铝制品制造工厂的ESCO技术系统实证事业”节能合作项目。该项目是针对铝型材行业生产过程中加强能源有效利用的示范项目，将由日方提供价值10亿日元的先进节能设备和技术，导入至中国铝型材项目主体之中，促进节能技术推广普及。是年，企业纳税额4050.62万元。

【佛山星期六鞋业股份有限公司】 成立于1993年，2009年在深交所中小企业板成功上市，成为A股第一家鞋类上市公司。公司拥有完整的设计、研发、生产、推广、分销及零售体系，经营品牌包括ST&SAT(星期六)、D:FUSE（迪芙斯）、SAFIYA（索菲娅）、FONDBERYL（菲伯丽尔）等。在全国有13个区域营销中心、1800多家自营连锁店和400多家分销店。2013年，被南海区认定为总部企业。

2014年5月25日，被广东省皮革协会授予突出贡献奖。是年，企业纳税额1.13亿元。

（年鉴社辑录）

· 链接 ·

总部企业：指投资或授权管理3家以上企业、机构（其中至少1家为区外制造型企业），注册资本不低于2000万元、区内年纳税额不低于1000万元，且下属企业、机构对营业收入的贡献率不低于25%的企业。南海区自2012年起开展总部企业认定工作，扶持优质企业做大做强。获区政府认定为总部企业的，认定前三年（指认定当年、次年、第三年）将分别按企业纳税区级留成部分环比增量的100%、50%、50%给予企业奖励，最高奖励不超过500万元。

科学技术
Science and Technology

■ 综述

【概况】 2014年，南海区财政投入科技创新资金6.28亿元，全社会科研投入57亿元，比上年增长12.4%，R&D占GDP比重2.41%。依托佛山科技街，加强科技创新公共服务平台建设。至年底，全区科技创新平台达12个，广东半导体照明产业联合创新中心、广工大数控装备研究院等相继投入运营。建立“创享蓝海”“力合创智”“芯光源”等孵化器8个，在孵企业150家，孵化项目产业化进程不断加快。继续开展“科技镇长团”及“蓝海人才计划”引进工作，新引进创新创业团队36个，累计引进创新创业团队61个，其中引入国家“千人计划”专家18名、中科院“百人计划”专家7名，有效提升企业科研创新能力。至年底，全区有院士工作室7个、国家火炬计划重点高新技术企业13家、国家高新技术企业249家、省工程技术开发中心42个、市工程技术开发中心77个、区工程技术开发中心191个。是年，南海区获“国家知识产权强县工程示范区”称号，佛山高新区南海园获“广东省智能制造示范基地”称号。

【狮山镇被认定为广东省技术创新专业镇】 2014年10月，南海区狮山镇被广东省专业镇促进会认定为广东省技术创新专业镇。专业镇名称为口腔器材，特色产业为医疗设备及器械制造。南海区口腔医疗设备产业起步早，产业氛围浓厚，是全国口腔设备制造企业最为集中的地区之一。口腔器材专业镇将重点围绕发展口腔医疗设备制造中心、展销中心、口腔医疗培训基地、技术与标准高地、品牌集聚地，打造国内集聚度最高、规模最大、综合实力最强的口腔医疗设备产业基地，全省最具特色的口腔医疗设备产业示范基地。

【南海推出科技创新券】 2014年12月17日，南海区政府颁布《佛山市南海区科技创新券实施管理办法》，改革科技资金投入方式。政府将向申请资助的企业发放一张无偿的“创新券”，企业可用于向科技服务机构和科技金融服务机构购买科技及金融创新服务。通过建立科技创新券制度，规范专项资金“后补助”机制，一方面降低小微企业创新成本，引导区内小微企业积极创新，充分发挥财政资金对企业科技创新的引导作用；另一方面提高财政资金的使用绩效。

【南海高新技术产业协会成立】 2014年1月15日，南海区高新技术产业协会成立大会在佛山高新区南海园举行。该协会由广东雪莱特光电科技股份有限公司等8个单位联合发起，首批60多个协会会员涵盖机械装备、光电、生物医药等各行业高新技术企业及其他从事相关高新技术研究与服务的经济组织和单位。广东雪莱特光电科技股份有限公司当选为会长单位，董事长柴国生担任会长。 （肖永能）

瀚天科技城已聚集了一批科技型、创新型企业

■ 科技创新

【南海区科技创新平台达12个】2014年，南海区与清华大学深圳研究院签约共建“清华校友创新创业基地”，大连理工大学数值仿真研究院落户南海高新区。至此，全区科技创新平台达12个，包括香港科技大学LED-FPD工程技术研究开发中心、西樵纺织产业创新平台、中科院纳米加工平台华南中心、燃料电池及氢源技术国家工程中心华南中心等，服务范围基本覆盖南海区重点产业发展方向。

【芯光源孵化器获国家级科技企业孵化器培育单位认定】2014年7月，南海区半导体照明产业创新孵化器——芯光源孵化器获广东省科技厅正式认定为国家级科技企业孵化器培育单位。芯光源孵化器以培育半导体照明全产业链为主体，技术转移和投融资为核心，立足“创业苗圃+专业孵化器+加速器”的服务模式，是年引进入孵企业（团队）14家，其中包括1个佛山市“双创”（创新、创业）团队，7个南海区“双创”团队。

【“蓝海人才计划”加快高新人才引进】2014年10月30日，南海区政府核准第四批“蓝海人才计划”创新创业团队名单，共22个团队获得立项扶持，为历次单个批次评定数量最多的一次。立项团队项目涵盖南海重点发展的五大战略性新兴产业，包括6个新材料项目、5个装备制造技术项目、4个生物技术项目、5个电子信息项目和2个节能环保项目。此次创新创业团队申报吸引来自美国、加拿大、澳大利亚、德国、英国、香港等国家和地区以及国内的101个团队参加，创下申报数量新高。引进国家“千人计划”入选者2名，中科院“百人计划”入选者2名，“国家级突出贡献中青年专家”1名，博士51名，硕士25名。至此，全市22名国家“千人计划”入选者中，南海区拥有17名，其中8名为“蓝海人才计划”引进。

【企业创新能力不断增强】2014年，南海区欧普曼迪科技有限责任公司CEO安昕博士入选为第十批国家“千人计划”创新人才长期项目资助对象；南海区广东希荻微电子有限公司总经理陶海博士和佛山市埃申特科技有限公司高级工程师刘江入选科技部2013年创新人才推进计划；南海赛威科技技术有限公司总经理职春星获省领军人才专项资金支持。10月，在第三届中国创新创业大赛先进制造行业总决赛上，由南海区“蓝海人才计划”团队创立的广东高聚激光有限公司获得第三名，成为全省在该组别中唯一获得名次的企业。11月，在首届“岭南天使杯”佛山科技创新创业大赛总决赛中，南海区有7家企业获奖，成为五区中获奖最多的区。其中，广东高聚激光有限公司获一等奖，南海启明光大科技有限公司获二等奖，佛山市金骏康健康科技有限公司、广东希荻微电子有限公司、佛山市云端容灾信息技术有限公司获三等奖，广东科立盈光电技术有限公司、佛山市艾乐博机器人科技有限公司获优胜奖。获得三等奖以上的企业，将被重点纳入佛山市科技型中小企业技术创新资金项目立项支持。是年，广东星联精密机械有限公司和菱王电梯股份有限公司入选国家火炬计划重点高新技术企业；75家企业获国家高新技术企业认定，14家企业通过复审；维尚家具、坚美铝型材、雪莱特光电、朝野科技、黛富妮、志高空调6家企业入选广东省“两化”融合管理体系贯标试点企业，其中维尚家具和坚美铝型材2家企业还被列为工信部“两化”融合管理体系贯标试点企业。（肖永能）

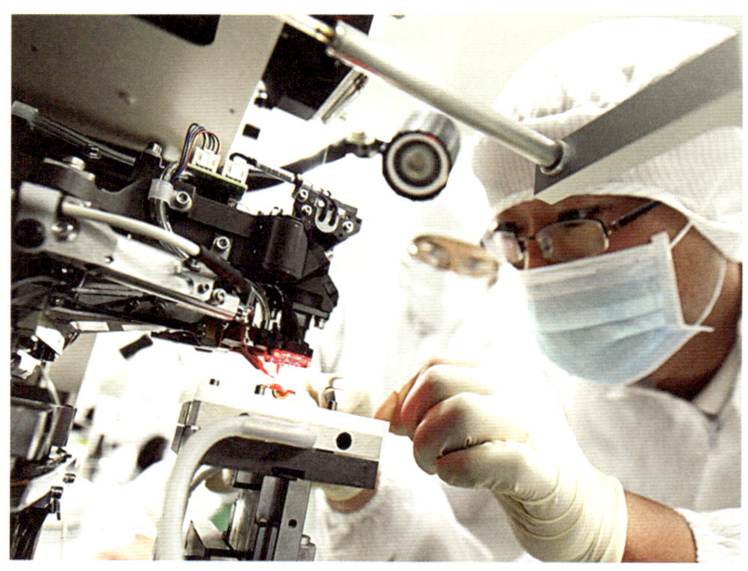

广东高聚激光有限公司技术人员在研发产品

■ 信息化建设

【电子政务】 2014年，南海区781个电子政务用户单位、157个政务业务系统及网站、52个跨区业务系统稳定高效运作。区政务网统一出口访问量107.33亿次；区电子政务综合业务平台承载70多个区直单位和镇（街道）的140个政务业务系统和部门网站，年访问量10.64亿次；“南海一点通”网站群平台年访问量2.1亿次，日均访问量57.5万次。

【无线电管理】 2014年，南海区无线电管理办公室受理无线电台站审批3636个，协调处理基站投诉140宗，进行电磁辐射测试11次并出具正式检测报告11份，完成高考和各类考试考场防止无线电作弊保障工作12次，查处“黑广播”2起，排查移动通信和对讲机业务无线电干扰4宗。

【南海区数据统筹局成立】 2014年5月30日，南海区率先在全国成立首个区级数据统筹局。区数据统筹局主要职能是将分散在各部门的数据收集起来，统一进行提质、分析和应用，并以“统筹而不替代”为原则，承担起各部门之间的数据统筹协调工作。该局下设政务网络中心和数据资源中心。政务网络中心负责区电子政务光纤网络平台和政务云平台的建设和运营维护，区政务网统一出口服务、门户网站群平台、超级OA等基础应用平台的建设和运营维护，为政府部门提供信息技术支持；数据资源中心负责数据资源的收集整理、提质存储、共享发布、分析挖掘和开发应用等技术实施工作。

【数据南海“四+1”项目公布】 2014年，南海区各部门信息化业务系统达157个，为改变信息数据分散、跨部门利用率低的问题，区数据统筹局启动电子地图库、企业库、人口库、政务库、市政库、经济库、决策分析库七大基础数据库建设，并着手搭建一系列大数据创新及应用平台。8月13日，区数据统筹局推出首批应用成果——数据南海“四+1”项目：“四”指图识南海、法人平台、信用南海、数说南海，“1”指“南海一点通”超级APP。“图识南海”为佛山地区最先推出的互联网版电子地图，包括17大类87小类、约24万个服务信息点。至年底，浏览总量近3000次。“数说南海”初步开放48个单位的304个数据集，共14万多个数据记录，涵盖生活服务、企业服务、城市建设、劳动就业、医疗健康、政府机构和社会团体等17个主题。至年底，平台数据浏览总量近9000次，数据下载总量约5000次。“法人平台”是提供给政府部门使用的企业信息管理共享平台，收集涉及44个部门的3178项数据，收集数据5000多万条，包括企业基础信息、经济数据、综合治税、科技创新、企业信用等数据，涵盖超过16万家企业。“信用南海”面向公众提供企事业单位、社会组织等各个方面的信用信息查询，提供16万家企业的12项基本信息的查询服务。“南海一点通”超级APP整合区党政各部门的信息发送业务，实现通过APP向市民统一发送突发事件预警、通知公告和温馨提示等信息功能。至年底，页面点击总量9.5万次，移动客户端下载量超过1000次，单项浏览量最大的“通知公告”超过3.2万次。是年，南海区电子政务数据统筹项目被省经济和信息化委确定为首批5个大数据应用示范项目之一。

【公共场所无线局域网建设方案出台】 2014年，南海区出台《南海区公共场所无线局域网（WLAN）建设方案》，明确公共场所无线局域网重要建设区域，细化各部门任务和分工，推动公共场所免费无线局域网建设。建设方案分两个阶段进行：第一阶段为2014年9月至2015年8月，充分利用通信运营企业现有网络资源，选择区镇行政服务场所、公交枢纽、旅游景点、文化体育场馆、医院等贴近市民生活、市民感知度较高的公共场所快速开展建设，争取建成开通首批公共场所WLAN热点不少于150处，建设AP接入点1540个以上（行政服务类场所400个、公交枢纽20个、旅游景点30个、文化体育场馆90个、医院300个、购物中心100个、产业经济区域300个、酒店300个），其中行政服务类场所、公交枢纽、旅游景点、文化体育场馆、医院的公共场所无线局域网必须免费向市民开放。第二阶段为2015年9月至2016年底，增加公共场所WLAN热点100处以上，AP接入点1000个以上，全面扩大覆盖范围，无线局域网（WLAN）质量与服务水平进一步提高。 （祁岩　肖永能）

■ 知识产权工作

【概况】 2014年，南海区继续推进“企业专利管理师千人培训计划”，全年培养企业专利管理师约1400人。开展知识产权社会化管理工作，将部分知识产权管理和服务事项下放给商（协）会。打击侵权假冒行为，联合区内16个部门举办“4·26”世界知识产权日、“保护知识产权，打击侵

2014年4月11日，国家知识产权局副局长贺化到南海区调研知识产权运用和保护工作

权假冒”等大型公众宣传咨询活动；配合省、市知识产权局开展专利行政执法6次，查处专利侵权纠纷案件4件、假冒专利案件2件；提供专利维权援助48次。全年专利申请量7238件，比上年增长6.55%。其中发明专利1644件，比上年增长70.7%，百万人口发明专利申请量627件，超额完成广东省“九年大跨越”年度考核指标（450件）。专利授权5193件，比上年增长2.6%，其中发明专利授权264件，增长27.5%。

【南海获评“国家知识产权强县工程示范区”】2014年8月21日，国家知识产权局公布首批国家知识产权强县工程示范县（区）名单，南海获评“国家知识产权强县工程示范区”，成为广东唯一入选县（区）。示范时限自2014年8月至2017年7月。9月23日在北京获得授牌。

【企业专利管理师培养】2014年，南海区知识产权局继续推进“企业专利管理师千人培训计划”，在7个镇（街道）以及佛山高新区完成7期企业专利管理师（初级）面授课程，为400多家企业培训初级专利管理师约1200人。学员理论考试通过率约85%，实践考核通过率达99%，5人获得“企业专利管理师（初级）优秀学员”称号。此外，举办2期中级培训班，参与企业80多家，培训人数约200人。

【知识产权社会化管理】2014年，南海区知识产权局与西樵总商会、里水总商会、机动车维修协会、电光源灯饰照明协会、建筑业协会、平洲珠宝玉器协会、纺织协会、盐步内衣协会签订《知识产权日常管理事项职能转移协议》，将知识产权融资及贴息申请项目推荐、发明专利资助申请、专利申请、知识产权维权援助等部分知识产权管理和服务事项下放至上述商（协）会。同时，区知识产权局指导13家商会、协会建立知识产权服务平台，并与各类知识产权服务机构合作，开展企业调研走访、专利挖掘和代理、维权援助、投融资服务、专利信息利用、专利转移孵化、人才培训等工作。

【企业知识产权质押贷款】2014年，南海区深入推进“国家知识产权投融资综合试验区”建设工作。全年有9家次企业获得1.07亿元知识产权质押贷款，累计有51家次企业获得5.74亿元知识产权质押贷款。同时，区知识产权协会与南海农商银行开发“知识产权宝”融资产品，3家会员企业获贷1600万元。

【首批知识产权职业教育试点学校获认定】2014年，南海区知识产权局、区人力资源和社会保障局、区教育局共同确定南海技师学院、国家开放大学南海学院

2014年，南海区加快企业专利管理师的培养

(原南海电大)、南海区信息技术学院和南海区盐步职业技术学院4所院校作为首批知识产权职业教育试点学校。试点学校将开展相关课程教育以及从业资格认证，并与企业专利管理师对接建立人才培育新体系，参与专利管理师国家职业技能标准的制定，为中小微企业培养知识产权人才。 (肖永能)

■ 气象

【概况】 2014年，南海区气候主要特点：平均气温与常年持平，降雨量较常年略偏多，日照较常年偏少一成；前汛期入汛急、暴雨多，后汛期台风强、降水少、气温高，造成明显影响。全年平均气温22.6℃，较常年偏低0.1℃，年极端最高气温37.9℃，最低气温3.3℃。全年降雨总量1767.9毫米，较常年偏多不足一成，其中1月无降雨记录，为历史罕见。全年日照总时数1441.5小时，较常年偏少约一成。全年灰霾日数86天，比上年减少14天。

【气象灾害】 2014年2月中旬，受冷空气影响，南海区出现长达13天（2月8~20日）严重年景的持续低温阴雨过程，期间平均日气温为7.8℃，比常年同期显著偏低约8℃。3月30~31日，受高空槽和低层暖湿气流的共同影响，出现持续性强降水，并伴有强雷暴和8~9级的短时大风，全区共有47个自动站录得100毫米以上降水，其中20个自动站录得200毫米以上降水，创历史同期之最。雷雨大风天气造成南海区近百公顷（1489亩）农田、鱼塘、农作物受浸，直接经济损失14万元。5月11日，出现强雷雨，伴有短时强降水和8~9级、局地达到10~11级短时大风。7月18~19日，受超强台风“威马逊”影响，南海区普降大到暴雨，并伴有6~7级阵风。9月15~17日，台风“海鸥”为南海区带来7~9级大风，并伴有大雨、局部暴雨降水过程。

【气象预警信息服务】 2014年，南海区气象局完成第三期气象预警信息显示屏建设工作，建成覆盖全区的240块气象预警信息显示屏。年内，会同水利、国土、农业、市政、公路等10多个部门联合开展精细化暴雨洪涝灾害风险普查工作，建立气象风险普查数据库。同时，将为农服务对象1399人纳入气象服务用户数据库。是年，手机APP气象服务业务正式运行。全年发布重大气象信息快报48期，天气专报13期，气象灾情快报2期，决策短信410条，公众短信118条，累计服务195万人次。

【气象科普宣传】 2014年世界气象日，南海区气象局邀请佛山市气象局高级工程师张小霞到华附南海实验高中举办“气象知识进校园”科普讲座，并向各大商场、超市、社区及市民、中小学生派送各类科普、防灾减灾宣传册。6月16日，联合佛山市气象局在大沥镇举办主题为“强化红线意识，促进安全发展”宣传咨询活动。9月12日和9月17日，与区民政局分别在里水镇新联社区和九江镇下东村举办“减灾安全示范社区”系列宣传教育与培训活动。

【气象行政审批实行“三单”管理】 2014年3月，南海区气象行政审批“三单”管理清单正式向社会公布。其中纳入准许清单的气象行政审批5项，纳入负面清单的3项，纳入监管清单的2项。清单内容涉及县级气象行政审批、县级防雷工程专业资质审批、防雷装置定期检测、施放无人驾驶自由气球或者系留气球的监管，以及县级气象探测环境保护、公众气象预报和灾害性天气警报的限制和禁止等。

【南海区突发事件预警信息发布中心成立】 2014年6月，南海区突发事件预警信息发布中心获批成立，加挂南海区防雷减灾办公室、南海区人工影响天气办公室牌子。建成后，将负责本行政区域内各类自然灾害、事故灾难、公共卫生事件等突发公共事件预警信息发布的实施、管理和组织工作；承担区域内雷电灾害防御工作的组织管理；协调和实施本行政区域或跨区域的人工影响天气作业等工作。

【首个镇级气象服务窗口及气象服务站设立】 2014年3月，西樵镇行政服务中心气象窗口正式设立。该窗口可办理区级所有气象行政审批项目，标志着气象审批服务前移到镇（街道）。西樵气象服务站同时成立。至9月，其他6个标准镇（街道）气象服务站完成建设并挂牌成立。

【教育系统应对台风暴雨停课机制全面推行】 2014年8月1日，南海区《关于建立教育系统应对台风暴雨停课安排的实施细则的通知》正式发布。《通知》明确，当南海区气象部门发布台风黄色、橙色、红色预警信号和暴雨红色预警信号时，除统一考试安排外，全区所有托儿所、幼儿园、中小学校、中等职业学校均应当停课。

(潘巧英　黄锦灿　刘晶晶)

2014 年度南海区获广东省科学技术奖项目（共 10 个）

获奖等级	项目名称	承担单位	主要完成人
特等奖 （1 个）	深圳清华大学研究院产学研深度融合的科技创新孵化体系建设	深圳清华大学研究院 清华大学深圳研究生院 深圳力合创业投资有限公司 深圳清研创业投资有限公司 东莞深圳清华大学研究院创业中心 深圳力合信息港投资发展有限公司 珠海清华科技园创业投资有限公司 佛山南海国凯投资有限公司 深圳力合金融控股股份有限公司 深圳清华国际技术转移中心	
一等奖 （1 个）	车辆及电子工业用铝镁合金等温挤压、压铸与控轧关键技术及产业化	广州有色金属研究院 北京科技大学 中南大学 重庆大学 广东工业大学 广东兴发铝业有限公司 佛山市三水凤铝铝业有限公司 广东豪美铝业有限公司 广东鸿图科技股份有限公司 乳源东阳光精箔有限公司	戚文军　李静媛　张新明 刘　敏　谢建新　张百在 池国明　项胜前　龙思远 袁鸽成　唐建国　刘志铭 冷文兵　农　登　常移迁
二等奖 （2 个）	高耐候性艺术薄陶板研发及产业化	广东蒙娜丽莎新型材料集团有限公司	刘一军　潘利敏　谢志军 汪庆刚　张旗康　黄永信 杨晓峰　张　杰　赵存河 张东升
	高性能稀土发光材料研制与应用	广州有色金属研究院 中山大学 佛山市南海区朗达荧光材料有限公司	倪海勇　梁宏斌　王灵利 张秋红　李许波　王　静 肖方明　黄奇书　苏　锵 丁建红
三等奖 （6 个）	太阳能复合能源空调热水系统的开发及其产业化	广东志高空调有限公司 华中科技大学	金听祥　陈焕新　陈育锋 杨滨滨　成　剑　舒朝晖 洪德欣
	PET 大型群腔精密瓶胚注塑模具	广东星联精密机械有限公司 华南理工大学	姜晓平　胡青春　谢国基 张伟明　莫海军　李伟民 董书生
	大宽厚比铜母线关键技术的研发与应用	佛山市华鸿铜管有限公司 昆明理工大学	刘　辉　钟　毅　刘劲祥 高　鹏　刘桂林　代娜娜 王　志
	高端印制板用低磷晶磷铜阳极材料的研发及产业化	佛山市承安铜业有限公司	谭发棠　周腾芳　陈志佳 林伟文　关家彬　郑小雄 李劲军
	城乡规划业务全生命周期智能化管理平台建设与应用	佛山市城市地理信息中心 中山大学 佛山市国土资源和城乡规划局 佛山市南海区国土城建和水务局 广州城市信息研究所有限公司	张新长　李碧辉　朱广堂 曹伟明　曹久久　郭泰圣 陈汭新
	废旧电池定向循环关键技术	广东邦普循环科技有限公司 湖南邦普循环科技有限公司	李长东　余海军　李和敏 周汉章　刘更好　欧彦楠 谢英豪

2013 年度南海区获佛山市科学技术奖项目（共 20 个）

获奖等级	项目名称	主要完成单位
一等奖（3 个）	高耐候性艺术薄瓷板系列产品关键技术研发及产业化	广东蒙娜丽莎新型材料集团有限公司
	大宽厚比铜母线关键技术的研发与应用	佛山市华鸿铜管有限公司 昆明理工大学
	直连式墙地砖自动化成套包装设备的研发应用	佛山市鼎吉包装技术有限公司
二等奖（7 个）	铝及铝合金无铬化有机硅烷表面处理工艺研究	佛山市南海华豪铝型材有限公司 北京有色金属研究总院 杭州五源科技实业有限公司
	陶瓷砖一辊多色多图立体印花技术开发及应用	广东宏陶陶瓷有限公司 广东宏威陶瓷实业有限公司 景德镇陶瓷学院
	太阳能复合能源空调热水系统的开发及其产业化	广东志高空调有限公司 华中科技大学
	基于无线模块内核的无线通信产品平台	广东天波信息技术股份有限公司
	通断时间面积法供热计量系统	广东艾科技术股份有限公司
	高端印制板用低磷微晶磷铜阳极材料的研发及产业化	佛山市承安铜业有限公司
	尼妥珠单抗联合适形放疗及化疗治疗局部晚期鼻咽癌的临床研究	佛山市南海区人民医院
三等奖（8 个）	废旧电池定向循环关键技术	广东邦普循环科技有限公司 湖南邦普循环科技有限公司
	新型铝合金表面无机有机无铬转化处理技术及产业化研究	广东科富科技股份有限公司 湖南大学
	抗静电防腐水性环保涂料的开发与规模化生产技术研究	广东新劲刚新材料科技股份有限公司 佛山市康泰威新材料有限公司 武汉理工大学
	高性能多联式空调系统关键技术研究与产业化	广东志高空调有限公司 中国科学院理化技术研究所 郑州轻工业学院
	干挂空心陶瓷板节能高效干燥和烧成装备的开发及应用	广东摩德娜科技股份有限公司
	瑞洲 RZCUT-2510 数控皮革切割机	广东瑞洲科技有限公司
	中医综合疗法治疗早产儿喂养不耐受	佛山市南海区妇幼保健院 佛山市妇幼保健院
	宫内感染与早产儿脑损伤的关系研究	佛山市南海区第六人民医院 广东省人民医院 佛山市妇幼保健院
专利二等奖（2 个）	一种变压器用插座套管	广东吉熙安电缆附件有限公司
	一种无汞或低汞的高强度放电灯	广东雪莱特光电科技股份有限公司

注：该奖项在《南海年鉴》2014 年刊出版后方公布，故在本年刊进行补录

2013 年度南海区科技进步奖项目（共 46 个）

获奖等级	项目名称	承担单位	项目完成人
一等奖（6 个）	高效短流程大宽厚比铜母线自动化生产线	佛山市华鸿铜管有限公司 昆明理工大学	刘　辉　刘劲祥　刘桂林 钟　毅　王　志　蒋　杰 宋志坚　张小青　高　鹏 萧丽萍
	35 千伏屏蔽型可分离式金属氧化物避雷器及内锥插拔式避雷器	广东吉熙安电缆附件有限公司	陈启斌　吕玉春　曾恕金 侯　琦　邓广桓　龙莉英
	半导体照明用生产型 MOCVD 设备的自主研制	广东昭信半导体装备制造有限公司 华中科技大学 广东昭信企业集团有限公司	甘志银　刘　胜　梁凤仪 黄德修　严　晗　王　亮 沈　桥　李志华　郭　亮 罗小兵
	通段时间面积法供热计量系统	广东艾科技术股份有限公司	李远威　温尊荣　崔铭常 胡逢亮　梁杰豪
	直连式墙地砖自动化成套包装设备的研发应用	佛山市鼎吉包装技术有限公司	彭智勇　张红产　徐越州 梁业东　梁启龙　卿上军 姜　凡　陈家斌
	解旋酶恒温扩增技术快速检测口蹄疫的研究	南海出入境检验检疫局 中山大学 广东检验检疫技术中心 佛山科学技术学院	马保华　李　贺　薛春宜 朱道中　张辉华
二等奖（16 个）	一种低乙醛啤酒的研发	广东燕京啤酒有限公司	阳路德　赵长利　王树杰 叶　峻　吴祝华
	微粉综合装饰全抛釉（佩特拉）瓷质砖	广东蒙娜丽莎新型材料集团有限公司	谢志军　潘利敏　赵存河 刘荣勇　汪庆刚
	陶瓷砖一辊多色多图立体印花技术开发及应用	广东宏陶陶瓷有限公司	谭铝光　余国明　王贵生 李少平　王　勇
	废电池资源循环高效利用及环保处理关键技术	广东邦普循环科技有限公司 湖南邦普循环科技有限公司	李长东　余海军　周汉章 左俊辉　欧彦楠
	高性能多联式空调系统关键技术研究与产业化	广东志高空调有限公司 中国科学院理化技术研究所 郑州轻工业学院	杨滨滨　金听祥　邵双全 李改莲　李昌明
	基于无线模块内核的无线通信产品平台	广东天波信息技术股份有限公司	何　全　左　俊　周国锐 张　旅　梁辉强
	高性能全数字控制绿色功率因子校正器（PFC）芯片	佛山市南海赛威科技技术有限公司	职春星　叶　俊　李　茂 林官秋　刘文瑛
	信息化智能监控在污水处理企业处理流程中的应用与示范	广东柯内特环境科技有限公司	黎柏允　刘　杰　刘宏春 李汶锋　汤达宏
	陶瓷原料制备新型技术装备研制及应用	佛山市博晖机电有限公司	严苏景　严文记　罗应钿 张丽娟　颜永年
	指纹多点防盗锁系列产品	广东雅洁五金有限公司	马宗献　李绪军　崖少云 黄彦江　洪俊新
	自升式钻井平台升降系统	广东精铟机械有限公司	陆　军　张静波　马振军 李光远　吴平平
	20 千伏地下式高 / 低压预装式变电站（灯箱型）	广东长牛电气股份有限公司	麦卓文　李义敏　万丽容 黄忠生

注：该奖项在《南海年鉴》2014 年刊出版后方公布，故在本年刊进行补录

（续表）

获奖等级	项目名称	承担单位	项目完成人
二等奖（16个）	一次性无菌静脉留置针	广东百合医疗科技股份有限公司	陈建华 周　伟 吴花明 何壮坚 陆金荣
	构建佛山市南海区具有特定急救能力的社区人员网络	佛山市南海区人民医院 中山大学附属第一医院 广东省中西医结合医院 佛山市南海区第六人民医院	关紫云 廖晓星 蔡阳林 张铭熙 曾凡源
	腋臭根治术皮片原位回植的临床研究	广东省中西医结合医院	傅　国 刘伟忠 李郁明 王贤柱 孔之华
	华蟾素注射液胸腹腔热灌注治疗恶性胸腹水的临床观察	广东省中西医结合医院	金　军 张启周 黄海福 张力苹 余锡贺
三等奖（24个）	铝合金表面金黄色阳极氧化生产工艺技术	广东新合铝业有限公司	黄大胜 杨伏丝 王俊曦 王小兵 关　洁
	催陈工艺创新及生产工艺研究	广东省九江酒厂有限公司	曹荣冰 何松贵 刘幼强 方毅斐 余剑霞
	绿色建筑铝合金模板型材关键技术研究及应用	广东伟业铝厂有限公司	冯扬明 刘静安 麦鸿杰 邵莲芬 徐　江
	LED灯具用高效散热铝型材外壳的研制	广东坚美铝型材厂（集团）有限公司	卢继延 刘正林 周玉焕 戴悦星 刘辉丽
	新型铝合金表面无机有机无铬转化处理技术及产业化研究	广东科富科技股份有限公司 湖南大学	袁　兴 刘娅莉 蒙文坚 李蔚虹 吴小松
	集成微光学的LED多芯片封装模组研发及其应用	广东科立盈光电技术有限公司	马浚杰 李岷燃 梁加鹏 秦　文 黄朝伟
	自适应性变频空调控制器	佛山市中格威电子有限公司	高水保 金听祥 罗高诚 唐　娇
	基于JavaScript的前端跨平台数据库NanoDB的研发	佛山市南海区狮山石门高级中学 上海七牛信息技术有限公司 图灵计算机出版社 佛山市科学技术学院	甘超阳 李忠伟 许式伟 李松峰 曾亚光
	NHA-506/406型废气分析仪	佛山市南华仪器股份有限公司	黎鸿智 林景辉 何应淦 区定玉
	智能自动进料数控皮革切割机	广东瑞洲科技有限公司	郭华忠 秦少锋 杨强中 梁　涛 何　欣
	高精密度热灌装吹瓶模具生产技术改造项目	广东星联精密机械有限公司	姜晓平 刘承贵 梁炎均 林怡彬 阮计宽
	YH5020TQZ18T皮卡型清障车	广东粤海汽车有限公司	李忠生 关彩明 张少秋 林学森 陈湛成
	高效平稳斜轮式家用电梯关键技术的研究开发	菱王电梯股份有限公司	周国强 何自立 尹建峰 李显斌 马国鹏
	节能铝合金型材用隔热材料全自动连续化生产线的开发与应用	佛山市南海易乐工程塑料有限公司	缪明松 白小波 朱　军 刘艳斌 庞学新
	多功能数控水胀成型液压机	广东思豪液压机械有限公司	周富强 文　俊 陈小林 周小山 龙福军

（续表）

获奖等级	项目名称	承担单位	项目完成人
三等奖（24 个）	具有人工水幕的浴缸（瀑布缸）	佛山市南海威合家具装饰有限公司	张本锐　黄正新　黄春明　卓民东
	铝合金型材用自动化立体仓库	广东华昌铝厂有限公司 太原高科锐志物流仓储设备有限公司	潘伟深　马　笑　唐性宇　刘景义　黎景辉
	金属退火炉交替蓄热节能技术的研发与应用	佛山市南海区粲铧窑炉有限公司	李浩泉　李　镝　梁　伟　黄自莊
	大断面复杂截面铝型材挤压模具的研究与应用	广东坚美铝型材厂（集团）有限公司	刘正林　陈　俭　戴悦星　蒋万生　周玉焕
	一种小儿脑瘫头枕治疗器	佛山市南海区妇幼保健院	刘振寰
	中医综合疗法治疗早产儿喂养不耐受	佛山市南海区妇幼保健院	张水堂　潘佩光　高平明　刘巧玉　袁贵龙
	骨折镜、滑动钢板的应用研究	佛山市南海区第八人民医院	方玉树
	比较培美曲塞二钠和紫杉醇同期化放疗治疗局部晚期老年肺腺癌临床观察	佛山市南海区人民医院	杨　文　卢奕宇　伍楚蓉　胡建新　唐武兵
	经尿道腔内剜除加下腹部小切口腺体取出术治疗巨大前列腺增生症的临床研究	广东省中西医结合医院	谢小平　关刚强　廖土明　王　鹏　何　燊

2013 年度南海区科技工作先进单位（共 41 个）

广东精铟机械有限公司　南方风机股份有限公司　广东蒙娜丽莎新型材料集团有限公司　广东一方制药有限公司　广东吉熙安电缆附件有限公司　鼎吉包装技术有限公司　佛山市南海力丰机床有限公司　广东坚美铝型材厂(集团)有限公司　广东天波信息技术股份有限公司　广东邦普循环科技有限公司　广东科立盈光电技术有限公司　广东伊立浦电器股份有限公司　菱王电梯股份有限公司　广东百合医疗科技股份有限公司　广东粤海汽车有限公司　广东雪莱特光电科技股份有限公司　广东艾科技术股份有限公司　佛山市科蓝环保科技股份有限公司　佛山中元创新实业有限公司　广东新劲刚新材料科技股份有限公司　广东瑞洲科技有限公司　广东浩迪创新科技有限公司　广东长牛电气股份有限公司　广东古田智能科技有限公司　佛山市利升光电有限公司　佛山市豹王滤芯制造有限公司　佛山市宝索机械制造有限公司　广东省中西医结合医院　佛山市南海赛威科技技术有限公司　广东燕京啤酒有限公司　佛山市中格威电子有限公司　佛山市南海区人民医院　广东省九江酒厂有限公司　广东柯内特环境科技有限公司　广东雅洁五金有限公司　广东科富科技股份有限公司　佛山市大明照明电器有限公司　佛山市南海区狮山石门高级中学　佛山市南海必得福无纺布有限公司　佛山市南华仪器股份有限公司　广东澳特利灯光有限公司

2013 年度南海区优秀科技工作者（共 37 人）

黄　浩　李长东　李惠文　谢　兵　甘志银　张永强　林国良　闫灵麟　万　鹏　潘伟深　麦卓文
彭智勇　林　鹏　姜朝新　郭华忠　何华先　职春星　金听祥　尤　今　赵正云　高水保　曹荣冰
马振军　周玉焕　杨伟霞　陈键明　汪义玲　甄志霖　王　锐　何潮华　李伟全　冯坚强　李蔚虹
钟洁琼　刘亮忠　汪杰柱　姚正丽

教育
Education

综述

【概况】 2014年，南海区有幼儿园（所）329所，中小学校197所，特殊学校1所，中等职业技术学校7所，成人大中专学校1所，成人文化技术学校8所。全区7个镇（街道）都是广东省教育强镇。义务教育阶段学校100%为规范化学校，优质学位率达87%。全区15所普通高中，有10所是国家级示范性高中。5所公办中职学校中，有国家重点中职1所、省级重点中职2所。全区中小学校有在职教职工16224人，其中专任教师13743人；幼儿园有在职教职工12921人，其中专任教师6440人。小学和初中专任教师大专及以上学历的比例分别为98.43%和99.91%；普通高中和中等职业学校专任教师本科及以上学历比例分别为99.67%和91.98%；中等职业学校双师型专业教师占专业教师总数的34.31%。

是年，南海区继续推进基础教育高水平均衡发展国家教育体制改革试点和广东省首个教育综合改革示范区创建工作。全面落实学前教育三年行动计划，推进公益性普惠性学前教育建设。扩大义务教育阶段学校优质资源规模，新建桂城灯湖小学和南海实验中学三山校区，扩建狮山小塘中学小学部、狮城中学小学部。高中多样化发展、小班化教学改革、导师制教育实验以及智能教育服务体系构建成效显著。4月，《广东教育》对南海区普通高中发展成果进行长篇深入报道，省教育厅再次以简报的形式向全省推介南海区普通高中改革与创新经验。名师工程内涵愈加丰富，教师队伍整体素质明显提升。全区师生共获得国家级以上奖励1901个、省级以上奖励3258个、市级以上奖励4667个（以上数据不含德育及个别学科竞赛），6名教师在全国赛课中获得一等奖。是年，南海区成为全省首批全国“义务教育发展基本均衡县（区）”和广东省社区教育实验区。

【南海区获评“全国义务教育发展基本均衡县（区）”】 2014年3月31日，南海区顺利通过国家教育督导团专家组的评估认定，成为广东省首批国家级“义务教育发展基本均衡县（区）”。南海区是全省首个教育综合改革示范区创建试点单位，同时承担着国家教育体制改革试点项目“推进基础教育高水平均衡发展”任务。近年来，南海区创新推进教育均衡普惠发展，逐年提高免费义务教育补助标准，扩大公办学校优质资源，新建一批优质公办学校，建立学区制、共同体、名校联盟等机制促进义务教育均衡发展。同时，推进电子书包、桌面云、教育视频网、微课建设，实现名师资源共享，推动校长与教师区域内的合理流动。是年，全区投入免费义务教育经费3.16亿元，比上年增加0.48亿元，增长18%。至年底，全区有公办义务教育学校149所，其中小学114所、初中35所（九年一贯制学校1所），有义务教育阶段学生22万人。全区优质学位达87.5%。

【《南海区教育发展状态报告》发布】 2014年，南海区公布《南海区教育发展状态报告》。区教育部门收集近五年来教育发展数据，对全区7个镇（街道）中小学校的教育状况进行分析，并以学生发展、教师发展、学校发展、镇街自主发展和教育投入5个维度对教育发展状况进行评估，为南海教育决策提供大数据支持。

【南海教育朝阳信息网开播】 2014年4月25日，南海教育朝阳信息网正式开播。这是广东省教育视频网技术框架下首个正式运行的县区级教育视频网。南海教育朝阳视频网设有朝阳视频网ITV平台和支撑在线学习的“朝阳学堂”两大子平台。朝阳视频网ITV平台在南海教育城域网架构的基础上，利用中国电信的网络电视平台、WEB门户、移动终端等载体，接入区内各个学校及学生家庭，以视听互动为核心、融网络特色与电视特色于一体，打造新型的网络开放式在线教育平台。“朝阳学堂”以南海名师优质视频资源为主要载体，结合学生综合素质发展评价和南海教育质量监测数据，准确定位学生的学习状态和认知发展水平，并提供线上线下结合的个性化自主学习与名师辅导服务。

【名师工程建设】 2014年，南海区成立名校长、名师、名班主任工作室13个，制订并发布《南海区中小学名师工作室建设与管理办法》。开展名师示范和名师风格展示活动39场，充分发挥名师示范、辐射作用。继续推进“卓越教师培养”项目，全区有115位教师成为培养对象。是年，有16名教师获“佛山市名班主任”称号。南海区被中国教育学会评为班主任专业化成长课题研究先进区域。在佛山市第五届中小学班主任能力大赛中，6人获得一等奖；在第五届广东省中小学班主任专业能力大赛中，3名参赛教师全部获综合成绩一等奖，并获得6个单项一等奖。

【非户籍常住人口子女义务教育】 2014年，南海区进一步规范非户籍常住人口子女入读义务教育公办学校招生工作，明确严禁收取任何与入学挂钩的捐资助学款，将公办学校剩余学位全部用于非户籍外来常住人口子女“积分入学”。是年秋季，有6320名非户籍普通借读生入读公办学校，比上年增长10倍。全区非户籍常住人口随迁子女入读公办学校比例达66.8%。

【家庭教育研究和指导】 2014年，南海区通过网络问卷调查等形式开展全区家庭教育大调查，收集影响中小学生发展的家庭教育核心问题，编写《家庭教育读本》。成立家庭教育指导委员会和“好家长互助会”并进行巡回讲课，建立有效的协同指导通道。推进中小学校、幼儿园家长学校建设。是年，有16所中小学校（幼儿园）被评为创建全国优秀家长学校实验基地，13所学校获评南海区示范性家长学校。依托新成立的佛山市家庭教育研究中心，开展《中小学家庭教育现状及方式创新研究》课题研究。

2014年11月，南海区家庭教育指导委员会成立，全面提升家庭教育水平

【教育科研】 2014年，南海区编写出版《创新教育读本》《责任教育读本》《安全教育读本》等地方教材和6本《学科教学指南》，出版《校本课程的开发与实施——南海经验》。开展高效课堂研究，出版《最具影响的十大高效课堂教学模式（初中、小学）》一书。11所小学被评为高效课堂示范学校，12月评选第一批初中示范校。并以高效课堂为主题，开展教师年度论文评比活动。

（邓幸儿）

■ 基础教育

【学前教育】 2014年，南海区新增幼儿园13所，新增学位约5000个。新增幼儿园全部达到规范化幼儿园标准。至年底，全区有幼儿园329所，入园幼儿93250人，幼儿毛入园率102.7%。获评等级幼儿园246所，占全区幼儿园总数的74.77%，其中省一级幼儿园22所、市一级幼儿园66所、区一级幼儿园158所。

是年，南海区继续落实户籍

2014年南海区幼儿园基本情况

项目	单位	实绩
幼儿园数	所	329
其中：民办幼儿园	所	186
在园幼儿	人	93250
教职工	人	12921
其中：园长	人	569
专任教师	人	6440
幼儿入园率	%	99.8
幼儿毛入园率	%	102.7

儿童学前教育资助、低保家庭幼儿资助和特殊儿童学前教育资助项目。全年发放户籍儿童学前教育补助2500多万元，补助幼儿3.7万人，约占在园幼儿数的40%。90名低保家庭幼儿获3000元/年的资助，25名特殊儿童享受到6000元/年的学前教育补助。

通过政策引导、资金激励措施，促进幼儿园普惠性发展。财政投入由原来每年的2000多万元增加至5000多万元，以100元/人的标准补贴普惠幼儿园公用经费。推进普惠性幼儿园申报工作，全年新认定首批普惠性幼儿园51所，连同19所公办幼儿园，全区公益普惠性幼儿园达70所，占全区幼儿园总数的22.7%。

【中小学教育】 2014年，南海有小学127所（其中民办小学12所），在校学生162206人，小学优质学位比例为83.5%；初中52所（其中民办初中17所），在校学生67667人，初中优质学位比例为97.4%；普通高中18所（其中民办高中3所），有10所为广东省国家级示范性高中，普通高中在校学生43161人，高中优质学位比例为100%，高中毛入学率为129.8%，普通高中毕业生升学率达94.6%。是年，全区中小学生在各类竞赛中，共获市级以上竞赛奖项4220个，其中国际奖7个、全国性竞赛以上奖项1896个（以上数据未含德育及个别学科竞赛）。

2014年南海区中小学校基本情况

项目	单位	实绩
小学教育		
学校	所	127
其中：民办小学	所	12
在校学生	人	162206
小学学龄儿童入学率	%	100
小学毛入学率	%	103.8
小学毕业生升学率	%	100
教职工	人	6760
其中：专任老师	人	5701
初中教育		
学校	所	52
其中：民办初中	所	17
在校学生	人	67667
初中学龄儿童入学率	%	100
初中毛入学率	%	116
初中毕业生升学率	%	99.1
教职工	人	6037
其中：专任老师	人	5092
高中教育		
学校	所	18
其中：民办高中	所	3
在校学生	人	43161
高中毛入学率	%	129.8
普通高中毕业生升学率	%	94.6
教职工	人	3427
其中：专任教师	人	2950

【学生德育】 2014年，南海区教育部门持续深化中小学生德育教育。在全区中小学校开展“圆梦中国，从我做起”朝阳读书、“海洋梦，青春行”国防教育演讲比赛等“我的中国梦”系列主题活动。把社会主义核心价值观教育的基本内容融入到中小学生课程中。开展践行和培育社会主义核心价值观优秀学子评选、美德少年评选、践行和培育社会主义核心价值观示范点申报、第十届“读书·美德·守法·安全”中小学生（家长）法理素养知识竞赛等活动。落实诚信教育课时，推进诚信教育常态化。成立南海区中小学德育（艺术）工作指导中心，对各镇（街道）学校德育理念、课程育人、班主任工作、团（队）工作、家校合作等工作进行绩效考核。推进德育特色学校和德育特色项目建设。是年，有9个学校（单位）被评为佛山市第一批德育品牌培育单位，26个德育项目被评选为区级德育品牌培育项目。新申报省级德育立项课题7个，其中2个课题为省德育重点课题，市级德育立项课题29个，覆盖各学段的德育难点、热点问题。

【绿色教育质量监测报告发布】 2014年10月26日，南海区发布2013~2014学年度第二学期义务教育阶段教育质量绿色指标监测报告。此次监测分别选择小学五年级综合实践活动课程和初中八年级数学，基于其课程标准，参照相关学业质量评价标准，开展学科水平测试；同时，依据本区教育质量绿色指标体系，开展全样本问卷调查。问卷包括学生品德行为、学习策略、心理意向、学习态度、学习负担、学校氛围等6个一级指标，共涉及70个监测点，以了解学生的学习状态、学习体验，以及学生取得学业成绩的相关因素。监测报告对各镇（街道）八年级数学成绩和各项绿色指数分层进行汇总，清晰反映出各镇（街道）绿色指标综合指数，以及各项一级指标指数水平。此外，对一些核心内容和问卷中关键题项进行分析，为各镇（街道）教育教学管理提供参考性建议。报告显示，南海区义务教育阶段学生学习生态良好，各指数均好于理论中点。

【首个教育科研协作共同体成立】 2014年12月，南海区首个教育“科研协作共同体”在南海石门中学成立，来自佛山市五区的学校与广州、肇庆等21所中小学组成“共同体”，共同研究学生发展指导等教育课题。

【灯湖小学建成招生】 2014年9月，灯湖小学建成开学。该校是隶属于南海区桂城教育局的公办小学，学校占地面积4.21公顷，校舍建筑面积56126.61平方米，可容纳60个班，招收学生3000人。是年招收一年级学生558人。学校有教师32人，全部为本科以上学历，其中小学高级教师23人，占教师总数的72%。

【南海外国语学校建成招生】 2014年9月，南海外国语学校建成招生。该校是由南海实验中学主办、以小学和初中为主、规划有高中部的全日制寄宿学校。学校位于桂城街道三山新城，首期占地面积10.67公顷，建筑面积12万平方米。学校采用小班化教学，课程设置在国家课程体系基础上融入国际化元素，开设多语种选修课程。

【高考成绩大幅提升】 2014年，南海区参加普通高考人数14413人，本科上线人数8658人，上线率60.07%，比全市高出1.41个百分点，比全省高出25.41个百分点。其中上重点线人数2570人，比上年增加580人，占全市上线人数的42.7%，上线率17.83%，比全市高出1.66个百分点，比全省高出9.66个百分点。美术类、音乐类、体育类考生上重点线人数全面提升，其中美术类上线人数232人、音乐类29人、体育类24人。3B以上上线人数13925人，上线率96.61%。 （邓幸儿）

2014年9月，桂城灯湖小学建成招生，新增学位3000个

■ 特殊教育

【概况】 2014年，南海区有特殊教育学校1所，设有7个教学班，招收学生72名；10所普通小学办有特教班，招收学生71名；全区招收智力障碍儿童20名，另外有48名残疾儿童在普通班随班就读。7月，在全省特殊教育工作会议上，南海区作为全省唯一的县级单位作“三结合”（特殊教育学校、特教班、随班就读）特殊教育模式的经验介绍。

是年，南海区以星辉学校为龙头，组织全区特殊教育现状调查和12所资源教室调查评估工作，为今后进一步制定特殊教育发展战略提供依据。举办全区特殊教育教师专业培训，引领特殊教育教师专业成长。举办第二届区特殊学生艺术节，搭建特殊教育成果展示平台。

【“送教上门”工作启动】 2014年，南海区启动适龄重度残疾儿童少年送教上门服务工作。制订《佛山市南海区开展适龄重度残疾儿童少年送教上门服务工作实施方案》，并在全区开展适龄重度残疾儿童少年入户调查，全面了解南海未入学残疾儿童生存状况及教育需求。 （邓幸儿）

■ 职业教育

【概况】 2014年，南海区有独立设置的公办职业学校5所（不含技工学校）、民办职业学校2所，在校生（不含技工学校）18935人，其中国家级示范性职校1所，国家重点职校1所，省重点职校2所。

是年，南海区通过举办电商校企对话会、机械行业校企对话会等校企对接活动，深化政府、学校、企业、行业联动的校企合作机制，形成政府、学校、企业三方“三共同”（制定育人目标、共同设计并实施教学、共同评价教学结果）校企合作模式。完善职中与高职的对接培养，与佛山职业技术学院等职业院校建立“三二分段”培养机制，新增8个专业为“三二分段”直通培养专业。加大职普融通试点力度，全年有18名中职学生转入高中学习，1名高中学生转入中职学习。积极开展省、市重点专业申报，模具、会计、商务助理等7个专业被评为市重点专业，南海区信息技术学校的电子商务专业通过广东省重点建设专业评估验收。

【公办中职学校“122工程”启动】 2014年，南海区启动公办中职学校“122工程”，即全区5所公办中职学校中，实现南海信息技术学校上国家级示范性中职，盐步职业技术学校、南海卫校2所学校上国家重点职校，南海一职、九江职校2所学校上省重点职校。8月，南海信息技术学校作为佛山市首家申报国家级中等职业教育改革发展示范学校建设单位，以优异的成绩顺利通过国家级示范校终期验收评估。

【中职学生实现免费入学】 2014年，南海区正式实施中职学生免费入学政策。是年秋季学期起，城乡同步实施中职学生免费入学，全区23192名中职学生免收学费（含当年毕业生3894人），合计申请财政补助5692.6万元。

【职教“四进”工程启动】 2014年，南海区启动职教“四进”（进社区、进园区、进行业、进企业）工程，推动新型产业工人培养。区内职业院校通过整合行业、企业及社会职业技能培训机构资源，为社区居民、园区企业员工等开展技能培训。（邓幸儿）

【佛山市南海技术学院】 创办于1963年，有官窑校区、东校区、西校区和大沙校区4个校区。拥有实验实训室102间，专职教师300多人，其中高级职称教师78人，中级职称教师128人，技师、高级技师136人。2014年，学校开设数控、模具、汽修、机电等25个专业，培养层次涵盖中级工、高级工、技师、高级技师，在校学生3560人。其中，官窑校区以数控、模具、汽修、电子商务专业为主，在校学生1400人；东校区以机电专业为主，在校学生930人；西校区以计算机网络、装潢专业为主，在校学生591人；大沙校区以酒店管理、服装设计、烹饪专业为主，在校学生641人。是年，完成招生人数1238人；安置顶岗实习生344人，安置率100%；推荐毕业生就业1370人，其中1343人落实就业岗位，毕业生就业率达98%。

是年，南海技师学院新校园建设工程进展顺利，累计完成项目总投资2.62亿元。所有基础工程在10月中旬完成，多个单体建筑进入地面以上施工阶段，部分建筑陆续封顶，食堂A、学生宿舍A、学生管理中心A—D栋建筑主体结构顺利完成。

是年，学院参与佛山市高技能人才培养财政资金竞争性分配项目申报工作，高技能人才培训、鉴定补贴和高技能人才培训补助两个项目获得市财政竞争性资金扶持。培训中心全年完成技能培训764人，技能鉴定2617人，创业培训221人。在第43届世界技能大赛数控车工、数控铣工广东选拔赛中，学院代表获1项冠军和1项亚军。在制造团队挑战项目全国选拔赛中，学院代表王健顺利入选国家集训队。全年共有4名选手入选国家集训队。在广东省“和谐杯”手绘设计技能大赛中，学院获室内设计专业团体一等奖；获室内设计手绘大赛职工组一等奖1名，三等奖1名，优秀奖1名；15名学生分别荣获一、二、三等奖和优秀奖。3月，数控专业教师张文文被省人社厅授予“广东省技术能手”称号。

（吴丽君）

2014年南海区中等职业教育学校基本情况

项目	学校（所）	在校学生（人）	招生（人）	毕业生（人）	教职工（人）
中等职业学校	7	18935	6018	7516	1715
技工学校	4	8181	3173	1799	613

■ 社区教育

【概况】 2014年，南海区有社区学院7所，下设7个镇（街道）社区学校。是年，南海区继续利用社区学院资源，依托社会组织，开展以关爱白领为特色的“白领加油站”“职业航站楼”“摄影沙龙”“瑜伽学堂”等教育项目。与桂城“创益中心”“创享家”“青苹果之家”等社区中心加强联系与合作，向8个社区示范中心输送常态性的社区教育项目，包括叠二社区青少年校外教育基地服务，罗村务庄社区、桂城蟠岗社区的“大学就在家门口”示范点工程。社区学院全年开办社区教育项目93个，培训5.2万余人次；举办讲座和论坛136次，11万余人次参与。

【南海区获评广东省社区教育实验区】 2014年，南海区被省教育厅确定为“广东省社区教育实验区”。近年来，南海区大力实施社区教育惠民工程，依靠专职社工、专家讲师团、志愿者3支队伍，开展学历能力双提升教育、就业创业技能培训、青少年德育教育、居民社会文化生活教育、学习型组织创建等5类教育培训活动。3年来投入专项培训经费4500万元，在全区建成211个社区学习中心。同时，立足本土文化特色，通过举办乐安花灯节、孝德文化节、官窑生菜会、西樵文化节、有为文化节等活动，打造社区教育特色品牌。

【退伍军人学历提升工程】 2014年，南海区社区学院与区民政局合作，开展退伍军人学历提升工程。该教育项目设2个本科专业、4个专科专业供退役军人选择，首批128名退伍军人参加学习。

（邓幸儿）

【社区学院体系建设推进会】 于2014年10月29日在南海社区学院召开。社区学院党委书记、校长叶忠民总结南海社区教育的基本情况，桂城街道办事处、桂城桂园社区居委会、罗村务庄社区居委会分别就本辖区社区学院建设和社区教育的开展情况作经验交流。会上，还举行“社区干部学院”“社区领袖学院”揭牌仪式。

（陈建城）

■ 高等教育

【华南师范大学南海校区】 由华南师范大学与南海区（原南海市）政府于2000年联合创办，2001年9月正式招收第一批大专层次学生。南海校区是华南师范大学三个校区之一，占地面积34万多平方米，建筑面积24万平方米。学校拥有占地1.38万平方米的多功能信息化图书馆，建有电子、电工、网络技术、音像制作等23个实验室，10间计算机实训室，160多间多媒体教室，3间电子阅览室，多间多功能英语视听训练室，1个实验教学示范中心和200多个校外实习实践基地。

专业设置 有国际商学院、城市文化学院、软件学院和职业教育学院4个本科学院以及南海学院、开放学院、凤凰国际学院，开设财务管理、法语、文化产业管理、软件工程和教育学（职教师资）5个本科专业，以及法律事务、文秘、金融与证券、会计电算化、应用英语、电子商务、计算机网络、数字媒体设计与制作、客户服务管理9个专科专业。2014年起，停止专科专业招生。至年底，有在读学生3810人，其中全日制本科生796人、专科生1352人，开放学院学生1316人，凤凰国际学院学生323人，国际联合办学项目学生23人。

师资队伍建设 至2014年底，有教职工273人，其中专任教师146人。专任教师中具有高级职称31人，博士47人，博士占专任教师总数的32%；并聘请一批国内外著名专家学者、知名人士作为兼职教授、客座教授。

教学科研 2014年，获得省级以上立项科研项目7个（科技类1个），市级项目12个，校级项目4个，立项资助经费达133万元，其中获国家社会科学基金立项项目1个，获教育部人文社科研究项目立项1个。教职工发表A类以上论文23篇，出版著作及教材8部。获资助横向项目9个，获经费304.5万元，其中曹一波的科技类项目《智能扫地机器人控制系统》获企业项目立项，获资助经费125万元；张军的社科类项目《佛山构建富有竞争力的营商环境研究》获佛山市委决策咨询研究重大项目立项，获资助经费12万元。

办学合作 2014年，华南师范大学以南海校区为载体，与中国（教育部）留学服务中心签署战略合作协议，搭建学生出国留学、留学生回国、国际生来华留学以及教育国际交流与合作平台。国际商学院获教育部批准与阿伯丁大学合作开设房地产金融（3+2）本硕连读专业，该专业将于2015年在计划内招生。

（陈锦辉）

【广东东软学院】 前身为南海东软信息技术职业学院，成立于2002年，由东软集团、亿达集团共同投资创办。是广东省首批省级示范性软件学院、国家技能型紧缺人才培养基地。2014年，经教育部批准，升格为普通本科学校，并更名为广东东软学院。学院开展普通本科、专科教育，并与英国、日本、台湾等国家和地区的大学合作办学。同时，开展成人教育与培训。是年，有在校学生6000余人，教职工420余人。校园占地面积30多公顷，校舍总建筑面积20多万平方米，其中新落成的图书馆大楼建筑面积达2万平方米。

专业设置 设有计算机科学与技术系、信息技术与商务管理

2014年6月12日，南海东软信息技术职业学院正式更名为广东东软学院

系、数字艺术系、英语系、日语系、国际合作部、思想政治理论部等8个系（部）及继续教育学院，新增软件工程、网络工程、电子信息工程、电子商务和视觉传达设计5个本科专业，另有IT和泛IT专科专业26个。

师资队伍建设 至2014年底，有教职员工429人，其中专任教师344人。专任教师中，有博士21人，硕士205人，硕士以上教师占专任教师总数的65.7%；具有教师系列高级职称的107人，占专任教师总数的31.1%。师生比为1∶15.36。

教学科研 是年，有3个专业获省级重点专业立项，1个省级实训基地、1个省级大学生校外实践教学基地、3个省级大学生创新创业计划训练项目获省立项。2门省级高职精品资源共享课获第七届广东省高等教育省级教学成果奖二等奖。《可穿戴电子设备的智能应用技术研究与开发》等9个“创新强校工程”培育计划项目获省教育厅批准立项；《高职专业MOOC课程开发可行性和策略分析》课题获省教育厅“十二五”规划课题组批准立项；《高等学校协同创新体制机制研究》等5个课题获广东省教育研究院批准立项；《佛山市第三产业的就业效应分析与对策研究》等5个项目获得佛山市哲学社会科学规划立项。全年申请实用新型专利2项、外观专利1项，全部获得国家知识产权局授权；获国家知识产权局颁发软件著作登记证书4项。教师发表学术论文120余篇，其中发表在核心期刊论文5篇，SCI、EI、ISTP、SSCI和CSSCI收录论文4篇。学生在各类技能竞赛中，获国家级奖项16个，省级奖项92个，市级奖项2个。

办学交流与合作 是年，继续与英国格林威治大学开展合作办学，开办电子商务、软件技术两个国际班，当年招生41人，共有学生109人。派遣两名优秀学生赴台北城市科技大学学习，推荐8名学生前往英国中央兰开夏大学、哈德斯菲尔德大学、考文垂大学和美国索菲亚大学留学。与台湾地区朝阳科技大学、龙华科技大学签订友好合作协议。

招生与学生就业工作 是年，学院招收全日制本科、专科生3610人，其中本科报到1077人，报到率94.47%；专科报到2047人，报到率82.87%。是年，通过组织创业竞赛、开展就业培训、推进校企合作办学、走访重点用人单位等方式，拓宽学生就业渠道。全年发布企业招聘信息630条，提供岗位5120个；组织专场招聘会25场，提供岗位约200个；组织大型校园招聘会，引进企业320家，提供岗位约6000个。2591名应届毕业生总体就业率达99.07%，创历届毕业生就业率新高。 （李敏）

【广东轻工职业技术学院】 于1999年成立，是经教育部批准成立的全日制高等职业技术学校。有广州和南海两个校区，校园总面积100公顷（其中广州校区14.53公顷，南海校区85.47公顷），校舍建筑面积44万平方米，教学仪器设备总值1.6亿元。

专业设置 下设艺术设计学院、计算机工程系、轻化工程系、传播工程系、食品与生物工程系、机电工程系、管理工程系、经济系、旅游系、应用外语系、电子通信工程系、汽车系、环境工程系、继续教育学院14个院系，共有70个专业、130个专业方向。

师资队伍建设 至2014年底，有教职工1196人，其中专任教师871人。是年新增正高级职称教师6人，副高级职称教师15人；博士5人。高级职称教师占专任教师总数的37.8%，“双师型”教师占专业基础课和专业课专任教师总数的82.15%。还从行业企业聘请兼职教师891名。是年，新增“千百十工程”国家级培养对象1名，“全国技术能手”1名，全国高等职业院校“优秀体育教师”1名，省级教学名师1名，“千百十工程”省级培养对

象3名，省优秀青年教师培养对象3名。学校在广东省首次高职院校教师队伍建设考核中排名第一，并获得省财政“强师工程”建设资助资金537万元。

教学科研 是年，由学校主持的5项教学改革成果获国家级教学成果二等奖，参与的2项成果获二等奖。思政课教学方法改革成果入选全国择优推广计划。1项成果获全国生物教指委教学成果一等奖，1项成果获二等奖。首个服务业省级地方标准项目“酒店前厅服务规范”获立项。获省教育教学改革课题立项21个。实施《“创新强校工程”2014~2016年建设规划》，共有6大类、24个建设项目、163个子项目获得立项，立项总经费1.28亿元，其中2014年项目经费1790万元。申报市级及以上纵向项目113个，立项21个，其中国家自然科学青年基金项目1个，立项经费60万元。学生在各类竞赛中，获国家级奖项64个，获国家级奖励125项。

招生与学生就业工作 是年，计划招生7600人，实际录取8737人，实际报到7228人，在校生达2.1万人。5026名毕业生顺利毕业，初次就业率97%，总体就业率超过99%。 （柯贞金）

【广东理工职业学院南海校区】 成立于2005年，是经广东省人民政府批准、教育部备案的公办全日制普通高等职业技术院校。设有广州、南海、中山3个校区。南海校区位于桂城街道，占地面积4.12公顷，校舍建筑面积6万多平方米。

专业设置 南海校区开设汽车检测与维修、汽车服务与营销、汽车装配技术服务（装配技术方向）、汽车装配技术服务（汽车零配件制造方向）、模具设计与制造、机电一体化、会计电算化、投资与理财、酒店管理、市场营销、商务英语11个专业。2014年，有在校生1849人。毕业生总体就业率为99.1%。

师资队伍建设 至2014年底，南海校区有教职工165人。其中有博士学位或高级职称的教师30人，具有硕士研究生学历或学位的教师62人，中级职称教师80人，专业教师基本具有研究生学历。另外，还从企业、行业协会、机关单位、其他高校等外聘教师200多人。

教学工作 推行工学结合、校企合作、订单培养的人才培养模式，重视培养和提高学生综合素质。是年，南海校区学生在国家级、省级各项技能竞赛中获奖项6个，其中刘智焕在全国职业技能大赛广东省选拔赛英语口语（公共英语组）比赛中获三等奖；谢惠冬在全国职业技能大赛广东省选拔赛中式主题宴会设计大赛中获三等奖；汪嘉莹在广东省调酒师职业技能大赛中获一等奖，刘智焕获二等奖；张小娟在广东省咖啡师职业技能大赛中获二等奖。 （陈建城）

【广东环境保护工程职业学院】 成立于2010年，是以培养环保、节能、低碳及相关专业技能型人才为主要特色的全日制省属公办高等职业学院。拥有环境检测，清洁生产技术服务，节能审计，环境保护工程设计，施工安装、调试运营咨询，培训和职业技能鉴定等各类对外服务资质。占地面积30.17万平方米，建筑面积14.78万平方米。

专业设置 设有环境工程与土木工程系、环境监测系、环境科学系、循环经济与低碳经济系、机电工程系、环境艺术与服务系、生态环境系7个系，2014年新增节能工程技术等7个专业，共有专业27个、专业方向35个。至年底，在校学生近1万人。

师资队伍建设 至2014年底，有教职工556人，其中专任教师486人，专任教师中硕士以上学历的占60%，多人获“全国优秀教师”称号。

教学教研工作 是年，建设完成16门院级精品资源共享课程和60门网络课程，资源环境与城市管理专业被确立为省级重点建设专业，资源环境与城市管理实训基地被确立为省级实训基地。22个教研教改项目获立项。学院代表队在全国职业院校技能大赛高职组水环境监测与治理技术比赛中，获团体一等奖。

招生与学生就业工作 是年，招收新生3084人，报到率近90%。通过开展定点选送、联合组织校园供需见面会等为学生提供就业岗位6000多个，2749名应届毕业生顺利就业，毕业生一次就业率98%。

环保服务 坚持产教研结合，利用环保科技公司、分析测试中心、环科所、技能鉴定中心等平台，开展污废水处理、分析测试、环境影响评价、水污染综合整治方案、技术报告等对外服务项目近300个，实现收入近2000万元。

“广东致公环保助学行动”项目 2014年7月7日，与致公党广东省委员会、汕尾市人民政府联合签订“广东致公环保助学行动”项目协议。根据协议，学院将联合致公党广东省委员会在未来5年对汕尾市成绩优秀的贫困涉侨高中毕业生进行帮扶，对符合入读资格的三届贫困学生免除在读期间学费。帮扶名额为每年10名，共30名。 （黄炬）

文化
Culture

■ 文化艺术

【概况】 2014年，南海区有文化馆1个、镇文化站7个、农村文化室539个、博物馆4个、纪念馆8个、图书馆18个、影剧院28个、数字影院28个。全区图书馆藏书量138.5万册。全年入场电影观众385万人次。是年，南海区出台首个文化产业发展规划，颁布实施文化产业发展扶持办法，大力推动文化产业发展，39°空间艺术创意社区、“南国酒镇”酒文化产业项目、平洲玉器街、中凯文化商务港、国艺影视城等重点文化产业项目顺利推进。至年底，全区有文化产业企业4681家，从业人员139590人，全年实现总产值410.7亿元，增加值133亿元。举行“伯奇杯”全国创意摄影大赛、首届中国口哨大赛、第三届广东省曲艺大赛等省级以上活动，推动广东省“桂城杯”诗歌奖、省“梦里水乡杯·花地文学奖”落户南海。是年，南海区顺利通过“全国先进文化县”和“中国民间文化艺术之乡（醒狮、武术、粤曲）”的复查评审。区文化体育局获文化部、人社部授予“全国文化系统先进集体”称号。大沥镇获“中国摄影之乡”称号。西樵镇获评中国历史文化名镇。南海醒狮首次亮相央视春晚。

【区镇文化活动】 2014年，南海区举办区镇两级文化活动3000多场。其中有“同饮一江水”打工者歌唱大赛、“唱响中国梦·百歌颂中华”群众歌咏活动、“乐活南海·灯湖周末”、“730剧场”、十大古村曲艺精品巡演、“粤雅曲坛”精品展示、“魅力佛山大讲堂”品味文化惠民讲座、第八届“读书节”等系列群众文化活动，以及桂城休闲时尚文化节、九江渔耕粤韵文化节、西樵樵山文化节、丹灶康有为文化节、狮山文化艺术节和孝德文化节、大沥伯奇文化节、里水“梦里水乡”休闲文化节等镇（街道）品牌文化活动。

南海西樵民乐小学《佛宝闹狮》舞蹈登上2014年央视春晚、元宵晚会舞台

【文艺精品创演】 至2014年末，南海区有区级文艺团队8个，文艺家协会8个，各级群众文艺队伍349个，社区文化辅导员249人。全年获国家级奖项52项、省级奖项364项、市级奖项255项。国画《圣域祥光》获“泰山之尊”全国山水画作品展优秀奖，粤曲二人转《养狗状元》获第八届全国曲艺大赛入围奖。在广东省群众文艺作品评选中，南海区参赛作品获得2金、1银、3铜的成绩；在广东省曲艺大赛中，南海区参赛节目和选手获一等奖5个、二等奖1个；在广东省第六届群众艺术花会上，南海区艺术项目获得1银、4铜的成绩。

【文化消费补贴】 2014年，南海区继续实施文化消费补贴，推进高雅艺术进社区工作。全年引进《吉赛尔》《一把酸枣》等国家级舞台艺术精品演出19场，并投入300万元补贴，以10元、30元、50元的低票价满足市民的艺术需求，受惠群众逾2万人。持续开展社区文化活动补贴评选，评出大型活动22个、中型活动14个、小型活动50个，发放补贴277万元。推进送电影下乡工作，全年派出18支队伍到249个社区放映电影3000场。推进园区书屋、农家书屋建设，补贴图书进基层项目43个，发放“送图书进基层”补贴47.51万元。

【文化事业发展资金扶持】 2014年，南海区继续开展文化事业发展资金扶持工作，促进基层公共文化建设。全年评出扶持项目435个，发放补贴1049.16万元。其中公共文化设施建设奖励项目7个，补贴13.5万元；历史传统文化保护扶持项目11个，补贴565万元；文艺创作、艺术精品展演及群众文艺社团（队）扶持项目366个，补贴442.9万元；文化人才扶持项目51个，补贴27.76万元。

【首个文化产业发展规划出台】 2014年6月3日，南海区首个文化产业发展规划——《佛山市南海区文化产业发展规划（2012~2020年）》正式出台。《规划》提出2012~2020年南海区文化产业发展的基本目标、重点任务、空间布局、工作体系和保障措施，并根据产业转型和城市化升级的要求，提出文化产业阶段性发展的重点。

【扶持文化产业发展】 2014年5月26日，《佛山市南海区文化产业发展扶持办法》正式颁布实施。《办法》采取突出重点、分类扶持的方式，对产业载体、影视广告、创新创业和文产融合等重点领域在资金、政策上给予倾斜，进一步培育和壮大南海文化企业。年内，南海区文化体育局相继出台《南海区文化产业发展扶持办法申报指南》和《佛山市南海区文体旅游局文化产业园区认定和管理办法》，并广泛发动符合条件的文化企业（协会）开展文化产业扶持资金申报工作。年内，有7个项目（17家企业）获得450.73万元的扶持资金。

【南海区文化产业创业营开营】 2014年9月25日，南海区文化产业创业营开营暨“暨南大学创业学院文化产业创业实践基地”揭牌仪式在39度空间艺术创意社区举行。创业营首期建筑面积300平方米，第一批入驻项目包括香港四方创意、文星动画、青蓝文化公司等企业（项目），涵盖手机游戏、手机APP、工艺设计、青年艺术项目推广、动漫影视等领域。创业营将与暨南大学创业学院、佛山电台进行深度合作，打造文化产业创新创业培训平台，为区内文化企业提供创业培训和业务指导。

【南海区文化产业协会成立】 2014年10月29日，南海区文化产业协会成立大会召开，并选举产生第一届理事会理事和监事，表决通过会长、副会长、秘书长名单。12月4日，经南海区民政和外事侨务局批准，南海区文化产业协会正式成立。该协会由广东中凯文化集团有限公司、南海39度艺术空间投资开发有限公司、佛山水晶石计算机技术服务有限公司等8个单位联合发起成立，将进一步整合各行业资源，推动文化与旅游、文化与科技、文化与金融的融合发展，增强南海文化产业的核心竞争力。

【第四届“伯奇杯”全国创意摄影大赛】 于2014年3月25日在大沥镇启动。由中国摄影家协会和广东省摄影家协会、南海区人民政府联合主办。自2011年首届启动以来，已连续举办4届，影响力逐年扩大。此次大赛保留“广告摄影”“插图摄影”“创意沙龙”3个奖项，增设“梦想”主题，还首次设置“十佳创意摄影师”奖项，共收到2299人的12717幅（组）有效参评作品，其中300余幅作品入选摄影展。

【首届“大沥杯”中国口哨大赛】 是国内首次以口哨艺术为专题举办的全国性赛事，由中国口哨协会、羊城晚报报业集团及广东省

2014年9月25日，南海区文化产业创业营开营暨“暨南大学创业学院文化产业创业实践基地”揭牌仪式举行

2014年10月17日，桂城街道花苑广场“读书驿站”揭牌开放

文联主办，南海区大沥镇文化站、羊城晚报娱乐部承办，于2014年5月23~25日在大沥镇举办。来自全国30多名选手通过预选赛，最终15名选手分获一、二、三等奖和优秀奖。在大赛颁奖仪式上，大沥镇获授“中国口哨音乐活动基地”和“中国口哨音乐大赛指定基地”牌匾。

【第三届广东省曲艺大赛】 由广东省文学艺术界联合会、广东省曲艺家协会和南海区人民政府联合主办，于9月24~26日在南海区举办。曲艺大赛设置职业组和非职业组两个组别，每个组别分设说唱类、地方曲唱类、粤曲类3个类别，共举办5场比赛，近百个节目同台竞技，涵盖粤曲、潮曲、南音、龙舟说唱、雷歌、采茶调、相声、小品、快板书等曲种。 （梁劲）

■ 图书馆

【概况】 2014年，南海区图书馆接待读者52.5万人次，书刊外借63.2万册次；著录图书35975册，著录音像制品8559册(件)。是年，区图书馆进一步延长对外开放服务时间，由每周的56小时延长至72小时；举办系列读书活动32场、“有为讲坛”公益专题讲座80场；开展“书香进军营”活动，并以“读书驿站”、联合分馆、基层服务点为基地，组织图书下基层活动48批次，送书下乡108382册，增加基层新书供给量。

【新“读书驿站”投入使用】 2014年10月17日，桂城花苑广场、中海万锦豪园和保利花园3个社区“读书驿站”投入使用。每个“读书驿站”配备纸质图书2000册，配备电子图书3000册，还引入电子图书借阅机，读者可通过连接站内的免费WIFI网络扫描设备内电子图书的二维码，下载电子图书至手机客户终端，实现无纸化阅读。是年，社区“读书驿站”项目获2014年度南海区社会建设创新奖。

【读书推广活动】 2014年，南海区图书馆举办第八届“读书节”，开展系列读书活动32场，并联合镇（街道）举办“中华经典诵读”活动9场，开展新书、好书推荐活动10期，举办读书专题讲座3期，组织志愿者选书活动12次。

【图书资源实现“三统共享”】 2014年，南海区图书馆对全区7个镇（街道）图书馆进行公共藏书“三统共享”，即统购、统编（加工）、统配，走出基层公共图书馆建设“联合自助、流动互补、共建共享”的新路子，进一步解决基层图书馆资源不足等问题。

【联合图书馆资源共享平台建设】 为进一步实现电子数据资源的共建共享，2014年，南海区图书馆将南海医学网特色数据库、人大复印报刊资源全文数据库、金羊行业经济信息网、维普考试资源系统和Apabi方正电子图书5个资源库接入佛山市联合图书馆资源共享平台。

【馆藏古籍普查】 2014年，根据第一次全国可移动文物普查工作的要求，南海区图书馆对馆内古籍资料进行摸查，并反馈具有收藏价值的古籍61件/套（合174册）。经省、市文物普查专家认定，其中49件/套（合161册）古籍可纳入可移动文物。这些古籍是南海区图书馆收录的清代、民国时期出版的地方文献，反映当时南海地区的政治、历史、文学、人物等方面信息，具有珍贵的史料价值。 （刘淇）

■ 文博事业

【概况】 2014年，南海区加强文化遗产保护工作，维护不可移动文物安全，启动全国第一次可移动文物普查工作。加强民办博物馆管理，协助民办博物馆获得省级扶持资金90万元。积极开展

2014年，南海区举办非物质文化遗产传承、保护与展示系列活动

省、市级文物保护单位和省级非物质文化遗产传承人、市级传承基地申报工作，组织开展“非遗瑰宝·南海家珍”非物质文化遗产传承、保护与展示系列活动。南海区博物馆全年免费开放“南海记忆”“南海群英”“馆藏书画”“广府风情”“石景宜珍藏展”5个常设展览，举办“壬戌画会——欧豪年教授师生书画联展”“家山草木总关情——陈永锵作品展”等临时展览10场，接待参观人员242302人，其中在校师生65899名。是年，南海区博物馆成功申报并被命名为首批“佛山市社会科学普及示范基地”。

【不可移动文物保护】 至2014年末，南海区有已公布不可移动文物385处，其中各级文物保护单位86处。是年，南海区开展省级文物保护单位西樵山遗址锦岩片区及象岗佛子庙片区的保护规划编制工作，完成第三批不可移动文物保护标志牌挂牌工作，完成市级文物保护单位龙母庙的抢救修缮工程，开展奎光楼维修工作，做好康园建设前期调研、规划等工作，组织第五批佛山市文物保护单位、第八批广东省文物保护单位申报工作，组织专家对西樵镇西岸关氏家族墓进行文物认定。

【启动第一次全国可移动文物普查工作】 2014年，南海区启动第一次全国可移动文物普查工作。7月，由广东省文物鉴定站、佛山市博物馆、南海区博物馆组成的专家认定小组，对区档案局、区图书馆、区九江中学收藏文物进行认定，初步认定文物190件（套），包含书画、古籍、瓷器、钱币等多个类别。12月底，各收藏单位完成馆藏文物的信息采集和登录工作。

【非物质文化遗产保护】 2014年，南海区非物质文化遗产保护工作有新进展。叶准、朱石明、梁灿尧、吴深龙、邵钜熙5人入选广东省第四批非物质文化遗产代表性传承人；南海区文化馆、南海区西樵镇第一小学等9个单位入选佛山市第一批非物质文化遗产传承基地。此外，南海区组织开展第三批非物质文化遗产代表性传承人和第四批传习所评审工作，评选出胡伯伦、周雁崧等39名代表性传承人和西樵松塘翰林文化协会、西樵镇民乐小学等19个传习所。至此，全区有各级非物质文化遗产项目43个、扩展项目4个，代表性传承人77人，传习所（传承基地）37个。年内，组织开展“非遗瑰宝·南海家珍”非物质文化遗产传承、保护与展示系列活动，举办“非遗”连环画和“非遗”广场舞创作、“非遗”展览、“非遗”电视论坛、综合展演等多场活动；

2014年3月24～25日，全国古村落工作经验交流会暨第四届中国古村落保护与发展研讨会在西樵镇松塘村举行

组织南海区“非遗”项目参加“广东省21世纪海上丝绸之路博览会”；完成第二批非物质文化遗产代表性项目视频拍摄工作。

【古村落保护】 2014年，九江烟桥村、丹灶仙岗村、桂城江头村、狮山璜溪村、丹灶棋盘村、丹灶上林村、里水汤南村、西樵百西村、里水孔西村、西樵简村村10个古村入选第一批广东省传统村落。年内，由中共中央宣传部、住房和城乡建设部、新闻出版广电总局、国家文物局联合制作的大型纪录片《记住乡愁》到西樵镇松塘村、九江镇烟桥村取景拍摄。 （陈宝林）

【馆藏文物】 2014年，南海区博物馆通过接受捐赠、购买等方式，征集文物资料385件（套），如新石器时代石器、中国第一代飞行员资料、清粉彩人物伏生壶等。同时，对178件（套）书画作品进行装裱保护。

【石景宜博士博物馆正式开馆】 2014年3月28日，石景宜博士博物馆正式开馆。该博物馆位于南海博物馆负一层和首层，建筑面积2800平方米，展厅面积700多平方米，常设展览有石景宜珍藏展。展览分“赠书报国”“石景宜博士珍藏”两部分，“赠书报国”部分展示石景宜博士作为“开启两岸文化交流第一人”的历史业绩；“石景宜博士珍藏”部分包括“国宝贝叶经”“当代书法艺术精品”“工艺奇葩”三个单元，展示石景宜博士毕生收藏的文化艺术珍品。 （邓芬）

2014年3月28日，位于南海博物馆内的石景宜博士博物馆正式开馆

■ 档案

【概况】 2014年，南海区档案局切实履行档案行政管理职能，监督指导全区档案规范化建设。区档案馆继续丰富和优化馆藏，做好文书、声像、实物等各类档案的收集和保管工作。推进馆藏档案数字化处理，完善数字档案馆系统平台建设。提升主动服务意识，首次举办“南海区档案馆开放日”活动。年内顺利通过国家一级馆复查。

【档案监督指导】 2014年，南海区档案局指导各单位完成2013年度文书立卷归档工作。抓好档案目标管理工作，年内有1个单位实现省特级目标管理，2个重点项目通过档案专项验收。加强档案中介服务机构管理，对区内档案中介服务机构进行备案登记，指导开展档案业务，进一步明确档案安全保密工作要求。开展档案业务教育培训，全年举办档案业务培训班16期，培训档案人员900多人。

【档案资源建设】 2014年，南海区档案馆接收进馆文书档案3591件，专门档案87卷，其中实物档案49件，照片档案1383张，电子档案光盘1750张，资料887册。所有进馆档案均有相应的电子目录，并录入电子目录数据库。按照《佛山市政务活动照片档案整理办法》，进一步规范声像档案管理，对已归档的电子照片重新整理、编目，并对馆藏照片档案进行重新整理。

【数字档案馆建设】 2014年，南海区档案馆加强数字档案馆二期建设，搭建与档案业务相关的6个子系统。继续推进档案数字化工作，完成对全部馆藏婚姻档案的数字化处理，并对馆藏照片档案和音频视频档案进行数字化处理，提高了档案的利用效率。

【档案利用服务】 2014年，南海区档案馆加强对档案查阅窗口工作人员的培训，组织中层以上党员干部参与“窗口体验活动”，提高档案利用服务质量。全年接待到馆查询档案6151人次，提供档案资料8289卷（册），帮助复印档案资料24189页。进一步完善爱国主义教育基地建设，加强对解说人员的培训，接待到馆爱国主义

2014年4月11日，南海区档案馆举办“档案馆开放日”活动

教育基地参观246人次。

【南海区档案馆开放日活动】 于2014年4月11日举办。20多名自愿报名参加的市民，通过观摩档案消毒和数字化加工、参观档案专题展览及档案库房、体验档案查阅利用服务，加深了对档案工作的认识和了解。

（区档案局）

■ 地方史志

【概况】 2014年，南海区全面推进地方志资料年报工作，举办年报工作和年鉴工作培训班，提高撰稿人写作水平。区史志部门加强地情资源的挖掘、开发力度，编写出版《南海院士风采录》、《南海历史文化丛书》(第五辑)和《中国共产党南海历史大事记(1978~2011年)》。

【地方志资料年报工作】 2014年是南海区全面铺开地方志资料年报工作的第一年。3月11日，区地方志办公室举办全区地方志资料年报工作培训班，区110余个年报单位派员参加。随后，各镇(街道)、区公安分局、区工商行政管理局等单位相继举办地方志资料年报工作培训班，1000余人参加培训。全年收集各单位撰写文字资料330万字，人物资料517条，文献1293份共1.1万页，图片1894幅，音像74个共1700分钟，各类著作83种。

【地情书编写出版】 2014年12月，南海区地方志办公室主编的《南海院士风采录》由广东人民出版社出版。该书21万字，收录图片200多幅，展现祖籍南海或出生于南海的17名院士取得的非凡成就和人生风采。是年4月，区地方志办公室与区委宣传部等单位联合主编的《南海历史文化丛书》(第五辑)，由羊城晚报出版社正式出版。该辑包括《南海名医》《根系南海》2册内容，共48万字，介绍56名南海古今名医和58名祖籍南海的优秀华侨。

【《南海乡土志》标点本出版】 2014年6月，由南海区地方志办公室整理、编印的《南海乡土志》标点本出版。这次标点本以清光绪三十四年（1908年）的手抄本《南海乡土志》为底本，参考明清各种《南海县志》，对原文进行断句标点，重新整理。该书主要介绍清末南海县山脉、河流、交通、物产和商贸情况，是研究清末南海县政治、经济、民生、风物的珍贵典籍。

【地情宣传】 2014年，南海区地方志办公室及时更新地情网站资料，完成《南海县志》和《南海年鉴（2014)》的数据上传。全年上传资料280万字，图片282幅。至年末，网站文本数据合计640万字，视频150分钟，图片约700幅，访问量17.5万人次。

（区方志办）

【年鉴编纂】 2014年10月，《南海年鉴》(2014）出版，网络版年鉴同步上线。《南海年鉴》(2014）对部分内容进行更新、调整、充实，框架结构得到进一步优化。全书设26个类目、110个分目、18个子分目，并根据年度地方大事要事和社会热点，编选“南海区划调整”“西樵山升级为5A景区”等图片专辑，同时设置《南海再出发》大型专题彩页。

（南海年鉴社）

【《中国共产党南海历史大事记(1978~2011年)》出版】 2014年12月，中共南海区委党史研究室编写的《中国共产党南海历史大事记（1978~2011年)》由中共党史出版社出版。全书43.4万字，记载党的十一届三中全会以来，中共南海地方党组织执行党的路线、方针、政策，进行社会主义建设的重大实践活动和重大事件，勾勒出34年间南海经济社会发展的历史轨迹。

（区委党史研究室）

卫生·体育
Health and Sports

卫生

医疗管理

【概况】 2014年，南海区有各级各类医疗卫生机构401个，其中公立医院15所（区属医院3所，镇属医院12所），社区卫生服务站130个，民营医院4所，社会诊所、门诊部、医务室252所，全区行政村均有社区卫生服务站或镇（街道）医疗保健机构覆盖。全区公立医院（其中“三甲”医院3所，“二甲”医院10所，“一甲”医院2所）床位总数7719张，执业医师5020人，注册护士6101人。全区每千人口拥有医院床位2.97张、医生（执业医师）1.38人、护士（注册护士）1.78人。

全年公立医院及社区卫生服务站门诊共接诊2489万人次，平均门诊费用82.93元/人次，低于全市平均水平；出院31.51万人次，平均出院费用5621.03元/人次，平均每床日费用742元，平均住院天数7.25天。

【医疗质量管理】 2014年，南海区卫生和计划生育局修改《医疗质量安全管理考评指标体系》，增加20项质量指标，指导和促进医院管理工作。全年抽调专家397人次，开展日间飞行检查36次。下半年邀请32名南方医科大学南方医院专家对南海区进行“三甲医院回头看”预检。通过督导检查，促使医院质控管理架构逐步完善。开展阳光用药制度建设验收工作，公办医疗机构用药均在省药品交易中心进行统一集中采购。

【医疗人才培养】 2014年，南海区卫生和计划生育局制订《佛山市南海区公立医院优秀年轻专技人才培养资金竞争性分配方案》，在区级及以上医学重点专科、医学特色专科及其对口帮扶的培育专科的技术骨干中，选送42名优秀年轻专技人才到国内代表各学科先进水平的医疗机构进修，培养学科接班人，带动医院专科发展。6~7月，在全区公立医院公开选拔40名优秀年轻干部，并于9月15~20日组织该批干部到成都四川大学和华西医院进行学习培训。

【智能卫生建设】 2014年，南海区卫生和计划生育局对外开放居民健康档案管理平台。居民健康状况、就诊记录、居民个人健康管理、健康三维图、门诊信息（门诊病历、用药）、个人慢病和就诊档案等信息均能通过该平台实现互通。至年底，平台建立居民个人健康档案230万份。年内，区卫生和计划生育局还开通“健康南海”微信推送服务，将预约挂号、南海名医推介、健康生活信息推送等服务融于一体。推进合理用药实时监测项目建设，开发阳光用药管理、抗菌药物临床应用的管理与监测、细菌耐药监测、专家点评、用药知识库管理等管理系统。

【“医路情暖·细节服务医家亲”项目推广】 2014年，南海区在

2014年4月29日，南海居民健康档案管理平台正式对外开放

全区医疗机构全面推广“医路情暖·细节服务医家亲”项目，实施精细化管理。将一年一次的第三方医院顾客满意度调查增加至一年三次；将5种特殊病种居民门诊参保人的开药天数由7天延长至14天。是年，全区医院顾客总体满意度评价为85.11分，比上年度提高0.8分。全年处理医疗纠纷案件118件，比上年下降13.2%，医疗纠纷数量实现三年连续下降。

【第二届“南海名中医”评选】2014年，在总结第一届“南海名中医”评选经验的基础上，南海区启动第二届“南海名中医”评选工作。经个人申请、单位推荐、民意测评、专家评审等程序，评选出丘青中、田莹、李芳莉、李俊雄、金军5名“南海区名中医”。

【医院安保联防联控机制建立】2014年，南海区卫生和计划生育局与佛山市公安局南海分局联合下发《佛山市南海区医院安全保障联防联控工作方案》。4月，以南海区第六人民医院为试点，推广建立南海区医院安全保障联防联控机制，计划在全区二甲以上医院设立警务室、配备防护器械、安装一键式报警装置、建立警员巡查制度等。至年底，全区各医院已完成医院警务室建设。

【社区卫生服务机构管理改革】2014年，南海区启动社区卫生服务机构管理改革，先后出台《关于进一步改革社区卫生服务机构管理体制的实施意见》《关于进一步改革社区卫生服务机构管理体制的补充意见》。改革围绕社区卫生服务中心的性质、隶属关系、管理、人员的聘任和薪酬及财政投入机制进行，确保发挥社区卫生服务保基本、重预防的作用。至年底，西樵镇、丹灶镇、九江镇3个镇（街道）出台改革文件，并搭建起社区卫生服务中心管理架构，其余镇（街道）改革陆续进行。

【家庭医生式服务试点推广】2014年，南海区积极探索转变社区卫生服务工作模式，在7个镇（街道）选取8个试点推广家庭医生式服务。是年，全区各示范点建立家庭医生团队22个，签订家庭医生式服务协议2290户、6909人，建立家庭健康档案2290份，开展老年人健康管理服务2406人次、0~6岁儿童保健服务333人次、孕产妇保健服务94人次、慢性病患者健康管理2419人次，张贴、发放健康教育资料7891份，健康咨询及健康教育5914人次，上门出诊服务1253人次。

2014年12月5日，在南海区人才工作推进会暨名中医义诊活动上，第二届5名南海名中医获授牌

卫生监督执法

【卫生行政执法】2014年，南海区卫生和计划生育局深化行政审批标准化建设，推进企业登记联合审批和网上办事。将行政审批项目从15个工作日缩减到8个工作日；公共场所卫生许可证办理时间缩减了5个工作日；公共场所新、改、扩建卫生许可时间缩短到10个工作日。加大对违反卫生法律法规行为的处罚力度。全年处罚案件168件，其中一般程序及听证程序案件106件，比上年增长1倍多；向公安机关移送非法行医涉嫌犯罪案件10件，向检察机关备案10件，逮捕8人；罚款34.57万元，没收违法所得6.01万元；吊销《医疗机构执业许可证》7个。

【卫生监督量化分级管理】2014年，南海区卫生和计划生育局完成3647个公共场所单位的量化评审工作，其中A级单位176个、B级单位3143个、C级单位324个、D级单位4个，A、B级单位比例为91.01%。完成集中式供水单位量化评级12个，复审覆盖率100%。

【民营医疗机构专项监督检查】2014年，南海区卫生和计划生育局对区内民营医疗机构空挂诊疗科室无人坐诊、聘用非卫生技术人员和未变更注册执业地点人员行医、超出登记范围开展诊疗活动、医疗文书书写不规范、非法鉴定胎儿性别和非法人工终止妊娠等五类违法行为开展专项监督检查行动（简称“五查”行动）。

共检查民营医疗机构86个次，依法对存在违法行为的22个医疗机构立案处罚，罚款金额91446元，对情节严重的6个医疗机构吊销《医疗机构执业许可证》。

预防保健

【南海区成功创建国家慢性非传染性疾病综合防控示范区】2014年，南海区顺利通过专家组评审，成为第三批国家慢性非传染性疾病综合防控示范区。自2012年开展示范区创建以来，南海区围绕“3+3+3”综合防控策略，即针对一般人群、高危人群、患者人群这3类不同人群，通过控制危险因素、早诊早治、规范化管理3种环节，运用健康促进、健康管理、疾病管理3种手段，细化慢性病的防控措施，理顺防控流程，逐步提升防控水平。将慢非病防控工作重心从医院下沉到社区，落实提升全区128个社区卫生服务站“六位一体”功能。在区疾控中心以及各镇（街道）医院设立慢非科，加强慢非病防控队伍建设。同时，在全区各镇（街道）建立1~2个“家庭医生式服务”示范点，签订家庭医生式服务协议，探索将慢非病防控工作融入其中。开发与各医院诊疗系统数据相结合的慢非病报告系统，进一步完善慢非病监测网络系统，有效落实全区医疗机构35岁以上人群首诊测血压、全人群死因监测、恶性肿瘤、心脑血管事件等登记报告工作制度。做好恶性肿瘤、脑卒中、急性心肌梗死和心脏性猝死四类重大恶性疾病的监测，动态掌握重点慢非病发病、死亡及危险因素的流行状况和变化趋势，为指导科学制定慢非病长效防控政策提供依据。2014年底，南海区被确定为国家肿瘤随访登记监测点和居民心脑血管事件报告监测点，获得中央转移专项经费补助。同时，以高血压患者和糖尿病患者为重点高危人群，规范其登记、跟踪、监测等服务工作。至年底，全区有高血压患者147735人，规范化服务112587人，血压达标95364人；有糖尿病患者40262人，规范化服务31819人，血糖达标25084人。落实高危人群的发现和干预。是年，全区128个社区卫生服务站主动开展高危人群筛查，登记高危人群约3万人，管理约2万人。2013~2014年成立患者自我管理小组144个（高血压患者自我管理小组142个、糖尿病患者自我管理小组2个），指导高血压患者掌握有关疾病防治知识，提高患者自我保健和自我护理能力。

【登革热防控】2014年，南海区登革热疫情暴发时间早、局部暴发明显、疫情蔓延快、势头猛，呈现散发和局部地区暴发并存的状态。全年登革热发病病例2208例。年内，南海区切实组织力量开展疫情防控，积极组建基层疫情应急处置工作队伍。同时，创造性地将网格化管理理念融入登革热防控工作中，区卫生部门成立7个登革热防控督导小组，每组均由一名局领导挂帅，分别对口督导全区7个镇（街道）以及相关部门防控工作，每周到村（社区）、重点场所开展3天以上的检查督导。形成区、镇、村三级挂钩联动，政府主导、部门参与、全民动员的防控格局，较好遏制了登革热疫情的蔓延。

【秋冬季传染病防控】2014年，南海区高度重视人感染H7N9禽流感、埃博拉出血热等秋冬季传染病的防控工作，加强重点传染病的监测分析研判、重症病例救治和健康宣教，将重点传染病的防控工作纳入区委、区政府重点工作。制订《南海区埃博拉出血热防控应急预案》《2014年南海区埃博拉出血热防控工作实施指引》《人感染H7N9禽流感防控应急预案》等预案与工作指引。成立联防联控工作领导小组，加强部门、镇（街道）间的协作。对活禽交易市场实施“1110”制

2014年10月30日，南海区举办埃博拉出血热防控演练培训

2014年南海区流动人口妇幼保健服务情况

服务项目		实绩(人次)	投入经费(万元)
孕期保健	首次产检	3275	74.47
	孕期保健	10073	30.22
产后访视	婴儿	38427	30.74
	产妇	34217	51.33
儿童保健	儿童保健	144321	108.24
	血常规检测	92819	134.59
合计		323132	429.59

度，即“一天一清洗消毒、一周一扫除、一月一休市、活禽零存栏”；对疫区来华（归国）人员进行健康监护随访。

【公共卫生监测】 2014年，南海区继续做好集中式供水水质监测、食品安全风险监测、公共场所监测等公共卫生监测。集中式供水水质采样137份，合格113份，合格率82.5%；检测4181项次，合格4154项次，合格率99.4%。抽检学校、托幼机构135间次，抽检直饮水250份，合格218份，合格率87.20%；检测738项次，合格706项次，合格率95.7%。检测游泳池水72间次（其中7间为复测），合格56间次，合格率77.8%。开展食品微生物及其致病因子监测，抽检8大类食品样品160份，检测项目455项，有16份样品检出金黄色葡萄球菌、致泻性大肠埃希氏菌和蜡样芽孢杆菌致病菌。开展食品化学污染物及有害因素监测，共抽检13大类食品样品195份，检测项目1900项，检出超标样品10份，超标项目有镉、铅、汞、邻苯二甲酸类、硝基呋喃及其代谢物指标超标。抽检公共场所40间，其中抽检旅店业27间，不合格16间；抽检美容美发店13间，不合格7间。不合格项目以毛巾、枕套为主。

【医疗卫生应急保障】 2014年，南海区各医疗卫生单位举行应急管理培训和业务培训100余次，培训人员超过4000人次；开展H7N9禽流感、院前急救、医院安保和埃博拉出血热疫情防控等演练40余次，参加演练人数超过1200人次，提高卫生系统应对各种突发事件处置能力。是年，区卫生部门完成2014年春运、“两会”、中考、高考及欧洲高尔夫巡回赛等活动医疗卫生保障任务39项，出动医护人员324人次，出动救护车66车次。

【“两癌”筛查】 2014年，南海区将妇女“两癌”检查项目点定为狮山镇罗村片区及大沥镇。经统计，接受宫颈癌、乳腺癌免费检查分别为8821人、9193人，确诊宫颈癌5例，乳腺癌2例。

【城市流动人口妇幼保健服务】 2014年，南海区继续提高流动人口妇幼保健服务覆盖面，全年提供孕期保健13348人次，产后访视72644人次，儿童保健237140人次。5月22~23日，在国家卫生计生委-联合国儿童基金会举办的年度工作会议中，南海区作流动人口孕产妇、儿童免费保健服务工作经验汇报。

爱国卫生

【“五星健康村”创建】 2014年，南海区卫生和计划生育局对照《南海区五星级健康村评估指标体系（试行）》和《南海区五星级健康村指标体系评估细则（试行）》相关要求，评选出里水镇河村村、鹤峰村，九江镇水南村，西樵镇朝山村、崇北村，丹灶镇良登村，狮山镇高边村、莲子塘村8个“五星级健康村”。

【爱国卫生大行动】 2014年，南海区以佛山市开展的“清除蚊媒孳生地，全民防控登革热”爱国卫生大行动为契机，联合各级、各部门力量，广泛发动群众，组织开展以清查蚊虫孳生地盲区、死角为重点的全民性城乡环境卫生整治行动。在城区，重点加强农贸市场、背街小巷、城中村、城乡结合部、废品收购点、待建地（建筑工地）等区域的环境卫生整治，彻底清除卫生死角；在农村地区，重点清理村镇入口以及公路、河涌沿线的生活垃圾、闲置地、空置屋等区域的卫生死角。活动参加人数19643人次，清理卫生死角98720处，清运淤泥垃圾4346吨。 （杨晨）

体育

【概况】 2014年，南海区体育事业总投资6381万元。区、镇（街道）两级全年举办体育赛事、活动729场次，参与人数3.5万人。全年新建体育场地28个。至年底，全区共有体育场地5612个，其中体育馆11个、篮球场2743个、网球场451个、足球场51个、游泳池85个。区级场馆全年正常开放，其中免费开放52天，比上年增加27天，全年接待市民

189.15万人次，其中免费开放日接待市民22.55万人次，比上年增长1.26倍。承办各级赛事活动54项，参与人数2.8万人次，观众9.9万人次。开办专业培训班20多个班次。是年，桂城街道灯湖社区、狮山镇小塘社区、大沥镇嘉怡社区等23个社区获“广东省第五批城市体育先进社区（居委会）”称号。

【竞技体育】 2014年，南海区运动员在亚运会、亚残运会等各项比赛中成绩优异，共获奖牌57枚，其中金牌34枚。9月，在世界现代五项锦标赛中，梁婉霞获女子团体、女子接力赛2枚金牌以及个人赛铜牌。9月19日至10月4日，在第十七届亚运会中，张家玮获拳击男子56公斤级银牌，梁婉霞获现代五项女子团体铜牌。10月18~24日，在第十一届亚洲残疾人运动会游泳比赛中，林福获8枚金牌，其中50米自由泳、100米自由泳、100米仰泳及100米蝶泳4个项目破亚洲纪录；林萍获金牌1枚、银牌4枚、铜牌1枚，并破女子200米混合泳亚洲纪录；崔永佳获金牌2枚、银牌2枚。此外，南海区运动员在全国青少年体育竞赛田径、游泳、举重、空手道等项目中获金牌21枚。其中，林家鹏在全国中学生运动会上打破男子100米蝶泳、200米蝶泳两项全国中学生纪录。7~11月，在佛山市第八届运动会中，南海代表团分别获青少年组、成年组团体总分第一名，其中3人破5项佛山市青少年最高纪录，1人破2项佛山市成年组最高纪录，并获“代表团体育道德风尚奖”和“最佳赛区”称号。

【群众体育】 2014年，南海区、镇（街道）两级举办群众体育竞赛729次，参赛运动员3.5万人次，进一步促进了民间体育活动的蓬勃开展。2~4月，南海区文化体育局、体育总会、各协会联合举办新春龙狮大赛、百队乒乓球大赛、百队足球赛、科技运动会、百队智慧运动会、体育舞蹈大赛等8项元旦新春体育系列活动；7月，举办“新南海人”系列体育活动；8月，举办“全民健身日”体育嘉年华活动。龙狮运动继续蓬勃开展。农历正月十三，举办南海珠三角新春百狮联赛，来自区内的40多支代表队和来自广州、深圳、中山等珠三角地区代表队参赛；5月1~2日，在西樵山举办第八届全国南北狮王争霸赛、水上双狮挑战赛暨南北功夫争霸赛；10月1~2日，在西樵山举办第十届世界华人狮王争霸赛暨水上双狮挑战赛。各镇（街道）亦结合本地节庆活动举办各类龙狮比赛和表演节目。

【广东省空手道公开赛】 于2014年12月6日在南海体育馆举行。由广东省社会体育中心主办、南海区文化体育局承办、南海体育总会及南海区空手道协会协办。比赛采用世界空手道联盟（WKF）最新比赛规则，分组手比赛和个人型比赛，吸引包括香港、澳门代表队等17支队伍参与，参赛人数约180人。

【“新南海人”系列体育活动】 2014年7月，南海区组织举办“新南海人”系列体育活动，丰富外来务工人员业余体育文化生活。7月5~6日，在大沥镇佳能体育馆举办男、女子乒乓球混合团体赛；7月12~13日，在里水镇羽毛球馆举办羽毛球混合团体锦标赛；7月19~20日，在桂城街道举办击剑团体赛；7月27日，在九江镇海寿岛举办自行车混合团体赛。此次系列活动吸引100多个单位、近万人参加。

【“全民健身日”体育嘉年华活动】 于2014年8月8~10日举办，共开展广佛社区群众体育交流汇演、珠三角（桂城）三人篮球争霸赛、南海区大学生趣味运动会、桂城街道亲子趣味运动积分赛（第二季）、象棋大师吕钦见面会暨南海区中国象棋、围棋应众赛等活动，吸引2000人次参与。

【百村（居）篮球赛】 2014年6~8月，第八届南海区百村（居）男子篮球赛在各镇（街道）举行。234个村（社区）参加比赛，

2014年10月1~2日，“黄飞鸿杯”第十届世界华人狮王争霸赛在西樵山天湖公园举行

占村（社区）总数的93.6%。其间，举办赛事552场，参赛运动员3276人。大沥沥兴队获决赛冠军，狮山显岗队、里水大冲队分获第二、三名。

【佛山城市乐跑赛】 于2014年10月26日在千灯湖市民广场举行，以“跑出健康、跑出快乐、跑出友谊”为主题。来自省内近170个企事业单位的4600余名乐跑爱好者参加活动。活动还邀请2004年雅典奥运会男子跳水10米台冠军胡佳参与。

【国民体质监测进社区】 2014年7月8~11日，南海区国民体质监测中心分别在丹灶镇丹灶社区、金宁社区和里水镇金和社区、新兴社区举办国民体质监测进社区活动，有800多人参加测试。专业监测技术人员对受测者进行皮脂厚度、安静脉搏、血压、台阶试验、肺活量等项目的测试，并为受测者开出运动健康处方。是年，区国民体质监测中心完成对农村幼儿、学生、成年人及老年人共2500多人的体质测试工作。体质合格率达到97.8%。

【社会指导员队伍不断壮大】 2014年，南海区将社会体育指导员培训下放到镇（街道），办班内容、时间由各镇（街道）确定，更好地把在各个社区、广场、健身点的体育骨干纳入社会体育指导员队伍，全年新增三级社会体育指导员近1500人。

【基层训练基地和活动中心加快建立】 2014年，南海区武术、龙狮、足球等项目加快走进社区和学校，基层训练基地和活动中心纷纷建立。是年，新成立大沥联滘太极中心、大沥碧桂园太极中心、南国桃园太极中心、九江金汇龙舟示范训练基地、南海区龙舟器材研发生产基地、里水小学醒狮训练基地、林世荣武术训练基地、石门中学联合校友足球训练基地、赞华堂咏春拳馆、南海区体育总会狮山广泰机械厂龙狮团训练基地。

【体育彩票销售】 2014年，南海区体育彩票在线销售网点256个，比上年减少2个；销售电脑体育彩票41336万元，即开型彩票3867万元，两项合计4.52亿元，比上年增加18704万元，增长66%。全年筹集区级公益金约2300万元，代缴个人所得税约800万元。全年有3人中百万元以上大奖，分别为罗村彩民中超级大乐透1000万元、黄岐彩民中超级大乐透878万元、桂城彩民中排列三300万元。

（冼福添　关复棠）

2014年南海区运动员参赛获奖情况

姓　名	赛　　事	项　目	名　次
梁婉霞	世界现代五项锦标赛	现代五项	第一名
梁婉霞	世界现代五项锦标赛	现代五项	第三名
梁婉霞	亚运会现代五项比赛	现代五项	第三名
梁婉霞	世界杯现代五项比赛	现代五项	第三名
梁婉霞	全国现代五项锦标赛	现代五项	第一名
张家玮	第十七届亚洲运动会	拳击	第二名
周　鹏	第十七届亚洲运动会	成年篮球	第五名
梁建豪	亚洲青年击剑锦标赛	击剑	第一名
梁建豪	全国青年击剑锦标赛	击剑	第二名
梁建豪	全国击剑冠军赛总决赛	击剑	第二名
阳　俏	全国青年田径锦标赛	田径	第一名
马健良	全国青年田径锦标赛	田径	第一名
马健良	全国青年田径锦标赛	田径	第二名
吴亮林	全国青年田径锦标赛	田径	第一名
吴亮林	全国田径冠军赛暨大奖赛总决赛	田径	第三名
罗显彦	第十二届全国中学生运动会	田径	第三名
林家鹏	第十二届全国中学生运动会	游泳	第一名
林家鹏	第十二届全国中学生运动会	游泳	第一名
林家鹏	第十二届全国中学生运动会	游泳	第三名
张升辉	全国高水平后备人才基地举重锦标赛	举重	第一名
陈宇生	全国高水平后备人才基地举重锦标赛	举重	第一名
黄丽兴	全国马术盛装舞步锦标赛	马术	团体第二名
谭志勤	全国马术锦标赛	马术	第二名
张家玮	全国男子拳击锦标赛	拳击	第一名
王洁仪	全国射击个人锦标赛	射击	第二名
王洁仪	全国射击团体锦标赛	射击	第一名
李瑶瑶	全国跆拳道锦标赛	跆拳道	第三名
李瑶瑶	全国跆拳道冠军赛	跆拳道	第二名

社会民生
Social Life

■ 人口和计划生育

【概况】 2014年末，南海区户籍人口124.70万人，其中已婚育龄妇女26.25万人；人口出生16022人，出生率12.92‰，自然增长率7.51‰；户籍人口符合政策生育率93.48%，政策外多孩率0.78%，出生性别比106.92：100。流动人口167.87万人，其中已婚育龄妇女51.79万人；人口出生33633人，符合政策生育率79.54%；落实计划生育手术17056例。

是年，南海区落实计划生育利益导向机制，全年发放计划生育奖励扶助金2232.28万元。继续开展出生人口性别比治理活动。全年组织打击“两非”专项行动18次，突击检查医疗保健机构和个体诊所35个，查处外省移交的涉嫌“两非”案件8件。依托社区网格化治理，继续深化流动人口计生网格化管理服务，推进流动人口计生基本公共服务均等化。以“情暖计生，幸福家·南海”为主题，组织系列计生宣传教育活动，取得显著成效。区卫生和计划生育局被中国人口报社授予“2014年度新闻宣传工作先进单位”称号；狮山健康体验馆被评为广东省卫生计生宣传示范基地、广东省卫生计生“十佳”宣传创新项目；南海电视台作品《用生命拯救生命的人》获广东省首届卫生计生好新闻优秀奖。

【计划生育奖励扶助】 2014年，南海区继续落实计划生育家庭特别扶助金制度、节育奖制度、城镇独生子女父母奖励制度、农村部分计划生育家庭奖励制度以及历史遗留城镇独生子女父母退休一次性奖励规定。同时，完善流动人口计划生育奖励优惠政策，简化流动人口节育奖励申领手续。全年发放计划生育奖励扶助金2822.71万元，受惠人数14384人。其中，为8323人发放农村部分计划生育家庭奖励1337.51万元，为225人发放计划生育家庭特别扶助金223.68万元，为1970人发放节育奖591万元，为3828人发放城镇独生子女父母奖励643.10万元，为38人发放历史遗留城镇独生子女父母和无子女人员退休一次性奖励27.42万元。

【提高人口信息统计数据质量】 2014年，南海区人口和计划生育管理部门进一步完善“周入户，月抽查，季评估”的人口信息数据质量监控机制，同时加强镇（街道）信息统计工作的培训与辅导，确保人口数据质量。制定南海区《计划生育“分类指导，强基提质，整体促进”专项整治行动方案》，建立健全人口数据指标预警机制，并运用全员人口信息数据比对系统，加大对基层数据质量的督查力度和综合治理部门之间的信息比对力度，进一步提高计生统计数据质量。

【免费孕前优生健康检查项目进展顺利】 2014年，南海区推进免费孕前优生健康检查项目，并启动免费婚检与孕前优生健康检查综合服务项目。全年参加孕前

2014 年南海区人口自然变动情况

镇(街道)	出生		死亡		自然增长率（‰）
	人数	出生率(‰)	人数	死亡率(‰)	
合计	16022	12.92	6301	5.08	7.84
桂城街道	2764	11.41	852	3.52	7.89
九江镇	1331	12.78	614	5.90	6.88
西樵镇	2002	13.16	847	5.57	7.59
丹灶镇	1254	14.12	584	6.58	7.55
狮山镇	3677	13.30	1681	6.08	7.22
大沥镇	3031	12.24	1037	4.19	8.05
里水镇	1963	15.23	686	5.32	9.91

（区发展规划和统计局提供）

优生健康检查24346人，其中新婚夫妇16836人，有二孩指标夫妇7046人，流动人口夫妇680人。年内在国家项目信息管理系统中建立家庭档案12173份，完成早孕随访5459人次，完成妊娠结局随访6899人次，检出有生育风险男性5114人、女性6092人，为检出的有生育风险夫妇提供优生咨询和生育指导服务。

【贯彻落实“单独二孩”政策】2014年3月27日，广东省正式实施“单独二孩”生育政策。南海区在贯彻落实“单独二孩”政策的同时，简化“单独二孩”审批流程，压缩办事时限。至年底，全区受理、审核单独夫妻再生育申请4304例。

【开展“爱”系列关爱服务】2014年，南海区人口和计划生育管理部门创造性引入“社工+医生+计生工作人员+义工”跨界合作团队，开展“爱·相随”“爱·益生”“爱·天使”等“爱”系列服务项目，为“失独”家庭、不孕不育困难家庭、外来女工性安全提供关爱服务。成功在南海区慈善会创建全省首个“爱·相随”家庭发展基金，制定《南海慈善会“爱·相随”家庭发展基金管理办法》，规范基金的捐赠、受赠、使用、监管，为“失独”家庭提供稳定、持久的资金支持。

【组织开展“计生学堂”系列培训】2014年，南海区组织开展“计生学堂”系列培训活动，提高计生工作人员服务水平。全年举办“计生学堂”进村（社区）培训班11期，培训镇（街道）计生工作人员、村（社区）计生主任、计生专干和计生服务所专业技术人员962人；举办“计生学堂”之药具管理员、服务所所长全员培训班2期，60人参加培训；邀请省计生科研所和省妇幼医院的专家授课，培训各镇（街道）人口和计划生育服务所技术服务人员135人。

【首届家庭人口文化节系列活动举办】2014年，结合“家·南海”建设活动，南海区举办首届家庭人口文化节系列活动。活动为期半年，以“情暖计生，幸福家·南海”为主题，以区、镇联动的方式，举办“7·11”世界人口日宣传活动、人口文化联展、“书送健康”赠书活动、“南海好家风”格言微博征集活动、“幸福新家庭”评比、“幸福家年华”大型户外活动等活动。（甘霞）

2014年12月7日，南海区举办“幸福家年华”活动暨“爱·相随”家庭发展基金启动仪式

人力资源和劳动管理

【概况】2014年，南海区新增就业人数27394人（含自然减员人数），城镇登记失业人员3005人，登记失业率2.33%；城镇登记失业人员再就业12772人，就业困难人员实现再就业1091人；全区农村劳动力新增转移就业2139人，新增吸纳本省劳动力人数8127人。

【就业扶持】2014年，南海区修订出台《南海区创业小额担保贷款办法》，将最高贷款额度调整为15万元。全年资助创业项目5个，发放小额担保贷款75万元。设立就业专项资金，全年区级筹集用于公共就业服务的资金529.74万元，其中用于就业补贴、培训补贴等专项资金448万元。为高校毕业生提供社会保险补贴、创业资助等10项补贴，扶持高校毕业生就业和创业工作。支持镇（街道）出台相应就业扶持政策，推动“四大基地”（关爱扶持创业基地、关爱扶持就业基地、家庭服务业培训基地和高校毕业生见习基地）建设。年内大沥镇在中恒金都酒店、新怡内衣有限公司新设立关爱扶持就业基地，全镇关爱扶持就业基地增加至9个。

【人才招聘】2014年，南海区组织开展各类招聘活动，促进就业。全年全区举办现场招聘会和专场招聘会305场，进场企业2.7万家次，提供岗位47万个，初步达成意向10万人，其中失业人员3978人。开展“推动本地人实现更高质量就业”专题调研，深入走访区内28家“北斗星”企业，了解企业用工及

2014年2～3月，南海区举办31场专场招聘会，满足企业用工和务工人员就业需求

人才需求，进行服务对接。是年2~3月，举办“南粤春暖”就业服务专场招聘会，以31场招聘会促进劳动力供求双方快速对接匹配，满足节后用工和返岗就业需求。组织173家企业分赴桂林、西安、武汉、罗定、韶关、肇庆、荆州等地招聘，提供就业岗位7100多个，现场报名人数超2100人。优化“南海区人力资源信息管理系统”服务功能，全年参加网络招聘企业逾1.7万家次，提供岗位5万个。

【高校毕业生就业服务】 2014年，南海区将9月定为“高校毕业生就业服务月”，组织开展24场招聘会，提供岗位20637个。同时，做好离校未就业高校毕业生实名制就业服务，通过分镇街、按村居、一对一电话访问的形式，每月跟踪调查毕业生就业情况。积极落实普通高校毕业生就业扶持政策，全年为88人次发放就业补贴149965元，是年全区有高校毕业生11449人。至年底，就业率超过90%。

【加强技能人才队伍建设办法出台】 2014年，南海区出台《南海区加强技能人才队伍建设暂行办法》，从引进、培养、评价和激励四个方面，推出12项加强技能人才队伍建设措施，鼓励企业、培训机构、职业院校和行业协会引进和培养技能人才，力争到2020年全区技能人才总量达25万人。办法提出对培养在职员工并取得职业资格证书达到一定人数标准的企业提供5万元至15万元的政府补贴，对成功创办并获得市级创办补贴资格的培训学校给予一次性20万元的创办补贴，对区外各类职业技术院校为南海输送技能人才的给予每年最高30万元奖励等。至年底，广东华兴玻璃有限公司、平洲玉器宝石协会各获得10万元的“企业技能人才评价”奖励，北汽福田公司南海汽车厂获得技能竞赛扶持资金2万元。全年新增企业自办培训学校3所。至年底，全区有民办职业培训机构35个，各类职业培训学校全年培训人员13934人。

【实施技能晋升“直补个人”新政】 2014年，南海区实施技能晋升“直补个人”新政，将技能晋升培训补贴直接发放给个人。凡符合条件的个人只要在省内考取相关资格证书，便可在一年内申请技能晋升培训补贴，最高可补3500元，贫困家庭学员还可申请500元生活费补贴。与原有政策相比，新政具有补贴标准提高、对象范围扩大、申请流程简化、到账周期缩短、增加生活补贴、每晋升一级享受一次补贴等7大亮点。政策出台后，南海区人力资源和社会保障局通过制作宣传片等进行全面宣传发动，扩大政策知晓率。至年底，全区共有44人申请个人技能晋升补贴，发放补贴9.44万元。

【高层次人才认定评定】 2014年，南海区修订出台《南海区高层次人才认定评定管理办法》和《南海区高层次人才认定评定标准》。全年受理申报169人，评定出第三批高层次人才51名，其中一级3名、二级7名、三级41名。至年底，全区有高层次人才204名。同时，落实高层次人才奖励和培养资助政策，全年发放政府津贴、个税奖励、学术资助近260万元。

【职业技能鉴定】 2014年，南海区人力资源和社会保障局指导、扶持桂城技工学校、华兴玻璃等4个单位申请成立职业技能鉴定所。规范维修电工、汽车修理工、数控车工等各类工种的技能鉴定工作，对鉴定机构进行不定期现场检查，确保鉴定工作质量。依托企业研发新工种技能鉴定标准，大沥商会、奥丽侬内衣集团制订行业职业鉴定评价标准。全年有10193人参加职业技能鉴定，核发职业资格证书5943人（初级1574人、中级2533人、高级1836人），专项职业能力证书408人。

【技术职称评审】 2014年，南海区继续做好职称申报评审工作。全年参加职称评审1688人，其中申报评审高级职称431人、中级职称457人、初级职称150人；大学生初次职称认定650人。

【博士后科研工作分站新增6个】 2014年，南方风机实业有限公司、菱王电梯股份有限公司、佛山市南海区希望陶瓷机械设备有限公司、广东摩德娜科技股份有限公司、佛山市南海南方技术创新中心有限公司、广东瑞洲科技有限公司6家企业成功申报为佛山市企业博士后科研工作站分站，并各获得15万元的项目资助。至此，全区有国家级博士后科研工作站10个，佛山市企业博士后科研工作站分站7个，进一步推动了企业的自主创新和人才培养工作。

【第十届校企合作洽谈会】 2014年11月26日，第十届校企合作洽谈会在狮山镇举办，65所省内外院校代表和70家南海企业代表参加洽谈会。此次洽谈会将聚焦行业从传统制造业扩展到金融服务业，选拔人才由技工类人才拓宽至高等教育人才。同时深化校企合作模式，通过“校政合作”，促成“订单式”培训、特色企业专班等校企合作项目。参会企业向院校提供就业和实习岗位1.48万个，双方达成合作意向311项，其中达成“订单式”培训合作意向企业45家；院校为企业设置“企业专班”30个，预计培训人数3500人。

【推进和谐劳动关系示范区建设】 2014年，南海区积极开展工业园区与特色行业和谐劳动关系示范区创建活动，将狮山北园区、松夏工业园创建经验做法向其他镇（街道）推广。年内，区人力资源和社会保障局与区总工会、区工商联到各镇（街道）检查、指导创建和谐劳动关系示范区工程，扩大创建成效。至年底，全区创建和谐劳动关系示范点15个，达标以上示范点7个，参与创建活动的企业占全区企业总数的61%。

【工伤认定及劳动能力鉴定】 2014年，南海区受理工伤认定案件7247件（其中有参加工伤保险的认定案件5746件，没有参加工伤保险的认定案件1501件），认定工伤7014件，视同为工伤31件，不予认定工伤202件。完成劳动能力鉴定4276件，其中初评鉴定2969件，非工伤因病提前退休劳动能力鉴定114件，复查鉴定申请157件，工伤医疗期的延长确认384件，安装康复器具申请确认70件，工伤康复确认582人次。

2014年11月26日，南海区举办第十届校企合作洽谈会。图为南海区劳动就业中心与企业代表签约

【劳资纠纷预防处置】 2014年，南海区建立劳资纠纷隐患排查工作台账和100人以上用人单位备案台账，开展整顿人力资源市场秩序专项行动、突发事件风险隐患排查、建筑工地劳资纠纷专项检查等8项劳资隐患专项排查，健全区镇村三级联动机制，提高对劳资形势的研判和预警处置能力。全年处理劳资纠纷5363起，比上年下降11.2%。处置群体性劳资突发事件236件，比上年增长17.4%，涉及人数8973人。其中30人以上群体性劳资突发事件71件，下降1.4%，涉及人数2963人。劳动监察立案754件，比上年下降31.6%，其中涉及欠薪案件357件，欠薪逃匿案件23件，拒不支付劳动报酬移送公安机关案件27件。同时，积极化解积案要案，年内妥善处理3件积案要案。

【劳动人事争议仲裁调解】 2014年，南海区受理劳动争议案件10057件。其中，仲裁立案3531件，50人以上集体案件11件，涉及劳动者1624人。84%的争议案件在立案前通过调解方式得到解决，全部案件在法定期限内得到依法处理。是年，区人社、司法、工会、工商联等部门联合推进基层劳动人事争议调解组织建设，在人民调解组织、商事调解组织加载劳动争议调解功能，形成多层级、多部门协同推进的劳动争议调解新格局。至年底，全区249个村（社区）人民调解委员会100%加载劳动人事争议调解功能，各镇（街道）总工会和总商会100%建立劳动争议调解小组，已建立工会组织的行业协会、工业园区、大中型企业设立劳动争议调解委员会。各基层调解组织均配备1~2名专职或兼职调解员负责具体调解工作。实行重大疑难案件庭前议案制度。在区人社局政务网设立“仲裁E通道”，方便当事人查询案件办理进展。试行《仲裁建议书》制度，针对案件中发现的企业用工管理风险发出《仲裁建议书》31份，有效减少劳资纠纷风险。为全区15个仲裁庭配置网络视频音频监控系统，保障庭审活动顺利开展。

【人社系统行政审批改革】 2014年，南海区人力资源和社会保障局开展行政审批（管理）事项标准化建设，对77个事项进行全面梳理和优化，明确审批类型、受理范围等14项内容。至年底，全面完成权责清单编制工作，并将行政职权清单和企业投资管理“三单”向社会公开，涉及行政职权事项181大项，准入审批清单5项，监管措施34项。

（吴丽君）

■ 社会保障

【概况】 2014年，南海区社保基金收入79.69亿元，支付待遇54.74亿元。是年，南海区进一步提高社保服务水平，强化监督管理，确保社保基金安全合理使用。至年底，累计回收佛山社会保障卡申领资料159万份，完成制卡157万张，已发放并激活社保卡126万张。年内，为居住在南海区和禅城区（只含桂园）的80周岁以上离退休人员提供预约办理验证手续上门服务。增设社保自助终端设备，参保人只需用二代身份证或佛山市社会保障卡，便可查询社保卡内医疗个人账户使用情况等。开展重复领取养老金待遇核查、参保人在异地非定点医院住院情况实地核查等专项稽核工作。

【养老保险】 至2014年末，南海区养老保险实际缴费人数79.83万人（其中企业77.04万人，机关事业单位2.79万人），领取职工基本养老金待遇离退休人员15.22万人（其中企业纳入社会养老保险离退休人员14.32万人，机关事业单位0.9万人），企业离退休人员人均养老金为1830元/月，机关事业单位离退休人员人均养老金1688元/月，养老金社会化发放率100%。全区村（居）委会全部纳入城乡居民养老保险，参加城乡居民养老保险7.15万人，享受城乡居民养老保险待遇11.21万人，月均养老金136.88元/人。全区纳入全征土地农村居民基本养老保险补贴参保范围的股份合作社435个，纳入参保对象16万人，有3.4万人领取全征土地农村居民养老保险补贴，月待遇300元/人。

是年，调整企业退休人员基本养老金待遇，涉及全区企业离退休人员13.7万人，调整后全区平均养老待遇由1674.73元/月升至1855.26元/月。7月起，将城乡居民基本养老保险个人基础养老金标准从每人每月120元调整为135元，涉及11.2万人。

【失业保险】 至2014年末，南海区失业保险实际缴费人数72.49万人，按月领取失业保险金待遇3616人，每人每月1048元。

【医疗保险】 至2014年末，南海区城镇职工基本医疗保险实际缴费人数77.5万人，有55.6万人次享受城镇职工基本医疗保险住院及门诊特殊病种医保待遇。全区参加居民住院医保73.52万人，有16.4万人次享受居民住院医保待遇；参加居民门诊医保153.98万人，有1096万人次享受居民门诊医保待遇。从2014年度起，居民医保缴费方式在现有村（社区）代扣代缴方式基础上，增加家庭户缴费方式。全年有42个村（社区）采用家庭户缴费方式，涉及8.76万户家庭和8.8万名参保人员，占全区参保人数12%。

【工伤保险】 至2014年末，南海区工伤保险实际缴费人数75.4万人，核发工伤保险待遇0.48万人次。是年，推广工伤保险待遇申报现场结算方式，全区有7家定点医院实行现场结算工伤康复医疗费用，通过网上进行业务受理、审核，既减少用人单位或当事人投递资料环节，又实现费用的第一时间给付。

【生育保险】 至2014年末，南海区生育保险实际缴费人数74.4万人，办理生育医疗费用报销业务9989人次，申领生育津贴9522人次。

【解决慢性病开药难问题】 2014年，针对部分慢性病人反映开药难的问题，南海区将居民门诊特殊病种一次性可开药天数增加至14天。为确保政策落到实处，区人力资源和社会保障局、区社会保险基金管理局和区卫生和计划生育局联合制订工作方案，调整结算办法，要求所有定点医疗机构对病情稳定的特殊病种参保人原则上按14天开药，违规查实的作相应处理。畅通“12345”热线，公开接受群众对开药问题的投诉和监督。定期提取、分析各医院“开药少于14天”的处方比例数据，及时掌握医院执行政策的情况。组成检查小组到医院现场核查，敦促医疗机构进行自查及整改。

【加强“两定”机构审批管理】 2014年，南海区规范和简化“两定机构”（定点医疗机构、定点零售药店）审批流程，使全区定点医疗机构和定点零售药店数量不断增多，方便参保人就医购药。同时，加强对“两定机构”的监管，加大稽核力度，保障参保人利益。全年新增定点医疗机构9个（只限刷医保卡）、定点药店135个。至年末，全区有定点医疗机构199个（只限刷医保卡医疗机构41个）、定点药店965个。（吴少娥　吴丽君）

■ 人民生活

【概况】 2014年，南海区经济总体运行平稳，城乡居民收入持续增加，购买能力进一步增强。南海区统计调查中心城乡一体化住户调查数据显示，全年全区居民人均可支配收入36206.5元，比上年增长9.0%。其中，城镇常住居民人均可支配收入36885.7元，比上年增长8.9%；农村常住居民人均可支配收入23655.4元，增长9.3%（2014年南海区首次按照新调查口径发布城乡居民可支配收入和支出数据，故新口径数据和旧口径数据不可比）。年末城乡居民本外币储蓄存款2081.22亿元，比年初增长4.7%。全年实现社会消费品零售总额831.51亿元，比上年增长13.2%。

【城镇常住居民收支保持较快增长】 2014年，南海区城镇常住居民人均可支配收入36886元，比上年增长8.9%。工资性收入仍然是收入的主要来源，人均工资性收入20583元，占人均可支配收入的55.8%，比上年增长8.2%；人均经营净收入7789元，增长9.5%；人均财产净收入7480元，增长10.3%；人均转移净收入1034元，增长9.8%。城镇常住居民人均生活消费支出25895元，比上年增长9.9%。从构成生活消费支出的八大类商品和服务来看，食品烟酒类支出7809元，占生活消费支出的30.2%，比上年增长9.0%；教育文化娱乐类增长最快，全年人均支出3418元，增长12.3%。

【农村常住居民收支同步提升】 2014年，南海区农村常住居民人均可支配收入23655元，比上年增长9.3%。从收入结构来看，农村常住居民人均工资性收入17320元，占人均可支配收入的73.2%，比上年增长8.3%；人均经营净收入2013元，增长14.8%；人均财产净收入3046元，增长13.0%；人均转移净收入1277元，增长7%。农村常住居民人均生活消费支出15377元，比上年增长10.3%。其中，食品烟酒类支出5144元，占人均消费性支出33.5%，比上年增长9.4%；生活用品及服务类增长最快，全年人均支出1181元，增长13.2%。（徐丽莉　梁莹）

■ 民政工作

【概况】 2014年，南海区以广东省“救急难”试点为契机，进一步完善救助体系，全年发放各类救助款近7000万元。加快养老机构建设，成立南海区养老服务协会，推动养老事业发展。创新推行社区网格化治理，实现社区管理的精细化，促使城乡服务均等化。10月31日，南海区被民政部评为“全国社区治理和服务创新实验区”。加快社会组织和社工人才的培育。全年新成立社会组织133个，新增加社会工作专业人员327人。至年底，全区有各类社会组织1427个，有助理社会工作师870人，社会工作师244人。

【最低生活保障】 2014年1月1日起，南海区城乡最低生活保障标准由470元提高至510元。全年区、镇（街道）、村三级发放低保金等各类救助款近7000万元，其中分类施保金190.07万元。农村五保供养、城镇“三无人员”、分散孤儿补助标准由835元提高至1080元，全年发放补助金739.5万元，达到佛山市农村五保供养对象供养标准不低于上年度农村居民人均纯收入70%以上的要求。

【临时救助】 2014年，南海区送往市救助站实施救助人员2800多人次，支出救助金1000多万元，区、镇（街道）两级对近300人次进行必要的临时救助，救助金额近10万元。

【养老事业】 2014年，南海区着手养老事业整体规划，打造机构养老、社区养老、居家养老协调发展的格局。是年，南海区社会福利中心被评为“广东省特级社会福利机构”，中心二期建设工程进度超过90%，在原来400个床位的基础上再增加900个床位。计划对城乡社区星光老年之家及社区活动中心进行改造提升，建设成为统一标识、配置合理、需求匹配的社区幸福院，为社区长者提供文娱体育、康复理疗、生活照料等服务。全年区、镇（街道）两级投入资金超过414万元，为符合条件的老年人提供居家养老服务。

【南海区养老服务协会】 于2014年4月1日成立，旨在整合和利用区内养老服务资源，发展养老产业，搭建养老服务行业和政府间沟通平台，加强区内外行业间的交流和合作，促进行业自律，提高行业管理服务水平，推动南海区养老福利事业的发展。协会成员分为单位会员和个人会员，单位会员以南海区养老机构为主，至年底，登记会员23个；个人会员由养老服务行业的各专业人员组成，至年底，注册会员36人。

【老龄工作】 2014年，南海区、镇（街道）两级政府出资为具有南海区户籍年满70周岁及以上老年人和南海区户籍年满60周岁及以上享受城乡最低生活保障待遇人员、城乡“三无”、“五保”对象免费购买一份意外伤害综合保险（10元/人·年），有8万多名老人受惠。做好70周岁以上老年人高龄津贴发放工作，全年发放高龄津贴近5400万元，8.2万名老人受惠。全年办理老年人优待证29728张。组织开展系列敬老助老活动：组织春节、重阳等节日慰问，发放慰问金近55万元；举办老年人艺术节文艺展演、“千叟游”等活动。

【慈善捐助】 2014年，南海区继续举办“广东扶贫济困日·南海慈善募捐月”系列活动，募集善款2269万多元，其中区慈善会与区政协书画院共同举办的名家书画慈善拍卖活动募集善款1295万元。成立“爱心妈妈微梦成真”等小额品牌捐助项目，激发全民慈善热情，盘活壮大冠名基金规模。“南海慈善阳光信息平台”正式投入运作，进一步提升南海慈善的公信力。全年各级慈善组织共募集善款6397万元，支出善款5446万元。其中救助因病困难群众4294人共1170多万元，资助困难学生2044人共373万元，发放定向捐赠2178万多元，4798人受惠。此外，投入688万元探索购买专业机构社会服务，开展爱心助学、助残扶残、敬老助老等各类服务。

【福利彩票销售】 2014年，南海区有福利彩票投注站311个，全年销售福利彩票6.25亿元，比上年增加4600万元，增长8%。筹集公益金4633万元，为公益慈善事业提供有力支撑。桂城视频彩票销售厅获“广东省优秀销售厅”称号。

【双拥优抚安置】 2014年，南海区召开拥军优属座谈会600多次，支持部队建设、慰问优抚对象资金2500万元。调整义务兵家属优待金标准，根据城镇职工最低工资标准发放，达到15700元。全年发放定恤定补金2100多万元，退役士兵一次性经济补助金2000万元，义务兵优待金860多万元。区民政部门还联同南海电大创新开展退伍军人学历教育，180人参加首期学习。

【区划勘界工作】 2014年，南海区继续以社会化委托管理的方式，由专业测绘公司对南海区的区级、镇级以及受委托管理的市级界线界桩进行管理。区民政部门组织对佛广、南高、南三以及南海各镇（街道）行政界线界桩进行全线实地监督巡查，并对辖区内其他界线界桩进行抽查。与各镇（街道）签订《南海区各镇（街道）平安边界共建协议书》。

【地名工作】 2014年，南海区进一步加强对全区地名的规范化、标准化管理。全年办理地名预核准99个，正式命名建筑物住宅小区地名102个、道路桥梁地名60个、站点地名13个和公园地名1个。实施南海地名文化保育工程，整理区内古村名录。经实地考证，发现全区现有800年以上历史古村54个，其中桂城街道5个、西樵镇6个、丹灶镇8个、里水镇7个、大沥镇11个、狮山镇17个。举办主题为“传统·现代·古村落”的古村落调研大赛，有10支队伍，约60名各地高校学生参赛。通过比赛，梳理出区内古村落历史脉络，理清了古村落的地名渊源、氏族源流及谱系等。

【社区网格化治理】 2014年，南海区在全区铺开社区网格化治理。2月，在狮山镇罗村社会管理处、大沥镇和里水镇选取10个社区作为社区网格化治理试点，按商住区、工业区和混合区等不同类型，划分92个网格，并按

“1+2+N”（1个网格长，至少2个以上网格员，N个志愿网格信息联络员）模式设置网格工作团队，梳理社区网格巡查任务清单，按照“信息收集—任务派遣—任务处理—结果反馈—核查结案”五个闭环式的流程，处理网格事件，形成规范的网格化运行机制。11月，开发“4G伺服社区网格化管理系统”，网格员可以下载手机终端APP，上传网格内的居民、商户等基本信息，实现社区各类信息资源统筹共享，为全区“大数据”打下基础。

【社区建设】 2014年，南海区以社区报为平台，在全区组织近50期话题讨论，进一步完善健全社区参理事会、市民议事厅等协同共治机制。是年，桂城街道桂园社区、平东社区，大沥镇嘉怡社区、沥雄社区获“全国和谐社区建设示范社区”称号。

【社会组织培育和管理】 2014年，南海区创新社会组织扶持方式，南海区政府和南海区慈善会共同出资350万元，举办第一届“益动全城·家南海公益慈善创意汇”活动，向社会组织征集优秀的社会服务项目并给予资助。共有93个民间组织的135个项目参加比赛，有40个项目获得2万至20万元不等的资金资助。南海区民政局与珠江时报社联手建设NPO议事厅，搭建政府与社会组织沟通交流的平台。扩大社会组织培训规模，全年举办12场重点针对社区社会组织的专题培训。出台《社会组织信用信息管理办法》，加强社会组织监督管理。年内，全区新成立社会组织133个。至年底，全区有各类社会组织1427个，其中依法登记在册的社会组织896个，备案管理的531个。登记在册的社会组织中有社会团体379个，民办非企业单位517个；工商经济类社会组织41个，公益慈善类和社会服务类社会组织215个（含专业社工机构25个），科教文体卫类社会组织537个。是年，全区有3A以上等级社会组织39个，8个行业协会被评为行业自律与诚信建设示范单位。

【社工人才培育】 2014年，南海区着力推动基层干部社工化和社工人才本土化。区民政局、区社会工作协会及南海广播电视大学共同开发南海社工员认证项目，建立具有“南海标准”的社会工作者认证资格体系。12月10日，举办第一期社工员培训及认证班，有49名学员通过认证，成为首批南海社工员。这些社工员将被纳入专业社会工作者管理范围。启动社工督导人才培训计划，选拔15名优秀社工参与首届本土社工督导培训班。桂城、大沥、西樵、狮山等镇（街道）出台社工人才队伍建设激励办法等系列配套政策，加快社工人才培育。举办社工知识普及培训、继续教育、社工考前培训等培训班，全年培训人员超1500人次。是年，全区共有327人通过全国社工资格考试，占全市通过人数的21.7%，其中助理社会工作师257人、社会工作师70人。

2014年5月21日，南海区社会服务联会成立

【婚姻收养登记】 2014年，南海区办理国内公民结婚登记13403对，涉外结婚登记78对；国内公民离婚登记2650对，涉外离婚登记21对；补领婚姻证书2346宗；出具各类婚姻状况证明10449份。规范收养登记及其档案管理，全年办理收养登记9宗。

【殡葬管理和服务】 2014年，南海区制订《佛山市南海区免除户籍人员殡葬基本服务费用的实施办法》。《办法》规定对2013年11月1日后在南海区本地或异地死亡且遗体实行火化的南海籍居民，免收5项殡葬基本服务费用。全年免除殡葬基本服务费用418万元；减免无人认领和特殊群体遗体处理费688万元。3月4日，南海区殡仪馆被评为“广东省一级殡仪馆”。 （黄彬彬）

品质南海·镇街风貌

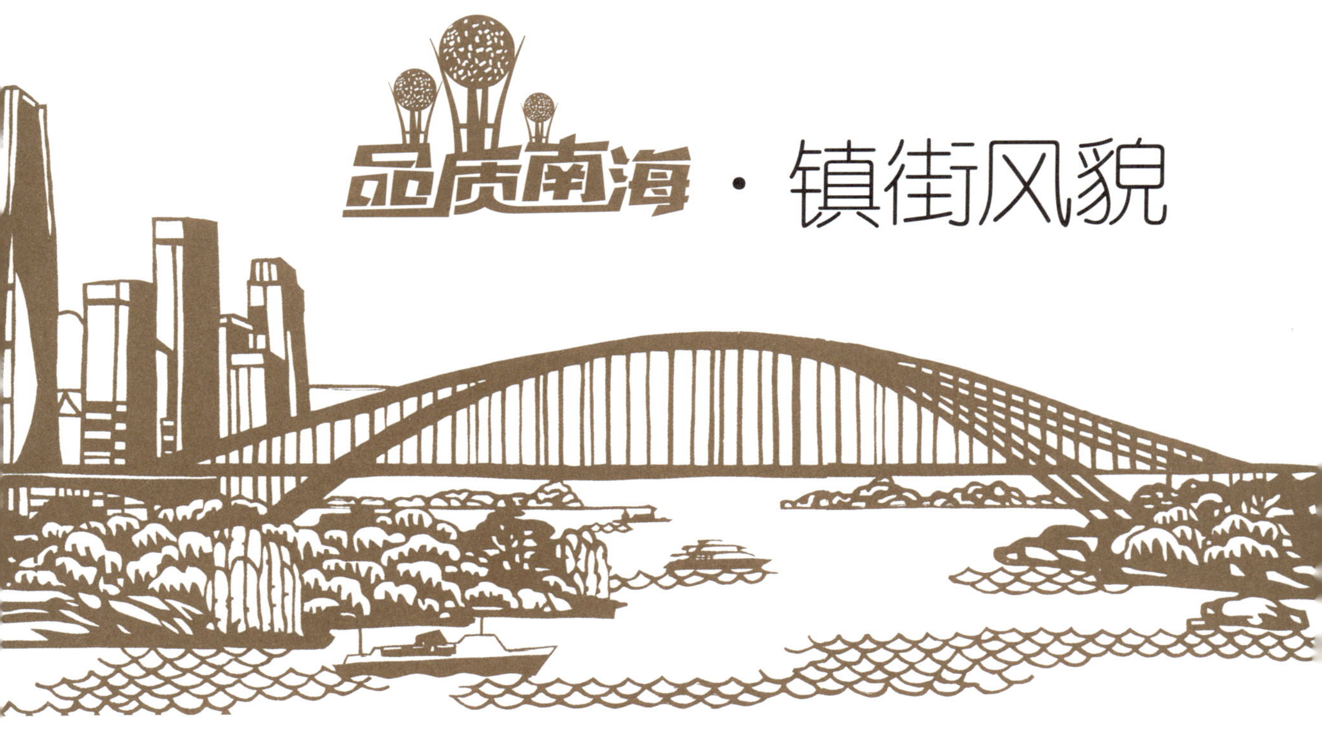

三年城市升级，南海通过借站建城、借湖造城、借轴筑城，完善城市配套，改善城市管理，优化城市功能，美化城市环境，实现了七大镇街的美丽蝶变，城市的内涵和品质得到彰显。新的节点上，南海以“品质南海”为目标，引领着七大镇街从城市升级向城市升值迈进。未来，“城市南海”的蓝图必将更加波澜壮阔。

潮涌灯湖　脉动桂城

南海核心 金融硅谷

坐落在南海区东部的桂城街道，是南海政治、经济和文化中心，毗邻广州，得天独厚的区位优势成就了桂城的高速发展。桂城街道凭借“两轴四湖五城”的城市发展格局，以千灯湖城市轴和新交通发展轴为主线，千灯湖、怡海湖、映月湖和文翰湖为内核，着力构筑产城人融合的“五城”特色产业社区。以产城融合展开新格局，加快城市更新速度和优化环境治理，积极践行城市精细化管理，加大民生保障力度，为吸引人才打造良好的软环境，实现“产城人”的深度融合。

人居桂城　城市品牌

桂城街道一直不懈地擦亮自己的名片。人居桂城、教育桂城、翡翠桂城、关爱桂城等城市名片彰显着特色城市的品牌效应。“创文”机制长效化有力提升城市文明，构筑人居皆宜的城市形态。城市管理和市政管理全面提质，延伸管理触角，实现城乡管理一体化。“美村美居”计划提升农村社区配置，公交交通覆盖面广，出门就能坐上车再也不是梦想。外国语学校、灯湖小学等名校擦亮教育名片，处处响起琅琅的读书声。“关爱桂城”系列活动凝聚着桂城人满载的关爱，汇成一片爱的海洋，成就和谐桂城。

桂城街道 gui cheng street

桂江立交绿意盎然

借都市型产业创新发展之势，金融城中心应运而生

佛平路

桂澜路带动周边商贸产业

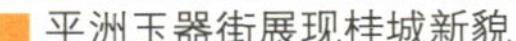
平洲玉器街展现桂城新貌

三山大桥及货柜码头极大推动了桂城的物流发展

环境优雅的南海外国语学校

海三路展现桂城蝶变

三山丰树国际创智园的创建推动桂城飞速发展

三山新城正密锣紧鼓地加快建设

配套齐全的城市综合体——怡丰城

gui cheng street 桂城街道

南海体育公园成就桂城人居名片

城市绿道 别样风情

一派生机盎然的桂城总能吸引你携同几位挚友，骑着绿色低碳的环保自行车，走遍桂城的每一个角落。千灯湖、怡海公园等城市绿道，一路绽放的花儿为你的绿色出行增添无限色彩。或许，你也能走走极具异国风情的佛罗伦萨小镇，在自家门口就能饱览异国风光。夜晚，与爱人浪漫于映月湖，一轮水中明月总能映出你幸福的生活。带上好友，醉走于灯红酒绿的保利西街，年轻人的集聚地，跟着旋律舞动精彩。这里，桂城总能带给你异彩纷呈的生活。

桂城街道 gui cheng street

魁星阁成为桂城的地标

设施日臻完善的千灯湖

映月湖辉映着桂城别样的美

怡人的千灯湖是市民的悠闲去处

怡海公园风光怡人

桂澜路海三人行天桥

传扬古典 辉映今朝

新时代在推动桂城不断发展，人们却不能忘却众多传统文化仍闪烁着的耀眼光芒。茶基十番、三山咸水歌、元仔节、叠滘龙船漂移等历史文化以独特的姿态唱响时代的新曲，凝聚着桂城人对传统的尊重和推崇，而对现代创新文化的追逐仍不愿却步。新旧文化的融合交替，在桂城这片乐土上演绎不一样的精彩。

茶基十番表演

赛龙夺锦

■ 叠滘龙船漂移

gui cheng street 桂城街道

■ 元仔节放旱船

粤韵九江 醉美儒乡

水乡粤韵，九江新貌

北业南城　共筑新梦

九江镇紧跟“品质南海”的战略步伐，围绕“北业南城西园”的布局定位，以产业发展为第一核心动力，依托“临港国际产业社区”“中国医卫用非织造产品示范基地”“电子商务试点镇”三大产业平台，主动对接国内外医卫用品行业龙头、探索无纺布下游医疗卫生用品的产业链；同时，借力真龙、龙赛和广佛壹号商贸物流城三大电商平台，积极引导“制造业+电商+物流”产业链扎根生长，共促产业版图的扩张和转型，提速产城升级，开启内优外联走进佛山中心城区的新征程。

美丽城区　品质突围

九江镇全力践行“城市升级三年行动计划”和“美家计划”，紧抓“三旧”改造契机，致力改善城镇商贸配套与镇域交通环境，全方位提升城市品质。通过构筑以“大正新城”为核心的城市RBD、以沙龙路为轴线的“都市商贸带”、以“四纵四横”为基底的路网格局，提速产城突围，不断充实城市内涵，全力打造宜居宜游的品质新城。

九江镇 jiu jiang town

环境优雅的政务功能区

■ 具有浓郁水乡特色的岭南鱼塘景观——万亩鱼塘

■ 儒林广场

九江标志性地标

绿树成荫的九江大道

铂思广场

■ 沙龙名轩，九江三大城市综合体之一

jiu jiang town 九江镇

■ 依云公馆

■ 璜矶鹤巢–百足桥

九江镇 jiu jiang town

生态文旅 魅力释放

夕阳下，九江外滩的落日美景与万亩鱼塘交相辉映——优越的自然环境让九江保留着珠三角特有的自然人文景观。九江鹭鸟天堂、海寿岛、烟桥村、吴家大院、朱九江纪念公园、良二千石牌坊、九江双蒸博物馆等特色景观，为释放区域生态文旅魅力、营造具有岭南文化特色的创意产业商圈提供了独具优势的人文积淀和资源环境，也吸引着越来越多的人走进九江。

■ 烟桥古村

海心沙

九江外滩湿地公园

璜矶鹭鸟天堂

原生态的海寿岛

依水载物　古道遗风

一方水土，一方风情，九江镇这方水土蕴含着龙舟、古村、饮食、水乡等特色元素。九江乡民以其聪明才智，孕育出多彩多姿的民俗风情，浇灌出多处物质和非物质的历史遗产。丰富多彩的民俗风情中，全镇已有非物质文化遗产5项，包括九江传统龙舟、大头佛表演、九江双蒸酒传统酿造技艺、九江煎堆制作技艺和九江鱼花传统养殖技艺。

■ 九江双蒸生产线

■ 传统龙舟赛

■ 大头佛表演

jiu jiang town 九江镇

■ 九江煎堆

■ 九江全鱼宴

岭南文脉　文翰樵山

千年钟磬 响彻南海

樵山上，千年钟磬灵声响彻云峰。近年来，西樵镇围绕“岭南文旅第一极”的发展定位，全力打造“文翰樵山·渔耕粤韵”文化品牌，塑造“文翰樵山·最岭南”旅游形象。秉承着“文旅融合城市，产城共融提质”的发展思路，西樵镇围绕“文旅、产业、环境、城市、民生、队伍”六大主题，全面推动建设“5A西樵”，并充分发挥地域特色，以文化旅游为引领，助推产业转型升级、优化产业结构、加快城市建设、提升人民生活品质。

山光水色 5A城市

西樵镇围绕“山上5A景区，山下5A城区、5A村居”的城市建设目标，加快城市升级、优化城市功能、提升城市品位，全面推进创新型城市建设。近年来，西樵镇积极完善文旅产业配套设施；加大环境整治力度，优化生态环境；通过“五位一体”综合整治提升工程、建筑立面整治工程等措施美化生活环境；建设新兴产业载体，让区域的投资土壤日益肥沃；开展产学研合作，强化平台载体作用，完善企业服务。凭借山灵水秀的独特气质以及城市品质的升华，西樵镇散发着独特的韵味。

西樵镇 xi qiao town

听音湖片区已初现雏形

山光水色中的樵高路

新西樵大桥景色迷人

■ 美丽的岭南水乡——西樵桑基鱼塘

■ 沿街立面改造后的江浦路焕然一新

■ 国艺度假酒店

■ 绿化提升后的樵金路

■ 环境优美的佛山西部交通枢纽站——西樵汽车客运站

天下西樵 文脉传承

千百年来，岭南文脉犹如一条巨龙，蜿蜒于西樵山麓，舒卷于两江之间，吐纳于千年圣境。西樵镇历史悠久，文化古迹众多，旅游资源丰富，涵盖了生态休闲、自然观光、文化旅游、古村旅游、民间艺术旅游、工业旅游等多类旅游资源，区域内有5A级西樵山风景名胜区、南海湾森林生态园、国艺影视城、渔耕粤韵文化旅游园、岭南文化苑、中国历史文化名村松塘村、西樵轻纺城等著名景点。山、水、文化等特色资源的相互交织与结合，将西樵镇打造成了南粤大地的旅游胜地。

西樵镇 xi qiao town

西樵山南海观音

■ 国艺影视城正式对外开放

■ 依山傍水的南海博物馆

■ 风光宜人的三湖书院

■ 交通便利的西樵山

■ 渔耕粤韵文化旅游园

■ 水上双狮战擂台

文翰樵山 余韵流风

独特的历史文化催生了别具一格的风俗民情，西樵镇逐渐形成了一批在南粤大地渐渐具有影响力的文化节，包括岭南新春民俗文化节、狮王争霸赛、大仙诞文化节、南海观音文化节、松塘翰林文化节等。深厚的文化底蕴、鲜明的民俗特色，塑造起了鲜明的区域旅游形象——文翰樵山最岭南。

■ 国家级历史文化名村——松塘村

■ 举办“黄飞鸿杯”第十届世界华人狮王争霸赛暨水上双狮挑战赛

飘色巡游

吕祖贺诞巡游方阵

松塘延续上百年的习俗“烧番塔”

xi qiao town 西樵镇

大仙诞文化节启动仪式

生态高地 有为丹灶

科技创新 产城升级

丹灶镇位于南海区西部、广佛肇核心地带。近年来，丹灶镇坚持产城人融合创新发展理念，围绕全面深化改革、加快转型升级的主线，以重大项目、重点区域建设为抓手，促进产业升级、城市发展、基层建设全面展现新格局。实施"5+4"发展战略，以生态园区、大金智地、现代物流、文化旅游、现代农业五大平台驱动丹灶新城、物流新城、广佛（金沙）休闲运动岛、南海国家生态工业园四大片区协同发展，推进富民强镇幸福丹灶的建设步伐。

城市升级 活力四射

丹灶力促四大片区的建设改造。完善区域概念性规划和城市设计；加快物流新城路网、水系设计和建设，推进土地整理、落户项目建设；完善环岛绿岛、自行车驿站等设施建设，设立建设示范区域，加强宣传推介和招商引资，引入社会资源进行开发；积极改善市政、道路等基础设施，完善城市配套，增强服务功能，全面激发城市建设发展活力。

丹灶镇dan zao town

全面开放的官山涌公园

东西大动脉——桂丹路

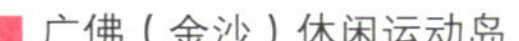

广佛（金沙）休闲运动岛

环境配套设施不断完善的大金智地

官山涌公园的碧水绿岸

罗行大桥

官山涌（大涡段）已成为宜居水乡

■ 2014年底投入运营的翰林湖都市型生态农业园

dan zao town 丹灶镇

■ 南海国家生态工业示范园

■ “三旧”改造后的金爵士广场，魅力四射

秀丽生态　深厚人文

丹灶镇自然景色秀丽，人文资源丰厚，拥有丰富的旅游资源。丹灶镇不断完善自然生态景观，深入挖掘康有为文化、葛洪养生文化、岭南文化等深厚的人文底蕴，形成了养生度假集群、生态休闲集群、岭南水乡集群、名人民居集群四大旅游资源板块。在康有为故居、仙湖度假区和南海大湿地主题公园等的基础上，丹灶致力打造文化和休闲度假等旅游精品景区，营造旅游大环境，使之成为佛山地区乃至珠三角地区的知名休闲度假胜地。

康园正式动工

丹灶镇 dan zao town

青山绿水，河畔人家

康有为书法艺术院环境优美

翰林花海

底蕴深厚的仙岗村

棋盘村鸟瞰

仙湖旅游度假区成为居家胜地

■ 丹灶雕刻家陈根向学生们讲述竹刻艺术

源远流长 风俗传承

昔日商贸兴盛的联沙村、古有父子双翰林的沙水村无不见证丹灶悠久深远的历史。在时代变迁中，风俗的传承依然牢固地植根在丹灶：中秋“烧番塔”祈福的仙岗村，以编织竹器为特色的罗行村、沿袭本土习俗“神诞”的八甲村等。极具本土特色的习俗在这里得到更好的保护和更持久的传承，为丹灶文化旅游添砖加瓦。

■ 传承罗行竹编手艺

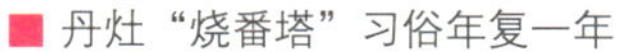

■ 丹灶“烧番塔”习俗年复一年

■ 影响深远的一代变革家——康有为

■ 西联社区七夕赶神诞，请来粤剧团表演

产业新城 树本狮山

智造金谷 城市升级

狮山镇位于佛山国家高新技术产业开发区的核心园区，地处南海区中部、珠三角广佛经济圈核心地带，与佛山国家高新区形成“园镇融合”的发展格局，以雄厚的制造业基础领衔南海高新技术产业发展。以一汽-大众为龙头的汽车产业形成特色产业集群和完整产业链，助推主导产业集聚发展；“金科产”深度融合，逐步实现“工业制造”到“智造制造”的巨大转变。作为珠三角辐射大西南的“前沿阵地”，狮山一直走在转型升级的最前端，奋力争当新常态下佛山、南海创新发展的排头兵。

狮山中心城区远眺

产城融合 宜居城镇

随着经济的飞速增长，狮山镇仍不忘初心。狮山镇日益完善城市功能，随着贵广、南广铁路的开通运营，和全市首个高铁商业综合体富弘广场的封顶，狮山正式迈入高铁时代。此外，博爱湖、区市民服务中心、狮山城市综合体等重点项目建设进展顺利，市民广场、体育馆、中央公园完成环境提升，“佛山市宜居城镇”的称号实至名归。紧抓民生大事，民生项目三年计划全面推行，教育、文体、医疗等公共资源实现“多规合一”，保障民生项目落到实处。极富时代气息的狮山使产城人融合发展之路驶入快车道，宜居之城再也不是梦想。

狮山镇 shi shan town

一汽–大众成为狮山发展先锋

佛山西站助区域升级发展

平坦宽阔的虹岭路

松岗河畔风景怡人

佛山科技街勇闯创新特区

■ 郁郁葱葱的植物园一派绿意盎然

■ 配套完善的公共自行车站

shi shan town 狮山镇

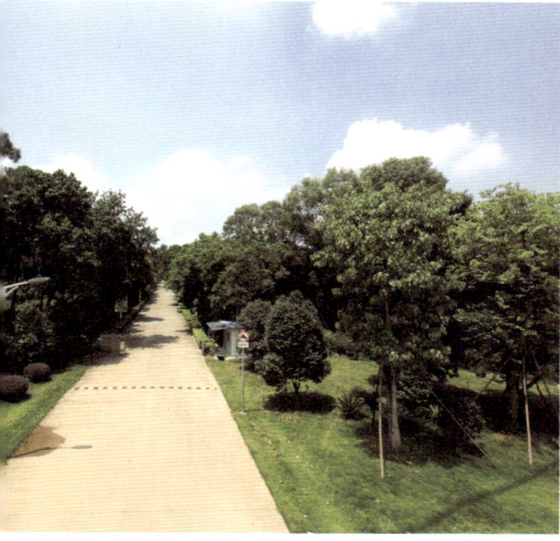

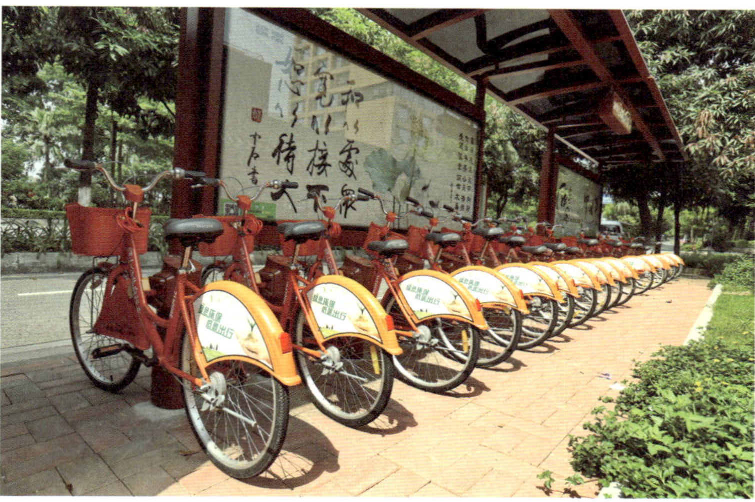

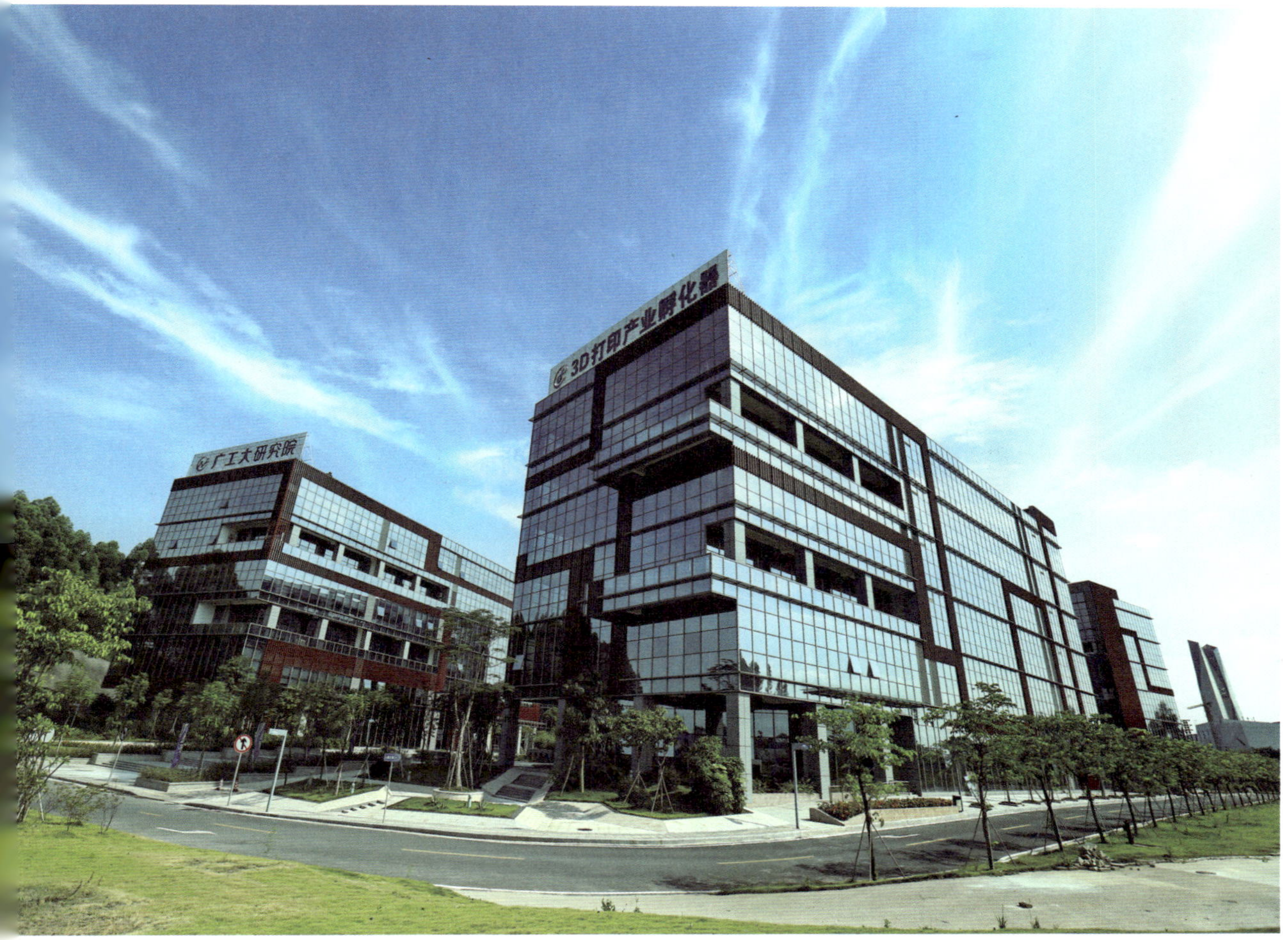

■ 环境幽静的广工大数控研究院

生态园区 别致之美

让智慧增长、让视野开阔，狮山让这一切成为可能。在飞速发展的高新技术城区内闲逛，扑面而来的不仅仅是创新的味道，更夹杂着青草味道的园湖气息。博爱湖公园、孝德湖公园、大浩湖公园、西湖公园、仙溪康城公园、东湖公园、南海中央公园、佛山植物园等公园成为园区生态的重要支柱，狮山的“宜居城市”不再是口号，推开窗户，大公园的美好景色尽收眼底。嗅着芬芳，一杯清茶，悠然自得，美景与雅兴，在这里发挥得淋漓尽致。

狮山镇 shi shan town

南国桃园烟雨桃花谷

俯瞰孝德湖

优美城市环境吸引高端文体活动举办

中央公园内配套绿道驿站

官窑生菜会会馆一角

传统文化 熠熠生辉

科技创新与传统文化的完美结合在狮山得到最大的展现。“孝德传承、树本狮山”一直在创新中践行，孝德文化节令“孝”既是传统，更是社会文明的助推器。一年一度的乐安花灯会、官窑生菜会，呈现的正是人们安居乐业的美好生活，一年又一年地延续传统文化的香火。创新与传统的激烈碰撞，火花如璀璨的明星，闪烁着耀眼的光辉，照亮了狮山独特的文化发展之路。

2014年，狮山镇罗村民生工程启动

千叟宴温情依依

乐安花灯义卖

千人生菜宴

正月初九，人们在生仔石前祈福

老师傅传授灰塑技艺

一脊两翼 商贸大沥

黄金走廊 商贸之都

素有“广佛黄金走廊”之称的大沥，是连接广佛两城的重要纽带。近年来，大沥产业的成功转型迎来新的春天，“一脊两翼”的产业发展战略，使产业结构得以有效调整，“广佛CBD”逐渐站稳了脚。升级发展的专业产业、独占鳌头的电子商务、加快打造的金融业、稳中求胜的商贸产业，行行凸现盎然生机、独领风骚。城市化建设战鼓擂动，稳步提升的城市品质推动大沥走在时代的最前端。

城市建设 焕发活力

一直以来，大沥镇致力打造宜居城市，从不停歇。不断完善社会管理，社会事业协调发展，新大沥敬老院投入使用、盐步医院新住院楼顺利竣工，关爱就业基地、关爱创业基地、大学生见习基地成功创建，就业人数大大提升，基本医疗保险全面覆盖，民生得到有力保障，繁荣景象在这里展现得淋漓尽致。

“三旧改造”项目如期推进，展现大沥新颜。坚美商务大厦、太平国华新都等30多个旧改重点项目铺开建设，工业片区集约改造，城市更新步伐全面迈开。

大沥镇 da li town

大沥环形人行天桥

南海新都会购物中心

大沥广佛路

同庆大道

岭南大道

高铁穿梭

中盈广场

大沥敬老院

兴沥雄广场

宝盈购物广场

■ 广东金属交易平台

■ 广东书法园

da li town 大沥镇

■ 广佛智城

■ 九龙涌

大沥镇 da li town

■ 街心公园

■ 拱北公园

■ 潋表涌

■ 沥雄公园

九龙公园

城市之肺 生态品质

大沥一直为实现“美城美家”作出不懈的努力。以建设“生态大沥”为目标，提出“公园化”战略，调养“城市之肺”。打造百园计划，铺开建设九龙公园、沥雄公园、岐东公园等数十个公园，做到“见缝插绿、拆旧增绿”，人们住在公园里的梦想成为现实。这些公园不仅涵盖历史文化展示和绿化园林艺术等功能，而且还融入了湿地系统、健身场所、商业配套等设施，在为市民提供休闲娱乐、公共活动空间之余，更成为了城市中轴中的标志性景观项目。

新城公园

雅瑶水道

太平广场

康乐公园

■ 舞龙“爆莲花”表演

承古扬今 笃行致远

处处鸟语花香的公园展现大沥新颜，而悠长的传统文化则为大沥增添无限韵味。龙母庙会的香火鼎盛、舞狮舞龙的跃动生辉，盐步锦龙盛会的喜气洋洋，狮头扎作、藤编传统技艺得到传承，令“中国民间文化艺术之乡”的称号实至名归。传统文化与现代文化相辅相成，伯奇摄影展成就大沥“中国摄影之乡”，文化大沥生生不息。

■ 珠三角休闲欢乐节盐步老龙拜华光庙

■ 狮王争霸

■ 龙舟竞渡

da li town 大沥镇

■ 黄岐龙母庙

■ 南海藤编

广佛城心 梦里水乡

聚合大势 构筑强镇

位于南海区东北部广佛交界处的里水镇，因生态环境优美而闻名于珠三角。近几年，里水镇围绕南海区“中枢两翼，创新驱动”发展战略，积极承接南海千灯湖轴线北延的辐射带动，深入推进“广佛城心，梦里水乡”建设，以全面提升城市品质为目标，加快城市升级、产业转型和环境提升，全力打造里水城市中轴，重点培育家电、食品药品、新材料三大产业，成功引入骆驼服饰等重大项目，大力支持企业创新，积极实施城市精细化管理，扎实推动经济社会全面发展，广佛城心花园魅力逐渐凸现。

一河三岸凸显广佛城心花园魅力

晚停

岭南水乡 醉美之旅

自然和历史馈赠里水丰厚的旅游资源。基于此，里水提出创建国家AAAA级旅游风景区的目标，通过推进“梦里水乡”核心区和贤鲁岛两大景区的建设，打造“中国最具特色的岭南水乡”，最终擦亮里水旅游城镇品牌。“梦里水乡”旅游景区核心区规划占地面积约5400亩，包括里水河自福南湾到水口水闸全长约9公里的河面及河岸，内含艺术河畔、花海流潮、龙舟广场、湿地公园、水岸嘉年华等景点，并规划有大型旅客服务中心和多个码头，游客可以乘坐水上游船游览；贤鲁岛生态旅游度假区景区占地面积约1.2万亩，与万项园艺世界和百合花公园相呼应，以此展示岭南农耕文化体验游和水乡休闲度假游。

从水口公园出发，沿途经过里水八景，到达艺术河畔，这是游览里水河“三河六岸”的“最美线路”，沿途鸟语花香，水色清秀，倒影出生态里水的迷人姿态。

贤鲁田园

li shui town 里水镇

花海流潮

里水镇 li shui town

赤山美村

城市升级美景常在

■ 展旗楼

■ 艺术气息浓厚的艺术河畔公园

■ 里水中企绿色总部

升级提质 美城美村

城市升级推动着里水的华美蝶变。正在规划的新中心城区建设，将岭南水乡文化、田园风光和现代高端产业相融合，致力打造活力时尚、魅力璀璨的里湖新城。如今的里水，新地标展旗楼与蟠岗山上的魁星阁遥遥相望，“公园化”战略实现了人们“住在景区里，生活在公园中”的美好愿景，“美村计划”使农村面貌焕然一新，宜居村庄、“五好”新农村处处可见，“梦里水乡”新农村连片示范片区成功入选全省首批新农村建设连片示范区，路网等基础配套不断完善，轨道接驳广州将在不久的将来变为现实，工业连片改造取得突破，流域治水重塑里水的未来水世界，精细化管理赢得“全国安全社区”的荣誉，新型产业基地、商业载体、文化中心拔地而起……一切改变都在刷新着人们对里水的原有印象。

里水创益中心

升级改造后的河涌

■ 美丽的河畔是人们休闲的好去处

li shui town 里水镇

■ 梦汇尚城

■ 南海毛巾厂展厅一角

百合花文化节

里水镇 li shui town

郁水物华 文脉相传

里水不仅风光旖旎，根植于这一方水土的民间文化，也在新时代焕发出新的生命活力。赤山村元宵跳火光、草场社区洪圣诞庙会、新春狮艺大赛、龙舟文化节、传统藤编、北沙白眉拳以及新晋的百合花文化节，都以其独特的方式传承、演化着里水人对于历史、对于传统的尊崇和对于未来的畅想。在传统文化的带动下，各种类型的基层文化活动不断涌现，新旧文化形式相互渗透、相得益彰，为人们的闲暇时光画上了精彩的一笔。

锦龙盛会

舞动元宵

红红火火的千人宴习俗

传统技艺——藤编

北沙白眉拳

跳火光

南海区入选“广东省首批传统村落”

村落剪影（部分）

2014年9月，广东省住房和城乡建设厅、省文化厅、省财政厅联合发布第一批广东省传统村落名单，全省共有189个村落上榜，其中南海区有10个村落入选，分别为九江烟桥村、丹灶仙岗村、桂城江头村、狮山璜溪村、丹灶棋盘村、丹灶上林村、里水汤南村、西樵百西村、里水孔西村、西樵简村村。

镇（街道）

Towns(Subdistricts)

■ 桂城街道

【基本情况】 桂城街道位于南海区东部，是南海政治、经济和文化中心，先后获评“全国珠宝玉石首饰特色产业基地”“广东省机械装备专业镇”“广东省村务公开民主管理示范街道”“广东省教育强镇”“广东省体育强镇”。辖区面积84.16平方千米，下设31个社区、1个行政村，户籍人口24.8万人，外来人口35.79万人。2014年实现工业总产值395.06亿元，其中规模以上工业企业总产值274.33亿元；农业总产值5.78亿元；社会消费品零售总额252.11亿元；全社会固定资产投资139.90亿元；实际外商直接投资2.90亿美元。

【经济发展概况】 2014年，桂城街道产城融合展开新格局，经济产业进入新常态。“五城共进”产业发展格局初步成型。金融城（广东金融高新技术服务区）现代服务业发展迅速，广东金融电子结算中心、广东省农信社后台服务基地等重大项目顺利入驻；汇丰环球客服运营中心、广发金融中心相继开业，引入高素质人才超万人。科技创新城跨越怡海南岸，天安中心、汇源通电力产业园建设基本完成，南舜·怡海港项目动工兴建，丽日文化广场成功引入正大集团高端会员店，科技创新城产业社区配套进一步完善。华南新加坡城发展提速加力，东区路网一期按期完成，以映月湖公园为核心的“平洲之心”规划完成，新加坡国际教育产业社区动工兴建，天鹅湖酒店对外营业。平洲玉器城产业升级扩容，成功创建国家4A级旅游景区，实现从传统商贸加工集散地到文化、旅游、商贸、观光综合发展区域的提升。三山新城加速崛起，长江路一期工程全面完成，保利西雅图房地产项目销售良好，新引入中海万锦熙岸和保利五星级酒店项目，丰树国际创智园、三山科创中心高新产业集聚加速。

金融业平台招商成效显著。佛山民间金融街引入股权交易中心、全景网（广东）路演中心、小额贷款公司等项目65个，17个小贷公司累计投放贷款超100亿元；股权交易中心注册挂牌企业1141家，累计为企业成功实现融资26亿元。

商贸业特色化发展。怡丰城、万达广场、万科广场相继开业；三山佛罗伦萨小镇项目如期推进，阳光国际广场、中海环宇天下、新凯广场、招商置地中心、宜家家居、地铁金融城等项目加快建设，桂澜路千米商贸长廊加速成型。

互联网金融与电子商务开始发力。C时代互联网产业园获批“中国电子商务智慧型企业孵化器”和“中国电子商务互联网金融创新基地”，易联支付总部、沃银支付、北京旅联商务、司马钱、小资网络等多家互联网金融机构落户。

科技产业向纵深发展。瀚天科技城被认定为国家级科技企业孵化器，天安数码城、金谷光电产业社区产业招商形势喜人；方舟一号、创越时代等产业载体加快成型，天富科技城启动建设。开展创新科技企业、创新科技人才评选。广东金赋信息等5家企业成功创建市级工程中心。建准电子、广东昭信等4家企业申报省级工程技术研究开发中心。

高端制造业优化提升。新增广东省名牌产品5个。星联模具、宝索机械、广特电气、景兴国际、南华仪器等本土优质企业先后落户三山新城建设企业总部，集约化发展态势呈现；南华仪器创业板首发申请获批，正式登陆深交所。

【社会发展概况】 2014年，桂城街道城市建设、城市管理、环境治理取得新成绩，民生保障力度进一步加大。

城市更新速度加快。实施《“三旧”改造扶持办法》和《土地整理试行办法》，完善“三旧”改造流程，全年完成“三旧”改造用地清拆40公顷。华南汽车城升级改造完成首期动迁签约和清拆工作，西约致越优城、百纳大厦，石硍大正生活广场等项目全面启动建设。金融公园、夏北中心公园等项目建设顺利推进，魁星阁开门迎客，千灯湖三期和特色步行街一期工程完成，广东金融高新区A区路网进一步完善，金融区景观亮化一期工程完工，城市夜景更加亮丽。文翰湖一期水体开挖完成，景观工程加速建设，三山河堤公园三期完成三山南桥至禾仰段建设。

绿色低碳成为发展主流。完成主要污染物减排目标，全年查处"黑烟车""黄标车"136辆，淘汰"黄标车"1389辆；完成4家企业VOC排放治理，取缔无证照污染企业81家；购置佛山市首台喷雾压尘车，大力查处偷排偷放建筑垃圾、焚烧垃圾、撒漏扬尘等行为；组建综合整治大队，综合督查环保、安全生产、消防、清无等社会治理突出问题，开展渣土运输和建筑工地专项整治。全年空气平均污染指数比上年下降6.5%。

综合推进水环境治理。建立环委会季度会议制度，统筹协调截污、引水、生态修复、污染治理等各项水环境治理工作；动工修建截污管网21千米，启动细海、洪滘、黄猄等电排站建设；完成第二批8条重点河涌"一河一策"编制工作，完成第一批13条重点河涌（水域）排水口调查；叠滘河涌和东二沙涌生态治理试验项目完成第一阶段整治，石硝藤冲涌完成第一阶段生物基安装和投菌；全力推进林岳岳明湾和南社小型污水处理装置建设，河涌水质持续改善。

城市管理扩面提质。完善城市管理考核机制，打击城市"八乱"现象，开展违法广告专项整治行动，拆除违法广告标牌4956块，取缔无证无照经营户2160家；城市管理向农村延伸，推行网格化管理，开展蟠岗社区"四约"（东约、西约、南约、北约）城中村管理试点工作，探索破解城中村管理难题；加强路面执法，全年查扣违法摩托车14268辆，着力创建平安交通；进一步完善流动人口基础数据，组建农村社区出租屋主联合会，开展城市社区流管分站试点。

市政管理触角进一步延伸。顺利完成新一轮夏滘片、三山片城乡市政管理一体化项目新旧交接工作，实现城乡市政管理一体化全覆盖；新增39座环卫工具房，配置20座新型环保公厕，有效改善人流密集区域市政设施配套；购置佛山首部碎枝机，对植物残枝进行环保化处理；绿化保养等级全面提升，保养绿化面积454万平方米；环卫保洁时间从17小时延长至24小时，保洁面积1620万平方米，每天清理垃圾690吨。

城乡教育资源统筹力度加大。年内将平胜、林岳等8所村域学校收归街道直接管理，增拨资金提升学校硬件设施。完成南海外国语学校和灯湖小学建设，增建桂江二中宿舍。优化提升师资配置，开展全员培训，新招聘优秀教师分配向师资较薄弱学校倾斜。

公共交通提质扩容。新增165辆公交车，新开通科技专线等7条公交线路，缩短发车间隔时间，延长有效服务时间，完成中心城区"五纵五横"公交专用道划定；新建30个公共自行车站点，增加投放公共自行车2000辆；完成南桂东路-桂平路沿线5座天桥建设。

社会保障救助体系不断完善。全征地农民养老保险补贴从每月150元提高至300元，及时发放低保和"五保"供养金；提高计生手术补贴，开展失独家庭跨界服务计划试点工作；新组建工会123家，发展会员7600多人，开展形式多样的"送温暖"活动；加快保障房建设，全年共有1233套完成主体封顶，638套交付使用。

【深化"关爱桂城"公益活动】2014年，桂城街道进一步深化"关爱桂城"公益活动。年内举办"关爱桂城"五周年授勋典礼、"全城关爱月"服务、"校

桂城街道怡海公园风光

园公益大赛”等活动。全年投入1120多万元，购买社会服务项目输送到城市和农村社区。推进“全城义工”计划，注册成立“桂城商界关爱联会”，筹建桂城志愿服务发展中心，三大志愿V站投入运营。建立3家“职工·家”服务中心，为职工排忧解难；通过叠北小候鸟驿站、融爱家庭服务中心和青苹果之家，为广大妇儿提供专业服务。3月2日，中宣部在北京举办第十一届中国公民道德论坛，桂城街道代表应邀参加论坛，并就“关爱桂城”志愿服务项目的建设情况作题为《弘扬关爱文化，建设和谐社区》的典型发言。

【“美村美居”计划正式启动】2014年，桂城街道加大公共财政扶持力度，出台“美村美居”工作计划，提升村（社区）公园、公厕及其他公共设施，促进城乡一体化。全年审批通过农村社区项目155个，总金额1816万元。实施江滨体育公园改造提升等9个美化社区环境工程项目，完成平西、平东等20多个社区公园设计方案。完成25座农村社区公厕选址及建设方案，为农村社区配置果皮箱1902套。开展农村社区停车位划线工作，规范农村路边停车管理。

【加强基层党组织建设】2014年，桂城街道全面开展党的群众路线教育实践活动，有效改善干部队伍“四风”和服务群众“最后一公里”问题。实施街道领导、社区干部直接联系群众工作，23个驻班团队坚持每周到村（社区）驻班，直接联系群众2301人，村（社区）两级党员干部挂钩群众18000多户，为群众解决问题945个。服务型党组织建设和党员精细化管理有效推进，122支党员志愿服务队全年开展志愿服务1920项。

【火灾隐患专项整治】2014年，桂城街道投入财政资金3000多万元，社会单位投入2000多万元，用于火灾隐患专项治理。推进网格化火患排查，签订消防安全责任书2.3万份，全年火灾数比上年下降24.8%，火灾伤亡人数为零。

【抗击登革热疫情】2014年，桂城街道及辖下社区全面动员、开展以环境卫生整治、清积水、灭蚊虫为重点的防控行动，清理垃圾杂物12000多吨，消杀面积达3420万平方米，有力遏制登革热疫情在辖区的蔓延势头。

（曹锡慧　邝颖新）

九江镇

【基本情况】九江镇位于南海区西南部，西、北两江成环抱状流经镇域南北，江岸线长40多千米，先后获评“广东省物流信息化试点镇”“广东省市共建现代物流重点镇”“中国淡水鱼苗之乡”。辖区面积94.75平方千米，下设19个社区、7个行政村，户籍人口10.57万人，外来人口11.3万人。2014年实现工业生产总值256.30亿元，其中规模以上工业总产值239.30亿元；农业总产值12.25亿元；社会消费品零售总额36.02亿元；全社会固定资产投资38.48亿元；实际外商直接投资1876万美元。

【经济发展概况】2014年，九江镇“北业南城西园”产城发展新定位进一步明确。樵江科技园“中国医卫用非织造产品示范基地”建设启动，加大招商引资力度，产业集聚效应逐步显现。大正新城商贸项目、九江城央综合体项目发展势头良好。九江金属材料市场加快转型，致力打造以金属制品业、先进装备制造及新材料产业为主导的临港国际产业社区。

制造业持续向好。深化“植产兴业”和“产业链招商”三年行动计划，扶持企业增资扩产、技术创新、品牌提升。PGI项目一期进入设备调试阶段，必得福公司新生产线投产。雄塑集团申报省级企业技术中心，永泉阀门公司建立博士后创新实践基地，九江酒厂试点“海外工程师项目”，承安铜业等企业申报10个省名牌产品，佳科风机等企业加快上市步伐。

电商物流深度融合。年内，九江镇获颁“佛山市应用电子商务促进传统产业升级试点镇”称号，由九江家具协会成立的电子商务委员会揭牌。真龙、龙赛、广佛壹号三大电商物流载体相继开业，林氏木业引领美团电商、那度、尤瑞家具等70多家电商集聚九江。年内成功举办“家具电商与生产企业采购对接会”，现场120家电子商务企业与500多家家具生产企业深度对接。九江港港区物流保持双位数增长，年货物吞吐量达1500万吨，全镇“电商+制造业+物流”的产业发展模式展现生机。

水产业不断拓展。继续推进“西部观赏鱼养殖示范基地”项目建设，提升渔业工厂化养殖水平。完成朗星村75.27公顷（1129亩）、海寿村21.87公顷（328亩）鱼塘整治工作，引入微孔管道增氧技术，建设设施农业示范点；试点推广水产品标识管理，高标准、高质量发展精细化、规模化现代渔业。全年组织农业科技知识培训11期，700余人接受培训。

文旅产业有效提升。“九江外滩”、吴家大院一期及朱九江先生纪念公园建成启用，海寿岛、烟桥村等景点游客大幅增长。举办龙舟锦标赛、“饭香刀”美食烹饪大赛、“九江龙”散文奖评奖活动，“渔耕粤韵”文化品牌进一步巩固。

【社会发展概况】 城市建设加快推进。深化“城市升级三年行动计划”和“美家计划”，大正新城、沙龙路商贸带、欧浦金属交易港、依云公馆、信基广场等八大项目持续推进，沙头大道建成通车，九江大道改造完成，教育路北延线、进港路建设项目，樵江路、325国道九江段、大正路等改造提升项目加紧施工，路网建设取得新成绩。推进“一河一策”整治，新增污水管网6.3千米，实现一级主管网全覆盖。

城市管理卓有成效。整合镇智慧城市管理指挥（应急）中心、公共资源交易中心、行政服务中心，探索建立城市精细化综合管理体系。全年处置案件2.3万余件，结案率超99%。严控乱摆买、乱搭建等城市“八乱”，开展户外广告牌、交通标志线等12类整治，清理无证无照企业378家，查处违法排污企业36家。积极推进“名村示范村”和“优美百村”创建工作。

基层治理更趋善治。落实“选聘分离”，完成村（居）委会换届，加大社区服务中心投入，逐步确立以党组织为核心、社区服务中心为主导、各类组织为补充的基层治理新格局。建立健全风险评估、属地管理等6项机制，强化村（社区）综治调解中心职能，推动社会矛盾化解阵地前移。实现集体资产管理交易平台、集体经济财务监管平台和股权（股份）管理交易平台“三个平台”100%对接，规范农村工程招投标及“三资”管理。烟南村、水南村试点经济社股权固化，健全股权（股份）管理交易平台。

社会管理有序推进。关注群众的健康与安全，加强治安、生产、食药、应急等各项管理。“平安细胞”创建工程全面铺开，强化治安联防体系。严格落实安全生产“一岗双责”制度，加强重型车辆监督管理，完成283家企业安全生产标准化创建。实行熟食准入制度，76个“阳光厨房”投入使用。

民生事业不断改善。新增镇巴33辆，标准化升级公交站点40个。九江医院新住院大楼落成，儒林第一小学等3所学校运动场改造完成。中考实现全区“十连冠”，幼儿园“创普”工作位居南海前列。启动九江颐养院建设，建成海寿围庇护中心，646套保障房竣工，“乐善·家”完成建设并投入运营。深入开展“九江讲堂”系列活动，组织“乐善九江”道德模范人物评选活动。

严格落实“四风”整改。设立镇党联办，统筹全镇党员干部、机关及社区相关人员、“两代表一委员”、工青妇群团及村（社区）代表等6000多人，结对联系29700多户家庭。实现区、镇、村三级直接联系群众常态化、全覆盖，民情民意得到快速反馈。全年解决群众诉求548宗。增设“市民之窗”自助服务终端，开通“三级评价系统”，致力提供便利、贴心、高效、公平的行政服务。

【九江首家国际酒店奠基】 2014年5月12日，江滨万怡酒店及住宅项目在九江镇奠基，成为首家进驻九江镇的国际星级酒店，九江“南城”建设序幕全面拉开。九江江滨万怡酒店及住宅项目由佛山市合创盈科房产开发有限公司与国际大师级设计团队新加坡贝林设计公司、万豪国际集团联合打造，规划总面积10万平方米，计划投资总额5亿元，打造集会议、餐饮、健身、卡拉OK等多功能服务于一体的国际星级酒店，同时依托西江沿线景观，配套建设高端住宅项目。

【九江外滩景观工程完成】 九江外滩景观工程位于九江镇西江左岸、海心沙和海寿岛，利用冲积滩涂地进行景观提升，总长度2.6千米，总面积23.5万平方米。项目包括沿江滨路西江岸线生态休闲湿地区和生态休闲亲水区景观工程，江滨路沿线、海心沙、海寿岛灯光亮化工程。景观工程的完成使江滨成为群众休闲娱乐的新热点，提升了九江的城镇形象。

【获颁“佛山市应用电子商务提升传统产业试点镇”】 2014年，九江镇在建设南海区电子商务应用试点镇的基础上，获颁“佛山市应用电子商务提升传统产业试点镇”称号。该镇以林氏木业、凯仕乐等一批优质电商企业为引领，建立完善的人才培训计划、推动政银企合作、探索成立电子商务产业联盟，打造“电商+制造业+物流”的产业发展模式，推动产业的转型提升。

【“九江双蒸”酒获国家地理标志保护】 2014年，“九江双蒸”酒被国家质检总局批准为国家地理标志保护产品，成为全国唯一获得国家地理标志保护的豉香型酒类产品，也成为南海首个国家地理标志保护产品。这对于提升“九江双蒸”酒的产品知名度和竞争力，传承南海历史文化，加快地方特色产业开发，具有重大意义。“九江双蒸”酒始创于清道光初年，距今有近200年的历史。凭借九江镇独特的地理环境和酿造工艺，“九江双蒸”酒逐渐形成独特的质量特色，具有“玉洁冰清、豉香纯正、醇滑绵甜、余味甘爽”的独特风格。

（关晓平　刘湛哲）

■ 西樵镇

【基本情况】 西樵镇地处南海区西南部，是“中国历史文化名镇”“中国面料名镇”“中国龙狮名镇”“国家卫生镇”“国家级生态乡镇”“全国文明镇”“广东省教育强镇”“广东省宜居镇”“岭南魅力名镇”“广东省旅游名镇”。辖区面积176.63平方千米，下设22个社区、9个行政村，户籍人口15.48万人，流动人口14.69万人。2014年实现工业总产值276.61亿元，其中规模以上工业企业总产值252.93亿元；农业总产值16.98亿元；社会消费品零售总额68.02亿元；全社会固定资产投资79.71亿元；实际外商直接投资2469.32万美元。

【经济发展概况】 2014年，西樵镇的文旅产业、传统产业持续发展，现代产业体系不断壮大，全镇经济稳步发展。8月，西樵镇入选国家住房和城乡建设部公布的新一轮全国重点镇名单。

文旅项目建设加快。是年西樵镇接待游客441万人次，实现旅游收入5.01亿元，8家旅游纪念品专卖店开业，222种特色产品上架销售。南海观音文化苑提升工程稳步推进，新三湖书院对外开放，岭南文化研究院完成建设。西樵山、国艺影视城推行联票制，与400多家旅行社签订合作协议。听音湖片区锦湖大道建成通车，河滨路、爱国路、西江公路、樵山瀑影、听音广场、西门牌坊建设基本完工。樵山文化中心、飞鸿馆、叠泉织锦、“渔耕粤韵”水上景观试验段动工建设。山南片区国艺影视城拍摄基地一期对外开放，国艺度假酒店试业。“渔耕粤韵”文化旅游园桑基鱼塘区、烧烤区对外开放，低碳生活体验示范区基本完成建设。西岸片区南海湾“四季花海”景区升级改造完工，水上会所、游艇码头开业迎客。

纺织产业提升发展。年内建成“樵企通”企业服务平台，拓展企业服务领域。成功举办西樵流行面料常熟巡展、“西樵之路”上海时装发布秀，组织170多家纺织企业抱团参加国内外纺织博览会。承办全国纺织行业穿经工职业技能竞赛和染化料配置工职业技能竞赛。全镇8家企业13个产品获评“广东省名牌产品”，15家纺织企业获得“中国流行面料及吊牌认证”。西樵纺织产业基地申报国家级循环经济园区进行认定备案。“西樵面料”集体商标注册权成功夺回。西樵获评“全国十大纺织产业集群”，西樵轻纺城获“中国百强商品市场”和“广东省外贸转型升级示范基地”称号，南方技术创新中心公共技术服务平台获“全国纺织产品开发推动突出贡献奖”。

金融科技产业融合。年内开展纱线快速定形装备、纺织节能低排放快速染整技术研发，搭建纺织品技术性贸易壁垒公共服务平台；废旧织机齿轮润滑油再生技术通过佛山市科技成果鉴定，纺织生产原材料高速离心分散技术研究取得突破，东华大学纺织面料技术教育部重点实验室西樵分中心完成验收。西樵科技园完成概念规划，纺织科技大厦封顶。镇政府与广发银行合作成立总额1亿元的“西樵镇中小微企业融资担保互助基金”，首期向5家企业授信2000万元。推进知识产权工作，全年获得发明专利授权11件、实用新型授权104件、外观专利授权125件。新增4个科技型企业。21家纺织企业新购置421台先进纺织设备，获122.5万元贴息。3家企业借助区信用担保政策续额贷款2500万元。全年为企业融资2.26亿元，有效缓解企业的资金压力。

【社会发展概况】 2014年，西樵镇特色文化加快形成，城市功能和管制能力增强，城乡环境污染治理和生态建设持续落实。

特色文化加快形成。年内成功举办首届国际洪拳邀请赛等特色文化活动。松塘村获评“广东省旅游名村”，入选中宣部、中央电视台联合制作的《记住乡愁》百集宣教记录片，承办第四届全国古村落文化遗产保护与开发研讨会。由政府搭台，镇文体协会主导举办贺新春粤剧晚会、“魅力西樵”摄影大展、“村村有段古”等20多项文化体育活动。联合广东广播电视台拍摄和播出《联说西樵》系列宣传片。108个作品获评“樵山奖”，16个单位获评文体工作先进单位。12人次参加国家级以上体育赛事获得12金4银6铜的好成绩。《西樵历史文化文献丛书》累计出版26

西樵镇江浦路沿街立面改造后焕然一新

种，2.25万册。2万多人次参与“善心永恒”活动，筹得善款20多万元帮扶困难师生。

城市建设不断推进。是年，西樵镇通过“三旧”改造整理出20公顷（300亩）存量土地，完成80公顷（1200亩）城镇建设用地报批。完成西岸片区分区规划、官山片区控制性详细规划、4批次名村示范村建设规划和崇南新城区水网规划，开展21个控制性详细规划、官山涌“一河两岸”滨水空间概念规划及综合交通枢纽概念规划。南九公路复线、广明二期（西樵段）、西岸庆云大道、东西大道、樵北公路一期（联新段）、百太路二期顺利通车，旧樵高路、龙泉路、东街、文明路、沿江路改造完成。新增公路养护191千米，实施全镇道路维修140多宗，完成桥梁常规检测236座。开展全镇消防栓布点，建成消防栓78个。天镇峰公园、民强公园、河滨公园、官山入口景观公园完成建设，登山大道和江浦东路“五位一体”综合整治提升工程完工。樵园公园、天镇峰文化长廊、官山涌“一河两岸”一期工程启动建设。全年投入市政资金1亿多元，建设13个市政工程，新增绿化养护外包面积70万平方米，承接道路绿化管养89千米，提升公共绿地10万平方米。

生态建设持续加强。开展环境整治年行动，成立环境监察巡查队，建立环保三级网格化管理和企业黑名单制度，开展染整、陶瓷、家具专项整治，完成大型锅炉降氮脱硝年度任务，完成区域内39台燃煤锅炉的淘汰工作。建成崇北、平沙两个小型生活污水处理设施，完成樵北路、崇南黎涌等多项截污工程，新建污水管道10千米，全年处理生活污水2000多万立方米。纺织产业基地清洁生产工作有序开展，年减少排放二氧化硫7500多吨、化学需氧量（COD）5000多吨。纺织产业基地人工湿地生态系统改造提升顺利推进，入水终沉池系统工程通过专家评估论证。投入1.9亿元完成三年内河涌目标整治和相关设施建设。完成大栅围十字涌中心涌“一河一策”水质达标整治。山根涌扩宽整治、山根水利枢纽、环山沟整治二期、官山涌周家塱段岸线整治等工程按期推进。环山沟整治一期等5个工程竣工验收。完成306.67公顷（4600亩）高标准农田建设和19.47公顷（292亩）鱼塘标准化改造。开展西岸社区国家生态文明建设示范村规划。实施河岗等7个村（社区）的农村环境综合整治。完成简村等3个亮点村（社区）建设和大岸垃圾收集站等9个农村环境整治工程。崇北等7个村（社区）被评为“佛山市宜居社区”。

社会管治能力增强。是年西樵镇完成“平安校园”等14个领域平安创建，推进“八张网”立体化治安防控体系建设，开展涉毒、涉假、涉枪等六大案件专项打击行动，建立人民调解“以案定奖”新机制，全年刑事立案数比上年下降12.1%。22个村（社区）612套视频监控设备实现统一维护，71个高清视频图像采集点完成采购。创建安全生产标准化企业373家，全面开展重点领域、重点行业安全生产专项整治，推进“八打八治”打非治违专项行动。推行流动人口管理“常驻管理+中队联动”新模式，全镇在册登记流动人员160267人、出租屋81328间。实施淡水鲜活水产品标识管理，推行水产品产地标识和市场准入制度。推行熟食品市场准入制度，完成2条特色旅游食街、31个食品安全示范店创建和98个“阳光厨房”建设。深化城市管理年建设，开展市容市貌“十二乱”、违规户外广告招牌、占道经营、非法营运、工地扬尘、集贸市场脏乱等专项整治行动。推行城市管理网格化双向三级管理模式，实现城市管理常态化。

公共服务逐步完善。加强农村集体资产交易平台管理，深化农村集体经济财务监管平台建设，启用农村股权（股份）管理交易平台。全年组织农村集体资产交易1062宗，实现增收14%。完成第三批“村改居”工作。“至善基金”投入300万元资助48个社会服务项目。启鸿创益中心开展各类服务3500多场次，举办“市民议事厅”活动6场。31个村、社区互助社获得区级以上奖励和资助195万元。镇第一小学获授“国家级非物质文化遗产粤剧传习所”和联合国教科文组织“世界非物质文化遗产粤剧中国保护中心推广基地”牌子。崇北村、朝山村获评南海区“五星健康村”。投入3200多万元支持西樵人民医院购置MR等先进医疗设备，医疗服务满意度排全区前列。崇南、周家保障房投入使用，全镇保障房入住率在八成以上。举办春季人力资源招聘会4场，提供工作岗位13610个。举办应届毕业生就业见面会和专场招聘会4场，实现就业1632人。实施“樵山英才计划”，搭建青年发展平台。镇老年人活动中心投入使用。镇财政全年投入5600多万元用于帮扶特殊群体，慈善会投入700多万元开展救济活动。启用工疗站，接收30多名智障残疾康复工疗人员。1708人享受残疾人生活津贴。441名困难职工得到帮扶。1万多名老人享受高龄津贴和保险。269名老人在居家养老服务中受惠。

行政服务更加高效。完成行政职权清理和权责清单编制，规范行政权力运行。深入开展行政服务标准化建设，建成34个24小时自助服务终端，镇行政服务中心新增4个办事窗口，全年办理各类事项20多万件，每天接待市民2000多人次。实施“先照后证”工商登记制度改革，全年新增登记市场主体2000多户。推进直接联系群众制度，组建34个直联室和驻班团队，党员干部、“两代表一委员”等各界人士参与直联工作，收集问题建议1362条，处理和答复1203条。

【西樵获评中国历史文化名镇】2014年3月3日，西樵镇通过国家住房和城乡建设部和国家文物局共同组织的第六批中国历史文化名镇评选，成为佛山市首个历史文化名镇。2003年，西樵镇松塘村、简村村和村头村先后获得“中国历史文化名村”和“广东省历史文化名村”称号。2012年，西樵镇被评为“广东省历史文化名镇”。

【举行纺织产业战略合作签约仪式】2014年1月8日，南海区纺织行业协会与广发银行、南海农商行签订《银企战略合作框架协议》《南海区纺织行业协会授信合作意向书》等纺织产业战略合作协议，议定全面推广应用多项中小企业专项资金融资新举措，推进西樵纺织产业“金融、科技、产业”创新融合，加快西樵纺织行业转型升级。

【西樵镇获“岭南魅力名镇”称号】2014年7月28日，由南方报业传媒集团主办的“岭南魅力名镇”开发与保护座谈会在广州举行，西樵镇获“岭南魅力名镇”称号。近年来，西樵镇岭南文化和生态环境保护力度成果凸显。西樵镇拥有佛山市唯一的国家5A级风景名胜区西樵山、国家4A级景区西岸森林生态园。松塘村获“中国历史文化名村”称号，简村村和村头村获评“广东省历史文化名村”。全镇呈现“一山（西樵山）、两河（西江、北江）、两城区（官山旧城区、官山新城区）、四片区（听音湖片区、山南片区、西岸片区、大岸片区）、万亩塘（万亩桑基鱼塘）”的良好生态保护性发展格局。

【“西樵面料”集体商标成功注册】2014年10月，“西樵面料”集体商标在国家工商总局商标局成功注册。历经多年的商标司法诉讼，被抢注的“西樵面料”集体商标成功回归西樵。2006年，西樵有关部门提出“西樵面料”集体商标注册申请，但由于“西樵”被人在纺织类别抢先注册商标，导致西樵镇无法注册。

【新西樵大桥通车】2014年4月30日，新西樵大桥正式通车。该桥是南海区重点工程南九复线的一段，于2010年4月正式动工建设，大桥路面宽42.5米，设计为全国最宽的钢箱梁桥，主桥双向8车道，设计行车速度80千米/小时。新西樵大桥开通后主要承担过境道路的功能，而旧西樵大桥主要承担城市道路功能。

【全面铺开领导干部驻村（社区）制】2014年7月1日，西樵镇全面铺开领导干部驻村（社区）制，出台《西樵镇领导干部驻村（居）直接联系群众试行办法》，推动领导干部深入基层，直接联系群众，建立自下而上的民意表达机制和区、镇、村三级联动的直接联系群众体系。（区权章）

■ 丹灶镇

【基本情况】丹灶镇位于南海区西部，是近代维新运动领袖康有为的出生地、全国首个国家级生态工业示范园区所在地、“中国日用五金之都”“国家级生态乡镇”“国家卫生镇”“广东省教育强镇”“广东省文明镇”。辖区面积143.5平方千米，下设6个行政村、18个社区，户籍人口9.07万人，流动人口14.35万人。2014年实现工业总产值224.99亿元，其中规模以上工业企业总产值184.24亿元；农业总产值10.35亿元；社会消费品零售总额33亿元；全社会固定资产投资48.29亿元；实际外商直接投资6298.44万美元。

【经济发展概况】 2014年，丹灶镇着力提升经济发展品质，“五大产业平台”建设取得新成效。

广东新能源汽车核心部件产业基地引入上汽集团参与建设，与清华大学共建燃料电池堆膜电极多参数现场检测平台，占地53.33公顷（800亩）的基地一期工程建设完成，广顺厂区一期竣工使用，进驻的6家企业陆续投产。南海日本中小企业园与日本最大的信息通信技术供应商开展战略合作，引入企业22家，其中日资汽配企业20家。南海欧洲中小企业园启动建设，引入同向集团开发运营。大金智地高端产业服务区建设加快，联东U谷•佛山南海国际企业港一期A区17栋建筑全部封顶，成功引入3个优质项目，电子信息、能源环保、精密制造、生物医药等新兴产业加快集聚。物流新城世海项目引入央企中钢货运，广珠铁路丹灶货场正式对外作业，普洛斯电商物流园筹备开工，招商工作有效开展，丹灶物流中心初展“电商+物流”业态。以金沙片区为重心打造文化旅游产业，广佛（金沙）休闲运动岛规划设计完成，康园项目设计、征地完毕，仙岗迎宾广场等系列工程竣工。现代农业加快发展。引入首家水产物流企业“勇记水产”，采取“公司+基地+农户+市场”的运营模式，带动农户增收；百容水产基地、良登花卉基地成效大增，农业产业链日趋完善。

【社会发展概况】 2014年，丹灶镇实施“强中心”战略，城市化进程加快，成功创建文明镇。年内深化改革推动基层善治，社会平稳有序发展，在佛山市城镇化居民满意度测评中，丹灶镇位居全市镇（街道）首位。着力推进环境提升，出台建设项目环保管理规定，建立行业准入清单，成立集中拉丝处理加工中心，完成金属表面处理行业整治，完成官山支Ⅰ涌（大涡窦至上桥段）、大洲河（新安至下滘段）整治，樵桑联围达标加固和南铁鼎围沥青路面工程。深入推进综合改革，建立集体经济收益监管中心，全面完成经联社改制，规范股权管理交易平台运作，全面放开退伍军人出资购股资格。撤销大涡社区，将其区域并入丹灶社区管理。开展“三单”管理和商事登记制度改革，优化审批程序衔接，完成服务标准化建设，安装“市民之窗”24小时自助服务设施。增强民生服务能力，健全社会服务协商机制，规范推进有为创益中心建设，设立“有为基金”，成功孵化2家服务型社会组织、7个社区“邻里家”，形成社区组织、社会组织和社工、义工队伍协同共进的公共服务新格局。区第八人民医院金沙医院住院部、镇计生服务所、残疾人医疗中心建成使用。《有为周报》创刊。强化食品安全监管，药品质量安全信用分类管理制度进一步健全。

【丹灶新城建设推进】 2014年，定位为新城市核心的丹灶新城建设有效推进。建沙路工程完成过半，罗行大桥建成通车，翰林湖都市型农业生态园建成开放，桂丹颐景园佳盛购物广场竣工，珍丰广场建设加快，新兴利商业广场开业，金爵士商业广场封顶。丹金大道、有为隧道、有为广场规划设计初步完成。

【康园项目启动】 2014年6月26日，南海丹灶康园项目举行动工仪式。项目位于丹灶镇银河社区苏村，由市、区、镇共同建设，以融合市政景观和文旅景区为规划定位，对康有为故居及周边的整体环境实施提升改造。项目规划改造面积9.8公顷（147亩），包括康园一期（七树堂、博物馆）、康园二期（市政公园）、康园三期（原文物保护区）、大同路等4个子项目。其中，七树堂项目是按照北京南海会馆1∶1比例重建，不仅重现公车上书、百日维新等历史场景，还规划建设成佛山科举文化展示中心、康梁研究中心、康体书法研究中心。此外，配套建设1.3千米长、双向4车道宽的大同路，以及有为广场（隧道）、丹金大道等交通配套设施，将康园融入丹灶中心城区。

【南海欧洲中小企业园启动建设】 2014年9月15日，丹灶镇举行南海欧洲中小企业园合作建设项目签约仪式。该园占地6公顷（90亩），借鉴南海日本中小企业工业园的建设模式，与机械装备行业的知名企业同向集团有限公司合作建设。该园面向世界招商，重点瞄准一汽-大众的外资供应配套商及外资装备制造企业，发展机械制造产业，助力传统五金产业升级。

【翰林湖都市型生态农业园建成

开放】 2014年12月，翰林湖都市型生态农业园建成开放。该园位于丹灶镇劳边沙水村，以18公顷（270亩）湖面的翰林湖为中心，设有百竹园、翰湖花海、垂钓天堂、绿茵追梦、粤韵渔耕（鱼塘耕作区）、绿野仙踪（鹭鸟生态觅食区）等多个农业园区，是集农业种养、生态休闲、科普教育于一体的农业生态休闲观光带。该园是大金智地高端产业服务区的重要配套项目，和仲恺农业工程学院等院校合作，将打造为农业产研实践基地、中小学生农业科普教育实践基地。

【罗行大桥通车】 2014年12月27日，丹灶镇罗行大桥正式通车。罗行大桥全长672米，定位为双向6车道的一级公路兼城市主干道功能，设计车速每小时60千米，项目总投资2.5亿元。罗行大桥跨越南沙涌，西接丹建路，东至罗下路，是连接丹灶中心城区与金沙城区、华南五金产业基地的便捷通道和发展轴线，更是通往樵金路、桂丹路以及佛山一环和广明高速的重要通道，有效疏导南海（丹灶）物流新城交通。

【集体组织经济收益监管中心成立】 2014年，丹灶镇坚持在经联社的资产所有权、经营权、收益权、民事议事决策主体和程序不变的前提下，开展集体组织经济收益监管中心建设试点工作。年内编制集体经济组织成员股权（股份）管理交易中心业务汇编，到9月完成收益监管平台建设。是年全镇27个经联社全部委托监管中心进行收益监管，以契约形式规范集体经济组织（经联社）的经济收益收支，实行预决算管理，切实保障村（社区）基本公共服务支出，彻底理顺政经关系，促进基层治理新体系构建。

【丹灶镇获“广东省文明镇”称号】 2014年9月4日，丹灶镇获“广东省文明镇”称号，成为是年全市唯一获得该称号的镇（街道）。近年来，丹灶镇抓住佛山市创建全国文明城市的契机，整体规划、统筹“创文”工作，开展扎实有效的文明创建活动，并以打造“产业新城”“生态新城”，举办“康有为文化节”等为载体，大力充实城市功能，完善公共服务体系，实现经济发展与精神文明建设的良性互动。

（刘朝阳　黎惠妍）

狮山镇

【基本情况】 狮山镇地处南海区中部、佛山国家高新技术产业开发区核心区，与佛山国家高新区形成“园镇融合”发展格局，是“全国重点镇”“国家卫生镇”“广东省食品安全示范镇”“广东省文明镇”。2014年在全国综合实力百强镇中名列第三，居广东之首。辖区面积330.6平方千米，下设东区、西区、罗村、大圃4个社会管理处，38个社区和28个行政村，户籍人口28.29万人，流动人口43.97万人。2014年实现工业总产值2877.71亿元，其中规模以上工业企业总产值2707.56亿元；农业总产值18.36亿元；社会消费品零售总额145.02亿元；全社会固定资产投资总额257.79亿元；实际外商直接投资3.72亿美元。

【经济发展概况】 2014年，狮山镇不断推进产业转型升级，促进结构优化调整，实现经济质量和效益同步提升。

主导产业发展迅猛。以一汽-大众为龙头的汽车产业形成特色产业集群和完整产业链，主机厂一期全年实现汽车产量21.9万辆、产值262.87亿元，纳税20.6亿元，成为全区首个年纳税额超10亿元的企业；41家配套企业建设顺利，其中30家正式投产；主机厂二期于7月正式动工建设。年内狮山镇再添“广东省口腔医疗装备产业基地”“广东省口腔器材技术创新专业镇”称号，推动以口腔医疗装备为代表的科技型产业升级发展。全国最大的家具定制企业维尚集团生产物流配送基地项目正式落地，一大批优质企业加快增资扩产，助推主导产业集聚发展。

金融科技产业融合创新成效显著。全面对接“广东省金融科技产业融合创新试验区”建设，大力推动金融科技产业深度融合。南方风机重型金属构件电熔精密成型技术产业化项目取得重大突破，佛山科技街初步成型，力合科技园引进项目36个，广工大数控装备研究院建成3个创新服务中心、进驻项目26个，芯光源孵化器被评为“国家级科技企业孵化器培育单位”，省生物医药前孵化器产业对接基地成功落户，慧泉科技园、佛山创智港等平台辐射带动作用和成效明显。创投融资体系更加完善。安排3亿元财政资金专门扶持科技创新，成功组建安信德摩、广东猎投、国科蓝海三支产业投资基金，东方精工等企业利用资本市场实施并购重组。科技创新要素加速汇聚。5名“千人计划”专家、50多个创新创业团队落户佛山高新区，新增高新技术企业22家、省市企业技术中心8个、省名牌产品21个、上市企业3家、发明专利495件。高端载体集聚效应凸显。全镇在建或建成重点载体项目超过9个，面积100多万平方米。其中，中欧科技合作产业园于7月启动建设，与4个欧洲商（协）会签订合作备忘录，10个项目洽谈中；生物医药产业基地建成载体6.6万平方米，进驻企业38家；新光源产业基地建成载体70万平方米，进驻企业130家。

【社会发展概况】 2014年，狮山镇围绕惠民利民目标狠抓各项工作落实，发展成果惠及市民范围不断扩大，民生改善取得新成效。

城市功能日益完善。佛山西站主线站场签约征地100%完成，全市首个高铁商业综合体富弘广场封顶。博爱湖、区市民服务中心、城市综合体等重点项目建设进展顺利，市民广场、体育馆、中央公园完成环境提升。投入10亿元对兴业路、桃园路、禅炭路等57.3千米道路进行改造，完成罗穆路、横沙路、小塘工业大道等路网扩宽修复，新建绿道52千米，各片区间交通和群众出行更加通畅。年内，狮山镇获评佛山市宜居城镇。

民生项目落到实处。全面推行民生项目三年计划，实行财政预算支出中期规划，教育、文体、医疗等公共资源实现“多规合一”。官窑中心幼儿园新园、狮城中学小学部投入使用，狮山中心小学、小塘中学小学部等扩建工程启动，推动城乡教育均衡发展。顺利通过省“亿万农民健康促进行动”示范镇复审，健康体验馆获评全省“十佳”宣传创新项目，计生卫生服务水平进一步提高。社会养老保险体系与城乡居民养老保险体系并行，实现100%全覆盖。全面实施文体惠民工程，成功举办新型城镇化论坛、高尔夫欧巡赛、全国三人篮球赛、世界咏春拳大赛等高端活动，文体社团增至250多个。树本产业家园成为狮山社会服务的总部基地和对外窗口。狮山镇工会被评为“全国工会落实建会三年规划先进集体”“全国工会职工法律援助维权服务示范单位”。“小候鸟驿站”和聚心园为600多名产业工人子女提供假期免费托管服务，“新狮山人”进一步融入当地城市社会。

平安稳定局面持续向好。平安创建工作进一步夯实，技防建设不断完善，创建平安车站、平安校园等“平安细胞”工程635个；新增治安岗亭3个，建成覆盖园区及村居的视频监控网络；开展“六大专项”行动成绩突出，五类恶性案件数量比上年下降57%。中南市场“菜篮子”基地实现智能化、信息化监管，建成“阳光厨房”89个，完成熟食品市场准入工作。深化落实安全生产“一岗双责”制度，创建安全生产标准化企业1955家，全年没有发生重特大消防安全事故。出台构建和谐劳动关系“白皮书”，人力资源发展促进会推动劳资关系和谐发展。

行政效能进一步提升。深入开展党的群众路线教育实践活动，“四风”突出问题得到有效解决。全面推行直联制，年内党员干部直接联系群众2995人次，收集问题1301条，98%的问题意见在镇内协调解决。对政务窗口人员实行标准化考核，全年共受理行政审批业务67万件，群众评价满意率达99.9%。安装“市民之窗”自助服务机82台，形成覆盖镇、村的自助服务网络。稳步推进“三单”管理改革，深入开展行政审批标准化建设，进一步营造国际化营商环境。完善公有资产管理，实现公有资产公开透明交易和增值最大化。推进公共资源交易“管办分离”改革，初步实现管理规范化、流程标准化、交易阳光化。

【一汽－大众二期项目正式启动】 2014年7月，一汽-大众二期项目正式启动，年内建设进展顺利。该项目预计2016年底完工，2017年上半年试产。建成后，一汽-大众佛山工厂一、二期将成为年产能60万辆的整车生产基地。此前，2013年5月26日，在中国国务院总理李克强和德国总理默克尔的共同见证下，中国第一汽车股份有限公司（以下称“一汽”）与德国大众汽车股份公司（以下称“大众”）在德国柏林签署关于建设一汽-大众佛山二期项目的联合声明，一汽-大众（佛山）工厂二期项目确定落户狮山。2013年12月4日，佛山市政府与一汽-大众正式签订二期项目协议。一汽-大众（佛山）工厂二期项目占地65.67公顷（985亩），总投资158.85亿元，设计产能年产量30万辆，主要生产大众和奥迪品牌最新产品和最新技术的新能源汽车。

【佛山科技街加快发展】 佛山科技街坐落于南海大学城，周边有华南师范大学南海校区、广东东软学院、广东轻工职业技术学院等高校，位于生物医药产业基地、专业装备制造基地、汽车城等几大产业中心位置。佛山科技街主要定位于搭建平台，科技孵化，开展国际合作、产学研合作以及科技服务配套，凸显佛山高新区金融、科技、产业融合发展战略、科技服务功能以及国际化发展路线。至2014年，已建成约20万平方米产业载体，有超过50个创业团队入驻并完成注册。其中，广工大数控装备协同创新研究院由广东省科技厅、佛山市政府、南海区政府、佛山高新区管理委员会和广东工业大学共同建设，是集数控装备技术研发、成果转化及孵化、人才培养与引进的大型公共服务平台，自2013年4月成立以来，先后设立数控技术、3D打印、机器人应用等三大创新创业中心。

【中欧科技合作产业园启动建设】 2014年7月23日，中欧科技合作产业园在狮山镇启动建设。该园是全国首个由商务部与地方共同推动的欧企集群式发展产业园区，通过与欧盟中国总商会、欧盟中小企业中心、欧洲汽车工业协会等欧洲商（协）会机构开展合作，吸引欧洲企业落户。中欧科技合作产业园的启动，标志着南海乃至广东省在中欧合作上新的突破，是“欧洲制造”和“佛山制造”合作的又一里程碑，也是南海区在对接国际资本转移，引进先进的国际产业、科技、金融资本上的一个重要举措。年内，中方与4个欧洲商（协）会签订合作备忘录，10个引进项目洽谈中。

【打造口腔器材专业镇】 2014年10月，狮山镇被认定为“广东省口腔器材技术创新专业镇”。口腔器材是狮山镇的主导产业之一，罗村是全国著名的口腔器材产业集聚地。全镇拥有相关企业60家，拳头产品牙科综合治疗机年产量占全国的50%，LED光固化机和喷砂洗牙枪国内市场份额分别占30%和20%。狮山镇将以口腔器材专业镇建设为契机，大力发展成为口腔器材制造中心、展销中心、口腔医疗培训基地、技术与标准高地、品牌集聚地。

（何丽明　杨灼明）

■ 大沥镇

【基本情况】 大沥镇位于南海区东部，是“中国有色金属名镇”“中国内衣名镇”“中国再生金属物流加工基地”“中国专业市场电商采购示范区”“中国商贸名镇”“国家卫生镇”“中国十大最具影响力人居环境名镇”“中国龙狮运动名镇”“中国民间文化艺术之乡（粤曲）”“中国摄影之乡”“广东省民族民间艺术之乡（醒狮、粤曲、书画）”“广东省教育强镇”“广东诗歌之乡”。2014年，列“全国综合实力百强镇”第六位。辖区面积95.9平方千米，下设东区、西区2个社会管理处，12个城市社区和26个农村社区，户籍人口25.23万人，流动人口43.55万人。2014年实现工业总产值650.62亿元，其中规模以上工业企业总产值599.54亿元；农业总产值6.60亿元；社会消费品零售总额176.21亿元；全社会固定资产投资总额109.40亿元；实际外商直接投资2490.12万美元。

【经济发展概况】 2014年，大沥镇经济发展内涵不断丰富，传统产业转型升级加快，新兴产业打开发展新局面。

优势产业实力增强。是年，有色金属企业实现工业总产值449亿元，其中铝材行业生产总值260亿元；规模以上内衣企业生产总值31.49亿元。国家级铝型材检测平台、纺织检测平台加紧建设，成功创建“铝型材产业知名品牌示范区”，“内衣知名品牌示范区”顺利获批。

电子商务初具规模。佛山京东云产业基地、阿里巴巴南海产业带、中国网库及南方跨境电商产业园项目成功签约落户。南海电商服务联盟成立。大镇电商履约中心、联滘淘宝村、广佛智城国际电商采购中心建设加快推进。电商发展氛围日益浓厚，年内获“中国专业市场电商采购示范区”称号。

产业金融齐头并进。6月，由镇政府牵头，金融企业主导的国内首个镇级金融行业协会“大沥金融行业协会”挂牌成立。新华村镇银行对外营业，东亚银行华南数据中心签约落地。广东有色金属交易平台吸纳会员137个，成交突破500亿元。宝力股权投资项目开局良好，成功对接本地

大沥广佛智城成为电子商务企业聚集地

基金募集和投融资业务。大沥总商会成立企业互助专项资金，有效化解会员金融风险。

商贸服务业蓬勃发展。6月，永旺梦乐城、南储总部大厦等9个商贸龙头项目集体签约落户大沥。其中，永旺梦乐城打造超21万平方米商业综合体，希尔顿、喜来登星级酒店项目引领现代服务业向更高层次发展。专业市场升级改造加快，全年成交额超百亿元，交易额超亿元专业市场达15个。宝盈广场开门迎客，和华、华亚、国昌二期、星港城等多个商业广场建设步伐不断加快。

载体平台建设规模扩大。广东有色金属交易中心和中铝、华昌、沥王、南海铝协总部大楼加紧施工，龙汇大厦和坚美大厦主体封顶。广佛智城一期招商运营，南方时尚城、南储总部大厦、中安合泰金融创意产业园等载体建设铺开，奇槎产业社区项目稳步实施，产业集聚成形。

【社会发展概况】 2014年，大沥镇推进城市建设，基础配套不断完善。中轴核心区、广佛路沿线旧物业加快改造，坚美商务大厦、太平国华新都等30多个旧改重点项目铺开建设，奇槎片区、雅瑶罗城工业区等20多个项目集约改造，城市更新步伐全面加快。岭南大道、同庆大道曹边段建成通车，文华路北延线、珠江桥放射线二期、桂澜路北延线工程稳步实施，广佛新干线佛山一环隧道开工建设，洞庭路等路网推进改造，连接东西、畅通南北的路网骨架加速成型。工业废水处理厂、地埋式垃圾压缩站如期建设。

不断完善社会管理，打开善治格局。是年，社区居委换届选举工作完成，社区网格化和法治村居试点扎实开展，“全国安全社区”成功创建，“八打八治”打非治违专项行动纵深推进，社会治安持续好转，刑事发案率比上年下降6.2%。综治信访维稳力度不断加大，土地问题、劳资纠纷得到有效化解。食品集中加工中心投入运营。横江“股权确权到户”工作进展顺利。农村社区街坊会和4个志愿V站建成运作，凤池“和谐五十一工程基地”投入使用，服务内容和形式不断创新。

坚持推进环境治理，提升宜居环境。年内公园化战略深入实施，九龙公园和16个街心公园全面开放，香基四季湿地公园、沥桂滨河公园、龙湖印象、南海外滩等大型生态工程积极推进，新城公园和大沥文化公园加快改造。“美城美家”计划深入开展，香基河、龙沙涌、河西大涌等19条内河涌生态修复工程有序铺开，漖表涌一河两岸完成景观塑造，展现水清岸绿新风貌。环保百日专项行动深入开展，对全镇范围内涉废水、废气排放企业进行全面排查治理，严肃惩处偷排偷放行为，全年关停污染企业超过300家。

社会事业协调发展，民生保障更加有力。年内“阳光招生”制度全面实施，中考成绩位居南海前列。许海中学完成扩建，沥北小学综合楼竣工使用。新大沥敬老院全面开放，盐步医院新住院楼竣工。就业扶持力度加大，成功创建2个关爱就业基地、1个关爱创业基地和7个大学生见习基地，新增就业近4000人。太平、沥中保障房封顶，有效解决652户困难家庭住房需求。基本医疗保险实现全覆盖，发放低保金和救助款600万元。

繁荣文化事业，不断满足群众精神文化需求。公共文体事业扶持力度不断加大，设立公共文体发展扶持资金，划拨400万元撬动社会力量参与文化、体育事业发展。全年近500个文化项目获250多万元补助。南海藤编制作艺术展览馆开馆运营，广东书法园投入使用。举办大沥城市论坛、伯奇创意摄影展、龙母文化节、十大感动人物评选、藤编技艺创新大赛、龙舟联赛、广东青年创新创业大赛、“大沥杯”首届中国口哨大赛、“沥桂一体、美丽家园”文化活动月，都市文化蔚然成风，形成特色。8月，大沥藤编和盐步老龙传承人纳入广东省第四批省级非遗项目代表性传承人名单。

政务提质提效，作风建设扎实推进。党的群众路线教育实践活动成效显著，解决群众反映强烈的突出问题660个。“四风”专项整治效果明显，“三公”经费大幅削减。积极实施第三方财政绩效评价，预算收支管理实现优化规范。实施党员直接联系群众定点接访、入户走访制度，政府雇员常务副职资格实施竞争上岗制度，“三单”管理制度。逐步完善“三网融合”，提升行政效能。三个服务中心年办件量超过68万件，按时办结率达100%。

【启动“美城美家”计划】 2014年3月，大沥镇发布“美城美家”行动计划，3年内每年补贴1亿元，支持镇辖各农村社区实施美化环境、优化路网和再现人文等工程。

【镇食品集中加工中心投入使用】 2014年3月，大沥镇食品集中加工中心竣工投入使用。加工中心占地6667平方米，设有加工区、宿舍区、冷冻库、化验室、监控室等场室。

【新大沥敬老院落成启用】 2014年5月，新大沥敬老院正式落成启用。新大沥敬老院由原大沥医院整体改建而成，占地面积0.87公顷，是迄今为止南海区内规模最大的养老服务机构。

【沥商慈善会揭牌成立】 2014年6月，由大沥总商会发起的“沥商慈善会”正式揭牌成立。成立仪式上，大沥企业家和热心人士向慈善会捐赠善款800多万元。

【发布“广佛产业CBD”战略】 2014年10月，大沥镇举办“广佛产业CBD发布会”，提出将占地2000公顷（3万亩）的城市中轴区域作为广佛产业CBD的主体区域建设，并规划电商经济、总部经济、展贸经济、投融资经济和滨水社区5个产业带。

【大沥镇获“全国安全社区”称号】 2014年10月，大沥镇通过“全国安全社区”专家组验收，获“全国安全社区”称号。近年来，大沥镇先后铺开交通安全等11个领域25个安全促进项目，安全水平得到有效提高。

（邵俊斌　黎盛堂）

■ 里水镇

【基本情况】 里水镇位于南海区东北部，是“全国重点镇”“全国综合实力百强镇”“中国香水百合名镇”“中国袜子名镇”“全国环境优美乡镇”“国家卫生镇”“广东生态示范镇”“广东省教育名镇”。辖区面积148.28平方千米，下设17个社区、16个行政村，户籍人口13.08万人，流动人口33.93万人。2014年实现工业总产值787.03亿元，其中规模以上工业企业总产值729亿元；农业总产值14.41亿元；社会消费品零售总额71.12亿元；全社会固定资产投资总额111.15亿元；实际外商直接投资1395.19万美元。

【经济发展概况】 2014年，里水镇产业发展迈出新步伐。家电、医药、新材料三大支柱产业快速发展，总产值实现年平均增幅9.3%。新材料高科技产业园完成土地征租，一方制药公司、钜仕泰公司扩建厂房全面完工，孵化器、生产研发车间基本完成主体封顶，广东骆驼电商总部成功落户，预计投产后税收达3000万元/年；香港新顺福寿桃绿色食品城、喜达屋品牌酒店、香雪制药、普霖医疗器械、永润广场卜蜂莲花超市等一批高端项目达成合作意向。全年共引进超千万元以上项目20个，超亿元以上项目10个，计划总投资56.34亿元，总占地面积56.47公顷（847亩）。现代农业发展势头喜人，灵芝专业合作社不断壮大，花海流潮项目顺利招商，国内知名园艺电商成功进驻万顷洋现代农业示范区，引领花卉产业电子商务化发展。

企业服务优质高效。年内成立里水企业服务大联盟，吸纳40个中介服务机构，为企业提供项目申报咨询、投融资顾问等10项服务；发挥里水企业商学院效应，开展专题培训、工业考察、政策解读等活动；充实“企业·家”内涵，开展名优产品展览，提升企业知名度；加大政府职能下放力度，是年86项企业服务事项下放总商会。全年新增高新技术企业5家、省名牌产品5个、省著名商标5个，制定国家标准1项、行业标准19项，共发放科技类企业扶持资金4205万元。

【社会发展概况】 2014年，里水镇城市化发展进程继续加快，社会管理水平提升，各项社会事业取得新成绩。

城乡环境改善。完成里水城市中轴线及中心城区规划，展旗楼主体结构如期封顶，盘山路景观工程全面完工；深入推进“公园化”战略，建成甘蕉、白岗等10个公园，新增绿化面积12.5万平方米；加紧实施“美村计划”，赤山、北沙、河村等成为南海建设新农村示范点。全面提速“梦里水乡”建设，沿江路立面改造、红旗湾调蓄湖工程相继完工，里水河南岸3.3千米绿道投入使用，“一河三岸”生态浮岛完成更新。宜居村庄创建工作成效显著，北沙、布新、宏岗、得胜、鲁岗五村获评“广东省宜居示范村庄”。

城市配套提速。新河路全线通车，军民路改造拆迁工程加快推进，太行路景观改造提升工程完工，麻奢、共同、文教等6条村道改造全面完成。“两厂、四站、十一片区”污水设施建设抓紧实施，大石污水处理厂建设正式启动，水口、志高花园小型污水处理站投入使用，60千米截污管网全面开建，截污治污系统进一步完善。工业连片改造取得突破，大冲虎头岗工业区改造启动，沙涌工业区改造基本完成，南亚产业园建成投产，新材料高科技产业园成为省“三旧”改造重点示范项目。商业配套建设加快，华美达酒店封顶，万福城广场、梦汇尚城开业，艺术河畔一期改造全面完成。

社会管理水平提升。年内制

订《智慧城镇建设工作方案》,启动智慧城镇指挥中心建设。将“创文”和“城市管理”有机结合,大力开展各项专项整治,选取金溪社区为试点,实行“定格、定人、定责、定点”,推进社区网格化管理。全面成立出租屋主联合会,推动出租屋专业化、自主化管理。“创安”工作顺利通过国家考评,获评“全国安全社区”称号。加大不稳定因素排查力度,落实重点信访案件包案制度;出台“以案定奖”办法,推行“律师进村居”,加强法治村居建设。设立村(社区)安监工作站,组建基层安全生产监管专职队伍,开展火灾隐患专项整治,全镇消防形势持续稳定。严厉打击“两违”建设行为,农村土地使用逐步规范。新增32个“阳光厨房”,推进食品集中加工中心二期建设,在全区率先实行食品质量溯源制度。

社会事业蓬勃发展。南海区第三人民医院新院封顶,社区卫生服务中心管理逐步完善,试点开展家庭医生式服务。改善教育教学环境,里水中学、旗峰中学等学校提升改造。和顺保障性住房一期全面完工,816套志高保障性住房投入使用。推进就业工程,发放困难家庭就业补贴100多万元,3347人次受惠。创新医保参保模式,居民基本医疗保险参保人数81568人,参保率99.6%。行政服务中心设置24小时便民自助服务区,33个村(社区)设置“市民之窗”自助服务终端,群众办事更便捷。启动公共自行车系统建设,首批25个站点加紧施工,新增及优化12条公交线路,投放86辆新能源公交车,方便群众出行。建成里水“七一”空间和创益中心,设置志愿服务V站,里水、金溪融爱家庭服务中心引入专业社会服务团队,提供多元化的综合社会服务。顺利举办第三届百合花文化节,吸引35万名游客到场参观;开展“情系基层”文化惠民活动,成功举办第二届“梦里水乡·锦龙盛会”,里水电影院开业。

体制改革力度加大。深化农村管理体制改革,全面启动集体经济组织股权确权工作。完成村(居)委会换届,落实选聘分离,实现书记、主任一肩挑。推行公共资源交易体制改革,设立“一委、一办、一中心”,实现管办分离。创新公资系统改革,组建公有资产、市政、城区、园区4个集团公司,推行集团化运营。

【里水镇获评“全国安全社区”】 2014年12月,全国安全社区促进中心正式命名里水镇为“全国安全社区”。镇长黄庆添代表里水镇出席全国安全社区建设工作会议领牌。里水镇自2011年12月启动安全社区建设工作以来,严格按照全国安全社区建设标准,坚持“跨界合作、资源整合、全员参与、持续改进”的安全社区理念,扎实开展“创安”工作。通过近三年的努力,顺利通过全国安全社区评定组的现场评定。全镇安全形势逐步稳定好转。2014年与2012年相比,不同环境下各类伤害发生率总体下降46.66%,不同职业人群总伤害频率由1464人下降到781人。通过开展安全社区建设工作,里水镇逐步形成“政府主导、部门协作、社会参与”的工作格局,有效地提升公民的安全意识,提高安全管理水平,改善地区安全环境条件,减少各类事故与伤害,地区安全指数得到提升。

【里水镇成功申报为“中国香水百合名镇”】 2014年12月19~20日,中国林业产业联合会组织专家对里水镇申报“中国香水百合名镇”进行评审。专家组实地考察里水镇香水百合产业,听取镇委、镇政府关于香水百合产业发展情况的汇报,正式通过里水镇为“中国香水百合名镇”。香水百合产业是里水镇的特色产业。2014年里水镇香水百合种植规模113.33公顷(1700多亩),年产香水百合花1700多万枝,销售产值超2.5亿元。产品主要销往珠三角、港澳地区及新加坡、马来西亚等东南亚国家。近几年,里水镇成功举办三届百合花文化节,吸引50万名游客前往参观。里水镇万顷洋现代农业示范区发展成为广东省规模最大、品种最齐全的鲜切百合花种植示范基地。在此基础上,里水镇聘请广东省林业调查规划院编制《里水镇香水百合产业发展规划(2013~2020年)》,用以指导里水镇香水百合产业持续发展。

【举办首届广东省“梦里水乡杯·花地文学奖”征文大赛】 2014年8月,由羊城晚报报业集团、广东省文联、里水镇人民政府共同主办的首届广东省“梦里水乡杯·花地文学奖”征文大赛在里水镇里东公园启动。此次征文要求文章以“梦里水乡”为主题,题材为散文及新诗两种,面向全国征稿。活动收到来自全国逾5000份来稿。经过初评、终评两轮评选,评选出一等奖2篇、二等奖10篇、三等奖20篇。

(陈雅清)

人物·荣誉
Figures and Honor

■ 全国性荣誉获得者（选介）

刘凤兰（女） 1974年11月生，佛山市南海区人，南海区桂江第一初级中学教师，是佛山市骨干教师、南海区学科带头人。参加教育工作17年来，始终坚持在教育第一线，在信息学教学中取得丰硕成果。近五年来，她指导的学生连续9次获得全国青少年信息学联赛和广东省信息学奥林匹克决赛的初中团体第一名。作为南海区名师工作室主持人、南海区信息技术中心教研组副组长，她积极参与和组织新课程、新教法的改革，是广东省“十一五”规划教育科学研究项目“新课改背景下信息学特长生培养的实践研究”课题组主要成员，主编南海区地方教材《聪明人的游戏——信息学探秘（初中版）》。发表多篇论文，其中《练评讲教学法在信息学竞赛辅导中的实践和体会》获全国三等奖。先后获“广东省南粤优秀教师”“佛山市优秀教师”等称号。2014年，获教育部授予“全国优秀教师”称号。

沈小琴（女） 1968年12月生，佛山市南海区人，里水镇北沙党支部书记、村委会主任。从2005年担任村委会主任起，她就努力带领村民发展致富，提高集体经济收入，并规范集体经济管理，村民每年的分红从原来的几百元增至4000多元。为给村民营造洁净优美的环境，她做通村、组干部思想工作，投入集体经费近200多万元对村中道路及下水道进行规划、改造；投入50多万元建设垃圾中转站，并引入专业保洁公司；促成村民活动中心的建设，大力推动村文体活动的开展。北沙村先后获“佛山市巾帼示范村”“佛山市‘十好’和谐文明村”“佛山市健康村”等称号。她先后获得2008年度佛山市“三八”红旗手、2010年度广东省“三八红旗手”、2012年度“第七届南粤巾帼十杰”等称号，2012年当选为中共十八大代表。2014年获全国妇联授予“全国三八红旗手”称号。

杨利 1962年6月生，河北省石家庄人，广东东软学院院长，国防科技大学计算机博士，东北大学博士后、教授。师从中国著名计算机科学家、中国科学院院士、“银河-II”巨型计算机总设计师周兴铭教授。曾任国防科技大学计算机学院“银河-II”巨型计算机系统主管设计师、“银河-III”巨型计算机系统主任设计师、美国Control Data计算机公司访问学者。曾获多项国家级、省部级科技成果奖以及省级高等教育教学成果奖，发表高水平论文40余篇。2009年被评为“南粤优秀教育工作者”；2011年被评为《中国计算机报》“软件人才培养杰出贡献人物”；2014年被评为“全国职业教育先进个人”，并获国务院批准，享受政府特殊津贴。

梁宜广 1971年12月生，佛山市南海区人，广东蒙娜丽莎新型材料集团有限公司烧成车间主任。1992年参加工作至今，一直从事建筑陶瓷的生产及窑炉技术管理工作，从普通的司炉工成长为烧成车间主任和窑炉技术委员会主任。2007年，他和公司的研发团队一起研制出国内首块大规格（1800mm×900mm×5.5mm）陶瓷薄板，解决了烧成过程中的变形、强度等一系列问题，成功实现产业化。该项目获2009年国家建材行业科技进步一等奖。他积极参与公司的合同能源管理项目——预混式燃烧器的节能技术改造，使窑炉节能率由6%提高到9%以上，使公司连续四年被广东省人民政府评为“节能先进单位”。2007年被评为“全国建材行业劳动模范”。2014年，获中华全国总工会授予的“全国五一劳动奖章”。

黄新古 1966年8月生，江西省上高县人，南海区南海实验中学校长，兼任桂城中学副校长，中学政治高级教师。在学生德育工作中，不断探索改进德育教育教学方法，积极参与德育课程改革，开展教育教学实验和实践。多次在广东省、佛山市、南海区进行示范教学，2013年主持的课题《实施“六个一”工程提升学生综合素质的研究与实践》被列为广东省强师工程重点课题。注重青年干部培养，在学校成立“科研室”“名师工作室”“名班主任工作室”，培养了大批杰出的优秀教师。担任南海实验中学校长期间，推动学校实现教育科研、德育建设、学科建设、校园文化建设的全位发展。学校“个性化”与“国际化”特色鲜明，《人民教育》《广东教育》分别作专题报道。2014年，获教育部授予“全国教育系统先进工作者”称号。

黎亚春　1970年10月生，广东化州市人，南海区九江镇海寿小学教导主任、中小学美术副高级教师。海寿小学是佛山市规模最小的乡村小学，全校只有10名教师和100多名学生。他带领全体教师积极开展教育改革，从绿色人际、绿色课堂、绿色活动和绿色科研四个方面构建“绿色教育”体系，推动学校素质教育快速发展。2011年，学校被评为“南海区教育综合改革试点学校”。开展特色学校实践与探索，培育“陶艺”“篮球”“动漫”“太空种子种植”等多个特色项目。注重教师和学生思想道德建设。2011年，海寿小学的体验型德育模式在佛山市德育工作会议上作经验介绍，并向全市推广。海寿小学近年来的教育教学成果，引起社会各界的高度关注，《人民日报》《人民教育》《中国少年报》等媒体分别进行采访报道。2012年获“南粤优秀教师”称号。2014年，获教育部授予“全国模范教师”称号。

■ 荣誉录

2014年南海区获全国先进单位称号名录

单位名称	荣誉称号	表彰单位
南海区民族宗教事务局	全国民族团结进步模范集体	国务院
南海区港澳台工作办公室	“两刊”宣传工作先进单位	中共中央台湾工作办公室宣传局
南海法院未成年人审判庭	全国青少年维权岗	全国青少年维权岗创建活动领导小组
大沥镇	全国安全社区	国家安全生产监督管理总局 中国职业安全健康协会
里水镇	全国安全社区	国家安全生产监督管理总局 中国职业安全健康协会
大沥镇	中国民间文化艺术之乡(粤曲)	文化部
大沥镇	中国摄影之乡	中国摄影家协会
西樵镇	中国历史文化名镇	住建部　国家文物局
西樵镇	国家卫生镇	全国爱国卫生运动委员会
桂城街道桂园社区	全国和谐社区建设示范社区	民政部
桂城街道平东社区	全国和谐社区建设示范社区	民政部
大沥镇嘉怡社区	全国和谐社区建设示范社区	民政部
大沥镇沥雄社区	全国和谐社区建设示范社区	民政部
大沥镇社会工作局	全国农村五保供养工作先进单位	民政部
狮山镇松岗社区	全国综合减灾示范社区	国家减灾委员会　民政部
桂城街道大圩社区	全国综合减灾示范社区	国家减灾委员会　民政部
桂城街道桂园社区	敬老文明号	全国老龄工作委员会
大沥实验小学	全国优秀家长学校实验基地	教育部关工委
狮山镇总工会	全国工会落实建会三年规划先进集体	中华全国总工会
南海供电局	全国安康杯竞赛优胜单位	全国安康杯组委会
狮山镇女职工教育培训基地	工会女职工培训示范学校	中华全国总工会女职工委员会
共青团西樵镇委员会	全国五四红旗团委	共青团中央
南海区义务工作者（志愿者）联合会	第十届中国青年志愿者优秀组织奖	共青团中央　中国青年志愿者协会

（续表）

单位名称	荣誉称号	表彰单位
大沥镇政府审计办公室	2011~2013 年度全国内部审计先进集体	中国内部审计协会
华师附小恒大南海学校	2013~2014 年度学校心理健康教育先进集体	中国心理学会学校心理学专业委员会
罗村中心小学	第十五届全国中小学电脑制作活动组织工作先进单位	中央电化教育馆
中国农业银行南海分行	2014 年第三届全国农行文明单位	中国农业银行
中国农业银行大沥支行	2014 年第七届全国农行精神文明建设工作先进单位	中国农业银行
中国农业银行南海分行	2012~2013 年度农行总行电子银行业务先进集体	中国农业银行
中国农业银行南海分行	2012~2013 年度农行总行信用卡业务先进集体	中国农业银行
中国农业银行南海分行人力资源部	2012~2013 年度农行总行人力资源管理先进集体	中国农业银行
中国农业银行南海分行个人金融部	2012~2013 年度农行总行零售银行业务先进集体	中国农业银行
中国农业银行桂城支行	2013 年度农行总行运营基础管理先进单位	中国农业银行
中国农业银行罗村支行	2013 年度农行总行运营基础管理先进单位	中国农业银行
中国农业银行桂城丽苑支行	2013 年度农行总行运营基础管理三铁单位	中国农业银行
中国农业银行桂城玫瑰园支行	2013 年度农行总行运营基础管理三铁单位	中国农业银行
中国农业银行桂城东二支行	2013 年度农行总行运营基础管理三铁单位	中国农业银行
中国农业银行桂城桂东支行	2013 年度农行总行运营基础管理三铁单位	中国农业银行
中国农业银行大沥太源支行	2013 年度农行总行运营基础管理三铁单位	中国农业银行
中国农业银行平洲平西支行	2013 年度农行总行运营基础管理三铁单位	中国农业银行
中国农业银行盐步南国支行	2013 年度农行总行运营基础管理三铁单位	中国农业银行
中国农业银行黄岐六联支行	2013 年度农行总行运营基础管理三铁单位	中国农业银行
中国农业银行大沥支行营业部	2013 年度农行总行运营基础管理三铁单位	中国农业银行
中国农业银行大沥兴隆支行	2013 年度农行总行运营基础管理三铁单位	中国农业银行
中国农业银行里水振兴支行	2013 年度农行总行运营基础管理三铁单位	中国农业银行
中国农业银行松岗永隆支行	2013 年度农行总行运营基础管理三铁单位	中国农业银行
中国农业银行狮山招大支行	2013 年度农行总行运营基础管理三铁单位	中国农业银行
中国农业银行罗村新城支行	2013 年度农行总行运营基础管理三铁单位	中国农业银行
中国农业银行罗村罗湖支行	2013 年度农行总行运营基础管理三铁单位	中国农业银行
中国农业银行丹灶联沙支行	2013 年度农行总行运营基础管理三铁单位	中国农业银行
中国农业银行西樵江浦支行	2013 年度农行总行运营基础管理三铁单位	中国农业银行
中国农业银行九江沙头支行	2013 年度农行总行运营基础管理三铁单位	中国农业银行
南海农商银行	第四届全国十佳农村商业银行	农商行董事长（行长）联席会议 中国地方金融研究院
华夏银行佛山南海支行	中国银行业文明规范服务五星级营业网点	中国银行业协会
交通银行股份有限公司佛山分行	2013~2014 年度交通银行模范职工之家	交通银行股份有限公司

2014 年南海区获省级先进单位称号名录

单位名称	荣誉称号	表彰单位
南海区妇联	第四届广东省人民满意公务员集体	广东省人民政府
丹灶镇	广东省文明镇	中共广东省委　省政府
里水镇专职消防队	政府专职消防队先进单位	广东省公安消防总队
南海区社会福利中心	广东省特级社会福利机构	广东省民政厅
南海区殡仪馆	广东省一级殡仪馆	广东省民政厅
桂城视频票销售厅	广东省 2014 年度优秀销售厅	广东省福利彩票发行中心
里水镇安全生产监督管理局	全国"安康杯"竞赛广东省优秀组织单位	广东省总工会　广东省安全生产监督管理局
广东雄塑科技实业有限公司	广东省"安康杯"竞赛优胜单位	全国安康杯竞赛广东省组委会
佛山市源田床具机械有限公司装配班组	广东省"安康杯"竞赛优胜班组	全国安康杯竞赛广东省组委会
里水镇安全生产监督管理局	广东省"安康杯"竞赛优秀组织单位	全国安康杯竞赛广东省组委会
广东一方制药有限公司	广东省五一劳动奖状	广东省总工会
南海新怡内衣有限公司	广东省五一劳动奖状	广东省总工会
南海佛广交通集团有限公司	广东省工人先锋号	广东省总工会
南海燃气发展有限公司工会委员会	广东省模范职工之家	广东省总工会
南海佛广交通集团有限公司工会委员会	广东省模范职工之家	广东省总工会
广东省中西医结合医院（南海区中医院）工会委员会	广东省模范职工之家	广东省总工会
广东粤海汽车有限公司工会委员会	广东省模范职工之家	广东省总工会
广东金威达彩印有限公司工会委员会	广东省模范职工之家	广东省总工会
爱信精机(佛山)车身零部件有限公司工会	广东省模范职工之家	广东省总工会
南海区大沥镇产业园企业工会联合会	广东省模范职工之家	广东省总工会
广东新怡内衣有限公司工会委员会	广东省模范职工之家	广东省总工会
南海区显威五金塑料有限公司五金车间工会小组	广东省模范职工小家	广东省总工会
佛山市鼎天保护膜有限公司工会分切小组工会小组	广东省模范职工小家	广东省总工会
南海区第八人民医院急诊科工会小组	广东省模范职工小家	广东省总工会
南海蕾特汽车配件有限公司工会芯子班工会小组	广东省模范职工小家	广东省总工会
南海区地方税务局计划财务科	南粤女职工文明岗	广东省总工会
狮山镇总工会女职工委员会	2009~2014 年广东省工会女职工工作先进集体	广东省总工会
西樵镇总工会女职工委员会	2009~2014 年广东省工会女职工工作先进集体	广东省总工会
广东省职工保障互助会南海代办处	2012~2013 年度职工互助保障工作先进集体	广东省职工保障互助会
广东省职工保障互助会南海代办处	2012~2013 年度职工互助保障工作网站信息先进集体	广东省职工保障互助会
共青团狮山镇委员会	2014~2015 年度广东省五四红旗团委	共青团广东省委员会
共青团石门中学委员会	2014~2015 年度广东省五四红旗团委	共青团广东省委员会
共青团北汽福田欧辉客车公司委员会	2014~2015 年度广东省五四红旗团委	共青团广东省委员会
丹灶镇云溪社区团支部	2014~2015 年度广东省五四红旗团支部	共青团广东省委员会

（续表）

单位名称	荣誉称号	表彰单位
九江镇南金村团支部	2014~2015 年度广东省五四红旗团支部	共青团广东省委员会
里水镇大石村团支部	2014~2015 年度广东省五四红旗团支部	共青团广东省委员会
桂城义工联	2014 年广东志愿服务银奖	广东省志愿者协会
南海师范附属小学	2013~2014 年度广东省少先队红旗大队	共青团广东省委员会　广东省教育厅　少先队广东省工作委员会
大沥行政服务中心	广东省巾帼文明岗	广东省妇联
大沥黄岐行政服务中心	广东省巾帼文明岗	广东省妇联
丹灶中心幼儿园	广东省巾帼文明岗	广东省妇联
狮山小塘中心幼儿园	广东省巾帼文明岗	广东省妇联
中国电信南海平洲客户服务中心	广东省巾帼文明岗	广东省妇联
南海老干活动中心	广东省巾帼文明岗	广东省妇联
和顺中心幼儿园	广东省巾帼文明岗	广东省妇联
西樵镇樵乐社区妇女之家	广东省省第二批妇女之家示范点	广东省妇联
西樵镇百东村妇女之家	广东省省第二批妇女之家示范点	广东省妇联
西樵镇大同社区妇女之家	广东省省第二批妇女之家示范点	广东省妇联
里水袁志敏农场	广东省巾帼创业示范基地	广东省妇联
南海区大沥商会	广东省“爱心父母大联盟”荣誉章金奖	广东省妇联
桂城街道翠颐社区	广东省宜居社区	广东省住建厅
桂城街道桂雅社区	广东省宜居社区	广东省住建厅
桂城街道江南名居社区	广东省宜居社区	广东省住建厅
西樵镇东碧社区	广东省宜居社区	广东省住建厅
狮山镇驿园社区	广东省宜居社区	广东省住建厅
狮山镇塘中社区	广东省宜居社区	广东省住建厅
大沥镇洞庭社区	广东省宜居社区	广东省住建厅
大沥镇沥雄社区	广东省宜居社区	广东省住建厅
大沥镇江北社区	广东省宜居社区	广东省住建厅
大沥镇直街社区	广东省宜居社区	广东省住建厅
里水镇宏岗村	广东省宜居示范村庄	广东省住建厅
里水镇北沙村	广东省宜居示范村庄	广东省住建厅
桂城街道桂园社区	人口与计划生育基层群众自治示范村（居）	广东省计划生育协会
桂城街道平东社区	广东名村示范村	中共广东省委农村工作办公室　广东省农业厅　广东省住建厅
桂城街道夏东社区	广东名村示范村	中共广东省委农村工作办公室　广东省农业厅　广东省住建厅
狮山镇白沙桥社区	广东省卫生村	广东省爱国卫生运动委员会
狮山镇横岗社区	广东省“六好”平安和谐社区	广东省民政厅
桂城街道大德社区	广东省第五批体育先进社区（居委会）	广东省体育局
狮山镇小塘社区	广东省第五批体育先进社区（居委会）	广东省体育局
狮山镇驿园社区	广东省第五批体育先进社区（居委会）	广东省体育局
狮山镇官窑社区	广东省第五批体育先进社区（居委会）	广东省体育局

（续表）

单位名称	荣誉称号	表彰单位
狮山镇石碣社区	广东省第五批体育先进社区（居委会）	广东省体育局
大沥镇嘉怡社区	广东省第五批体育先进社区（居委会）	广东省体育局
里水镇新联社区	广东省第五批体育先进社区（居委会）	广东省体育局
里水镇和顺社区	广东省第五批体育先进社区（居委会）	广东省体育局
里水镇甘蕉社区	广东省第五批体育先进社区（居委会）	广东省体育局
里水镇邓岗社区	广东省第五批体育先进社区（居委会）	广东省体育局
里水镇大石社区	广东省第五批体育先进社区（居委会）	广东省体育局
里水镇金利社区	广东省第五批体育先进社区（居委会）	广东省体育局
里水镇大冲社区	广东省第五批体育先进社区（居委会）	广东省体育局
里水镇草场社区	广东省第五批体育先进社区（居委会）	广东省体育局
里水镇胜利社区	广东省第五批体育先进社区（居委会）	广东省体育局
里水镇沙涌社区	广东省第五批体育先进社区（居委会）	广东省体育局
里水镇里水社区	广东省第五批体育先进社区（居委会）	广东省体育局
里水镇大步社区	广东省第五批体育先进社区（居委会）	广东省体育局
里水镇周村社区	广东省第五批体育先进社区（居委会）	广东省体育局
里水镇河村社区	广东省第五批体育先进社区（居委会）	广东省体育局
中国邮政佛山市南海区分公司网运投递中心	网运“达标争先”劳动竞赛先进集体	广东省邮政公司
九江镇上东小学	广东省少年儿童科学教育体验活动实验学校	广东教育学会　广东省电化教育馆
大沥实验小学	广东省中小学英语示范教研组优秀成果学校	广东省教育研究院
中国工商银行佛山南海黄岐支行	2014 年度电子银行标杆支行	中国工商银行广东分行
中国工商银行佛山南海九江支行	2014 年度电子银行标杆支行	中国工商银行广东分行
中国工商银行佛山南海创新支行	2014 年度电子银行优秀支行	中国工商银行广东分行
中国工商银行佛山南海支行营业部	2014 年度小企业信贷工作进步奖	中国工商银行广东分行
中国工商银行佛山黄岐支行	2014 年度小企业信贷工作进步奖	中国工商银行广东分行
中国工商银行佛山南海里水支行	2014 年度信贷管理先进支行	中国工商银行广东分行
中国工商银行佛山罗村支行	2014 年度风险化解突出贡献单位	中国工商银行广东分行
中国银行佛山南海里水支行	2014 年度网点综合业绩贡献奖	中国银行广东省分行
中国银行佛山南海江南支行	2014 年度网点综合业绩进步奖	中国银行广东省分行
中国银行佛山南海支行营业部	2014 年广东银行业文明规范服务示范单位	中国银行广东省分行
南海农商银行	广东省农村合作金融机构 2014 年深化改革转型升级奖	广东省农村信用社联合社
南海农商银行	广东省农村合作金融机构 2014 年金融服务创新奖三等奖	广东省农村信用社联合社
南海农商银行	2014 年度全省农村合作金融机构信息工作先进集体三等奖	广东省农村信用社联合社
南海农商银行	先进基层党组织	中共广东省农村信用社联合社委员会
邮储银行南海支行	优秀一级支行	邮储银行广东省分行

（续表）

单位名称	荣誉称号	表彰单位
邮储银行世纺城支行	优秀团队（二级支行）	邮储银行广东省分行
中国民生银行佛山分行	2014 年度金牌经营单位	中国民生银行广州分行
中国民生银行佛山分行	2014 年先进基层工会	中国民生银行广州分行

2014 年南海区获全国先进个人称号名录

姓　名	所在单位名称	荣誉称号	表彰单位
黎倍君	南海区公安分局指挥中心	中国维和警察荣誉章	公安部
黎亚春	九江镇海寿小学	全国模范教师	教育部
刘凤兰	南海区桂江一中	全国优秀教师	教育部
黄新古	南海实验中学	全国教育系统先进工作者	教育部
梁文海	广东实验中学南海学校	全国教育系统教研先进个人	中国教育研究学会
朱　峻	南海区桂城街道安全生产监督管理局	安全生产监管监察先进个人	国家安全生产监督管理总局　国家煤矿安全生产监督管理局
苏婉琳	里水镇统计信息中心	第三次全国经济普查先进个人	国务院第三次全国经济普查领导小组
梁宜广	广东蒙娜丽莎新型材料集团有限公司	全国五一劳动奖章	中华全国总工会
陈美蓉	南海区总工会	全国工会经审工作优秀干部	中华全国总工会经费审查委员会
梁赞民	广东西樵纺织产业基地企业工会联合会	全国工会落实建会三年规划先进个人	中华全国总工会
沈小琴	里水镇北沙社区	全国三八红旗手	全国妇联
杨　利	广东东软学院	全国职业教育先进个人	教育部　财政部　农业部　国家发展和改革委员会　人力资源和社会保障部　国务院扶贫办
伍　养家庭	大沥镇洞庭社区	全国五好文明家庭	全国妇联
梁耀池家庭	九江镇大谷社区	全国五好文明家庭	全国妇联
辜　原	南海广播电视大学	优秀教师	国家开放大学
陈勇利	南海广播电视大学	优秀教师	国家开放大学
常献平	南海广播电视大学	优秀教师	国家开放大学
仇瑞兰	南海广播电视大学	优秀教师	国家开放大学
罗永炽	南海广播电视大学	优秀教师	国家开放大学
张红梅	南海广播电视大学	优秀教育工作者	国家开放大学
郑韵卿	南海广播电视大学	优秀教育工作者	国家开放大学
崔敏华	中国工商银行佛山南海官山支行	“人民满意银行建设年”客户最满意员工	中国工商银行
林满维	中国农业银行南海分行	2012~2013 年度运营业务先进个人	中国农业银行
李赛霞	中国农业银行南海分行	2012~2013 年度优秀运营监管经理	中国农业银行
徐小明	中国农业银行南海分行	2014 年管理资产质量良好个贷客户经理	中国农业银行
李杰青	中国农业银行南海分行	2013 年优秀共青团员	中国农业银行
欧阳德	南海农商银行信贷和资产管理部	2014 年度企业征信系统数据质量工作优秀个人	中国人民银行征信中心

2014年南海区获省级先进个人称号名录

姓　名	所在单位名称	荣誉称号	表彰单位
李　凌	南海区国家税务局	广东省国税系统先进工作者	广东省国家税务局
郑卫华	南海区工商行政管理局	广东省保密工作铜质纪念奖章	广东省保密局
吴蔚忠	南海区气象局	广东省气象局前汛期重大气象服务先进个人	广东省气象局
林志辉	南海区公安分局大沥派出所	全省优秀人民警察	广东省公安厅
黎倍君	南海区公安分局指挥中心	个人二等功	广东省公安厅
杜兆保	南海区公安分局禁毒大队	个人二等功	广东省公安厅
李信宏	南海区公安分局经侦大队	个人二等功	广东省公安厅
李达煊	南海区公安分局交警大队	个人二等功	广东省公安厅
刘琳泉	南海区公安分局大沥派出所	个人二等功	广东省公安厅
赖书尚	西樵镇教育局	广东省百名优秀德育管理人员	广东省教育厅
许秀芳	大沥镇黄岐中学	百名优秀中小学校领导	广东省教育厅
黄燕妮	大沥镇盐步中学	百名优秀中小学德育课教师	广东省教育厅
黄燕妮	大沥镇盐步中学	百名优秀中小学心理教师	广东省教育厅
郑晓霞	广东东软学院	广东省先进资助个人	广东省教育厅
周富肯	广东东软学院	广东省民办教育优秀教师	广东省民办教育协会
苏易藩	广东东软学院	广东省高校学生工作先进个人	广东省高等学校思想政治教育研究会学生工作专业委员会
刘亮忠	西樵镇第三小学	优秀辅导教师	广东教育学会　广东省电化教育馆
曾照有	佛山市樵利化纤织造有限公司	广东省五一劳动奖章	广东省总工会
方毅斐	广东省九江酒厂有限公司	广东省五一劳动奖章	广东省总工会
彭　咏	南海供电局	广东省优秀工会工作者	广东省总工会
程　鹏	狮山镇总工会	广东省优秀工会工作者	广东省总工会
陈志铭	大沥镇河东社区	广东省优秀工会工作者	广东省总工会
王文强	广东志高空调有限公司	广东省优秀工会工作者	广东省总工会
周剑雄	南海区狮山镇党委	广东省优秀职工之友	广东省总工会
郭　来	丹灶镇总工会	广东省优秀工会工作者标兵	广东省总工会
李燕明	丹灶镇总工会	2009~2014年广东省工会女职工工作先进个人	广东省总工会
梁丽英	南海区总工会	2009~2014年广东省工会女职工工作先进个人	广东省总工会
王炳焱	南海供电局	2009~2014年广东省工会女职工工作优秀女职工之友	广东省总工会
梁龙光	广东省职工保障互助会南海代办处	2012~2013年度职工互助保障工作先进个人	广东省职工保障互助会
范桂玲	广东省职工保障互助会南海代办处	2012~2013年度职工互助保障工作先进个人	广东省职工保障互助会
范桂玲	广东省职工保障互助会南海代办处	2012~2013年度职工互助保障工作网站信息先进个人	广东省职工保障互助会
袁锦萍	广东新怡内衣集团有限公司	广东省三八红旗手	广东省妇联

（续表）

姓 名	所在单位名称	荣誉称号	表彰单位
李宝玉	桂城街道桂园社区	广东十大慈母	广东省妇联
梁葵英	狮山镇罗行社区	广东百名贤妻	广东省妇联
李笑英	丹灶镇上安社区	广东省“爱心父母大联盟”荣誉章	广东省妇联
张 珍	丹灶镇丹灶社区	广东省“爱心父母大联盟”荣誉章	广东省妇联
黄丽颜	广东安臣锡品制造有限公司	广东省“爱心父母大联盟”荣誉章	广东省妇联
郭泳昌	广东联邦家私集团有限公司	广东省“爱心父母大联盟”荣誉章	广东省妇联
潘志鹏	大沥镇沥南社区	2014~2015 年度广东省百佳团支部书记	共青团广东省委员会
徐婉贞	共青团南海区委员会	2014~2015 年度广东省优秀团干部	共青团广东省委员会
冼思琪	桂城街道团委	2014~2015 年度广东省优秀团干部	共青团广东省委员会
王 政	九江供电所	2014~2015 年度广东省优秀共青团员	共青团广东省委员会
马晓琪	南海信息技术学校	2014~2015 年度广东省优秀共青团员	共青团广东省委员会
曾郁桐	南海桂华中学	2014~2015 年度广东省优秀共青团员	共青团广东省委员会
叶敏珊	南海一中	2014~2015 年度广东省优秀共青团员	共青团广东省委员会
肖 超	桂城平洲四中	2014~2015 年度广东省优秀共青团员	共青团广东省委员会
陆超源	九江儒林中学	2014~2015 年度广东省优秀共青团员	共青团广东省委员会
区佩怡	西樵中学	2014~2015 年度广东省优秀共青团员	共青团广东省委员会
马晓敏	大沥盐步第三初级中学	2014~2015 年度广东省优秀共青团员	共青团广东省委员会
杜莉妮	南海区义务工作者（志愿者）联合会	2014 年度广东省志愿服务铜奖	共青团广东省委员会 广东省志愿者联合会
邱艳桃	桂城街道桂园小学	广东省优秀少先队辅导员	共青团广东省委员会 广东省教育厅 少先队广东省工作委员会
叶雅侨	大沥镇水头小学	广东省优秀少先队辅导员	共青团广东省委员会 广东省教育厅 少先队广东省工作委员会
叶樟南	佛广交通集团	2014 年度广东省安全文明驾驶人	广东省文明办 广东省教育厅 广东省公安厅 广东省交通运输厅
温树养	佛广交通集团	2014 年度广东省安全文明驾驶人	广东省文明办 广东省教育厅 广东省公安厅 广东省交通运输厅
饶锋文	南海区邮政局	广东省邮政系统“卓越营销”先进个人	广东省邮政公司 中国邮电工会广东省邮政委员会
何景垣	南海区邮政局	广东省邮政系统“卓越营销”先进个人	广东省邮政公司 中国邮电工会广东省邮政委员会
陈泳芝	南海区邮政局	广东邮政建功立业女能手	广东省邮政公司 中国邮电工会广东省邮政委员会
邓卫红	南海区邮政局	2009~2013 年广东省邮政优秀工会积极分子	中国邮电工会广东省邮政委员会
潘巧群	中国工商银行佛山南海西樵支行	2014 年度电子银行“服务之星”	中国工商银行广东分行
劳 颖	中国工商银行佛山南海狮山支行	2014 年度电子银行“服务之星”	中国工商银行广东分行

（续表）

姓　名	所在单位名称	荣誉称号	表彰单位
邓美仪	中国工商银行佛山南海狮山支行	2014 年度电子银行“服务之星”	中国工商银行广东分行
周明淇	中国工商银行佛山南海里水支行	2014 年度电子银行“服务之星”	中国工商银行广东分行
何伟杭	中国工商银行佛山南海里水支行	2014 年度电子银行“服务之星”	中国工商银行广东分行
黄缵富	中国工商银行佛山南海里水支行	2014 年度小企业金融业务工作先进个人	中国工商银行广东分行
陈国荫	中国工商银行佛山南海黄岐支行	2014 年度小企业金融业务工作先进个人	中国工商银行广东分行
陈纪青	中国工商银行佛山南海黄岐支行	2014 年度信贷管理先进个人	中国工商银行广东分行
陈　科	中国工商银行佛山南海支行	优秀客户经理	中国工商银行广东分行
梁文多	中国工商银行佛山南海支行	投行业务先进个人	中国工商银行广东分行
徐　婉	中国工商银行佛山南海支行	2014 年度个人信贷营销先进个人	中国工商银行广东分行
朱雪芬	中国工商银行佛山罗村支行	2014 年广东省分行贵金属业务先进个人	中国工商银行广东分行
潘志能	南海农商银行松岗支行	2014 年度广东省农村合作金融机构“挎包经理”	广东省农村信用社联合社
纪晓霞	南海农商银行	2014 年度全省农村合作金融机构信息宣传工作优秀信息员奖二等奖	广东省农村信用社联合社
麦靖奔	邮储银行南海支行	优秀支行长	邮储银行广东省分行
王耐花	邮储银行南海支行	先进管理者（优秀团队负责人）	邮储银行广东省分行
戴善旭	邮储银行南海支行	先进工作者（信贷客户经理）	邮储银行广东省分行
郭志娟	邮储银行南海支行	先进工作者（合规经理）	邮储银行广东省分行
黎静文	邮储银行南海支行	先进工作者（柜员）	邮储银行广东省分行
谭志毅	中国民生银行佛山分行	2014 年度金牌客户经理	中国民生银行广州分行
谭国栋	中国民生银行佛山分行	2014 年度金牌客户经理	中国民生银行广州分行
张朝群	中国民生银行佛山分行	2014 年度金牌客户经理	中国民生银行广州分行
田孝仁	中国民生银行佛山分行	2014 年度优秀员工	中国民生银行广州分行
苏尔雅	中国民生银行佛山分行	2014 年度优秀员工	中国民生银行广州分行
连惠琼	中国民生银行佛山分行	2014 年度优秀员工	中国民生银行广州分行
刘雪群	中国民生银行佛山分行	2014 年度优秀员工	中国民生银行广州分行
柳　红	中国民生银行佛山分行	2014 年度优秀员工	中国民生银行广州分行
谢敏华	中国民生银行佛山分行	2014 年度优秀员工	中国民生银行广州分行
周山青	中国民生银行佛山分行	2014 年度优秀员工	中国民生银行广州分行
李惠珍	中国民生银行佛山分行	2014 年度优秀员工	中国民生银行广州分行
张　玲	中国民生银行佛山分行	2014 年度优秀员工	中国民生银行广州分行
邹泽全	中国民生银行佛山分行	2014 年度优秀员工	中国民生银行广州分行

经济社会统计资料
Economic and Social Statistics

2014年南海区国民经济和社会发展统计公报

南海区发展规划和统计局
(2015年5月18日)

2014年，全区人民在区委、区政府的带领下，深入贯彻落实党的十八大、十八届三中、四中全会精神，积极应对国内外复杂经济形势，主动适应、引领经济发展新常态，真抓实干，扎实推进各项工作，取得显著成效，国民经济和社会发展取得新成效。

一、综合

经初步核算，2014年全区生产总值2373.08亿元，比上年增长8.7%。其中，第一产业增加值48.97亿元，增长3.3%；第二产业增加值1222.69亿元，增长9.4%，其中工业增加值1173.77亿元，增长9.5%；第三产业增加值1101.43亿元，增长8.1%。在第三产业中，交通运输、仓储和邮政业增加值增长2.5%，批发和零售业增加值增长9.0%，住宿和餐饮业增加值下降0.1%，金融业增加值增长12.1%，房地产业增加值增长10.2%，营利性服务业增加值增长7.2%，非营利性服务业增加值增长8.2%。

一、二、三产业比例为2.1:51.5:46.4。按常住人口计算人均GDP为89432元，折合14615美元。

全年居民消费价格总水平上涨1.9%。其中：食品类上涨4.3%，衣着类上涨1.6%，医疗保健和个人用品上涨2.4%，娱乐教育文化用品及服务类上涨1.8%，居住类上涨0.3%，家庭设备用品及维修服务下降0.3%，烟酒及用品类下降2.0%，交通和通信类下降0.5%。

全区城镇登记失业率为2.33%，专有技术人员9.9万人，其中农业专有技术人员1.2万人。

二、农业

全年粮食作物播种面积1403.53公顷（21053亩），下降0.3%；经济作物播种面积7374.6公顷（110619亩），增长0.37%；花卉播种面积4297.4公顷（64461亩），增长13.4%；其他作物播种面积28293.07公顷（424396亩），下降20.1%。

全年粮食产量7010吨，与上年持平；油料产量218吨，与上年持平；蔬菜产量487555吨，下降25.2%；水果产量1299吨，下降32.9%。

全年肉类总产量1.81万吨，下降47.4%，其中猪肉产量0.84万吨，下降42.1%；禽肉产量0.98万吨，下降50.7%；水产品产量19.67万吨，增长4.3%。

三、工业和建筑业

全年规模以上工业增加值1087.16亿元，增长9.9%。其中：先进制造业增加值391.38亿元，占规模以上工业比重的36.0%，占比提高1个百分点；高技术制造业增加值97.84亿元，占规模以上工业比重的9.0%，占比提高0.7个百分点；民营企业增加值713.67亿元，增长10.2%。按经济类型分：集体企业增加值17.52亿元，增长17.1%；股份合作企业增加值0.42亿元，下降66.5%；股份制企业增加值651.66亿元，增长12.0%；外商及港澳台商投资企业增加值367.72亿元，增长8.0%；其他经济类型企业增加值49.84亿元，下降2.7%。轻工业增加值409亿元，增长4.8%；重工业增加值678.16亿元，增长13.1%。

全年产值超200亿元的行业有9个，分别为有色金属冶炼和压延加工业、电气机械和器材制造业、计算机通信和其他电子设备制造业、金属制品业、废弃资源综合利用业、汽车制造业（未包括一汽-大众）、非金属矿物制品业、橡胶和塑料制品业、通用设备制造业。橡胶和塑料制品业、通用设备制造业首次迈入200亿元行列。九大工业行业增加值721.84亿元，占全部规模以上工业增加值的66.40%。其中，有色金属压延及加工业增加值136.13亿元，增长12.3%；电气机械和器材制造业增加值104.29亿元，增长2.5%；计算机、通信和其他电子设备制造业增加值100.25亿元，增长2.5%；金属制品业增加值82.56亿元，增长0.7%；废弃资源综合利用业增加值82.25亿元，增长31.9%；汽车制造业增加值64.91亿元，增长27.7%；非金属矿物制品业增加值58.85亿元，增长9.8%；橡胶和塑料制品业增加值44.81亿元，增长7.5%；通用设备制造业增加值47.79亿元，增长14.8%。

至2014年底，我区共有44个中国驰名商标、161个广东省名牌产品、164个广东省著名商标。

全年资质等级以上建筑企业83个。房屋建筑施工面积710.13万平方米，增长7.85%；房屋竣工面积270.93万平方米，下降14.77%。全年资质等级以上建筑企业实现利润总额9.97亿元，增长1.12%；利税总额3.88亿元，下降82.41%。

四、固定资产投资

全年全社会固定资产投资792.04亿元，比上年增长15.4%。其中工业投资177.49亿元，下降20.6%；批发零售、住宿和餐饮业投资9.44亿元，下降79.42%；房地产开发投资362.32亿元，增长26.9%。全年商品房销售额421.17亿元，增长14.4%；商品房销售面积413.99万平方米，增长18.7%。

五、交通、邮电和旅游

全年交通建设投资总额17.31亿元，增长12.8%。全区通车里程1929.58千米，增长1.1%。各种运输方式完成货物周转量109.40亿吨千米，增长5.3%。其中，陆运78.84亿吨千米，增长3.1%；水运30.56亿吨千米，增长11.7%。全年完成旅客周转量9.46亿人千米，下降1.6%。

年末全区民用车辆保有量达到76.70万辆，增长7.0%，其中汽车56.13万辆，增长15.8%。私人汽车46.29万辆，增长19.9%。

全年完成邮电通信业务总量69.07亿元，增长16.9%。其中，邮政业务总量13.28亿元，增长26.9%；电信业务总量55.79亿元，增长14.8%。固定电话年末户数95.06万户，下降0.7%；移动电话用户期末户数523.82万户，增长9.7%。年末全区互联网用户74.60万户（不含手机上网用户），全区互联网普及率为190.9%。

全年接待过夜游客327.82万人次，增长2.8%。实现旅游总收入105.05亿元，增长10.0%；旅游外汇收入15485.85万美元，增长7.8%。旅行团组团644586人次，增长10.6%。其中：出境旅游40089人次，下降6.7%；国内旅游604497人次，增长11.9%。

六、国内贸易

全年社会消费品零售总额831.51亿元，比上年增长13.2%。分行业看，批发零售贸易业实现零售额707.43亿元，增长14.5%；住宿餐饮业零售额124.08亿元，增长6.7%。

全年批发零售业实现商品销售额2393.39亿元，比上年增长15.6%，其中批发额1685.96亿元，增长16.0%。从限额以上批发零售业企业全年分行业数据来看，增长的行业主要有：（1）石油及制品类增长15.6%；（2）中西药品类增长14.5%，其中西药类增长8.7%；（3）汽车类增长7.4%；（4）建筑及装潢材料类增长7.3%；（5）服装、鞋帽、针纺织品类增长6.8%；（6）体育、娱乐用品类增长5.2%；（7）金属材料类增长4.8%。下降的行业主要有：（1）家具类下降13.1%；（2）通讯器材类下降7.2%；（3）机电产品及设备类下降6.3%；（4）五金、电料类下降6.0%；（5）粮油、食品、饮料、烟酒类下降3.8%，其中蔬菜类下降10.4%，烟酒类下降17.4%；（6）家用电器和音像器材类下降3.8%；（7）日用品类下降3.4%。

年末拥有亿元商品交易市场17个，全年城乡主要商品交易市场成交额526.66亿元，下降1.9%。

七、对外经济

全年进出口总值218.9亿美元，比上年增长5.3%。其中：出口总值121.6亿美元，增长10.9%；进口总值97.3亿美元，下降1.0%。全年实现贸易顺差24.3亿美元。

全年新签订合同数66个，增长10.0%。“三资”企业合同利用外资9.54亿美元，增长5.8%；“三资”企业实际利用外资8.07亿美元，增长5.2%。

八、金融

全区年末金融机构本外币存款余额4062.77亿元，增长3.4%。其中，人民币存款余额3906.79亿元，增长2.5%；外币存款余额25.49亿美元，增长32.1%。城乡居民本外币储蓄存款余额2081.22亿元，增长4.7%。其中，人民币储蓄存款余额2067.68亿元，增长4.7%；外币储蓄存款余额2.21亿美元，增长3.9%。年末金融机构本外币贷款余额2317.44亿元，增长17.9%。其中，人民币贷款余额2265.76亿元，增长20.9%；外币贷款余额8.45亿美元，下降43.0%。

九、科技和教育

金融科技产业融合创新打开新局面，“一基金三平台”融合体系基本成形。企业创新意识不断增强，获得国家火炬计划重点高新技术企业认定2家，获得国家科技型中小企业创新基金立项9家，获批建立市级工程技术研究中心16个，获得高新技术企业认定75家。全年专利申请量7238件，增长6.6%。全年专利授权量5193件，增长2.6%。

2014年普教总投资58.03亿元，增长18.6%。切实保障义务教育，加大扶贫助学力度，实现学前教育补贴全覆盖，推进教育服务均等化。全区共有普教专任教师20211人，普教校舍建筑面积467万平方米。全区共有普通中学70所，在校学生110828人；小学127所，在校学生162206人；幼儿园329所，在校学生93250人。全年初中升学率99.13%，比上年提高0.03个百分点；高中升学率94.59%，比上年提高2.3个百分点。

中等职业教育学校12所，在校学生31701人；特殊教育学校1所，在校学生140人。

十、文化、卫生和体育

全区有文化馆1个、镇文化站7个、农村文化室539个、博物馆4个、纪念馆8个、图书馆18个、影剧院28个、数字影院28个，图书馆藏书量138.5万册。电影观众385万人次。“文化消费补贴”持续实施，补贴高雅艺术精品演出19场、电影下乡放映3000场、社区文化活动86场、图书进基层项目43个、文化景点1个，共补贴1482万元，总受惠群众约360万人次。文化事业发展资金扶持继续施行，补贴435个项目和个人共计1049万元。文艺精品创演成绩喜人，全年共获国家级奖项52项、省级奖项364项、市级奖项255项。

全区共有卫生机构410个，其中医院19所，门诊部75所，卫生院2所，妇幼保健院1所。卫生机构实有床位8079张，卫生机构人员数10979人，其中卫生技术人员9976人。户籍人口中，婴儿死亡率2.71‰，产妇住院分娩比例达99.99%，5岁以下儿童死亡率3.59‰。医疗危险废弃物处置率达100%。

2014年全区体育成绩破市以上纪录7项，参加市以上比赛获前三名309人。全年体育事业总投资6381万元，向上输送人才165人。现有体育场地5612个，其中：体育馆11个，篮球场2743个，网球场451个，足球场51个，游泳池84个。

十一、人民生活、社会保障与安全生产

全区居民人均可支配收入36207元，增长9.0%；人均生活消费支出25786元，增长10.0%。分城乡看，全年城镇常住居民人均可支配收入36886元，增长8.9%；城镇常住居民人均生活消费支出25895元，增长9.9%。全年农村常住居民人均可支配收入23655元，增长9.3%；农村常住居民人均生活消费支出15377元，增长10.3%。

社会保障面进一步扩大。年末参加社会保险378.90万人次，增长27.9%。其中：养老保险参保人数77.04万人，增长3.6%；医疗保险参保人数77.50万人，增长3.6%；失业保险参保人数72.49万人，增长6.1%；工伤保险参保人数75.40万人，下降4.2%。农村医疗保险参保人数60.07万人，下降0.2%；农村养老保险参保人数17.12万人，增长5.9%。社保基金运行平稳，全年各项社保基金收入76.47亿元，增长8.6%。

全区共有各种社会福利收养性单位20个，各种社会福利收养性单位床位2829个，增长24.7%；享受城镇居民最低生活保障人员2027人，下降16.8%；享受农村居民最低生活保障人员8326人，下降19.1%。

全年亿元地区生产总值生产安全事故死亡率为0.09人；工矿商贸企业从业人员生产安全事故死亡率为0.73人/10万人；道路安全交通死亡率为2.65人/万车。

十二、人口和环境

全区户籍人口126.52万人，增长1.6%。户籍人口的主要构成：男性占49.4%，女性占50.6%。常住人口出生率12.15‰，自然增长率7.51‰。

全区空气优良天数为242天，其中优秀天数42天。南海区6个饮用水源地监测断面水质达到II类标准，水质评价为优。内河涌水质保持稳定的基础上有所改善。

建成区绿化覆盖率41.9%，提高3.8个百分点；人均公园绿地18.06平方米，增加2.1平方米；绿地率38.4%，提高3.3个百分点。已建垃圾处理站11个，生活垃圾无害化处理率100%。

注：

1. 本公报2014年部分数据为初步统计数。

2. 生产总值和各产业增加值绝对数按现价计算，增长速度按可比价计算。

3. 2014年首次按照新的调查口径对外发布城

乡一体的居民人均可支配收入、支出和分城镇、农村常住居民人均可支配收入、支出数据。由于新老调查方案在调查范围、调查对象、城乡划分标准、样本抽选、计算和汇总方式、指标口径等方面变化较大，改革后新口径数据和旧口径数据不可比。

资料来源：本公报中城镇登记失业率来自区人力资源和社会保障局；驰名商标和广东省著名商标数据来自区工商局；广东省名牌产品数据来自区质监局；农村社会保障数据来自区社会保险基金管理局；城镇社会保障数据来自区地方税务局；各种社会福利收养性单位数、城镇和农村最低生活保障人数来自区民政局；新建公路、公路运输、水运、旅客周转量数据来自区交通运输局；城市污水处理、公园绿地面积数据来自区国土城建和水务局（水务、住建）；货物进出口数据来自海关总署南海分署；外商直接投资、对外直接投资数据来自区经济和科技促进局（经贸）；国际互联网用户、邮电业务总量等数据来自邮政及通信部门（单位）；货币金融数据来自人民银行南海分行；教育数据来自区教育局；专利数据来自区经济和科技促进局（科技）；旅游数据来自区旅游局；文化事业、体育数据来自区文化体育局；环保监测数据来自区环保局；安全生产数据来自区安全生产监督管理局；户籍人口信息、道路交通万车死亡率来自区公安局；卫生、出生率、死亡率、自然增长率来自区卫生和计划生育局；其他数据来自南海区发展规划和统计局（统计）。

南海区第三次全国经济普查主要数据公报

（第一号）

南海区发展规划和统计局
南海区第三次全国经济普查领导小组办公室

根据《国务院关于开展第三次全国经济普查的通知》（国发〔2012〕60号）要求，我区进行了第三次全国经济普查。这次普查的标准时点为2013年12月31日，普查时期资料为2013年度资料。普查对象是在我区境内从事第二产业和第三产业的全部法人单位、产业活动单位和个体经营户。通过这次普查，摸清了我区第二产业和第三产业的发展规模及布局，摸清了我区产业组织、产业结构、产业技术的现状以及各生产要素的构成，查实了服务业、小微企业和高技术产业（制造业）的发展状况。通过对全区7个镇（街道）的数据质量抽查，数据填报综合差错率3.1‰，普查数据质量达到预期目标要求。

根据《全国经济普查条例》的规定和国务院、广东省、佛山市经济普查办公室的要求，经南海区人民政府批准，南海区发展规划和统计局、南海区第三次全国经济普查领导小组办公室现分三个公报，将南海区第三次全国经济普查的主要综合数据公布如下：

一、单位基本情况

2013年末，全区共有从事第二产业和第三产业活动的法人单位29435个，比2008年末（2008年是第二次全国经济普查年份，下同）增加8614个，增长41.4%；产业活动单位32755个，增加10924个，增长50.0%；有证照个体经营户96718个，增加42042个，增长76.9%。（详见表1-1）

表 1-1 单位数与有证照个体经营户数

项目	单位数(个)	比重(%)
一、法人单位	29435	100
企业法人	25623	87.0
机关、事业法人	462	1.6
社会团体和其他法人	3350	11.4
二、产业活动单位	32755	100
第二产业	15792	48.2
第三产业	16963	51.8
三、有证照个体经营户	96718	100
第二产业	9227	9.5
第三产业	87491	90.5

2013年末，在第二产业和第三产业法人单位中，位居前三位的行业是：制造业15117个，占51.4%；批发和零售业5474个，占18.6%；租赁和商务服务业3715个，占12.6%。在有证照个体经营户中，位居前三位的行业是：交通运输、仓储和邮政业41316个，占42.7%；批发和零售业36659个，占37.9%；制造业9047个，占9.4%。（详见表1-2）

表 1–2 按行业分组的法人单位与有证照个体经营户

项目	法人单位（个）	有证照个体经营户(个)
合计	29435	96718
采矿业	12	4
制造业	15117	9047
电力、热力、燃气及水生产和供应业	56	8
建筑业	415	168
批发和零售业	5474	36659
交通运输、仓储和邮政业	367	41316
住宿和餐饮业	618	2924
信息传输、软件和信息技术服务业	222	158
金融业	34	0
房地产业	772	151
租赁和商务服务业	3715	524
科学研究和技术服务业	347	288
水利、环境和公共设施管理业	110	7
居民服务、修理和其他服务业	470	4977
教育	653	216
卫生和社会工作	91	59
文化、体育和娱乐业	299	212
公共管理、社会保障和社会组织	663	–

注：表中法人单位合计数含从事农、林、牧、渔服务业和兼营第二、三产业活动的农、林、牧、渔业法人单位 14 个；有证照个体经营户合计数含从事农、林、牧、渔服务业活动的个体经营户 4 个。交通运输、仓储和邮政业中含无挂靠个体运输户数 41148 个。

2013年末，全区共有第二产业和第三产业的企业法人单位25623个，比2008年末增加7969个，增长45.1%。其中，内资企业占96.4%；港、澳、台商投资企业占2.1%；外商投资企业占1.5%。内资企业中，国有企业占全部企业法人单位的0.3%；私营企业占69.1%。（详见表1–3）

表 1–3 按登记注册类型分组的企业法人单位

项目	企业法人单位(个)
合计	25623
内资企业	24705
国有企业	84
集体企业	310
股份合作企业	63
联营企业	56
有限责任公司	5551
股份有限公司	291
私营企业	17696
其他企业	654
港、澳、台商投资企业	549
外商投资企业	369

二、从业人员

2013年末，全区第二产业和第三产业法人单位从业人员1012152人，比2008年末增长7.9%。有证照个体经营户从业人员244293人，比2008年末增长8.0%。

在法人单位从业人员中，位居前三位的行业是：制造业743743人，占73.5%；批发和零售业54421人，占5.4%；教育业36226人，占3.6%。在有证照个体经营户从业人员中，位居前三位的行业是：批发和零售业81459人，占33.3%；制造业63715人，占26.1%；交通运输、仓储和邮政业58690人，占24.0%。（详见表1–4）

表 1–4 按行业分组的法人单位与有证照个体经营户从业人员

项目	法人单位从业人员（人）	有证照个体经营户从业人员（人）
合计	1012152	244293
采矿业	287	19
制造业	743743	63715
电力、热力、燃气及水生产和供应业	4946	65
建筑业	15782	478
批发和零售业	54421	81459
交通运输、仓储和邮政业	17842	58690
住宿和餐饮业	23966	18475
信息传输、软件和信息技术服务业	4985	290
金融业	3435	0

（续表）

项目	法人单位从业人员（人）	有证照个体经营户从业人员（人）
房地产业	17886	369
租赁和商务服务业	30840	1510
科学研究和技术服务业	7369	654
水利、环境和公共设施管理业	5155	31
居民服务、修理和其他服务业	7137	16410
教育	36226	664
卫生和社会工作	9543	498
文化、体育和娱乐业	4804	966
公共管理、社会保障和社会组织	23785	–

注：表中法人单位从业人员合计数含从事农、林、牧、渔服务业和兼营第二、三产业活动的农、林、牧、渔业法人单位从业人员 163 人；有证照个体经营户从业人员合计数含从事农、林、牧、渔服务业活动的个体经营户从业人员 14 人；交通运输、仓储和邮政业中含无挂靠个体运输户从业人员 57940 人。

三、企业资产总计

2013年末，全区第二产业和第三产业企业资产总计7765.45亿元。其中，第二产业企业资产总计占全部企业资产总计的45.6%，第三产业企业资产总计占54.4%。

四、小微企业

2013年末，全区共有第二产业和第三产业的小微企业法人单位24730个，占全部企业法人单位96.5%。其中，位居前三位的行业是：制造业14781个，占全部企业法人单位的57.7%；批发和零售业5280个，占20.6%；租赁和商务服务业1422个，占5.5%。

小微企业从业人员547091人，占全部企业法人单位从业人员59.2%。其中，位居前三位的行业是：制造业439604人，占全部企业法人单位从业人员47.6%；批发和零售业33779人，占3.7%；住宿和餐饮业17078人，占1.8%。

小微企业法人单位资产总计4546.07亿元，占全部企业法人单位资产总计58.5%。其中，位居前三位的行业是：制造业1553.86亿元，占全部企业法人单位资产总计的20.0%；房地产业1013.03亿元，占13.0%；租赁和商务服务业833.33亿元，占10.7%。（详见表1–5）

表 1–5 按行业分组的小微企业法人单位、从业人员和资产总计

项目	企业法人单位（个）	从业人员（人）	资产总计（亿元）
合计	24730	547091	4546.07
采矿业	12	287	0.71
制造业	14781	439604	1553.86
电力、热力、燃气及水生产和供应业	48	1595	54.52
建筑业	392	7316	224.41
批发和零售业	5280	33779	602.37
交通运输、仓储和邮政业	350	7144	43.02
住宿和餐饮业	570	17078	19.13
信息传输、软件和信息技术服务业	208	2947	24.73
房地产业	618	11549	1013.03
租赁和商务服务业	1422	12604	833.33
科学研究和技术服务业	305	3989	27.67
水利、环境和公共设施管理业	80	1215	133.28
居民服务、修理和其他服务业	415	5174	7.3
卫生和社会工作	1	16	0
文化、体育和娱乐业	248	2794	8.71

注：表中小微企业法人单位合计数含从事农、林、牧、渔服务业和兼营第二、三产业活动的农、林、牧、渔业小微企业法人单位 10 个，从业人员 80 人，资产总计 0.15 亿元。

五、主要经济结构变化情况

2013年末，在全区第二产业和第三产业法人单位中，企业法人单位占87.0%，比2008年末提高了2.2个百分点；机关、事业法人单位占1.6%，提高0.5个百分点；社会团体和其他法人占11.4%，下降了2.7个百分点。企业法人单位从业人员占全部法人单位从业人员的91.3%，提高了0.1个百分点；机关、事业法人单位占4.7%，下降了0.7个百分点；社会团体和其他法人占4.0%，提高了0.6个百分点。

在法人单位中，第二产业占53.0%，比2008年末下降了8.3个百分点；第三产业占47.0%，提高了8.3个百分点。第二产业法人单位从业人员占全部法人单位从业人员的75.6%，比2008年末下降了4.8个百分点；第三产业法人单位从业人员占24.4%，提高了4.8个百分点。

在法人单位中，桂城街道办事处占22.1%，比2008年末下降了2.8个百分点；九江镇占6.4%，下降了0.2个百分点；西樵镇占8.5%，下降了0.1个百分点；丹灶镇占6.5%，提高了0.2个百分点；狮山镇占26.0%，提高了5.5个百分点；大沥镇占18.2%，下降了2.3个百分点；里水镇占12.3%，下降了0.3个百分点。在法人单位从业人员中，桂城街道占18.5%，九江镇占7.0%，西樵镇占7.5%，丹灶镇占6.3%，狮山镇占31.7%，大沥镇占14.3%，里水镇占14.7%。（详见表1-6）

表 1-6 按地区的法人单位和从业人员

项目	法人单位		从业人员	
	数量(个)	比重(%)	数量(人)	比重(%)
合计	29435	100	1012152	100
桂城街道	6510	22.1	187650	18.5
九江镇	1874	6.4	70620	7.0
西樵镇	2501	8.5	75730	7.5
丹灶镇	1923	6.5	63972	6.3
狮山镇	7650	26.0	321224	31.7
大沥镇	5359	18.2	144380	14.3
里水镇	3618	12.3	148576	14.7

在有证照个体经营户中，第二产业占16.6%，比2008年末提高了0.5个百分点；第三产业占83.4%，下降了0.5个百分点。

在有证照个体经营户中，桂城街道占18.9%，九江镇占7.6%，西樵镇占11.7%，丹灶镇占9.7%，狮山镇占22.1%，大沥镇占21.4%，里水镇占8.6%。

有证照个体经营户从业人员中，桂城街道占19.6%，九江镇占6.3%，西樵镇占11.0%，丹灶镇占10.2%，狮山镇占19.9%，大沥镇占22.8%，里水镇占10.2%。（详见表1-7）

表 1-7 按地区的有证照个体经营户和从业人员

项目	法人单位		从业人员	
	数量(个)	比重(%)	数量(人)	比重(%)
合计	96718	100	244293	100
桂城街道	10475	18.9	36595	19.6
九江镇	4221	7.6	11662	6.3
西樵镇	6517	11.7	20510	11.0
丹灶镇	5409	9.7	19091	10.2
狮山镇	12275	22.1	37003	19.9
大沥镇	11888	21.4	42466	22.8

（续表）

项目	法人单位		从业人员	
	数量(个)	比重(%)	数量(人)	比重(%)
里水镇	4785	8.6	19026	10.2
其他	41148	–	57940	–

注：有证照个体经营户中“其他”是指无挂靠个体运输户数41148个，有证照个体经营户从业人员中“其他”是指无挂靠个体运输户从业人员57940人。计算比重时不包含无挂靠个体运输户数和无挂靠个体运输户从业人员。

注释：

1. 三次产业的划分：

第一产业是指农、林、牧、渔业（不含农、林、牧、渔服务业）。

第二产业是指采矿业（不含开采辅助活动），制造业（不含金属制品、机械和设备修理业），电力、热力、燃气及水生产和供应业，建筑业。

第三产业即服务业，是指除第一产业、第二产业以外的其他行业。第三产业包括：批发和零售业，交通运输、仓储和邮政业，住宿和餐饮业，信息传输、软件和信息技术服务业，金融业，房地产业，租赁和商务服务业，科学研究和技术服务业，水利、环境和公共设施管理业，居民服务、修理和其他服务业，教育，卫生和社会工作，文化、体育和娱乐业，公共管理、社会保障和社会组织，国际组织，以及农、林、牧、渔业中的农、林、牧、渔服务业，采矿业中的开采辅助活动，制造业中的金属制品、机械和设备修理业。

2. 单位的划分：

法人单位是指具备以下条件的单位：

(1) 依法成立，有自己的名称、组织机构和场所，能够独立承担民事责任；

(2) 独立拥有（或授权使用）资产或者经费，承担负债，有权与其他单位签订合同；

(3) 具有包括资产负债表在内的账户，或者能够根据需要编制账户。

法人单位包括企业法人、事业单位法人、机关法人、社会团体法人和其他成员组织法人、其他法人。

产业活动单位是指具备以下条件的单位：

(1) 在一个场所从事一种或主要从事一种社会经济活动；

(2) 相对独立组织生产活动或经营活动；

(3) 能提供收入、支出等相关资料。

有证照的个体经营户是指除农户外，生产资料归劳动者个人所有，以个体劳动为基础，劳动成果归劳动者个人占有和支配的一种经营组织。即按照《民法通则》和《城乡个体工商户管理暂行条例》规定经各级工商行政管理机关登记注册、领取《营业执照》的个体工商户，含无挂靠个体运输户。

3. 小微企业：

根据工业和信息化部、国家统计局、国家发展改革委、财政部《关于印发中小企业划型标准规定的通知》（工信部联企业〔2011〕300号），国家统计局制定的《统计上大中小微型企业划分办法》确定。本办法按照行业门类、大类、中类和组合类别，依据从业人员、营业收入、资产总额等指标或替代指标，将企业划分为大型、中型、小型、微型等四种类型。

4. 表中的合计数和部分数据因小数取舍而产生的误差，均未作机械调整。

南海区第三次全国经济普查主要数据公报

（第二号）

根据第三次全国经济普查结果，现将南海区第二产业的主要数据公布如下：

一、工业

（一）企业法人单位数和从业人员

2013年末，南海区共有工业企业法人单位15168个，从业人员748923人，分别比2008年末增长20.98%和2.79%。

在工业企业法人单位中，内资企业14429个，占95.13%；港、澳、台商投资企业444个，占2.93%；外商投资企业295个，占1.94%。内资企业中，国有企业7个，占全部企业的0.05%；集体企业82个，占0.54%；私营企业10574个，占69.71%。

在工业企业法人单位从业人员中，内资企业占72.09%，港、澳、台商投资企业占11.83%，外商投资企业占16.08%。内资企业中，国有企业占全部企业的0.04%，集体企业占1.37%，私营企业占40.27%。（详见表2-1）

表 2-1 按登记注册类型分组的工业企业法人单位和从业人员

项目	法人单位（个）	从业人员（人）
合计	15168	748923
内资企业	14429	539868
国有企业	7	297
集体企业	82	10231
股份合作企业	33	644
联营企业	34	1232
有限责任公司	3156	191404
股份有限公司	177	26108
私营企业	10574	301591
其他企业	366	8361

（续表）

项目	法人单位（个）	从业人员（人）
港、澳、台商投资企业	444	88617
外商投资企业	295	120438

在工业企业法人单位中，采矿业12个，制造业15103个，电力、热力、燃气及水生产和供应业53个，分别占0.08%、99.57% 和0.35%。

在工业企业法人单位从业人员中，采矿业占0.04%，制造业占99.31%，电力、热力、燃气及水生产和供应业占0.65%。在工业行业大类中，金属制品业、电气机械和器材制造业、皮革、毛皮、羽毛及其制品和制鞋业人员数位居前三位，分别占12.71%、11.18% 和7.47%。（详见表2-2）

表 2-2 按行业分组的工业企业法人单位和从业人员

项目	企业法人（个）	从业人员（人）
合计	15168	748923
黑色金属矿采选业	1	9
有色金属矿采选业	2	23
非金属矿采选业	8	253
其他采矿业	1	2
农副食品加工业	132	3668
食品制造业	171	4409
酒、饮料和精制茶制造业	48	3751
纺织业	611	31161
纺织服装、服饰业	518	29148
皮革、毛皮、羽毛及其制品和制鞋业	825	63416

（续表）

项目	企业法人（个）	从业人员（人）
木材加工和木、竹、藤、棕、草制品业	252	7256
家具制造业	717	40608
造纸和纸制品业	465	11984
印刷和记录媒介复制业	598	13929
文教、工美、体育和娱乐用品制造业	361	32515
石油加工、炼焦和核燃料加工业	15	145
化学原料和化学制品制造业	551	12757
医药制造业	38	3414
化学纤维制造业	19	354
橡胶和塑料制品业	959	32406
非金属矿物制品业	715	43159
黑色金属冶炼和压延加工业	227	9801
有色金属冶炼和压延加工业	485	38616
金属制品业	2996	95162
通用设备制造业	1493	45820
专用设备制造业	806	28159
汽车制造业	178	22068
铁路、船舶、航空航天和其他运输设备制造业	104	4630
电气机械和器材制造业	1199	83745
计算机、通信和其他电子设备制造业	298	55722
仪器仪表制造业	67	14092
其他制造业	69	3147
废弃资源综合利用业	150	8378
金属制品、机械和设备修理业	36	314
电力、热力生产和供应业	15	2058
燃气生产和供应业	8	807
水的生产和供应业	30	2037

（二）资产总计

2013年末，工业企业法人单位资产总计2973.58亿元，比2008年末增长117.36%。（详见表2–3）

表 2–3 按行业分组的工业企业法人单位资产总计

项目	资产总计（亿元）
合计	2973.58

（续表）

项目	资产总计（亿元）
黑色金属矿采选业	0.01
有色金属矿采选业	0.04
非金属矿采选业	0.65
其他采矿业	0.01
农副食品加工业	29.91
食品制造业	10.68
酒、饮料和精制茶制造业	29.44
纺织业	114.74
纺织服装、服饰业	48.01
皮革、毛皮、羽毛及其制品和制鞋业	79.15
木材加工和木、竹、藤、棕、草制品业	20
家具制造业	62.26
造纸和纸制品业	35.06
印刷和记录媒介复制业	28.50
文教、工美、体育和娱乐用品制造业	104.68
石油加工、炼焦和核燃料加工业	0.87
化学原料和化学制品制造业	79.57
医药制造业	21.42
化学纤维制造业	0.88
橡胶和塑料制品业	102.28
非金属矿物制品业	182.28
黑色金属冶炼和压延加工业	53.18
有色金属冶炼和压延加工业	269.32
金属制品业	244.21
通用设备制造业	160.25
专用设备制造业	118.35
汽车制造业	246.21
铁路、船舶、航空航天和其他运输设备制造业	20.58
电气机械和器材制造业	326.04
计算机、通信和其他电子设备制造业	218.15
仪器仪表制造业	9.77
其他制造业	8.51
废弃资源综合利用业	184.93
金属制品、机械和设备修理业	0.92
电力、热力生产和供应业	83.89
燃气生产和供应业	8.41
水的生产和供应业	70.44

（三）高技术产业（制造业）

2013 年末，全区共有规模以上高技术产业（制造业）企业法人单位479个，比2008 年末增长51.58%；占规模以上制造业的比重为21.07%，比2008年提高10.01个百分点。

二、建筑业

（一）企业法人单位数和从业人员

2013年末，全区共有建筑业企业法人单位415个，比2008年末增长88.6%。其中内资企业占99.8%，港、澳、台商投资企业占0.2%；内资企业中，国有企业占企业法人单位的1.2%，集体企业占1.7%，私营企业占64.5%。

全区共有建筑业企业法人单位从业人员15782人。其中内资企业占99.9%，港、澳、台商投资企业占0.1%。内资企业中，国有企业占企业法人单位从业人员的3.0%，集体企业占14.8%，私营企业占38.1%。（详见表2-4）

表 2-4 按登记注册类型分组的建筑业企业法人单位和从业人员

项目	企业法人单位（个）	从业人员（人）
合计	415	15782
内资企业	414	15777
国有企业	5	475
集体企业	7	2332
股份合作企业	1	2
联营企业	1	20
有限责任公司	116	6475
股份有限公司	9	297
私营企业	267	6011
其他企业	8	165
港、澳、台商投资企业	1	5
外商投资企业	0	0

建筑业企业法人单位中，房屋建筑业占14.7%，土木工程建筑业占20.0%，建筑安装业占17.3%，建筑装饰和其他建筑业占48.0%。

建筑业企业法人单位从业人员中，房屋建筑业占52.2%，土木工程建筑业占18.7%，建筑安装业占15.3%，建筑装饰和其他建筑业占13.8%。（详见表2-5）

表 2-5 按行业分组的建筑业企业法人单位和从业人员数

项目	企业法人单位（个）	从业人员（人）
合计	415	15782
房屋建筑业	61	8240
土木工程建筑业	83	2957
建筑安装业	72	2408
建筑装饰和其他建筑业	199	2177

2013年末，建筑业企业法人单位资产总计564.81亿元，其中房屋建筑业占56.5%，土木工程建筑业占35.2%，建筑安装业占4.0%，建筑装饰和其他建筑业占4.3%。（详见表2-6）

表 2-6 按行业分组的建筑业企业法人单位资产总计

项目	资产总计（亿元）
合计	564.81
房屋建筑业	319.32
土木工程建筑业	198.87
建筑安装业	22.76
建筑装饰和其他建筑业	23.86

注释：

1. 规模以上工业：是指全部年主营业务收入2000 万元及以上的法人工业企业。

2. 高技术产业（制造业）：按照《高技术产业（制造业）分类（2013）》，高技术产业（制造业）具体包括医药制造业，航空、航天器及设备制造业，电子及通讯设备制造业，计算机及办公设备制造业，医疗仪器设备及仪器仪表制造业，信息化学品制造等 6 大类。

3. 表中的合计数和部分计算数据因小数取舍而产生的误差，均未作机械调整。

4. 建筑业企业法人单位资产总计的汇总口径：资质以上建筑业企业只包括国家联网直报中有工作量的建筑业企业，以及非国家联网直报的全部法人建筑业企业。

南海区第三次全国经济普查主要数据公报

（第三号）

根据第三次全国经济普查结果，现将我区第三产业的主要数据公布如下：

一、批发和零售业

（一）企业法人单位数和从业人员

2013年末，全区共有批发和零售业企业法人单位5474个，从业人员54421人，分别比2008年末增长122.4%和65.9%。批发和零售业企业法人单位中，批发业占67.1%，零售业占32.9%。在批发和零售业企业法人单位从业人员中，批发业占59.6%，零售业占40.4%。（详见表3-1）

表 3-1 按行业分组的批发和零售业企业法人单位和从业人员

项目	企业法人单位（个）	从业人员（人）
合计	5474	54421
批发业	3672	32416
农、林、牧产品批发	42	593
食品、饮料及烟草制品批发	210	2496
纺织、服装及家庭用品批发	549	5646
文化、体育用品及器材批发	88	811
医药及医疗器材批发	69	1215
矿产品、建材及化工产品批发	1188	10347
机械设备、五金产品及电子产品批发	747	6055
贸易经纪与代理	422	2181
其他批发业	357	3072
零售业	1802	22005
综合零售	104	6396
食品、饮料及烟草制品专门零售	112	631
纺织、服装及日用品专门零售	246	1302
文化、体育用品及器材专门零售	111	675
医药及医疗器材专门零售	175	677
汽车、摩托车、燃料及零配件专门零售	254	7281
家用电器及电子产品专门零售	159	1326
五金、家具及室内装饰材料专门零售	450	2621
货摊、无店铺及其他零售业	191	1096

批发和零售业企业法人单位中，内资企业占99.0%，港、澳、台商投资企业占0.5%，外商投资企业占0.5%。内资企业中，国有企业占企业法人单位的0.4%，股份有限公司占0.7%，有限责任公司占24.0%，私营企业占71.0%。

批发和零售业企业法人单位从业人员中，内资企业占94.9%，港、澳、台商投资企业占3.0%，外商投资企业占2.1%。（详见表3-2）

表 3-2 按登记注册类型分组的批发和零售业企业法人单位和从业人员

项目	企业法人单位（个）	从业人员（人）
合计	5474	54421
内资企业	5417	51623
国有控股	21	830
集体控股	58	410
股份合作企业	11	178
联营企业	11	102
有限责任公司	1315	17313
股份有限公司	38	464
私营企业	3888	31660
其他企业	75	666
港、澳、台商投资企业	28	1655
外商投资企业	29	1143

（二）资产总计

2013年末，批发和零售业企业法人单位资产总计935.64亿元，比2008年末增长199.6%。其中，批发业企业法人单位资产总计760.51亿元，零售业企业法人单位资产总计175.14亿元，分别比2008年末增长189.3%和254.6%。（详见表3-3）

表 3-3 按行业分组的批发和零售业企业法人单位资产总计

项目	资产总计（亿元）
合计	935.64
批发业	760.51
农、林、牧产品批发	13.61
食品、饮料及烟草制品批发	9.89
纺织、服装及家庭用品批发	34.65
文化、体育用品及器材批发	4.94
医药及医疗器材批发	19.73
矿产品、建材及化工产品批发	469.24
机械设备、五金产品及电子产品批发	70.46

（续表）

项目	资产总计（亿元）
贸易经纪与代理	95.46
其他批发业	42.52
零售业	175.14
综合零售	35.47
食品、饮料及烟草制品专门零售	2.09
纺织、服装及日用品专门零售	8.86
文化、体育用品及器材专门零售	2.35
医药及医疗器材专门零售	8.7
汽车、摩托车、燃料及零配件专门零售	84.24
家用电器及电子产品专门零售	3.99
五金、家具及室内装饰材料专门零售	19.63
货摊、无店铺及其他零售业	9.82

二、交通运输、仓储和邮政业

（一）企业法人单位数和从业人员

2013年末，全区共有交通运输、仓储和邮政业企业法人单位360个，从业人员17724人，分别比2008年末增长86.5%和105.5%。

在交通运输、仓储和邮政业企业法人单位中，内资企业占96.7%，港、澳、台商投资企业占1.9%，外商投资企业占1.4%。

在交通运输、仓储和邮政业企业法人单位从业人员中，内资企业占73.1%，港、澳、台商投资企业占25.4%，外商投资企业占1.5%。（详见表3-4）

表 3-4 按登记注册类型分组的交通运输、仓储和邮政业企业法人单位和从业人员

项目	企业法人单位（个）	从业人员（人）
合计	360	17724
内资企业	348	12960
国有企业	7	1491
集体企业	8	72
股份合作企业	1	6
联营企业	2	22
有限责任公司	106	7760
股份有限公司	3	85
私营企业	202	2978
其他企业	19	546
港、澳、台商投资企业	7	4506
外商投资企业	5	258

（二）资产总计

2013年末，交通运输、仓储和邮政业企业法人单位资产总计61.15亿元。（详见表3-5）

表 3-5 按行业分组的交通运输、仓储和邮政业企业法人单位资产总计

项目	资产总计（亿元）
合计	61.15
道路运输业	12.97
水上运输业	5.09
航空运输业	0.05
装卸搬运和运输代理业	12.74
仓储业	27.05
邮政业	3.25

三、住宿和餐饮业

（一）企业法人单位数和从业人员

2013年末，全区共有住宿和餐饮业企业法人单位598个，从业人员23631人，分别比2008年末增长67.0%和10.1%。

在住宿和餐饮业企业法人单位中，住宿业占46.7%，餐饮业占53.3%。在住宿和餐饮业企业法人单位从业人员中，住宿业占37.8%，餐饮业占62.2%。（详见表3-6）

表 3-6 按行业分组的住宿和餐饮业企业法人单位和从业人员

项目	企业法人单位（个）	从业人员（人）
合计	598	23631
住宿业	279	8931
旅游饭店	65	4917
一般旅馆	190	3092
其他住宿业	24	922
餐饮业	319	14700
正餐服务	264	13634
快餐服务	13	124
饮料及冷饮服务	7	102
其他餐饮业	35	840

在住宿和餐饮业企业法人单位中，内资企业占97.7%，港、澳、台商投资企业占2.0%，外商投资企业占0.3%。内资企业中，国有企业占企业法人单位的0.5%，股份有限公司占1.3%，有限责任公司占11.4%，私营企业占79.6%。

在住宿和餐饮业企业法人单位从业人员中，内资企业占97.1%，港、澳、台商投资企业占2.5%，外商投资企业占0.4%。（详见表3-7）

表 3-7 按登记注册类型分组的住宿和餐饮业企业法人单位和从业人员

项目	企业法人单位(个)	从业人员(人)
合计	598	23631
内资企业	584	22966
国有企业	3	401
集体企业	12	559
股份合作企业	1	18
有限责任公司	68	5728
股份有限公司	8	1490
私营企业	476	14118
其他企业	16	652
港、澳、台商投资企业	12	579
外商投资企业	2	86

（二）资产总计

2013年末，住宿和餐饮业企业法人单位资产总计为37.63亿元，比2008年末增长46.0%。其中，住宿业企业法人单位资产总计27.13亿元，餐饮业企业法人单位资产总计10.50亿元，分别比2008年末增长35.4%和82.9%。（详见表3-8）

表 3-8 按行业分组的住宿和餐饮业企业法人单位资产总计

项目	资产总计(亿元)
合计	37.63
住宿业	27.13
旅游饭店	21.37
一般旅馆	5.39
其他住宿业	0.37
餐饮业	10.5
正餐服务	9.46
快餐服务	0.04
饮料及冷饮服务	0.03
其他餐饮业	0.97

四、信息传输、软件和信息技术服务业

（一）企业法人单位数和从业人员

2013年末，全区共有信息传输、软件和信息技术服务业企业法人单位214个，从业人员4942人。

在信息传输、软件和信息技术服务业企业法人单位中，内资企业占95.8%，港、澳、台商投资企业占2.8%，外商投资企业占1.4%。

在信息传输、软件和信息技术服务业企业法人单位从业人员中，内资企业占61.5%，港、澳、台商投资企业占9.1%，外商投资企业占29.4%。(详见表3-9)

3-9 按登记注册类型分组的信息传输、软件和信息技术服务业企业法人单位和从业人员

项目	企业法人单位(个)	从业人员(人)
合计	214	4942
内资企业	205	3039
有限责任公司	40	620
股份有限公司	1	8
私营企业	164	2411
港、澳、台商投资企业	6	449
外商投资企业	3	1454

（二）资产总计

2013年末，信息传输、软件和信息技术服务业企业法人单位资产总计30.58亿元。（详见表3-10）

表 3-10 按行业分组的信息传输、软件和信息技术服务业企业法人单位资产总计

项目	资产总计(亿元)
合计	30.58
电信、广播电视和卫星传输服务	0.03
互联网和相关服务	2.34
软件和信息技术服务业	28.21

五、房地产业

（一）企业法人单位数和从业人员

2013年末，全区共有房地产业企业法人单位752个，比2008年末增长92.8%。其中，房地产开发企业206个，物业管理340个，房地产中介服务业137个，分别比2008年末增长128.9%、129.7%和52.2%。

2013年末，全区房地产业企业法人单位的从业人员为17599人，比2008年末增长33.3%。其中，房地产开发企业5407人，物业管理企业10606人，房地产中介服务业1018人，分别比2008年末增长70.4%、20.3%和118.9%。（详见表3-11）

表 3-11 按行业分组的房地产业企业法人单位数和从业人员

项目	企业法人单位(个)	从业人员(人)
合计	752	17599
房地产开发经营	206	5407
物业管理	340	10606
房地产中介服务	137	1018

（续表）

项目	企业法人单位(个)	从业人员(人)
自有房地产经营活动	58	512
其他房地产业	11	56

（二）资产总计

2013年末，全区房地产业企业法人单位的资产总计为2064.04亿元。其中，房地产开发企业1781.13亿元，物业管理企业223.02亿元，房地产中介服务业15.86亿元（详见表3-12）。

表3-12 按行业分组的房地产业企业法人单位资产总计

项目	资产总计(亿元)
合计	2064.04
房地产开发经营	1781.13
物业管理	223.02
房地产中介服务	15.86
自有房地产经营活动	41.67
其他房地产业	2.37

六、租赁和商务服务业

（一）企业法人单位数和从业人员

2013年末，全区共有租赁和商务服务业企业法人单位1416个，从业人员14000人，分别比2008年末增长163.7%和83.2%。

在租赁和商务服务业企业法人单位中，内资企业占99.2%，港、澳、台商投资企业占0.6%，外商投资企业占0.2%。

在租赁和商务服务业企业法人单位从业人员中，内资企业占98.48%，港、澳、台商投资企业占1.48%，外商投资企业占0.04%（详见表3-13）。

表3-13 按登记注册类型分组的租赁和商务服务业企业法人单位和从业人员

项目	企业法人单位(个)	从业人员(人)
合计	1416	14000
内资企业	1404	13788
国有企业	14	465
集体企业	80	669
股份合作企业	13	28
联营企业	3	7
有限责任公司	292	3289
股份有限公司	15	656

（续表）

项目	企业法人单位(个)	从业人员(人)
私营企业	775	7463
其他企业	212	1211
港、澳、台商投资企业	9	207
外商投资企业	3	5

（二）资产总计

2013年末，租赁和商务服务业企业法人单位资产总计841.69亿元。

七、科学研究和技术服务业

（一）企业法人单位数和从业人员

2013年末，全区共有科学研究和技术服务业企业法人单位319个，从业人员6590人。

在科学研究和技术服务业企业法人单位中，内资企业占98.7%，港、澳、台商投资企业占0.3%，外商投资企业占1.0%。

在科学研究和技术服务业企业法人单位从业人员中，内资企业占99.6%，港、澳、台商投资企业占0.1%，外商投资企业占0.3%。（详见表3-14）

表3-14 按登记注册类型分组的科学研究和技术服务业企业法人单位和从业人员

项目	企业法人单位(个)	从业人员(人)
合计	319	6590
内资企业	315	6561
国有企业	4	352
集体企业	2	51
有限责任公司	60	1269
股份有限公司	3	300
私营企业	1	4515
其他企业	5	74
港、澳、台商投资企业	1	7
外商投资企业	3	22

（二）资产总计

2013年末，科学研究和技术服务业企业法人单位资产总计35.98亿元。其中，研究和试验发展1.80亿元，专业技术服务业22.67亿元，科技推广和应用服务业11.50亿元。

八、居民服务、修理和其他服务业

（一）企业法人单位数和从业人员

2013年末，全区共有居民服务、修理和其他服务业企业法人单位419个，从业人员6521人。其中，居民服务业137个，从业人员2212人；机动车、电子产品和日用产品修理业237个，从业人员2524人；其他服务业45个，从业人员1785人。

在居民服务、修理和其他服务业企业法人单位中，内资企业占99.52%，港、澳、台商投资企业占0.24%，外商投资企业占0.24%。

在居民服务、修理和其他服务业企业法人单位从业人员中，内资企业占99.7%，港、澳、台商投资企业占0.2%，外商投资企业占0.1%。（详见表3-15）

表 3-15 按登记注册类型分组的居民服务、修理和其他服务业

项目	企业法人单位(个)	从业人员(人)
合计	419	6521
内资企业	417	6499
国有企业	1	5
集体企业	7	145
联营企业	1	3
有限责任公司	40	1086
股份有限公司	3	36
私营企业	354	5133
其他企业	11	91
港、澳、台商投资企业	1	15
外商投资企业	1	7

（二）资产总计

2013年末，居民服务、修理和其他服务业企业法人单位资产总计7.57亿元。其中，居民服务业4.05亿元，机动车、电子产品和日用产品修理业2.60亿元，其他服务业0.92亿元。

九、水利、环境和公共设施管理业

（一）法人单位和从业人员

2013年末，全区共有水利、环境和公共设施管理业法人单位110个。其中，企业法人单位92个，事业法人单位16个，其他组织机构2个。水利、环境和公共设施管理业法人单位从业人员5155人。其中，企业法人单位从业人员4107人，事业法人单位从业人员933人，其他组织机构从业人员115人。

（二）资产

2013年末，水利、环境和公共设施管理业企业法人单位资产总计162.01亿元。其中，水利管理业0.14亿元，生态环境保护与治理业19.00亿元，公共设施管理业142.88亿元。

十、教育

（一）法人单位和从业人员

2013年末，全区共有教育法人单位653个，比2008年末增长14.2%。其中，企业法人单位88个，事业法人单位221个，民办非企业法人单位270个，其他组织机构74个。教育法人单位从业人员36226人，比2008年末增长18.3%。其中，企业法人单位1948人，事业法人单位21983人，民办非企业法人单位9497人，其他组织机构2798人。

（二）资产

2013年末，教育企业法人单位资产总计1.53亿元。

十一、卫生和社会工作

（一）法人单位和从业人员

2013年末，全区共有卫生和社会工作法人单位91个。其中，企业法人单位11个，事业法人单位36个，社会团体8个，民办非企业法人单位17个，其他组织机构19个。卫生和社会工作法人单位从业人员9543人。其中，企业法人单位292人，事业法人单位8720人，社会团体17人，民办非企业法人单位117人，其他组织机构397人。

（二）资产

2013年末，卫生和社会工作企业法人单位资产总计0.31亿元。

十二、文化、体育和娱乐业

（一）法人单位和从业人员

2013年末，全区共有文化、体育和娱乐业法人单位299个。其中，企业法人单位253个，事业法人单位13个，社会团体3个，民办非企业法人单位13个，其他组织机构17个。文化、体育和娱乐业法人单位从业人员4804人。其中，企业法人单位4149人，事业法人单位392人，社会团体4人，民办非企业法人单位97人，其他组织机构162人。

（二）资产

2013年末，文化、体育和娱乐业企业法人单位资产总计48.16亿元。其中，新闻出版业0.01亿元，广播、电视、电影和影视录音制作业0.65亿元，文化艺术业5.18亿元，体育4.40亿元，娱乐业37.93亿元。

十三、公共管理、社会保障和社会组织

2013年末，全区共有公共管理、社会保障和社会组织法人单位663个，从业人员23785人。

说明：本次普查过程中，银行、保险等金融业没有登记经济指标数据，国家统计局只反馈了市一级金融资产，没有分区的相关数据。

国民经济主要指标

项目	单位	2013 年	2014 年	2014 年比 2013 年增长（%）
南海区生产总值(现价)	万元	19895609	20889321	8.7
农业总产值	万元	831949	847155	1.1
规模以上工业总产值	万元	46470284	49869033	9.4
农业增加值（现价）	万元	460882	475277	2.9
建筑业总产值	万元	881246	1019778	15.7
建筑企业增加值	万元	448190	489207	7.0
全区固定资产投资总额	万元	6864785	7920429	15.4
全区交通投资总额	亿元	15.34	17.31	12.8
全区通车里程	千米	1909.56	1929.58	1.0
邮电业务总量	万元	590767	690691	16.9
电话交换机总容量	万门	1287954	1235912	-4.0
电话年末到达户数	万户	957229	950577	-0.7
客运量	万人	1209	1272	5.2
货运量	万吨	10514	10235	-2.7
客运周转量	万人千米	96173	94612	-1.6
货物周转量	万吨千米	1038603	1094006	5.3
社会消费品零售总额	万元	7344094	8315081	13.2
商品销售总额	万元	20710290	23933925	15.6
外贸出口总值	亿美元	109.59	121.60	10.9
实际外商直接投资	万美元	76713	80711	5.2
地方公共财政预算收入	万元	1461291	1665889	14.0
地方公共财政预算支出	万元	1392991	1522587	9.3
年末金融机构人民币存款余额	万元	37360001	39067885	4.6
年末城乡居民储蓄存款	万元	19588635	20676835	5.6
年末金融机构人民币贷款余额	万元	18167860	22657584	24.7
居民消费品价格指数	%	102.3	101.9	1.9
在岗职工年平均工资	元	46371	53525	15.4
城镇常住居民人均可支配收入	元	–	36886	8.9
农村常住居民人均可支配收入	元	–	23655	9.3

注：

1. 地区生产总值、农业总产值、建筑业总产值增速按照可比价计算；

2. 2013 年地区生产总值按照经普数据进行了调整；

3. 2014 年首次按照新的调查口径对外发布城乡一体的数据，城镇和农村居民人均可支配收入新口径数据与旧口径数据不可比

地区生产总值

2014年

单位：万元

项　　目	实绩	比上年增长（%）	项　　目	实绩	比上年增长（%）
总计	20889321	8.7	科学研究、技术服务和地质勘查业	117935	20.8
农林牧渔业	475277	2.8	水利、环境和公共设施管理业	86786	24.1
农林牧渔服务业	20627	4.9	居民服务和其他服务业	217351	17.2
工业	11959851	9.5	教育	406752	9.6
建筑业	489207	7.0	卫生、社会保障和社会福利业	294149	28.8
批发和零售业	1539270	7.7	文化、体育和娱乐业	29824	5.0
交通运输、仓储和邮政业	810146	14.1	公共管理和社会组织	552702	2.4
住宿和餐饮业	221075	−6.8	第一产业	454650	2.7
信息传输、计算机服务和软件业	401290	12.1	第二产业	12449058	9.4
金融业	997096	−13.0	第三产业	7985613	7.6
房地产业	1918210	16.1	人均生产总值（元）	78724	7.8
租赁和商务服务业	372400	12.0			

注：人均生产总值绝对数按当年价，增幅按可比价计算

南海区与沿海部分县（市）主要经济指标

2014 年

主要指标	单位	南海	昆山	顺德	江阴	张家港	常熟	萧山	武进
户籍人口	万人	126.52	76.97	127.10	123.21	91.98	106.88	125.54	104.00
地区生产总值（现行价）	亿元	2088.93	3001.02	2419.68	2753.95	2180.25	2009.36	1728.32	1905.33
第一产业	亿元	45.46	28.76	40.57	54.40	32.06	43.27	61.35	49.04
第二产业	亿元	1244.91	1687.75	1442.55	1520.90	1186.63	1061.55	934.04	1047.46
第三产业	亿元	798.56	1284.51	936.56	1178.69	961.56	904.54	732.93	808.83
工业总产值	亿元	5468.32	8708.49	6357.43	6522.54	5630.85	4581.24	4718.10	4950.81
全社会固定资产投资总额	亿元	792.04	850.05	550.38	1045.97	780.02	650.44	850.85	1003.14
社会消费品零售总额	亿元	831.51	640.40	775.63	643.07	455.08	615.63	471.62	449.09
外贸出口总额	亿美元	121.60	535.77	206.42	130.23	136.04	125.53	99.93	70.00
财政总收入	亿元	375.69	661.11	552.73	569.15	409.83	380.89	243.21	382.84
金融机构本外币存款余额	亿元	4062.77	3210.79	3155.83	2942.15	2418.91	2265.93	3106.86	2050.29
城镇常住居民人均可支配收入	元	36886	46920	38767	46880	46852	46571	47195	41363
农村常住居民人均可支配收入	元	23655	23921	24537	23965	23722	23767	26758	21777

全区农业总产值

2014 年

项目	总产值（万元）	构成（%）	比上年增长（%）	项目	总产值（万元）	构成（%）	比上年增长（%）
农林牧渔业总产值	847155	100	1.1	牧业	43113	5.09	−49.4
农业	423778	50.02	6.1	渔业	328579	38.79	7.7
林业	1680	0.20	1316.3	农林牧渔服务业	50005	5.90	4.9

注：农业总产值增速按可比价计算

主要农作物面积、产量

2014 年

项目	面积（公顷）	亩产量（公斤）	总产量（吨）	项目	面积（公顷）	亩产量（公斤）	总产量（吨）
粮食作物	1403.53	333	7010	花生	52.73	276	218
稻谷	497.07	363	2709	花卉	4297.40	–	–
早稻	269.40	367	1483	其他作物	28293.07	–	–
晚稻	227.67	359	1226	蔬菜	25454	1277	487555
薯类（五折一）	808.67	321	3898	瓜类（果用瓜）	126.73	1100	2091
经济作物	7374.60	–	–	青饲料	2712.33	2045	83189

水产、畜牧生产情况

2014 年

项目	单位	实绩	项目	单位	实绩
水产品总产量	吨	196745	牛	头	446
塘鱼生产			生猪饲养量	头	283828
养殖面积	公顷	17968	生猪出栏量	头	174218
亩产量	公斤	730	生猪存栏量	头	109610
总产量	吨	196745	三鸟饲养量	万只	609
畜牧生产					

全区工业单位及从业人员数（按经济类型和规模分）

2014 年

项目	单位数（个）	从业人员（人）	项目	单位数（个）	从业人员（人）
总计	37128	918282	按企业规模分		
年销售收入 2000 万元以上	2211	493874	大型企业	44	130242
按企业经济类型分			中型企业	281	157487
国有企业	1	71	小型企业	1810	205682
集体企业	21	8179	微型企业	76	463
其他经济类型	2189	485624	年销售收入 2000 万元以下	34917	424408

主要工业产品产量

2014 年

项目	单位	实绩	比上年增长（%）
家具	万件	951.43	9.9
布	万米	36173	6.5
服装	万件	12180	8.2
皮鞋	万双	4272.3	7.3
建筑陶瓷	万平方米	23809	5.7
铝材	万吨	191.57	9.2
改装汽车	辆	12176	0.8
摩托车	万辆	27.82	-7.3
两轮脚踏自行车	万辆	181.7	-3.9
房间空气调节器	万台	442.36	2.2
家用电风扇	万台	1563	-7.8
家用电冰箱	万台	52.22	-18.0
家用洗衣机	万台	55.81	-0.7
电力电缆	千米	190304	1.1

年销售收入 2000 万元以上工业企业情况（按登记注册类型分）

2014 年

项目	企业数（家）	亏损企业（家）	工业总产值（万元）
总计	2211	282	49869033
按登记注册类型分：			
国有企业	1	1	3449
集体企业	21	4	616367
股份合作公司	3	0	17177
联营企业	3	0	31481
有限责任公司	780	100	16225486
股份有限公司	34	7	1313351
私营企业	924	110	14775670
其他企业	22	1	232986
港、澳、台商投资企业	238	34	6596002
外商投资企业	185	25	10057064
总计中：			
轻工业	1127	139	17149673
重工业	1084	143	32719360
总计中：			
大型企业	44	3	10880560
中型企业	281	15	11551817
小型企业	1810	258	27227620
微型企业	76	6	209036

年销售收入2000万元以上工业企业情况（按行业分）

2014年

项目	企业数（家）	工业总产值（万元）	从业人员平均人数（人）
全区总计	2211	49869033	493874
轻工业	1127	17149673	250417
重工业	1084	32719360	243457
按行业分：			
非金属矿采选业	2	6936	87
开采辅助活动	1	85700	–
农副食品加工业	17	793353	2176
食品制造业	9	125987	1849
酒、饮料和精制茶制造业	9	259023	3342
纺织业	156	1443557	20580
纺织服装、服饰业	63	786560	16074
皮革、毛皮、羽毛绒及其制品业	130	1945838	39914
木材加工及木、竹、藤、棕、草制品业	27	327303	2920
家具制造业	128	1576009	27187
造纸和纸制品业	55	869812	6239
印刷和记录媒介复制业	39	396564	5712
文教、工美、体育和娱乐用品制造业	50	1087876	25082
化学原料及化学制品制造业	72	1239891	7675
医药制造业	10	460426	3055
化学纤维制造业	3	15504	129
橡胶和塑料制品业	155	2073426	18570
非金属矿物制品业	133	2582904	32859
黑色金属冶炼及压延加工业	74	1153145	6114
有色金属冶炼及压延加工业	138	7115997	36502
金属制品业	268	4314815	43914
通用设备制造业	146	2006923	27911
专用设备制造业	79	1034235	16988
汽车制造业	47	2696863	21820
铁路、船舶、航空航天和其他运输设备制造业	29	506215	3029
电气机械及器材制造业	232	5289276	61054
计算机、通信和其他电子设备制造业	59	4517184	36974
仪器仪表制造业	11	219254	12894
其他制造业	9	173988	2096
废弃资源综合利用业	38	3996861	6593
金属制品、机械和设备修理业	2	29554	–
电力、热力生产和供应业	4	372511	2067
燃气生产和供应业	2	214573	816
水的生产和供应业	14	150970	1652

旅游业情况

项目	单位	2013年	2014年	2014年比2013年增长（%）
城市接待过夜旅游总人数	万人次	318.89	327.82	2.8
涉外旅游宾馆开房率	%	55.44	50.27	-5.17
其中：星级宾馆、酒店住房率	%	56.27	51.10	-5.17
旅游营业收入	亿元	95.48	105.05	10.0
其中：旅游外汇收入	万美元	14366.01	15485.85	7.8
国内旅游收入	亿元	86.58	95.94	10.3
组团出境旅游总人数	人次	42952	40089	-6.7
其中：中国香港	人次	23055	14838	-35.6
中国澳门	人次	3730	1639	-56.1
国外	人次	16159	23612	46.1

批发零售住宿餐饮业情况

项目	单位	2013年	2014年	2014年比2013年增长(%)
社会消费品零售总额	万元	7344094	8315081	13.2
其中：批发零售业	万元	6180814	7074279	14.5
住宿和餐饮业	万元	1163280	1240802	6.7
商品销售总额	万元	20710290	23933925	15.6
批发零售住宿餐饮业				
网点数	个	81580	91717	12.4
其中：个体	个	67789	73829	8.9
人员数	人	316475	361472	14.2
其中：个体	人	120847	133505	10.47
商品交易市场成交额	万元	5367377	5266584	-1.9

全社会固定资产投资完成情况

单位：万元

项目	2013年	2014年	2014年比2013年增长（%）
完成投资总计	6864785	7920429	15.4
建筑工程、安装工程投资	4821637	5563068	15.4
工业投资	2381329	1774868	-25.5
批发零售住宿和餐饮业投资	458729	350181	-23.7
城乡固定资产投资	4010563	4297193	7.1
房地产开发投资	2854222	3623236	26.9

邮电通信业情况

项目	单位	2013 年	2014 年	2014 年比 2013 年增长（%）
邮电业务总量	万元	590767	690691	16.9
其中：邮政业务总量	万元	104648	132818	26.9
电信业务总量	万元	486119	557873	14.8
长途交换机容量	路端	63370	63370	–
其中：程控	路端	63370	63370	–
电话交换机总容量	门	1287954	1235912	−4.0
其中：程控	门	1287954	1235912	−4.0
电话年末到达户数	户	957229	950577	−0.7
其中：住宅电话	户	479886	489933	2.1
移动电话期末户数	户	4776704	5238172	9.7
互联网用户	户	720368	745962	3.6
国际互联网用户普及率	%	183.3	190.9	7.6

注：长途交换机容量和电话交换机总容量为电信局提供数据

全社会交通运输情况

项目	单位	2013 年	2014 年	2014 年比 2013 年增长（%）
交通建设完成投资总额	亿元	15.34	17.31	12.8
全区通车里程	千米	1909.56	1929.58	1.0
其中：新建	千米	19.87	20.02	0.8
改扩建	千米	28.74	5.27	−81.7
一级公路	千米	682.439	697.75	2.2
新建桥梁	座	12	26	116.7
其中：大桥	座	4	8	100.0
新建桥长	延米	8022	3577	−55.4
货物运输周转量	万吨千米	1038603	1094006	5.3
其中：陆运	万吨千米	765024	788395	3.1
水运	万吨千米	273579	305611	11.7
货物运输量	万吨	10514	10235	−2.7
其中：陆运	万吨	8743	8348	−4.5
水运	万吨	1771	1887	6.5
客运量	万人	1209	1272	5.2
旅客运输周转量	万人千米	96173	94612	−1.6

建筑业情况

项目	单位	2013 年	2014 年	2014 年比 2013 年增长（%）
建筑业总产值	万元	881246	1019778	15.7
其中：装饰装修产值	万元	340587	334930	-1.7
竣工产值	万元	535314	578038	8.0
建筑业增加值	万元	448190	448190	7.0
房屋建筑施工面积	万平方米	658.46	710.13	7.8
房屋建筑竣工面积	万平方米	317.89	270.93	-14.8
其中：厂房	万平方米	102.23	50.83	-50.3
住宅	万平方米	121.15	95.57	-21.1
工程结算收入	万元	767113	1200309	56.5
利税总额	万元	67713	138553	104.6
其中：利润总额	万元	38591	99737	158.4
从业人员平均人数	万人	1.18	1.49	26.3
其中：工程技术人员	万人	0.35	0.56	60.0

注：建筑业增加值增长速度按可比价格计算

房地产开发情况

项目	单位	2013 年	2014 年	2014 年比 2013 年增长(%)
房地产开发投资额	亿元	285.42	362.32	26.9
其中：住宅	亿元	190.97	257.48	34.8
商业用房	亿元	28.16	32.54	15.6
购置土地面积	万平方米	80.80	96.96	20.0
施工房屋面积	万平方米	1585.64	2213.02	39.6
其中：住宅	万平方米	1145.58	1442.43	25.9
商业用房	万平方米	121.48	261.98	115.7
竣工房屋面积	万平方米	158.08	249.32	57.7
其中：住宅	万平方米	117.32	172.93	47.4
商业用房	万平方米	12.01	38.34	219.2
商品房实际销售面积	万平方米	348.66	413.99	18.7
其中：住宅	万平方米	298.54	355.12	19.0
商业用房	万平方米	18.95	17.03	-10.1
商品房实际销售额	亿元	368.12	421.17	14.4
其中：住宅	亿元	305.08	357.52	17.2
商业用房	亿元	39.23	30.74	-21.6
待售面积	万平方米	170.25	204.90	20.4
其中：住宅	万平方米	126.84	159.98	26.1
商业用房	万平方米	7.15	7.26	1.5

财政收支情况

单位：亿元

项目	2013 年	2014 年	2014 年比 2013 年增长(%)
四级公共财政预算收入	306.25	375.69	22.7
其中：中央收入	106.82	147.86	38.41
省级收入	53.04	60.96	14.9
市级收入	0.25	0.28	13.1
区级收入	146.13	166.59	14.0
地方公共财政预算支出	139.30	152.26	9.3

金融业基本情况

2014 年

项目	单位	实绩	比年初增长(%)
金融机构各项人民币存款余额	万元	39067885	2.5
其中：城乡居民储蓄存款	万元	20676835	4.7
企业存款	万元	15401074	0.2
金融机构各项人民币贷款余额	万元	22657584	20.9
金融机构外币存款余额	万美元	254919	32.1
其中：城乡居民储蓄存款	万美元	22120	3.9
金融机构外币贷款余额	万美元	84467	-43.0

教育事业情况（一）

2014 年

项目	学校数(所)	毕业生数(人)	招生数(人)	在校学生数(人)	教职工数(人)	其中：专任教师（人）
基础教育总计	527	79554	101637	366424	29187	20211
普通中学	70	38092	36858	110828	9464	8042
其中：县镇	69	37692	36296	109048	9289	7915
农村	1	400	562	1780	175	127
其中：初中	52	23705	22057	67667	6037	5092
高中	18	14387	14801	43161	3427	2950
小学	127	22676	29757	162206	6760	5701
其中：县镇	125	22619	29671	161752	6729	5672
农村	2	57	86	454	31	29
幼儿园	329	18776	35007	93250	12921	6440
其中：县镇	322	18508	34707	92042	12754	6363
农村	7	268	300	1208	167	77
特殊教育	1	10	15	140	42	28

教育事业情况（二）

项目	单位	2013 年	2014 年	2014 年比 2013 年增长（%）
高中升学人数	人	13687	14105	3.1
高中升学率	%	92.42	94.59	2.2
初中升学率	%	99.10	99.13	0.03
小学升学率	%	100	100	–
适龄儿童入学人数	人	156899	162206	3.4
教育总投资	万元	489228	580250	18.6
普教校舍建筑面积	万平方米	429	467	8.9

卫生事业情况

2014 年

项目	单位	实绩	项目	单位	实绩
医院、卫生院数	间	21	助理执业医师	人	556
病床位数	张	8079	5 岁以下儿童死亡率	‰	3.59
卫生技术人员	人	9976	婴儿死亡率	‰	2.71
医生	人	4778	产妇住院分娩比例	%	99.99
执业医师	人	4222	医疗危险废弃物处置率	%	100

文化、专利、体育事业情况

2014 年

项目	单位	实绩	项目	单位	实绩
文化馆	个	1	外观设计专利	件	2462
镇文化站	个	7	体育成绩破市以上纪录	项	7
农村文化室	个	539	其中：破全国纪录	项	0
博物馆	个	4	向上输送人才	人	165
纪念馆	个	8	其中：省以上	人	0
图书馆	个	18	参加市以上比赛前三名	项次	309
藏书量	万册	139	现有体育场地	个	5612
影剧院	个	28	其中：200 米以上田径场	个	258
电影观众	万人次	385	简易游泳池	个	84
专利申请量	件	7238	篮球场	个	2743
其中：发明专利	件	1644	足球场	个	51
实用新型	件	3132	体育馆	个	11

居民消费价格指数

2014 年

项　　目	指数	项　　目	指数
居民消费价格总指数	101.9	其中：交通	100.1
食品	104.3	通信	98.7
烟酒	98.0	娱乐教育文化用品及服务	101.8
其中：烟草	97.9	其中：教育	105.2
酒	98.1	文化娱乐类	100.0
衣着	101.6	旅游	102.1
家庭设备用品及维修服务费	99.7	居住	100.3
医疗保健和个人用品	102.4	其中：建房及装修材料	101.2
交通和通信	99.5	水、电、燃料	99.5

注：以上年价格为 100

城镇常住居民收入、支出情况

2014 年

项目	全年人均值（元）	占生活费支出比重（%）	比上年增长（%）	项目	全年人均值（元）	占生活费支出比重（%）	比上年增长（%）
可支配收入	36886	–	8.9	生活用品及服务	1192	4.6	9.9
生活消费支出	25895	100.0	9.9	交通通信	4830	18.7	10.9
食品烟酒	7809	30.2	9.0	教育文化娱乐	3418	13.2	12.3
衣着	1188	4.6	7.3	医疗保健	780	3.0	8.6
居住	6048	23.4	10.1	其他用品和服务	631	2.4	7.1

农村常住居民收入、支出情况

2014 年

项目	全年人均值（元）	占生活费支出比重（%）	比上年增长（%）	项目	全年人均值（元）	占生活费支出比重（%）	比上年增长（%）
可支配收入	23655	–	9.3	生活用品及服务	1181	7.7	13.2
生活消费支出	15377	100.0	10.3	交通通信	2221	14.4	10.4
食品烟酒	5144	33.5	9.4	教育文化娱乐	1360	8.8	9.7
衣着	683	4.4	6.8	医疗保健	630	4.1	10.1
居住	3883	25.3	11.8	其他用品和服务	276	1.8	6.5

注：2014 年首次按照新的调查口径对外发布城乡一体的数据，新口径数据与旧口径数据不可比

文件选编

Selected Documents

深化农村体制综合改革完善基层治理党建三年行动计划

为贯彻落实党的十八届三中全会精神，全面深化农村体制综合改革，进一步加强和改善党的领导，构建基层善治体系，推动基层治理能力现代化，制定本行动计划，简称为“983”基层党建行动计划［“983”是指本计划的关键目标，即：到2017年，实现“9”：村（居）书记、主任“一肩挑”和“两委”班子成员“交叉任职”比例均达到90%以上；“8”：村（居）级集体经济组织负责人由党组织班子成员兼任比例达到80%以上；“3”：村（居）民代表、股东代表、经济社社委成员党员比例均达到30%以上］。

一、指导思想

以邓小平理论、“三个代表”重要思想、科学发展观为指导，围绕全面深化改革重要战略，进一步加强和改善党的领导，积极完善基层党建工作领导机制，强化基层党组织执政能力，构建党为核心、服务为本、治以自治、监管有力、协同共治的基层善治体系，为建设“富民强区、幸福南海”提供坚强的组织保障，确保南海在改革进程中再饮“头啖汤”。

二、基本思路和主要目标

（一）基本思路

全面深化农村体制综合改革，构建区域化大党建格局，创新基层党组织服务，进一步实现基层党组织对自治组织、经济组织、群团组织和社会组织的有效统领，实现基层治理体系的重构与优化。

1. 党为核心。进一步落实“三务一监督”，通过组织优化、制度细化、队伍活化、平台强化，提升党组织、党员干部的领导水平和执政能力，强化基层党组织领导核心地位和战斗堡垒作用。

2. 服务为本。强化党组织、党员干部服务意识，完善均等化服务体系，创新沟通、联系和服务群众的平台和模式，以优质服务赢取民心。

3. 治以自治。强化党组织对自治组织的统筹引领，推动基层自治体制创新，社区服务中心逐步承接行政职能，村（居）民委员会回归自治本质。

4. 监管有力。健全领导和监督机制，提升党组织在集体经济发展中的参与度与话语权，引导集体经济组织逐步成为组织健全、产权清晰、盈亏自负、运转规范、监督有力的市场主体。

5. 协同共治。推进基层协商民主，完善党组织领导下的自治组织、经济组织、群团组织、社会组织共同参与社会治理的机制，构建社区、社会组织和社工队伍三者协同的社区管理和服务格局。

（二）主要目标

1. 党组织战斗力明显增强。到2017年，村（居）党组织100%升格党委，“两新”组织（含集体经济组织）党组织覆盖率90%。党组织班子成员大专以上学历比例达到85%，在库大学生村（居）官达到500人。村（居）民代表、股东代表、经济社社委成员党员比例均达到30%以上。

2. 党组织凝聚力明显增强。到2017年，社区服务中心基本承接村级行政服务和公共服务，“七一空间”“党员社工中心”“党员服务中心”镇（街道）全覆盖，各级党代表全面进驻党员（代表）工作室，党员志愿服务队达到1000支，党员社工超过500人，党员志愿者占党员总数80%。

3. 党组织领导力明显增强。到2017年，村（居）书记、主任“一肩挑”和“两委”班子成员“交叉任职”比例均达到90%以上。村（居）党组织书记100%兼任社区服务中心主任。基本形成村（居）党组织引领下的“参理事会议事—村（居）

民会议或代表会议决策—村（居）委会实施—综合事务监督委员会监督”自治体系。

4. 党组织监管力明显增强。到2017年，村（居）级集体经济组织负责人由党组织班子成员兼任比例达到80%以上，经济社党组织书记兼任经济社负责人比例明显提高，集体经济组织党组织100%设立纪检委员。选聘100名大学生村（居）官到集体经济组织工作，引导一批社会精英参与经济社运营。

5. 党组织统筹力明显增强。到2017年，区域化大党建格局基本形成，在机关、企事业单位党组织100%与村（居）党组织结对联建基础上，推动挂钩工作创新，50%以上的村（居）实现辖区优秀党组织书记兼任党组织班子成员，发挥工青妇枢纽作用，社会组织健康有序发展。

三、主要任务

（一）创新区域党建，巩固核心地位

1. 优化党组织设置。利用升格、联建等方式推动村（居）成立党委，厘清基层党委权责边界。完善区域化组织框架，建立健全“两新”党组织属地为主、双重管理的模式。健全党建联席会议机制，打破条块分割模式。

2. 强化村（居）班子建设。树立一批村（居）书记先进典型，储备一批书记后备人才，总结一批基层党组织工作法。实施村（居）班子成员培训计划，提升“三务一监督”能力。探索实施“第一书记”制度，强化对村（居）的指导帮扶和干部培养。深化大学生村（居）官战略，拓宽成长路径。

3. 细化党员教育管理。科学制定党员发展规划，深化阳光选拔入党积极分子做法。对党员实行分类管理，利用“七一空间”等平台载体，强化对青年党员和返乡党员的教育培训。建立党员村（居）报到制度，实行“工作在单位、服务在住地”双重管理。创新党员承诺、评议、追责机制，积极稳妥处理不合格党员。

（二）凸显服务本质，夯实群众基础

1. 创新党组织服务。着力构建党组织引领下分层次、分类别的基层服务体系，深挖“七一空间”“党员社工中心”“党员服务中心”载体潜力。深化党员志愿服务，推进党员志愿服务的岗位化和专业化，实施党员社工化战略。深化“南海党联”服务品牌，推动党员（代表）挂钩联系服务群众。

2. 做实社区服务中心。落实选聘分离，完善社区服务中心聘任机制。规范社区服务中心运作，逐步承接村级行政服务和公共服务职能。进一步推动资源向社区服务中心下沉，健全城乡居民均等化服务体系，创新外来人口服务机制。

（三）完善治理机制，引领自治回归

1. 强化自治组织领导。强化村（居）党组织成员以服务赢取民心意识，进一步提高“一肩挑”和“交叉任职”比例。有计划发展优秀的非党员身份村（居）委成员入党。完善党建联席会议机制，提倡党员列席村（居）民代表会议，加强党组织对村（居）重大事项决策的话语权。

2. 完善协商民主机制。发挥党组织领导下的和谐共建参理事会作用，激活公众参与基层治理的热情。健全社区、社会组织、社工队伍、志愿者队伍联动发展机制，规范社区议事秩序和规则。发挥“南海党联”“两代表两委员工作室”“社会政策观测站”等平台作用，畅通不同群体的诉求表达渠道。

3. 加强村（居）民代表队伍管理。加强村（居）民代表队伍的教育培训，引导村（居）民代表中的党员以双重身份参与基层治理。提升村（居）民代表中的党员比例，培育和发展一批政治觉悟高、群众基础好的村（居）民代表入党。

（四）强化领导监督，推动规范运营

1. 实施集体经济组织队伍提升计划。实施经济社党建提升计划，选准配强集体经济组织党组织书记，鼓励优秀股东党员参加经济社社委选举，重点发展优秀经济社社委和股东代表入党。实施本土企业家精英回社计划，引导懂经济、善管理的人才参与经济社的运营。实施大学生村（居）官社委计划，选聘大学生村（居）官到经济社工作。实施社委培训计划，着力提升经济社社委成员队伍整体素质。

2. 强化集体经济组织监管。依托三大平台，加强区、镇（街道）对集体经济运行的全程监控，完善实时处理机制，强化平台监督。完善纪检监察制度，全面实施村（居）干部违规问题联合处置工作机制，强化纪律监督。科学调整集体经济组织党组织定位，提倡集体经济党组织股东党员参与集体经济组织议事，健全集体经济重大事项向党组织报告制度和纠错制度，强化党内监督。发挥集体经济事务监督委员会作用，规范集体经济事务公开，强化群众监督。

（五）统筹社会资源，激发共治潜力

1. 发挥党建带动作用。创新党建带工建、团建、妇建，激发群团组织参与基层治理的热情。强化党组织挂钩结对，推动机关、企事业单位、村（居）、非公企业和谐共建。实施党员民营企业家培养工程，吸纳优秀企业党组织书记兼任村（居）党组织班子成员，发挥带动作用。

2. 推动社会组织有序健康发展。强化社会组织党建，完善社会组织帮扶、激励机制，支持社区党组织引入专业社工机构，大力培育孵化本土社会组织，健全社会服务评价体系，引领社会组织积极参与基层治理。

四、组织领导和保障措施

（一）强化领导责任。要充分认识加强和改善党的领导，推动基层善治体系和治理能力现代化的重要性和紧迫性，切实把基层党组织建设工作摆在更加突出的位置。要强化书记抓党建的主业意识，形成党（工）委统一领导、组织部门牵头抓总、有关部门密切配合的工作格局。

（二）完善工作机制。要完善党建工作联席会议制度，定期研究处理问题，结合各项中心工作开展实地督查，推动工作落实，合力推进基层治理。要及时总结经验，宣传报道先进典型，以点带面，推动全局。

（三）落实保障措施。要积极探索建立多元投入、分级分担、倾斜基层的经费保障机制，镇（街道）要将本计划实施工作纳入财政预算，加大对场地设施和人员经费等的投入，确保保障到位。

（2014年1月26日　南发〔2014〕1号）

关于进一步深化金融·科技·产业融合创新的若干意见

为深入贯彻落实党的十八届三中全会精神，以及省、市关于大力推动金融·科技·产业融合的有关意见，全面深化改革，加快转型升级，现就进一步深化金融·科技·产业融合创新提出如下意见：

一、重要意义、指导思想和目标任务

（一）重要意义。金融和科技是产业腾飞的双翅。进一步深化金融·科技·产业融合创新，是加快转型升级的着力点和突破口，有利于深化金融创新，增强金融对实体经济发展的支持；有利于促进科技创新，加速科技成果资本化、产业化，提升区域创新能力；有利于改造提升传统产业，培育战略性新兴产业，构建现代产业体系。

（二）指导思想。以邓小平理论、“三个代表”重要思想、科学发展观为指导，深入实施“中枢两翼，核心带动”和“四轮驱动”战略，坚持市场主体、政府引导和改革创新原则，依托广东金融高新技术服务区、南海高新技术产业开发区和国家旅游产业集聚（实验）区三大发展平台，以建设金融·科技·产业融合创新综合试验区为抓手，创新体制机制，完善服务体系，促进金融·科技·产业深度融合创新发展，充分释放市场经济正能量，为加快转型升级提供有力支撑和强大动力。

（三）目标任务。在全省率先探索出一条金融·科技·产业融合创新发展的新路径，加快我区转型升级，提升地区竞争力，为佛山创建国家创新型城市作出重要贡献，对周边地区发挥重要带动作用。用3年左右时间，建设金融·科技·产业融合创新综合试验区，广东金融高新区、佛山（南海）高新区与国家旅游产业集聚（实验）区形成良好的互动，推动广东金融高新区在巩固亚太金融后援基地建设的基础上打造国家级产业金融试验区，推动佛山高新区进入国家级高新区前列，推动国家旅游产业集聚（实验）区打造岭南文旅第一极。

二、主要措施

（四）发挥OTC龙头带动作用。将广东金融高新区股权交易中心（OTC）作为深化金融·科技·产业融合创新的突破口，创新体制机制，力争建立以股权交易为核心，债券、资产证券化产品、券商理财产品、企业小额贷款产品、银行理财产品、PE二级市场为重要内容的“1+6”交易体系，增强区域辐射力和影响力，吸引更多科技型企业进驻挂牌，打造优质“科技企业板块”，引导优质投资者进场交易，拓宽创业资本退出通道，建立多层次、多元化区域资本市场。

（五）发展融合创新型金融机构。引导商业银行、保险公司等金融机构设立科技支行、科技金融事业部、科技保险专营机构。大力发展私募股权、创业投资、互联网金融、融资租赁、信用担保、小额贷款等创新型金融机构，鼓励境内外保险资金、股权投资基金、创业投资基金在南海开展股权投资业务。积极争取在广东金融高新区开展民营银行试点。依托佛山民间金融街、深交所上市企业网上路演中心等重点平台，集聚更多创新性金融资源。

（六）推动金融产品和服务创新。鼓励金融机构为企业创新发展提供多层次、差异化的融资服务。加强企业增信融资建设，鼓励金融机构加快推出科技担保、知识产权质押、信用贷款、集合债券、集合票据、集合信托等创新性金融产品，为科

技创新和产业发展提供有力金融支持。发挥国家知识产权投融资综合试验区的政策优势，建立知识产权价值评估、专利价值分析指标体系，加强政银企合作，推进企业知识产权质押融资。

（七）推进科技产业载体建设。加大政府科技公共服务投入力度，引导更多社会资本参与科技创新公共服务平台以及各类科技孵化器建设。完善公共服务平台和孵化器的资源共享和市场化运作机制，增强自身造血能力。探索“一个主题园区、一个孵化基地、一个核心平台、一只产业基金、一个服务中心、一批龙头及重点企业”融合发展模式，加快优化我区的产业形态。

（八）加快“三创”融合发展。强化佛山民间金融街、佛山科技街和佛山文旅街的集聚聚焦和联动发展，促进广东金融高新区、佛山（南海）高新区与国家旅游产业集聚（实验）区的互动，形成创新、创意、创业“三创”融合集聚，产生转型升级的持续推动力。加强政策引导，设立天使基金和创业投资引导基金，通过“母基金+子基金”和股权投资的方式，引导社会资金进入创业投资领域，推动民间资本投向创新、创意、创业的科技型企业。

（九）加强知识产权保护和品牌建设。深入实施知识产权战略，推进企业技术专利化、专利标准化，促进企业知识产权与资本对接，进一步加快产业化进程。加强知识产权运用和保护。支持行业龙头企业参与标准制定，支持企业开展自主品牌建设和商标建设，打造更多具有自主知识产权和国际竞争力的著名品牌。

（十）创新财政投入机制。整合金融、科技、产业等扶持资金，设立金融·科技·产业融合创新基金（资金），充分发挥杠杆作用，引导和撬动社会资本加大创新投入。以市场化为导向，调整财政投入方式，建立以政府引导基金、种子基金、担保基金、产业基金等有偿投入和贷款贴息、租金补贴、风险补偿等后补贴形式为主的经费投入制度。建立健全财政投入监督管理机制，提高财政专项资金使用效率。

（十一）构建融合创新综合服务体系。成立区创新科技服务中心，搭建集各类金融科技服务功能于一体的综合服务平台。建立企业信用平台，以信用体系支撑开展信用担保业务，完善担保和再担保机制，降低企业融资成本。继续办好“金洽会”“科技金融网上超市”等平台，引导银行、风投、基金机构与科技企业实现更好对接。探索建立创新创业投资退出平台。促进金融机构信息共享，加强金融风险预警和应急管理。

（十二）大力发展金融科技产业中介机构。大力发展知识产权、技术咨询、技术评估、产权交易、融资服务、成果转化等中介服务机构，引导其向专业化、规模化和规范化方向发展。加强与国内外先进城市科技、金融、产业服务机构的对接与合作，以政府购买社会服务的方式，为投资者提供专业贴心的服务。

三、保障机制

（十三）加强组织领导。成立南海区建设金融·科技·产业融合创新综合试验区工作领导小组，统筹推进全区金融·科技·产业融合创新工作，协调解决推进过程中的重大问题。

（十四）强化人才支撑。深入推进“人才立区”战略，实施“人才强企”行动，优化引才、育才、用才环境，积极引进国内外高层次金融人才、高端技术人才，探索与产业发展相适应的职业教育和培训模式，完善多层次的人才支撑体系。

（十五）营造良好环境。深化行政体制改革，构建国际化营商环境。实施“美家行动计划”，加快城市更新和生态建设。建设“文化南海+南海文化”，彰显城市内涵和魅力。加强创新创业环境建设，培育充满活力的健康土壤。

（2014年2月13日　南发〔2014〕2号）

关于实施“中枢两翼，创新驱动”发展战略的决定

为完善和提升我区“中枢两翼、核心带动”发展战略，建设创新南海，借“十二五”规划中期调整契机，现就全面实施“中枢两翼、创新驱动”发展战略作出如下决定：

一、重大意义和指导思想

（一）重大意义

“中枢两翼、创新驱动”发展战略是对南海近十年来发展思路和发展战略的巩固、完善和提升，也是指导南海完成“十二五”规划目标和制定“十三五”规划的重要依据，是今后一段时期内对南海具有重大指导意义的发展战略。

近十年来，南海从“东西板块、双轮驱动”发展战略，到“中枢两翼、核心带动”发展战略，始终坚持在传承中发展，在发展中创新，走出了一条具有

南海特色的发展道路。从“东西板块”到“中枢两翼”，实现区域错位发展理念的细化和深化，勾勒出南海发展的基本轮廓，明确了产业发展的源动力，基本奠定了现代产业发展格局；从三大片区，到三个城市核心区，再到三条街的建设，南海在“核心带动”发展战略指引下，现代城市发展格局基本定调。十年来，全区综合经济实力实现了历史性跨越，地区生产总值从2004年的622.52亿元，增长到2013年的2172.44亿元，增长了3.4倍；工业总产值从2004年的1254.92亿元，增长到2013年的4930.6亿元，增长了3.93倍；地方公共财政预算收入从2004年的29.04亿元，增长到2013年的146.13亿元，增长了5倍；固定资产投资从2004年的183.93亿元，增长到2013年的712.6亿元，增长了3.87倍。

当前，创新驱动成为国家、省、市推动发展的重要战略部署，南海适时巩固完善提升发展战略，进一步确立“中枢两翼、创新驱动”发展战略，将更好地指导推动三大创新特区建设，高端引领国家产业技术创新，打造国际高端制造业基地，让南海率先越过“高收入之墙”，赢取发展未来。

（二）指导思想

以党的十八大、十八届三中全会精神为指导，贯彻落实习近平总书记对广东提出的“三个定位，两个率先”目标要求，落实广东省加快实施创新驱动发展战略以及佛山市国家创新型城市建设部署，结合南海发展实际，启动实施“中枢两翼、创新驱动”发展战略，以问题导向为发展（创新驱动）、改革（权力运行）与稳定（基层治理）探索新路。巩固提升“三片（东、中、西）三核（东翼沥桂新城、中部‘双中枢’、西翼听音湖片区）三街（佛山金融街、佛山科技街、佛山文旅街）”发展格局，打造金融、科技、文旅三大创新特区，推动金融·科技·产业融合创新发展，推进城市更新提质，促进产城人融合发展，深化政府权力运行改革，加快基层治理体系重构，全面增强创新驱动发展能力。在顺利完成“十二五”规划预期目标的基础上，到2020年，全面完成本决定提出的创新发展任务，全区经济社会各个重点领域改革创新取得显著成效，经济发展方式全面优化，经济社会保持持续健康发展。

二、坚持中枢两翼发展战略，巩固三大片区、三大产业平台的发展态势，加快区域统筹协调发展

继续坚持既有的“中枢两翼”区域发展定位，进一步强化三大产业平台引领作用，深化禅南三、禅南高等区域合作，做深做实三大片区核心区，凸显东部城市“灯湖中轴”、中部产城“纵横四轴”、西部文旅“一芯两脉”的带动作用。

（三）东部片区

以广东金融高新技术服务区为核心，以广佛同城为动力，建设一区多园，努力打造现代化金融商贸区，创建亚太金融后援基地和国家级产业金融试验区。同时加快三山新城、沥桂新城和金峰新城建设，打造成产业高端化、城市现代化的广佛高地，建成佛山城市建设标杆和经济发展中心。

（四）中部片区

以佛山高新技术产业开发区为依托，以狮山镇为核心，以佛山西站为重要节点，建设现代制造、产业智库和交通枢纽三大功能区，努力打造珠三角国际科技园、中国智造金谷之芯和佛山市城市副中心。

（五）西部片区

以国家级旅游产业集聚（实验）区为核心，以5A级国家风景区西樵山为依托，发挥特色，打造“岭南文旅第一极”和“佛山文旅绿芯”，打造“一芯两脉三园”发展格局。

三、实施创新驱动发展战略，推动金融·科技·产业融合创新发展，建设南海特色现代产业体系，全面提升产业的国际竞争力

紧抓南海区建设全省金融·科技·产业融合创新综合试验区的契机，依托东部广东金融高新区、中部佛山国家高新区、西部国家旅游产业集聚区三大产业平台，分别打造金融、科技和文旅三大创新特区，形成以创新要素带动生产要素集聚发展的新路径，为南海产业转型升级提供支撑和动力。

（六）打造金融创新特区

着力建设佛山民间金融街，充分发挥广东金融高新区股权交易中心（OTC市场）的龙头带动作用，打造优质“科技企业板块”，吸引更多社会资金进场交易，完善多层次、多元化区域资本市场。鼓励和引导融资租赁、融资担保、私募创投、小额贷款、票据服务、保险中介等创新型金融机构进驻，创新民间融资产品和服务模式，完善担保和风险补偿机制，不断拓宽企业融资渠道。创新“金融科技网上超市”“金融科技俱乐部”“金融科技路演中心”运营模式，鼓励搭建金融与科技对接平台，实现科技成果资本化。

（七）打造科技创新特区

加快佛山科技街建设，通过打造创新港、创业园和创意谷三个特色功能区域，促进创新要素和生产要素向科技街集聚发展。着力建设高端研发机构

平台、专业性创新创业载体、高技术服务业平台和生活配套平台，使该区域成为国际上有重要影响力的科技创新中心、高端人才集聚基地、高新技术成果转化基地。加快佛山高新区科技金融广场及创新科技发展中心建设，着力引进社会中介机构开展科技金融专业中介服务，以政府购买服务的方式，实现科技创新链条与金融资本链条的有机结合。

（八）打造文旅创新特区

统筹规划佛山文旅街建设，着力构建“禅城—南海—高明”东西向文旅脉和“丹灶—西樵—九江”南北向文旅脉，以西樵山为核心，带动文化旅游资源集聚成长。充分利用网络、电商等新平台，加快文化与科技、金融的融合，大力引导培育文化创意、民俗旅游等新兴产业发展。发挥文化引领作用，促进创新创造，鼓励和引导社会资本在更大范围参与文旅基础设施建设。

四、实施创新驱动发展战略，推动产城人融合发展，加快城市升级迈向城市升值，提升城市综合竞争能力

坚持以人为本，持续推动城市更新和环境改善，同步推进城市硬件设施和软环境建设，加快实现人与产业、城市在统筹中走向协调发展，城市升值最终惠及广大企业和群众。

（九）夯实产业发展根基

坚持“三为主”（以实体为主、以民营为主、以联盟为主）和“四驱驱动”（专国际资本、促民营企业、优公有资产和转集体经济）的经济发展思路，深化“选种育苗”计划、“雄鹰计划”和“北斗星计划”，加大民营企业扶持力度，推动南商再出发。优化公有企业治理结构，积极发展混合型经济。加快实施“创新南海”“优质南海”计划，做强做优传统优势产业，发展壮大先进制造业，加快培育战略性新兴产业和现代服务业，促进农业现代化、精细化发展。

（十）推进城市更新提质

坚持规划引领，完善城市主体功能定位和布局，加快佛山西站、听音湖片区等城市升级重点项目建设，推动城市走绿色永续发展道路。紧抓全省新一轮深化“三旧”改造综合试点机遇，建立健全城市更新政策体系，探索建立兼顾国家、集体、个人的土地增值收益分配机制，探索出台推动区域连片改造的政策措施，提高土地管理利用水平。积极推进农村集体土地市场化改革，建立规范有序的农村集体建设用地流转市场，推动城乡土地资源自由流动。改革完善宅基地制度，建立和实施不动产统一登记制度，扎实推进村居社区公寓建设，建立宅基地收回与退出机制，释放存量土地潜能。

（十一）加强生态文明建设

加快生态文明制度建设，划定生态保护红线，以企业作为环保责任主体，形成生态保护市场化机制。建立生态系统保护修复和污染防治区域联动机制，吸引社会资本投入生态环境保护，推行环境污染第三方治理。积极构建水、气环境监管网络体系，深化水和大气污染防治，全面建立重点污染源企业在线监控系统，构建“纵向到底、横向到边”的环境监管网格。以“美家行动计划”为主抓手，加快滨湖景观、生态廊道、休闲绿化等环境建设，形成生态环境和经济社会协调发展的态势。加强城市精细化、网格化管理，着力培育和提升市民文明素养，建立城市管理与文明城市创建联动协同推进机制，保障城市长效、常态管理。

（十二）实施“人才南海”工程

坚持“人才立区”战略，推进“人才强企”行动，强化以产业社区和创新创业园区为主导的人才载体建设，打造高层次人才、专业技能型人才创新创业和发挥效用的平台。完善人才政策体系，建立健全人才激励机制，完善人才评价标准，形成吸引、留住和孵化人才的新优势，带动形成人才集聚效应和人才创新集群。拓展引才育才渠道，推进科技镇长团、高技能人才培养、百千万企业家素质提升等工程，建立“智汇南海”企业创新联盟，提升企业产学研合作水平和产出效益。深化人才服务体系，建立人才“一站式”“保姆式”个性化服务体系，营造全社会重才、爱才的浓厚氛围。

五、实施创新驱动发展战略，深化行政体制改革创新，打造政府权力运行新机制，优化创新环境

坚持以行政体制改革为突破口全面深化各项改革，构建充分放开、透明公平、监督有力的政府权力运行新机制，全力打造充满活力的国际化营商环境和规范有序的法治化社会环境。

（十三）优化“三级体系”

深化行政审批制度改革，创新行政服务方式。依托信息技术，进一步完善区、镇、村三级服务体系，全面实现网上与网下办事体系的有机融合。全面推广三级网络全覆盖、四级审批一站办理、社区即时办结、横向并联审批、办事终端多元化等行政服务新机制，优化完善“便利、贴心、高效、公平”的区镇村三级行政服务新体系，努力实现“服务就在家门口”。

（十四）深化“三网”融合

全面整合电子政务资源，利用热线、微博、微信、网站等多元化网络问政渠道，畅通政府与群众的沟通联系，倒逼管理型政府向服务型政府转型；利用网上审批系统、网上虚拟办事大厅、各种网上办事终端和平台，打造贴心服务的网上政府；积极构建立体式电子监察系统，大力推动网上办事，标准化审批、全程化监管，建立行政服务群众满意度量化评价体系。深化完善“网络问政、网络行政、网络监督”三网融合的政府服务新方式。

（十五）实施“三单”管理

完善负面清单，以清单方式明确列出南海辖区内禁止和限制企业投资经营的行业、领域、项目等，清单以外则充分开放，企业只要按法定条件和法定程序注册登记、申请审批或备案即可开展投资经营的有关活动。健全准许清单，列明政府职能部门根据公民、法人或者其他组织的申请，经审查，赋予某项权利、免除某项义务、准予从事特定活动的项目，包括行政许可、非行政许可审批、社会服务事项以及鼓励性政策措施等。将审批权限进行弱化和透明，做到对符合申报条件的项目“逢报必批”。强化监管清单，列明政府职能部门制定或执行的各种审批后续监管措施，打造事前（负面清单）、事中（准许清单）、事后（监管清单）三单管理的权力运行新机制。

（十六）推进数据统筹

统筹推进区内各部门政务数据资源的收集、管理和应用，完善政务信息数据资源的采集、管理、应用和安全机制，构建南海区政务大数据框架体系，以政务地图数据库为基础，建设企业、人口、政务、市政、产业经济等六个主题数据库及分析决策库，加快推进图识南海、法人平台、信用南海、数说南海、南海一点通超级APP等项目建设，充分运用政务信息数据资源服务基层群众、服务社会民生、服务经济社会发展，打造“开放、共享、融合”的政务数据统筹新体系。

六、实施创新驱动发展战略，推动基层治理重构，全面提升基层治理体系与治理能力的现代化水平，实现基层善治

围绕“四化”，构建“以党组织为核心、自治组织为主体、群团组织为纽带、社会组织为协同、经济组织为基础、社区服务中心为平台、全民参与为路径、民主法治为保障”的基层治理新体系，在法治化轨道上形成治以自治、协同共治的治理格局，实现群众安居乐业和社会治理安定有序。

（十七）基层党建精细化

深化“政经分离”，彻底理顺基层各类组织的权责关系。深化基层党委制建设，实施“两新”党组织属地化管理。强化村居党组织“三务一监督一调解”职能，增强基层党组织领导力和渗透力，提高党组织与各类基层组织的交叉率。以村居基层为主阵地，以“更直接、全覆盖、常态性、制度化”为原则，建立普遍直接联系群众制度，推行区领导驻点直联、镇街领导驻班直联和村居干部常驻直联，密切基层党群关系，夯实党的执政基础。

（十八）公共服务均等化

打造开放的社区服务平台，成为党组织、行政组织、自治组织、群团组织、社会组织、经济组织等各类组织开展工作的公共平台。深化“选聘分离”，提升社区公共管理服务水平，梳理基本公共服务清单，完善区镇和村居公共服务投入协调机制，加快资源向村居下沉，以社区服务中心为抓手推动城乡基本公共服务均等化，解决服务群众“最后一公里”的问题，促进城市村居实现从“乡治”向“城治”转变。

（十九）基层治理法治化

推进法治村居建设。由村居书记担任调解委主任，大力开展律师进村居活动，完善村居综治维稳信访工作站，构建基层大调解格局，促进基层矛盾化解。完善村居监督考评体系，落实村居各项事务和财务公开制度，强化基层组织依法监督，做到“监督有力、调解有方”。推行基层网格化治理，深化“平安村居”“平安八张网”建设，推动村居从“线治”向“综治”转变。以“选举民主+协商民主”深化基层民主建设，完善村居议事决策机制和协商制度。建设完善“社会政策观测站”，收集群众需求及解决方案，推动政府科学决策。健全社区各类组织的人员管理架构，提升外来人口代表在各类基层组织中的比例，加快本地人与外来人员的融合。

（二十）集体经济明晰化

继续推进集体经济透明化监管，完善集体资产管理交易平台、集体经济财务监管平台和集体经济组织成员股权（股份）管理交易平台“三个平台”的配套体系建设，减少集体经济矛盾纷争。以“确权确股不确地”的方式，抓紧推进集体经济组织股权“量化到人、确权到户”改革，落实集体经济组织股权确权登记颁证工作，分类推进确权到户。明晰经联社在村居公共服务投入所承担的职责范畴，对经联社集体经济收支实行统一监管，规范收益收支，实行预算管理，为做实做好社区服务夯实基础。

（2014年9月24日　南发〔2014〕3号）

佛山市南海区高层次人才认定评定管理办法

第一章　总则

第一条　为建立科学、规范的人才评价和选拔体系，推进人才立区战略的实施，根据《中共佛山市南海区委员会　佛山市南海区人民政府关于实施人才立区战略的决定》(南发〔2011〕17号，以下简称《决定》)，制定本办法。

第二条　本办法所指高层次人才是指在某一领域或某一方面贡献卓越、业绩及专业水准处于领先地位的人才，根据业绩与专业水平的差异，分为一级、二级、三级3个层次。

第三条　高层次人才通过认定和评定两种方式产生。认定是指对人才已获得的荣誉、称号、资格直接承认确定；评定是指由相关职能部门负责人及有关学科、行业专家组成评委会和专家组，对人才根据有关标准进行评审确定。

第四条　区人才工作领导小组办公室（以下简称区人才办）负责人才认定评定工作的统筹协调和宏观管理，区人力资源和社会保障局（以下简称区人社局）负责人才认定评定工作的组织实施。

第五条　高层次人才认定评定坚持公开、公平、公正的原则；坚持品德、知识、能力和业绩并重，突出专业水平的原则；坚持业内认可、社会认可的原则。

第六条　高层次人才认定名额不设上限。评定名额根据我区产业发展和人才队伍状况确定，实行动态管理，评定重点领域是我区重点发展的战略性新兴产业、先进制造业、优势产业、现代服务业，评定对象的业绩贡献以近3年为主。

第二章　认定评定的范围与条件

第七条　高层次人才认定、评定不受国籍、地域、户籍和身份限制。

第八条　凡在我区工作或来我区创新创业的人员，以及我区单位柔性引进的人员（与单位签订3年以上协议，每年在我区工作时间一般不少于6个月；或最近5年与我区用人单位签订协议累计时间不少于3年，每年在我区工作时间不少于6个月），均可申报认定评定高层次人才。

党政机关公务员、参照公务员法管理的事业单位编制人员不列入认定、评定对象（聘任制公务员和国家另有规定的除外）。

第九条　申报认定评定高层次人才的，除应具备相应认定评定标准规定的条件外，还应当同时具备下列条件：

（一）遵纪守法，诚实守信，有良好的职业道德。

（二）专业基础扎实，自主创新能力强，学风正派，具有严谨求实、探索求知、崇尚真理的科学精神。

（三）近3年在工作岗位上取得突出业绩和成果，目前所从事的主要工作与本人专业专长密切相关。

第三章　认定评定标准编制与发布

第十条　根据我区经济社会发展和人才需求状况，制定高层次人才认定评定标准，并结合实际情况适时调整，实行动态发布机制。

第十一条　高层次人才认定评定标准的编制与发布程序如下：

（一）区人才办、人社局会同相关部门经过调查研究，广泛征求各界意见，初步编制高层次人才认定评定标准。

（二）区人才办、人社局召集相关部门、行业协会、专家等对高层次人才认定评定标准进行评估、论证。

（三）高层次人才认定评定标准经区人才办主任会议审定后，由区人才办和区人社局联合发布。

第四章　认定评定程序

第十二条　高层次人才认定评定每两年申报一次。每年高层次人才认定评定工作启动前，区人才办、人社局会同区有关部门，根据我区产业、城市发展需要和现有高层次人才队伍结构状况，研究提出评定总额及各行业领域名额分配意见。

第十三条　高层次人才评定委员会（以下简称评委会）负责高层次人才评定工作。评委会设主任委员1名，副主任委员1名，委员若干名，委员由各行业权威专家组成。

第十四条　评委的产生。每次评审前，由区人社局根据本办法及申报情况，聘请省内外各相关专业领域优秀专家，组建评委会。同一单位的评委人数不得超过2人。

第十五条 高层次人才认定评定按下列程序执行：

（一）社会公告。向社会发布高层次人才认定评定公告，宣传有关政策，公开认定评定的条件和程序。

（二）发动推荐。采取同行专家推荐、组织推荐相结合的办法，由各镇（街道）、区人社局组织辖区内单位进行发动推荐。区直部门、科协、文联及其他行业协会、商会、学会协助向社会广泛发动推荐。

（三）个人申报。个人向所在单位提出申请，填写《佛山市南海区高层次人才认定评定申请表》（一式三份），并提交个人有效身份证件、学历证书、资格证书、荣誉证书、合作协议等证明材料。

（四）单位及主管部门审核。申请人所在单位对申请人各项条件和证明材料进行审查，符合条件的在其申请表中加具推荐意见后，连同相关证明材料报主管部门或属地镇（街道）人才工作部门初核，再送区人社局审核。

（五）确定候选人。

1. 申报认定的，由区人社局根据认定条件确定候选人。

2. 申报评定的，由评委会根据评审条件，对申报人的材料进行全面审阅。在对申报人业绩、成果和贡献等进行充分讨论和评议后，采取无记名投票方式进行推荐，获得评委会成员赞成票数超过一半的，按得票多少确定候选人。

（六）核准。区人社局将认定评定确定候选人，报区人才办主任会议讨论和核准。

（七）公示。区人才办主任会议原则通过候选人后，由区人社局进行网上公示，公示期为7天。

（八）发证。经公示无异议或异议不成立的人选，由区人才办和区人社局联合报呈区委、区政府审定同意后，由区人社局颁发《佛山市南海区高层次人才证书》（以下简称《证书》）。

第五章 管理期与考核

第十六条 高层次人才由区人社局建库进行统一管理，管理期3年，管理期内享受相关待遇。如人才在管理期内达到更高层次认定评定条件的，可按规定申报相应层次人才认定评定；经认定评定通过者，其管理期重新计算。

第十七条 高层次人才管理期满后，不再享受相关待遇（另有文件规定的按该文件执行）。符合条件的可再次申报高层次人才认定或评定。再次申报时，以最近一个管理期内及期满之后担任的职务、取得的业绩成果和荣誉称号等作为申报依据。

第十八条 高层次人才工作岗位、职称和奖惩、健康状况等发生变化的，所在单位及主管部门要及时向区人社局报告。

第十九条 高层次人才实行年度考核制度，考核重点是业绩贡献、创新成果、人才培养等内容，由所在单位负责实施，经主管部门或属地镇（街道）人才工作部门加具意见后，报区人社局备案，区人社局根据考核情况对人才实行动态管理。对考核情况较差者，所在单位要督促其查找原因，及时整改；对确实不适合继续列入管理的，要及时提出调整意见，并报区人社局核准后，终止资格，收回《证书》。

第二十条 有下列情形之一者，应调整出管理名单，转列入联系名单，其荣誉称号可予保留，但不再享受相关待遇：

（一）因工作调整、变动、调离我区等原因，不再符合本办法第八条所列高层次人才认定、评定范围的相关条件；

（二）管理期满；

（三）已办理退休手续（与用人单位签订协议、每周工作不少于30小时的除外）。

第二十一条 有下列情形之一者，经区人社局核准后，应当撤销资格，收回《证书》，并按有关规定取消或追回其所享受的物质待遇，并在相关网站进行公告：

（一）提供虚假材料，学术、业绩上弄虚作假被有关部门查处；

（二）管理期内因违法乱纪受到刑事处罚；

（三）出现其他不适宜继续享有高层次人才荣誉称号的情况。

第六章 附则

第二十二条 高层次人才认定评定、考核、管理等费用在区人才立区战略专项资金中列支。

第二十三条 本办法由区人社局负责解释。

第二十四条 本办法自发布之日起实施。

第二十五条 佛山市南海区人民政府《关于印发〈佛山市南海区高层次人才认定评定试行办法〉

和〈佛山市南海区高层次人才认定评定标准(2012~2013年)〉的通知》(南府〔2012〕7号)同时废止。

(2014年3月5日　南府〔2014〕34号)

佛山市南海区人民政府关于实行社区网格化治理的实施意见

各镇人民政府、街道办事处，区有关单位：

为进一步加强和创新社区治理和服务工作，建立科学高效的社区治理和服务机制，提高社区治理服务水平，依托信息化技术手段，全面实行社区网格化治理，现结合我区实际，提出如下实施意见：

一、指导思想

全面贯彻党的十八大和十八届三中全会精神，以为民、利民、便民为宗旨，围绕“社区善治”的长远目标，按照南海深化农村体制综合改革的部署，创新社区治理体制机制，整合社区资源，建立社区治理新模式，为幸福南海建设奠定坚实基础。

二、工作目标

通过社区治理体制机制的创新和实践，建立科学的分工协作机制、高效的工作运行机制、规范的监督考核机制，在网格内聚焦整合各类资源，构成区、镇（街道）、社区、网格“四级”处置机制。把人、地、事、物、组织全部纳入网格，实现社区治理的扁平化、规范化、信息化，做到社情民意无遗漏、为民服务无缝隙、社区治理无盲点，不断提高居民幸福指数。

三、基本原则

（一）以人为本，服务为先。把服务村（居）民作为社区工作的出发点和归宿，寓治理于服务之中，实现治理与服务的有机统一，努力提高村（居）民对社区治理的认同度。

（二）创新机制，提高效率。科学划分社区网格，依托信息平台，建立有南海特色的社区治理服务新机制，使社区服务更加优质，社区治理更加高效。

（三）因地制宜，注重实效。结合各镇（街道）社区建设实际，注重贴近村（居）民需求，按照不同的社区类型，实行分类指导，始终体现社区治理服务的实效性。

四、工作内容

社区网格化治理以社区为基础，将社区划分为若干个网格单元，实行分片落实、责任到人、设岗定责、服务到户。实施社区网格化治理，应把握好如下几点：

（一）合理设置网格

按照“管理便捷、无缝衔接、一格多用”的原则，借鉴城市管理网格的设置模式，根据地域面积、地理界线、人口密度、区域特点和管理习惯等因素，一般将网格按照住宅区、商业区、工业区和混合区等类别进行划分。原则上住宅区按照200~500户设置一个网格，商业区、工业区和混合区等其他区域应因地制宜，合理设置，尽量保持片区完整性。

（二）统一网格边界

各职能部门在社区内的管理网格，应与社区治理网格统一，做到不跨格、不越界，形成行政合力，为辖区村（居）民提供以社区网格化治理机制为支撑的“一站式”管理和服务。

（三）健全管理队伍

按照“1+2+N”模式设置网格工作团队，其中“1”为社区服务中心领导成员，负责若干个网格，为本网格内第一责任人（即网格长）；“2”为两名以上的网格管理员，主要是社区工作人员；“N”为信息联络员，如网格内的党员代表、人大代表、政协委员、村（居）民代表、楼栋长、志愿者等。

（四）明确管理任务

社区网格化治理主要任务是发挥社区服务中心的综合管理职能，依托各级的信息技术平台，以网格为单元，做好“人、地、物、事、组织”的管理和服务工作，确保信息普查、综合治理、劳动保障、民政服务、计划生育、城市管理、市场监管、安全监督、流动人口管理服务等职责在社区更好落实。

（五）规范处置流程

建立“一级系统，两级平台，四级处置”的工作机制。通过智慧城市信息系统，打造区、镇（街道）两级指挥监管平台，按照层级职能对网格内事件和部件实行分级响应，形成网格、社区、镇（街道）和区级联动处置的工作机制。

（六）健全管理制度

区、镇（街道）成立相关机构，对网格实行定人、定岗、定责管理，严格落实网格责任。建立网格管理服务公示、岗位管理等制度，完善监督考核机制，结合南海区电子监察综合系统，提高事件办结率。

（七）构建信息平台

完善和利用智慧城市信息平台完成信息采集、分级处置、及时反馈、流程监控的全程管理，形成电子台账，建立起综治维稳、民生服务、隐患排查和综合调处的信息网络。

五、实施步骤

（一）前期试点阶段（2014年3~5月）。在大沥镇、狮山镇、里水镇选取10个社区作为试点，深入调查摸底，科学划分网格，明确业务清单，细化服务对象，普查基本信息，开展业务培训。

（二）全面实施阶段（2014年6~9月）。在前期试点工作的基础上，总结提炼试点社区网格化治理的经验和做法，完善各项管理制度和运行机制，在全区基层社区全面推广，实现社区网格化治理全覆盖。

（三）完善提升阶段（2014年10~12月）。健全和完善社区网格化治理定期走访、信息反馈、矛盾化解、考核督查等一系列长效机制，不断提升社区治理水平。

六、保障措施

（一）强化组织领导

各镇（街道）、各部门要将社区网格化治理作为深化农村体制综合改革的重要内容，切实加强领导，周密组织实施。建立“指导在区、主抓在镇、主体在社区”的工作机制，各镇（街道）要结合辖区实际，抓紧调查摸底、广泛宣传发动、制定工作方案。

（二）强化保障机制

各镇（街道）要根据辖区实际情况，着眼长效，增强实效，整合现有资源，加大财政投入；加强网格工作队伍建设，确保服务群众人员力量到位；加强业务培训，提升服务水平；切实加强指导和督查，确保工作按期完成。

（三）强化考核奖惩

社区网格化治理是市、区2014年的重点工作，区城乡社区建设工作领导小组要加强指导督查，及时发现问题，把握工作进度，将社区网格化治理工作纳入年度绩效考核内容。各镇（街道）要进一步健全完善考核奖惩机制，确保社区网格化治理工作落实到位。

七、附则

本实施意见自发文之日起实施。《佛山市南海区人民政府办公室关于印发佛山市南海区社区网格化管理试点工作方案的通知》(南府办〔2013〕217号）同时废止。

（2014年4月15日　南府〔2014〕50号）

佛山市南海区佛山民间金融街的扶持措施（修订）

第一章　总则

第一条　佛山民间金融街（以下简称“民间金融街”）于2013年经广东省人民政府金融工作办公室批复同意建设，以进一步发挥民间金融资源的巨大作用，服务中小企业、居民个人融资为导向，整合社会资源，创新民间融资产品和服务模式，促进民间金融的规范化发展。为加快民间金融街建设，特制定本扶持措施。

第二条　民间金融街位于广东金融高新技术服务区C区内，东至华翠路，西到宝翠路，北至三圣河，南到南平西路。

本扶持措施适用于入驻（包括新设立和新迁入）民间金融街的符合第三条规定的机构。

新迁入民间金融街是指从民间金融街外迁入民间金融街内。区内迁入民间金融街是指从南海区辖区内迁入至民间金融街内。区外迁入民间金融街是指从南海区辖区外迁入至民间金融街内。

第三条　民间金融街主要招商对象（包括但不限于）：一是创新金融机构，指小额贷款公司、融资性担保公司、融资性租赁公司、风险投资及私募股权公司、保险中介公司、汽车金融公司、票据服务等；二是传统金融机构，指银行分支机构、保险分支机构、证券期货分支机构；三是产、股权类交易市场；四是泛民间金融机构，指典当行、黄金珠宝公司、纪念钞交易公司等；五是第三方中介服务机构，指会计、律师事务所，资产评估事务所，咨询、征信公司等；六是非营利性公共服务组织，指银行、保险、证券、担保、小额贷款、股权投资等非营利性市级行业组织。

第四条　存续期起始计算时间为租赁合同签订之日。

第二章　奖励扶持

第五条　租金补贴

（一）对经有关部门审核、备案的于2013年9月1日至2016年12月31日期间新设立或新迁入民间金融街的创新金融机构、传统金融机构、产、股权类交易市场、泛民间金融机构、第三方中介服务机构，第一年给予全额租金补贴，第二年根据租赁合同上的租赁面积按每月每平方米20元的标准给予租金补贴。按不同行业性质区分享受补贴的面积上限，补贴面积上限规定如下：新设立的小额贷款公司补贴面积不超过500平方米，其他创新金融机构、泛民间金融机构和第三方中介服务机构补贴面积不超过300平方米；传统金融机构补贴面积不超过800平方米；产、股权类交易市场补贴面积不超过2000平方米。对以上未提及但经有关部门审定的企业入驻民间金融街的，参照上述标准及补贴面积上限给予租金补贴。

（二）对非营利性公共服务组织于2013年9月1日至2016年12月31日期间入驻民间金融街的，第一年给予全额租金补贴；第二、三、四年根据租赁合同上的租赁面积按每月每平方米20元的标准给予租金补贴，补贴面积不超过300平方米。

（三）对前5名新设立或新迁入民间金融街，为民间金融街企业和从业人员提供餐饮、休闲、娱乐等商务服务配套的企业（含个体工商户，类型如茶餐厅、咖啡店、面包店、品牌便利店），第一年给予全额租金补贴；第二年根据租赁合同上的租赁面积按每月每平方米20元的标准给予租金补贴，每名商户补贴面积上限为200平方米。

此条款中第一年指计租日起满12个自然月，第二、三、四年依此类推。

第六条　经营扶持

对在2013年9月1日至2016年12月31日期间新设立或区外迁入民间金融街的企业（主要指第三条除非营利性公共服务组织以外的机构或可参照的类型），第一年按照企业缴纳所得税区级留成部分100%的标准给予经营经费扶持，第二、第三年按照企业缴纳所得税区级留成部分50%的标准给予经营扶持。

对在2013年9月1日至2016年12月31日期间区内迁入民间金融街的企业（主要指第三条除非营利性公共服务组织以外的机构或可参照的类型），按照企业对比迁入民间金融街上一年度同期所增加的缴纳所得税区级留成部分100%的标准给予经营经费扶持，奖励不超过3年。

此条款中第一年指企业新设立或新迁入民间金融街当年年度，第二、三年依此类推。

第七条　公共服务办公平台一次性配套支持

在民间金融街A2栋五楼及A1栋三楼专门规划公共服务办公平台区域，包括非营利性公共服务组织的办公室、公共办公室、会议室、培训室、展览厅、多功能休闲厅等公共配套区域，将配套一次性内部办公装修。上述公用配套区域非营利性公共服务组织可无偿使用，其他企业均为有偿使用，由民间金融街运营方统一管理。

第八条　政府优质服务支持

成立由区政府牵头，区金融办、国土城建和水务局（规划、建设）、消防大队、国税局、地税局、工商局及桂城街道等相关职能部门组成的民间金融街投资服务小组，对相关业务工作开通绿色通道，缩短流程审批时间；由专职招商人员为企业提供“一对一”贴身高效的跟踪服务。

第三章　其他事项

第九条　对既符合上述扶持措施的规定，又符合我区其他扶持措施、政策的相关规定的企业或项目按从高不重复的原则执行。

第十条　新设立或新迁入民间金融街的企业（主要指第三条除非营利性公共服务组织以外的机构或可参照的类型）存续期须在5年以上。存续期内，不得抽走注册资金或将注册地址迁出民间金融街，否则均应全额退还租金补贴及经营支持的奖励金（含银行同期存款利息）。

新设立或新迁入民间金融街的非营利性公共服务组织存续期须在5年以上。存续期内，不得将注册地址迁出民间金融街，否则均应全额退还租金补贴（含银行同期存款利息）。

前5名商务服务配套企业存续期须在3年以上。存续期内不得迁出民间金融街，否则须全额退还租金补贴（含银行同期存款利息）。

第十一条　对符合上述扶持措施的企业或非营利性公共服务组织凭申请表及相关资料（营业执照正副本、税务登记证、验资证明、完税证明、租赁合同等）向区金融办提出申请，先经区金融办、桂城街道办事处审核，由区金融办向区政府申请，经区政府批准后，扶持奖励资金由区、桂城街道按照税收分成比例分担，区级负担部分由区财政局拨付至桂城街道，再由桂城街道连同街道负担部分一并划付给企业或非营利性公共服务组织。

第四章　附则

第十二条　本扶持措施由区金融办负责解释，并会同相关部门组织实施，重大问题上报区政府批准后实施。

第十三条　本扶持措施自发布之日起实施。《佛山市南海区人民政府办公室关于印发佛山市南海区佛山民间金融街的扶持措施的通知》（南府办〔2013〕122号）同时停止执行。

（2014年10月31日　南府办〔2014〕64号）

2014年中共佛山市南海区委员会、区委办公室文件选目

文件号	文件名称
南发〔2014〕1号	关于印发《深化农村体制综合改革完善基层治理党建三年行动计划》的通知
南发〔2014〕2号	关于进一步深化金融·科技·产业创新融合的若干意见
南发〔2014〕3号	关于实施“中枢两翼，创新驱动”发展战略的决定
南办发〔2014〕3号	关于印发《佛山市南海区深入开展党的群众路线教育实践活动实施方案》的通知
南办发〔2014〕12号	关于印发《南海区党政机关国内公务接待管理意见》的通知
南办发〔2014〕13号	关于印发《南海区法治村居建设工作意见》的通知
南办发〔2014〕15号	关于印发《南海区新闻发布管理制度》的通知
南办发〔2014〕17号	关于进一步加强领导干部外出请示报告和报备工作的通知
南委办〔2014〕8号	关于印发《佛山市南海区本级“三公”经费公开实施方案》的通知

2014年佛山市南海区人民政府、区政府办公室文件选目

文件号	文件名称
南府〔2014〕19号	关于清理整治未经依法审批户外广告标牌设施的通告
南府〔2014〕26号	关于印发《佛山市南海区镇级财政管理体制方案（2014~2016年）》的通知
南府〔2014〕33号	关于深化公有资产改革促进企业发展的若干意见
南府〔2014〕34号	关于印发《佛山市南海区高层次人才认定评定管理办法》的通知
南府〔2014〕40号	关于食品生产、流通环节监管职能交接的通告
南府〔2014〕41号	关于规范国有集体资产交易行为的意见
南府〔2014〕44号	关于印发《佛山市南海区支持广东金融高新区股权交易中心业务开展的扶持办法》的通知
南府〔2014〕49号	关于进一步加强财政监督工作的意见
南府〔2014〕50号	关于实行社区网格化治理的实施意见
南府〔2014〕52号	关于印发《佛山市南海区文化产业发展扶持办法》的通知
南府〔2014〕53号	关于印发《佛山市南海区“蓝海人才计划”创新创业团队扶持奖励办法》的通知
南府〔2014〕54号	关于印发《佛山市南海区企业知识产权质押融资扶持专项资金管理办法》的通知
南府〔2014〕57号	关于印发《佛山市南海区水利工程建设资金管理办法（修订）》的通知
南府〔2014〕60号	关于促进个体工商户转型升级的工作意见
南府〔2014〕61号	关于印发《佛山市南海区“创新南海”新兴产业培育行动计划》的通知
南府〔2014〕63号	关于印发《佛山市南海区食品小作坊集中管理规定》的通知
南府〔2014〕92号	关于印发《佛山市南海区招商引资奖励办法》的通知
南府函〔2014〕38号	关于组建佛山市南海产业发展投资有限公司的通知
南府办函〔2014〕25号	关于成立佛山市南海区新能源汽车推广应用工作领导小组的通知
南府办函〔2014〕103号	关于成立佛山市南海区全国内衣产业知名品牌创建示范区工作领导小组的通知
南府办函〔2014〕111号	关于印发《佛山市南海区2014年主要污染物总量减排计划》的通知
南府办函〔2014〕147号	关于成立佛山市南海区金融科技产业融合发展扶持基金管理委员会的通知
南府办〔2014〕2号	关于印发《佛山市南海区实施佛山市空气质量重污染应急预案工作方案》的通知
南府办〔2014〕4号	关于印发《佛山市南海区学校体育设施向社会开放办法》的通知

（续表）

文件号	文件名称
南府办〔2014〕12 号	关于加快我区环保产业发展的意见
南府办〔2014〕15 号	关于印发《佛山市南海区智慧城镇建设工作方案》的通知
南府办〔2014〕16 号	关于印发《佛山市南海区落实建设广东省金融·科技·产业融合创新综合试验区工作方案》的通知
南府办〔2014〕18 号	关于印发《佛山市南海区 2014 年度“益动全城 家·南海”公益慈善活动实施方案》的通知
南府办〔2014〕19 号	关于印发《南海区镇（街道）总商会及行业协会承接政府职能转移实施方案》的通知
南府办〔2014〕23 号	关于印发《佛山市南海区政府采购服务标准化国家级试点项目实施方案》的通知
南府办〔2014〕26 号	关于印发《南海区企业法人数据库平台（一期）建设工作方案》的通知
南府办〔2014〕27 号	关于印发《佛山市南海区突发环境事件应急预案》的通知
南府办〔2014〕29 号	关于印发《南海高新技术产业开发区发展战略规划（2014~2020 年）》的通知
南府办〔2014〕32 号	关于印发《佛山市南海区高标准基本农田建设项目实施和资金管理暂行办法》的通知
南府办〔2014〕34 号	关于印发《佛山市南海区地质灾害防治管理办法（试行）》的通知
南府办〔2014〕35 号	关于印发《佛山市残疾人参加城乡居民社会养老保险补贴办法》的通知
南府办〔2014〕36 号	关于印发《佛山市南海区控制性详细规划编制和管理工作方案（2014~2016 年）》的通知
南府办〔2014〕40 号	关于印发《佛山市南海区镇（街道）公共资源交易体制改革实施方案》的通知
南府办〔2014〕42 号	关于印发《佛山市南海区城乡社区服务中心专项补贴实施方案》的通知
南府办〔2014〕43 号	关于印发《佛山市南海区“全国社区治理和服务创新实验区”实验方案（2014~2016 年）》的通知
南府办〔2014〕44 号	关于印发《佛山市南海区新能源汽车推广应用实施方案（2014~2015 年）》的通知
南府办〔2014〕47 号	关于印发《佛山市南海区简化黄标车提前淘汰奖励程序操作细则》的通知
南府办〔2014〕48 号	关于印发《佛山市南海区车改单位公务用车管理暂行办法》的通知
南府办〔2014〕50 号	关于印发《佛山市南海区免费孕前优生健康检查综合服务项目工作实施方案》的通知
南府办〔2014〕52 号	关于印发《佛山市南海区城市更新（“三旧”改造）重大事项社会稳定风险评估实施办法》的通知
南府办〔2014〕54 号	关于认定佛山市南海区“北斗星企业”（第三批）的通知
南府办〔2014〕55 号	关于印发《进一步加强镇（街道）环境保护监督管理工作意见》的通知
南府办〔2014〕57 号	关于印发《南海区村（居）环境保护监督管理办法（试行）》的通知
南府办〔2014〕60 号	转发市府办《关于加强政府性债务管理的意见》的通知
南府办〔2014〕63 号	关于印发《佛山市南海区建设工程渣土管理办法（试行）》的通知
南府办〔2014〕64 号	关于印发《佛山市南海区佛山民间金融街的扶持措施（修订）》的通知
南府办〔2014〕65 号	关于印发《新一轮绿化南海大行动工作方案》的通知
南府办〔2014〕66 号	关于印发《佛山市南海区水利工程建设管理考核办法（修订）》的通知
南府办〔2014〕67 号	关于印发《佛山市南海区被征地农民社会保障资金管理使用暂行办法》的通知
南府办〔2014〕68 号	关于印发《2014 年促进南海区进出口奖励措施》的通知
南府办〔2014〕69 号	关于印发《佛山市南海区“十三五”规划编制工作方案》的通知

主 题 索 引

说 明

1. 本索引采用主题分析方法，按主题词汉语拼音字母顺序排列。

2. 文中的分目题和次分目题用黑体字标明，其余用中等线字体排印。表格在其款目后注明“表”。

3. 索引的主题词后面的数字表示内容所在页码，数字后面的英文字母（a、b、c）表示该页自左向右的栏别。

4. 同一主题的内容在文中多处出现的，在主题词后用不同的页码标明。为了更全面地反映本刊中的相关内容，索引中部分主题词还采用相互参见形式。

5. 本刊的《特载》《大事记》《人物·荣誉》《经济社会统计资料》《文献法规》等类目均未作索引。

A

B

C

G

N

P

Q

R

S

T

W